ŒUVRES COMPLÈTES

DU CHANCELIER

D'AGUESSEAU.

TOME SECOND.

SE TROUVENT AUSSI

CHEZ L'ÉDITEUR, RUE CHRISTINE, N°. 3, A PARIS;

ET CHEZ LES PRINCIPAUX LIBRAIRES DE FRANCE ET DE L'ÉTRANGER.

DE L'IMPRIMERIE DE I. JACOB, A VERSAILLES.

OEUVRES COMPLÈTES

DU CHANCELIER

D'AGUESSEAU.

NOUVELLE ÉDITION,

AUGMENTÉE DE PIÈCES ÉCHAPPÉES AUX PREMIERS ÉDITEURS,
ET D'UN DISCOURS PRÉLIMINAIRE

PAR M. PARDESSUS,

PROFESSEUR A LA FACULTÉ DE DROIT DE PARIS.

TOME SECOND,

CONTENANT VINGT-QUATRE PLAIDOYERS,

PARIS,

FANTIN ET COMPAGNIE, LIBRAIRES,
QUAI MALAQUAI, N.° 3.

H. NICOLLE, A LA LIBRAIRIE STÉRÉOTYPE,
RUE DE SEINE, N.° 12.

DE PELAFOL, RUE DES GRANDS-AUGUSTINS, N°. 21.

M. DCCC. XIX.

TITRES

DES DIFFÉRENS OUVRAGES

CONTENUS DANS LE TOME SECOND.

PLAIDOYERS.

FIN DES TITRES DU TOME SECOND.

ŒUVRES DE D'AGUESSEAU.

NEUVIÈME PLAIDOYER.

DU 30 AOUT 1691.

Dans la cause de M. l'abbé LE PELLETIER et des religieux de l'abbaye de Joui, contre les créanciers de M. DE BELLIÈVRE, ci-devant abbé de Joui.

1.° *Si les abbé et religieux d'une abbaye peuvent former une action directe contre la succession d'un abbé précédent qui avoit vendu des arbres de haute futaie, sans avoir observé les formalités nécessaires, et sans que l'on pût prouver qu'il en eût fait emploi?*

2.° *S'il faut déduire sur le temps de la prescription contre une pareille demande, celui pendant lequel cet abbé avoit possédé ce bénéfice?*

3.° *A quel jour remonte l'hypothèque de la somme due pour la restitution du prix des bois vendus par cet abbé?*

L'INTÉRÊT de l'église, toujours mineure et toujours privilégiée, la bonne foi et la juste ignorance d'une direction de créanciers légitimes, partagent dans cette cause la faveur des lois et la protection de la justice.

Le fait est aussi sommaire qu'il est constant entre les parties.

M. de Bellièvre, abbé commendataire de l'abbaye de Joui, vendit, en l'année 1643, une pièce de bois, appelée *les Bois-Francs*, à trois particuliers qui étoient fermiers du temporel de son bénéfice. Cette pièce de bois étoit composée de cent deux arpens ; elle fut vendue 12,000 livres. Les conditions du marché sont, de la part des acquéreurs, qu'ils couperont les bois qui leur sont vendus à tire et à aire ; qu'ils réserveront, par chaque arpent, seize baliveaux de l'âge du taillis ; qu'ils videront les bois coupés, suivant les us et coutume de la forêt ; de la part du vendeur, qu'il emploiera la somme de 12,000 livres à retirer les héritages engagés ou aliénés par l'abbaye ; que cette somme ne sera payée par les acquéreurs que sur les mandemens qui leur seront délivrés par M. de Bellièvre, à mesure qu'il se présentera quelque occasion de retirer les biens engagés ou aliénés par le monastère. Telles sont les conventions réciproques du traité, qui n'est qu'un simple acte sous signature privée.

On convient, de part et d'autre, que cet acte a été exécuté, et que les bois ont été coupés. On ne justifie point que M. de Bellièvre ait été payé de la somme entière de 12,000 livres qui en étoit le prix. On ne rapporte des quittances que jusqu'à concurrence de la somme de 3,500 et tant de livres. Il est important d'observer que l'on ne trouve, dans ces quittances, aucune mention de l'emploi stipulé dans le traité dont nous venons d'expliquer les conditions.

Les religieux de Joui sont demeurés dans le silence pendant la vie de M. de Bellièvre ; ils se sont contentés de se plaindre à leurs visiteurs de la vente des bois, qui avoit été faite sans emploi ; ils n'ont porté leurs plaintes dans le tribunal de la justice qu'après la mort de leur abbé. Mais, avant que d'expliquer les différentes demandes qu'ils ont intentées, il est nécessaire de remarquer ici que M. de Bellièvre fut obligé, en l'année 1675, d'abandonner tout son bien à ses créanciers. Le contrat de direction fut homologué en la cour. La connoissance de toutes les contestations qui pourroient naître dans la suite à l'occasion de ce contrat fut attribuée, par arrêt du conseil, à cette chambre.

En l'année 1678, M. de Bellièvre se démit, entre les mains du Roi, de l'abbaye de Joui; le sieur abbé le Pelletier remit pareillement au Roi le brevet qu'il avoit obtenu de l'abbaye de Saint-Vincent de Metz; et le Roi, ayant bien voulu exécuter leur convention tacite, il nomma M. de Bellièvre à l'abbaye de Saint-Vincent, et le sieur le Pelletier à celle de Joui. Nous ne croyons pas devoir pénétrer dans les motifs de cette permutation. Le mérite et la probité de ceux qui l'ont faite nous assurent de la droiture de leurs intentions.

Peu de temps après cette permutation, le sieur abbé le Pelletier se pourvut, conjointement avec ses religieux, pour le paiement des réparations que M. de Bellièvre avoit négligé de faire. Sa demande fut portée au grand conseil. Il fut ordonné d'abord que les bâtimens de l'abbaye seroient vus et visités. Cette visite fut suivie d'un arrêt contradictoire qui condamne les directeurs des créanciers de M. de Bellièvre à payer 11,000 livres à l'abbé et aux religieux de Joui, pour les réparations.

A peine les créanciers eurent-ils satisfait à cet arrêt, que les mêmes parties intentèrent une nouvelle demande contre eux; et c'est celle sur laquelle vous avez à prononcer; ils présentèrent deux requêtes différentes.

Par la première, ils demandoient à être colloqués dans l'ordre des créanciers de M. de Bellièvre, pour la somme de 12,000 livres du jour qu'il a pris possession de l'abbaye de Joui, ou du jour que les bois ont été coupés, parce qu'ils n'avoient pas encore recouvré le contrat de vente qu'ils rapportent aujourd'hui.

Leur seconde requête tendoit à ce qu'il leur fût permis de faire preuve par témoins de la coupe faite en l'année 1643 par M. de Bellièvre.

Le jugement de ces deux requêtes étoit pendant en la cour, lorsque le substitut de M. le procureur-général aux eaux et forêts, ou animé par la seule considération de l'intérêt public et du devoir de sa charge, ou excité par les sollicitations des religieux de Joui, demande permission d'informer de la prétendue dégradation commise en l'année 1643. On informe à sa requête ; il demande que les bois soient vus et visités ; le lieutenant-général s'y transporte ; il dresse son procès-verbal ; on fait assigner les directeurs des créanciers de M. de Bellièvre, aux eaux et forêts, à la requête du substitut de M. le procureur-général. Cette assignation a produit une instance en réglement de juges au conseil. Par arrêt contradictoire, les parties ont été renvoyées en cette chambre. Le même arrêt ordonne que les informations faites en la juridiction des eaux et forêts seront apportées en la cour, pour y avoir tel égard que de raison.

Depuis cet arrêt, le sieur abbé le Pelletier a présenté une dernière requête, par laquelle il demande des dommages et intérêts contre la succession de M. de Bellièvre, attendu que les bois qui ont été vendus en l'année de 1643 ont été coupés à tire et à aire, sans réserver les baliveaux anciens et modernes, qui, dans la suite, auroient produit un revenu considérable à l'abbaye.

Enfin, les créanciers, de leur côté, sont appelan de toute la procédure des eaux et forêts, et oppo sans aux jugemens qui y ont été rendus en dernie ressort.

Voilà, MESSIEURS, quelles sont toutes les circons tances de cette cause, quelle est toute la procédur qui a été faite, et les demandes sur lesquelles vou avez à prononcer.

Moyens de M. l'abbé le Pelletier.

La coupe des bois est certaine ; elle est prouvé par l'information et par le marché même.

A l'égard de l'information, on ne sauroit trouve aucune irrégularité dans la procédure ; elle n'est poi faite à sa requête ; c'est la partie publique qui a agi pouvoit-il l'empêcher ? Quand il auroit excité l ministère public, il l'auroit fait pour ne pas laisser dépérir la preuve pendant les chicanes des créanciers.

A l'égard du marché, il est inutile de disputer sur les termes, lorsque la chose est constante. Or, il est constant que ce sont des bois de haute futaie.

1.° Parce que l'on avoit abandonné, par le bail, les taillis aux fermiers qui sont acquéreurs. Donc on leur vend toute autre chose que des taillis.

2.° Par la stipulation d'emploi, etc.

Dès le moment que la coupe des bois est certaine, l'action directe est acquise contre le possesseur du bénéfice, qui a les mêmes devoirs à remplir qu'un tuteur. Il est inutile de s'adresser aux acquéreurs.

L'action n'est point prescrite. Il faut en déduire le temps de l'administration de celui qui a mal aliéné. Le silence des religieux est une fin de non-recevoir inutile : les différentes demandes qu'ils ont formées ne les ont pas exclus d'en former de nouvelles. Qu'y a-t-il de commun entre les réparations et les dégradations ?

L'hypothèque doit remonter au jour de la prise de possession, à l'exemple du tuteur.

A l'égard de la requête à fin de dommages et intérêts, elle est sans difficulté, lorsque l'on considère que l'on devoit, aux termes des ordonnances, laisser un certain nombre de baliveaux anciens et modernes; on a tout coupé. Donc, etc.

Moyens des créanciers.

Première fin de non-recevoir. Silence des religieux parfaitement instruits de la coupe, puisqu'ils en ont rendu plainte à leur supérieur dans les visites; cependant ils attendent la mort de M. de Bellièvre.

Seconde. Ils ont demandé une certaine somme pour les réparations. Les lieux ont été visités. Arrêt du grand conseil, qui condamne les créanciers à payer 11,000 livres. Ou ils ont compris les bois sous le nom des réparations, ou non : au premier cas, ils sont payés ; au second, on doit présumer qu'ils ont transigé, ou qu'ils ont renoncé tacitement.

Nulle preuve de la coupe des bois de haute futaie.

1.° La procédure des eaux et forêts étoit attentatoire et collusoire ; elle n'a point été réparée par l'arrêt du conseil.

2.° Le marché porte précisément qu'on laissera un certain nombre de baliveaux de l'âge du taillis. Donc c'est un taillis qu'on vend.

3.° On ne rapporte point de quittance de M. de Bellièvre. Il y avoit une action directe contre les acquéreurs, et non contre des créanciers, et l'on doit comparer les religieux à des créanciers.

L'action, soit civile, soit criminelle, étoit prescrite. On observe que ces mêmes bois ont été visités par ordre du Roi, en 1668 et 1671, et à la requête de M. le Pelletier, en 1679, sans qu'on se soit jamais plaint, sans que les grands-maîtres des eaux et forêts aient fait aucune procédure.

En tout cas l'hypothèque ne pourroit avoir lieu que du jour de l'arrêt, le titre étant un acte sous seing-privé.

Quant a nous, après vous avoir expliqué les principaux moyens des parties, nous croyons qu'il est nécessaire de s'arrêter, pour ainsi dire, à l'entrée de cette cause, pour examiner les différentes fins de non-recevoir que l'on oppose à la demande des religieux de Joui.

On prétend qu'un silence de plus de quarante années, qu'ils n'ont interrompu qu'après la mort de M. de Bellièvre, et les différentes demandes qu'ils ont formées contre sa succession, sans s'être jamais plaints de la prétendue dégradation dont ils l'accusent aujourd'hui, rendent leur action non-seulement odieuse, mais encore entièrement non-recevable.

Nous pourrions répondre d'abord à ces fins de non-recevoir, qu'il étoit difficile que les religieux pussent agir contre leur abbé ; qu'ils espéroient peut-être qu'il feroit de lui-même ce que l'on auroit pu exiger de lui par l'autorité de la justice ; qu'on ne peut leur imputer la modération avec laquelle ils en ont usé à son égard ; qu'ils ont intenté leur action, non pas à la vérité aussitôt qu'il s'est démis de son abbaye, mais aussitôt qu'ils ont eu la preuve de l'aliénation dont il s'agit, et qu'ils ne sont coupables d'aucun retardement.

Sans entrer dans l'examen de ces différentes réflexions, nous nous contenterons d'observer que le silence des religieux, quelque long qu'il ait été, ne peut être opposé à l'église comme une véritable fin de non-recevoir, que lorsqu'il est capable d'établir la prescription ; sans cela l'église, qui est toujours considérée comme mineure, ne peut perdre aucun de ses droits par la négligence de ceux qui avoient l'administration de ses biens. C'est inutilement que l'on se sert de leur silence pour donner atteinte aux prétentions de leur abbaye. La loi parle toujours en sa faveur ; et, jusqu'à ce que la prescription soit accomplie, sa voix se fait toujours entendre, malgré le silence de ceux qui abandonnent ses intérêts.

Ainsi, la décision de cette première fin de non-recevoir, dépend de l'examen d'une question que nous traiterons dans la suite, et qui consistera à savoir si l'action des religieux est éteinte par la prescription.

A l'égard de la demande qu'ils ont formée contre la succession de M. de Bellièvre, pour les réparations de l'abbaye, cette fin de non-recevoir nous paroît si foible, que nous croyons qu'il suffit de la proposer pour la détruire. L'on a demandé le paiement des réparations que M. de Bellièvre étoit obligé de faire dans son abbaye. Donc on ne peut plus aujourd'hui demander compte à sa succession d'une vente de bois qui n'a été suivie d'aucun emploi. L'on a visité le monastère et les lieux qui en dépendent, pour estimer la somme à laquelle pouvoient se monter les réparations. Donc l'on a en même temps visité les bois, et l'on a jugé que tout ce que les religieux pouvoient prétendre, soit pour les réparations, soit pour la coupe de bois dont ils demandent le prix, étoit une somme de 11,000 livres.

Telles sont les conséquences qu'il faudroit tirer nécessairement, pour opposer la première demande des religieux comme une fin de non-recevoir, à celle qu'ils forment aujourd'hui.

Il est vrai qu'il auroit été à souhaiter qu'ils n'eussent point divisé leurs actions; qu'ils eussent fait paroître en même temps toutes les prétentions qu'ils pouvoient avoir contre les créanciers de la succession de M. de Bellièvre. Mais, outre qu'ils soutiennent que c'est le défaut de preuve qui les a empêchés d'intenter plutôt la demande sur laquelle vous avez à prononcer, il ne seroit pas juste que l'irrégularité de leur procédure fît perdre à leur église un droit aussi considérable que celui qu'ils prétendent avoir aujourd'hui. Si un tuteur n'a pas demandé en même temps tous les droits qui pouvoient appartenir à son mineur, le mineur est toujours recevable à exercer ses prétentions; et nous ne croyons pas même qu'un majeur pût être exclu d'intenter une pareille action, par la seule raison qu'il ne l'a point proposée dans le cours d'une première instance qu'il a eue avec la même partie. Ce moyen seroit sans aucune apparence, même à l'égard d'un majeur. Quelle peut être sa force, lorsqu'on l'oppose, non pas à un mineur, mais à l'église, qui est encore plus favorable?

Nous ne nous arrêterons donc pas davantage à ces prétendues fins de non-recevoir; et, pour nous renfermer dans ce qui est essentiel à la décision de cette cause, nous commencerons par examiner si le fait qui sert de fondement à cette contestation est certain, s'il est vrai que M. de Bellièvre ait vendu des bois de haute futaie, s'il en a reçu le prix sans en faire aucun emploi au profit de l'abbaye; quelle est l'action que les religieux peuvent exercer contre sa succession? Nous examinerons ensuite si cette action n'est point prescrite; et enfin, de quel jour les religieux peuvent avoir hypothèque sur les biens de M. de Bellièvre.

Les principes ne peuvent être douteux en cette matière. Toutes les ordonnances nous apprennent également que les bois de haute futaie qui appartiennent à l'église, sont considérés comme des immeubles ; qu'ils ne peuvent être coupés sans information de la nécessité ou de l'utilité de la vente, sans lettres-patentes du Roi, sans employer le prix de la vente en acquisition d'autres héritages qui tiennent lieu des bois qui ont été coupés.

Il est encore certain que les ordonnances comprennent, sous le nom de bois de haute futaie, les baliveaux, anciens et modernes. Les mêmes formalités sont nécessaires dans la vente des uns et des autres. Les parties conviennent que M. de Bellièvre a vendu des bois en l'année 1643, sans information, sans lettres-patentes, sans observer aucune des conditions prescrites par la loi. Il ne s'agit donc plus que de savoir quelle étoit la nature des bois qui ont été vendus, si c'étoit des bois taillis ou des bois de haute futaie.

Nous trouvons deux sortes de preuves par lesquelles les religieux prétendent faire voir que c'étoit des bois de haute futaie.

La première est tirée des informations et des procès-verbaux de visites qui ont été faites à la requête du substitut de M. le procureur-général aux eaux et forêts.

La seconde, du traité qui a été fait entre M. de Bellièvre et les acquéreurs de ces bois,

On a fait entendre plusieurs témoins qui déposent tous qu'ils ont vu couper, en l'année 1643 ou 1644, des bois de haute futaie, appelés *les Bois-Francs*. Il y a même une partie de ces témoins qui ont été employés ou à couper ou à façonner ces bois.

Par les procès-verbaux de visites, il paroît que l'on a trouvé environ deux mille cinq cents souches qui ont paru fort anciennes à l'inspection de ceux qui les ont examinées.

Si la procédure sur laquelle ces informations et

ces procès-verbaux de visites ont été faits étoit régulière, on peut dire qu'ils formeroient une preuve complète de la vérité du fait qui est articulé par les religieux de Joui; mais il semble qu'on ne puisse considérer cette procédure que comme une espèce d'entreprise sur l'autorité de la cour, qui étoit saisie de la connoissance du différend des parties. Elle l'étoit, non-seulement par l'arrêt du conseil, qui attribue à cette chambre la connoissance des contestations qui pourront naître dans la direction des créanciers de M. de Bellièvre. S'il n'y avoit que cette première raison, l'on pourroit dire qu'un substitut de M. le procureur-général aux eaux et forêts a pu légitimement ignorer cette attribution générale; qu'il ne savoit pas même si M. de Bellièvre étoit celui qui avoit fait la vente des bois de laquelle il demandoit permission d'informer; mais il est certain qu'il n'a point agi de son propre mouvement. Il est prouvé, par les faits et articles signifiés au sieur abbé le Pelletier, et qui ont été tenus pour confessés et avérés, que ce sont ses religieux qui ont porté le substitut de M. le procureur-général à rendre sa plainte, à demander permission d'informer.

Ils ne pouvoient ignorer que la connoissance de cette contestation appartenoit à la cour; ils l'avoient eux-mêmes portée dans ce tribunal. Ils avoient demandé permission de faire preuve par témoins de la coupe des bois dont ils se plaignoient; et, pendant que cette demande est indécise, ils font une procédure indirecte aux eaux et forêts, sous le nom de la partie publique, et par là ils se sont privés eux-mêmes du secours qu'ils auroient pu attendre de la preuve par témoins.

L'arrêt du conseil qui a décidé le conflit, n'a point donné à cette procédure, la force qu'elle n'avoit pas par elle-même; et, quand il a ordonné que les informations seroient apportées au greffe de la cour, pour servir ce que de raison, son intention a été de ne rien préjuger, et de vous laisser, MESSIEURS, la liberté de confirmer ou de casser toute cette procédure.

Après les réflexions que nous venons de faire, il semble qu'elle ne puisse jamais être soutenue. On ne pouvoit plus exciter le ministère de la partie publique, le délit étoit prescrit; il ne s'agissoit plus que de l'intérêt des particuliers.

Quand on auroit pu le faire, il falloit s'adresser à M. le procureur-général aux eaux et forêts, et non pas à son substitut. La cour étoit saisie, non-seulement de toutes les contestations des parties, mais encore de la même demande qui a été portée aux eaux et forêts.

D'un autre côté, l'on peut dire en faveur des religieux qu'il étoit difficile de pouvoir obtenir en la cour la preuve du fait qu'ils avoient articulé; que les créanciers de M. de Bellièvre avoient évoqué sur le fondement des parentés du sieur abbé le Pelletier; que, pendant le jugement de l'évocation, on ne pouvoit faire aucune procédure en la cour; qu'il étoit à craindre que la preuve ne dépérît; que les témoins d'un fait aussi éloigné ne fussent morts avant la décision du conflit; que d'ailleurs ils ont pu sans crime avertir le substitut de M. le procureur-général aux eaux et forêts, de la coupe des bois qui avoit été faite, et que les créanciers de M. de Bellièvre ne sont point parties capables d'être reçus opposans à la procédure faite sous le nom de la partie publique.

Nous croyons qu'il est inutile de décider ici cette difficulté, quoiqu'il paroisse quelqu'irrégularité dans la procédure des eaux et forêts. Si néanmoins la décision de la cause dépendoit de ce seul point, on pourroit la justifier en quelque manière. Mais, depuis la découverte du traité, les informations deviennent absolument superflues; et puisque les parties intéressées les ont elles-mêmes, pour ainsi dire, abandonnées, nous nous renfermerons dans l'examen de la seconde preuve, qui est rapportée par les religieux. C'est un acte sous seing-privé, par lequel M. de Bellièvre vend à trois particuliers la coupe des *Bois-Francs*, moyennant la somme de 12,000 livres. Cet acte a été reconnu; toutes les parties conviennent qu'il est signé de la main de M. de Bellièvre.

Toutes les clauses de ce traité prouvent évidemment que les bois qui sont vendus, ne sont pas des bois taillis, mais des bois de haute futaie.

Il semble même que la seule lecture de cet acte suffit pour en convaincre : il est dit que l'on vend la coupe et dépouille d'une pièce de bois, appelée *les Bois-Francs,* sans en rien réserver. Ce n'est point ainsi que l'on s'exprime dans la vente d'un taillis. Mais, sans entrer dans le détail de ces différentes observations, la seule stipulation d'emploi suffit pour décider cette question. Il est inouï qu'un abbé, en vendant une coupe de bois taillis qui lui appartient, qui est *in fructu*, se charge d'employer le prix qui en proviendra en acquisition d'héritages. Il peut jouir de ses coupes; il est considéré comme un usufruitier qui a le droit de disposer librement des fruits sans en rendre compte à personne, *potest uti et abuti :* ce n'est qu'à l'égard des bois de haute futaie qu'il est obligé de prendre des précautions; il ne peut les aliéner sans fournir en même temps un autre emploi; il n'en a que l'administration, et non pas la disposition. Ainsi, quand nous voyons le soin que prend M. de Bellièvre de promettre un emploi, nous ne pouvons douter de la qualité des bois qu'il a vendus.

Qu'oppose-t-on à une preuve si forte? Une seule expression qui se trouve dans la suite de l'acte. Les acquéreurs s'engagent à laisser seize baliveaux par arpent, de l'âge du taillis; on conclut de là que c'est un taillis qui est vendu, et non pas un bois de haute futaie.

Ceux qui ont fait cette objection, n'ont pas apparemment prévu qu'on pourroit leur répondre que dans une pièce de bois qui a cent douze arpens d'étendue, comme celle qui a été vendue par M. de Bellièvre, il y a d'ordinaire des arbres de toute sorte d'âge : il y a de la haute futaie, des baliveaux anciens et modernes, et enfin des taillis; et que quand on est convenu de laisser seize baliveaux de l'âge du taillis, bien loin qu'on ait marqué par là que les bois vendus étoient des taillis, l'on a donné au contraire une preuve sensible que c'étoit des bois de haute futaie, ou du moins des baliveaux anciens et modernes, puisque, s'il n'y avoit eu que du taillis, il auroit été inutile de marquer précisement que les baliveaux qu'on laisseroit, seroient de l'âge du taillis; il n'y auroit point eu d'erreur ni d'équivoque à craindre.

Mais d'ailleurs, ce qui détruit absolument cette objection, c'est que par les baux du revenu de l'abbaye de Joui, faits en l'année 1638, on abandonne aux fermiers la coupe des bois taillis. Nous avons observé que ceux qui acquièrent ces bois, sont les fermiers de l'abbaye. Comment peut-on croire qu'ils aient acheté, en 1643, ce qui leur étoit acquis dès l'année 1638, en vertu de leur bail ?

Enfin ces mêmes baux obligent les fermiers à laisser, en coupant les taillis qu'on leur abandonne, huit baliveaux de l'âge du taillis par arpent, outre les anciens et modernes, dans tous les bois de l'abbaye, et nommément dans les *Bois-Francs*. Il est donc constant qu'en l'année 1638, il y avoit dans ces *Bois-Francs* des baliveaux anciens et modernes que les ordonnances comparent entièrement à la haute futaie; il est certain encore qu'il n'y a point eu de coupe de ces bois jusqu'en l'année 1643 : donc en cette année, et dans le temps que le marché a été fait, ces bois étoient composés de baliveaux anciens et modernes, et par conséquent ce ne sont point des bois taillis qui ont été vendus.

Nous croyons qu'après tant de preuves si claires et si convaincantes, il seroit superflu de s'arrêter plus long-temps à établir un fait qui ne peut être révoqué en doute, et que les créanciers n'ont pas même osé nier entièrement.

Examinons maintenant les suites de cette vente. Il ne paroît point que M. de Bellièvre en ait reçu tout le prix; on ne rapporte de quittance que jusqu'à concurrence de 3500 livres. Nous ne voyons jusqu'à présent aucune preuve de l'emploi auquel il s'étoit engagé dans le contrat de vente.

Après avoir établi la vérité des faits, vous voyez, Messieurs, quels sont les principes du droit sur cette matière.

Personne n'ignore la comparaison perpétuelle que les lois ont faite de l'église avec les mineurs, la protection favorable qu'elle accorde aux uns et aux autres, les avantages égaux qu'elle leur attribue.

Si l'église est comparée aux mineurs, les évêques, les abbés, et les autres supérieurs sont comparés par la même raison aux tuteurs : on peut les considérer sous deux regards différens.

Par rapport aux fruits et au revenu du bénéfice, ils sont regardés comme des usufruitiers : ils en jouissent librement en cette qualité; l'église ne leur en demande point de compte, pourvu qu'ils en usent comme un bon père de famille.

Mais, à l'égard des immeubles et des fonds qui appartiennent à l'abbaye, tout leur pouvoir est renfermé dans les bornes d'une administration légitime; ils sont responsables envers l'église de tout ce qu'ils font en cette qualité. Autant que l'église est plus favorable qu'un mineur, autant leur conduite doit être plus régulière et plus exacte que celle d'un tuteur.

Ces principes sont aussi constans, que leur application est naturelle à cette cause. Quelles sont les obligations d'un tuteur lorsqu'il vend les biens de son pupille? Il doit observer certaines formalités, sans lesquelles la vente est absolument nulle; assembler les parens, avoir leur suffrage, instruire le prêteur de l'utilité ou de la nécessité de la vente.

Mais la plus essentielle et la plus importante de toutes ces conditions, c'est qu'en même temps qu'il aliène un immeuble appartenant à son mineur, il emploie le prix qu'il en reçoit, ou à payer ses dettes, ou à acquérir un autre fonds qui répare la perte que fait le mineur : *in rem minoris convertat.*

Toutes les autres formalités peuvent se couvrir par la longueur du temps, par l'utilité que le mineur a tirée de la vente ; le seul défaut d'emploi est absolument irréparable.

Ce n'est pas même le mineur qui est obligé à prouver que l'emploi n'a point été fait, que son tuteur a laissé perdre son bien ; c'est au contraire au tuteur que les lois demandent la preuve de l'emploi. Il contracte une obligation tacite avec son pupille ; il s'engage à remplacer les fonds qu'il aliène ; il ne peut être déchargé de cette obligation qu'en rapportant la preuve de ce remplacement.

Telles sont les conditions que l'utilité publique a imposées à l'aliénation des biens d'un mineur ; celles que les mêmes motifs ont prescrites pour la vente des biens qui appartiennent à l'église, ne sont ni moins sévères, ni moins indispensables.

Un abbé, ou tout autre administrateur, ne peut entreprendre de disposer d'un bois de haute futaie, sans que l'autorité publique y intervienne, sans que le Roi, qui est le protecteur de l'église, y consente ; sans que la religion de ses juges soit instruite par une information qui prouve la nécessité de la vente, mais surtout sans faire aussitôt un emploi de la somme qui en est le prix. Sans cela il en est responsable, et il est juste que tout son bien soit garant de la perte que fait l'église. Elle n'est point obligée, non plus qu'un mineur, de prouver le défaut d'emploi, la preuve en est toujours rejetée sur l'abbé, comme sur le tuteur légitime.

Appliquons ces principes à l'espèce de cette cause : un abbé est un tuteur, il doit satisfaire à certaines formalités en vendant le bien de l'église, il doit convertir *in rem Ecclesiæ*, tout ce qu'il en reçoit.

M. de Bellièvre n'a suivi aucune des conditions essentielles que la loi lui prescrivoit ; il n'a prouvé par aucune information la nécessité de la vente ; il n'a point obtenu des lettres-patentes ; il ne paroît point qu'il ait fait aucun emploi du prix qu'il a reçu : ce seroit à lui à le justifier, il n'ose pas entreprendre de le faire ; en faut-il davantage pour prononcer sa condamnation ?

Nous n'avons garde de l'accuser ici d'avoir abandonné par intérêt, ou par quelque autre motif indigne de sa naissance, le soin de son église ; il suffit d'opposer un nom aussi vénérable que celui qu'il portoit, pour dissiper tous les soupçons que l'on pourroit concevoir contre sa conduite. Les vertus et les grandes qualités de ses ancêtres, sont d'illustres garans de la droiture de ses intentions ; et s'il est vrai qu'il n'ait pas entièrement satisfait à tout ce que la loi exigeoit de lui dans cette occasion, il faut en accuser ses grandes occupations, qui ne lui permettoient pas, au milieu des ambassades importantes dont il a été chargé plusieurs fois, de s'attacher exactement au soin de ses affaires particulières. Il est à plaindre d'avoir confié l'administration de ses biens à des gens d'affaires, ou peu instruits, ou mal intentionnés ; mais il n'est pas juste que l'église soit punie de leur négligence.

Ainsi, après vous avoir montré que toutes les règles générales se déclarent contre M. de Bellièvre, il semble que nous n'aurions plus à examiner que la question de la prescription et de l'hypothèque. Cependant nous croyons qu'il est à propos de répondre à quelques objections que l'on peut faire en faveur des créanciers, et d'examiner si les circonstances particulières de la cause ne doivent point vous porter à vous écarter de la sévérité des maximes ordinaires.

On oppose la faveur des créanciers à celle de l'église ; des créanciers légitimes qu'on ne peut accuser d'aucune négligence, qui ne sont point instruits de tout ce que M. de Bellièvre peut avoir fait dans l'administration de son abbaye, et de l'autre côté, des religieux qui possèdent tous les titres, et peut-être ceux mêmes qui contiennent la preuve de l'emploi qu'ils demandent aujourd'hui.

Cette objection prouve à la vérité que la condition des créanciers est fort malheureuse; mais elle ne peut rendre leurs défenses plus légitimes. Ils doivent être considérés comme les véritables héritiers de M. de Bellièvre; il leur a abandonné tout son bien, toutes ses actions actives et passives; ils sont ses successeurs à titre universel; ils le représentent aujourd'hui; ils ne peuvent se dispenser de payer les dettes antérieures à leurs créances, sur les biens dont ils jouissent.

Il est vrai que les lois ont toujours traité plus favorablement les héritiers des tuteurs, que les tuteurs mêmes; elles n'ont point voulu que tout ce qu'il y avoit de pénal dans les actions d'un pupille contre son tuteur, tout ce qui pouvoit noter la personne, comme l'action *de dolo*, et les autres semblables, pût être intenté contre les héritiers. Mais à l'égard de l'intérêt civil, et de la perte que souffre le mineur, les héritiers en sont tenus, ou pour mieux dire la succession du tuteur en est responsable.

Ainsi, si le tuteur est obligé de payer à son pupille les intérêts de l'argent qu'il a entre les mains, la loi y soumet également son héritier. S'il a aliéné un bien qui appartenoit à son pupille, la même action qui pouvoit être formée contre lui, peut être intentée contre son héritier. S'il devoit fournir la preuve de l'emploi, son héritier la doit établir de la même manière, parce qu'il représente le tuteur dans toutes les actions qui ne sont point du nombre de celles que le droit appeloit *famosas actiones*.

La qualité des créanciers ne peut donc point les exempter de l'action qui est intentée aujourd'hui contre eux; et la qualité des religieux ne les rend pas incapables de demander la preuve de l'emploi. La déclaration qu'ils ont faite, qu'ils consentent que l'on compulse leurs titres, que l'on examine tous leurs registres, pour voir si l'on y trouvera quelque vestige de l'emploi du prix de la vente des bois, justifie suffisamment la sincérité de leurs défenses.

La seconde objection paroît plus susceptible de difficulté : sa décision consiste à savoir si les religieux de Joui peuvent avoir une action directe contre la succession de M. de Bellièvre, ou une action en garantie, en cas que ceux qui ont acquis les bois ne soient pas solvables.

Cette difficulté est fondée sur la clause particulière de l'acte dont il s'agit. Il n'est point dit que M. de Bellièvre ait reçu la somme de 12,000 livres, ni qu'il en ait profité : au contraire, l'acte porte en termes exprès que les acquéreurs ne paieront cette somme que sur les mandemens qui leur seront délivrés par M. de Bellièvre, à mesure que les occasions se présenteront de retirer quelque héritage aliéné par l'abbaye. Il n'est pas impossible qu'il n'ait point reçu cette somme, qu'elle soit encore due par les acquéreurs : c'étoit contre eux qu'il falloit intenter l'action directe. Peut-être que si on les avoit mis en cause, ou ils seroient convenus que cette somme n'avoit point été payée, ou plutôt ils auroient rapporté des quittances où l'on auroit trouvé sans doute la preuve de l'emploi que l'on cherche. Au lieu de suivre cet ordre naturel, d'attaquer directement les acquéreurs, et d'exercer ensuite une action en garantie contre les créanciers, on affecte de se pourvoir uniquement contre ceux qui, n'étant point instruits des affaires particulières de M. de Bellièvre, ne peuvent prouver l'emploi qu'on leur demande.

Cette objection a plus d'apparence que de solidité. C'est un principe qu'on ne peut révoquer en doute, que lorsqu'un tuteur a aliéné le bien de son pupille, l'on peut intenter l'action directe contre lui, sans commencer par poursuivre les acquéreurs; et, puisque l'église et les mineurs ont les mêmes priviléges, ce principe doit avoir lieu à l'égard des abbés et des autres administrateurs des biens ecclésiastiques. La condition de l'église et des mineurs seroit bien malheureuse, s'ils étoient obligés de s'adresser à tous ceux qui peuvent avoir acquis leurs biens, avant que de pouvoir attaquer celui qui les a vendus. Ils seroient contraints d'essuyer plusieurs procès avec des débiteurs insolvables, et la loi qui défend l'aliénation de leurs biens, leur seroit plus nuisible qu'avantageuse. Il est vrai qu'ils ont le choix, et qu'ils peuvent se pourvoir ou contre les administrateurs, ou contre les acquéreurs, ou même contre tous les deux : mais de prétendre qu'ils n'aient qu'une action en garantie contre ceux qui ont vendu leurs biens, ce seroit attaquer directement les premiers principes de droit; l'on peut dire même que le tuteur ou tout autre administrateur est le principal obligé. Le mineur ou l'église lui ont confié l'administration de leurs biens : il s'est engagé, en acceptant cette administration, à rendre les biens dans le même état qu'il les a reçus. S'il n'est pas obligé de restituer précisément les mêmes corps de biens : il doit au moins en rendre qui soient d'une même qualité, et il doit prouver que c'est la nécessité de l'administration qui l'a obligé de changer la nature des biens qui ont été commis à ses soins.

Ainsi, dans l'espèce de cette cause, dans le temps que M. de Bellièvre a pris possession de l'abbaye de Joui, il avoit contracté une obligation tacite avec l'abbaye, par laquelle il promettoit de conserver les biens qui lui étoient confiés, de ne point les aliéner sans nécessité, et sans fournir en même temps un autre emploi. Maintenant sa tutelle est finie, le temps de son administration est expiré ; l'église lui demande compte de ses biens, et particulièrement de ses bois qui ne sont plus en nature. Cette obligation ne produit-elle pas une action directe contre sa succession ? Est-il nécessaire de recourir aux acquéreurs? Il suffit que l'église ne reçoive pas des mains de M. de Bellièvre les biens qu'elle avoit confiés à son administration, qu'elle ne retrouve point d'autres biens équivalens ; il n'en faut pas davantage pour pouvoir l'attaquer directement.

Nous pouvons dire même que cette maxime est beaucoup plus favorable dans l'espèce de cette cause que dans toute autre occasion; ce n'est point une terre qui ait été vendue, un bien qui subsiste encore aujourd'hui, et que l'abbaye de Joui puisse revendiquer par une action réelle. L'on pourroit croire peut-être dans une pareille espèce, qu'il seroit naturel d'ordonner que les religieux se pourvoiroient contre les acquéreurs, auxquels on ne pourroit refuser leur recours contre leur vendeur. Quoique cette décision fût contraire aux principes qui donnent toujours le choix à l'église et aux mineurs, elle auroit néanmoins quelque apparence. Mais les biens qui ont été vendus, ne subsistent plus : ce sont des bois qui ont été consommés, pour lesquels on ne peut avoir une action réelle, et dont un abbé doit nécessairement rendre le prix.

Mais, dit-on, il n'est pas certain qu'il ait reçu ce prix. C'est le dernier retranchement dans lequel les créanciers ont été obligés de se renfermer, et qui ne nous paroît pas plus difficile à détruire que les premières objections.

Il est vrai qu'on ne rapporte des quittances de M. de Bellièvre, que de la somme de 3500 livres ; mais nous croyons qu'il est fort indifférent de savoir s'il a reçu la somme entière de 12,000 livres, ou s'il ne l'a point reçue : dans l'un et dans l'autre cas la cause des créanciers n'est pas plus favorable.

S'il l'a reçue, il a dû en faire un emploi; et s'il ne l'a point reçue, il y a une double négligence, et de n'avoir pas employé ce prix d'une manière utile à l'abbaye, et d'avoir vendu des bois sans en poursuivre le paiement.

Après toutes ces réflexions, après vous avoir montré que les religieux ont une action directe contre M. de Bellièvre ; qu'il est leur principal obligé, soit qu'il ait reçu le prix de la vente des bois, soit qu'il ne l'ait point reçu, il ne nous reste plus qu'à examiner s'il ne seroit pas nécessaire d'ordonner, avant faire droit, que les acquéreurs seroient mis en cause ; afin d'apprendre au moins par leur témoignage et par les actes qu'ils rapporteront, s'il n'y a point eu d'emploi des deniers qu'ils ont apparemment fournis à M. de Bellièvre. Il semble que jusque-là il manque encore quelque chose à l'entier éclaircissement de cette affaire, d'autant plus que l'on peut dire que la longueur du temps qui s'est écoulé, met la présomption en faveur de l'acte, et qu'il y a lieu de croire que la stipulation d'emploi qu'il contient a été exécutée.

Nous pensons, à cet égard, qu'il étoit du devoir des créanciers, et non pas des religieux; de se pourvoir contre les acquéreurs, s'ils croyoient pouvoir trouver par cette voie la preuve de l'emploi qui fait le sujet de cette contestation. Ils étoient obligés par la loi d'établir cette preuve; elle ne pouvoit être exigée des religieux, auxquels il suffit, pour leur défense, de dire qu'on a vendu leur bien, et que cette perte n'a point été réparée.

Depuis plus de trois années que cette instance est en état d'être jugée, les créanciers n'ont fait aucune poursuite contre les acquéreurs; ils sont demeurés dans le silence. Ils conviennent tacitement par là, que la présence des acquéreurs ne leur seroit pas favorable; ils ne demandent pas même aujourd'hui permission de les faire assigner. Peut-on leur accorder une preuve qu'ils ne demandent pas, et les obliger à établir la vérité d'un fait qu'ils n'ont pas articulé, et que, par conséquent, ils ne sont pas obligés de soutenir?

Quand l'on conviendroit que la longueur du temps met la présomption en faveur de l'acte, il faudroit convenir en même temps qu'elle est combattue par une autre présomption, qui n'est ni moins forte ni moins considérable; c'est celle que l'on peut tirer de quelques quittances qui ont été données par M. de Bellièvre, et dans lesquelles on ne trouve aucune mention de l'emploi stipulé par le contrat de vente. Il n'est pas à présumer que ses gens d'affaires aient été plus exacts dans les autres quittances qui ne sont point rapportées, que dans celles que nous voyons. Il y a apparence que, dans les unes et dans les autres, on a également oublié la clause d'emploi qui avoit été insérée dans le contrat de vente des bois. Ainsi, l'on oppose présomption à présomption, et celle que l'on emprunte des quittances qui sont rapportées, n'est pas moins forte que celle que l'on tire de la longueur du temps. Dans le concours de ces différentes conjectures, il faut toujours s'attacher à la règle, et rentrer dans le droit commun, qui oblige un administrateur à fournir un emploi des deniers qu'il a reçus, et qui le condamne faute de l'avoir fait.

S'il est certain, comme on n'en peut douter, que les religieux peuvent exercer une action directe contre la succession de M. de Bellièvre, il ne nous reste plus qu'à examiner si cette action est éteinte par la prescription, et cette seconde partie de la cause ne peut recevoir aucune difficulté.

Si la prescription avoit pu courir contre l'abbaye de Joui, il est certain qu'elle seroit accomplie par l'espace de quarante-deux années qui se sont écoulées depuis la vente des bois jusqu'à la demande formée en l'année 1685 par les religieux. Mais, tout le monde sait qu'il est des premiers principes de la prescription, qu'elle ne peut point commencer tant que celui qui a fait l'aliénation dont on se plaint, demeure en possession du bénéfice. L'on a toujours distingué la personne du tiers-détenteur, de celle de l'abbé qui a fait la vente, ou même des acquéreurs : la bonne foi du premier, et la bonté apparente de son titre, le rend digne de la protection des lois, et permet à la prescription de courir en sa faveur; mais à l'égard des autres, et principalement de l'administrateur ecclésiastique qui a vendu les biens de son abbaye, la longueur du temps ne peut jamais le rendre favorable. L'obligation qu'il contracte avec son abbaye par l'irrégularité de la vente, se renouvelle tous les jours, et la longue jouissance du bénéfice ne sert qu'à rendre sa conduite moins favorable, et à fortifier son engagement. Cette maxime est fondée sur l'autorité du droit civil, qui refuse aux pères qui ont administré le bien de leurs enfans, le secours de la prescription : *Nullam poterit præscriptionem opponere filiis, quandocumque rem suam vindicantibus.* Ce sont les termes de la loi 1, *cod. de Bonis maternis.* Il est vrai que, quoique Constantin ait ôté aux pères, par cette loi, toutes sortes d'espérances de pouvoir se servir de la prescription, la sévérité de cette prohibition a été modérée dans la suite, et que Justinien, dans la Novelle 22, a voulu que cette action pût être prescrite par le laps de trente années. Mais ce temps ne commence à courir que du jour que les enfans sont devenus *sui juris*, qu'ils ont été affranchis des liens de la puissance paternelle, ou par la mort de leur père ou par l'émancipation.

Les canons ont appliqué cette disposition aux administrateurs ecclésiastiques. Ils n'ont pas voulu que la prescription pût courir pendant que l'église seroit, en quelque manière, sous la puissance et sous l'autorité de ceux qui ont aliéné ses biens, et la mort seule, ou la démission des supérieurs, rend à l'église le pouvoir d'agir, et fait commencer la prescription.

Nous pouvons ajouter encore une autre raison, qui n'est pas moins forte que la première, et qui se tire de ce que l'église étoit dans une espèce d'impuissance d'interrompre la prescription, puisque, pendant l'administration de M. de Bellièvre, il ne pouvoit pas agir contre lui-même; et, comme on ne peut reprocher à son successeur aucune négligence, ce seroit en vain que l'on voudroit argumenter du silence des religieux.

Nous n'entrerons donc point dans la discussion de ces procès-verbaux de visites, qu'on prétend avoir été faits en l'année 1668 et 1671; il seroit aisé de faire voir qu'on ne peut les opposer aux religieux mêmes, puisque, si l'on a visité les bois de l'abbaye de Joui en ce temps-là, ce n'est point par rapport à l'intérêt des religieux que cette visite a été faite, mais par rapport à l'intérêt du Roi.

Quand on pourroit imputer quelque négligence aux religieux, ce reproche ne pourroit jamais être fait au successeur de M. de Bellièvre, que l'on ne peut accuser d'avoir gardé un trop long silence, et qui seul est partie capable pour former la demande sur laquelle vous avez à prononcer.

La seule difficulté (si néanmoins elle peut mériter ce nom) se réduit maintenant à savoir de quel jour l'abbaye de Joui aura hypothèque pour le paiement d'une dette juste et légitime, et que la prescription n'a pu éteindre. On prétend qu'elle ne peut l'avoir que du jour de la condamnation, parce que son titre est un acte sous seing-privé, qui n'emporte point d'hypothèque.

Les maximes de droit et la jurisprudence des arrêts, détruisent également cette objection.

Les termes de la loi sont si clairs, qu'il suffit de les exposer ici, sans en faire aucune explication.

Dubitabatur ex quo tempore hypothecas competere oportet, utrumque ab initio, an ex eo tempore ex quò malè aliquid gestum est. Compendiosâ narratione interpretamur initium gerendæ...... administrationis esse spectandum, et non tempus ex quo malè aliquid gestum fuerit.

C'est ainsi que s'explique la loi 6, § 4, *cod. de Bonis quæ liberis;* et, quoique cette loi n'ait eu en vue que les pères administrateurs des biens adventices, elle a mérité par sa justice d'être étendue à toutes les espèces semblables.

On l'a appliquée aux tuteurs, au mari dans les biens de sa femme, et enfin aux abbés et autres administrateurs ecclésiastiques. L'église a hypothèque du jour de la prise de possession pour les réparations; et, comme il est encore plus important d'empêcher les aliénations des biens de l'église, que de veiller à l'entretien de ses bâtimens, on ne peut douter que si, dans un cas, les arrêts ont toujours donné hypothèque à l'église, du jour de la prise de possession, on ne doive le faire, à plus forte raison dans un autre, qui est beaucoup plus favorable. La raison qui a fait établir cette jurisprudence est manifeste : en même temps qu'un abbé prend possession de son abbaye, il contracte une obligation tacite avec elle d'administrer ses biens comme un sage tuteur, comme un bon pere de famille. Toutes les fautes qu'il peut commettre dans son administration, sont autant d'infractions de ce traité qui l'engage avec son abbaye; et, pour réparer les pertes qu'elle souffre, il est juste qu'elle ait hypothèque du jour de ce quasi-contrat, par lequel un abbé oblige tacitement tous ses biens, comme un gage de la fidélité de son administration. Les créanciers qui ont contracté avec lui dans la suite, ne peuvent se plaindre; ils n'ont pu ignorer la qualité de leur débiteur; ils ont dû savoir que cette qualité le rendoit responsable envers son église, de tout ce qu'il pouvoit faire contre ses intérêts; qu'il étoit engagé avec elle avant que de contracter aucune obligation avec eux, et que son titre étoit antérieur à leur créance.

Le titre des religieux n'est point l'acte sous seing-privé, par lequel on a vendu les bois dont il s'agit; ce traité peut servir de preuve, mais non pas de fondement à leur demande. Il suffit qu'il soit constant, qu'il y ait eu des bois vendus sans emploi. Que la vérité de ce fait soit établie sur un acte public ou particulier, cela est peu essentiel à la décision de cette cause dans laquelle il ne s'agit que de prouver l'aliénation. Aussitôt qu'elle est certaine, le contrat en vertu duquel les religieux agissent, est cette obligation tacite dont nous avons déjà parlé tant de fois; à l'exécution de laquelle M. de Bellievre a soumis tous ses biens, en prenant possession de l'abbaye.

Ainsi, MESSIEURS, vous voyez où se réduit cette contestation. Les fins de non-recevoir, que l'on oppose aux parties de Me de Tessé, sont si foibles, qu'elles ne méritoient presque pas de réponse. Le silence des religieux ne peut être opposé au successeur de M. de Bellièvre, ni aux religieux mêmes, dès le moment qu'il n'est pas capable de former une prescription. La seconde demande des religieux n'est point contraire à la première : après avoir demandé le paiement des réparations dont M. de Bellièvre étoit chargé, ils ont pu demander le prix de l'aliénation qu'il a faite. La qualité des bois qui ont été vendus ne peut être révoquée en doute. La seule lecture du contrat de vente en est une preuve suffisante; la loi donne une action directe aux religieux, contre les représentans M. de Bellièvre, soit qu'il ait reçu le prix, soit qu'il ne l'ait point reçu. Ce seroit inutilement que l'on proposeroit de mettre les acquéreurs en cause, puisque les créanciers, qui devroient le désirer pour établir la preuve de l'emploi, ne le demandent point encore à présent, et se condamnent par leur silence. En un mot, l'aliénation est constante, l'emploi n'est point prouvé; on ne prétend pas même en faire la preuve. L'action des religieux est juste et régulière, elle est fondée sur les dispositions civiles et canoniques; elle n'a pu être ni effacée par la longueur du temps, ni détruite par les prétendues fins de non-recevoir qu'on lui oppose; l'hypothèque est acquise aux religieux du jour de la prise de possession.

Ainsi, par ces considérations, nous estimons qu'il y a lieu d'ordonner, ayant égard à la requête des religieux, qu'ils seront colloqués du jour de la prise de possession de M. de Bellièvre, pour la somme de 12,000 livres; et, pour les intérêts, à compter du jour que le sieur abbé le Pelletier a pris possession de l'abbaye de Joui.

Arrêt prononcé après un délibéré sur le registre, le 30 août 1691, par M. le président Brissonnet.

Entre messire Michel le Pelletier, abbé commendataire de Notre-Dame de Joui, ordre de Cîteaux, et les religieux, prieur et couvent de ladite abbaye, demandeurs aux fins des requêtes par eux présentées à la cour, les vingt-six mai mil six cent quatre-vingt-cinq, premier août mil six cent quatre-vingt-sept et vingt-sept mars mil six cent quatre-vingt-onze, tendantes, la première, à ce qu'il fût ordonné que, sur les deniers restans à distribuer du prix des biens vendus et à vendre sur la succession de feu messire Pierre de Bellièvre, les demandeurs seroient colloqués du jour que ledit feu messire Pierre de Bellièvre a été pourvu et a pris possession de ladite abbaye de

Joui, ou en tout cas, du dix-sept mars mil six cent quarante-trois, de la somme de 12,000 livres, du prix de la vente de la pièce de cent douze arpens de bois dépendans de la forêt de Joui, appelée les Bois-Francs, par lui faite à Gabriel de Joui, François Potet et Jean Leroi, par un écrit sous seing-privé du dix-sept mars mil six cent quarante-trois, des intérêts de ladite somme, à compter du jour de la prise de possession dudit sieur abbé le Pelletier, l'un des demandeurs; et, en cas de contestation, les contestans condamnés aux dépens. La seconde, à ce que, où la cour feroit difficulté de prononcer définitivement sur les conclusions de la première requête, et que les faits articulés par les demandeurs, par leur seconde requête, concernant la vérité de la vente desdits bois, de la coupe d'iceux et du temps que ladite coupe a été faite, fussent déniés par les défendeurs, il fût permis auxdits demandeurs d'en faire preuve par-devant tel juge qu'il plairoit à la cour de commettre; et, à cet effet, d'obtenir et faire publier monitoire en forme de droit, même que la pièce de terre appelée les Bois-Francs, seroit vue et visitée par experts et gens à ce connoissans, dont les parties conviendroient pardevant ledit commissaire, et que lesdits experts rapporteroient et donneroient leur avis sur le temps que lesdits bois avoient été coupés; pour ce fait, être pourvu ainsi qu'il appartiendroit. Et la troisième requête, à ce qu'en adjugeant aux demandeurs les fins et conclusions par eux prises par leur première requête, lesdits défendeurs fussent condamnés aux dommages et intérêts des demandeurs pour la dégradation desdits bois, et la détérioration faite pour n'avoir laissé les baliveaux des trois derniers âges, lesquels dommages et intérêts seroient estimés par experts et gens à ce connoissans; ensemble les intérêts de la somme à laquelle seroient jugés monter les dommages et intérêts résultans de ladite dégradation, à compter du jour de ladite troisième requête, jusqu'à l'actuel paiement, et en tous les dépens, d'une part; et messire Jean de Longueil, chevalier; messire Julien Coignet, conseiller en la cour, et consorts, créanciers et directeurs des droits des autres créanciers dudit défunt messire Pierre de Bellièvre, vivant, conseiller du roi en ses conseils, et d'honneur en ladite cour, et abbé de ladite abbaye de Joui, défendeur, d'autre part. Et encore entre lesdits sieurs directeurs, demandeurs en requête du trente-un dudit mois de mars mil six cent quatre-vingt-onze, à ce qu'ils fussent reçus opposans aux arrêts en dernier ressort, obtenus en la juridiction des eaux et forêts par ledit sieur le Pelletier, abbé de Joui, et lesdits religieux de ladite abbaye, sous le nom du substitut de M. le procureur-général, les dix-sept septembre mil six cent quatre-vingt-sept et six avril mil six cent quatre-vingt-huit, et appelans de l'information et procès-verbal de visite faite en exécution desdits jugemens en dernier ressort, et de tout ce qui s'en est ensuivi, tant comme de juge incompétent qu'autrement, par attentat et au préjudice de la juridiction de la cour; faisant droit sur lesdites oppositions ou appellations, que les jugemens, informations, visite, et toute la procédure faite aux eaux et forêts fût déclarée nulle, attentatoire et abusive, et au principal, lesdits sieurs abbé et religieux de Joui, déboutés de leur demande, et condamnés aux dépens, d'une part; et ledit sieur le Pelletier, abbé de Joui, et lesdits religieux de ladite abbaye, défendeurs, d'autre part. Après que Tessé, avocat desdits abbé et religieux, et de Rets, avocat des directeurs, ont été ouïs, ensemble d'Aguesseau, pour le procureur-général du roi, en la cause plaidée pendant cinq audiences:

LA COUR, en la troisième des enquêtes, ordonne qu'elle en délibérera sur le registre; et, après qu'elle a délibéré, ordonne que les parties de de Rets mettront en ordre les parties de Tessé, du jour de la prise de possession du défunt sieur de Bellièvre, pour la somme de douze mille livres, faisant le prix des bois vendus dont est question, et intérêts d'icelle, à compter du jour du présent arrêt; et, sur le surplus des demandes, ensemble sur l'appel et opposition, met les parties hors de cour, dépens compensés.

DIXIÈME PLAIDOYER.

DU 3 DÉCEMBRE 1691.

Dans la cause de la dame DE MARTIGNY et de ses enfans.

Il s'agissoit des testamens et codicille d'un père et d'une mère qui avoient un procès contre leur fille, qu'elle attaquoit comme faits ab irato.

VOUS avez à prononcer entre la mère et les enfans un arrêt dont la décision doit être toujours également triste à toutes les parties qui l'attendent, puisque la mère ne peut défendre sa cause qu'en accusant ses enfans de calomnie, et que les enfans ne peuvent justifier leur conduite, qu'en convaincant leur mère de dureté pour eux, et de mépris pour les dernières volontés de ceux qui leur ont donné la naissance.

La date des différends qui servent ou de sujet ou de prétexte à cette contestation, est presque aussi ancienne que celle du contrat de mariage de l'appelante.

Le sieur Warnet, son père, doyen des conseillers du bailliage de Laon, jouissoit d'un bien considérable; il avoit eu deux enfans de son mariage avec Anne de la Mer, une fille qui est l'appelante, un fils qui est mort long-temps avant son père et sa mère, et dont le sieur de la Mer, un des intervenans, a épousé la fille.

En l'année 1657, l'appelante épousa le sieur de Martigny, qui étoit alors lieutenant-particulier au bailliage de Laon, et qui, dans la suite, a exercé la charge de lieutenant-général à Soissons.

Des héritages qui peuvent être estimés environ huit ou neuf mille livres, dix mille livres d'argent comptant, composèrent toute la dot qui lui fut promise par le sieur Warnet.

Nous disons qu'elle lui fut promise, parce que le contrat de mariage n'est point quittancé, et qu'il est encore incertain si toute la somme de dix mille livres a été payée au sieur de Martigny. Il a soutenu pendant sa vie, et sa veuve le soutient encore après sa mort, qu'il n'avoit reçu que la somme de cinq mille livres. Le sieur Warnet a prétendu au contraire, et ses héritiers après lui, que le contrat de mariage de sa fille étoit entièrement acquitté.

Quoiqu'il en soit, nous voyons qu'en l'année 1667, un mois avant l'expiration des dix années, terme fatal pour exiger le paiement de la dot, le sieur de Martigny en forma sa demande par-devant le prévôt de Senlis; demande qui a été abandonnée dans sa naissance, et qui n'a été renouvelée qu'en l'année 1683.

Pendant cet intervalle, il s'est passé plusieurs choses importantes dans la famille du sieur de Martigny.

Il avoit eu deux enfans de son mariage avec l'appelante, et ce sont ceux qui ont mérité dans la suite d'être préférés à leur mère dans le testament de leur aïeul.

Soit que le sieur Warnet eût bien voulu se charger du soin de leur éducation, soit que la négligence et la dureté de leur père les eût obligés d'avoir recours à la tendresse et à l'affection de leur aïeul, il paroît qu'ils ont toujours été beaucoup plus attachés à ses intérêts qu'à ceux du sieur de Martigny.

Négligeant ses enfans, ou abandonné par eux, il eut encore le malheur de voir ses affaires tomber dans le désordre; sa charge, saisie réellement, sa femme, obligée de demander et d'obtenir, en l'année 1672, une sentence de séparation de biens contre lui.

Tel étoit l'état de sa famille en l'année 1683,

lorsque la dame de Martigny, son épouse, demanda une seconde fois à son père le paiement des cinq mille livres qu'elle prétendoit lui être encore dues sur sa dot. Le sieur de Martigny intervint dans l'instance; on prétend que les défenses du sieur Warnet, ne furent point uniformes; qu'il varia dans ses réponses; qu'il soutint d'abord que l'on devoit faire compensation des nourritures qu'il avoit fournies à ses petits-enfans, avec la dot qui lui étoit demandée; qu'il eut recours ensuite à l'autorité de la prescription; et qu'enfin il représenta une quittance par laquelle il cherchoit à justifier qu'il avoit payé la somme entière de dix mille livres au sieur de Martigny.

Cette quittance acheva de troubler l'union qui devoit être entre des personnes si proches : elle n'eut pas été plutôt communiquée au sieur et à la dame de Martigny, qu'ils crurent y découvrir des marques indubitables de supposition et de fausseté; ils accusèrent le sieur Warnet d'avoir ajouté un 6 pour composer la somme entière de dix mille livres; ils formèrent une inscription en faux contre cette quittance.

Nous ne parlerons point ici d'un nombre infini de procédures qui furent faites pour lors. Nous passons à des faits plus importans, et nous nous contenterons de remarquer qu'il y eut un dernier arrêt qui ordonne que les parties procéderoient par-devant le bailli de Senlis.

Un incident qui sembloit d'abord devoir terminer les contestations des parties, ne servit au contraire qu'à les aigrir, et à les irriter encore plus les uns contre les autres.

Le sieur de Martigny, après avoir fait plusieurs sommations à son beau-père de lui payer la somme de dix-sept cents livres en déduction de celle de cinq mille livres qu'il lui devoit, pour l'employer à payer la paulette de sa charge, passe, le 30 décembre de l'année 1685, un acte avec le sieur Warnet, par lequel il reconnoît que son beau-père lui a prêté la somme de dix-sept cents livres pour payer la paulette ; il promet de faire insérer dans la quittance de finance, qu'il a payé cette somme des deniers du sieur Warnet ; il oblige sa charge, il l'affecte spécialement au paiement de cette dette ; il fait plus, sa femme intervient dans ce traité, elle s'oblige solidairement avec lui, et l'un et l'autre se désistent de toutes les poursuites qu'ils avoient intentées contre leur père, ou du moins ils s'interdisent le pouvoir de les continuer jusqu'à ce qu'ils lui aient rendu la somme de dix-sept cents livres.

Le sieur de Martigny avoit su prendre ses précautions contre un consentement que la nécessité lui arrachoit, par des protestations dans lesquelles il expose que le sieur Warnet abuse de la conjoncture fâcheuse dans laquelle il se trouve, pour exiger de lui un désistement contraire à ses intérêts, le dernier jour de la paulette, et qu'il a été obligé de consentir à toutes les propositions qui lui ont été faites, plutôt que de s'exposer à perdre la charge dont il étoit revêtu.

Il ne crut pas, dans la suite, que cet acquiescement involontaire pût l'engager. Il renouvela ses poursuites tant contre le sieur Warnet, que contre la dame Warnet sa femme ; leur défense commune fut le désistement du sieur de Martigny. Les lettres du sieur Warnet à son procureur lui prescrivent de n'opposer aucun moyen à ses parties, que la fin de non-recevoir qui résulte de cet acte.

Le procès s'instruit à Senlis. Les juges rendent une sentence qui appointe les parties en droit ; le sieur Warnet en interjette appel : l'année 1686 se consomme en procédures inutiles.

En 1687, Anne de la Mer, femme du sieur Warnet, meurt. On trouve, après sa mort, un testament olographe, daté du 12 septembre 1668, dont il est nécessaire d'expliquer toutes les dispositions.

Elle veut qu'après son décès, ses petits-enfans prennent la même part et portion que Barbe Warnet sa fille eût eue dans ses biens, en rapportant le mariage de leur mère, à laquelle elle ne lègue qu'une pension viagère de trois cents livres.

Elle prie le sieur Warnet, son mari, qui a toujours tendrement aimé ses petits-enfans, de se charger du soin d'être leur curateur, et, après sa mort, François Warnet, son fils, ou à son défaut, le plus proche parent du côté maternel.

Elle déclare qu'elle ne veut pas, pour de justes causes, que leur père et leur mère aient l'administration de leurs biens, ni qu'ils jouissent du fruit de leurs immeubles pendant leur bas âge.

Si quelqu'un de ses petits-enfans meurt en minorité, elle appelle les survivans à sa succession; s'ils décèdent tous en bas âge ou sans enfans, elle leur substitue son fils, à l'exclusion de sa fille.

Telles sont les dernières volontés de la mère. Quel en a été le motif? Aversion pour sa fille, ou prédilection pour ses petits-enfans; c'est, Messieurs, ce que vous avez à décider.

Le sieur de Martigny se joignit à sa femme pour attaquer la disposition de la dame Warnet. On prétend que c'est dans ce temps de haine et d'aigreur, pendant que les enfans étoient révoltés contre le père, et que le sieur Warnet entretenoit secrétement cette division domestique, qu'il a fait le testament olographe et le codicille dont on attaque aujourd'hui la validité.

Le testament est daté du 15 juin de l'année 1667, un mois avant l'action intentée par le sieur de Martigny pour le paiement de la dot de sa femme.

Il est parfaitement semblable à celui de la dame Warnet, non-seulement dans les clauses qu'il contient, mais même dans les expressions, si l'on en excepte quelques-unes, qui sont entièrement inutiles à la décision de cette cause.

Le codicille, qui suit immédiatement le testament du père, est daté de l'année 1688. Il y rend raison de sa conduite et de celle de sa femme; il déclare que c'est le désordre des affaires du sieur de Martigny, la crainte qu'ils ont eue que le reste de leurs biens ne passât hypothécairement aux créanciers, dont il étoit accablé; enfin, le peu de soin que le sieur et la dame de Martigny ont eu de s'acquitter du devoir d'un père et d'une mère, qui les ont obligés à lui préférer ses enfans.

Il réduit, par ce codicille, Gennebaut de Martigny, l'un de ses petits-enfans, à une pension viagère de deux cents livres.

Il finit sa disposition en s'adressant aux juges, qu'il supplie de protéger ses dernières volontés, et de confirmer le partage qu'il fait de sa succession.

Le sieur Warnet a vécu près de dix-huit mois depuis ce codicille.

Il est mort en l'année 1689, laissant une famille divisée, et un testament capable d'y augmenter le trouble que celui de sa femme y avoit excité.

Le sieur de Martigny ne le survécut pas longtemps; il mourut dans la même année, accablé de chagrins domestiques, et persécuté par ses créanciers et par ses enfans.

Sa veuve continua, après sa mort, les deux procès qu'elle avoit commencés pendant sa vie; l'un à Senlis, dans lequel il s'agissoit d'instruire l'inscription de faux formée contre la quittance que le sieur Warnet avoit représentée; l'autre à Laon, qui avoit été intenté pour combattre les testamens de son père et de sa mère.

C'est dans ce dernier tribunal que les sentences dont l'appel est pendant en la cour, ont été rendues.

La première donne acte aux sieurs de Martigny de ce qu'ils se départent du compromis qu'ils avoient fait entre les mains des avocats du siége de Laon, et, en conséquence, elle ordonne que la dame de Martigny, leur mère, fournira des défenses dans la huitaine. Et, faute d'avoir satisfait à la première sentence, la seconde condamne la mère, et fait délivrance aux intimés du legs universel porté par les testamens de leurs aïeux.

L'appelante avoit d'abord présenté plusieurs requêtes, par lesquelles elle demandoit que l'on renvoyât à Senlis le procès que vous avez à juger, attendu la connexité qu'il a avec l'inscription de faux qui y est pendante; mais elle s'en est désistée, et elle conclut aujourd'hui purement et simplement à son appel.

Enfin, il y a une dernière requête, présentée en la cour par les enfans de François Warnet, fils des testateurs, qui demandent d'être reçus parties intervenantes; faisant droit sur leur intervention, en confirmant la sentence du prévôt de Laon, qu'il soit ordonné que l'on procédera incessamment au partage des biens des successions des sieur et dame Warnet; et, en cas de contestation, que les parties se retireront par-devant le prévôt royal et le procureur du roi en la prévôté de Laon, ou deux anciens avocats.

Moyens de l'appelante.

Dans la forme : contrariété insoutenable. Effet de la prévention des juges, qui détruisent, par un second jugement, la nomination d'arbitres faite par le premier. Voie des arbitres, naturelle entre parens, et conforme à l'ordonnance.

Dans le fond :

1.° Exhérédation sans cause, ni légitime ni prouvée: inutile d'examiner si la légitime est laissée toute entière. Il seroit aisé de faire voir qu'il s'en faut des deux tiers; mais, sans entrer dans cette discussion, l'intention des testateurs est la mesure de leurs dispositions. Ils ont voulu déshériter leur fille; donc ils ont dû satisfaire aux conditions prescrites pour une exhérédation. Nécessité de marquer une cause, soit dans les exhérédations de rigueur, ou dans celles de faveur. *Nov.* 115, *L. si furioso* §. *potuit ff. de Curat. furios.* Arrêts de Rainssant et de Millet. Première condition, à laquelle on n'a point satisfait. Seconde condition : la cause doit être du nombre de celles qui sont prescrites par la Novelle. La crainte que les biens d'une femme séparée ne passent à son mari, n'est pas de ce nombre. L'abandonnement des enfans n'est pas prouvé. Demande en compensation, devenue cause d'exhérédation. Acte mendié pour appuyer une exhérédation injuste.

2.° Nullité dans la substitution d'un héritier; nullité dans l'exhérédation d'un petit-fils qui ne s'en plaint pas, par collusion.

3.° Testament *ab irato patre*, en haine d'un procès; ce qui se prouve :

1.° Par le temps du procès, en 1667. Testament de la mère, de 1668. Celui du père, daté par affectation de 1667, un mois avant le procès.

2.° Par la qualité du procès injurieux, capital.

3.° Par l'aigreur du procès.

4.° Par les pièces du procès, telles que l'obligation de dix-sept cents livres; les protestations qui la suivent, les défenses qui sont devenues un codicille. Ainsi, tout concourt à faire détruire les dispositions.

Moyens des intimés.

Dans la forme : un compromis fait *inter volentes*, donne droit *in invitos* : point de contrariété.

Dans le fond :

1.° Testament qui n'est point inofficieux. La fille non déshéritée. Elle a plus que sa légitime. Tout au plus action en supplément; nulle intention de la déshériter. Déposition des témoins. Contrat de mariage et le codicille du père qui le déclarent. Inutile de citer la Novelle et la loi *de Curat. furios.* Dans l'une, il s'agissoit d'une privation de toute la légitime; dans l'autre, d'un usufruit laissé au lieu de la légitime. Il ne s'agit ici de l'une ni de l'autre de ces espèces.

2.° Le testament ne peut être attaqué par la nullité d'une clause particulière, *Nepos vivente patre nec exheredari nec institui debet.*

3.° Point de preuve de colère. La date des testamens les justifie; elle est prouvée par la mort de François Warnet, arrivée en 1674. Si le testament du père est antérieur au procès, il n'est pas en haine du procès : si le testament de la mère est postérieur, la conformité qu'il a avec celui du père le justifie.

Procès qui pouvoit inspirer une haine juste aux testateurs, parce qu'il étoit non-seulement injurieux, mais insoutenable; ce qui se prouve :

1.° Par le long temps que l'on a laissé passer sans demander la dot.

2.° Par la sentence de séparation qui a adjugé à la femme la somme de dix mille livres.

Causes justes et raisonnables de la disposition.

1.° La crainte que la mère ne ruinât ses enfans, en s'obligeant avec son mari.

2.° L'abandonnement de ses enfans, prouvé,

1.° Par les quittances des pensions fournies par le grand-père.

2.° Par la déclaration de la nourrice.

3.° Par le certificat du jésuite.

4.° Par la protestation de Gennebaut de Martigny.

5.° Par l'avis des parens donné en 1690.

Enfin ce qui est donné au fils, est censé donné au père; la coutume le permet; le testateur l'a voulu. Tout est favorable aux enfans.

Vous voyez, Messieurs, par le récit que nous venons de vous faire des principaux moyens des parties, que vous avez deux questions à examiner dans cette cause : l'une de droit, l'autre de fait, toutes deux également susceptibles de doutes et de difficultés.

La première consiste à savoir quelle est la nature de l'action que l'appelante peut intenter contre les testamens de son père et de sa mère; si elle peut les attaquer, ou comme des testamens inofficieux, ou comme des dispositions contraires à la coutume, ou enfin comme des actes qui sont l'ouvrage de la haine invétérée et de la passion aveugle de ceux qui les ont faits.

Après avoir établi la qualité de l'action, nous examinerons si les circonstances que l'appelante a articulées, sont des preuves suffisantes de la colère et de l'animosité qui ont inspiré les dispositions dont elle se plaint; ou si au contraire les motifs de sagesse et de prévoyance que les intimés prétendent découvrir dans le testament de leurs aïeux, peuvent justifier leurs intentions, et faire respecter leurs dernières volontés.

Si nous remontons jusqu'au premier principe de la jurisprudence romaine touchant les testamens, nous trouverons que rien n'étoit plus favorable que la disposition d'un père que la nature rendoit arbitre souverain dans sa famille, et que le droit considéroit comme un législateur qui dictoit à sa postérité une loi inviolable. L'expérience fit connoître que les pères abusoient souvent de l'autorité que la nature et la loi leur avoient confiée : il fallut renfermer, dans des bornes légitimes, ceux qui oublioient dans leurs dernières dispositions, et la tendresse d'un père, et la sagesse d'un législateur. Les jurisconsultes, interprétant la loi des douze tables, introduisirent la querelle de l'inofficiosité qui, pour se servir de leurs expressions, trouble les mânes du testateur, attaque sa mémoire, et l'accuse d'avoir été, ou séduit par une passion étrangère, ou aveuglé par la sienne.

Mais, parce que cette plainte est injurieuse au testateur, et contraire à la liberté des testamens, on donna en même temps aux pères un moyen facile pour l'éviter, et pour assurer l'exécution de leurs dernières volontés, en leur permettant de disposer de tous leurs biens, après avoir laissé la légitime à leurs enfans; légitime dont les droits ont paru si sacrés aux empereurs, et surtout à Justinien, qu'il n'a pas voulu qu'elle pût jamais être refusée aux enfans, si ce n'est dans certains cas dont le nombre, fixé et déterminé par sa Novelle, a été en quelque manière respecté par nos ordonnances et par vos arrêts, puisqu'il ne paroît pas qu'on ait entrepris d'y ajouter aucune cause, si l'on excepte celle du mariage d'un fils mineur de trente ans, contre la volonté de son père.

Quelqu'inviolable qu'ait toujours paru aux législateurs la nécessité de laisser aux enfans leur légitime, Justinien a cru néanmoins pouvoir modérer la sévérité de l'ancienne jurisprudence, qui permettoit aux enfans d'accuser d'inofficiosité le testament de leur père, lorsqu'il ne leur avoit laissé qu'une partie de leur légitime. Il n'a accordé en ce cas, aux enfans qu'une action en supplément, persuadé que si l'on ne pouvoit avoir trop d'indignation contre un père qui prive les enfans, sans sujet, de toute leur légitime, il falloit excuser un testateur, qui, trompé dans l'estimation de son patrimoine, avoit laissé, par erreur, à ses enfans, une légitime imparfaite.

Tels sont les principes généraux que le droit romain avoit établis sur cette matière. Ou un père a déshérité ses enfans, ou il leur a laissé la légitime. Si l'exhérédation est sans cause, ou sans cause approuvée par la Novelle, le jugement injuste qu'il a prononcé dans sa famille, est infirmé dans le tribunal supérieur de la justice. Si au contraire il a laissé la légitime à ses enfans, quand même elle ne seroit pas entièrement remplie, leurs plaintes sont inutiles, il a satisfait à tout ce que la loi exige de lui : *Securè testatus est*, dit Papinien. On ne l'accuse plus ni de fureur, ni de colère : la querelle d'inofficiosité, et la couleur qui l'a introduite, disparoissent en même temps.

Si nous considérons la plainte de l'appelante par rapport à cette première idée d'un testament inofficieux, il est certain que c'est inutilement qu'elle allègue toutes ces preuves différentes de haine, de colère, d'animosité, qui vous ont été expliquées. La loi n'écoute point toutes ces présomptions ; et si sa cause étoit renfermée dans ce seul moyen, il suffiroit pour confirmer les testamens, de lui répondre qu'elle n'est point exhérédée, ni en effet, ni dans la volonté et dans l'intention des testateurs; que quoique toute la succession d'un père soit en quelque manière due à ses enfans (si l'on considère le seul esprit de la nature), cependant la disposition de la loi ne rend le père débiteur que de la légitime. Ainsi, puisque déshériter son fils c'est le priver d'une succession qui lui étoit due, l'exhérédation n'est autre chose que la privation de la légitime. L'appelante ne se plaint point aujourd'hui d'en avoir été entièrement privée par les testamens qu'elle attaque : son contrat de mariage, le procès qu'elle a soutenu, et qu'elle soutient encore pour le paiement de sa dot, en sont des preuves incontestables. Si elle prétend que sa légitime n'est pas remplie, il n'est pas nécessaire d'entrer maintenant dans aucun compte avec elle, ni de faire une supputation exacte des biens de son père et de sa mère. Il suffit de lui opposer qu'elle a reçu *aliquid nomine legitimæ;* qu'elle ne peut espérer qu'une action en supplément, et qu'il faut qu'elle cesse désormais de se servir du nom odieux d'exhérédation, pour attaquer deux testamens qui n'en contiennent aucune.

Après cela, il est inutile d'examiner si les testateurs ont satisfait à toutes les conditions qui sont prescrites par la Novelle de Justinien. La raison a dicté ces conditions; la loi les a établies; notre usage les a autorisées. Mais quelle application peuvent-elles avoir à l'espèce d'une cause dans laquelle on ne peut point dire que la fille qui se plaint ait été déshéritée? Il est superflu d'alléguer que l'intention du père et de la mère a été de déshériter leur fille, et que c'est par cette intention qu'il faut juger de leurs dispositions. On ne présume point qu'un testateur ait voulu faire ce qu'il n'a point fait; et l'un des testateurs a prévenu cette objection pendant sa vie, lorsqu'en défendant le testament de sa femme, il a déclaré que son intention n'avoit jamais été de déshériter l'appelante, mais de la réduire à sa légitime, qu'il prétendoit être plus que remplie par son contrat de mariage.

Qu'on ne dise point non plus, que c'est ici une de ces exhérédations si fréquentes dans notre usage, par lesquelles un père réduit sa fille à un simple usufruit pour assurer la propriété de la légitime à ses petits-enfans. Nous ne nous arrêterons point à observer ici la différence qui se trouve entre les exhérédations de rigueur, qui sont considérées comme une peine juste et légitime, prononcée par un père contre un fils ingrat et rebelle à ses volontés, et cette dernière espèce d'exhérédation que la loi appelle officieuse, et qu'elle regarde plutôt comme l'effet de la sage prévoyance, et de l'affection d'un testateur pour ses petits-enfans, que de sa colère contre son fils. Nous n'examinerons point quelles sont les conditions nécessaires pour rendre ces exhérédations légitimes ; s'il faut que le père exprime les motifs de sa disposition ; si le fils peut s'en plaindre ; si les créanciers du fils peuvent l'attaquer : toutes ces questions sont absolument étrangères à la décision d'une cause dans laquelle une fille jouit et de la propriété et de l'usufruit de sa légitime.

Nous ne trouvons donc point dans cette espèce, ni exhérédation de rigueur, ni exhérédation favorable, et par conséquent point d'inofficiosité ; mais ce testament, que les principes du droit exemptent de ce reproche, est-il contraire à la disposition de la coutume ? c'est la seconde question que nous avons à examiner.

Nul ne peut être héritier et légataire dans une même succession ; c'est une règle presque générale dans tout le droit français. Cependant les testateurs dont il s'agit, font dans leurs testamens une substitution en faveur de François Warnet leur héritier. On a ajouté que le père a réduit dans son codicille, Gennebaut de Martigny, l'un de ses petits-enfans, à une pension viagère de deux cents livres, quoiqu'il ne se plaigne pas de cette exhérédation, quoiqu'il ait fait une espèce de conspiration avec son frère, pour soutenir contre sa mère le jugement de son aïeul. On prétend que l'appelante peut toujours se servir de ce moyen pour arguer de nullité le testament de son père.

Rien n'est plus facile que de répondre à ces deux argumens. Il est vrai que la clause par laquelle François Warnet est appelé à la succession des petits-enfans du testateur, est absolument nulle ; que la substitution est inutile ; qu'elle est même devenue caduque par le décès de François Warnet : mais la nullité d'une clause particulière n'emporte pas la nullité de tout le testament. On ne peut tirer aucune conséquence de la substitution à l'institution. La coutume peut détruire l'une et soutenir l'autre. Le second degré sera annulé ; mais le premier subsistera.

A l'égard de l'exhérédation du petit-fils dans le testament de son père, la réponse est encore plus facile. Ce seroit une espèce de paradoxe dans la jurisprudence, que de prétendre qu'un père, dont le fils est encore vivant, soit obligé de laisser la légitime à ses petits-enfans, et que ce seul défaut puisse suffire pour faire déclarer son testament inofficieux ; et ce ne seroit pas moins attaquer toutes nos maximes, que de soutenir qu'un testament même inofficieux, est nul de plein droit. Il ne l'est que par la sentence et le ministère du juge, lorsque celui qui est lésé par sa disposition, en porte ses plaintes dans le tribunal de la justice. Non-seulement lorsqu'il a approuvé le jugement de son père, mais même lorsqu'il a laissé passer l'espace de cinq ans sans se plaindre, ni lui ni ses héritiers ne sont plus recevables à intenter la plainte, toujours odieuse, d'un fils contre son père. Ainsi, quand il seroit vrai (ce que nous sommes bien éloignés de croire) que le testament du sieur Warnet seroit inofficieux par l'exhérédation d'un de ses petits-enfans, son silence suffiroit pour fermer la bouche à l'appelante.

Passons maintenant au plus essentiel de tous les moyens qui vous ont été proposés ; et voyons si ces testamens, qui ne sont point inofficieux, puisqu'ils ne contiennent aucune exhérédation, qui ne sont point nuls par le vice d'une clause particulière, encore moins par l'exhérédation prétendue d'un petit-fils dont la mère est encore vivante, peuvent être annulés par l'autorité de la justice, comme étant un effet de la haine et non pas de la justice d'un père de famille.

Ici nous sommes obligés d'avoir recours à l'esprit de nos coutumes, et à la jurisprudence de vos arrêts, pour décider une question qui, dans le droit romain, n'a jamais eu ni principes ni exemples.

Les jurisconsultes romains, remplis de l'idée du pouvoir d'un testateur, et toujours prévenus en faveur d'un père de famille, ne présumoient jamais que la passion eût dicté son testament quand il avoit laissé la légitime à ses enfans; vos arrêts, plus favorables aux enfans, n'ont pas cru que les pères eussent rempli tous les devoirs de la nature quand ils s'étoient contentés de ne pas déshériter leurs enfans. Vous avez souvent écouté les justes plaintes des enfans qui prétendoient que leurs pères les avoient réduits à leur légitime par un caprice aveugle, par une haine mal fondée, par un mouvement de colère contre un fils qui n'étoit pas indigne de leur libéralité. Vous avez considéré qne l'esprit général de nos coutumes tendoit à conserver non-seulement les biens dans les familles, mais encore l'égalité entre les enfans : que si elles ne souffrent pas facilement qu'un testateur fasse passer en des mains étrangères un bien qu'il a reçu de ses pères pour le transmettre à ses enfans, elles ne veulent pas non plus qu'il en dispose par passion en faveur d'un seul de ses enfans, au préjudice de tous les autres. Il est vrai qu'il faut que les preuves de haine soient bien plus fortes pour priver un fils d'un bien qui lui est dû en quelque manière, que pour ôter à un étranger un profit inespéré, un avantage purement gratuit. Mais lorsque la colère du testateur est visible, lorsqu'il a agi, non par des vues de sagesse et de prévoyance, mais par des mouvemens d'aigreur et de ressentiment; lorsque, enfin, c'est plutôt par aversion pour un de ses enfans, que par une juste prédilection de l'autre, qu'il a fait un partage inégal, vos arrêts ont toujours cru suivre l'esprit de la nature et de la loi, quand ils ont infirmé de pareilles dispositions.

La loi ne se contente pas d'assurer la légitime à un enfant comme une dette naturelle ; de la lui déférer dans le ministère de l'homme ; elle ne permet, même aux pères, de disposer du surplus de leurs biens que sous cette condition tacite, qu'ils n'abuseront pas du bienfait qu'elle leur accorde, pour priver de leurs biens, par haine et par caprice, leurs successeurs légitimes. S'ils ne satisfont point à cette condition, que la loi leur impose, ils deviennent indignes de l'autorité qu'elle a déposée entre leurs mains. La loi révoque le pouvoir qu'elle leur avoit confiée ; et, reprenant ses premiers droits, elle rend aux enfans ce que leurs pères ne leur ont pas ôté légitimement.

C'est ce que quelques-unes de nos coutumes, et entr'autres celle de Bretagne, ont marqué expressément. Elle ne soumet à la disposition de l'homme que le tiers de ses propres ; et même à l'égard de ce tiers qu'elle lui abandonne, elle ne veut pas qu'il puisse en disposer en fraude ou en haine de ses héritiers.

Enfin, à tous ces principes de coutume, vous avez ajouté une dernière réflexion, fondée sur les principes de la lumière naturelle, qui nous apprend qu'un testament est le plus solennel et le plus important, comme il est le dernier de tous les actes de la société civile ; qu'un testateur ne sauroit avoir une trop grande liberté d'esprit, lorsqu'étant prêt d'aller rendre compte de ses actions à un tribunal supérieur, il veut dicter à sa famille une loi inviolable qui puisse entretenir la paix, l'union et la concorde entre ses descendans. Vous avez jugé que les passions intérieures n'étoient pas moins capable d'obscurcir les lumières de l'esprit, et d'ôter cette liberté parfaite, que les artifices extérieurs ; et que la haine et la colère du testateur étoient un ennemi beaucoup plus à craindre qu'une séduction et une impression étrangère; et, quoiqu'un père ait laissé la légitime à ses enfans, si sa disposition porte ce caractère de passion, de colère, d'animosité, son testament n'est pas plus favorable que s'il étoit entièrement inofficieux.

C'est par rapport à ces différens principes que nous devons examiner les testamens qui font le sujet de cette contestation.

Nous ne trouvons point d'abord, dans l'espèce de cette cause, ces présomptions légitimes, fondées sur la coutume, et autorisées par vos arrêts, qui vous ont fait juger plusieurs fois, qu'un père avoit été aveuglé par sa passion, lorsqu'il avoit dépouillé ses enfans pour enrichir des étrangers, ou lorsqu'il avoit fait, sans raison, un partage inégal entre ses enfans.

Les sieur et dame Warnet ont laissé tous leurs biens dans leur famille. Ils n'ont pas même eu de prédilection pour leur fils au préjudice des enfans de leur fille. Cette passion si naturelle que tous les hommes ont pour leur nom, cette préférence que la loi même donne, en plusieurs occasions, aux mâles sur les femelles, n'a point été capable de les porter à laisser une plus grande marque de leur tendresse aux descendans de leur fils qu'aux enfans de leur fille; et, puisque les deux branches sont également partagées, il semble que la coutume ne présume plus ni de haine ni d'animosité dans le testateur. Nous pouvons même ajouter que la coutume de Laon, favorable aux testamens, et presque conforme au droit écrit en cette matière, n'accuseroit point les testateurs de colère et de dureté, quand ils auroient réduit leur fille à sa légitime, pour donner à leur fils toute leur succession. Elle permet à un père de disposer de tous ses biens en faveur d'un seul de ses enfans, en réservant aux autres leur légitime; et, si la coutume justifioit un père qui enrichiroit un seul de ses enfans à l'exclusion de tous les autres, comment pourroit-elle condamner un père qui admet également à sa succession et les enfans de son fils et ceux de sa fille ? S'il pouvoit la priver entièrement de tout ce qui excédoit sa légitime, pour la donner à son frère, il a pu, à plus forte raison, le donner à ses enfans, sans qu'elle ait aucun juste sujet de se plaindre de sa disposition.

Quelque fortes que paroissent ces objections, elles ne sont pas néanmoins sans réponses.

Il est vrai que l'inégalité du partage qu'un testateur fait de sa succession entre les branches de ses descendans, est une présomption de sa haine contre ceux qu'il réduit à leur légitime ; mais ce n'est pas la seule ; et les circonstances particulières des différentes causes peuvent en fournir une infinité d'autres qui ne sont ni moins efficaces, ni moins décisives. D'ailleurs, quand la coutume de Laon permet à un père d'exercer sa libéralité avec profusion à l'égard de l'un de ses enfans, en laissant aux autres la légitime, elle suppose toujours (et c'est une condition tacite que vos arrêts ont toujours suppléée dans les coutumes qui n'en contiennent aucune disposition expresse) que le père ait eu en vue le bien et l'avantage commun de sa famille, et non pas la ruine particulière d'un de ses enfans.

Enfin, ne peut-on pas dire que la disposition dont on se plaint est beaucoup plus injurieuse à la fille des testateurs, que s'ils avoient fait des avantages considérables aux seuls descendans de François Warnet, leur fils ? Alors la coutume, qui autorise de pareilles donations, justifieroit elle-même leurs dernières volontés. Mais, instituant d'un côté, les enfans de François Warnet, leur fils, qui étoit mort long-temps auparavant, et appelant, de l'autre, à leur succession, les enfans de leur fille, qui étoit encore vivante, elle se trouve, entre ses neveux et ses enfans, privée de toutes les marques de la tendresse paternelle, seul objet de la colère des testateurs, et une preuve vivante de leur indignation.

Ainsi, sans nous arrêter davantage à considérer ces présomptions générales, qui peuvent ou soutenir les testamens ou les détruire, passons à l'examen des circonstances particulières de cette cause, et des inductions que l'on en tire pour prouver la passion dont on accuse les testateurs.

Nous pouvons en distinguer de deux sortes. Les unes sont tirées des testamens mêmes, et du codicille qui les a suivis; les autres sont fondées sur le procès que les testateurs ont soutenu contre leur fille, et sur toute la conduite qu'ils ont observée à son égard.

La première observation que nous faisons sur les testamens regarde le motif qui a déterminé les testateurs, la cause qui a servi de principe à leur disposition. Il auroit été peut-être plus avantageux au sieur Warnet de ne point rendre raison de ses dernières volontés, et de laisser parler pour lui la présomption qui est toujours favorable à un père de famille; mais le soin qu'il a pris de rendre compte à la justice des motifs qui l'ont fait agir est un des plus puissans moyens que l'on puisse opposer à son testament.

Deux raisons l'ont déterminé à préférer ses petits-enfans à sa fille. La première est la crainte qu'il a eue que le reste de ses biens ne passât hypothécairement aux créanciers du sieur de Martigny, qui avoient obligé sa fille à se faire séparer, quant aux biens, d'avec lui. Le second est le peu de soin que le sieur et la dame de Martigny ont eu de leurs enfans.

Telles sont les raisons qu'il a rendues lui-même dans son codicille, de la disposition de sa femme et de la sienne.

Nous pouvons dire que la première de ces deux raisons n'a jamais été véritable; et que la seconde n'est point encore prouvée.

Si le sieur et la dame Warnet ont pu craindre, pendant quelque temps, que leur fille ne partageât les pertes de son mari, cette crainte a dû cesser long-temps avant leur mort; et, dès le moment que la dame de Martigny a été séparée, quant aux biens, d'avec son mari, sans s'être jamais obligée au paiement de ses dettes, ces vaines appréhensions ne peuvent plus passer que pour un prétexte, dont le père s'est voulu servir pour colorer une disposition odieuse.

Il est inutile de dire que l'appelante n'étoit pas encore séparée de biens, lorsque les testamens ont été faits, puisque le père et la mère ont survécu à leurs dispositions pendant l'espace de près de vingt années, temps plus que suffisant pour reconnoître leur erreur, et que d'ailleurs ce n'est point en l'année 1667, que le sieur Warnet a expliqué les motifs de sa disposition; c'est en l'année 1688, seize ans après la sentence de séparation.

La seconde cause est plus spécieuse et plus favorable, mais elle n'est pas mieux établie.

Pour prouver que les sieur et dame de Martigny avoient été abandonnés par leur père et par leur mère, il falloit rapporter des actes qui justifiassent qu'ils ont été chassés de la maison paternelle, qu'ils ont sommé inutilement leur père de les recevoir chez lui, qu'il a refusé de prendre soin de leur éducation, et qu'en un mot il a renoncé à la qualité et aux sentimens d'un père pour ses enfans. Mais, au lieu de justifier tous ces faits importans, on ne rapporte que des quittances, la plupart sous seing-privé, qui prouvent que le sieur Warnet a payé les pensions de ses petits-enfans, et qu'il a avancé plusieurs sommes pour leur entretien.

Toutes ces pièces font voir, à la vérité, que le grand-père a pris soin de ses petits-enfans; mais, prouvent-elles que leur père les ait abandonnés? Est-il inouï, est-il contre l'usage ordinaire qu'un aïeul se charge de l'éducation de ses petits-fils, qu'il les élève auprès de lui, *in solatium senectutis?* et sa tendresse est-elle une preuve de la dureté et de l'insensibilité de leur mère, surtout lorsque la mère est presque réduite à la nécessité, par le mauvais état des affaires de son mari?

C'est ce qui est arrivé dans l'espèce de cette cause. La dame de Martigny avoit perdu, par sa renonciation à la communauté, cinq mille livres qui y étoient entrées par son contrat de mariage. Elle prétend que le reste de sa dot, de dix mille livres, lui étoit encore dû. Tout son bien étoit réduit à quelques héritages de peu de valeur, à un demi-douaire de trois cents livres, et à quelques actions difficiles à exercer contre son mari, et peut-être infructueuses par l'événement.

Si l'état de sa famille a obligé le sieur Warnet à prendre soin d'élever ses petits-enfans, peut-il en faire un moyen pour réduire sa fille à sa légitime ?

Il faut avouer néanmoins que les intimés rapportent deux actes qui pourroient faire présumer, en quelque manière, l'abandonnement dont ils se plaignent, si les circonstances dans lesquelles ils ont été donnés, ne les détruisoient absolument.

Le premier, est une déclaration donnée en l'année 1684, par la nourrice d'un des enfans du sieur de Martigny, qui certifie, que la dame de Martigny l'ayant toujours rebutée avec aigreur lorsqu'elle vouloit lui demander le paiement des nourritures de son fils, elle a été obligée d'avoir recours à la dame Warnet, qui l'a payée entièrement. On a joint, à cet acte, un certificat donné par le principal du collége des jésuites de Reims, qui déclare que c'est le sieur Warnet qui a payé les pensions de ses petits-enfans, et que jamais le sieur de Martigny ne lui a écrit une lettre de recommandation.

Nous ne croyons pas que ces actes puissent faire aucune impression, lorsque l'on considérera que c'est le sieur Warnet lui-même qui les a exigés; l'un pendant le procès qu'il avoit contre son gendre, dans lequel on l'accusoit d'avoir falsifié une quittance; l'autre en l'année 1688, pour soutenir le testament de sa femme. D'ailleurs ces déclarations sont postérieures aux quittances, faites long-temps après; actes visiblement mendiés, plus capables de nuire à la mémoire du sieur Warnet, que de justifier ses dépositions.

La même réponse peut être opposée à la protestation de Gennebaut de Martigny : c'est son aïeul qui l'a dictée, qui l'a déposée dans le temps du procès; et nous ne voyons point qu'on ait exigé aucun acte qui pût mériter le remède des protestations.

Il en est de même de l'avis des parens, dans lequel le sieur de la Mer déclame contre la dame de Martigny, quoiqu'il ne s'agît que de savoir si le mariage que l'on proposoit à François de Martigny étoit avantageux.

Nous ne trouvons donc aucun fondement légitime qui ait pu servir de motif aux testamens dont on se plaint, et ce défaut de cause véritable devient non-seulement une preuve de la haine des testateurs, mais encore un moyen de nullité.

Il y a bien de la différence entre la fausseté de la cause qu'un testateur ajoute à sa libéralité, et la fausseté du motif qui le porte à priver son fils d'une succession qui lui étoit due. La première ne peut donner atteinte à la validité du legs, parce que la véritable cause de la libéralité d'un testateur, c'est son affection pour le légataire; c'est la seule que la loi considère, et non pas les raisons parculières qu'il a pu ajouter à cette cause générale, et commune à tous les testateurs.

Mais, à l'égard des raisons qui portent un père à priver son fils de sa succession, elles ne peuvent être fondées que sur l'aversion qu'il a pour son fils, ou sur des motifs de sagesse et de prévoyance pour sa famille. Quand il ne les a point exprimées, on présume toujours en sa faveur, jusqu'à ce que l'on rapporte des preuves contraires; mais lorsqu'en les exprimant il a soumis son jugement à l'autorité de la justice, la fausseté de ses motifs emporte la nullité du testament : elle découvre que le testateur n'a agi que par haine et par ressentiment; et bien loin que cette cause puisse soutenir sa disposition, elle suffit au contraire pour la rendre odieuse à la justice.

Après vous avoir montré que la fausseté de la raison qui a déterminé le testateur, est non-seulement une preuve de sa haine, mais encore de la nullité du testament, toutes les autres circonstances qui pouvoient recevoir des interprétations différentes, deviennent autant d'argumens indubitables de la passion qui a dicté ces testamens.

On pouvoit douter, jusqu'à présent, si la conformité parfaite qui se trouve non-seulement entre les clauses, mais encore entre les expressions des deux testamens, n'étoit point un effet de la sage prévoyance d'un père et d'une mère que les intérêts de leur famille avoient parfaitement réunis dans leurs dernières dispositions : mais lorsque l'on a découvert la fausseté de la cause qu'ils ont exprimée, et la vérité de celle qu'ils ont cachée, c'est-à-dire, de leur aversion pour leur fille, on ne peut plus considérer cette ressemblance si entière qui se trouve entre leurs testamens, que comme un concert de haine et de ressentiment, pour priver leur fille d'un bien que la nature et la loi lui avoient fait justement espérer.

Mais si l'on pouvoit excuser en quelque matière cette circonstance, par quelle couleur peut-on justifier la disposition d'un père et d'une mère qui ne se contentent pas de réduire leur fille à sa légitime, de lui préférer ses enfans, de lui ôter même l'administration des biens qu'ils leur laissent ? Leur haine prévoyante a des vues encore plus éloignées : ils prévoient que leurs petits-enfans pourront mourir avant leur mère sans avoir fait de testament; ils ne veulent point que, dans aucun cas, leur fille puisse profiter de leur hérédité; ils lui envient la triste consolation de succéder à ses enfans; et à l'exclusion d'une mère, ils appellent un oncle à leur succession.

Quoique cette clause soit devenue caduque par le décès de François Warnet, qui a précédé celuides testateurs, elle est néanmoins une preuve invincible de la colère qui a animé les dispositions dont il s'agit; preuve d'autant plus forte que le père et la mère ont laissé subsister cette clause dans leurs testamens, quoiqu'elle ne fût plus que contraire à leur fille, et inutile à leur fils, qui étoit mort longtemps auparavant.

Enfin, que peut-on opposer à l'induction que l'on tire de la conformité du codicille du père, avec les défenses qui ont été fournies par les intimés, pour soutenir le testament de la dame Warnet, leur aïeule? Un acte judiciaire est devenu un testament; et ce que des enfans ont opposé à leur mère, dans la chaleur d'un procès, a mérité d'être transcrit par leur aïeul dans l'acte qui contient ses dernières volontés.

Que si de l'examen des testamens et du codicille, nous passons à la considération de toutes les autres circonstances extérieures qui les ont accompagnées, nous trouverons qu'elles ne sont ni moins fortes ni moins importantes.

Le procès que le sieur Warnet a soutenu contre sa fille, les renferme toutes, et suffiroit presque seul pour décider cette contestation.

C'est un procès : l'expérience n'apprend que trop que ce seul nom contient la preuve d'une haine déclarée. C'est un procès nécessaire, que l'on ne peut point accuser le sieur de Martigny d'avoir intenté pour prévenir l'effet d'une exhérédation dont il étoit menacé : procès favorable pour la fille, puisqu'elle ne demande que le paiement de sa dot; mais injurieux au père, capital, en quelque manière, capable de donner atteinte non-seulement aux biens, mais encore à l'honneur du sieur Warnet : accusation d'avoir falsifié une quittance, poursuivie avec toute la chaleur qu'un procès de cette qualité peut exciter, avec toute l'aigreur qui se trouve d'ordinaire dans les procès entre les proches, et qui semble être une juste peine de leur division. Enfin, accusation vraisemblable, où toutes les présomptions parlent en faveur de la fille, aucune en faveur du père.

Contrat de mariage qui n'est point quittancé; la quittance même que le sieur Warnet a rapportée n'est point conçue dans les termes d'une quittance finale. Le sieur de Martigny y reconnoît qu'outre la somme de six mille trois cent quatre-vingts livres, il a reçu celle de trois mille six cent quatre-vingts livres; il n'ajoute point que, moyennant ces deux paiemens, il quitte et décharge son beau-père du paiement de la dot de dix mille livres.

L'action intentée par le sieur de Martigny un mois avant l'expiration des dix ans; circonstance qui fait voir, d'un côté, la modération avec laquelle le sieur de Martigny en a usé à l'égard de son beau-père, et qui, d'un autre côté, nous empêche de présumer qu'il eût eu la témérité de demander au sieur Warnet la moitié de la dot de sa femme, si on eût pu le convaincre aussi facilement de mauvaise foi, en lui rapportant la quittance finale qu'il avoit donnée lui-même dix ans auparavant.

Joignons à toutes ces circonstances, les détours, les chicanes, les fuites perpétuelles du sieur Warnet dans le cours de ce procès. Il interjette appellation sur appellation; il récuse tous les juges de sa ville; il forme différens conflits de juridiction; il demande d'autres juges; la cour lui donne ceux de Senlis. Sa cause est retenue dans ce tribunal, et les parties y sont appointées en droit. Il interjette appel de cet appointement; il refuse de représenter la quittance, de la mettre au greffe; il a le bonheur d'éluder, par ces différentes procédures, l'autorité de la justice: et cinq ans après la sentence qui ordonnoit que la quittance seroit mise au greffe, on trouve encore cette pièce maintenue fausse dans les papiers de celui qu'on accuse de l'avoir falsifiée.

Non content d'avoir épuisé tous les détours ordinaires, à ceux qui ont mis toutes leurs espérances dans la procédure, il exige, par de mauvais artifices, un désistement de son gendre, et un abandonnement de toutes les poursuites; il abuse de la nécessité dans laquelle le sieur de Martigny étoit ou de perdre sa charge, ou de signer aveuglément tous les actes que son beau-père pouvoit lui présenter. La date de cette obligation, qui est passée le dernier jour de l'ouverture de la paulette, les protestations que le sieur de Martigny a faites le même jour contre cet acte, sont une preuve sensible de la violence qui a extorqué de lui ce consentement involontaire.

Mais, quand on donneroit à cette obligation l'interprétation la plus favorable qu'elle puisse recevoir, on ne peut la considérer que comme une transaction par laquelle le sieur Warnet donne à son gendre une somme de 1700 livres, pour s'exempter du paiement d'une somme de 5000 livres qu'il lui doit, puisque la condition de ce traité est que le sieur et la dame de Martigny ne pourront jamais continuer les poursuites qu'ils avoient commencées, pour obtenir le paiement de la dot qui leur avoit été promise, qu'après lui avoir rendu la somme de 1700 livres.

Et, puisque c'est un principe certain, que tout homme qui transige sur un crime, est présumé l'avouer et le reconnoître tacitement, on ne peut mieux convaincre le sieur Warnet d'avoir commis la fausseté dont il a été accusé pendant sa vie, que par l'aveu qu'il en fait lui-même en quelque manière dans l'acte que nous examinons.

Nous ne parlons point ici de la variation des défenses qu'il a opposées à la demande de sa fille. Il a d'abord soutenu qu'il falloit faire compensation des nourritures qu'il avoit fournies à ses petits-enfans, avec la dot qui lui étoit demandée. Il a allégué ensuite la prescription, et ce n'est qu'à la dernière extrémité qu'il a fait paroître la quittance maintenue fausse. Il n'est pas nécessaire d'avoir recours à ces circonstances, après toutes celles que nous venons d'expliquer, et qui forment une conviction presque suffisante de la fausseté dont on a accusé le sieur Warnet.

S'il s'agissoit ici de prononcer sur le faux, de statuer sur le crime, et d'imposer une peine à celui qui en seroit coupable, il seroit d'une nécessité indispensable d'instruire cette accusation suivant les règles ordinaires, parce qu'en matière criminelle, on n'admet point de preuves que celles qui sont fondées sur une procédure régulière : mais il ne s'agit à présent que de tirer des conséquences de cette fausseté pour un procès civil; et, dans ces circonstances, la conviction du juge peut suffire, soit qu'elle soit fondée sur une instruction régulière, soit qu'elle n'ait pour principe que des preuves et des présomptions purement civiles, comme il a été jugé par un arrêt du 30 mai 1636, rapporté dans les plaidoyers de M. le Maître, et rendu sur les conclusions de M. Talon.

Si toutes les présomptions accusent ici le sieur et la dame Warnet; s'ils ont fait leurs testamens dans le temps d'un procès intenté par leur gendre, procès nécessaire, injurieux, mais juste et légitime : pouvez-vous confirmer l'ouvrage de la passion d'un père et d'une mère, qui, dans les mouvemens d'une haine injuste, après avoir voulu, par une fausseté, priver leur fille de la moitié de sa dot, ont voulu l'exclure de leur succession par une disposition bizarre, qui viole en même temps les droits de la nature et l'autorité de la loi ?

Si l'on prétend justifier leurs intentions par la date de leurs testamens; si l'on veut assurer cette date par la mort de François Warnet leur fils, qui est décédé en l'année 1674, ce dernier retranchement, dans lequel les intimés réduisent leur cause, n'est pas plus fort et plus difficile à rompre que leurs premières défenses.

Ou les testamens ont été faits depuis le procès intenté par le sieur de Martigny, et pour lors ils sont absolument nuls par les raisons que nous venons d'expliquer ; ou ils ont précédé la demande formée pour le paiement de la dot, et, dans cette supposition, ils ne sont pas plus favorables.

Quand ils ne seroient pas faits en haine de ce procès, ce procès seroit toujours une preuve de leur haine contre leur fille ; et d'ailleurs le sieur Warnet nous a appris lui-même que la raison de ces testamens avoit été la crainte que leur bien ne passât entre les mains des créanciers du sieur de Martigny. Cette raison avoit cessé dès l'année 1672, ainsi ce n'est plus celle qui détermine les testateurs à confirmer en mourant leurs dispositions. Ils n'ont plus pour motif, que le peu de soin que la dame de Martigny a eu de ses enfans, ou leur aversion pour leur fille.

La première de ces deux raisons est fausse, et la seconde est injuste.

Enfin, tout testament est un acte imparfait qui ne reçoit sa consommation et son accomplissement que par la mort du testateur. Ce n'est donc point dans le temps que les testamens ont été faits, qu'il faut les considérer. Les motifs qui auroient pu les inspirer en ce temps là, ne subsistent plus. Il faut les considérer dans le temps de la confirmation que les testateurs en font en mourant, et cette confirmation est postérieure au procès, et le fruit de la haine et de la division qu'il avoit répandue dans toute cette famille.

Ainsi, pour réunir en peu de mots tous les principes qui nous déterminent en cette contestation, les testamens sur lesquels vous avez à prononcer, ne sont point à la rigueur des testamens inofficieux ; la fille qui s'en plaint n'est point déshéritée ; elle ne peut point non plus les attaquer comme une disposition contraire à la coutume : la nullité d'une clause particulière ne sauroit donner atteinte à tout le testament. Mais si ces deux moyens ne lui sont pas favorables, elle appelle heureusement à son secours l'autorité des coutumes et la jurisprudence des arrêts, qui protègent les enfans contre la passion d'un père injustement irrité, et qui vengent les droits de la nature, violés par sa disposition.

Elle vous a prouvé dans le fait, par toutes les circonstances qui ont précédé, suivi et accompagné les testamens qu'elle attaque, et par les testamens mêmes, que son père et sa mère avoient étouffé tous les mouvemens de la tendresse paternelle, pour mettre dans la main de ses enfans des armes contre leur mère, et pour allumer dans sa famille une espèce de guerre domestique, capable d'y entretenir, à l'exemple du père, une longue suite de testamens inofficieux.

Après toutes ces circonstances, si la cour ne croyoit pas encore que sa religion fût suffisamment instruite, elle pourroit ordonner que l'appelante seroit tenue de faire juger dans un certain temps le procès, pour qui l'instruction du faux est pendante à Senlis; et nous ne doutons point que, dans l'événement de ce procès, elle ne trouvât une preuve parfaite de la haine du père contre la fille.

Quant a nous, nous ne croyons pas qu'elle puisse être douteuse, après toutes les réflexions qui vous ont été faites; et convaincus de l'innocence de la fille, et de l'injustice de son père et de sa mère, nous estimons qu'il y a lieu de donner acte à la partie de M.e Robethon, de ce qu'elle se désiste de la requête par laquelle elle avoit demandé d'être renvoyée à Senlis; faisant droit sur l'appel des sentences du prévôt de Laon, mettre l'appellation et ce dont a été appelé au néant, émendant sans avoir égard aux testamens des sieur et dame Warnet, maintenir et garder l'appelante en la possession et jouissance des biens de ses père et mère, débouter les intervenans de leur intervention en laquelle ils n'ont pas voulu conclure.

La Cause fut appointée, soit par la raison de l'interlocutoire que M. l'avocat-général avoit proposé, soit pour donner aux parties le temps de s'accommoder; et, par la connoissance particulière que quelques-uns des juges avoient de la mauvaise conduite de la mère à l'égard de ses enfans.

ONZIÈME PLAIDOYER.

DU 29 DÉCEMBRE 1691.

Dans la cause des demoiselles LE VASSEUR, contre LE VERT.

Il s'agissoit de lettres de rescision prises par un majeur, contre un acte par lequel il avoit cédé pour une rente viagère, ses droits sur une succession en qualité de parent paternel, à des héritiers maternels, après avoir eu connoissance des pièces qui justifioient de l'état des contestations qui s'étoient élevées au sujet de cette succession, et qui prouvoient la difficulté d'en recouvrer les effets qui avoient été recélés.

Si celui qui a succombé dans ses demandes aux requêtes du palais, avoit voulu soutenir l'appel qu'il a interjeté de la sentence qui y est intervenue; s'il avoit continué de prêter son ministère aux successeurs du sieur Falentin, ou plutôt s'il permettoit que l'on abusât encore de son nom pour couvrir la fraude que l'on a voulu faire à la loi, cette cause facile à décider dans le droit, auroit été fort étendue par la multitude des circonstances du fait dont l'explication et la preuve auroient été également nécessaires.

Mais, puisqu'il se désiste en quelque manière de ses prétentions, qu'il renonce enfin au nom de légataire universel, et qu'il prévient par son silence la condamnation que vous prononcerez contre lui, nous supposerons les faits qui établissent la vérité du fidéicommis, sans en rapporter d'autres preuves que la reconnoissance tacite de celui qui auroit le plus d'intérêt à les attaquer ; nous n'examinerons plus que ceux qui servent de fondement aux lettres de rescision sur lesquelles vous avez à prononcer ; et si nous sommes obligés d'entrer quelquefois dans la discussion des premiers, ce sera uniquement pour en tirer quelques inductions absolument essentielles à la décision de cette seconde partie de la cause qui devient aujourd'hui la plus importante.

La dame Falentin tomba malade à la fin de l'année 1656 ; sa maladie fut longue, et laissa au sieur Falentin, son mari, le temps de prendre les précautions nécessaires pour s'assurer de sa succession.

La loi s'opposoit à son dessein. On prétend que la volonté de sa femme ne lui étoit pas plus favorable. Il sut se concilier l'une, en éloignant de sa maison les parens de la dame Falentin, qui auroient pu partager sa tendresse, et il crut avoir trompé l'autre par l'artifice des deux testamens qui vous ont été expliqués.

Une femme mourante, malade depuis quatre mois, dicte, à sept heures du matin, un testament qui contient un grand nombre de dispositions, plusieurs legs particuliers, enfin, un legs universel en faveur de M. Hennequin, procureur-général au grand conseil.

Le même jour, à quatre heures après midi, elle révoque ce testament ; elle nomme un autre légataire universel à la place de M. Hennequin, qui méritoit encore moins la disposition odieuse de l'après-dînée que la disposition favorable du matin. Mais, afin de ne pas donner des espérances trop certaines à ce nouveau légataire universel, on ne laisse point de minute du codicille par lequel il en recevoit le titre ; et, parce qu'il étoit difficile de dissimuler que les notaires étoient revenus l'après-dînée chez la dame Falentin, pour en rendre une raison vraisemblable, on lui fait faire un second codicille daté de la même heure que le premier, par lequel elle lègue 500 livres aux pauvres de sa paroisse. On n'a pas oublié de laisser une minute de ce dernier acte.

La testatrice meurt peu de jours après. Nous ne parlerons point ici de toutes les démarches que le sieur Falentin a faites pendant que l'on étoit occupé à la confection de l'inventaire de ses biens, des recélés et des divertissemens dont on l'accuse, des prières, des promesses qu'il a employées pour porter M. Hennequin à se rendre complice d'une fraude aussi contraire à son caractère qu'indigne de la gravité et de la droiture d'un magistrat.

Voyant qu'il étoit insensible à toutes ses sollicitations, il fait paroître le codicille qui lui ôtoit la succession de la dame Falentin pour la déférer à un autre.

Nous ne vous expliquerons point ici comment ce mystère de fraude et d'injustice a été découvert; nous ne parlerons point de tous les ressorts que le sieur Falentin a fait jouer, de tous les personnages qu'il a introduits pour faire paroître ce second testament. Ces faits pourroient être de quelque utilité pour la preuve du fidéicommis; mais le silence du second légataire universel nous dispense aujourd'hui d'en faire le récit, et nous croyons qu'il suffit d'observer qu'il accepta la qualité de légataire universel; que ce titre lui fut contesté par les parties de M.e Sachot; qu'elles l'accusèrent de s'être chargé du fidéicommis, pour rendre au mari un bien que la loi lui défend d'espérer. Les circonstances du fait, les présomptions de droit s'expliquoient en leur faveur; le public même s'intéressa à la défense de leur cause. Enfin, après une longue plaidoierie, par sentence des requêtes du palais, le legs universel fut déclaré nul, le fidéicommissaire fut débouté de sa demande et condamné aux dépens.

Il interjeta appel de cette sentence.

Cependant au mois de février de l'année 1688, le nommé le Vert, homme inconnu à ses parens, et qui ne les connoissoit pas lui-même, après avoir passé sa vie dans le travail pénible et infructueux d'un salpêtrier, apprend, à l'âge de soixante-dix ans, que la dame Falentin est morte, qu'elle a laissé une succession opulente, qu'il est son plus proche héritier.

Il s'adresse d'abord au père Olivier, son frère, qui le renvoie au sieur Falentin. L'un et l'autre refusent de l'instruire de l'état de la succession.

Il a recours au commissaire Dièvre, héritier maternel de la dame Falentin. Quelques jours après il passe avec lui et avec le sieur des Liberdières, son cohéritier, le traité qui sert de fondement à cette contestation, et dont il est important d'examiner toutes les conditions.

Le Vert y reconnoît d'abord qu'il a reçu communication des pièces qui pouvoient lui apprendre les forces de la succession à laquelle il prétendoit avoir droit; qu'il a vu le testament et le codicille de la dame Falentin; l'inventaire de ses biens, les interrogatoires de M. Hennequin, de M. du Pont-de-Carles et du père Olivier; celui du second légataire universel, et la sentence rendue contre lui aux requêtes du palais; les contrats par lesquels le sieur Falentin avoit vendu les rentes sur l'hôtel-de-ville, avec faculté de réméré, et qui étoient le seul effet qu'on eût pu découvrir jusqu'alors de la succession de la dame Falentin, mais effet litigieux, et qui dépendoit de l'événement d'un procès.

Il déclare ensuite que, pour se délivrer des soins qu'il faudroit prendre, et pour se rédimer des frais qu'il seroit obligé de faire pour conserver cette succession, par l'avis de son conseil, il prie les demoiselles le Vasseur d'accepter ses droits successifs, moyennant une pension viagère de 150 livres, payable à le Vert et à sa femme, et qui ne sera éteinte que par la mort de l'un et de l'autre.

Et, parce qu'il ne pouvoit faire ce traité qu'en qualité d'héritier, il s'engage à rapporter les titres justificatifs de sa généalogie, et à prouver qu'il étoit le plus proche parent paternel de la dame Falentin.

Les demoiselles le Vasseur stipulentexpressément que le paiement de cette pension ne pourra commencer que lorsqu'il aura fait cette preuve, et qu'elles auront obtenu la confirmation de la sentence des requêtes du palais, par lesquelles les legs universels avoient été déclarés nuls.

Cependant, sans attendre l'événement de ces conditions, elles ont payé à le Vert deux quartiers de la pension qu'elles lui avoient promise, l'un dans le temps même que le traité fut passé, l'autre trois mois après; et lorsque le Vert eut satisfait à la loi de cette convention, en rapportant les titres qui justifient sa parenté, il reçut encore 80 livres pour le paiement des frais qu'il avoit été obligé de faire pour les recouvrer.

C'est contre ce traité, exécuté pendant cinq mois de part et d'autre, que le Vert fit d'abord des protestations le 22 juin 1688.

Le lendemain, il abandonna ces mêmes droits successifs à celui même qui avoit pris la qualité de légataire universel, moyennant une pension viagère de 400 livres.

Peu de jours après il obtint des lettres de rescision contre le traité qu'il avoit fait avec les demoiselles le Vasseur. On se servit de l'acte de cession qu'il avoit fait postérieurement, pour attaquer ses moyens de restitution. On soutint qu'il suffisoit de l'opposer à lui-même pour le convaincre de mauvaise foi et d'indignité.

On demande permission de compulser ce dernier traité chez le Sec de Launay, notaire, qui l'avoit reçu.

Le conseil de le Vert crut qu'il étoit temps de faire paroître cet acte, qui ne pouvoit plus demeurer secret; mais, pour prévenir les inductions que l'on pourroit en tirer, on obtint, sous le nom de le Vert, de nouvelles lettres de rescision contre ce traité, fondées sur les mêmes moyens que les premières, dol personnel, violence, lésion énorme.

Nous disons que ces lettres furent obtenues sous

le nom de le Vert, parce qu'il est peu vraisemblable qu'il ait voulu se pourvoir sérieusement contre le nouvel abandonnement qu'il avoit fait de ses droits successifs. En effet, dans le temps qu'il obtenoit ces lettres, il passoit une procuration, par laquelle il donnoit pouvoir au nommé Cocant de renouveler le même traité, avec les mêmes clauses et les mêmes conditions.

Sur ces différentes demandes, ou de le Vert, ou de ceux qui empruntoient son nom, sentence contradictoire du prévôt de Paris, qui entérine les lettres de rescision obtenues par le Vert, contre les traités qu'il avoit faits avec les différens successeurs de la dame Falentin, qui lui fait défenses de céder ses droits successifs directement ni indirectement, soit au prétendu légataire universel ou au sieur Falentin, et d'en traiter avec quelque personne que ce puisse être, sans l'avis et le conseil de Me Daniel Chardon.

Appel de cette sentence par les demoiselles le Vasseur et par le légataire universel. Falentin fit des efforts inutiles pour porter la connoissance de cette cause dans une province éloignée, ou ses artifices auroient été moins connus, sa conduite moins suspecte, et dans laquelle il n'auroit pas eu à craindre que la voix du public prévînt celle de la justice.

Il n'a pas vu la fin de ces contestations : il est mort avant l'arrêt du conseil, qui a renvoyé les parties au parlement, et celui de la cour, qui a ordonné qu'elles procéderoient en la grand'chambre.

Il a laissé, en mourant, des preuves par écrit de la fraude qui avoit animé ses dernières démarches ; et nous pouvons dire qu'il n'y eut jamais de fidéicommis prouvé d'une manière si sensible et si convaincante.

On a trouvé, sous le scellé, des effets du sieur Falentin, les originaux et les copies des significations qu'il se faisoit faire à lui-même sous le nom de légataire universel de le Vert et du père Olivier, dont l'intervention avoit été mendiée, pour donner lieu à une évocation ; les mémoires des frais qu'il avoit payés pour les différentes parties ; les projets de tous les actes passés avec ce légataire universel, et entr'autres, du traité qu'il avoit fait avec le Vert ; le projet des lettres de rescision que le Vert a obtenues ; ses procurations, toutes deux du même jour, l'une pour poursuivre l'entérinement des lettres de rescision prises contre le traité, l'autre pour le renouveler aux mêmes conditions avec la même partie.

On a trouvé enfin, et dans l'inventaire du sieur Falentin, et dans celui du sieur de Pouzolles, qui avoit épousé sa donataire universelle, plusieurs mémoires qui justifient que le sieur Falentin faisoit agir secrètement la partie de M.e de Rets ; un dernier traité, fait entre le Vert et le sieur de Pouzolles, par lequel on lui promet deux mille cent livres d'argent comptant, quatre cents livres de pension viagère, et le paiement de tous les frais que la pauvreté de le Vert ne lui avoit pas permis d'avancer ; et l'on ne peut plus douter aujourd'hui que le sieur Falentin ne changeât autant de fois de nom et de langage, qu'il changeoit d'intérêts différens, et qu'il étoit en même temps le donataire mutuel, le légataire universel, et l'héritier de sa femme.

Voilà, MESSIEURS, quelles sont toutes les circonstances du fait sur lequel vous avez à prononcer.

A l'égard des moyens des parties, nous reprendrons d'abord en peu de mots les principales raisons par lesquelles le demandeur en lettres de rescision prétend mériter la protection de la justice, et nous expliquerons ensuite les différens moyens par lesquels les appelans entreprennent de prouver qu'il en est absolument indigne.

Moyens de le Vert.

Double lésion : la première, dans les conditions.

Le Vert abandonne tout; les demoiselles le Vasseur ne courent aucun risque, puisqu'elles ne s'engagent que dans le cas que le Vert justifiera qu'il est héritier, et que la sentence des requêtes du palais sera confirmée.

La seconde, dans le fond; succession de cent cinquante mille livres, comme le disent les demoiselles le Vasseur, vendue pour 150 livres de rente viagère; traité plus avantageux avec le légataire universel et le sieur de Pouzolles.

Si la lésion ne seroit pas suffisante entre étrangers, elle l'est entre cohéritiers; le premier acte entre cohéritiers est réputé partage. La lésion du tiers au quart suffit.

Incapacité de contracter; foiblesse d'esprit, âge, condition de le Vert, *ignorantia litterarum*. Il contracte *non visis tabulis;* il se laisse entraîner tantôt d'un côté, tantôt de l'autre, *paulo momento hùc atque illùc impellitur;* son intelligence avec tout le monde est la preuve de son imbécillité, aussi bien qu'une sentence juridique qui lui donne un conseil.

On ajoute encore le dol personnel. Le Vert ne sait ni écrire ni signer; le sieur Falentin n'est pas présent à l'acte, et cependant il y parle; nulle connoissance de ce qu'on exige de lui. On lui fait prendre la qualité d'héritier en partie, quoiqu'il soit seul et unique héritier. On allègue, enfin, différens faits, dont on tire des conséquences pour prouver qu'il a été surpris.

Moyens des appelans.

Point de lésion.

1.° Dans les conditions, ils courent le risque de ne rien avoir.

2.° Dans le fond, la succession, chargée de dettes, inutile à quiconque ne fera pas de grands frais. Il est nécessaire de rembourser ceux qui ont été faits par les appelans.

3.° Quand il y auroit lésion, il a été jugé, par tous les arrêts, que ce n'est pas le cas de la restitution en entier.

Il ne s'agit point ici d'un partage entre cohéritiers.

Ce que l'on appelle facilité, ignorance, imbécillité, est l'effet de la prudence d'un homme qui préfère le plus offrant. Il a eu pleine connoissance de l'inventaire et de toutes les pièces qui pouvoient l'instruire.

La réputation de Levêque, notaire, l'exécution du traité et le défaut de preuve, rendent le moyen de dol personnel inutile. On l'a dit héritier en partie, parce qu'on ne savoit pas s'il n'y en avoit point d'aussi proche. Il allègue des circonstances que l'on a détruites, et qui doivent être rejetées comme une fable.

Enfin, indignité dans le Vert, à cause de son intelligence avec Falentin.

Quant a nous, nous croyons que la seule difficulté de cette cause se réduit à examiner si un majeur peut attaquer, par des lettres de rescision, un traité qu'il paroît avoir fait avec une parfaite connoissance de cause, et qui ne porte en lui-même aucun caractère de surprise, de dol ni de violence.

L'examen de cette question se divise naturellement en deux parties différentes; vous déciderez, dans la première, si les moyens généraux, par lesquels on s'efforce de donner atteinte au traité qui a été fait entre les parties, sont suffisamment établis; s'il y a des preuves des artifices par lesquels la partie de M.e de Rets se plaint d'avoir été circonvenu; si la crainte et les menaces ont exigé de lui un consentement contraire à ses véritables intérêts; si l'on a abusé de la foiblesse de son âge, de l'imbécillité de son esprit, de la misère de sa condition, pour le porter à subir une loi injuste. C'est à quoi se réduisent les raisons générales qui sont exposées dans les lettres de rescision.

Vous jugerez ensuite si la nature du traité qu'on entreprend de résoudre, si la qualité de ceux qui l'ont passé, et celle des droits qui y sont vendus, peuvent rendre la cause de l'intimé plus favorable que les moyens généraux dont il se sert.

Si nous considérons d'abord que celui qui a traité est un majeur, nous croyons que cette seule qualité suffit presque pour répondre aux argumens qui vous ont été proposés. La loi prend les mineurs sous sa protection; et, connoissant leur peu d'expérience, la légéreté de leur esprit, la vivacité des mouvemens, souvent déréglés, de leur cœur, elle se persuade facilement qu'ils ont été ou entraînés par la crainte, ou séduits par l'espérance, ou aveuglés par leurs passions.

Mais lorsque l'âge les a affranchis de l'heureuse servitude de la loi, parce qu'elle ne juge plus nécessaire de les y retenir, toutes ces présomptions, qui leur étoient favorables, cessent entièrement, on ne peut plus présumer que la surprise ou la violence aient dicté les actes qu'ils ont passés; c'est une accusation qu'il faut prouver par des témoignages authentiques.

Bien loin que nous les trouvions réunis dans cette cause en faveur du demandeur en lettres de rescision, nous pouvons dire que, jusqu'à présent, il n'y a pas même un commencement de preuve de tous les faits qu'il avance.

L'exposé des lettres de rescision est une suite des circonstances inventées avec art, pour déguiser un fait dont la vérité n'est que trop constante, et pour répandre des soupçons dans l'esprit des juges, contre ceux qui ont passé cet acte, et contre ceux qui l'ont reçu.

Quoique la qualité du commissaire Dièvre, que l'intérêt de sa femme fait agir en cette cause, puisse le rendre suspect en quelque manière; cependant la connoissance particulière que nous avons de sa droiture et de son intégrité nous oblige à lui rendre ce témoignage, que nous ne croyons pas qu'il ait été capable, même dans ses propres intérêts, de trahir sa conscience, et de s'emparer, par de mauvaises voies, d'une succession étrangère.

Et à l'égard de Levêque, notaire, qui ne méritoit pas d'avoir part dans cette contestation, nous croyons que son nom seul, et la réputation qu'une probité reconnue du public par une longue expérience, lui a acquise si justement, suffisent pour répondre aux mauvaises impressions que l'on voudroit vous donner de sa conduite.

Les autres faits, qui composent l'histoire des lettres de rescision, sont ou contraires à la vérité des actes, ou démentis par la propre conduite et par la déclaration expresse de celui qui les a obtenues.

Il se plaint que c'est le commissaire Dièvre qui a apposé le scellé sur les effets de la succession de la dame Falentin; cependant il est certain, dans le fait, et il a été obligé d'en convenir aujourd'hui, que c'est le commissaire Gazon qui a fait cette fonction.

Il dit qu'il s'est d'abord adressé au commissaire Dièvre, pour être informé par lui de l'état de la succession de la dame Falentin; cependant il est prouvé par les lettres qui ont été trouvées depuis sous le scellé du sieur Falentin, qu'il avoit d'abord été trouver le père Olivier et le sieur Falentin, et que ce ne fut que sur le premier refus, qu'il eut enfin recours au commissaire Dièvre. Il ajoute que l'on a abusé du pouvoir que le commissaire Duchesne avoit sur son esprit en qualité de propriétaire de la maison dans laquelle il demeure, pour exiger de lui, par menaces et par impression, un consentement involontaire; mais, 1.° c'est un fait qu'il allègue, et qu'il ne prouve pas ; 2.° ce fait est sans apparence. Si le commissaire Duchesne l'avoit menacé de le chasser de sa maison s'il n'acceptoit les offres du commissaire Dièvre, comment l'auroit-il souffert dans cette même maison, depuis qu'il a voulu rompre cet engagement, et qu'il est devenu par là plus digne de son ressentiment, que s'il avoit refusé d'abord de le contracter? 3.° le fait de violence, de menaces, d'impression, est contraire au moyen de surprise, d'adresse et de dissimulation.

Il prétend qu'il n'a eu aucune connoissance de l'acte par lequel il a vendu ses droits successifs. Nous ne dirons point ici que l'acte même est une preuve du contraire, et qu'outre qu'il seroit d'une dangereuse conséquence d'admettre la preuve d'un fait de cette qualité contre le témoignage d'un acte authentique, on n'a point encore allégué, jusqu'à présent, aucune présomption qui puisse faire naître le moindre doute touchant la vérité de cet acte.

Comment le Vert peut-il prétendre qu'il a ignoré un acte qu'il a approuvé et exécuté pendant l'espace de cinq mois entiers? Dira-t-il que, quand il a reçu, en différens temps, deux quartiers de la pension qui lui est promise par ce traité, il ignoroit l'acte en vertu duquel il la recevoit?

Pourquoi a-t-il été chercher les titres justificatifs de sa parenté? Pourquoi a-t-il prouvé, avec tant d'empressement, qu'il étoit héritier de la dame Falentin? Pourquoi les a-t-il remis entre les mains des demoiselles le Vasseur? Pourquoi a-t-il reçu quatre-vingts livres d'elles pour les frais qu'il avoit faits, s'il n'avoit aucune connoissance du traité qui l'obligeoit à rapporter cet acte, et à rétablir sa généalogie?

Enfin, peut-on concevoir qu'un homme surpris, circonvenu, lésé par un acte, ait différé, pendant cinq mois entiers, à faire des protestations contre cet acte? Un silence qui n'a point été interrompu pendant un si long temps, joint à l'exécution de ce traité, ne le met-il pas à couvert de tous les moyens de fraude par lesquels on tâche inutilement de le détruire ?

Le dernier moyen par lequel on a voulu prouver le dol de ceux qui l'ont exigé, n'a pas plus de solidité que ceux que nous venons d'examiner. Le Vert ne prend dans ce traité que la qualité d'héritier en partie du côté paternel; on prétend qu'on a abusé de sa simplicité pour lui persuader qu'il n'étoit héritier qu'en partie de la dame Falentin, au lieu qu'il étoit incontestablement seul et unique héritier. Mais deux réponses détruisent ce moyen.

1.º Héritier en partie, ne veut dire qu'héritier du côté paternel.

2.º Il étoit encore incertain s'il n'y avoit point d'héritiers paternels au même degré que le Vert.

De plus, il étoit incertain si le Vert étoit dans un degré plus proche que les demoiselles le Vasseur. Ainsi, il ne pouvoit prendre dans le doute d'autre qualité que celle d'héritier en partie, et il n'en résulte aucun soupçon de fraude.

Nous ne nous arrêterons donc pas davantage à l'examen de toutes ces circonstances : et, après vous avoir montré que les présomptions de dol et de violences, moyens ordinaires et communs à tous ceux qui prennent des lettres de rescision, n'ont jamais été plus mal fondées que dans l'espèce de cette cause, il ne nous reste plus qu'à examiner si la lésion dont le Vert se plaint, peut lui fournir un nouveau moyen contre la vente de ses droits successifs, qu'il a faite dans cet acte.

Nous pouvons considérer cet acte en deux manières différentes, ou comme la vente d'une succession, faite à un étranger, ou comme une cession de droits successifs, faite au profit d'un cohéritier.

Personne n'ignore la fameuse disposition de la loi seconde, au cod. *de rescind. vendit.* Quelque favorable qu'elle soit, nos docteurs n'ont pas cru qu'elle pût avoir lieu dans la vente d'un droit universel, telle qu'est une succession. Me Antoine Loysel en a fait une règle expresse du droit français. Son sentiment est fondé sur les principes de la jurisprudence romaine, et il a mérité d'être suivi par la disposition constante et uniforme de vos arrêts.

Ils ont tous jugé qu'il falloit que le prix de la chose vendue pût être certain, afin de pouvoir estimer si la lésion excède la moitié du juste prix, et que ce prix ne peut jamais être assuré dans la vente d'une succession; qu'une hérédité n'est bien souvent qu'un nom trompeur, qui, sous une fausse apparence, cache la ruine et la perte de ceux qui l'acceptent; et que ce n'est pas sans sujet que quelques-uns de nos auteurs ont dit que tout homme qui achète une hérédité, *periculosæ plenum opus aleæ tractat, et incedit per ignes suppositos cineri doloso.*

Une promesse, une garantie des faits du défunt, peut priver un jour celui qui acquiert sa succession, du fruit qu'il espéroit recueillir de ses travaux. Et, puisqu'il est menacé de ce péril pendant trente ans, et que jusqu'à ce terme il est encore incertain si la crainte n'est pas bien fondée, Me Louet conclut avec raison, que l'on ne peut accorder au vendeur le bénéfice de la restitution en entier, parce que ce bénéfice est renfermé dans l'espace de dix années, et qu'après ce temps, les créanciers de la succession dont les actions ne sont prescrites que par les laps de trente années, peuvent encore paroître et diminuer par leurs demandes, et les forces et le prix de la succession.

Ainsi, une succession ne peut acquérir dans dix années un état fixe, certain et invariable; et cependant, ce temps est le terme fatal après lequel on n'écoute plus les plaintes trop lentes de ceux qui n'auroient pas attendu si long-temps à implorer les secours de la loi, s'ils avoient été véritablement lésés.

Nous croirions abuser ici du temps que la cour

veut bien accorder au jugement de cette cause, si nous empruntions inutilement le secours des lois et l'autorité des docteurs, pour prouver une maxime qui est également constante et dans les principes de l'équité naturelle, et dans les maximes du droit, et dans la jurisprudence de vos arrêts.

Mais, s'il est vrai que ces différentes autorités condamnent également la prétention d'un vendeur qui demande à être restitué contre la vente de ses droits successifs, il n'est pas moins certain que vos arrêts ont tempéré sagement l'application de ces règles générales, et nous croyons qu'ils l'ont pu faire avec beaucoup d'équité dans le concours de ces trois circonstances, qui se trouvent réunies dans la loi 4, au cod. *de heredit. vel actione venditâ. Qui nondùm certus de quantitate hereditatis, persuadente emptore, quasi exiguam quantitatem eam vendidit, bonæ fidei judicio, conveniri ut res tradat vel actiones mandet, non compellitur.* Ainsi, trois conditions sont absolument nécessaires.

La première, que le vendeur ait été incertain dans le temps de la vente, de l'état et des forces de la succession, *nondùm certus de quantitate hereditatis.*

La seconde, qu'il ait été surpris par le dol, et par les artifices de l'acquéreur, *persuadente emptore.*

Et la troisième, qu'il souffre une lésion énorme, qu'il ait vendu une succession opulente et avantageuse, *quasi exiguam quantitatem.*

Vous voyez, MESSIEURS, quelle peut être l'application de ces principes à l'espèce de cette cause.

Tout vendeur de droits successifs qui en a disposé en majorité, et par un acte authentique, est en général peu favorable. Cependant, quand les trois conditions que nous venons de marquer concourent en sa faveur, il peut mériter la protection de la loi, non pas tant par le bénéfice de la loi 2, au cod. *de rescind. vend.* que par la protection générale que la loi accorde à tous ceux qui souffrent une perte considérable par le dol et par les artifices des personnes avec lesquelles ils ont traité. Examinons donc si le Vert étoit incertain des forces de la succession lorsqu'il en a traité, si les promesses ou les menaces des acquéreurs l'ont engagé à abandonner ses droits pour une somme peu considérable; enfin s'il souffre une lésion énorme.

Il faut convenir d'abord que l'état de la succession de la dame Falentin n'étoit pas certain dans le temps du traité, et qu'il ne l'est pas même encore aujourd'hui. Cette hérédité, que le public avoit cru être si opulente, est réduite à une action en recélé. Ainsi, il semble que le Vert soit dans le cas auquel la loi accorde au vendeur le bénéfice de la restitution en entier, puisque, dans le temps qu'il a traité, les forces de la succession n'étoient pas encore connues.

Cependant nous croyons que c'est cette incertitude même qui rend la cause de le Vert moins favorable. Quand la loi veut que le vendeur puisse être restitué contre la vente qu'il a faite de ses droits successifs, lorsqu'il a ignoré en quoi consistoit la succession, elle suppose qu'il ait cru en être instruit, et qu'il apprenne dans la suite qu'il a été trompé par la fraude de l'acheteur qui lui a déguisé le véritable état de l'hérédité. Mais, lorsque l'on ne peut point accuser l'acquéreur de lui avoir dissimulé la qualité des droits dont il traitoit, lorsque, s'il est permis de parler ainsi, l'incertitude de la succession étoit entièrement certaine, lorsque l'héritier a su qu'elle ne consistoit que dans une espérance, et que c'est cette espérance même qu'il a voulu vendre, nous croyons qu'il ne peut point se servir de la disposition de la loi 4, au cod. *de heredit. vel actione venditâ.* Elle a voulu favoriser l'ignorance excusable d'un héritier, et condamner l'injuste artifice d'un acquéreur.

Ceux qui, dans l'espèce de cette cause, ont acquis les droits successifs de le Vert, ne lui ont laissé aucun prétexte qui puisse justifier son ignorance; ils lui ont communiqué tous les titres qui pouvoient lui donner une connoissance parfaite de ses intérêts, les actes dont ils se servoient eux-mêmes contre le sieur Falentin et le légataire universel, ceux qu'ils donnoient à leurs juges sur lesquels ils fondoient des espérances que l'événement du procès a justifiées.

Il a vu les testamens et les codicilles, l'inventaire des biens de la dame Falentin, les interrogatoires de ceux qu'on accusoit de prêter leurs noms à son mari : on ne lui a pas même caché ces contrats de ventes faites par le sieur Falentin avec le Maître, notaire, le seul effet que la diligence de Me Sachot ait pu découvrir jusqu'à présent.

Rapporte-t-il aujourd'hui de nouvelles pièces qui aient échappé à leur exactitude, ou à l'habileté du sieur Falentin, et qui fassent voir que la succession est beaucoup plus opulente qu'elle ne le paroissoit, lorsqu'elle a été vendue ?

Il est vrai que l'état de cette succession étoit incertain, puisqu'il dépendoit de l'événement toujours douteux, souvent infructueux, d'une action en recélé; mais il étoit parfaitement instruit de cette incertitude, et c'est cette incertitude même, ce hasard, ce péril, qu'il a voulu racheter en cédant ses droits successifs.

Il allègue, mais il ne prouve pas le dol et la fraude des acquéreurs, qui est la seconde condition de la loi; et nous avons répondu à cette raison par avance, quand nous avons examiné les moyens généraux de ses lettres de rescision.

La lésion dont il se plaint, et qui est la dernière circonstance que la loi exige, n'est ni plus évidente ni mieux établie, soit que l'on envisage les conditions du traité, soit que l'on examine le prix des droits qui y sont vendus.

Il prétend que les demoiselles le Vasseur ne courent aucun risque dans cette convention, puisqu'elles ne s'obligent à payer la pension de 150 livres à le Vert, qu'en cas que la sentence des requêtes du palais qui avoit cassé le legs universel, soit confirmée, et qu'il justifie le degré de sa parenté avec la dame Falentin.

Mais l'on doit distinguer deux sortes de hasards et de périls auxquels l'acquéreur d'une hérédité s'expose. Le premier est s'il y a une hérédité, ou si celui qui la vend est héritier, comme dans l'espèce des lois 7, 8, 9, 10, 11, 12 et 13. Dig. *de heredit. vel actione venditâ.*

La seconde incertitude que l'acquéreur veut bien acheter, c'est de savoir si l'hérédité sera utile ou onéreuse; c'est le cas de la loi 14, §. 1. Dig. *Eodem.*

Il est vrai que les demoiselles le Vasseur n'ont pas voulu se charger du premier risque, ni traiter d'une succession, sans savoir *an esset hereditas*; et si le Vert étoit héritier; mais elles se sont exposées volontairement au danger d'acquérir une succession dans laquelle elles trouvoient d'abord une perte certaine, et une espérance douteuse de pouvoir la réparer.

Nous pouvons même dire que cette incertitude fait partie du prix de la vente des droits successifs; mais quand on ne considéreroit que la pension viagère de 150 livres, qui est accordée à l'héritier, peut-on dire qu'il soit lésé dans cette convention ?

Il est fort aisé, en exagérant les richesses que la dame Falentin a laissées en mourant, et en comparant une pension viagère de 150 livres, avec cette première idée d'une succession opulente, de soutenir que le Vert souffre dans l'inégalité de ce partage, une lésion énorme. Mais lorsque l'on considère et le temps dans lequel le Vert a traité, et l'état véritable des droits qu'il a abandonnés, et les frais qui ont été faits par les demoiselles le Vasseur, enfin la qualité de le Vert, et sa propre conduite, on est obligé de reconnoître que le traité qu'il a fait lui est fort avantageux.

C'est un principe établi par les lois que, pour décider si le vendeur souffre une lésion qui excède la moitié du juste prix, il faut remonter au temps de la vente, et considérer quelle pouvoit être alors la véritable estimation de la chose vendue. Or, quel étoit l'état de la succession lorsque le Vert l'a abandonnée? quelles pouvoient être ses forces, sa valeur, son estimation?

Le Vert étoit héritier du côté paternel; il étoit âgé de soixante-douze ans; il n'avoit point d'enfans. Il n'y avoit aucun propre paternel dans la succession de la dame Falentin; la jouissance de tous ses meubles et de tous ses acquêts appartenoit à son mari en qualité de donataire mutuel; il étoit beaucoup plus jeune que le Vert; selon l'ordre de la nature, il devoit lui survivre. Ainsi, quand le Vert abandonne cette succession, il ne fait qu'abandonner une propriété inutile, et l'espérance d'une jouissance incertaine.

Mais quand il auroit pu jouir de cette succession dès le temps qu'il en a traité, il n'y trouvoit encore que des dettes qui épuisoient tout le bien de la dame Falentin, et un procès dont l'issue étoit douteuse, dont la poursuite étoit difficile aux demoiselles le Vasseur, et impossible à le Vert.

En effet, quand vous confirmeriez aujourd'hui la sentence du châtelet, quand vous rendriez à le Vert la succession de la dame Falentin, pourroit-il profiter du bénéfice de votre arrêt? et la grâce que vous lui accorderiez ne lui deviendroit-elle pas entièrement inutile?

Toute restitution doit être réciproque. Si le Vert rentre dans la possession des biens qu'il a vendus, il faut qu'il rende aux demoiselles le Vasseur tous les deniers qu'elles ont avancés pour les conserver; et quelque désir qu'il fasse paroître de recouvrer les droits qu'il a perdus, nous ne croyons pas qu'il voulût les acheter à ce prix.

Mais n'a-t-il pas reconnu lui-même le peu de fruit qu'il pourroit recueillir de cette succession, par le traité qu'il a fait pour céder à un autre ces mêmes droits successifs ? Quoique la pension qui lui est accordée soit plus forte, elle n'a néanmoins aucune proportion avec la grande idée qu'on a voulu vous donner de cette hérédité; et qu'on ne dise point qu'il prétend être également restitué contre ces deux actes, puisqu'il ne s'est pourvu qu'à la dernière extrémité contre le second traité, et que, dans le temps qu'il demandoit la résolution de cet engagement, il cherchoit à le former de nouveau et à en rendre les nœuds plus indissolubles.

Après vous avoir montré que le Vert ne peut se plaindre aujourd'hui ni de son ignorance dans le temps qu'il a traité, ni des artifices qu'il impute faussement aux parties de Me Sachot, ni enfin de la lésion dont la preuve est détruite par toutes les différentes réflexions que nous venons de vous expliquer, il nous reste encore à répondre au dernier moyen qui vous a été proposé.

On a soutenu que le traité fait entre le Vert et les demoiselles le Vasseur, devoit être considéré comme un partage, parce que c'étoit le premier acte fait entre cohéritiers. Vous avez prévu, Messieurs, quelle étoit la foiblesse de cet argument; et pour le détruire en un mot, il suffit de considérer qu'afin qu'un acte soit présumé un partage, il y a deux conditions qui sont absolument essentielles; l'une, que ceux qui le passent soient cohéritiers ou qu'ils aient des effets communs, sans cela il est impossible de faire aucun partage, encore moins de le présumer; l'autre, que cet acte soit fait dans l'esprit de diviser l'hérédité; que l'intention des contractans ait été de partager ou de liciter les effets communs, et non pas de les vendre et de les acquérir. C'est la doctrine de M.ᵉ Charles Dumoulin sur l'article 22 de l'ancienne coutume de Paris.

Ces deux conditions manquent également dans le traité que nous examinons. L'héritier parmi nous n'est pas comme dans le droit romain, *successor in universum jus et causam defuncti :* les biens se partagent entre les lignes, l'héritier paternel n'a aucun droit sur les propres maternels, ni le parent maternel sur les biens paternels. Ainsi, rien de commun entre le Vert et les demoiselles le Vasseur ; et à l'égard des meubles et acquêts, ils étoient tous acquis à le Vert, comme au plus proche héritier. *Si nihil commune, nec sunt coheredes ; et si non coheredes, nulla divisio.*

Deux objections ; il y a une maison qui avoit été bâtie sur les propres maternels ; mais cela produit une action en récompense, et non pas une demande en partage.

Il pouvoit y avoir des dettes qui sont communes entre cohéritiers ; mais ce ne sont point les dettes que l'on partage dans cet acte, c'est la totalité des droits de le Vert dont il fait une vente.

Il n'y a donc ici aucun esprit de partager des biens ou des droits communs. Il n'en est pas dans cette espèce, comme quand on donne à un cohéritier sa part en argent. Alors c'est *jure hereditario* qu'il possède l'argent qui tient la place du fonds. Le Vert au contraire, ne peut agir que *jure contractûs et venditionis ;* ce qui est prouvé par les termes mêmes du contrat fait entre lui et les demoiselles le Vasseur.

A toutes ces réflexions nous en ajouterons une dernière, qui ne nous paroît pas moins décisive que celles que nous venons de vous expliquer, et qui seule seroit capable de vous déterminer en faveur des parties de M.ᵉ Sachot.

Vous avez reconnu, Messieurs, par toutes les circonstances du fait, que le Vert a toujours conservé une parfaite intelligence avec le sieur Falentin; qu'il n'a fait que prêter son nom à ses desseins; que, dans le temps qu'il a vu l'artifice du fidéicommis découvert, et ses fraudes devenues publiques, il a cherché une dernière ressource pour conserver, au préjudice des héritiers du sang, un bien que la loi lui refusoit; qu'enfin, après la mort du sieur Falentin, la dame de Pouzolles, sa donataire universelle, et qui doit être considérée comme son héritière, a marché sur ses traces. Non-seulement elle a avancé tous les frais pour le Vert, elle a fait même un dernier traité avec lui, par lequel il renonce à la succession, moyennant 2000 écus et 400 livres de pension viagère. Elle ne dissimule plus cette intelligence que le sieur Falentin avoit voulu dérober aux yeux de la justice. Si elle est plus innocente que lui, elle ne doit pas être plus heureuse, puisqu'elle n'a point de droit ni de qualité pour traiter avec le Vert, que celle de donataire universelle du sieur Falentin; c'est lui qu'elle représente : elle ne peut espérer de recueillir le fruit de l'iniquité de son auteur. Si les artifices dont le sieur Falentin s'est servi pour s'emparer des biens de sa femme, le rendoient absolument indigne, celle que nous pouvons appeler avec raison son unique héritière, n'en est pas plus digne que lui. Nous croyons que cette maxime est trop établie sur les lumières naturelles, pour employer ici l'autorité des lois qui n'est pas douteuse en cette matière : *Turpia lucra heredibus extorquenda, et successorem autoris sui culpa sequitur*. Si la sentence du châtelet a défendu, avec raison, à le Vert de traiter avec le légataire universel et Falentin, il doit en être de même à l'égard de leur successeur. Ainsi, indignité constante en leurs personnes, parce qu'il est certain que le Vert, s'il réussissoit à rentrer dans ses droits successifs, en traiteroit aussitôt à leur profit; il n'en faut point demander d'autre preuve que le traité que l'on apporte. Ainsi, il seroit vrai de dire que ce seroit en vain qu'on auroit déclaré le legs universel nul, si, par une autre voie, on parvenoit à faire réussir la fraude qui avoit été faite à la loi.

Enfin, la conduite de le Vert ne peut être excusée ; rien de plus suspect que des procurations passées en un même jour pour résoudre le traité et pour le renouveler. Son âge et son imbécillité sont de foibles moyens pour le défendre. *Non est ætatis excusatio adversus præcepta Legum ei qui, dùm Leges invocat, in eas committit.* Sa personne et sa cause ne sont donc nullement favorables ; cependant on peut, par équité, augmenter la pension jusqu'à 400 livres, suivant les offres que ses puînées lui font elles-mêmes.

Ainsi, à l'égard du défaillant, donner congé ; et pour le profit, sur l'appel de la sentence des requêtes du palais, mettre l'appellation au néant. Faisant droit sur l'appel interjeté par les parties de M.e Sachot, de la sentence du châtelet, l'appellation, et ce, émendant, sans s'arrêter aux lettres de rescision, ordonner que le traité sera exécuté ; et néanmoins ayant égard aux offres des parties de M.e Sachot, ordonner qu'elles paieront à l'avenir la somme de 400 livres à le Vert, au lieu de celle de 150 livres portée par le traité.

Arrêt prononcé par M. le premier président de Harlay, le vingt-neuvième décembre 1691.

Après que Sachot, avocat desdits le Vasseur, et de Rets, avocat de le Vert et sa femme, ont été ouïs, ensemble d'Aguesseau, pour le procureur-général, pendant trois audiences entières, et que Hermant, huissier, a rapporté avoir appelé le défaillant et Duplessis, son procureur :

LA COUR, en tant que touche l'appel des parties de Sachot, de la sentence du châtelet, a mis l'appellation et ce dont a été appelé au néant, émendant, sans s'arrêter aux lettres et à la requête des parties de de Rets, dont elle les déboute, ordonne que le traité du vingt-deux février mil six cent quatre-vingt-huit, passé entre les parties de de Rets et celle de Sachot, sera exécuté selon sa forme et teneur ; et néanmoins, ayant égard aux offres faites par les parties de Sachot, présentes à l'audience, que la pension viagère sera augmentée, et au lieu de 150 livres, payée à l'avenir jusqu'à concurrence de 400 livres par an ; et pour le passé, sera la pension payée à raison de 150 livres, à compter du jour du traité ; ordonne en outre que le double en original du traité du vingt-deux janvier mil six cent quatre-vingt-onze, passé par-devant notaire, entre les parties de de Rets et Jean Dortolan de Pouzolles et Catherine de Saine, sa femme, représentée à l'audience, sera mis au greffe par les parties de de Rets, préalablement paraphé par le greffier, pour servir aux parties ce qu'il appartiendra ; dépens compensés entre les parties de de Rets et de Sachot. Et en ce qui concerne l'appel, tant de ladite sentence du châtelet que de celle des requêtes du palais, a donné congé contre le défaillant ; et, pour le profit, le déclare déchu de ses appellations, et le condamne ès amendes et aux dépens à cet égard envers les parties de Sachot.

DOUZIÈME PLAIDOYER.

DU 17 JANVIER 1692.

Dans la cause de MARTINET et JEANNE BILLON, sa femme, contre CLAUDE BELIER, appelant, comme d'abus, du mariage des père et mère de ladite JEANNE BILLON.

Si un parent collatéral est recevable à interjeter appel, comme d'abus, d'un mariage confirmé par une sentence dans laquelle l'acte de célébration et l'extrait baptistaire d'une fille née de ce mariage étoient énoncés par des actes portant acquiescement à cette sentence, par les reconnoissances de la famille et les possessions d'état.

QUOIQUE l'explication du fait qui sert de fondement à cette contestation, soit fort sommaire, cette cause peut néanmoins recevoir beaucoup de difficulté dans sa décision.

L'intimée prétend que Jean Billon, son père, épousa en l'année 1664, la nommée Jeanne Rotier; que le mariage fut célébré dans la paroisse de Monjean, province du Maine. Nous ne rapportons point ce fait comme un fait certain, parce qu'il est révoqué en doute par l'appelant, et qu'on ne nous a point encore remis entre les mains l'acte de célébration de mariage.

Nous expliquerons, dans la suite, les moyens par lesquels on prétend réparer ce défaut.

En l'année 1666, Jean Billon ayant abandonné ou sa femme ou sa concubine, elle obtint une sentence par défaut de l'official de Rennes, qui enjoint à son prétendu mari de retourner vivre et ménager avec elle, comme gens canoniquement mariés. Ce sont les termes de la sentence.

On énonce dans cet acte une promesse de mariage donnée à Jeanne Rotier par Billon, un certificat de mariage daté du 14 décembre 1674, un extrait baptistaire de Jeanne Billon, intimée, daté du 14 mai 1665. Ainsi, il paroît peu douteux que ce prétendu mariage ait commencé *ab illicitis*.

Jean Billon interjeta appel simple de la sentence que nous venons d'expliquer; il ne paroît point qu'il l'ait jamais relevé. Il a prouvé au contraire cette sentence par deux déclarations solennelles dont il est nécessaire de reprendre ici les principales expressions : elles font la plus grande difficulté de cette cause.

La première est de l'année 1684, et est reçue par le curé du Pertre, et insérée dans les registres de mariage de cette paroisse.

La seconde est passée en l'année 1687 par-devant notaires. Il déclare dans l'une et dans l'autre, que, pour déférer aux sommations qui lui ont été faites par le curé de sa paroisse, de retourner avec sa femme, il se soumet à l'exécution de la sentence de l'official de Rennes; il se désiste des appellations qu'il avoit interjetées de cette sentence; il reconnoît que Jeanne Billon, sa fille aînée, est sa fille légitime; il ratifie tout ce qui a été fait jusqu'à ce jour, comme les effets d'un légitime et canonique mariage.

Trois témoins ont signé la déclaration qu'il a faite par-devant le curé; et cette même déclaration est encore répétée dans celle qu'il a faite par-devant notaires.

Le mari et la femme n'ont pas survécu long-temps à ces deux déclarations.

Après leur mort, l'intimée a été émancipée par avis de parens. Dans l'acte d'émancipation qui est de l'année 1689, il paroît qu'elle étoit âgée pour lors de vingt-quatre ans; que l'appelant ayant été assigné comme les autres parens, pour donner son avis sur l'émancipation, il n'y a point comparu; que Jeanne Billon a été émancipée en présence de quatre parens du côté paternel, et de trois parens du côté maternel; qu'en leur présence, elle a fait choix d'un curateur, et qu'elle a déclaré, après qu'ils ont été entendus une seconde fois, qu'elle acceptoit purement et simplement les successions de son père et de sa mère.

Le mariage de l'intimée avec le nommé Martinet, a suivi de près son émancipation. Le contrat a été passé en présence des mêmes parens paternels et maternels, qui avoient donné leur avis dans l'acte d'émancipation; il est marqué, pour satisfaire à la disposition de la coutume de Bretagne, que c'étoit par leur avis et de leur consentement qu'elle épousoit le nommé Martinet. L'on stipule expressément qu'une rente due par Claude Belier, qui est aujourd'hui appelant comme d'abus, demeureroit propre à la future épouse. C'est cette créance qui a donné lieu à la contestation sur laquelle vous avez à prononcer.

Martinet a fait assigner Claude Belier par-devant le lieutenant-général de Château-Gontier; il a opposé à sa demande le défaut de qualité dans l'intimée. Il a prétendu qu'elle ne pouvoit prendre la qualité de fille légitime de Jean Billon. Sur ces contestations, sentence contradictoire qui continue l'audience aux parties; et cependant ordonne, par provision, que l'intimée toucheroit la somme qu'elle avoit demandée à Claude Belier, en donnant bonne et suffisante caution. Dans cet état, Claude Belier, voyant qu'il ne pouvoit donner atteinte à la possession dans laquelle Jeanne Billon étoit de sa condition, sans attaquer la validité du mariage de son père et de sa mère, il en a interjeté appel comme d'abus.

Non-seulement il prétend que ce mariage, supposé qu'il ait existé, est absolument contraire aux lois de l'église et de l'état; il soutient même qu'il n'y a aucune preuve de son existence.

1.° Point d'acte de célébration, mais une simple énonciation dans une sentence par défaut qui ne prouve rien.

2.° Les déclarations du mari ne sont pas suffisantes pour établir la validité du mariage.

3.° Quand il auroit existé, il est nul.

1.° Parce que Billon étoit mineur de vingt-cinq ans, et qu'il n'y a point eu avis de parens, nécessaire dans la coutume de Bretagne.

2.° Point de publications de bans.

3.° Défaut de présence du propre curé.

4.° Point de témoins de ce mariage.

5.° La déclaration du mari ne peut confirmer *quod ab initio nullum est.* Les mêmes formalités qui sont nécessaires pour contracter un mariage, sont nécessaires pour le réhabiliter.

6.° Les suffrages de parens mendiés, inutiles si le mariage ne subsiste plus.

Enfin la possession détruite par les actes nouvellement rapportés.

De l'autre côté, de la part de l'intimée, plusieurs fins de non-recevoir.

1.° Possession dans laquelle le père et la mère sont morts, possession établie sur la sentence de l'official; la naissance de deux enfans, le silence du mari, ses déclarations, sa demeure avec sa femme.

2.° La reconnoissance de la famille, prouvée.

1.° Par le silence de l'appelant.

2.° Par les qualités de l'acte d'émancipation et du contrat de mariage.

S'il n'y a point d'acte de célébration de mariage, cette preuve n'est pas absolument nécessaire; elle est suppléée par les autres preuves qui se rencontrent dans cette cause.

Les mêmes fins de non-recevoir qui ne permettent pas de révoquer en doute l'existence du mariage, réparent aussi les défauts que l'on prétend trouver dans sa célébration, et il faut y ajouter la bonne foi de toutes les parties.

Quant a nous, la première et presque la seule question que nous croyons devoir examiner dans cette cause, consiste à savoir, si des parens collatéraux sont parties capables pour attaquer la validité d'un engagement contre lequel le mari et la femme n'ont jamais réclamé pendant leur vie, et que leur mort semble avoir entièrement confirmé, si vous pouvez considérer aujourd'hui leurs héritiers comme des contradicteurs légitimes, pour prononcer avec eux sur les abus dont on accuse la célébration de ce prétendu mariage.

Vous savez, MESSIEURS, et nous l'avons appris par la jurisprudence de vos arrêts, que leurs plaintes sont souvent écoutées peu favorablement dans le tribunal de la justice.

Si elle permet à un père de venger, même après la mort de son fils, l'injure qu'il lui a faite en se mariant contre sa volonté, d'étendre son indignation et sa colère jusqu'à la seconde génération, et de punir son fils dans la personne de ses petits-enfans, en leur refusant non-seulement l'espérance de sa succession, mais encore la qualité d'enfans légitimes, elle n'accorde pas le même pouvoir aux collatéraux, qui n'allèguent en leur faveur ni le préjugé de la nature, ni l'autorité de la loi, et qu'un esprit d'intérêt porte seul à déshonorer la mémoire du père, et à troubler l'état des enfans.

Cette considération vous a paru si forte, que vous avez quelquefois opposé cette maxime favorable, même aux plaintes d'un père et d'une mère, qui, après un silence de plusieurs années, abusoient de l'autorité paternelle, ou pour rompre un mariage concordant, ou pour exclure leurs petits-enfans de leur succession.

Si vous avez jugé que la longueur de la possession pouvoit assurer l'état d'une famille contre les poursuites trop lentes de ceux qui en sont en quelque manière les arbitres souverains, il est aisé de déterminer quelle doit être la force de ce moyen pour arrêter les demandes des collatéraux, qui ne peuvent former une question d'état que par rapport au partage de l'hérédité.

Cependant il faut avouer que souvent aussi l'on a permis aux collatéraux d'attaquer le mariage de ceux qui, par une alliance indigne, les avoient privés de leur succession. On a considéré qu'on ne pouvoit, sans injustice, leur refuser le droit de disputer à ceux qui sont issus de ces mariages, la qualité d'héritiers et d'enfans légitimes; que l'établissement de cette qualité dépendoit absolument de la validité du mariage auquel ils devoient la naissance; qu'on ne pouvoit attaquer le titre d'enfans légitimes sans donner atteinte à celui de mari et de femme légitimes; que cette seconde action étoit une suite et un accessoire de la première, et qu'il étoit impossible de séparer l'examen de l'état des enfans, de celui de l'état et de la condition de leur père.

Mais quoique, dans ces cas, les demandes des parens puissent être écoutées, nous croyons néanmoins qu'elles ne sont pas toutes également favorables, et que cette diversité dépend uniquement de la différence des moyens dont ils se servent pour combattre le mariage qu'on leur oppose.

S'ils prétendent que la vérité du mariage n'est pas constante, que son existence est incertaine, ils peuvent être admis à la preuve de ce fait aussi facilement que le père et la mère auroient pu l'être, ou que les parties mêmes qui soutiendroient qu'elles n'ont contracté aucun engagement.

Si au contraire en convenant de la vérité du mariage, ils l'accusent de nullité, il est plus rare que leurs plaintes méritent quelque faveur : et si l'on excepte certains défauts essentiels, qui forment des nullités que le temps ne peut jamais réparer, certaines circonstances où la considération du bien public, toujours plus forte que celle de l'intérêt particulier, semble se joindre aux collatéraux pour s'élever contre un mariage odieux, il est difficile qu'ils puissent détruire toutes les fins de non-recevoir qu'on leur oppose; le silence des père et mère, et des contractans mêmes, l'union de leur mariage, la possession paisible de leur état dans laquelle ils ont vécu, la mort qui les en a assurés pour toujours, la faveur des enfans qui sont redevables de leur naissance à ce mariage.

Telles sont les maximes qui nous paroissent fondées sur l'équité naturelle, sur l'autorité de vos arrêts, et qui sont les véritables principes par lesquels on doit décider cette contestation, dans laquelle vous voyez, MESSIEURS, que l'appelant comme d'abus réunit en sa défense les deux moyens que nous venons de vous expliquer. Il révoque également en doute et l'existence et la validité du mariage que nous examinons.

Nous nous arrêterons principalement à examiner la première de ces deux questions; persuadés que si l'existence de ce mariage est suffisamment établie, il sera peut-être difficile d'écouter favorablement les moyens que l'on a allégués pour en contester la validité.

Il semble d'abord que rien ne soit moins certain que l'existence du mariage du père et de la mère de l'intimée. La preuve d'un fait si important n'est établie ni sur la foi d'un registre public, ni sur la déposition des témoins; elle n'est fondée que sur une simple énonciation qui se trouve dans une sentence de l'année 1666, sur des déclarations faites longtemps après le mariage par le père : preuve qui paroît rejetée par les lois romaines, condamnée par les ordonnances, et qui semble ne pouvoir former qu'une présomption trop foible pour assurer à l'intimée la qualité de fille légitime.

Nous n'entrerons point ici dans une longue dissertation touchant les différentes espèces de preuves que l'on peut admettre pour établir la vérité d'un mariage. Nous n'expliquerons point la différence des dispositions de l'ancien et du nouveau droit canonique en cette matière; on a suivi pendant longtemps l'autorité du droit civil qui écoutoit facilement toutes sortes de présomptions, et qui se contentoit toujours de la seule preuve que le droit des gens semble demander, c'est-à-dire, la cohabitation paisible, publique, continuelle. Ce n'est point dans ces sources que nous devons chercher à cet égard les règles et les fondemens de notre jurisprudence ; c'est uniquement nos ordonnances, qui, ayant été faites dans le même-esprit en cette matière que le décret du concile de Trente, ont aboli l'usage de prouver un mariage par des présomptions, et ne reconnoissent qu'une preuve qui soit absolument légitime; c'est celle qui se tire des registres publics.

La déclaration de 1639, plus sévère et plus exacte que les premières ordonnances, avoit défendu rigoureusement la preuve par témoins, qui, dans les mariages, paroissoit souvent suspecte et toujours défectueuse.

L'expérience a fait connoître que la sévérité de cette loi réduisoit souvent les parties dans l'impossibilité de prouver leur état : on crut dans le temps de la nouvelle ordonnance (1), qu'il étoit nécessaire de la modérer, en permettant la preuve testimoniale, lorsque la perte des registres étoit articulée et prouvée.

Ainsi, les ordonnances n'écoutent jamais les présomptions lorsqu'il s'agit d'établir la vérité d'un mariage; elles n'admettent que deux sortes de preuves: les registres publics, et à leur défaut les dépositions des témoins; et c'est ce qui fait la plus grande difficulté de cette cause.

On ne nous a point encore représenté l'acte de célébration de mariage, on n'a pas même allégué la perte des registres. Bien loin que la preuve de ce mariage soit établie, elle ne paroît pas même encore commencée.

Cependant nous croyons que, dans les circonstances particulières de cette cause, ce défaut est suffisamment réparé, et que l'on peut dire même que la preuve prescrite par l'ordonnance est rapportée par la partie de M.e Bagen.

Nous croyons d'abord que l'on doit examiner un mariage d'une manière bien différente, lorsqu'il

(1) Du mois d'avril 1667.

s'agit de prononcer sur la validité de l'engagement par rapport aux contractans même, et lorsqu'on l'envisage par rapport à l'état des enfans.

On ne sauroit apporter trop d'attention à suivre exactement, et même avec scrupule, les règles qui nous sont prescrites et par les canons et par les ordonnances ; un juge peut trembler avec raison, lorsqu'il considère qu'il va peut-être ou rompre des nœuds que la main de Dieu même a formés, ou confirmer les parties dans un engagement criminel, et donner à une conjonction illicite, le nom honorable de mariage.

Mais, lorsque la mort a rompu cet engagement, quoiqu'il faille encore observer les maximes de l'église et de l'état, on peut s'attacher moins rigoureusement aux formalités pour prononcer en faveur de la possession, la loi la plus sûre et la plus inviolable, lorsqu'il s'agit de régler l'état des parties.

Ainsi, Messieurs, si ceux dont le marige sert de fondement à cette contestation, étoient encore vivans, s'ils étoient parties dans cette cause, s'ils soutenoient eux-mêmes la vérité de leur engagement, peut-être seroit-il nécessaire d'ordonner, avant toutes choses, qu'ils rapporteroient l'acte de célébration de leur mariage, ou de les admettre à la preuve par témoins, en cas qu'ils alléguassent la perte des registres.

Mais de vouloir exiger la même preuve de leur fille qui a toujours joui paisiblement de son état, qui en est en possession depuis près de vingt-sept années, c'est ce qui nous paroît peu nécessaire, lorsque nous examinons les différens argumens par lesquels elle établit la vérité de son état.

Le plus considérable de tous, est celui qu'elle emprunte de la sentence rendue par l'official de Rennes en l'année 1666. Nous croyons devoir faire ici plusieurs observations sur cet acte, qui le font paroître absolument décisif dans l'espèce de cette cause.

Premièrement, ce n'est point un acte sous seing-privé, ni un acte passé devant notaires, collusoirement entre deux parties, pour se donner un état qu'une simple déclaration n'est pas capable d'attribuer; ce n'est point une transaction faite *inter volentes*, c'est un jugement qui ne peut être suspect ni de fraude, ni de collusion, puisqu'une des parties s'en est plaint pendant long-temps, qu'elle en a interjeté appel, et que ce n'est que dix-huit années après la signification de cette sentence qu'elle a cessé de s'en plaindre.

C'est une sentence rendue par défaut, à la vérité, mais qui néanmoins doit avoir plus de force et plus d'autorité qu'une sentence contradictoire. Le mari ou ses héritiers auroient en ce cas la voie de l'appel simple, ou de l'appel comme d'abus pour la faire infirmer; mais l'un et l'autre remèdes leur sont aujourd'hui également interdits, puisque Jean Billon a acquiescé à ce jugement par deux déclarations également solennelles, l'une faite par-devant le curé de sa paroisse, et l'autre par-devant notaires.

Après ces observations générales, il ne nous reste plus qu'à exposer ce que contient cette sentence.

L'official y déclare qu'il a vu l'acte de célébration de mariage de Jean Billon et d'Anne Rotier; qu'il a vu l'extrait baptistaire de Jeanne Billon, qui est l'intimée : et, après avoir vu les pièces, il confirme le mariage; il enjoint au mari de vivre avec sa femme; il les déclare légitimement et canoniquement mariés.

Cette sentence ne doit-elle pas être considérée et comme une preuve de l'existence de ce mariage, et comme un titre qui en assure la validité; sentence qui a passé en force de chose jugée, non-seulement par le laps de plus de vingt-sept années, mais encore par l'acquiescement exprès que le mari y a donné?

Si, dans un arrêt qui déclareroit un mariage valablement contracté, on avoit énoncé l'acte de célébration, et que dans la suite des héritiers voulussent donner atteinte à l'état des enfans, parce qu'ils ne représenteroient pas cet acte extrait des registres de mariage, ne pourroit-on pas leur opposer avec raison l'énonciation qui se trouveroit dans l'arrêt, et les enfans ne seroient-ils pas fondés à répondre aux héritiers, qu'il y a bien de la différence entre une énonciation sans laquelle l'arrêt auroit pu être rendu, et l'énonciation d'une pièce qui a servi de fondement à la prononciation de l'arrêt? que la première ne seroit pas suffisante pour établir la preuve d'un fait aussi important que celui de la célébration d'un mariage, mais que la seconde en seroit une preuve parfaite, parce que, dès le moment que les juges ont déclaré le mariage valablement contracté, ils ont décidé à plus forte raison qu'il existoit, et en un mot, que l'arrêt est un nouveau titre qui renferme et qui supplée à tous les titres précédens?

Quoique la sentence que nous examinons, ne soit pas aussi considérable qu'un arrêt, si on l'examine par rapport au juge qui l'a rendue; cependant nous pouvons dire qu'elle ne fait pas moins preuve, par rapport aux parties entre lesquelles elle a été prononcée.

Nous trouvons donc, dans cette cause la preuve prescrite par l'ordonnance, celle qui est fondée sur les registres publics. Si l'on demande où est l'acte de célébration de mariage, il suffit de répondre qu'il est dans la sentence, et qu'il est même d'autant plus digne de foi, qu'il est confirmé par un jugement auquel toutes les parties ont acquiescé; et c'est cet acquiescement qui fait la seconde preuve de l'existence de ce mariage.

Nous nous contenterons de faire deux observations sur ces déclarations que nous avons expliquées dans le fait: la première regarde le temps dans lequel elles ont été faites, la seconde les différentes reconnoissances qu'elles contiennent.

On ne peut point accuser ces actes d'avoir été faits dans le commencement de l'engagement de Jean Billon; ce ne sont point les déclarations d'un jeune homme aveuglé par une passion naissante qui lui sacrifie aisément la vérité; toutes les présomptions, toutes les conjectures de séduction, de libertinage sont effacées par la longueur du temps qui s'étoit écoulé depuis la célébration du mariage; l'espace de vingt ou vingt-trois années étoit plus que suffisant pour dissiper les ténèbres qui auroient pu lui dérober la connoissance de son état. S'il reconnoît donc l'existence de son mariage, s'il acquiesce à la sentence de l'official, ce n'est point le mouvement d'une passion déréglée, c'est la force de la vérité qui l'oblige à lui rendre ce témoignage.

Ces déclarations contiennent encore une mention expresse de l'acte de célébration et de l'extrait baptistaire de l'intimée. On y explique encore les sommations réitérées du curé de la paroisse dans laquelle demeuroit Jean Billon, par lesquelles il l'invitoit à rentrer dans son devoir, à rendre à sa femme et à sa fille le nom et la qualité de femme et d'enfant légitimes. Il a enfin déféré à ces sommations; il en a reconnu la justice; et ces sommations ne sont-elles pas une preuve invincible de l'opinion que tous les habitans de ce lieu ont eu de la vérité de ce mariage?

On a opposé à ces déclarations, qu'elles n'étoient pas capables de donner à un mariage une existence et une réalité qu'il n'a jamais eues. Nous convenons de la vérité de ce principe; et si l'intimée ne rapportoit point d'autre preuve du mariage de son père et de sa mère, nous aurions peine à croire que cette reconnoissance fût suffisante. Mais, après avoir établi la vérité de ce mariage par la sentence de l'official de Rennes, qui en est une preuve incontestable, ces déclarations servent encore à la fortifier et à la rendre plus invincible.

On a ajouté que la première de ces reconnoissances n'étoit pas publique, qu'elle avoit été reçue par un curé, qui n'est personne publique que par rapport aux mariages et aux testamens.

On peut faire plusieurs réponses à cette objection.

1.° Dès le moment qu'elle est dans les registres publics, elle est solennelle;

2.° Il s'agissoit de la suite d'un mariage;

3.° Elle est confirmée et répétée dans celle qui est faite par-devant notaire.

On objecte, encore que ces déclarations ne sont point acceptées par la femme; mais elle les avoit prévenues par la sentence à laquelle on acquiesce par ces actes.

Nous pouvons ajouter à ces différentes preuves, celle qui se tire de la naissance de l'intimée, et de la possession d'état, dans laquelle elle a vécu. Elle a toujours porté le nom de son père; on n'a pas même allégué qu'elle ait jamais eu un autre nom, ce qui fait une preuve considérable en sa faveur.

Enfin, la reconnoissance de la famille, dont le suffrage a presque toujours été confirmé dans les questions d'état par l'autorité de la justice, son émancipation, son contrat de mariage en établissent la preuve. Il y a trois choses à observer dans l'acte d'émancipation.

La première, que tous les parens ont été d'avis de l'émanciper comme fille de Jean Billon et d'Anne Rotier.

La seconde, qu'après avoir été consultés sur l'émancipation, ils ont encore donné leur avis sur l'acceptation que la mineure a faite de la succession de ses père et mère.

La troisième enfin, que cet acte contient une espèce de reconnoissance, même de la part de l'appelant. Il a été appelé à cette assemblée de parens, et il n'a point comparu pour contester la qualité de fille légitime; il n'a point protesté contre cet acte.

Après avoir développé un si grand nombre de preuves différentes de la confimation de ce mariage, les déclarations du mari, la naissance des enfans, le jugement de la famille, nous croyons qu'il ne nous reste plus qu'à conclure que l'existence du mariage de Jean Billon ne peut plus être révoquée en doute, et que si ce fait est certain, l'appelant comme d'abus ne se trouve point dans les circonstances qui ont fait admettre des collatéraux à contester la validité d'un mariage.

Nous ne répéterons point ici ce que nous avons déjà expliqué au commencement de ce discours, et que vos arrêts ont jugé plusieurs fois, que la qualité des parens collatéraux les rend très-peu favorables, lorsqu'ils attaquent un mariage dont l'existence est certaine, et qui a subsisté jusqu'à la mort de ceux qui l'ont contracté : nous nous contenterons d'ajouter quelques réflexions générales, qui serviront de réponse aux moyens par lesquels on a voulu donner atteinte à ce mariage.

La première, est qu'il est vrai qu'on allègue plusieurs nullités, dont quelques-unes même seroient capables de faire déclarer un mariage non-valablement contracté ; minorité, séduction, défaut de consentement du père ou d'avis des parens, formalité nécessaire dans la coutume de Bretagne ; mariage célébré dans une paroisse étrangère, sans témoins, sans publication de bans. Mais toutes ces nullités ne sont point prouvées. Il est très-possible, il est même vraisemblable que l'on n'a pas observé exactement toutes les conditions qui sont prescrites par les lois de l'église et de l'état ; mais ce fait n'est pas suffisamment établi, et, dans le doute, la longueur du temps met la présomption en faveur de l'acte.

Nous ajoutons ensuite que, lorsqu'il s'agit d'admettre ou de rejeter un appel comme d'abus contre lequel il y a des fins de non-recevoir, il y a beaucoup de différence entre des moyens tirés du défaut des conditions qui ont toujours été regardées comme essentielles et nécessaires pour former un engagement légitime, et ceux que l'on fonde sur l'omission des autres formalités qui ont été ajoutées comme des précautions salutaires, et qui ont été principalement établies en faveur des pères et des contractans. Quand les uns ni les autres, loin de se servir du remède que la loi leur offroit, ont approuvé et confirmé le mariage, ces défauts cessent d'être considérables ; ils perdent toute leur force et toute leur autorité dès le moment qu'ils sont dans la bouche des collatéraux.

Enfin la dernière réflexion, que nous croyons devoir opposer à ces moyens de nullité, c'est que quand on supposeroit qu'ils seroient tous établis, l'appelant comme d'abus seroit toujours non-recevable à les proposer. Il faudroit, pour attaquer le mariage, qu'il détruisît la sentence qui le confirme. Or, c'est ce qu'il ne peut faire. Il n'a pas plus droit que celui qu'il représente, et qui, après son désistement, son acquiescement solennel, ne pourroit plus en interjeter appel; et l'on peut expliquer ici la loi 1. § 3. ff. *Ne de statu defunctorum.*

Il nous reste encore à répondre à une dernière objection qui paroît considérable.

On la tire de plusieurs actes par lesquels il paroît qu'Anne Rotier, seize ans après son mariage avec Jean Billon, a pris la qualité de veuve de son premier mari. Donc son mariage avec Jean Billon étoit clandestin; donc nulle possession d'état.

La réponse à cette objection est en premier lieu, que l'appel de la sentence de l'official subsistoit encore : elle n'osoit peut-être pas prendre la qualité de femme de Billon.

En second lieu, quand ce mariage auroit été clandestin, il est devenu public long-temps avant la mort de Jean Billon; il n'est point dans le cas d'un mariage tenu caché, et déclaré à l'article de la mort. La première déclaration est de 1684, la mort du mari est de 1689.

Ainsi, nous estimons qu'il y a lieu de déclarer l'appelant non-recevable dans son appel comme d'abus; en conséquence, sur l'appel de la sentence du juge de Château-Gontier, mettre l'appellation au néant, ordonner que ce dont est appel sortira effet.

Arrêt prononcé par M. le président de Harlay, le 17 janvier 1692.

Entre Claude Bellin, sieur de la Croix, procureur en la juridiction du Pertre, province de Bretagne, et Renée Billon, sa femme, sœur et se disant héritière de Jean Billon, sieur de la Haye, son frère, appelans comme d'abus de la célébration de mariage fait en mil six cent soixante-quatre, entre

ledit défunt Jean Billon, sieur de la Haye, et Jeanne Rotier, sa femme, en la paroisse de Monjen, et des actes approbatifs d'icelui, ensemble des sentences rendues en la sénéchaussée et siége présidial de Château-Gontier, les dix-huit avril, trente juin et vingt novembre mil six cent quatre-vingt-onze, et de tout ce qui s'en est ensuivi, et demandeurs, en requête du neuf de ce mois, tendante à ce qu'ils soient maintenus et gardés en possession de la succession dudit Jean Billon, avec restitution de fruits, et, en conséquence, leur faire main-levée de toutes les saisies sur eux faites, et que la somme de soixante-quinze livres par eux consignée entre les mains du receveur des consignations de la baronnie de Vitré, le quinze décembre mil six cent quatre-vingt-onze, leur sera rendue et restituée avec dommages, intérêts et dépens; à ce faire, le receveur des consignations contraint, comme dépositaire, d'une part, Jean Martinet, marchand, et Jeanne Billon, sa femme, fille et unique héritière dudit Jean Billon, sieur de la Haye, et de ladite Rotier, ses père et mère, intimés et défendeurs, d'autre. Après que le Cœur, pour les appelans, et Breyon, pour les intimés, ont été ouïs pendant trois audiences, ensemble d'Aguesseau, pour le procureur-général du roi :

LA COUR déclare la partie de le Cœur non-recevable en ses appellations comme d'abus; et, sur son appel simple, a mis et met les appellations au néant, ordonne que ce dont a été appelé sortira effet, la condamne ès amendes de l'appel, comme d'abus, et de douze livres pour l'appel simple, et aux dépens. Fait ce dix-sept janvier mil six cent quatre-vingt-douze (1).

(1) Voir le Journal des Audiences, tome IV, liv. VII, chap. 1.

TREIZIÈME PLAIDOYER.

DU 4 MARS 1692.

Dans la cause de M.e ADAM, avocat au parlement, contre les neveux de la dame DE FONTENAY.

Il s'agissoit d'une donation entre-vifs, faite par un mari et une femme à un avocat, en considération de plusieurs sommes dont ils lui étoient redevables, et des obligations qu'ils lui avoient; donation qu'ils avoient exécutée, et que les neveux de la femme attaquoient, sous prétexte d'incapacité et de surprise.

LA décision de cette cause dépend de l'examen de deux questions différentes; l'une de fait, l'autre de droit.

La première se réduit à examiner si la donation, qui fait la matière de cette contestation, a été extorquée par artifice, par impression, par autorité, ou si elle doit être considérée comme l'effet de la volonté libre du donateur, et l'ouvrage de sa reconnoissance.

La seconde consiste à savoir si un avocat est capable de recevoir une donation entre-vifs; question à la décision de laquelle tout le barreau est intéressé, et qui fait que l'on doit regarder cette cause moins comme la cause particulière de M.e Adam, que comme la cause commune de tout l'ordre des avocats.

La donation qui a donné lieu à ces deux questions, est de l'année 1671; cependant il est nécessaire de remonter plus haut pour expliquer la nature et la quantité des biens qui sont compris dans cette donation.

François de Villiers, donateur, épousa, en 1632,

Madeleine Durand. On trouve dans le contrat de mariage une dot de 20,000 livres, une stipulation de communauté de biens, un douaire de 8000 livres, un préciput de 3000 livres, une donation réciproque de tous les meubles et acquêts au survivant. Ce contrat a été insinué.

Plusieurs enfans issus de ce mariage. Un seul restoit en 1666. C'étoit Charles de Villiers. Il se livre à des actions qui pouvoient faire dire de lui : *Jura negat sibi nata, nihil non arrogat armis.* Sentence de la même année qui le condamne au dernier supplice, exécutée en effigie.

Le père et la mère le déshéritent par acte sous seing-privé. Il contracte dans la suite un mariage inégal qui lui attira une seconde fois, en 1672, le foudre de l'exhérédation; l'acte fut passé sous seing-privé, mais reconnu en la même année par-devant notaires, et publié au bailliage de Mantes.

Enfin, abdiqué par son père, déshonoré par son mariage, condamné par la justice, il finit une vie malheureuse le 28 juin 1672.

Après vous avoir expliqué ce qui regarde Charles de Villiers, il est nécessaire de reprendre l'ordre des dates que nous avions interrompu.

La liaison étroite qui a été entre le donateur et le donataire, a commencé long-temps avant la donation. Il convient d'avoir été l'ami, le conseil, et quelquefois même l'avocat des sieur et dame de Fontenay. Il paroît qu'il leur a prêté diverses sommes. 1.° Douze cent quarante livres par un simple billet pour valeur reçue, du 3 février 1666; 2.° Deux mille sept cent soixante et cinq livres, aussi par un simple billet valeur reçue, du 4 juillet 1668; 3.° Trois mille livres par contrat de constitution, du 15 juillet 1668; 4.° Cinq cent cinquante livres par obligation, du 15 juillet 1668.

Tel étoit l'état de la famille et des biens du sieur de Fontenay en l'année 1671. Alors donation, qui fait le sujet de cette contestation, et qui en comprend deux.

La première, est une donation particulière faite par le mari, des terres de Fontenay et fiefs qui en dépendent, et par la femme de tous les droits qu'elle avoit à exercer pour ses reprises et ses conventions matrimoniales, à la charge de payer les droits seigneuriaux, et avec réserve d'usufruit.

La seconde, de tous les biens, tant meubles qu'immeubles, qu'auroient les donateurs au jour de leur décès, à la charge d'accomplir tout ce dont les donateurs pourront disposer en œuvres pies, par testament ou autrement. L'acte fut passé le 18 février 1671, et insinué dans les formes ordinaires.

Depuis la donation, plusieurs actes, et une infinité de lettres qui en parlent, qui l'approuvent, et qui la ratifient.

1.° Un cautionnement d'un contrat de constitution de mille livres de principal, fait par M.e Adam, en qualité de donataire universel, le 7 août 1671.

2.° Autre cautionnement en la même qualité, de deux mille six cent soixante-dix-sept livres, du 6 décembre 1671, et paiement de la même somme, le 11 décembre 1673.

3.° Autre paiement de six cent dix-neuf livres fait en la même qualité, en 1679.

4.° Plusieurs autres paiemens dont la preuve est dans les lettres.

Lettres pleines de tendresse et de reconnoissance, écrites et par le mari et par la femme.

Le mari meurt en 1683. Inventaire, dans lequel opposition de la dame de Fontenay et de M.e Adam pour la conservation de leurs droits.

Il paroît que, depuis cet inventaire, la dame de Fontenay a encore approuvé la donation.

1.° Par une lettre du 10 août 1683, par laquelle elle invite M.e Adam à venir se mettre en possession de la terre de Fontenay.

2.° Par la transaction passée avec Me. Adam, le premier octobre 1683, par laquelle on liquide l'usufruit qui lui est réservé par la donation, et une pension viagère de 600 livres; on lui laisse les meubles meublans, et la faculté d'en disposer par voie testamentaire, en legs pieux, conformément à la donation; et M.e Adam s'oblige à payer toutes les dettes, lesquelles, suivant le calcul qu'on en fait, montent à cinq mille et tant de livres.

3.° Par plusieurs lettres, écrites du même style que celles qui ont précédé la mort du sieur de Fontenay.

4.° Par les pensions qu'elle a reçues.

Nul changement de volonté jusqu'au 22 juillet 1686.

Alors trois actes passés en même temps.

1.° Révocations de la donation, comme extorquée par la violence de son mari et par l'artifice de son avocat.

2.° Procuration à François Thomas, son petit-neveu, pour obtenir des lettres de rescision et en poursuivre l'entérinement; procuration qu'*elle ne pourra révoquer.*

3.° Transport au profit de ses neveux, de ses droits sur la succession du sieur de Fontenay, même de la pension qui doit lui être payée par M.e Adam. Elle stipule une pareille pension payable par ses neveux.

En conséquence de toutes ces actes, assignation à M.e Adam sous le nom de la dame de Fontenay. Signification de lettres de rescision. Il évoque aux requêtes du palais.

Il fait interpeler la dame de Fontenay de recevoir un quartier de sa pension; elle répond qu'elle la recevroit à l'échéance du terme.

Le premier octobre 1686, elle reçoit 100 livres sur la pension que ses neveux lui avoient promise.

Et le second du même mois, elle reçoit le quartier de la pension que M.e Adam lui payoit en exécution de la transaction; et ce qui est remarquable, c'est elle qui s'adresse aux notaires, qui leur déclare qu'elle a changé d'avis, et qu'étant mieux conseillée, elle accepte le paiement qui lui a été offert; qu'elle ratifie, approuve et confirme tous les contrats et actes qu'elle a faits avec M.e Adam et révoque tous ceux qu'elle a signés le 22 juillet, comme exigés d'elle par surprise, et extorqués par quelques-uns de ses parens.

M.e Adam fait signifier cette révocation; cependant on continue les poursuites qu'on avoit commencées sous le nom de la dame de Fontenay. Les parties de M.e Veronneau interviennent comme présomptifs héritiers, et reprennent la demande qu'ils ont faite sous son nom à fin d'entérinement des lettres de rescision.

Mort de la dame de Fontenay au mois d'octobre 1687.

Après plusieurs procédures inutiles à expliquer, sentence du 9 septembre 1690, qui donne acte de la déclaration faite par M.e Nivelle pour sa partie, qu'il ne prétend rien à la donation des sieur et dame de Fontenay, des meubles et effets mobiliers, à l'exception de ceux qui lui ont été délaissés par la transaction du 1.er octobre 1683; et, en conséquence, sans s'arrêter aux lettres de rescision, ni aux demandes et requêtes des héritiers du sieur et de la dame de Fontenay, dont ils sont déboutés, ordonne que la donation en ce qui regarde la terre de Fontenay, ses appartenances et dépendances, la transaction du 1.er octobre 1683, seront éxécutées selon leur forme et teneur, avec défenses de troubler M.e Adam en sa possession; les héritiers condamnés aux dépens, les termes injurieux de la requête de la partie de M.e Veronneau, ensemble la requête de la partie de M.e Nivelle, supprimés (1).

Quant a nous, cette cause vous présente trois choses à examiner.

La première, si la donation est nulle *ab initio*, et en elle-même? La seconde, si elle a pu être révoquée? La troisième, si elle l'a été?

A l'égard de la première question; nous croyons que l'on peut réduire à deux chefs, tous les moyens

(1) Les moyens des parties furent expliqués en cet endroit à l'audience, sans avoir été écrits auparavant.

par lesquels on a voulu donner atteinte à cet acte.

1.° Incapacité dans la personne du donataire.

2.° Mauvaises voies, artifices indignes, impressions, menaces dont on prétend qu'il s'est servi pour l'exiger.

Si nous examinons le droit romain sur cette matière, nous le trouverons toujours favorable à la liberté de disposer, jamais contraire aux avocats (1).

Plusieurs exemples dans le droit et dans les anciens auteurs, d'institutions d'héritier en faveur d'avocats et même de procureurs.

Notre jurisprudence, plus sévère, et plus favorable aux héritiers, restreint la liberté des donations dans des bornes plus étroites.

Le fondement de cette jurisprudence se trouve dans l'ordonnance de 1539. Il faut examiner si les avocats sont compris dans les termes ou dans l'esprit de cette loi.

Dans les termes, il est certain qu'ils n'y sont pas nommés.

Dans l'esprit, on peut observer, en premier lieu, que l'ordonnance parle d'administrateurs; il semble que ce terme ne peut convenir aux avocats. En second lieu, que le dessein de la loi a été d'empêcher que ceux qui auroient du crédit et de l'empire sur l'esprit des donateurs, n'en abusassent pour les porter à dépouiller leurs héritiers légitimes.

De ce motif général de l'ordonnance, on a cru pouvoir tirer des conséquences pour étendre sa disposition aux pédagogues, aux médecins, aux maîtres, aux confesseurs.

De là il faut avouer que quelques auteurs ont conclu, qu'il falloit y comprendre aussi les avocats; et ils ont fait une distinction entre les donations entre-vifs, et les dispositions à cause de mort.

Cependant nous aurions peine à croire que l'on pût établir, sur ce fondement, une incapacité géné-

(1) Tacite, Annal. livre II, parle de ce qui fut agité de son temps à Rome, touchant les récompenses que l'on donnoit aux avocats.

rale dans la personne de tous les avocats, sans le secours d'aucune circonstance.

Si la donation étoit faite de droits litigieux, si la personne du donataire étoit suspecte, s'il y avoit des enfans qu'elle privât du patrimoine de leurs parens, si elle étoit faite dans le temps d'un grand procès, d'un procès capital où il s'agît de la vie, de l'honneur, ou de la plus grande partie de la fortune du donateur, alors nous croirions que l'on pourroit étendre aux avocats la disposition de l'ordonnance.

Mais, lorsqu'on ne trouve aucune de ces circonstances, lorsque ni la qualité du donataire, ni celle des biens, ni la conjoncture dans laquelle le donateur se trouvoit, ne peuvent servir de motifs pour détruire la donation, ce seroit déshonorer un corps illustre, une profession aussi noble que celle des avocats, que de la regarder comme formant, en général, et en conséquence de la seule qualité d'avocat, une incapacité de recevoir des donations. La pureté, la grandeur, la dignité de leur ministère, semblent même dissiper les soupçons et ne pas permettre qu'on les confonde avec ceux dont l'ordonnance a parlé.

C'est ce qui a été jugé par plusieurs arrêts, par rapport à des legs universels.

La distinction des donations entre-vifs et des dispositions testamentaires a été aussi rejetée, si ce n'est dans des circonstances telles que celles dont nous venons de parler.

Pour faire l'application de ces réflexions à l'espèce de cette cause, il s'agit ici d'une donation de choses certaines, non litigieuses. La personne du donataire non suspecte. Il a vécu sans reproche. Point d'enfans qui attaquent aujourd'hui la donation. Nul procès, ou du moins un seul procès peu considérable, à Rouen et non à Paris; le factum sur ce procès est postérieur à la donation.

Il n'étoit pas même, à proprement parler, leur avocat; terme relatif et aux parties et aux procès.

A l'égard des artifices qu'on voudroit lui imputer, il y a trois temps à distinguer.

Le premier, celui dans lequel la donation a été faite.

Le second celui qui l'a suivi, jusqu'à révocation.

Le troisième, celui de la révocation.

Par rapport au premier temps, il faut retrancher l'argument de surprise et d'artifice que l'on veut tirer de la qualité d'avocat.

Le second est tiré des actes par lesquels on prétend justifier que la conduite de M.e Adam a été souvent soupçonnée.

Les créanciers de le Roux avoient, à la vérité, demandé que l'on ôtât à M.e Adam la direction de leurs affaires, mais ils ne l'ont pas obtenu; et l'arrêt que les parties de M.e Veronneau rapportent, répond à ce fait.

Miraumont a prétendu que M.e Adam lui avoit fait donner une quittance de 2577 livres, quoiqu'il n'eût reçu que 2000 livres; mais nulle preuve de cette allégation.

Le troisième moyen est pris des créances que M.e Adam a affecté, dit-on, d'acquérir pour s'emparer des biens de son débiteur.

1.° Créances véritables, non simulées, reconnues encore aujourd'hui.

2.° Celles qui ont suivi la donation, justifient celles qui l'ont précédée.

Le quatrième moyen est pris de l'exhérédation du fils; on prétend que c'est M.e Adam qui en a été l'auteur, parce qu'elle est sous signature privée, et qu'il y a lieu de présumer qu'elle est postérieure à la donation, parce qu'elle est écrite dans le style de M.e Adam. Plusieurs circonstances détruisent ce moyen.

1.° Sentence en bonne forme, qui condamnoit le fils. L'exécution de cette sentence par effigie, produisoit une mort civile; par conséquent il n'étoit point nécessaire de déshériter un homme mort.

2.° Sentence qu'on ne peut accuser M.e Adam d'avoir fait rendre.

3.° Sentence qui est suivie immédiatement de l'exhérédation, ce qui doit porter à croire la date de l'exhérédation véritable.

4.° Fils mort dès 1672, onze ans avant son père, quinze ans avant sa mère.

5.° Nulle preuve que M.e Adam ait armé le père contre le fils.

Ainsi, la donation est hors d'atteinte, en la considérant dans le temps qu'elle a été faite.

Si nous l'examinons par rapport au second temps, depuis la donation jusqu'à la révocation, nous voyons plusieurs ratifications authentiques qui marquent la persévérance de la volonté, et qui seroient capables de réparer, ou plutôt de couvrir le défaut du principe, s'il y en avoit.

1.° Dettes contractées par M.e Adam en qualité de donataire.

2.° Lettres du mari et de la femme.

3.° Lettres de la femme, après la mort du mari, qui invitent M.e Adam à venir prendre possession de sa terre de Fontenay.

4.° Transaction avec la femme; mort du mari sans réclamer; pension payée à la femme; nul changement dans le second temps.

Enfin, par rapport au troisième temps, deux choses à examiner.

La première, si la donation a pu être révoquée.

La seconde, si elle l'a été.

1.° Il est constant qu'elle n'a pu être révoquée. Il n'y a ici ni survenance d'enfans, ni ingratitude; au contraire, continuation de services.

2.° Il est constant qu'elle ne l'a point été par la volonté de la testatrice.

Plusieurs réflexions sur la qualité des actes qu'elle a passés.

1.° Actes qui lui ont été dictés par les parties de M.e Veronneau, comme elles l'ont reconnu par leurs lettres.

2.° Actes suspects ; ils se font céder la pension que M.e Adam paie à la dame de Fontenay. D'une main ils élèvent ce que l'autre détruit ; ils font ajouter une clause dans la procuration, qu'elle ne pourra être révoquée.

3.° Actes désavoués.

1.° Par la comparution de la dame de Fontenay par-devant les notaires de Mantes, où elle révoque les actes du 22 juillet 1686.

2.° Par son codicille, où elle déclare qu'elle fait des legs pieux conformément à la donation.

C'est en vain qu'on prétend opposer les lettres à des actes solennels ; si elle a eu la facilité de signer des actes qu'elle a désavoués, à plus forte raison d'écrire les lettres que la passion de ses neveux lui a dictées.

Il n'y a donc ni incapacité dans la personne, ni indignité dans les moyens dont il s'est servi, dans les trois temps que nous venons d'examiner. On voit au contraire une conduite non suspecte, une donation provoquée par des services réels, effectifs, considérables ; une donation rénumératoire, ou plutôt un paiement de dettes légitimes qui montent à plus de 20,000 livres ; la terre ne vaut guère plus, puisque le bail, qui n'étoit que de 1400 livres, a été résolu : donation enfin confirmée, exécutée, et entièrement hors d'atteinte.

Ainsi, nous estimons qu'il y a lieu de mettre l'appellation au néant.

Arrêt conforme aux conclusions, le 4 mars 1692, prononcé par M. le président de Nesmond.

Entre M.e François Chamas, procureur au présidial de Blois, et Catherine de Montran, veuve de François Thomas, au nom et comme mère et gardienne de François et Louis Thomas, en son chef, et Thomas Theissier, maître boulanger, au nom et comme père et gardien des enfans Theissier d'Hébert Thomas, père dudit Thomas, et aïeul des enfans Theissier, ayant repris l'instance au lieu de défunt Elie Thomas, par acte du six septembre mil six cent quatre-vingt-onze ; lesdits Thomas, héritiers de défunte dame Gatienne-Madeleine

Durand, veuve de messire François de Villiers, vivant, chevalier, seigneur de Fontenay-Mauvoisin, appelant de la sentence rendue aux requêtes du palais, le neuf septembre mil six cent quatre-vingt-dix, et demandeur en offre, suivant l'acte qui les contient, du trois du présent mois de mars, à ce que les offres par eux faites de passer hypothèques des rentes, dans lesquelles la dame de Fontenay s'est obligée envers lui et autres, dont il justifiera avoir les droits, jusqu'au jour de la donation du huit février mil six cent soixante-onze, de lui payer les arrérages légitimes et autres dettes qu'il justifiera avoir acquittées à sa décharge; comme aussi de lui payer toutes les dettes légitimes à lui dues par lesdits sieur et dame de Fontenay, contractées depuis la donation, et celles qu'il avoit acquittées à leur décharge, à condition, par ledit Adam, de laisser audit Thomas et consorts la terre dudit de Fontenay, ses appartenances et dépendances, et tous les autres biens, tant meubles qu'immeubles, des successions desdits sieur et dame de Fontenay, dont il s'est mis en possession en conséquence de l'acte du premier octobre mil six cent quatre-vingt-trois, leur en rapporter les jouissances et intérêts depuis ledit jour; leur rendre et restituer les contrats de constitution, sentences, obligations, promesses, et autres pièces obligatoires qui étoient dus auxdits sieur et dame de Fontenay, leur restituer les sommes qu'il en a touchées, avec les intérêts, qui demeureront compensés jusques à concurrence de ce qui se trouvera lui être légitimement dû, d'une part; M.e Robert Adam, ancien avocat en la cour, seigneur de Fontenay, donataire entre-vifs, tant dudit messire François de Villiers, vivant, seigneur de Fontenay, que de ladite dame Gatienne-Madeleine Durand, intimée, d'autre; et entre ledit M.e Robert Adam, ancien avocat en la cour, seigneur de Fontenay, demandeur, aux fins de la commission par lui obtenue en la chancellerie, le neuf décembre mil six cent quatre-vingt-dix, et de l'exploit fait en conséquence le dix-huit desdits mois et an, à ce que l'arrêt qui interviendroit sur l'appel de la sentence des requêtes du palais, du neuf septembre mil six cent quatre-vingt-dix, entre lui et lesdits Thomas et consorts, soit déclaré commun avec la défenderesse ci-après nommée; ce faisant, que ladite sentence sera confirmée avec amende et dépens, d'une part; et demoiselle Anne de l'Etang, épouse autorisée par justice à la poursuite de ses droits, au refus de Charles le Barbier, sieur de la Pierre, héritier dudit défunt messire François de Villiers, chevalier, seigneur dudit Fontenay, défenderesse, d'autre; et encore entre ladite demoiselle Anne de l'Etang, appelante de la sentence contradictoire contre elle rendue aux requêtes du palais, ledit jour neuf septembre mil six cent quatre-vingt-dix, et de tout ce qui s'en est ensuivi, d'une part; et ledit M.e Robert Adam, seigneur de Fontenay, ancien avocat en la cour, donataire dudit sieur de

Villiers, intimé, d'autre. Après que Veronneau, pour ledit Thomas, et Theissier de la Vigne, pour Marie de l'Étang, et Nivelle, pour Adam, ont été ouïs pendant trois audiences, ensemble d'Aguesseau, pour le procureur-général du roi :

LA COUR, sans s'arrêter aux offres, a mis et met l'appellation au néant ; ordonne que ce dont a été appelé sortira effet ; condamne l'appelant en l'amende de douze livres et aux dépens. Fait ce quatre mars mil six cent quatre-vingt-douze.

QUATORZIÈME PLAIDOYER.

DU 11 MARS 1692.

Dans la cause de la dame de BOURNONVILLE, contre M. MARTINEAU, maître des comptes, et le tuteur du fils mineur de la dame DE COULANGES.

1.° *Un petit-fils, né et conçu après la mort de son aïeul, n'est pas recevable à prendre la qualité de son héritier.*

2.° *Les créanciers de la succession peuvent lui opposer qu'il n'est pas capable de prendre cette qualité.*

Ces deux questions ont été jugées de nouveau par un arrêt du 1.er avril 1697, dont il est fait mention ensuite de ce plaidoyer.

3.° *Ce petit-fils, né et conçu depuis la mort de son aïeul, ne peut pas demander la continuation de communauté, faute de clôture de l'inventaire fait après son décès.*

LES parties qui paroissent en votre audience, ont interjeté des appellations respectives de la même sentence.

D'un côté, on prétend qu'elle a renversé l'ordre et la nature des successions légitimes, lorsqu'elle a donné la qualité d'héritier à un petit-fils qui n'étant né que trente-deux ans après la mort de son aïeul, ne peut pas même être appelé son parent.

Le tuteur de cet enfant soutient, au contraire, que la qualité d'héritier ne peut lui être enviée, et que les premiers juges qui ont connu la faveur de sa demande, n'ont pu, sans violer la disposition expresse de la coutume, sans attaquer même la première partie de leur jugement, lui refuser la continuation de communauté, qui n'étoit qu'une suite et une conséquence nécessaire de la qualité d'héritier.

Trois mariages de la dame de Bournonville. Le second avec le sieur d'Archambaut, est celui qui fait le sujet de la contestation.

Les biens du futur époux consistoient dans une maison estimée 27,000 livres, et 9000 livres promis en argent comptant et en rentes.

Les biens de la future épouse étoient de 17,000 livres, et 2000 livres en meubles, outre son premier douaire, et son habitation dans le château de Saint-Hilaire.

On stipule une communauté. Le douaire est réglé à 900 livres s'il n'y a point d'enfans, et, s'il y en avoit, à 700 livres. Le préciput est fixé à 3000 livres.

En 1647, acquisition de la charge de gentilhomme ordinaire, pour le prix de 32,000 livres. Emprunt de 24,000 livres. La femme s'y oblige.

En 1652, mort du sieur d'Archambaut; renonciation à la communauté par la veuve: on néglige de faire la clôture de l'inventaire. Deux enfans mineurs étoient nés de ce mariage.

En 1662, troisième mariage avec le sieur de Bournonville; madame Martineau est issue de ce dernier mariage.

La dame de Bournonville gère, avec son troisième mari, la tutelle de ses enfans mineurs.

En 1682, renonciation d'Angélique et de Jean d'Archambaut à la succession de leur père. Angélique étoit alors âgée de trente-deux ans; Jean de trente.

Ils demandent le rapport du prix de la charge de gentilhomme ordinaire, dont le Roi leur avoit fait don. Leur mère se défend; elle succombe. Ainsi, elle demeure créancière de la succession de son mari, de la somme de 24,000 livres, à laquelle elle s'étoit obligée pour lui; des intérêts de cette somme, et de plusieurs autres dettes par elle acquittées.

Après la renonciation des enfans, on avoit créé un curateur à la succession vacante, à la requête du sieur d'Arville.

Les enfans, en qualité de créanciers, demandent permission de faire faire des réparations dans une maison rue du Chantre; les réparations faites, ils ne paient point les ouvriers, qui font saisir les loyers de la maison. La dame de Bournonville n'étant point payée de son douaire, la fait saisir réellement.

Opposition à fin d'annuler, par les enfans; instance au châtelet.

Cependant on fait créer un tuteur au fils mineur d'Angélique d'Archambaut qui avoit épousé le sieur de Coulanges; il intervient dans l'instance en qualité d'héritier: il demande la continuation de la communauté.

Sentence qui lui accorde l'un, et le déboute de l'autre.

Appellations respectives. Intervention de M. Martineau.

Moyens de la dame de Bournonville.

PREMIER CHEF.

1.° Incapacité dans la personne du mineur, *nec natus, nec conceptus vivente avo.*

Lois. Coutume. *Le mort saisit le vif.* Arrêts. Dumoulin. Autres docteurs.

Maxime générale étendue aux legs et aux substitutions, combattue par des arrêts incertains qu'on veut inutilement y opposer.

2.° Maxime favorable dans le fait. Succession onéreuse. Mineur qu'on fait paroître par un détour de chicane. Ainsi, sentence insoutenable.

SECOND CHEF.

Demande à fin de continuation de communauté, injuste.

1.° Par rapport à la veuve qui a renoncé, qui a fait faire un bon et fidèle inventaire; ce qui suffit pour dissoudre la communauté. Nul domicile à Saint-Hilaire.

2.° Par rapport au mineur. Il n'est pas du nombre de ceux qui jouissent de ce privilége. Comment feindre une continuation de communauté entre une femme qui a renoncé, et un mineur qui n'existe point?

Moyens du mineur.

PREMIER CHEF.

1.° Créancière sans qualité pour former une telle question sans intérêts.

2.° Maxime générale, plus conforme à la subtilité du droit qu'à l'équité. Elle n'a lieu que lorsqu'il y a un héritier saisi. Quand il n'y en a point, la raison de la loi cesse, et la loi pareillement.

3.° Succession toujours ouverte.

4.° Le mineur parent, et de la famille de son aïeul.

Premièrement, exemple de la succession de l'affranchi.

2.° De celui qui est appelé à une substitution.

3.° Du retrait lignager.

4.° Il excluroit le fisc.

5.° Arrêts, qui font des préjugés sur cette question.

SECOND CHEF.

Seconde demande, suite et accessoire de la première; inventaire infidèle, non-clos; enfant mineur appelé au privilége de la coutume.

Vous voyez, MESSIEURS, par le récit que nous venons de vous faire des principaux moyens des parties, que la décision de cette cause dépend de l'examen de deux questions, l'une de droit, l'autre de coutume ; l'une principale, l'autre accessoire, et dépendante de la première.

Dans le droit, vous déciderez si les lois accordent à la partie de M.e le Gendre la qualité d'héritier légitime ; et supposé qu'il soit recevable à prendre ce nom, vous aurez à examiner si la coutume ne lui refuse pas la continuation de communauté qu'il demande.

Pour réduire la première question à ses véritables termes, nous supposerons comme un fait certain, dont la vérité est attestée par toutes les parties, que la succession du sieur d'Archambaut est vacante ; que ses enfans l'ayant répudiée, il ne s'est trouvé aucun parent collatéral qui ait voulu l'accepter, et qu'elle est entièrement abandonnée par tous ceux qui pourroient y avoir quelque droit, excepté par le mineur qui veut en recueillir aujourd'hui les débris, et qui offre d'en payer toutes les dettes.

Ce fait étant supposé, la question de droit que vous avez à décider, consiste à savoir si un petit-fils, qui n'a jamais vu le jour en même temps que son aïeul, qui n'est né que trente-quatre ans après sa mort, et dont la naissance a été précédée par une renonciation solennelle que sa mère majeure a faite à la succession de son aïeul, peut aujourd'hui vous demander cette même succession répudiée par sa mère, et abandonnée depuis long-temps aux créanciers.

La première réflexion que nous croyons devoir faire sur cette question, regarde la qualité de ceux qui la proposent. On a prétendu que quoique cette fin de non-recevoir paroisse fondée sur l'autorité des lois, elle ne peut être proposée que par un héritier ; qu'elle perd toute sa force et son efficace, lorsqu'elle est dans la bouche d'un étranger toujours incapable d'exclure les enfans d'une succession que la loi leur défère.

Quoique cette objection ait beaucoup d'apparence, nous ne croyons pas néanmoins qu'elle soit capable de détruire un moyen que la loi met entre les mains de tous ceux qui ont intérêt de s'en servir. S'il étoit allégué par une personne capable d'être héritier, non-seulement il seroit important, il seroit même absolument décisif, et la partie de M.e le Gendre a été obligée de le reconnoître. Mais, quoiqu'un étranger ne puisse se promettre de ce moyen un succès aussi sûr qu'un héritier, il est néanmoins partie capable pour le proposer, dès le moment qu'il a un intérêt sensible à empêcher que la qualité de nouvel héritier qu'on fait paroître, ne soit confirmée.

Jamais cet intérêt n'a été plus sensible que dans l'espèce de cette cause; la succession du sieur d'Archambaut est vacante depuis près de quarante années. Sa veuve, créancière légitime de sa succession, n'a pu être payée des dettes qu'elle a contractées avec lui. Dans le temps qu'elle a fait saisir réellement le seul effet qui reste de cette succession, et qu'elle espère par la vente de la maison saisie retirer une partie de ce qui lui est dû, on fait paroître un mineur qui prend la qualité d'héritier pur et simple de son aïeul : on veut obliger la dame de Bournonville, après tant d'années de retardement, d'essuyer encore les suites d'une nouvelle procédure avec ce mineur; procédure difficile, incertaine, sans succès, puisqu'aussitôt que le mineur aura reconnu par expérience combien la succession qu'il accepte est onéreuse, il y renoncera aussi facilement qu'il l'a acceptée. Avant même que de parvenir à ce point, il faudra peut-être que les créanciers soient exposés au danger toujours inévitable avec un mineur, des requêtes civiles, des lettres de rescision.

Nous n'en dirons pas davantage pour vous faire connoître combien les créanciers sont intéressés à assurer la qualité de leur débiteur, et à diriger leurs actions plutôt contre un curateur à une succession vacante, que contre un mineur de cinq ans, qui peut varier plusieurs fois, avant que de parvenir à l'âge de majorité.

Entrons maintenant dans l'examen de la question qui vous a été proposée, et voyons quelle est la force de ce moyen qui nous paroît du nombre de ceux que les créanciers peuvent proposer.

Nous pouvons le considérer par rapport à trois différentes lois ; nous pouvons l'examiner dans les principes du droit écrit, dans les dispositions de nos coutumes, dans la jurisprudence de vos arrêts.

Les uns et les autres concourent également à établir la vérité de cette maxime : Qu'il n'y a que deux voies légitimes par lesquelles on puisse être appelé à une succession.

Où l'on y est admis de son chef, *jure proprio*, et parce qu'on y est appellé personnellement ; ou l'on y vient du chef d'un autre, *jure alieno*, par représentation dans les successions *ab intestat*, par une vocation à la place d'une autre personne dans les successions testamentaires.

Pour décider la question qui fait le sujet de cette cause, nous n'avons qu'à examiner si l'une ou l'autre de ces voies est ouverte à la partie de M.e le Gendre, s'il est appelé de son chef à la succession de son aïeul, s'il y est appelé du chef d'un autre par représentation, ou par une évocation portée dans un testament.

Pour être héritier, il faut être parent de celui dont on demande l'hérédité. La loi suit la nature dans l'ordre des successions ; elle les défère à ceux qui y sont appelés par les liens du sang et de la proximité.

C'est un grand préjugé en faveur de celui qui veut accepter une hérédité, que d'être parent du défunt ; mais cet avantage ne suffit pas, il faut encore l'avoir été dans le temps de son décès.

Telles sont les idées que la nature et les lois nous donnent touchant les successions *ab intestat*. C'est par rapport à ces différentes vues, que l'on doit considérer la qualité de la partie de M.e le Gendre ; et la décision de cette cause consiste à savoir s'il est, à proprement parler, parent du sieur d'Archambaut ; si l'on peut dire qu'il l'ait été au jour de son décès.

Les jurisconsultes définissent la parenté, *Sanguinis et juris vinculum*. C'est un lien qui suppose que ceux, qu'il unit ont existé en même temps : c'est un rapport, une relation qui demande nécessairement deux termes, deux personnes existantes ; il faut qu'il y ait eu au moins un moment, pendant lequel ce lien les ait unis, et que ce rapport ait produit en eux, pendant leur vie, ce qui s'appelle *parenté*. Il est vrai que quoique la mort rompe ce lien, qu'elle détruise ce rapport, la cognation subsiste. Mais il est toujours nécessaire qu'elle ait commencé, et elle ne peut commencer que lorsque ceux entre lesquels elle se forme, ont vécu en même temps.

Ce n'est point ici une de ses fictions du droit civil, qui paroissent souvent contraires à la nature.

Ce principe est fondé sur la nature même, sur l'idée qu'elle nous donne de la parenté considérée par rapport à l'ordre des successions. C'est ce qui est expliqué par le jurisconsulte Julien dans la loi 8, au digeste *de suis et legit. hered.* Il prévient dans cette loi une objection que l'on pouvoit opposer à la maxime qu'il y établit.

Dans l'usage commun, et suivant les notions ordinaires, on donne la qualité de parens aux petits-fils qui sont conçus après la mort de leur aïeul : *In consuetudine nepotes cognati appellantur etiam eorum post quorum mortem concepti sunt.* Il semble même que cette idée s'accorde avec les sentimens naturels, puisqu'il est toujours vrai de dire qu'un petit-fils est descendu du défunt; qu'il lui doit médiatement la vie et la naissance.

Cependant le jurisconsulte répond que c'est parler improprement, que de communiquer la qualité de parent à un petit-fils conçu après la mort de son aïeul : *Non propriè, sed per abusionem, vel potiùs per relationem accidit.* On a égard à ce qu'ils auroient été, si leur aieul eût vécu plus long-temps, et l'on envisage plutôt ce qu'ils devoient être, que ce qu'ils sont : ils sont, à la vérité, descendus du défunt, ils font partie de sa famille; mais ils ne sont point, à proprement parler, ses parens, parce qu'ils n'ont pas vécu avec lui; condition nécessaire, essentielle, indispensable pour établir la parenté. *Nullo jure cognationis patrem sui patris attigit*, dit l'empereur Justinien dans le §. 8, aux instituts *de hered.*, *quæ ab intest. defer.* On peut encore ajouter la loi 6, ff. *de injust. rupt. test.*

Si nous nous attachons aux idées que les lois nous donnent de la parenté, il est certain que la partie de M.e le Gendre ne peut point être réputé parent du sieur d'Archambaut, et s'il n'est point son parent, qu'il peut encore moins être son héritier.

Mais, quand nous accorderions à l'usage et à la coutume, ce que les jurisconsultes n'ont pas cru qui fût soumis à son autorité, c'est-à-dire, de déterminer ce qui est nécessaire pour établir la parenté; quand nous conviendrions que l'on peut donner le nom de parent à un petit-fils conçu après le décès de son aïeul, la partie de M.e le Gendre ne seroit pas plus favorable. On lui opposeroit, toujours comme un obstacle invincible, que, quand même il seroit devenu parent du sieur d'Archambaut, cette qualité lui seroit inutile, puisqu'il l'a eue trop tard de trente-quatre années; et que, pour succéder, il faut être parent du défunt dans le temps de son décès.

Le temps dans lequel l'hérédité et déférée, est celui que la loi considère. C'est dans ce moment fatal qu'elle détermine la capacité de l'héritier. Ce principe ne peut être révoqué en doute, sans attaquer les règles les plus certaines, est sans détruire nos maximes les plus inviolables.

Si l'on ne s'arrêtoit à ce point décisif, il seroit impossible de déterminer un autre temps dans lequel on pût considérer la capacité de l'héritier. Ce seul moment est assuré; tous les autres sont incertains. Quel terme prescrira-t-on? Dans quel temps suffira-t-il d'être capable? Sera-ce celui de dix, de vingt, de trente années? Mais sur quel fondement fixeroit-on ce calcul arbitraire?

Rien n'est plus dangereux que de s'écarter des

principes ; tout devient incertain aussitôt qu'on s'en éloigne ; et si l'on ne s'arrêtoit pas à ce moment unique pour décider de la qualité des héritiers, il n'y auroit jamais de sûreté dans une succession. Les créanciers se seroient en vain reposés sur la renonciation des héritiers apparens ; ils auroient fait inutilement des poursuites contre un curateur à la succession vacante. On feroit toujours paroître un mineur qui renverseroit en un jour l'ouvrage de plusieurs années ; ce mineur seroit suivi d'un autre, car le progrès de l'égarement est infini ; et en effet, il n'y auroit pas plus de raison d'exclure le fils du petit-fils, que le petit-fils même. Ainsi, jamais une succession n'auroit un état fixe et déterminé, et les créanciers feroient toujours des efforts inutiles pour sortir de la confusion et de l'incertitude dans laquelle ils rentreroient à tout moment.

C'est sur ce fondement que la loi des douze Tables, la plus ancienne de toutes les lois de Rome, que l'édit du préteur, la plus équitable de toutes les interprétations, ont cru qu'il falloit s'attacher au moment de la mort, et déterminer dans ce temps, l'état de la succession, et la qualité de ceux qui pouvoient y prétendre.

Lex duodecim Tabularum eum vocat ad hereditatem, qui vivente eo de cujus bonis quæritur, in rerum naturâ fuerit.

Si intestatus moritur cui suus non extabit heres, agnatus proximus familiam habeto.

Les paroles de ces lois sont remarquables. Elles joignent ces deux conditions, *si intestatus moritur, si suus non extat heres.*

L'édit du préteur n'est pas moins formel. *Item prætor edicto suo, proximitatis nomine bonorum possessionem pollicetur his qui defuncto, mortis tempore, cognati fuerint.* Loi 8, ff. *de suis et legit. hered.*

Si ces maximes sont certaines dans le droit civil,

elles sont encore plus constantes dans le droit coutumier. La preuve en est contenue dans la seule exposition de cette maxime générale. *Le mort saisit le vif*. La propriété, la possession continuent de plein droit dans la personne de l'héritier, sans aucun espace vide, sans aucun intervalle. Donc on le suppose vivant alors. C'est le sentiment de tous les docteurs français; et il est inutile de citer les docteurs quand les textes sont constans.

Nous nous arrêtons avec peine à prouver des principes qu'on auroit dû supposer; il semble qu'après les avoir expliqués, il suffiroit, pour la décision de cette cause, d'en faire l'application à la partie de M.e le Gendre, et de lui dire que les deux qualités qui sont nécessaires pour être héritier, lui manquent également, puisque si l'on consulte les justes idées que la nature et les lois nous donnent, il n'est point parent du sieur d'Archambaut; que si l'on veut suivre l'usage et parler avec le peuple, il n'est devenu parent du sieur d'Archambaut que trente-quatre ans après son décès, et qu'il est par conséquent incapable de recueillir sa succession.

S'il n'y est point appelé de son chef, il peut encore moins prétendre y être appelé du chef de sa mère. Il ne peut alléguer en sa faveur ni le droit de la représentation, ni aucune transmission du droit de sa mère. Une personne vivante ne peut ni être représentée, ni transmettre, avant sa mort, aucun droit à ses héritiers. Ainsi, les deux voix par lesquelles seules on peut aspirer à une succession, lui sont également interdites; soit qu'il vienne de son chef ou de celui de sa mère, il est également non-recevable.

Cependant, comme l'on a prétendu que le mineur devoit être excepté de la règle générale, il est nécessaire, après l'explication des principes généraux, d'entrer dans l'examen des distinctions particulières qui vous ont été proposées, et de vous faire voir que, soit que le mineur trouve un autre héritier en possession des biens de son aïeul, soit qu'il trouve un curateur créé à la succession vacante, sa prétention est toujours combattue par les termes et par l'esprit des lois que nous vous avons expliquées.

Il faut commencer par retrancher d'abord les moyens généraux par lesquels on prétend rendre la cause du mineur favorable, en excitant votre compassion pour lui, en vous représentant qu'on ne peut, sans injustice, lui envier le titre d'héritier de son aïeul; titre qui ne sauroit nuire aux créanciers, et qu'il semble plus juste de lui accorder, que de laisser cette succession entre les mains d'un curateur. *Quæ invidia* que les biens d'un aïeul soient possédés par son petit-fils, lorsqu'il n'y a point d'autres héritiers qui lui en disputent la possession?

Nous avons déjà répondu à ce moyen, lorsque nous avons expliqué l'intérêt que la dame de Bournonville avoit à ne point plaider contre un mineur. Nous ajouterons ici, que ce n'est point la faveur des personnes, c'est leur capacité seule qui doit décider dans cette cause; et quoiqu'un petit-fils soit plus favorable qu'un curateur, on doit néanmoins lui préférer le curateur, si la succession est vacante, et si le petit-fils est incapable de l'accepter.

Sans nous arrêter plus long-temps à ce premier moyen, nous passerons à l'examen d'une seconde réflexion qui vous a été proposée, et qui seule peut faire ici quelque difficulté.

On a prétendu qu'il falloit distinguer entre une succession acceptée par d'autres parens, même plus éloignés que le mineur, et une succession vacante, désertè et abandonnée. Si la partie de M.e le Gendre trouvoit des héritiers légimes en possession de l'hérédité de son aïeul, on convient que, quoique successeur en ligne directe, il seroit obligé de céder le nom d'héritier aux parens collatéraux, et qu'il seroit incapable de leur contester un droit qu'ils auroient acquis avant sa naissance. On soutient que toutes les lois qui vous ont été citées, sont dans cette espèce, et qu'elles n'excluent un petit-fils de la succession de son aïeul, que lorsqu'il trouve un autre héritier saisi qui veut en conserver la possession; mais que, lorsque la succession est vacante, l'esprit de ces lois n'a jamais été d'interdire au petit-fils, conçu après la mort de son père, l'espérance de les posséder.

On joint, à cette distinction, plusieurs exemples tirés des lois et des coutumes, par lesquels on prétend vous montrer que, dans l'espèce de cette cause, un petit-fils ne doit point être considéré comme étranger, mais comme faisant partie de la famille de son aïeul.

Enfin, on confirme cette doctrine par plusieurs arrêts qui, à ce que l'on prétend, ont décidé la question.

Pour répondre par ordre, à toutes ces objections, nous devons devoir remarquer d'abord, que la distinction que l'on vous propose, et qui peut avoir quelque apparence, est nouvelle; elle est inconnue au droit civil. Les jurisconsultes et les empereurs romains ont expliqué la maxime générale que nous avons exposée, sans restriction, sans réserve et sans exception.

On a cherché inutilement à autoriser cette interprétation par les termes de la loi 4, au cod. *de bonis vacantibus*. Cette loi veut que le fils puisse se mettre en possession des biens vacans, *si nullum ex quâlibet sanguinis lineâ, vel Juris titulo, legitimum reliquerit intestatus heredem*. On a eu raison de conclure de cette loi, qu'il n'y a point d'héritier, quelque éloigné qu'il soit, qui ne soit capable d'exclure le fisc : mais on devoit en tirer en même temps une autre conséquence, qu'afin qu'un héritier puisse être préféré au fisc, il faut qu'il ait vécu et avant et après la mort de celui dont il demande la succession; c'est ce qui est marqué par ces termes de la loi, *Legitimum reliquerit intestatus heredem*. Il faut que le testateur laisse un héritier, c'est-à-dire, que son héritier vive dans le temps qu'il décède.

Ainsi, bien loin que cette loi puisse servir de fondement à la distinction qui vous a été expliquée, elle pourroit, au contraire, fournir un argument pour la détruire, puisque, d'après sa décision, un petit-fils conçu après la mort de son aïeul, et n'ayant jamais vécu avec lui, ne seroit pas capable d'exclure le fisc. Or, le fisc ne s'empare que d'une succession vacante; donc la seule induction que l'on pourroit tirer de cette loi, c'est que dans le concours du fisc avec un petit-fils conçu après la mort de son aïeul, le fisc seroit préféré.

Nous ne proposons pas cette conséquence comme une maxime certaine. Peut-être que, quoiqu'à la rigueur le fisc pût prétendre la préférence, cependant, dans certaines circonstances, *humanitate suadente*, vous admettriez le petit-fils à la succession de son aïeul, moins comme un véritable héritier, que comme étant de la famille, et en préférant celui en qui elle subsiste, au fisc qui est moins favorable que ceux qui la composent. Mais, quand nous faisons ce raisonnement, c'est uniquement pour vous faire voir quelle est l'induction que l'on doit tirer de cette loi, qui rejette absolument la distinction que l'on a proposée.

Il est donc constant que cette interprétation n'est point écrite dans le droit civil; que le silence des lois sur cette matière la rend entièrement suspecte, et qu'il n'y a pas lieu de présumer que les lois n'aient voulu exclure le petit-fils de la succession de son aïeul, que lorsqu'il trouvoit un autre héritier saisi.

Nous ajouterons à cet argument négatif, une preuve positive qui nous paroît suffisante pour montrer que, soit qu'il y ait un héritier saisi, soit que la succession soit vacante, un petit-fils, conçu après la mort de son aïeul, est toujours également incapable de se dire son héritier.

Cette preuve est tirée des lois mêmes que nous

avons déjà citées. Pourquoi, dans l'espèce de ces lois, un petit-fils est-il incapable? C'est que *nullo jure cognationis patrem sui patris attigit; quia lex duodecim tabularum et edictum prætoris eum vocant ad hæreditatem, qui vivo de cujus bonis agitur, in rerum naturâ fuerit.*

Ce n'est donc point la faveur de l'héritier saisi, qui exclut le petit-fils, c'est sa propre incapacité. Il y a une grande différence entre l'une et l'autre; car s'il étoit seulement exclus parce qu'il y auroit un autre héritier, il pourroit être admis en cas qu'il n'y eût aucun héritier existant. Mais, s'il est exclu par une incapacité qui est dans sa personne même, il ne peut recueillir la succession dans aucun cas.

Il y a une incapacité spéciale, une autre générale; et celle du petit-fils qui n'étoit ni né ni conçu lors de l'ouverture de la succession, est sans doute générale.

Mais on objecte que l'hérédité est encore vacante et ouverte; qu'il suffit d'être capable dans le temps qu'elle est vacante.

On a confondu ici *vacans* et *delata hereditas*: une hérédité peut être vacante pendant un très-long-temps; mais elle est déférée en un seul moment, et ce moment est le temps de la mort de celui à qui l'on succède.

Ou plutôt, une hérédité est déférée ou par testament, ou *ab intestat.*

Si elle est déférée *ab intestat*, c'est toujours au temps de la mort. Si elle l'est par un testament; ou l'institution est pure et simple, ou elle est faite sous une condition: au premier cas, elle est déférée aussitôt après la mort du testateur; au second, après l'événement de la condition.

On n'a pas observé cette distinction, qui fait cependant la différence entre les substitutions et les successions *ab intestat.*

Il falloit, pour tirer quelque argument des substitutions, rapporter quelque arrêt qui eût admis un petit-fils à une substitution ouverte avant sa naissance.

Si le petit-fils, né et conçu depuis la mort de son aïeul, est admis à une substitution, c'est en supposant qu'il existe dans le temps qu'elle est ouverte, parce qu'alors il est capable au temps où l'hérédité est déférée, suivant la condition apposée au testament, et selon l'ordre établi par l'auteur de la substitution.

Mais il ne peut être admis à une succession ouverte *ab intestat*, parce qu'il n'est pas capable au temps où elle est déférée, suivant la disposition des lois.

A l'égard des exemples, on vous a rapporté la loi *Paulus* §. *Paulus* ff. *de bonis libertorum*. Cette loi admet *Nepotem post mortem avi conceptum*, *ad bonorum possessionem liberti aviti*. La raison s'en présente d'elle-même : c'est un droit accordé à la famille, et non à la parenté ou agnation. Ce n'est point comme une conséquence de l'hérédité de l'aïeul, que celle de son affranchi est déférée à ce petit-fils; ce qui est si vrai, que si le fils d'un patron ne vouloit pas accepter la succession de son père, il n'en pourroit pas moins demander à être mis en possession des biens de l'affranchi de son père, comme il paroît par la loi 12 §. *ultimo de bonis libertorum*.

Il en est de même du retrait lignager qui est encore accordé à la famille, et non pas à la qualité d'héritier.

A l'égard des arrêts, il y en a deux du parlement de Paris, qui ont décidé nettement la question.

On oppose quelques arrêts du parlement de Rouen; mais ce sont des préjugés incertains, contredits par ceux qui les rapportent, rendus sur le fondement d'un premier arrêt dans l'espèce duquel le père étoit mort sans avoir renoncé ni accepté : ici la mère est vivante, et ainsi elle n'a transmis aucun droit au mineur.

Quant à ce qui regarde la continuation de la communauté, il est inutile d'agiter ce second chef, après ce que nous venons de dire sur le premier.

Cependant, pour ne laisser aucun doute sur la décision de cette affaire, nous observerons que quand le mineur pourroit être admis à la succession de son aïeul, il ne paroît pas qu'il pût rien prétendre à la communauté.

On attaque l'inventaire dans le fond et dans la forme.

Dans le fond, on prétend qu'il n'est pas fidèle, qu'il n'a pas été fait dans le lieu du domicile, qui étoit la terre de Saint-Hilaire; qu'il ne comprend pas la coupe des bois.

Dans la forme, qu'il n'a pas été clos, *art.* 240, 241 *de Paris.*

A l'égard du premier genre de moyens, ils sont sans fondement.

1.° L'inventaire est fidèle.

2.° Il a été fait dans le lieu du domicile. La terre de Saint-Hilaire appartient au fils du premier lit. Plusieurs actes prouvent que le domicile du défunt étoit ailleurs, c'est-à-dire, à Paris; si la veuve en a changé après la mort de son mari, que peut-on en conclure par rapport à l'inventaire ?

3.° Les meubles de Saint-Hilaire, sont ceux qu'elle avoit apportés en mariage, qu'elle a repris pour le même prix.

4.° La coupe des bois est exprimée dans l'inventaire pour ce qu'elle vaut.

Par rapport au moyen de forme, il faut distinguer les différens temps.

Autrefois, et suivant l'ancienne coutume, tout acte dérogeant à la communauté, suffisoit pour la faire cesser entre la veuve et les enfans : à présent, la clôture de l'inventaire est nécessaire. Quand la coutume dit, dans l'article 237, qu'un bon et loyal inventaire suffit, c'est lorsqu'il n'y a point de mineurs ; mais, quand il y en a, la clôture est indispensable.

Il ne s'agit donc que de savoir si, dans l'espèce particulière de cette cause, on peut tirer avantage de cette règle en faveur de la partie de M.e le Gendre.

En premier lieu, la continuation de communauté, faute d'un inventaire dont la clôture ait été faite en justice, est un privilége accordé aux enfans mineurs nés du mariage.

Peut-on l'appliquer à un petit-fils qui n'existoit pas, et dont la mère a renoncé?

En second lieu, il est impossible de feindre cette continuation de communauté; car il faudroit que la communauté eût continué sur la tête, ou de la dame de Coulanges, ou de son fils, ou de l'hérédité jacente.

On ne peut faire la première supposition. La dame de Coulanges a renoncé, et n'a rien transmis à son fils.

La seconde supposition est encore plus impossible, puisqu'il ne vivoit pas encore.

La troisième ne l'est pas moins. L'hérédité n'est devenue jacente qu'en 1682, par la renonciation de la dame de Coulanges; et quand on donneroit à cette renonciation un effet rétroactif, ce n'est pas à l'hérédité vacante du père, c'est aux seuls enfans mineurs que la coutume accorde la continuation de communauté. Nous ajouterons trois réflexions.

La première, que la dame de Bournonville a des créances qui absorbent toute la succession : vingt-quatre mille livres, avec les intérêts depuis 1682, plusieurs autres dettes qu'elle avoit acquittées, et son douaire.

La seconde, que c'est une voie indirecte que l'on prend pour revenir sans lettres de récision contre la renonciation faite par la mère du mineur.

La troisième, que c'est aussi uue voie indirecte

pour demander, sous le nom de ce mineur, la continuation de communauté que sa mère n'a pas demandée, et ne pourroit demander après cette renonciation.

Ainsi, nous estimons qu'il y a lieu de mettre les appellations et ce dont est appel au néant, émendant, déclarer la partie de M.e le Gendre non-recevable en ses demandes.

Arrêt conforme aux conclusions, prononcé le 11 mars 1692;

Note écrite sur ce plaidoyer.

Cet arrêt a jugé qu'un petit-fils né et conçu après le décès de son aïeul, n'est pas recevable à se dire son héritier, quoique cette qualité ne lui fût contestée que par des créanciers, et qu'il n'y eût jamais eu de parent qui eût accepté la succession.

Depuis ce temps-là, autre arrêt semblable, rendu aussi sur mes conclusions le 1.er avril 1697, qui décide la même question *in terminis*. Il y avoit cela de particulier, qu'il y avoit eu un héritier bénéficiaire; mais il prétendoit cesser de l'être en rendant compte: et comme les créanciers soutenoient qu'il devoit être héritier pur et simple, pour se tirer d'affaire, il faisoit intervenir le petit-fils qui, comme plus proche, l'excluoit.

Ainsi, il falloit toujours revenir à la même question, c'est-à-dire, à examiner si les créanciers seuls peuvent empêcher un petit-fils de se dire héritier de son aïeul, lorsqu'il a été conçu après sa mort. Les parties étoient le sieur marquis du Forest, héritier bénéficiaire; le sieur de la Tramerie de Sassignies, tuteur du petit-fils se disant héritier; le sieur de Buisseret, créancier. La succession étoit ouverte dans le comté d'Artois, et on prétendoit même que la coutume d'Artois autorisoit indirectement la prétention du petit-fils; mais cette proposition fut trouvée sans fondement, et il fut jugé que la coutume d'Artois étoit conforme au droit commun. L'arrêt prononcé en la grand'chambre par M. le premier président de Harlay; plaidant, Robethon pour le sieur de Buisseret, appelant de sentence du conseil d'Artois; Martinet, pour le sieur marquis du Forest; Chardon, pour le sieur Sassignies, intimés.

Cet arrêt est rapporté au tome 6 du Journal des audiences, liv. 7, chapitre 6.

EXTRAIT DES REGISTRES DU PARLEMENT.

Entre dame Louise de Compans Bequet, veuve en dernières noces de messire Nicolas le Fèvre de Bournonville, écuyer ordinaire de la grande écurie du Roi, auparavant veuve en secondes noces de messire Jean-François d'Archambault, chevalier, grand bailli de Châtillon-sur-Indre, gentilhomme ordinaire de la maison du Roi, créancière de sa succession, et en cette qualité, poursuivant les criées, vente et adjudication par décret, d'une maison sise rue du Chantre, sur Charles Carpentier, curateur créé à la succession vacante dudit sieur d'Archambault, appelant d'une sentence rendue au châtelet de Paris, le vingt-quatre mars mil six cent quatre-vingt-onze, en ce que par icelle l'intimé, ci-après nommé, a été reçu partie intervenante en l'instance d'entre ladite dame de Bournonville, et messire René-François d'Archambault, femme séparée, quant aux biens, de messire Alexandre de Saint-Phal, chevalier, seigneur de Coulanges, premier capitaine dans le régiment de........ mestre-de-camp, général de la cavalerie légère, et au principal ledit intimé ci-après nommé, est déclaré recevable à se porter héritier dudit défunt François d'Archambault, son aïeul, et en ce que les dépens sont compensés, et intimé, d'une part; et Jean-Martin Ragon, bourgeois de Paris, tuteur de David de Saint-Phal, écuyer, fils mineur dudit messire Alexandre de Saint-Phal, et de ladite dame Angélique d'Archambault, sa femme; ladite dame Angélique, fille dudit défunt sieur Jean-François d'Archambault; ledit David de Saint-Phal, mineur, soi-disant seul héritier dudit Jean-François d'Archambault, son aïeul maternel, intimé et appelant de la même sentence rendue au châtelet, le vingt-quatre mars mil six cent quatre-vingt-onze, en ce que, par icelle, il a été déclaré non-recevable en sa demande en continuation de la communauté d'entre ladite dame de Bournonville et ledit sieur de Bournonville, son premier mari, depuis le décès du sieur d'Archambault, son second mari, arrivé le sept juillet mil six cent cinquante-deux, pendant la viduité de ladite dame de Bournonville; et encore en ce qu'il est déclaré non-recevable en ses demandes et oppositions contre la procédure faite et sentences obtenues par ladite dame de Bournonville, et que les dépens ont été compensés, d'autre part; et encore contre ledit Ragon, demandeur audit nom, demandeur, aux fins de la requête par lui présentée à la cour, le dix-huit juillet mil six cent quatre-vingt-onze, contenant son appel aux chefs ci-dessus expliqués, tendante aussi à ce qu'il fût reçu appelant en tant que de besoin est ou seroit, des sentences obtenues au châtelet par ladite dame de Bournonville, contre Charles Carpentier, bourgeois de Paris, curateur créé par justice à la succession vacante dudit défunt Jean-François d'Archambault, et de tout ce qui s'en est ensuivi. Qu'il seroit ordonné que, sur lesdites appellations, sur l'appel de ladite dame de Bournonville de la sentence du châtelet de Paris, du susdit jour vingt-quatre mars dernier, les parties auront audience au premier jour; ce faisant, en tant que touche l'appel de ladite dame de Bournonville, mettre l'appellation au néant, ordonner que ce dont est appel sortira effet, et la condamner en l'amende ordinaire de douze livres; et, à l'égard des appellations dudit Ragon, audit nom, mettre lesdites appellations et ce dont a été appelé au néant, émendant, sans avoir égard aux renonciations que ladite dame de Compans prétend avoir faites à ladite communauté, et continuées depuis le décès dudit sieur d'Archambault, arrivé le sept janvier mil six cent cinquante-deux, pendant la viduité de ladite dame de Compans, et pendant son troisième mariage avec ledit défunt sieur de Bournonville, depuis la célébration dudit mariage, au mois de novembre mil six cent soixante-deux, jusqu'à son décès, arrivé au mois de décembre mil six cent quatre-vingt-un, et, en conséquence, que ladite dame de Bournonville seroit condamnée de représenter l'inventaire fait après le décès dudit sieur de Bournonville, à rendre compte des biens desdites communautés et continuation de communauté, par-devant tel des messieurs qu'il plaira à la cour de commettre, pour ensuite être passé aux partages des biens desdites communautés, pour en être donné, suivant la coutume de Paris, un tiers audit Ragon, audit nom, et un tiers aux héritiers dudit sieur de Bournonville; que tout ce qui a été fait par ladite dame de Bournonville avec ledit Carpentier, curateur, sera déclaré collusoire, nul et irrégulier, et ladite dame de Bournonville, défenderesse, d'autre. Et entre messire Alexandre Martineau, conseiller du roi, maître ordinaire en sa chambre des comptes, à Paris, et dame Louise-Charlotte Lefèvre, son épouse, demandeurs, aux fins de la requête par eux présentée à la cour le onze février dernier, tendante à ce qu'ils fussent reçus parties intervenantes en l'instance d'entre ladite dame de Bournonville et ledit Ragon, audit nom; faisant droit sur l'intervention, en tant que touche l'appel dudit Ragon, mettre l'appellation au néant, ordonner que ce dont est appel sortira effet, avec amende, et dépens, et adjuger à ladite dame de Bournonville ses conclusions avec dépens, et acte de ce que, pour moyens d'intervention, ils ont employé leur requête, d'une part; et ladite dame de Bournonville, Ragon, audit nom, défendeur, d'autre. Après qu'Evrard, pour ladite dame de Bournonville; le Gendre, pour Ragon; et Tartarin, pour ledit Martineau, ont été ouïs pendant trois audiences, ensemble d'Aguesseau, pour le procureur-général du roi:

LA COUR a reçu les intervenans parties intervenantes; sur les appellations, a mis et met les appellations et ce dont a été appelé au néant; émendant, déclare la partie de le Gendre non-recevable en ses demandes, et la condamne aux dépens.

SECOND ARRÊT

DU 1.er AVRIL 1697.

EXTRAIT DES REGISTRES DU PARLEMENT.

Entre Jean-François de Buisseret, écuyer, seigneur de Loquigny, conseiller du Roi, commissaire ordinaire des guerres, appelant de deux sentences rendues au conseil d'Artois, les dix décembre mil six cent quatre-vingt-quatorze et vingt-trois février mil six cent quatre-vingt-quinze, d'une part, et messire Joseph de la Tramerie, écuyer, seigneur de Sassignies, père et tuteur légitime de Jean-François Guislain de la Tramerie, son fils mineur, se disant héritier de la succession mobilière et immobilière de défunt messire Ignace de la Tramerie, baron de Roisin, aïeul dudit mineur, intimé d'autre; et encore messire Louis-Alexandre de la Tramerie, chevalier, marquis du Forest, se qualifiant neveu et héritier par bénéfice d'inventaire dudit sieur baron de Roisin, intimé d'autre; et entre ledit messire Joseph de la Tramerie, esdits noms de tuteur, demandeur en requête du seize janvier mil six cent quatre-vingt-seize, à ce qu'il plût à la cour de recevoir partie intervenante en la cause d'appel d'entre ledit sieur de Buisseret et ledit sieur marquis du Forest et de Buisseret, défendeur d'autre. Et entre ledit sieur de Buisseret, demandeur en requête du vingt-huit février mil six cent quatre-vingt-seize, à ce qu'il plût à la cour, en venant plaider sur les appellations qui étoient au rôle des vendredis matin, mettre les appellations et ce dont étoit appel au néant, émendant, évoquant le principal en ce qui concerne la demande dudit sieur de Sassignies, et y faisant droit, sans s'arrêter à sa requête du seize dudit mois de janvier, dont il seroit débouté avec dépens, déclarer ledit sieur de Sassignies, esdits noms, non-recevable en son intervention, en conséquence, renvoyer ledit sieur marquis du Forest et le demandeur au conseil d'Artois, pour y procéder sur le procès par écrit, suivant les derniers erremens, et que les contestans seroient condamnés aux dépens, d'une part, et lesdits sieurs marquis du Forest et de Sassignies, défendeurs, d'autre. Et entre ledit sieur marquis du Forest, appelant, suivant sa requête du seize mars mil six cent quatre-vingt-seize, de la sentence d'appointé en droit, rendue au conseil d'Artois le vingt-deux décembre mil six cent quatre-vingt-treize, et de ce qui a suivi, et demandeur, aux fins de la même requête, à ce qu'en infirmant ladite sentence, évoquant le principal pendant et indécis au conseil d'Artois, et y faisant droit, sans s'arrêter à la requête dudit sieur de Buisseret, en ce qui touche l'appel interjeté desdites deux sentences des dix décembre mil six cent quatre-vingt-quatorze, et vingt-trois février mil six cent quatre-vingt-quinze, mettre l'appellation au néant, ordonner que ce dont est appel sortira effet; et, en conséquence, sans s'arrêter à l'opposition par lui formée à la reddition, examen et clôture du compte du prétendu bénéfice d'inventaire dont est question, le vingt-quatre novembre mil six cent quatre-vingt-treize, et demande portée par sa requête du dix-sept décembre ensuivant, dont il seroit débouté; ordonner qu'il seroit procédé à la reddition, examen et clôture dudit compte en la manière accoutumée, conformément à la sentence du dix décembre mil six cent quatre-vingt-quatorze; condamner ledit sieur de Buisseret en l'amende et en tous les dépens des causes principales d'appel et demandes; et déclarer l'arrêt commun avec ledit sieur de Sassignies, d'une part, et ledit sieur de Buisseret, intimé et défendeur; et ledit sieur de Sassignies, aussi défendeur, d'autre. Et entre ledit sieur de Buisseret, demandeur, en requête du vingt-huit dudit mois de mars mil six cent quatre-vingt-seize, à ce qu'il plût à la cour, faisant droit sur l'appel par lui interjeté, et sur la demande contenue en ladite requête, mettre l'appellation desdites sentences et ce dont est appel au néant, émendant, déclarer ledit sieur de Sassignies esdits noms de tuteur de Jean-François Guislain de la Tramerie, son fils, non-recevable, et mal fondé à se dire et porter héritier dudit sieur baron de Roisin; en conséquence, sans s'arrêter à la requête dudit sieur marquis du Forest, du seize mars mil six cent quatre-vingt-seize, dont il sera débouté, ordonner qu'il sera incessamment passé outre au jugement de l'instance pendante au conseil d'Artois, entre ledit sieur de Buisseret et ledit sieur marquis du Forest seulement; condamner les contestans aux dépens, tant des causes principales que d'appel, d'une part; et ledit sieur marquis du Forest de Sassignies, défendeur, d'autre. Après que Robethon, avocat dudit de Buisseret; Martinet, avocat du marquis du Forest; et Chardon, avocat dudit de Sassignies, ont été ouïs, ensemble d'Aguesseau, pour le procureur-général, pendant une audience entière:

LA COUR, en tant que touche l'appel interjeté par la partie de Robethon, met l'appellation et ce dont a été appel au néant; émendant, déclare la partie de Chardon non-recevable à appréhender la succession de son aïeul; et sur l'appel de la partie de Martinet, sans s'arrêter à sa requête à fin d'évocation du principal, met l'appellation au néant, ordonne que ce dont a été appelé sortira effet, condamne la partie de Martinet en l'amende, et tant elle que celle de Chardon, aux dépens. Fait le premier avril mil six cent quatre-vingt-dix-sept.

QUINZIÈME PLAIDOYER.

DU 21 MARS 1692.

Sur des lettres de rescision et de requête civile, entre PAUL DE GUILLARD, marquis d'Arcy, JUDITH DE LA TAILLE, le sieur PERACHON, et le prévôt des marchands et échevins de la ville de Lyon, au sujet de la vente du fief de Bellecourt.

Il s'agissoit de savoir si un tuteur, en vertu d'un avis de parens, et sans autres formalités, avoit pu aliéner les droits d'un mineur sur un immeuble, et les fruits de cet immeuble; si la vente avoit été faite sans nécessité, et s'il y avoit lésion.

APRÈS avoir entendu tout ce qui vous a été expliqué de part et d'autre dans le plus grand nombre d'audiences que vous avez bien voulu accorder à l'examen de cette contestation, il seroit inutile de vous répéter, MESSIEURS, en commençant cette cause, qu'elle est également étendue, importante et difficile; que son origine est plus ancienne que le siècle; que l'intérêt d'un mineur, toujours favorable, et toujours protégé par les lois, y est combattu par l'utilité publique d'une ville entière, dont les droits vous ont toujours paru inviolables; que les contrats et les arrêts qu'on attaque sont des titres également solennels, mais également difficiles à expliquer, et que l'arrêt que vous prononcerez doit décider de toute la fortune de quelques-unes des parties.

Ces réflexions, si naturelles dans cette cause, et tant de fois répétées, nous auroient portés, il y a long-temps, à vous proposer de réserver la décision de cette cause à cette délibération plus parfaite et plus exacte qui se fait loin des yeux du public et des parties, dans le sanctuaire de la justice; mais lorsque nous avons considéré que la condition de quelques-unes des parties ne leur permettoit pas d'essuyer les longueurs inévitables d'un appointement; que, d'ailleurs, la plus grande partie des difficultés dont cette affaire est remplie avoient été ou éclaircies ou même dissipées par ceux qui ont eu la parole avant nous; nous avons cru qu'il étoit de notre devoir de nous attacher entièrement à l'explication de cette cause, et de ne pas envier aux parties le prompt succès qu'elles semblent se promettre de l'attention que la cour a bien voulu leur donner.

Deux objets doivent précéder nécessairement l'explication de tous les autres; l'un regarde la qualité des parties, l'autre la nature des biens qui font le sujet de cette contestation.

Il n'est pas nécessaire de remonter fort loin pour expliquer la généalogie et les degrés de parenté des parties qui paroissent en votre audience en qualité d'héritiers de Paul de Guillard.

On peut s'arrêter à la personne de Marie Robertet, propriétaire du fief de Bellecourt.

MARIE ROBERTET épousa ANDRÉ DE GUILLARD.
De ce mariage,

LOUIS DE GUILLARD, premier du nom, donataire. Il épousa MARIE RAGUIER. Ils eurent deux fils :

PHILIPPE DE GUILLARD, dont trois enfans,

1. CHARLES DE GUILLARD, prêtre de l'oratoire, premier tuteur de Paul de Guillard.

2. CHARLOTTE DE GUILLARD, demanderesse, en requête civile.

3. MARTHE DE GUILLARD, mère de

JUDITH DE LA TAILLE, mère de

JOSEPH DU CHAMP.

LOUIS DE GUILLARD, père de

PAUL DE GUILLARD.

On prétend que Joseph du Champ est exclu par Charlotte de Guillard, plus proche héritière.

Mais, 1.° ce ne sont pas des cohéritiers, ce sont des étrangers qui font cette objection.

2.° Sa qualité est établie par des arrêts contradictoires avec ceux qui la contestent.

3.° Son aïeule a survécu Paul de Guillard; elle étoit au même degré que Charlotte de Guillard.

A l'égard du fief de Bellecourt, il est inutile de rechercher dans les livres des preuves de son ancienneté : elles sont dans les actes.

Son étendue est marquée dans un contrat de mariage de l'année 1428, dans une donation de 1535, dans une autre donation de 1561; et ce sont les mêmes tenans et aboutissans qui subsistent encore aujourd'hui.

Ces donations, faites dans la famille des le Viste, et la dernière au profit de Florimond Robertet, frère de Marie Robertet, contiennent des substitutions graduelles, masculines, perpétuelles, chargent de porter le nom et les armes, preuve de la grandeur et de l'importance de ce testament.

On rapporte un ancien carnet de la ville de Lyon, de l'année 1446, dans lequel le fief de Bellecourt est estimé 900 livres; c'est une question de savoir si c'est 900 livres de rente, ou 900 livres une fois payées.

Il semble qu'il y a lieu de présumer que c'est une rente, premièrement, à cause de l'étendue de ce ténement; secondement, parce qu'il paroît qu'on estime tous les autres héritages mentionnés dans ce même acte, par rapport à leur revenu : par exemple, une maison et un jardin y sont estimés 30 livres; il est peu vraisemblable que ce soit 30 livres une fois payées.

Ce ténement a passé de la maison des le Viste dans celle de Robertet, par la donation qui en fut faite par Jeanne le Viste à Florimond Robertet en l'année 1561; et Florimond Robertet ayant laissé Marie Robertet, sa sœur, pour son héritière, elle apporta ce ténement en mariage à André de Guillard.

C'est ainsi qu'il est entré dans la maison des sieurs de Guillard.

En l'année 1561, il fut érigé en fief par M. le cardinal de Tournon, alors archevêque de Lyon, à la charge de payer un marc d'or à chaque mutation, ou le revenu d'une année.

Après avoir expliqué et la qualité des parties et l'état du fief de Bellecourt, on peut diviser le fait en trois parties.

La première comprendra le temps qui s'est écoulé depuis la donation jusqu'à la mort de Louis de Guillard, premier donataire.

La seconde, ce qui s'est passé depuis ce temps jusqu'à la vente faite par Guillet en 1653.

La troisième renfermera les circonstances de la vente, et tout ce qui a suivi cette vente jusqu'à présent.

PREMIÈRE PARTIE.

Marie Robertet a disposé trois fois du fief de Bellecourt. Elle en a donné,

1.° La possession à Mutin en 1576.

2.° L'hypothèque à Marie Raguier, sa belle-fille, en 1579.

3.° La propriété à Louis de Guillard, son fils, en 1581.

L'engagement de Mutin ne paroît point; il est énoncé dans plusieurs actes. Il est incertain si c'étoit une donation, un contrat pignoratif ou une antichrèse.

La commission obtenue en l'année 1579, par M. Despinac, lors archevêque de Lyon, pour saisir le fief de Bellecourt, porte que c'étoit une donation acceptée et insinuée. Sa saisie est fondée sur le défaut de foi et hommage de la part de Marie Robertet et de Mutin.

Cependant, par les actes qui ont suivi (et les

parties n'en disconviennent plus), il est prouvé que ce n'étoit qu'un simple engagement pour 6800 livres.

Dans le contrat de mariage de Louis de Guillard avec Marie Raguier, Marie Robertet oblige tous ses biens au paiement des conventions matrimoniales de sa belle-fille; de là l'origine de l'hypothèque.

Dans la donation de 1581, Marie de Robertet donne à Louis de Guillard, son fils, le fief, place et ténement de Bellecourt, avec réserve des fruits échus, non à échoir; ce qui est à remarquer: promesse de garantir le donataire de tous troubles et empêchemens, donation acceptée, insinuée, contrôlée; c'est l'origine de la propriété.

Jamais Louis de Guillard n'a pris possession de la chose donnée; Mutin a toujours joui. Sur la fin du siècle dernier, Marie Robertet a agi contre lui pour le déposséder.

En 1599, sentence des requêtes du palais, qui l'a condamnée à payer, dans trois mois, à Mutin, la somme de 6800 livres; sur ce, déduits les fruits que Mutin avoit touchés; sinon, après ledit temps passé, Mutin, maintenu et gardé en la propriété du fief de Bellecourt.

Marie Robertet meurt en 1600, sans avoir exécuté cette sentence.

Louis de Guillard, son fils et son donataire, n'agit point contre Mutin. Il meurt en 1616; il laisse quatre enfans, deux fils, Philippe et Louis de Guillard; deux filles, Marie et Suzanne de Guillard.

Voilà, MESSIEURS, la première partie du fait.

Marie Robertet dispose trois fois du fief de Bellecourt; elle meurt sans avoir retiré le fief des mains de Mutin; Louis de Guillard, donataire, demeure dans le silence; il meurt sans l'avoir interrompu.

SECONDE PARTIE.

Mort de Louis de Guillard premier; époque considérable dans cette affaire.

Grande question de savoir si sa succession a été abandonnée par ses enfans.

Transaction de l'année 1517, entre Philippe de Guillard, son fils aîné, et Marie Raguier, sa veuve, comme tutrice de ses autres enfans, par laquelle il renonce, au profit de ses cadets, à la succession de son père; il se réserve les droits paternels qu'il pouvoit avoir sur le fief de Bellecourt. C'est le seul acte dans lequel il soit fait mention, au moins implicitement, de la donation faite à Louis de Guillard.

Il ne paroît point, jusqu'à présent, de renonciation faite par Louis de Guillard; mais on rapporte une sentence de l'année 1618, rendue par le baillif de Sens, qui liquide les droits de Marie Raguier avec un curateur à la succession vacante de Louis de Guillard, son mari.

Un arrêt de 1626, dans lequel on adjuge à Marie Raguier les terres de Saint-Clément, d'Arcy et de Montmorillon, saisies réellement sur le même curateur à la succession vacante de Louis de Guillard.

Cependant Mutin jouissoit toujours du fief de Bellecourt; il meurt; ses créanciers font saisir réellement tous ses biens, et entr'autres le fief de Bellecourt, croyant qu'il en étoit propriétaire.

Ils le font vendre par décret, en l'année 1625, la somme de 27,200 livres.

Les héritiers de Mutin se pourvoient, par requête civile, contre cette adjudication.

Marie Raguier se rend partie dans cette instance avec les créanciers de Marie Robertet; elle fait intervenir le nommé Gosse, curateur, à la succession vacante de Marie Robertet. Elle interjette, conjointement avec lui, appel de la sentence des requêtes du palais de 1599, et des saisies du fief de Bellecourt, faites sur Mutin.

Premier arrêt du 27 mai 1628, qui entérine les requêtes civiles contre les adjudications, faisant droit sur l'intervention de Gosse, des créanciers de Marie Robertet et de Marie Raguier, infirme la sentence des requêtes du palais, condamne les héritiers de

Mutin à se départir de la possession du fief de Bellecourt au profit de Gosse, en lui rendant 2600 écus, compense les intérêts avec les fruits; et les héritiers de Mutin seront payés, par préférence, de tous les frais par eux faits pour conserver le fief de Bellecourt.

Il fut impossible au curateur de rembourser Mutin. Marie Raguier offrit de le faire.

Second arrêt du 27 juillet 1628, qui lui permet de consigner ce qui étoit dû à Mutin; ce faisant, ordonne qu'elle sera subrogée aux droits de Gosse et de Mutin, et payée par préférence; que les titres seroient mis entre ses mains.

Quittance du receveur des consignations, etc.

Personne ne pouvoit plus disputer le fief de Bellecourt à Marie Raguier. Elle étoit créancière antérieure, créancière privilégiée sur ce fief.

Peu de temps après ces arrêts, testament olographe du 27 janvier 1629, par lequel elle institue Louis de Guillard son héritier universel.

Elle survit dix ans à son testament, meurt en 1639.

On a fort agité autrefois si Louis de Guillard lui a survécu; on prétend qu'ils sont morts le même jour: cela a fait la matière d'un procès.

Quoiqu'il en soit, on convient à présent que Louis de Guillard est mort le dernier.

Il a laissé, en mourant, un fils unique, Paul de Guillard, âgé d'un an ou deux tout au plus. C'est le mineur du chef duquel les lettres de rescision sont obtenues.

Ce mineur a eu différens tuteurs.

1.° Le sieur de Saint-Romain; 2.° M.e du Rier, avocat en la cour.

Le troisième est Charles de Guillard d'Arcy, prêtre de l'oratoire, fils de Philippe de Guillard, frère de Louis II, et par conséquent cousin-germain du mineur.

Ce tuteur vend, en l'année 1642, les droits et hypothèques de son mineur, sur le fief de Bellecourt, au nommé Pocque, moyennant 28,000 livres en apparence; mais on prétend qu'il y avoit une contre-lettre de 11,500 livres, et que le véritable prix étoit de 16,500 livres.

Vente faite par un tuteur sans qualité, à vil prix, sans avis de parens.

Le père d'Arcy fut destitué de la tutelle; et, par avis de parens, Guyet fut élu tuteur.

L'acte d'élection est du 21 août 1651, et porte que Guyet pourroit vendre la terre d'Arcy 5000 livres; Montmorillon et Saint-Clément, 40,000 livres, pour employer le prix à payer les dettes du mineur; savoir :

A M. de la Brangelie, à cause de la dame sa femme, 27,000 livres.

A M. de la Chastre, 17,000 livres. Cela regardoit les dettes de la dame de la Chevalerie, à la succession de laquelle le mineur a renoncé dans la suite.

Aux enfans naturels de Louis de Guillard, 3000 livres.

Intérêts, 600 livres.

A la dame Fauget, pour reste de la pension du mineur, 1700 livres.

Au nommé Chaillou, pour les non-jouissances, 2000 livres.

Au sieur Duchon, 800 livres.

Lesquelles sommes montent ensemble à 52,100 livres.

Une des premières démarches du nouveau tuteur fut de prendre des lettres contre une transaction, et plusieurs autres actes passés par le père d'Arcy, au préjudice du mineur, et particulièrement contre la vente de ses droits sur le fief de Bellecourt.

On rapporte deux sortes de lettres.

Les premières sont du 18 janvier 1652; elles sont prises généralement contre tous les actes faits par le père d'Arcy.

Les secondes, du 15 juin 1652, sont nommément contre la vente des droits sur le fief de Bellecourt.

Il expose, dans les premières, qu'il n'y avoit aucunes dettes légitimes du mineur, si l'on excepte quelques legs qu'il devoit, comme légataire universel de la dame de la chevalerie, sa tante; que, d'ailleurs, il y avoit pour plus de 20,000 livres de meubles; le revenu d'Arcy, de 2400 livres; celui de Montmorillon, 1200 livres, dont il étoit dû plusieurs années; plusieurs autres dettes actives qu'il auroit fallu employer au paiement des dettes du mineur avant que de vendre ses immeubles.

Dans les secondes, il dit que les droits de Bellecourt ont été vendus 16,500 livres, quoiqu'ils valussent plus de 50,000 livres, et qu'on lui en offroit 40,000 livres et plus; que ces droits donnoient au mineur une espérance certaine de propriété.

L'année 1653 commence le temps fatal de la vente que l'on attaque, et entame la troisième partie du fait.

TROISIÈME PARTIE.

Le tuteur avoit, dans le cours de l'instance, sur les lettres de rescision, présenté une requête au mois de juin 1652, par laquelle il demandoit que le fief de Bellecourt fût vendu à sa diligence, ou adjugé au mineur sur l'estimation de son dû, qui seroit faite par les parties dénommées dans les arrêts des 27 mai et 27 juillet 1628.

Cette demande étoit indécise en 1653.

Le tuteur expose aux parens, le 5 mai 1653, que, quand il a voulu se mettre en possession des terres d'Arcy, Saint-Clément et Montmorillon, il les a trouvées saisies réellement à la requête des créanciers ci-dessus énoncés; qu'il avoit pris des lettres contre la vente faite à Pocque, et que, dans la nécessité présente des affaires du mineur, il avoit trouvé le sieur Perachon prêt à donner 40,000 livres de ces mêmes droits sur le fief de Bellecourt.

Les parens disent qu'ils sont d'avis de la vente du fief.

Contrat de vente au sieur Perachon.

1.° Le lieu, fief, etc.

2.° Les droits dotaux de Marie Raguier; Guyet s'oblige en son propre et privé nom de les faire monter à 15,000 livres.

3.° Subrogation au privilége de Marie Raguier.

Le tuteur promet de faire casser, en son nom, le contrat de Pocque.

Prix, 40,000 livres.

L'acquéreur pourra se faire adjuger, si bon lui semble, à ses frais, la propriété du fief ci-dessus cédé, et à cette fin poursuivre l'instance commencée sous le nom du mineur, en cas qu'elle ne soit pas jugée conjointement avec les lettres de rescision.

Il jouira, dès ce jour, des fruits et émolumens du fief, comme de chose à lui appartenante.

Ce contrat fut homologué en la cour le 27 mai 1653.

Cependant on poursuit l'instance en lettres de rescision.

Arrêt du 9 mai 1654, qui les entérine, casse le contrat de Pocque, ordonne qu'à la diligence de Guyet, il sera incessamment procédé à la vente du fief de Bellecourt, pour les deniers en provenant, être distribués à qui par la cour sera ordonné. L'arrêt accorde un recours à Prud'homme, représentant Pocque, contre le père d'Arcy, pour les 16,500 livres à lui payées.

Le sieur Perachon, de son côté, a payé le prix du contrat aux créanciers qui lui ont été délégués.

Ainsi, rien ne l'empêchoit plus de se faire adjuger le fief de Bellecourt.

Il présente une requête à la cour, le 12 mai 1654, dans laquelle il expose que, par le contrat dont nous venons de parler, il a acquis le fief de Bellecourt, et demande qu'à sa diligence, il soit fait une nouvelle saisie réelle sur la succession vacante de Marie Robertet.

Guyet consent que le sieur Perachon demeure poursuivant.

Cependant le sieur Perachon prend le nom de Guyet, et en cette qualité,

Commandement, le 8 juin 1654, à Fogax, curateur à la succession vacante de Marie Robertet.

Saisie réelle du 16 du même mois, du fief de Bellecourt, appartenances et dépendances, et des arrérages échus.

Diverses procédures inutiles à expliquer, pour établir un nouveau curateur à la place de Fogax.

Guyet demande, afin de rectifier la procédure, que les fruits échus soient distraits pour être adjugés séparément.

Arrêt du 15 novembre 1654, qui l'ordonne.

Il faut donc distinguer dorénavant deux sortes d'adjudications, celle du fonds, celle des fruits.

Le 24 mars 1656, les prévôt des marchands et échevins de Lyon forment une opposition à fin de distraire. Ils en sont déboutés contradictoirement.

Congé d'adjuger le 1.er avril 1656.

Pendant que l'on continue la procédure, les échevins se pourvoient au conseil en cassation, obtiennent, le 18 août 1656, un *soit assigné*, et cependant sursis à l'adjudication.

Signification le 30 août 1656.

Au préjudice de cette signification, on surprend un arrêt portant qu'il sera passé outre, et fait défenses de se pourvoir ailleurs qu'en la cour, à peine de 1500 livres d'amende. Cet arrêt est signifié le 31 août.

On signifie, le même jour, la remise au 1.er septembre, mais on ne la signifie pas au procureur des échevins de Lyon.

Adjudication, le 1.er septembre 1656, pour 38,200 livres aux sieurs Vidault et Berault.

Le prévôt des marchands et échevins se pourvoient au conseil, et se contentent de demander la subrogation.

Deux arrêts, en 1656, qui les subrogent.

Autre arrêt sur requête, rendu pendant que le Roi étoit à Lyon, conforme aux précédens.

Lettres patentes semblables, le 12 avril 1659, vérifiées en la cour. L'arrêt d'enregistrement porte, sans préjudice des droits des créanciers, et de la requête civile pendante en la chambre de l'édit. Cette requête civile ne subsiste plus aujourd'hui.

En 1661, les prévôt des marchands et échevins de Lyon ont traité avec les sieurs Berault et Vidault, adjudicataires; et il a été impossible de voir les actes qu'ils ont faits avec eux. On les a compulsés inutilement.

Paul de Guillard d'Arcy étant devenu majeur, et s'étant pourvu par lettres en forme de requête civile, les échevins de Lyon ont fait délivrer, en 1666, le décret en leur nom. C'est ainsi que l'adjudication du fonds a été confirmée.

A l'égard de l'adjudication des fruits, en vertu de l'arrêt qui ordonnoit qu'elle seroit faite séparément, on a fait trois publications par trois dimanches consécutifs, devant la porte des églises paroissiales dont le fief dépend, après lesquelles les fruits ont été adjugés au valet du sieur Perachon (Marc-Antoine le Mercier) pour 24,100 livres.

Il ne reste plus à expliquer que la procédure de l'ordre. Guyet ayant cessé d'être tuteur en 1657, le sieur Perachon a repris l'instance à sa place; il a poursuivi l'ordre. L'arrêt est intervenu le 16 juillet 1661, dans lequel il y a trois choses à observer.

1.° On a distribué le prix des adjudications, montant à 62,300 livres.

2.° On déboute le mineur d'une demande qu'il avoit formée à fin de toucher l'excédent de la somme de 40,000 livres. Il n'avoit point pris de lettres.

3.° Le sieur Perachon est colloqué pour plus de 65,000 livres, comme exerçant les droits de Marie Raguier. Il y a quelque chose à diminuer pour les frais.

Après avoir observé l'ordre de la procédure; après avoir expliqué le contrat, les adjudications, l'arrêt d'ordre, avant que de passer à l'explication des requêtes civiles, nous ajouterons le récit de ce qui s'est passé entre Guyet, tuteur, et son mineur.

Par le compte, le tuteur étoit créancier de 14,000 livres; la clôture du compte approuvée par les parens, homologuée par arrêt.

Mais le mineur s'étant pourvu par requête civile, elle fut entérinée en 1670.

C'est ici qu'il faut expliquer le commencement de la procédure.

Lettres de rescision contre le contrat de vente, prises par le mineur, appointées en 1665, aux grands-jours. Elles n'ont point eu de suite.

Le 30 juin 1666, premières lettres en forme de requête civile, contre l'arrêt d'homologation du contrat contre l'arrêt d'ordre; clause de restitution contre le contrat, et conclusions pour faire condamner le sieur Perachon à payer 25,000 livres dont il avoit profité, si mieux n'aime céder le fief.

Seconde requête civile, en 1670, contre l'arrêt d'adjudication du fonds et des fruits, contre l'arrêt de subrogation rendu au profit de la ville de Lyon, et tous autres arrêts.

Poursuites en 1671.

En 1672, compulsoire inutile des traités entre les échevins et le sieur Perachon.

En 1673, mort d'un procureur.

En 1674, mort d'un autre procureur.

En 1675, mort de Guyet.

En 1678, le sieur d'Arcy, tué en Allemagne.

Il y avoit eu des procédures continuelles. Arrêt qui juge que l'instance n'est point périe.

Trois parties soutiennent les intérêts de Paul de Guillard d'Arcy.

Charlotte de Guillard ou son curateur.

Joseph-François du Champ ou son tuteur, l'une et l'autre comme héritiers de Paul d'Arcy.

La veuve de Paul d'Arcy, comme sa créancière, partie intervenante.

Trois parties soutiennent les arrêts.

1.° Les héritiers du tuteur, contre lesquels ceux

du mineur demandent qu'ils soient tenus d'administrer moyens pour faire casser le décret.

2.° Le sieur Perachon, acquéreur.

3.° Les prévôt des marchands et échevins de Lyon, subrogés à ses droits.

Moyens des demandeurs en requête civile.

1.° Maxime générale, qu'un mineur est toujours favorable, quand il demande à rentrer dans son bien.

2.° Il est toujours restituable quand il est lésé; ainsi, deux propositions à établir.

1.° C'est le bien du mineur qui a été vendu.

2.° Il a été lésé par cette vente.

On peut joindre une troisième proposition; donc les arrêts qui ont confirmé cette vente doivent tomber avec elle.

PREMIÈRE PROPOSITION.

Ce qui a été vendu étoit un bien du mineur; constant que Marie Robertet étoit propriétaire du fief de Bellecourt.

Elle en a disposé par trois contrats, en trois manières.

1.° Possession donnée à Mutin.

2.° Droits et hypothèque à Marie Raguier.

3.° Propriété à Louis de Guillard.

Ces trois droits divisés jusqu'en 1628.

Possession conservée par Mutin.

Hypothèque sur la tête de Marie Raguier.

Propriété en la personne de Louis de Guillard et de ses enfans.

En 1628, ces droits ont commencé à se réunir.

Marie Raguier joint les droits de Mutin à ses hypothèques.

En 1639, Louis de Guillard, fils du donataire, a joint la propriété aux deux autres droits qui lui ont été transmis par sa mère.

Ainsi, propriétaire de son chef, créancier et possesseur de celui de sa mère, il est aisé de prouver qu'il étoit propriétaire.

Donation, en bonne forme, acceptée, insinuée, contrôlée.

Ne peut être détruite que,

1.° Par prescription.

2.° Par renonciation à la succession du donataire. On ne peut dire ni l'un ni l'autre.

Ce ne peut être par la prescription, puisque depuis 1581, temps de la donation, jusqu'en 15 9, on ne peut rien imputer au donataire; le donateur est tenu de faire jouir le donataire de la chose donnée. En 1599, Marie Robertet agit contre Mutin. Quand la prescription auroit pu courir depuis ce temps (ce qui n'est pas vrai, parce que Mutin ne pouvoit prescrire contre son titre), elle auroit été interrompue par la mort de Louis I.

Louis II étoit mineur; sa mère lui donnoit tout son bien. Les créances de sa mère consommoient le fief; il ne devoit pas plaider contre elle.

Paul de Guillard, mineur, se pourvoit aussitôt qu'il est majeur; donc minorité perpétuelle; point de prescription.

On ne peut pas plus opposer une renonciation.

1.° Point de renonciation qui paroisse.

2.° Transaction de 1617, par laquelle,

1.° Philippe fait un abandon au profit de ses frères; donc ses frères héritiers.

2.° Se réserve les droits paternels sur Bellecourt, ce qui marque qu'on connoissoit la donation dans la famille.

3.° Quoique la mère ait liquidé ses prétentions avec un curateur à la succession vacante de son mari, cela ne peut faire aucun préjudice à ses enfans mineurs.

4.° Lettres de bénéfice d'inventaire, prises, en 1646, pour Philippe de Guillard.

Mais cette discussion est inutile.

Le mineur a réuni tous les droits en sa personne;

et, ce qui marque qu'il étoit vraiment propriétaire, c'est que personne ne pouvoit l'empêcher de jouir paisiblement du fief de Bellecourt; ni étrangers, c'est-à-dire, des créanciers, ni cohéritiers.

Enfin, le sieur Perachon a acheté une propriété; donc il l'a reconnue, et par conséquent ne peut plus la contester.

Joindre à cela les termes de l'avis des parens, du contrat de vente, des requêtes du sieur Perachon.

SECONDE PROPOSITION.

Lésion.

1.° Dans la forme, par l'omission des solennités.

2.° Dans le fond, par la vilité du prix.

Forme.

1.° Nulle discussion de meubles.

2.° Nulle nécessité de vendre; il le reconnoît lui-même dans les lettres de rescision contre le P. d'Arcy.

Le sieur de la Brangelie, créancier du contrat de constitution, ne jouissoit point.

Les autres étoient légataires de la dame de la Chevalerie, à la succession de laquelle le mineur a renoncé.

3.° Moyen qui résulte du second; fraude et supposition dans l'avis de parens.

4.° Nullité dans l'avis de parens; aucuns parens maternels, et c'étoient ceux qu'il falloit principalement consulter.

Lésion au fond.

Règle de droit, mineur toujours restituable.

Trois preuves de lésion.

1.° L'on vend 40,000 livres des droits, dont le sieur Perachon retire 63,300 livres.

2.° Le mineur a offert de faire porter le fief à 80,000 livres.

3.° Le tuteur ne s'oblige à faire valoir les droits de Marie Raguier que 15,000 livres; ils vont à 36,000 livres.

Fraude et supposition prouvée.

1.° Parce qu'il suppose que c'étoit un grand avantage pour le mineur de vendre 40,000 livres, ce qui avoit été vendu 28,000 livres par le P. d'Arcy; or, le P. d'Arcy n'avoit vendu que des droits, et le tuteur vend une propriété.

2.° En ce qu'il s'oblige, en son nom, à faire valoir les droits de Marie Raguier 15,000 livres; ils ont monté à plus de 36,000 livres dans l'événement; ainsi les arrêts sont détruits par les moyens que l'ordonnance a indiqués.

1.° Par la lésion.

2.° Mineur non-défendu.

3.° Le sieur Perachon devoit faire vendre sur lui; il devoit au moins faire vendre sur le mineur, comme propriétaire.

4.° Précipitation dans l'adjudication.

Dol personnel, saisie *super non domino*. Les prévôt des marchands et échevins sont désintéressés par les offres aussi bien que le sieur Perachon.

Moyens des défendeurs.

1.° Fins de non-recevoir.

Une générale et commune à tous les défendeurs. Joseph du Champ n'a nul intérêt; il est cousin au quatrième degré; Charlotte de Guillard, qui est en cause, est cousine germaine.

Une particulière au tuteur. Il a été déchargé de tous les titres et papiers, dès l'année 1666. On a tort de s'adresser aux cinquièmes héritiers de ce tuteur; ce seroit dans ces titres que l'on pourroit trouver les moyens qu'on le somme d'administrer.

Fond.

Trois questions :

1.° Si le mineur a été propriétaire.

2.° Si les formalités n'ont pas été observées.

3.° S'il est lésé.

Première question. Quand il auroit été propriétaire, ce ne seroit pas un moyen infaillible que de dire que le décret est fait *super non domino.*

L'ordonnance qui établit *l'opposition à fin de distraire;* les arrêts qui ont établi, suivant l'esprit de cette ordonnance, *l'opposition à fin d'annuler,* auroient travaillé inutilement, s'il suffisoit de dire que c'est un décret, *super non domino;* lorsqu'il n'y a eu ni l'une ni l'autre de ces oppositions.

Jugé par arrêt, que le propriétaire se plaignoit inutilement après le décret.

Ainsi, maxime certaine, qu'un décret, quoique fait *super non domino*, est valable ; mais il y a trois exceptions.

La première, quand il n'y a point eu de dépossession du propriétaire.

La seconde, quand le véritable propriétaire n'a pu agir.

La troisième, quand il a un juste sujet de se reposer sur un titre qu'il a fait en faveur du saisi.

Il n'y a que le second moyen qui puisse être proposé, car il n'est pas vrai, en général, qu'un mineur ne soit pas partie capable ; il suffit qu'il ait un tuteur, et tout ce qu'il peut espérer, c'est un recours contre son tuteur.

Ce recours est bien fondé, s'il est propriétaire de Bellecourt ; mal fondé, s'il ne l'est pas : donation prescrite.

Succession de Louis de Guillard abandonnée ; incompatibilité des qualités de créancier et d'héritier ; confusion dans la personne des mineurs. Jamais on n'a fait mention de cet acte.

Seconde question. Les formalités ont-elles été observées ?

1.° On n'exige pas qu'il y ait une nécessité absolue de vendre. C'étoient des meubles, et non pas une propriété.

2.° Avis de parens inutile. Quand il y auroit quelque défaut, *non vitiant quæ abundant.*

3.° De même, à l'égard de la discussion.

4.° La lésion n'est pas considérée *in mobilibus.* Ici, *res mobiles, et incertæ.*

Que, si l'on oppose l'avis de parens, et le contrat dans lequel il est dit qu'on vend une propriété,

On répond qu'il faut distinguer trois choses,

La proposition du tuteur.

L'avis de la famille.

Le contrat de vente.

Le tuteur n'a proposé que de vendre des droits.

Les parens ont été d'avis de vendre le fief, peut-être trompés par la requête, par laquelle on auroit demandé que le fief fût adjugé au mineur.

Dans le contrat on a parlé sur le fondement de la même requête.

La clause par laquelle on dit que le sieur Perachon pourra se faire adjuger la propriété marque qu'on croyoit que le mineur ne l'avoit pas.

Inutile de dire que les arrêts de 1628 la donnoient à Marie Raguier. Ils ne lui donnent qu'un privilége.

A l'égard du surplus de l'adjudication, on répond que le prix a été consumé par les droits des hypothèques du sieur Perachon, par les frais qu'il a faits, par les intérêts de la somme de 40,000 livres pendant huit années. D'ailleurs, vente de chose incertaine.

Le tuteur se défend en particulier,

1.° Parce qu'il n'a rien fait que par l'avis de la famille.

2.° Parce qu'il a vendu 40,000 livres des droits qui n'avoient été vendus que 16,000 livres.

3.° Parce que l'obligation qu'il a passée en son

nom, de faire valoir les droits de Marie Raguier 15,000 livres, est une offre et non une fraude.

4.° Il a vendu des droits que l'ordonnance l'obligeoit à vendre.

5.° Il n'étoit pas le maître des enchères.

6.° Il seroit injuste d'exiger qu'il se fût pourvu contre les renonciations faites à la succession de Louis I; cela est fait long-temps avant sa charge. On ne peut pas non plus le contraindre de rapporter ces renonciations; elles ne lui ont jamais été remises entre les mains; cela est d'ailleurs inutile quand on fait voir qu'il y a eu un curateur à la succession vacante.

L'acquéreur emploie ces mêmes moyens.

Les prévôt des marchands et échevins ajoutent,

1.° Leur qualité favorable.

2.° Leurs titres, arrêt du conseil, lettres patentes.

3.° La distinction qu'il faut faire entre le contrat et le décret.

4.° Les dépenses excessives qu'ils ont faites pour l'ornement de cette place, etc.

Quant a nous, après l'explication que nous venons de vous faire des circonstances du fait et des principaux moyens des parties, nous croyons qu'il est aisé de reconnoître que cette cause doit être décidée beaucoup plus par le fait que par le droit.

Les principes généraux qui vous ont été proposés ne peuvent recevoir aucune difficulté.

La loi écoute toujours favorablement les justes prétentions d'un mineur qui demande à rentrer dans la possession de son bien, soit qu'il en ait été dépouillé par les artifices d'un tuteur infidèle, soit qu'il ait été surpris par les promesses d'un acquéreur, soit enfin qu'il ait été trahi par sa propre foiblesse et par le peu d'étendue de ses lumières.

Mais ces maximes générales, qui sont écrites dans toutes les lois, et que leur équité peut faire considérer comme une espèce de droit des gens, ou même de droit naturel, seroient inutiles pour la décision de cette cause, si l'on établissoit par des preuves certaines, que le mineur, dont on soutient aujourd'hui les intérêts, a perdu une portion considérable de son bien; que le fief de Bellecourt, dans lequel ceux qui le représentent demandent à rentrer aujourd'hui, a été aliéné à vil prix, sans nécessité, sans utilité, par la négligence ou la collusion d'un tuteur, par le dol et les artifices d'un acquéreur que l'on accuse d'avoir conspiré à la perte et à la ruine d'un mineur, que la foiblesse de son âge exposoit à toutes sortes de surprises.

C'est à quoi se réduit toute la difficulté de cette cause; c'est sur ce point unique que roulent toutes les questions et de fait et de droit qui ont été agitées dans cette audience; questions dont l'explication ne peut être sommaire, et dont la décision sera toujours difficile par l'incertitude et l'obscurité qui règnent dans tous les actes dans lesquels on a expliqué les droits du mineur sur le fief de Bellecourt.

Pour vous proposer, avec quelque ordre, les différentes réflexions que nous croyons devoir faire sur une cause aussi étendue, nous la diviserons en trois parties générales, qui renfermeront toutes les questions et toutes les difficultés sur lesquelles vous avez à prononcer.

Nous examinerons d'abord si Paul de Guillard a jamais pu être considéré comme le véritable propriétaire du fief de Bellecourt, et nous tâcherons d'éclaircir ce doute important, que l'on a agité avec tant d'exactitude de part et d'autre.

La seconde question subordonnée à la première, consistera à savoir si la nature et l'importance des droits, qui ont été vendus, ne sont pas un moyen suffisant pour faire espérer au mineur le bénéfice de la restitution, quand même ses droits ne lui auroient donné que le titre de créancier, sans lui donner celui de propriétaire.

Enfin, après avoir établi la véritable qualité du mineur et des biens qui ont été aliénés, nous nous attacherons à examiner si l'on a observé toutes les formalités prescrites par les lois pour l'aliénation des biens d'un mineur ; si le mineur a été lésé, et si la lésion qu'il souffre est du nombre de celles que la loi punit par la rescision des actes qui lui servent de fondement.

PREMIÈRE PARTIE.

Nous supposerons d'abord, comme un principe constant dans le fait, que le seul titre de propriété qui puisse être allégué par les héritiers du mineur, est la donation que Marie Robertet a faites à Louis de Guillard son fils, du fief de Bellecourt en l'année 1581; ainsi, nous ne nous arrêterons point à examiner les inductions différentes que l'on tire, de part et d'autre, des énonciations qui se trouvent dans l'avis de parens, dans le contrat de vente, dans la requête de Guyet, tuteur de Paul de Guillard, et du sieur Perachon.

Ce n'est pas par de telles preuves que l'on doit décider une question aussi importante que celle de la propriété; c'est par des titres authentiques, par des actes solennels, par des contrats de vente, des donations, par des arrêts, et enfin par la force de la prescription, que l'on peut s'assurer la qualité de propriétaire; c'est l'unique preuve légitime, toutes les autres sont non-seulement imparfaites, mais absolument inutiles, et inconnues à la justice.

Quand on auroit énoncé dans quelque requête, dans un avis de parens, même dans le contrat de vente, que la propriété du fief appartenoit à Paul de Guillard; si l'on fait voir, par des preuves invincibles, qu'il n'a jamais eu que la qualité de créancier, pourra-t-on opposer à ces preuves une énonciation vague et générale, une qualité prise sans contradicteur légitime, et incapable de donner le titre de propriétaire?

Si l'on justifie au contraire, par des actes authentiques, que le mineur étoit propriétaire des biens qui ont été aliénés, quelle induction pourra-t-on tirer de quelques actes peu importans, dans lesquels il n'a pris que la qualité de créanciers?

Non-seulement ces inductions sont inutiles, elles sont même tellement contraires les unes aux autres, qu'il suffit de les opposer pour les détruire.

Si l'on dit que, dans l'avis de parens, on donne pouvoir au tuteur de vendre le fief de Bellecourt, il est aisé de répondre que le tuteur, dans le même avis, ne propose de vendre que les droits et hypothéques du mineur sur Bellecourt; l'avis doit être référé à la proposition; et, par la vente de Bellecourt, on ne doit entendre que la vente des droits sur Bellecourt.

Si l'on veut tirer quelqu'argument de ce que le tuteur expose dans les lettres de récision qu'il a prises contre la vente faite à Pocque, que le P. d'Arcy a vendu Bellecourt, on peut encore répondre que le tuteur n'a parlé de cette vente que comme d'une vente de droits, seulement autorisée par le même avis de parens.

Il faut encore ajouter, qu'il est constant entre les parties, que le P. d'Arcy n'avoit vendu que les droits et hypothèques : cependant cette vente est qualifiée dans plusieurs actes, de vente du fief de Bellecourt : donc, quand on rapporteroit plusieurs autres actes qui parleroient de la vente faite par Guyet, comme de vente de la propriété, il n'en faudroit tirer aucune conséquence pour prouver que c'est la propriété qui a été vendue.

L'argument que l'on tire du contrat de vente faite au sieur Perachon, dans lequel il est dit que l'on vend le lieu, fief, place et ténement de Bellecourt, et ensuite les droits et hypothèques du mineur, paroît très-fort. Cependant il ne prouve rien, parce qu'il est dit dans la suite du contrat, que le sieur Perachon pourra se faire adjuger, si bon lui semble, la propriété du fief, donc le mineur ne l'avoit pas.

La requête présentée le 12 mai 1654, par le sieur Perachon, n'est pas plus décisive. Il est vrai qu'il expose qu'il a acquis le fief de Bellecourt; mais, outre que cela est relatif au contrat, qui s'explique comme nous venons de l'observer, il demande, par cette requête, permission de faire saisir le fief de Bellecourt sur la succession vacante de Marie Robertet; donc il ne reconnoît point que la propriété appartienne au mineur.

Si l'on pouvoit tirer quelques inductions de ces actes, elles seroient peu favorables aux prétentions du mineur; mais, sans s'arrêter à ces présomptions, passons à l'examen des preuves légitimes, et des véritables argumens par lesquels on peut établir la qualité du mineur.

Nous répétons encore ici que ces argumens, ne peuvent être tirés que de la donation de Marie Robertet à Louis de Guillard premier du nom.

Nous pouvons considérer cet acte en deux manières, par rapport à son principe, et par rapport à ce qui l'a suivi.

Dans son principe, c'est un acte solennel, revêtu de toutes les formalités nécessaires; on ne s'est point contenté de faire insinuer cette donation, on a porté l'exactitude jusqu'à la faire contrôler pour satisfaire à l'édit qui avoit ordonné peu de temps auparavant, que tous les actes seroient contrôlés.

Ainsi cette donation, considérée en elle-même, et dans son principe, ne peut recevoir d'atteinte; mais les suites de cet acte n'ont pas été aussi heureuses que ses commencemens.

Nous examinerons d'abord, quelles ont été ces suites pendant la vie de Louis de Guillard premier du nom, donataire. Il a survécu trente-cinq ans à la donation; c'est dans cet intervalle qu'il faut examiner si elle a pu être prescrite : le temps qui a suivi la mort de Louis de Guillard premier du nom, a été interrompu par tant de minorités, qu'il seroit peut-être difficile de trouver qu'une prescription tant de fois suspendue ait pu enfin achever son cours.

En supposant ensuite qu'il n'y a point eu de prescription, nous examinerons si Paul de Guillard peut être considéré comme héritier du donataire.

A l'égard de la première question, qui consiste à savoir si la donation a été prescrite pendant la vie du donataire, si nous voulions la traiter dans toute son étendue, elle pourroit faire le sujet d'une cause particulière; nous examinerions d'abord le progrès du droit sur cette matière : il seroit facile de faire voir que, dans les premiers temps, la donation n'étoit point parfaite, si on n'y ajoutoit ou le lien d'une stipulation, ou les solennités de la mancipation, ou la force de la tradition.

Lex Sentia mancipationis necessitatem remisit inter conjunctas personas; Divus pius, traditionis; Justinianus, cujuslibet solemnitatis; et voluit nudo consensu donationem perfici. L. *Si quis argentum* §. 3. Cod. *De Donat. Vide Jac. Gothofredum ad legem 4. Cod. Theod. de donationibus.* Ainsi, *dominium transit rectâ viâ in donatarium.* D'où il suit que, *actio in rem donatario competit, quâ possit rem donatam vindicare; nec tantùm adversùs donatorem hæc actio competit, sed adversùs quemcumque possessorem, et hoc jus apud nos servatur. Cæterùm alia etiam actio ex donatione nascitur, nempè in personam, si donator caverit se præstiturum uti frui liceret.* C'est une erreur de dire, qu'un donateur *de evictione non tenetur*, lorsqu'il s'agit de son propre fait, ou *quando de evictione cavit.*

Appliquons ces principes.

Il est constant qu'il n'y a point eu de tradition ni véritable, ni feinte dans le temps de la donation. Nous disons ni véritable ni feinte, parce que les lois ont établi une fiction en cette matière, dont l'effet est fort grand par rapport à la prescription.

Retentio usûsfructûs pro traditione est..... L. *Si quis argentum*, §. 3. Cod. *De donationibus. Hujus autem fictionis hic effectus est, ut quandiù donator in possessione rei donatæ versatur, præscriptio procedere non possit, quia donator precariò et alieno nomine possidet.*

Ici point de réserve d'usufruit; on ne réserve pas même celui qui avoit été acquis à Mutin, par l'engagement qui lui avoit été fait du fief de Bellecourt;

ainsi, deux actions acquises à Louis de Guillard, donataire.

1.° Une action réelle et contre Marie Robertet et contre Mutin.

2.° Une action personnelle contre Marie Robertet obligée à le garantir de tous troubles, et à le faire jouir paisiblement des biens qu'elle lui avoit donnés.

Ces deux actions sont de la nature de celles qui sont prescrites par le laps de trente années. Leg. *Sicut tertia* Cod. *De præscriptione* 30, *vel* 40 *annorum*.

On oppose la possession de Mutin, comme un obstacle à la prescription; mais c'est au contraire ce qui devoit l'interrompre. C'est parce que le donataire ne possédoit point le fief qui lui avoit été donné, qu'il devoit agir contre le possesseur; c'est parce qu'il n'en jouissoit pas, qu'il devoit intenter une action en garantie contre la donatrice *quæ caverat de evictione*.

Ajoutons que, quand elle n'eût pas promis de garantir de l'éviction; elle y auroit été cependant obligée, parce que l'éviction ou plutôt l'empêchement ne pouvoit être imputé qu'à la donatrice, puisque c'étoit elle qui avoit engagé le fief à Mutin.

Nul privilége ni d'âge ni de personne en faveur de Louis de Guillard; silence de trente-cinq années, prescription acquise.

Mais, quand il n'y auroit point de prescription acquise, Paul de Guillard est-il héritier de Louis de Guillard, premier du nom, donataire?

Premier principe : il ne peut avoir été qu'héritier médiat ou immédiat.

On ne peut pas dire qu'il soit héritier immédiat; il est né vingt-quatre ans après la mort de Louis de Guillard, premier du nom.

Il reste qu'il ait été héritier médiat, du chef son père qui étoit fils du donataire.

Nous avons donc à examiner si Louis de Guillard second, a jamais été héritier de son père.

Trois argumens également invincibles, pour prouver que jamais on n'a pu lui donner ce titre.

1.° Preuve négative; jamais il ne l'a pris.

2.° Il a pris une qualité incompatible, et Paul de Guillard son fils a continué de prendre la même qualité.

3.° La succession de Louis de Guillard a été vacante dès 1618.

Examinons séparément ces argumens.

Premier fait qui n'est point révoqué en doute par aucune des parties; c'est que jamais Louis de Guillard second n'a pris la qualité d'héritier de son père; que, dans tout le cours de la procédure, Paul de Guillard a toujours procédé en qualité d'héritier de Louis second, qui étoit héritier de Marie Raguier.

On ne trouvera aucun acte, aucune requête dans laquelle il ait pris la qualité d'héritier de son aïeul.

Ce n'est point ici que l'on doit appliquer la maxime du droit coutumier, *le mort saisit le vif*. Les héritiers, à la vérité, sont saisis de plein droit, mais ils ne sont point héritiers nécessaires. *Il ne se porte héritier qui ne veut.* C'est une autre maxime du droit français, qui n'est point contraire à la première.

Si la succession étoit ouverte depuis peu d'années, peut-être pourroit-on dire que Paul de Guillard étoit encore à temps de se porter héritier de son aïeul. Mais cette succession a été ouverte en 1618, et il n'est mort qu'en 1678. Pendant l'espace de soixante années, ni lui ni son père n'ont jamais pris la qualité d'héritiers de Louis de Guillard : après cela, bien loin que l'on puisse demander la preuve de leur renonciation, l'on est obligé, au contraire, de rapporter la preuve de leur acceptation. *Heres quidem qui deliberat, si suus sit, hereditatem transmittit, dummodò decedat intra annum ex quo cognovit se heredem esse.* L. 19. Cod. *De jure deliberandi.* Dans l'espèce de cette cause, Louis de Guillard second, est décédé vingt-trois ans après la mort de son père; de droit, il est présumé avoir renoncé.

En second lieu, non-seulement jamais Louis de Guillard second, ni Paul de Guillard son fils, n'ont accepté la succession de Louis, premier du nom : ils ont pris l'un et l'autre une qualité incompatible avec celle d'héritier ; c'est celle d'héritier de Marie Raguier, laquelle étoit créancière de Louis de Guillard premier.

S'il étoit nécessaire d'examiner ici si la confusion peut se faire de droit dans la personne d'un mineur, on pourroit soutenir, avec raison, que telle est la règle générale qui ne reçoit que deux exceptions.

L'une, à l'égard des héritiers qui reprennent les biens dans le même état qu'ils étoient, lorsqu'ils ont été déférés au mineur qui est décédé avant la majorité. On suppose, en ce cas, qu'il est mort en même temps que son père, ou au moins un instant après ; et l'on joint les deux extrémités pour empêcher que ses biens n'aient pu changer de nature pendant sa minorité.

La seconde exception est que, quand le mineur est devenu majeur, il peut encore choisir celui des droits incompatibles qu'il veut retenir.

Nous sommes dispensés d'approfondir cette question, par les circonstances particulières de cette cause ; il ne s'agit point ici d'un mineur.

1.° Louis de Guillard second étoit majeur, lorsqu'il est décédé : il a survécu Marie Raguier sa mère ; il est mort son héritier. La confusion s'est faite de plein droit en sa personne ; et, ayant préféré la qualité de créancier à celle de propriétaire, le mineur n'a plus eu de choix à faire : il a été déterminé à prendre la qualité de créancier.

2.° Paul de Guillard lui-même est devenu majeur en 1664. Il a vécu encore quatorze années ; il a toujours pris jusqu'à sa mort la qualité d'héritier de Marie Raguier : la confusion s'est donc faite en sa personne, et le droit de créance l'a emporté sur celui de propriété.

3.° Succession de Louis de Guillard abandonnée ; curateur créé dès 1618 ; plusieurs pièces qui le prouvent :

1.° Sentence du bailli de Sens, de l'année 1618,

qui liquide les droits de Marie Raguier avec un curateur à la succession vacante de Louis de Guillard, premier du nom, son mari.

2.° Arrêt de l'année 1625, rendu avec le même curateur, qui adjuge à Marie Raguier les terres de Saint-Clément, d'Arcy et de Montmorillon.

3.° Requête de Guyet, tuteur de Paul de Guillard, de l'année 1654, dans laquelle il expose que le mineur n'a pour tous biens que les droits de Marie Raguier, parce que les successions d'André de Guillard, de Marie Robertet et de Louis de Guillard, premier du nom, ont été abandonnées.

Si ces successions ont été abandonnées, s'il y a eu un curateur créé, Louis de Guillard n'a donc point été héritier de son père ; l'on peut tirer de ce fait deux argumens invincibles.

1.° En joignant ce troisième argument avec le premier, l'on trouve, d'un côté, le silence des héritiers de Louis de Guillard, et de l'autre un curateur créé à sa succession vacante. Dans cet état, il est certain que Paul de Guillard n'a pu être héritier que *ex personâ patris*, et médiatement. Or il est impossible que son père lui ait transmis son droit ; car sa succession étoit vacante dès 1618. Louis de Guillard n'est mort qu'en 1639. On ne peut plus dire qu'il délibérât ; et quand on accorderoit parmi nous un temps plus long que celui d'une année pour délibérer, ce ne pourroit jamais être lorsqu'il y a un curateur à la succession vacante. La vacance suppose la renonciation, et celui qui a renoncé ne délibère plus. Ainsi, Louis de Guillard ne délibéroit plus ; s'il ne délibéroit plus, il a renoncé ; s'il a renoncé, il n'a pu rien transmettre.

2.° Louis de Guillard et Paul de Guillard sont héritiers de Marie Raguier, par conséquent ils la représentent ; or Marie Raguier s'est fait adjuger les terres de Saint-Clément, d'Arcy et de Montmorillon, avec un curateur créé à la succession vacante de son mari ; donc il est vrai de dire que la qualité de curateur à la succession vacante est reconnue avec Louis de Guillard et Paul de Guillard son fils, et qu'ils l'ont confirmée journellement en jouissant des terres de Saint-Clément, d'Arcy et de Montmorillon, comme héritiers de Marie Raguier, qui ne possédoit ces terres qu'en vertu de l'adjudication qui lui avoit été faite avec le curateur à la succession vacante.

Ainsi, il est impossible de feindre aucun droit de propriété dans la personne du mineur. Soit que l'on considère la personne du donataire, il y a prescription; soit que l'on examine la personne de ses enfans, ils ne sont point ses héritiers : trois argumens qui leur ôtent cette qualité :

1.° Silence de plus de soixante années. 2.° Incompatibilité de la qualité qu'ils ont prise. 3.° Curateur créé à la succession vacante, dont la qualité est reconnue par eux-mêmes.

Il ne nous reste plus qu'à répondre à quelques objections qui ont été faites par les héritiers du mineur, et par ceux qui les représentent.

Première objection. Renonciation faite en minorité, supposé qu'il y en ait eu; mais on n'a pas pris garde que ceux qui ont renoncé, sont devenus majeurs, et ne se sont pas pourvus contre ces renonciations; que bien loin de se pourvoir, ils ont confirmé ce qu'ils avoient fait en minorité par la qualité qu'ils ont prise d'héritiers de Marie Raguier.

Deuxième objection. Que Philippe de Guillard, en renonçant à la succession de Louis premier, s'est réservé ses droits paternels sur Bellecourt, et qu'en l'année 1646 il a pris des lettres de bénéfice d'inventaire; mais ici il ne s'agit pas de la succession de Philippe, il s'agit de celle de Louis, son frère : et d'ailleurs cette réserve étoit faite trop tard, et après la prescription acquise.

Troisième objection. Que Marie Raguier a été subrogée, par arrêt de 1628, aux droits du curateur à la succession vacante de Marie Robertet.

1.° Cet arrêt est une nouvelle preuve pour faire

voir que la propriété du fief de Bellecourt est toujours demeurée en la personne de Marie Robertet; Marie Raguier s'est fait subroger aux droits du curateur à la succession vacante de Marie Robertet : elle a donc reconnu qu'il avoit cette propriété; or le mineur le représente.

2.° Cet arrêt ne donne pas un droit de propriété à Marie Raguier, mais un privilége pour être payée par préférence à tous créanciers, attendu que ce qu'elle avoit fait, étoit pour leur utilité commune.

Quatrième objection. On objecte que les droits de Marie Raguier épuisoient entièrement le fief de Bellecourt : cela prouve qu'elle avoit droit de se faire adjuger le fief, mais non pas qu'elle l'ait fait.

Cinquième objection. Elle avoit le droit de Mutin; mais Mutin n'avoit pas le droit de propriété.

SECONDE PARTIE.

Après tout ce qui vient d'être expliqué, nous croyons qu'il est certain que le mineur n'a jamais été propriétaire. Il reste à le considérer comme créancier.

Il avoit deux sortes de créances.

1.° Droits et hypothèques de Marie Raguier, acquis par son contrat de mariage.

2.° Créance privilégiée, par le remboursement fait à Mutin.

Somme de ses droits, 65,000 livres.

Force de ses droits, capables d'épuiser le fief de Bellecourt, comme ils l'ont fait effectivement dans la suite.

Le mineur pouvoit se faire adjuger le fief pour ses créances; nous répondrons, dans la suite, à la requête par laquelle on prétend qu'il l'a demandé, et qu'il en a été débouté.

Examinons maintenant si des droits de cette qualité n'ont pas dû être vendus avec les mêmes formalités que des immeubles, et si la lésion qu'on prétend avoir été soufferte par le mineur, est capable de lui faire obtenir le secours de la restitution.

Progrès du droit sur cette matière, nécessaire à remarquer.

1.° *Imperator Severus prohibuit ne prædia rustica aut suburbana Minorum sine decreto alienarentur; nil de prædiis urbanis aut de mobilibus pretiosis statuit.*

Prudentium interpretatio Imperatoris prohibitionem produxit ad emphiteusim, usumfructum, servitutes, lapidicias, et jus εμϐατευτικον, *hoc est, jus ingrediendi in possessionem rei pignoratæ.* Epitome legum. 1, et 3, ff. *De rebus eorum qui sub tutelâ*, etc.

Tùm Constantinus vetuit ne prædia urbana et res mobiles pretiosæ, veluti gemmæ, vestes, servi, sine decreto alienarentur. Epitome legis, 22. Cod. *De administratione Tutorum.*

Cette jurisprudence est fondée sur l'équité. Ce n'est pas tant la nature que l'importance des biens, qui a servi de principe à la prohibition d'aliéner. Si un meuble est plus précieux qu'un immeuble, doit-il être plus permis à un tuteur de l'aliéner?

Application de ces maximes.

Deux raisons devoient faire considérer les droits du mineur comme des immeubles.

1.° L'interprétation des jurisconsultes qui ont soumis l'aliénation du droit qu'ils appellent *Embateuticon*, aux mêmes formalités que l'aliénation des fonds d'un mineur. Jamais ce droit n'a été plus considérable que dans l'espèce de cette cause. Toutes les parties conviennent que le mineur épuisoit, par ses créances, plus que la propriété du fief de Bellecourt; par conséquent il pouvoit se mettre en possession de ce fief.

2.° Si un esclave, si des habits, si des pierres précieuses ne peuvent être aliénés sans formalités, à plus forte raison des droits qui montent à 65,000 livres meuble beaucoup plus précieux que ceux dont parle la loi.

Enfin, quoique le mineur n'eût pas la propriété, à proprement parler, néanmoins il y avoit si peu de différence entre ses droits et ceux d'un propriétaire, que l'on doit considérer la vente qu'il en a faite, comme la vente d'une propriété, soumise par conséquent aux mêmes formalités.

Si ces maximes sont constantes dans le droit, elles ne le sont pas moins dans le fait; on a reconnu dans trois actes également solennels, la nécessité de vendre ces droits avec autant de circonspection que des immeubles.

1.° Dans les lettres de rescision obtenues contre le contrat de vente faite à Pocque, dont le principal moyen est que les droits du mineur ont été vendus sans observer aucune formalité.

2.° Dans l'arrêt qui a entériné les lettres sur ce fondement.

3.° Dans l'avis de parens qui a été fait pour la vente des droits du mineur, sur Bellecourt, par Guyet. Pourquoi consulter les parens, s'il ne s'agissoit que de l'aliénation d'un meuble?

Ainsi, il est constant que les mêmes formalités que la loi auroit demandées pour l'aliénation du fief de Bellecourt, étoient également nécessaires pour l'aliénation des droits du mineur sur le même fief.

Il nous reste à examiner maintenant si la même lésion, qui auroit suffi pour faire résoudre la vente de la propriété, est suffisante pour faire restituer le mineur contre la vente des droits.

Premier principe. Mineur lésé, toujours restituable.

Second principe. Ce n'est point ici la vente d'un meuble, c'est celle d'un effet que la loi considère comme un immeuble dans la personne d'un mineur.

Troisième principe. C'est une erreur de dire que la restitution n'est accordée aux mineurs, que lorsque leurs immeubles ont été aliénés. Au contraire, il est vrai de dire que ce n'est point dans ce cas précisément que la loi accorde aux mineurs le bénéfice de la restitution; elle leur ouvre une autre voie pour rentrer dans la possession de leurs immeubles, c'est celle de la nullité des aliénations faites sans observer les formalités qu'elle prescrit; *manente actione pupillo, et in rem, et in personam, si potuerit probare obreptum esse prætori.* Il ne faut point appliquer ici cette maxime si souvent citée et si peu entendue, *Voies de nullité n'ont point lieu en France*, puisqu'elle reçoit une exception générale lorsqu'il y a une loi ou une coutume qui prononce la peine de nullité.

Or ici la peine de nullité est prononcée par l'ordonnance de 1639, art. 134.

Le secours de la restitution en entier est donc une voie surabondante pour le mineur, lorsque son bien a été vendu sans formalités; et elle ne lui est absolument nécessaire qu'en deux cas, c'est-à-dire, lorsqu'il n'a traité que de ses effets mobiliers, ou lorsque ses immeubles ont été vendus à vil prix, mais avec toutes les formalités nécessaires. C'est ce qui est marqué dans la loi 49, ff. *de minor. Si res pupillaris vel adolescentis distracta fuerit, quam lex distrahi non prohibet, venditio quidem valet; verùm si grande damnum pupilli vel adolescentis versatur, etiam si collusio non intercessit, distractio per in integrum restitutionem revocatur.* On peut ajouter encore la loi *tutor*, au même titre.

Observer toutes les circonstances de cette loi.

Quatrième principe. Loi 44, ff. *de minor. Minoribus etiam in lucris subvenitur, si quod acquirere emolumentum potuerunt, obmiserint.* Ainsi, inutile il est d'examiner si ce qui a été vendu est meuble ou immeuble.

Réunissant tous ces principes, c'est le bien d'un mineur qui a été vendu; mineur lésé, toujours restituable. Ce bien est considéré par la loi comme un immeuble; quand ce seroit un meuble, la lésion considérable suffiroit pour faire espérer la restitution.

Enfin, sans examiner si c'est un meuble ou un immeuble, il suffit que le mineur ait perdu l'occasion de faire un profit considérable. Nous pouvons donc conclure, dans l'espèce de cette cause, que si les formalités prescrites pour la vente du bien d'un mineur n'ont pas été suivies, s'il souffre une perte considérable, il doit être restitué.

TROISIÈME PARTIE.

Deux choses à établir. 1.° Que ces formalités n'ont pas été observées. 2.° Que le mineur a été lésé.

La loi prescrit deux formalités essentielles, dont le défaut suffit pour anéantir la vente qui a été faite du bien du mineur.

Elle doit être nécessaire; elle doit être solennelle. Quelle nécessité de vendre les droits du mineur sur Bellecourt ?

On dit premièrement, que c'étoient des droits incertains, qu'il étoit important de vendre. Ce moyen est détruit par le fait; droit du mineur antérieur à celui des créanciers, capable de lui assurer incontestablement la propriété du fief.

Le devoir du tuteur étoit de faire adjuger ce fief à son mineur. On prétend qu'il y a satisfait par une requête présentée dans le cours de l'instance des lettres de rescision contre le contrat fait à Pocque, par laquelle il a demandé que la place de Bellecourt fût adjugée à son mineur en déduction de ses créances; mais deux réponses sans replique :

1.° Requête prématurée, et donnée sans contradicteur légitime. Il falloit faire cette demande avec les créanciers, et non pas avec l'acquéreur des droits du mineur, contre lequel on se pourvoyoit. La cour n'étoit pas en état de prononcer sur cette requête, lorsqu'elle a été donnée.

2.° Le sieur Perachon étoit aux droits de Guyet, dans le temps que l'arrêt, qui n'a pas eu d'égard à cette requête, est intervenu. Il paroît, par une requête du 12 mai 1654, que c'étoit le sieur Perachon qui avoit obtenu cet arrêt sous le nom de Guyet. Il n'est pas surprenant que le sieur Perachon, qui cherchoit ses sûretés, n'ait pas insisté sur l'entérinement de cette requête; il falloit un décret pour lui assurer la propriété.

Les intérêts du mineur ont donc été abandonnés, quand on a laissé le sieur Perachon maître de l'instance des lettres prises contre la première vente.

On a dit, en second lieu, que le mineur étoit accablé de dettes : on peut en distinguer de deux sortes.

1.° Celles qu'il étoit obligé d'acquitter comme héritier de la dame de la Chevalerie. Ces premières dettes ne peuvent être d'aucune considération, parce que le mineur a renoncé à sa succession.

2.° Les propres dettes du mineur, qui, en y comprenant même des dettes mobilières peu considérables, ne montoient qu'à 35,000 livres.

Le mineur avoit deux sortes d'effets plus que suffisans pour payer cette somme.

Le premier, étoit les fruits échus de la place de Bellecourt, qui ont été vendus 24,000^{l} et tant de livres, quoique par une adjudication précipitée et clandestine.

Le second, étoit des meubles qui se montoient à plus de 20,000 livres. C'est le tuteur lui-même qui nous l'apprend dans les lettres de rescision qu'il a prises en 1652. Le contrat de vente, fait au sieur Perachon, est de 1659.

Quand même, ce qui ne paroît pas, le tuteur n'auroit point eu entre ses mains des fonds suffisans pour acquitter toutes ces dettes, il devoit emprunter, plutôt que de vendre un effet aussi considérable. *Item prætor æstimare debebit utrùm vendere an potiùs obligare permittat, ne propter modicum æs alienum magna possessio distrahatur*, l. 5, §. 10, ff. *De eorum qui sub tutelâ*, etc.

Nous n'accusons point ici le tuteur de fraude, de

collusion, d'intelligence avec l'acquéreur; mais le mineur n'est pas moins à plaindre, lorsqu'il est dépouillé de son bien par la négligence de son tuteur, que lorsqu'il en est privé par sa corruption : *Tutor, urgentibus creditoribus, rem pupillarem bonâ fide vendidit .... Quæro cum urgentibus creditoribus distracta sit, nec de sortibus tutoris meritò quippiam dici potest, an pupillus in integrum restitui potest? Respondi, cognitâ causâ æstimandum : nec idcircò, si justum sit restitui, denegandum id auxilium, quo tutor delicto vacaret.* L. 47, ff. *De minoribus.*

Remarquez les différences de cette loi avec l'espèce présente, *urgentibus creditoribus.*

Voyons maintenant si cette vente a été solennelle.

On dit que l'on a consulté les parens paternels et maternels; cependant point de parens maternels, pas même le sieur de Pertus qui étoit le subrogé tuteur; il s'agissoit de la vente d'un bien maternel.

Les parens paternels, qui ont signé l'avis, portent tous des noms illustres qui vivront autant que cette compagnie, mais que toutes les fonctions de leurs dignités, et la grandeur de leurs occupations, ont obligé de se reposer sur le récit qui leur a été fait par le tuteur.

Toutes ces formalités seroient peu considérables, si leur défaut n'avoit fait aucun préjudice au mineur; ainsi, la plus grande question, et la dernière que nous avons à examiner, consiste à savoir si le mineur a été lésé.

Distinguer la vente du fonds et celle des fruits.

A l'égard du fonds, la valeur en est incertaine. En l'année 1447, on prétend qu'il valoit 900 livres de rente.

En 1576, engagé à Mutin pour 6800 livres.

En 1642, vendu 16,500 livres.

En 1653, le sieur Perachon l'achète 40,000 livres.

Il seroit difficile, quant à présent, de trouver une preuve de la lésion que le mineur prétend avoir soufferte dans la vente du fonds. On ne fait paroître personne qui offre d'en donner davantage.

A l'égard des fruits, lésion toute entière.

Première réflexion. Le sieur Perachon n'a jamais rien payé pour les fruits, le fonds seul a été adjugé près de 40,000 livres. Or il est constant que jamais il n'a payé que 40,000 livres. Le surplus, qui va à 24,000 livres, lui est acquis en pur gain.

Seconde réflexion. Il est vraisemblable que cette adjudication a été faite à vil prix.

1.° On avoit d'abord compris les fruits dans la vente qui avoit été faite au sieur Perachon; on a été obligé de les séparer dans la suite; et cependant on n'a point augmenté le prix porté par le contrat.

2.° C'est le Mercier, valet du sieur Perachon, qui se rend adjudicataire.

Troisième réflexion. Les droits de Marie Raguier sont vendus 40,000 livres. Le sieur Perachon en retire 63,500 livres; preuve écrite de la lésion.

Quatrième réflexion. Nullité dans cette adjudication. Ces fruits appartenoient à Marie Raguier, subrogée aux droits de Mutin; cependant on les adjuge sur la succession de Marie Robertet.

On oppose que le sieur Perachon a fait des frais qui montent à huit ou neuf mille livres; mais Perachon a fait ces frais volontairement et sans répétition, aux termes du contrat.

On oppose encore que, depuis la vente faite en l'année 1653, il s'est passé huit années jusqu'à l'arrêt d'ordre fait en 1661, et que les intérêts de 40,000 livres montent, pendant ce temps, à 16,000 livres; mais on n'a pas pris garde que, pendant ces huit années, le sieur Perachon a joui des fruits de Bellecourt; il ne peut pas demander en même temps et les fruits de la chose, et les fruits du prix.

Inutile de dire qu'il y a eu un bail judiciaire;

c'est lui qui a joui sous le nom du fermier judiciaire.

Réunissant tout ce qui a été dit jusqu'à présent, nous trouvons que le mineur n'avoit point, à la vérité, la propriété du fief de Bellecourt, mais que les droits qu'il avoit, étoient presque aussi considérables qu'une propriété, sujets par conséquent aux mêmes formalités, et pour lesquels le mineur lésé peut justement espérer la restitution; que ces formalités ont été négligées; que le mineur souffre une lésion, non pas telle qu'elle seroit nécessaire pour faire restituer un majeur, mais suffisante pour un mineur.

Ces moyens sont capables d'anéantir le contrat, et par conséquent les arrêts qui n'en sont que les suites.

Le premier est un arrêt d'homologation. Le second est le décret, ou l'adjudication de la propriété. Le troisième, l'adjudication des fruits; et le quatrième, l'arrêt d'ordre.

Il est facile de prouver que tous ces arrêts ne sont que la suite du contrat de vente. Cette vérité ne peut être révoquée en doute à l'égard de l'arrêt d'homologation; le décret est fait sous le nom de Guyet; mais il y a trois preuves indubitables, que c'étoit le sieur Perachon qui agissoit sous ce nom.

1.° Le contrat qui donne droit au sieur Perachon de se faire adjuger la propriété du fief.

2.° La qualité du procureur de Guyet, c'est Leleu, procureur du sieur Perachon, qui n'a commencé à occuper pour Guyet, que lorsque le sieur Perachon a voulu poursuivre l'adjudication du fief. Jusque-là Tiercelet avoit été procureur de Guyet.

3.° Adjudication au profit des sieurs Berault et Vidault, noms interposés par le sieur Perachon; les parties en conviennent, et la preuve en est écrite dans les transactions dont le sieur Perachon seul profite, quoiqu'elles soient passées au profit des sieurs Berault et Vidault.

A l'égard de l'adjudication des fruits, c'est Antoine

le Mercier, valet du sieur Perachon, qui s'en rend adjudicataire. Il n'en faut pas davantage pour prouver que le sieur Perachon agissoit toujours en exécution du contrat.

L'arrêt d'ordre dans lequel le sieur Perachon est colloqué utilement pour les créances qu'il avoit acquises du mineur, en est une nouvelle preuve, et ne peut subsister si les premiers sont détruits.

MOYENS GÉNÉRAUX CONTRE TOUS CES ARRÊTS.

Mineur non défendu.

Dol personnel en ce que le sieur Perachon, au lieu d'agir en vertu du contrat, a pris le nom de Guyet pour faire faire une nouvelle saisie-réelle qui fait toute la difficulté de cette cause, puisqu'elle donne lieu à distinguer l'adjudication du contrat.

MOYENS PARTICULIERS.

Contre le décret. La remise pour l'adjudication n'a point été signifiée à Chibert, procureur des prévôt des marchands et échevins de Lyon.

Arrêt du conseil qui prononçoit une surséance, signifié le 30 août 1656, au préjudice duquel on a surpris un arrêt qui ordonne qu'il sera passé outre à l'adjudication; adjudication faite en conséquence le premier septembre 1656.

Contre l'adjudication des fruits. Ces fruits appartenoient à Marie Raguier; on les vend sur le curateur à sa succession vacante de Marie Robertet.

L'arrêt d'adjudication ne se trouve nulle part; c'est pour cela qu'on ne s'est point pourvu contre cet arrêt par lettres en forme de requête civile.

Ajoutons qu'il n'est que la suite et l'accessoire des autres arrêts et du contrat, et enfin qu'on se pourvoit contre cet arrêt, en se pourvoyant contre l'arrêt d'ordre, puisque le prix, sur lequel on colloque le sieur

Perachon, est composé de l'adjudication des fruits, aussi bien que de l'adjudication du fonds.

Quoique toutes ces nullités soient considérables, il faut cependant avouer que le seul moyen est la lésion. Ainsi, il faut encore examiner s'il y a lieu de détruire tout ce qui a été fait, ou de donner une action en supplément au mineur.

A la rigueur, il y auroit lieu d'entériner les lettres de rescision et les requêtes civiles; mais l'équité peut conduire à prendre le second parti, par plusieurs raisons.

1.° Le mineur l'a demandé dans l'arrêt d'ordre : on l'en a débouté, parce qu'il n'avoit pas pris de lettres. On trouve la même chose dans la requête civile de 1656, dans laquelle il demande que Perachon lui rende les 25,000 livres qu'il a reçues au-delà du prix du contrat, si mieux n'aime céder le fief en justice, pour être vendu une seconde fois.

2.° Quoique les mineurs soient toujours favorables, cependant *vix atque ægrè restitutio conceditur, cùm res incertæ væneunt*. L. 7, §. 8, ff. *De minorib.* Ici tout étoit incertain, ainsi le mineur étoit moins favorable.

3.° La faveur des échevins : lettres patentes, arrêt du conseil, arrêt de la cour; ils représentent le sieur Perachon; il y en a une preuve écrite dans la transaction jusqu'ici impénétrable, et dans la subrogation : ils ne peuvent faire une cause séparée de celle du sieur Perachon, mais l'intérêt de la ville de Lyon peut les rendre favorables, et on ne leur ôtera jamais la jouissance d'un fief qui est si fort à leur bienséance.

4.° L'intérêt commun de toutes les parties de ne point se r'engager dans un nouveau procès, et dans les suites fâcheuses d'une adjudication par décret.

5.° Le mineur ne souffre que dans l'adjudication des fruits, et non dans celle du fonds.

Il faut donner une option au sieur Perachon et au prévôt des marchands et échevins de Lyon. Ainsi, nous estimons qu'il y a lieu d'entériner les lettres de requête civile, etc., si mieux n'aime le sieur Perachon, ensemble les prévôt des marchands et échevins de Lyon, rendre les 24,100 livres avec les intérêts, à compter du jour de l'adjudication.

Arrêt qui appointe les parties au conseil, le 21 mars 1692.

L'arrêt définitif conforme aux conclusions, est du 3 septembre 1694.

Entre Judith-Antoinette de la Taille, mère et tutrice de Joseph-François du Champ, son fils, héritier, et ayant repris, par acte fait au greffe de la cour, le trois juin mil six cent quatre-vingt-sept, au lieu de défunt Paul de Guillard, marquis d'Arcy, demanderesse en lettres en forme de requête civile et de rescision, obtenues en chancellerie par le sieur marquis d'Arcy, les trente juin mil six cent soixante-six et vingt-trois août mil six cent soixante-dix, et requête d'entérinement du vingt-sept juin mil six cent soixante-sept, d'une part; Alexandre-Louis Perachon, écuyer, seigneur de Varray, les prévôt des marchands et échevins de la ville de Lyon, défendeurs, d'autre; Marie Machault, veuve du sieur marquis d'Arcy, et les héritiers Morin, défendeurs, d'autre, etc., et vu par la cour en la quatrième chambre des enquêtes, l'arrêt du vingt-sept mai 1653, etc., et que l'arrêt du vingt-un mars mil six cent quatre-vingt-douze, par lequel les parties auroient été appointées au conseil, etc. Tout joint, vu et diligemment examiné; conclusions du procureur-général du roi :

LADITE COUR, faisant droit sur le tout, sans s'arrêter à la requête desdits prévôt des marchands et échevins de la ville de Lyon, du huit mars mil six cent quatre-vingt-quatorze, ayant égard à l'intervention de ladite Machault, veuve de Paul de Guillard, ensemble auxdites lettres en forme de requête civile et de rescision, obtenues par ledit de Guillard, et icelles entérinant, a remis et remet les parties en tel et semblable état qu'elles étoient avant le contrat de vente du quinzième jour de mai mil six cent cinquante-trois, et des arrêts des vingt-sept mai audit an mil six cent cinquante-trois, premier septembre mil six cent cinquante-six, dix-huit août mil six cent cinquante-sept, et seize juillet mil six cent soixante-un, si mieux les prévôt des marchands et échevins de ladite ville de Lyon, et ledit Perachon, n'aiment payer par forme de supplément auxdits de la Taille, Machault et de Chalons, suivant la demande dudit défunt Paul de Guillard, portée par ses lettres en forme de requête civile du trentième jour de juillet mil six cent soixante-six, la somme de 25,000 livres, par forme de supplément, avec les intérêts, à compter du jour de l'adjudication du fief de Bellecourt; ce qu'ils seront tenus d'opter dans deux mois, à compter du jour de la signification du présent arrêt, à personne ou domicile desdites parties, autrement ledit temps passé, déchus, et, en conséquence, sur la demande contre ledit Guyet, ensemble sur ses autres demandes, sommations et dénonciations, les parties hors de cour et de procès, condamne les prévôt des marchands et échevins esdits noms, et ledit Perachon, aux dépens envers ladite de Machault et les héritiers dudit Paul de Guillard, vers lesdits héritiers Guyet, de tous autres dépens compensés; la taxation des adjugés et exécution du présent arrêt pardevers notredite cour réservée, sauf néanmoins le recours desdits prévôt des marchands et échevins de la ville de Lyon esdits noms, et dudit Perachon, contre qui, et ainsi qu'ils aviseront bon être, autres que contre les héritiers Guyet; défenses au contraire.

SEIZIÈME PLAIDOYER.

DU 29 MARS 1692.

Dans la cause de M. l'archevêque de Bourges et de M. DE LA BERCHÈRE, nommé à l'archevêché d'Alby.

Il s'agissoit de l'exécution d'une convention faite lors de l'érection de la métropole d'Alby, par laquelle l'évêque d'Alby avoit promis de céder à l'archevêque de Bourges pour son indemnité, un revenu en dîmes déchargées de portions congrues ; ce qui avoit été exécuté sans nouvel acte, par la jouissance que l'archevêque de Bourges avoit eue des dîmes de plusieurs paroisses.

La question étoit de savoir si l'augmentation de la portion congrue, survenue depuis, devoit être à la charge de l'archevêque de Bourges, qui avoit ainsi acquis ces dîmes, ou s'il pouvoit exercer un recours pour ce sujet sur les biens de l'archevêché d'Alby.

LA dignité des églises, la naissance et le mérite de ceux qui en soutiennent les intérêts, les raisons de droit et d'équité que l'on allègue de part et d'autre, partagent dans cette cause la protection des lois, et seroient capables de suspendre les suffrages des juges, s'ils pouvoient jamais être donnés à la faveur des personnes.

Les faits qui servent de sujet à cette contestation sont constans entre les parties. Ils se renferment tous dans l'explication du concordat, qui, après avoir fait naître cette cause, peut néanmoins être considéré comme la loi qui doit la décider.

En l'année 1675, le Roi forma le dessein de proposer au pape l'érection de l'évêché d'Alby en archevêché.

Plusieurs raisons dignes de sa piété et de son zèle pour la discipline ecclésiastique, le portèrent à prendre cette résolution. Elles sont écrites dans le concordat qui fut passé entre M. l'archevêque de Bourges et M. l'évêque d'Alby.

L'éloignement d'une partie des suffragans de l'archevêché de Bourges, qui faisoit un obstacle à l'union et à la correspondance qui doit être entre le chef et les membres d'un même corps ;

La difficulté, pour ne pas dire l'impossibilité, de pouvoir faire souvent la visite dans une province si étendue ; la nécessité inévitable, mais sujette à plusieurs inconvéniens, de faire exercer la juridiction spirituelle par des officiaux éloignés du siége du métropolitain ;

Les excuses, souvent légitimes et toujours plausibles, que la trop grande distance pourroit fournir aux évêques qui chercheroient à s'exempter d'assister aux conciles provinciaux;

Et enfin le relâchement de la discipline, l'esprit d'indépendance que cet éloignement pouvoit inspirer aux ecclésiastiques, qui, sous le prétexte spécieux de réclamer l'autorité du métropolitain contre les jugemens de leurs supérieurs immédiats, abandonnent pendant long-temps leurs bénéfices, et violent impunément toutes les règles de l'église qui les obligent à la résidence.

Les intentions du Roi, et les justes motifs qui l'excitoient à faire ce changement, furent suivis du consentement unanime des deux parties intéressées, qui déclarèrent l'un et l'autre, qu'ils étoient prêts de sacrifier leurs intérêts particuliers à l'avantage que l'église pouvoit retirer de cette nouvelle métropole.

Ils convinrent d'expliquer dans un concordat solennel, les clauses et les conditions de cette érection.

Pour rendre cet acte plus authentique, le Roi nomma un commissaire pour assister en son nom au contrat qui seroit passé entre les deux églises. M. l'archevêque de Paris fut choisi pour soutenir les intérêts du Roi en cette occasion.

De la part de M. l'archevêque de Bourges, on consent à la désunion de six évêchés qui étoient auparavant suffragans de cette église. On accorde à l'évêché d'Alby les mêmes droits, la même puissance, la même juridiction que l'archevêché de Bourges avoit eus jusqu'alors sur les cinq autres diocèses qui devoient composer, à l'avenir, une nouvelle province dont l'église d'Alby seroit le chef et la métropole, sans néanmoins que cette désunion pût préjudicier à la qualité de patriarche et de primat des Aquitaines que M. l'archevêque de Bourges se réserve expressément.

Pour indemniser l'église de Bourges du démembrement de ces six évêchés, et pour donner en même temps à M. l'archevêque de Bourges un revenu plus considérable que celui dont il avoit joui jusqu'alors, et plus proportionné à sa dignité et aux charges qui l'accompagnent, M. l'évêque d'Alby consent à l'aliénation de 15,000 livres de revenu annuel, qui seront prises sur les dîmes qu'il donnera de proche en proche dans son diocèse, pour être unies et incorporées au revenu de l'archevêché de Bourges.

On règle ensuite la forme en laquelle l'évaluation de ces dîmes doit être faite.

Enfin on explique quelles seront les charges auxquelles ces dîmes distraites de l'évêché d'Alby, et unies à l'archevêché de Bourges, seront sujettes.

M. l'archevêque de Bourges s'engage à acquitter toutes les charges auxquelles M. l'évêque d'Alby étoit tenu comme décimateur envers les églises dont les dîmes seront aliénées.

Il s'oblige encore à payer la *septième part et portion de toutes les autres charges ordinaires et extraordinaires*, comme décimes, don gratuit, frais de l'assemblée du clergé, et généralement toutes les taxes et impositions qui ont été faites, *et qui pourroient être faites dans la suite* sur le revenu de l'évêché d'Alby.

Telles sont les charges auxquelles M. l'archevêque de Bourges se soumet.

C'est sous ces conditions qne M. l'évêque d'Alby lui promet de lui donner 15,000 livres de revenu en nature de dîmes quittes et déchargées de toutes portions congrues, *et autres charges foncières et seigneuriales, si aucunes y a;* termes remarquables, et qui servent de sujet à cette contestation.

La clause qui suit immédiatement, n'est pas moins importante. Les parties conviennent que si les dîmes accordées en dédommagement à l'archevêché de Bourges, produisent dans la suite un revenu plus considérable que la somme de 15,000 livres, M. l'archevêque de Bourges profitera de cette augmentation, « sans pouvoir *jamais être obligé de rapporter* ce » qui excédera la somme de 15,000 livres; et que » si au contraire les dîmes abandonnées produisent » dans la suite une moindre somme que celle de » 15,000 livres, *la diminution en tombera en pure* » *perte* à M. l'archevêque de Bourges, *sans qu'il* » *puisse demander aucun supplément*, non pas » même pour les nouvelles charges, taxes, contri- » butions, réparations et réédifications auxquelles » ces dîmes pourroient devenir sujettes ».

Nous n'expliquons point ici le reste des clauses qui sont comprises dans ce concordat. Il y en a plusieurs qui concernent l'utilité des chapitres des deux églises; d'autres, par lesquelles M. l'évêque d'Alby déclare qu'en aliénant les dîmes de certaines paroisses, il ne prétend point altérer la juridiction spirituelle ou temporelle qu'il a sur ces paroisses.

Nous n'ajouterons plus que l'explication d'une dernière clause du concordat, par laquelle les parties stipulent respectivement, qu'après l'obtention des bulles qu'il plaira au pape d'accorder pour l'érection d'Alby en archevêché, il sera procédé à la distraction actuelle et réelle des dîmes dont le revenu doit composer la somme de 15,000 livres.

On ajoute que cette désunion spécifique n'a été promise par les parties, que pour la faire plus valablement par-devant le commissaire qui sera nommé par le pape pour l'exécution des bulles.

Cet acte a été passé par-devant notaires à Paris, le 7 mars 1675.

Il ne paroît point qu'il y ait eu aucune exécution pendant la vie de M. Dulude, qui a été le dernier évêque d'Alby; cependant il est vraisemblable que l'on travailla dès-lors à faire un projet de la distraction qui devoit être exécutée dans la suite.

En effet, nous voyons qu'incontinent après le décès de M. Dulude, en l'année 1676, le Roi nomma, par lettres patentes, Me Desgouges, avocat au conseil, économe de l'évêché d'Alby, en ce qui concerne *les dîmes contenues au projet de distraction fait par M. l'évêque d'Alby en exécution du concordat.*

Le Roi, par les mêmes lettres, fait don des fruits qui seront reçus par l'économe, à M. l'archevêque de Bourges.

C'est le premier acte par lequel on peut présumer qu'il y a eu un partage fait entre les églises de Bourges et d'Alby.

L'on peut tirer une preuve semblable des lettres d'économat de l'évêché d'Alby, données en la même année, par lesquelles le Roi réserve expressément les fruits des dîmes qui sont énoncées dans les premières lettres que nous avons expliquées, dont il déclare qu'il a fait don à M. l'archevêque de Bourges, en conséquence du concordat.

L'archevêché de Bourges ayant vacqué quelque temps après, M. de la Vrillière fut nommé par le Roi, pour remplir ce siége; et, en l'année 1679, il passa un acte dont on tire quelques inductions pour prouver que le partage a été consommé. C'est une procuration qu'il donne au nommé Matry, pour assister en son nom à la visite des réparations que M. Dulude, héritier de M. l'évêque d'Alby, étoit chargé de faire dans les églises dont le revenu temporel a été distrait de la temporalité de l'évêché d'Alby, et unies pour causes d'indemnité au temporel de l'archevêché de Bourges.

Matry a assisté à la visite qui a été faite de ces réparations. Il les a reçues comme procureur de M. l'archevêque de Bourges; il en a donné une décharge à M. Dulude, dans laquelle les mêmes expressions sont encore répétées. Il est dit que ces réparations ont été faites dans les églises dont le revenu temporel *a été distrait de l'évêché d'Alby, et uni pour cause d'indemnité, à celui de Bourges.*

L'érection de l'archevêché d'Alby fut enfin consommée en l'année 1680. Ce fut en cette année que le Roi donna des lettres patentes, par lesquelles il approuve et confirme purement et simplement les bulles que le pape avoit accordées dès l'année 1678. Ces bulles contiennent les principales clauses du concordat; elles autorisent le dédommagement qui y est stipulé en faveur de l'église de Bourges; le pape veut que l'estimation des dîmes qui seront unies au temporel de l'archevêché de Bourges, soit faite par les commissaires qu'il jugera à propos de nommer dans la suite.

Ces lettres patentes ont été vérifiées au parlement de Toulouse.

Depuis cette érection, M. l'archevêque de Bourges a toujours joui paisiblement des dîmes qui lui avoient été abandonnées : il les a comprises dans les baux qu'il a faits des revenus de son archevêché.

On rapporte entr'autres, un bail de l'année 1684, dont les termes sont remarquables.

M. l'archevêque de Bourges abandonne à ses fermiers les fruits et revenus de la distraction d'Alby, unie à l'archevêché de Bourges, qui consistent dans les parts et portions de dîmes que les évêques d'Alby avoient droit de prendre, avant l'union desdits revenus à l'archevêché de Bourges.

La déclaration du Roi de l'année 1686, touchant les portions congrues, a donné naissance à cette contestation.

Plusieurs curés des paroisses, dont les dîmes ont été abandonnées à M. l'archevêque de Bourges, ont voulu profiter du bénéfice de cette loi : ils ont abandonné les fruits dont ils jouissoient, à M. l'archevêque de Bourges ; ils ont demandé le paiement de leurs portions congrues.

Le 17 août 1686, dénonciation de cette demande à M. Serroni, archevêque d'Alby.

La mort interrompit le cours de cette poursuite.

Nouvelle assignation au chapitre d'Alby, comme légataire de M. Serroni.

Mais il a renoncé par acte du 14 octobre 1687. Assignation à M. de la Berchere nommé pour lui succéder, et qui n'a pas encore de bulle, et à l'économe de l'archevêché d'Alby.

Déclinatoire inutile à expliquer.

Arrêt du grand conseil, qui renvoye au châtelet.

Sentence par défaut, qui ordonne qu'il sera incessamment procédé à la distraction réelle et actuelle exempte de portion congrue, et jusqu'à ce garantie sur les biens de l'archevêché d'Alby.

Moyens de M. de la Berchère, nommé à l'archevêché d'Alby.

1.° Fins de non-recevoir.

L'église d'Alby, destituée de défenseur légitime; aucun pasteur qui puisse défendre ses intérêts; demande de M. de Bourges, prématurée.

2.° Cependant comme toute défense est légitime, dès le moment qu'on est attaqué, il combat la sentence obtenue par M. l'archevêque de Bourges.

Dans la forme, sentence par défaut incapable de faire aucun préjugé.

Dans le fond, deux moyens généraux.

1.° Le contrat est parfait, la tradition consommée, le partage accompli.

On le prouve, 1.° par les principes du droit *In pollicitationibus, cum semel facto confirmatæ sunt, pro conventione habentur.*

2.° Par le fait, il est constant qu'il y a eu une tradition réelle et définitive ; on en trouve la preuve,

1.° Dans les lettres d'économat.

2.° Dans la procuration donnée par M. de Bourges pour recevoir les réparations.

3.° Dans les baux qu'il a faits.

4.° Dans la jouissance.

Inutile de consulter un commissaire du pape quand les parties sont d'accord ; clause nulle.

C'est un principe certain que *post perfectam venditionem periculum respicit emptorem; debitor speciei interitu liberatur.*

Considération générale : *alter de lucro captando, alter certat de damno vitando.*

Moyens de M. l'archevêque de Bourges.

1.° Demande nécessaire ; il ne demande rien de nouveau : il ne s'agit que de l'exécution d'un concordat. Inutile de renouveler les contrats à chaque mutation, mais il faut les faire exécuter.

2.° Dans le fond, plusieurs moyens se réunissent en sa faveur.

PREMIER MOYEN.

Point de partage définitif.

1.° Nulle solennité observée à cet égard.

2.° On n'a pas encore satisfait aux formalités prescrites par le concordat. Le commissaire étoit nécessaire ; il y a liberté toute entière aux deux églises, de part et d'autre, de se pourvoir, pour faire un partage définitif.

3.° Tous les actes qui ont été faits, ne supposent qu'un partage provisionnel.

Par conséquent on peut rétorquer l'argument, *perfectâ venditione periculum respicit emptorem.* Il est certain qu'elle n'est pas parfaite; donc le péril ne tombe par encore sur lui.

SECOND MOYEN.

Quand la vente seroit parfaite, l'église d'Alby n'en seroit pas moins obligée à garantir les portions congrues.

1.° C'est un revenu de quinze mille livres de rente qui a été accordé : inutile de faire des distinctions. L'intention du Roi et des contractans a été de donner quinze mille livres réelles.

2.° Ces quinze mille livres accordées en dîmes, mais déchargées de portions congrues, on partage les charges : d'un côté les décimes, de l'autre les portions congrues. Il y a ce qu'on appelle une *cavillation*, à dire que cela ne s'applique qu'au temps de la tradition.

3.° Quand on ajoute que les nouvelles charges seront portées par M. de Bourges, on veut dire, celles qui ne sont point comprises dans les clauses précédentes. Or celle-ci y est comprise.

Enfin, inutile de dire que *certat de lucro captando* : perte de juridiction, de suffragans. On a toujours accordé un dédommagement en ces occasions. Enfin c'est l'objet et la fin du concordat.

Quant a nous, la première difficulté que nous croyons devoir examiner dans cette cause regarde la qualité des parties.

Il semble d'abord, que la demande qui est formée par M. l'archevêque de Bourges, soit une demande prématurée, à laquelle toutes les lois canoniques résistent également.

La seule rubrique, *ut Sede vacante nihil innovetur*, paroît suffisante pour faire rejeter, quant à présent, une action que M. de Bourges intente contre une église destituée du secours d'un véritable pasteur, et d'un contradicteur légitime.

Cependant trois raisons nous persuadent que ses demandes peuvent être écoutées.

1.° Elles ne tendent point à rien innover. Il faut en tout temps observer la loi portée par un contrat. S'il s'agissoit de proposer des moyens de lésion, ou de demander un supplément, il seroit difficile d'y prononcer dans la circonstance de la vacance du siége. Mais c'est ici une demande en garantie, en exécution d'un contrat passé avec toutes les formalités nécessaires.

1.° Il faudroit toujours prononcer sur la provision; la définitive peut être jugée aussi promptement. Il est de l'intérêt de M. de Bourges de n'être pas soumis au paiement des portions congrues tant que la vacance durera.

Nous souhaitons qu'elle finisse bientôt, et nous osons même l'espérer.

Mais l'expérience du passé nous fait craindre pour l'avenir; ainsi, il est nécessaire de statuer sur la provision.

Après avoir établi la qualité des parties, nous n'examinerons point ici quelles sont les formalités essentielles pour l'érection d'une nouvelle métropole; nous ne remonterons point jusqu'aux premiers siècles de l'église pour agiter des questions plus curieuses qu'utiles, et nous ne chercherons point des exemples dans l'ancienne discipline, pour autoriser des principes que l'usage a tellement approuvés, qu'il n'est plus permis de les révoquer en doute.

Personne n'ignore que l'église et l'état étant également intéressés dans le changement qui se fait par l'érection d'un nouvel archevêché, l'autorité des deux puissances doit concourir pour consommer cet ouvrage ; que, quoiqu'autrefois on n'ait pas cru qu'il fût nécessaire d'avoir recours à l'autorité du pape pour ériger une nouvelle métropole, cependant l'usage sous lequel nous vivons depuis plusieurs siècles, est contraire à cette ancienne liberté des églises ; que, dans toutes les érections qui ont été faites depuis long-temps, Rome a toujours été consultée, et que c'est au Saint-Siége que l'on s'est adressé pour la confirmation d'un établissement qui intéresse l'église universelle.

Enfin un changement si considérable ne peut être légitime, s'il n'a pour fondement une cause, ou nécessaire ou importante ; si ceux qui ont intérêt à l'empêcher, n'ont été appelés, et particulièrement le métropolitain auquel on ôte une partie de sa province ecclésiastique, pour la soumettre au nouvel archevêque.

L'usage même a introduit la nécessité de lui accorder une indemnité, pour réparer la perte qu'il fait par la diminution de sa province et de sa juridiction ; nous en avons un exemple récent dans l'érection de l'évêché de Paris en archevêché.

Une abbaye considérable fut accordée en dédommagement à l'église de Sens.

Ces principes, cet usage et ces exemples, ont été suivis exactement dans l'érection de la métropole d'Alby : les deux puissances ont concouru à cet établissement. Le Roi l'a proposé au pape, le pape l'a approuvé ; le métropolitain a été consulté, il a consenti au démembrement qui lui a été demandé : on lui a accordé quinze mille livres de rente pour le dédommager de cette désunion.

Nous n'en dirons pas davantage pour faire voir que cette érection a été revêtue de toutes les formalités que les canons prescrivent dans cette occasion.

Et, pour nous réduire à la seule question qui puisse être douteuse dans cette cause, nous nous renfermerons dans l'examen des clauses du concordat dont les parties demandent également l'exécution.

Quoique cette cause, et par la qualité des parties et par le sujet de leur contestation, paroisse entièrement ecclésiastique, elle doit néanmoins être décidée par les principes du droit civil. C'est par les idées que les lois nous donnent des conventions, que nous pouvons déterminer la nature du contrat qui a été passé entre l'église de Bourges et celle d'Alby.

Si l'on considère d'abord que, d'un côté, M. l'archevêque de Bourges abandonne, dans ce concordat, à M. d'Alby, les droits, les honneurs, les prérogatives de métropolitain, et que de l'autre, M. l'évêque d'Alby lui donne quinze mille livres de rente à prendre sur le revenu de son évêché, on est porté à croire que cette convention est un de ces contrats que les lois civiles appellent des *contrats innommés*, et qu'on peut les réduire à cette espèce d'engagement dans lequel les contractans donnent de part et d'autre, et auquel le droit n'a point donné d'autre nom que *do ut des*.

Si cette première idée blesse en quelque manière la délicatesse de ceux qui auront peine à croire qu'il y ait beaucoup de différence entre ce contrat et une véritable vente dont le nom seul est odieux, lorsqu'il s'agit de l'aliénation d'un droit purement spirituel, il est facile de donner un autre nom à la convention qui a été faite entre les deux églises, et de l'envisager par une face plus naturelle et moins suspecte.

Nous avons observé que l'on a introduit, et même approuvé dans l'église, l'usage de dédommager le métropolitain de la perte de ses suffragans.

Cette indemnité peut être diversement estimée : l'on peut accorder ou une augmentation d'honneur, ou une augmentation de revenu; c'est ce dernier parti que l'on a suivi dans l'espèce de cette cause.

Ainsi, pour déterminer la nature du contrat que

nous examinons, nous croyons qu'on peut le considérer comme la promesse d'une indemnité accordée à M. l'archevêque de Bourges, pour le dédommager de la diminution de sa province.

De quelque manière que l'on considère cette convention, soit qu'on la définisse, par rapport à la première idée que nous en avons donnée, un contrat innommé, *do ut des*, soit qu'on la regarde comme une simple promesse d'indemnité, qui est la seconde idée qu'on peut en concevoir, il est également certain qu'aussitôt que la convention a été accomplie de la part de M. l'archevêque de Bourges, lorsqu'il a consenti à l'érection de la métropole d'Alby, et que cette érection a été consommée, et pour se servir des expressions des lois, *cum res datione vel facto sumpsit effectum*, l'obligation est devenue réciproque; le nouvel archevêque d'Alby, en acquérant ce titre d'honneur, a acquis en même temps la qualité de débiteur de M. l'archevêque de Bourges, et de débiteur de la somme de quinze mille livres.

Ce premier contrat, et cette qualité de créancier qu'il a donnée à M. l'archevêque de Bourges, et de débiteur à M. l'archevêque d'Alby, sont suivis d'une seconde convention par laquelle le créancier consent à prendre en paiement des dîmes, jusqu'à concurrence de la somme de quinze mille livres.

A ces deux conventions les parties en ajoutent une troisième, par laquelle M. l'archevêque d'Alby s'engage à donner certaines espèces de dîmes à M. l'archevêque de Bourges.

On peut donc distinguer trois sortes de conventions, ou plutôt trois degrés différens dans une même convention.

1.° On promet de donner une indemnité, et cette indemnité est estimée quinze mille livres.

2.° M. l'archevêque de Bourges consent de prendre des dixmes en paiement de son indemnité.

3.° L'on convient de régler, dans la suite, sur quelles espèces de dîmes ce paiement doit être assigné.

Nous supplions la cour d'observer ce progrès et cette distinction qui nous paroît non-seulement importante, mais essentielle à la décision de cette cause.

Voilà, Messieurs, quelle est la nature du contrat qui sert de sujet à cette contestation : indemnité promise, mais promise en dixmes, et même en certaines espèces de dîmes.

Nous ajoutons à cette première observation une seconde réflexion, ou plutôt un second principe, dont la vérité est constante dans le droit, et dont l'application n'est pas moins naturelle à cette cause.

Soit qu'il s'agisse d'un contrat de vente, ou de la convention par laquelle un créancier accepte des héritages en paiement, et que les jurisconsultes appellent *datio in solutum*, toutes les lois nous apprennent que, dès-lors que la vente est parfaite, que la convention est accomplie, tous les changemens qui arrivent dans la chose qui a été ou vendue ou donnée en paiement, ne regardent plus que la personne de l'acquéreur ou du créancier. La proportion naturelle et réciproque qui doit être entre le gain et la perte, demande que, comme ils profitent des événemens qui en augmentent la valeur, ils souffrent aussi ceux qui la diminuent; car il est de l'équité naturelle, *ut quem cujusque rei sequuntur commoda, eum sequantur et incommoda.* Le seul consentement des parties suffit pour rendre la vente parfaite, pour libérer le débiteur; et aussitôt que la vente est parfaite, que la libération est acquise au débiteur, le créancier, avant même que d'avoir acquis, par la tradition, la possession des biens qui lui sont abandonnés, est néanmoins considéré comme un propriétaire qui jouit de tous les avantages, et qui supporte toutes les pertes qui peuvent arriver aux héritages qu'il a acquis.

Mais, parce que la loi ne le répute propriétaire que lorsque la vente ou le paiement (*datio in solutum*) est entièrement consommé, les jurisconsultes ont conclu, du même principe, que tant que la convention peut encore être révoquée (quand les parties peuvent avoir encore quelqu'espérance de retour, *et adhuc pœnitentiæ locus est*), que le vendeur ou le débiteur demeuroit encore garant des accidens fortuits; qu'il étoit encore considéré comme propriétaire. Ces maximes sont si certaines, qu'elles n'ont pas besoin d'être prouvées; et les deux parties ont été obligées d'en reconnoître l'équité.

Elles ont une application parfaite à cette cause.

Si le paiement qui est stipulé par M. l'archevêque de Bourges dans le concordat, a été consommé par une tradition réelle et définitive des biens qui devoient composer l'indemnité promise, M. l'archevêque d'Alby a cessé d'être propriétaire, par l'abandonnement qu'il a fait de ces dixmes, et a cessé en même temps d'être chargé des pertes qui pouvoient en diminuer la valeur : cette diminution doit être soufferte par M. l'archevêque de Bourges, qui doit sentir les pertes, comme il reçoit les avantages de la propriété.

Que si, au contraire, le partage n'est point encore fait; si la convention n'est point accomplie; si les dîmes n'ont point été abandonnées irrévocablement et sans retour, il semble qu'il est difficile de ne pas soumettre M. l'archevêque d'Alby au paiement des nouvelles charges qui sont survenues, avant que le contrat ait été entièrement exécuté.

C'est dans l'explication de ces deux propositions, que cette cause est renfermée.

Nous ne nous arrêterons pas à prouver la première; et quoique l'on ait voulu soutenir que, quand même le partage seroit consommé, M. l'archevêque d'Alby seroit toujours obligé d'acquitter toutes les portions congrues, à quelques sommes qu'elles puissent monter, nous croyons néanmoins devoir rejeter cette prétention, que l'on ne peut proposer aujourd'hui sans attaquer non-seulement les principes du droit, mais encore les clauses de l'acte qui a été passé entre les parties.

Nous venons de vous expliquer ces principes, il ne nous reste plus qu'à vous faire voir qu'ils ont été suivis dans l'espèce présente, et que les parties les ont eûs en vue dans toutes les clauses de ce contrat.

Premièrement, nous pourrions nous contenter de rapporter ici les seuls termes de la clause sur laquelle M. l'archevêque de Bourges fonde sa demande en garantie; et bien loin que cette clause donne quelque couleur à ses prétentions, son explication seroit peut-être suffisante pour les détruire : *Et moyennant ce, lesdites quinze mille livres de revenu, en nature de dîmes, seront données quittes et déchargées de toutes portions congrues, et autres charges foncières et seigneuriales, si aucunes y a.*

Trois réflexions sur cette clause :

1.° Elle détruit l'interprétation que l'on a voulu donner au concordat. On a prétendu que l'intention du Roi et des contractans avoit été d'accorder, purement et simplement, quinze mille livres de rente à l'église de Bourges. Vous voyez, MESSIEURS, par la simple exposition de cette clause, que ce n'est point précisément quinze mille livres de rente qui sont données en dédommagement, ce sont quinze mille livres de rente en nature de dîmes. Il est vrai que l'on propose d'abord à M. l'évêque d'Alby, et de la part du Roi et de la part de M. l'archevêque de Bourges, de donner quinze mille livres de rente indéfiniment; mais cette proposition est déterminée, dans la suite, par le consentement de M. l'évêque d'Alby, qui, dans le même temps qu'il offre le dédommagement qui lui est demandé, déclare que la somme de quinze mille livres sera prise sur les dixmes de son évêché : il ne pouvoit pas même en assigner le paiement sur d'autres effets; le revenu temporel de son évêché ne consiste qu'en dîmes.

2.° L'on peut conclure des termes de cette clause, que c'est dans le temps du partage que M. l'évêque d'Alby s'engage à donner les dîmes quittes de toutes portions congrues; il est dit expressément que ces dîmes seront données quittes et déchargées de toutes portions congrues. C'est donc dans le temps du partage, c'est dans le moment de la tradition, que ces dîmes doivent être déchargées de portions congrues; c'est-à-dire, que, si dans le temps de la délivrance de ces dîmes, il se présente quelqu'un des curés des paroisses auxquelles elles sont attachées, qui demande sa portion congrue, M. l'évêque d'Alby sera tenu d'en acquitter l'église de Bourges, et non-seulement dans ce premier moment, mais encore dans la suite, supposé que les fruits qui seroient abandonnés par les curés, fussent d'une moindre valeur que la somme de deux cents livres, à laquelle les portions congrues étoient réglées dans le temps du concordat.

Il est impossible de donner une plus grande étendue à cette clause; elle ne peut, à la rigueur, avoir d'autre effet que d'obliger M. d'Alby à donner, dans le temps du partage, des dîmes exemptes de portions congrues, jusqu'à concurrence de quinze mille livres.

Quand on voudroit donner à cette clause une interprétation plus favorable, nous ne croyons point que l'on pût jamais assujettir l'église d'Alby à une garantie plus forte que celle des portions congrues, telles qu'elles étoient dans le temps du concordat.

On pourroit ajouter une troisième réflexion, sur les derniers termes de cette clause.

On promet de donner des dîmes déchargées de *portions congrues, si aucunes y a;* et l'on pourroit prétendre que ces termes, qui marquent un temps présent, justifient que l'intention des contractans a été de ne garantir les dîmes du paiement des portions congrues, que dans le temps de l'acte.

Après vous avoir montré que cette clause est plus propre à détruire qu'à soutenir la demande de M. l'archevêque de Bourges, nous passerons à l'examen de deux autres clauses, dont l'une précède, et l'autre suit immédiatement celle que nous venons de vous expliquer.

Par la première, M. l'archevêque de Bourges s'engage à payer la septième partie des décimes et autres charges auxquelles les dîmes aliénées pourront devenir sujettes, *sans pouvoir demander aucun supplément aux archevêques d'Alby, sous quelque prétexte que ce soit; prévu ou non prévu.*

Et, par la seconde, M. l'archevêque de Bourges renonce pareillement au droit de pouvoir demander aucun dédommagement, en cas que le revenu de ces dîmes soit diminué, ou par la non-valeur des fruits, *ou par les nouvelles charges, taxes, contributions, réparations et réédifications qui pourront être imposées sur ces dîmes.*

Les parties ne pouvoient pas marquer par une clause plus claire, plus précise et plus formelle, qu'après la distraction et la désunion réelle des dîmes, M. l'archevêque de Bourges seroit considéré comme propriétaire, et sujet, en cette qualité, à toutes les charges qu'elle impose à celui qui en est revêtu.

Examinons maintenant si l'augmentation des portions congrues n'est pas une de ces charges nouvelles auxquelles M. l'archevêque de Bourges s'est soumis volontairement.

On ne peut point prétendre qu'elle soit comprise dans le terme général des portions congrues, puisque ce terme doit être expliqué par rapport à l'idée que les contractans en avoient dans le temps du concordat; et cette idée ne leur représentoit qu'une pension de deux cents livres. Tout ce qui excède cette somme, doit être considéré comme une charge nouvelle qui n'a point été prévue, comme un cas fortuit et un fait du Prince, qui ne donne lieu à aucune garantie. Personne, jusqu'à présent, n'a accusé MM. les évêques d'avoir obtenu la déclaration de 1686.

Ainsi, les maximes du droit et les circonstances du fait, nous persuadent également que si le partage a été fait, si la tradition a été consommée, M. l'archevêque de Bourges est mal fondé en sa demande.

Cette cause se réduit donc uniquement à l'examen d'une question de fait, qui consiste à savoir si la désunion et la distraction qui a été faite des dîmes de l'archevêché d'Alby, peut être considérée comme une désunion et une distraction actuelle, parfaite et définitive.

D'un côté, l'on prétend qu'un partage peut être définitif sans être solennel; que la clause par laquelle il est dit que ce partage sera fait par-devant un commissaire du Saint-Siége, est une clause vicieuse qui a pu être négligée impunément; que l'on a suivi la bonne foi de M. de Bourges, qui a pressé lui-même l'exécution du projet de distraction, qui a joui des dîmes long-temps avant l'érection d'Alby en archevêché, et qui a passé plusieurs actes comme propriétaire de ces dîmes.

De l'autre côté, on répond que ce qui a été fait ne peut passer que pour un partage provisionnel; que la preuve en est écrite dans le concordat; que la jouissance de M. de Bourges n'a pu l'obliger sans un acte définitif.

Dans ce combat de raisons opposées, il semble d'abord que l'on pourroit distinguer la personne de M. l'archevêque de Bourges, et celle de ses successeurs ou de son église.

A son égard, nous aurions peine à croire qu'il pût revenir contre le partage qui a été fait; il l'a accepté purement et simplement, sans protestation, sans réclamation. Il a fait plusieurs actes de propriétaire, et il ne se plaint point d'aucune lésion. Inutile de dire qu'il auroit pu faire tous ces actes, quand même il n'y auroit eu qu'un partage provisionnel; alors les faits se seroient expliqués par les actes qui auroient été une preuve certaine de l'intention des parties; mais ici point de partage provisionnel: acceptation pure et simple des dîmes cédées: termes qui marquent une union définitive; bail de l'année 1684, dans lequel M. l'archevêque de Bourges *abandonne à ses fermiers les fruits et revenus de la distraction d'Alby, unie à l'archevêché de Bourges, qui consistent dans les parts et portions de dîmes que les évêques d'Alby avoient droit de prendre, avant l'union desdits revenus à l'archevêché de Bourges.*

Une seconde raison, qui nous persuade encore

qu'il seroit difficile d'écouter aujourd'hui M. l'archevêque de Bourges, est prise de la jouissance anticipée qu'il a eue de ces dîmes : il les a reçues quatre ans avant l'érection d'Alby en archevêché ; c'est-à-dire, que l'indemnité a précédé la perte de quatre années entières.

Cette jouissance l'engage nécessairement à exécuter le partage ; s'il refusoit de le faire, l'église d'Alby seroit bien fondée à lui demander la restitution des quatre années de jouissance, et nous ne croyons pas qu'il veuille acheter, à ce prix, la garantie qu'il demande.

Mais si, d'un autre côté, nous considérons l'intérêt de ses successeurs, il semble que les actes qui ont été passés ne peuvent les engager sans espérance de retour. Le partage est la suite du concordat : il doit être également solennel, les parties intéressées doivent y être également appelées ; c'est ce qu'on a négligé de faire. Les chapitres des deux églises ne sont point intervenus, cependant ils étoient présens au concordat.

Les parties étoient convenues de faire la division par-devant un commissaire du pape ; si cette solennité n'étoit pas nécessaire, il est toujours certain qu'elle a été respectivement stipulée. Elle a donc dû être observée pour faire un partage qui puisse obliger les deux archevêchés.

Jusqu'ici nous n'avons examiné le partage qu'on prétend avoir été fait entre les deux églises, que par rapport aux actes et aux preuves qui en sont alléguées par les parties. Ils semblent pouvoir produire une fin de non-recevoir contre M. l'archevêque de Bourges, mais non une exclusion contre son église et contre ses successeurs.

Mais lorsque nous examinons cette cause par des vues différentes ; lorsque nous considérons toutes les clauses, et toutes les parties du concordat, nous sommes obligés de l'envisager différemment, et de reconnoître que, sans distinguer ici entre la personne de M. l'archevêque de Bourges et celle de ses successeurs, il est vrai de dire que, par rapport à la demande en garantie qui fait le sujet de cette contestation, ce partage est entièrement consommé.

Pour l'établissement de cette proposition, il est nécessaire de reprendre les réflexions que nous avons déjà faites sur la nature du contrat.

Nous avons distingué trois parties d'une même convention.

1.° L'indemnité ou la promesse de 15,000 livres de rente.

2.° Le paiement promis, et accepté en dîmes.

3.° L'affectation sur certaines dîmes particulières.

Par la première partie de cette convention, M. l'archevêque de Bourges devient créancier de 15,000 livres de rente.

Par la seconde, il acquiert un droit par indivis sur la totalité des dîmes de l'archevêché d'Alby.

Et par la troisième, il doit devenir propriétaire de certaines espèces de dîmes.

Deux choses à examiner maintenant :

1.° Quelles sont les parties de cette convention qui sont consommées?

2.° Sur quelle partie de cette convention tombe la charge qui donne lieu à la demande en garantie? Si elle tombe sur ce qui est consommé, M. l'archevêque d'Alby est déchargé; si elle tombe sur ce qui n'est point consommé, il est encore obligé.

A l'égard du premier point, il est constant que les deux premières parties de la convention sont accomplies. Non-seulement l'église de Bourges a accepté 15,000 livres de rente, elle a accepté même le paiement de ces 15,000 livres de rente, en dîmes.

Par rapport au second point, il n'est pas moins certain que la nouvelle charge imposée par la déclaration du Roi sur les portions congrues, tombe sur la totalité des dîmes qui composent le revenu de l'archevêché d'Alby, et non pas seulement sur les dîmes particulières qui ont été distraites en faveur de l'église de Bourges.

Donc la charge tombe sur les effets qui sont acceptés solennellement par l'église de Bourges ; ainsi, il est inutile d'examiner si la troisième partie est accomplie. Or, par les principes que nous vous avons expliqués, après l'acceptation solennelle des biens donnés en paiement, le créancier devient propriétaire, et comme propriétaire, soumis aux charges. Donc l'augmentation de la portion congrue étant une nouvelle charge, elle doit être acquittée par M. l'archevêque de Bourges.

De quelque nature que soient les dîmes qu'on lui abandonnera dans le partage qu'il demande, elles seront aussi sujettes à l'augmentation de la portion congrue, que celles qui lui ont été déjà accordées.

La seule objection qui pourroit être faite de la part de M. l'archevêque de Bourges, seroit de dire que, dans les paroisses dont les dîmes lui ont été assignées, les curés avoient si peu de revenu, qu'ils ont préféré la portion congrue à la jouissance de leur gros ; au lieu que si on lui avoit abandonné d'autres paroisses dans lesquelles le revenu des curés eût été plus considérable, ils ne lui auroient jamais demandé de portions congrues.

Cette observation pourroit mériter attention, si, dans le temps d'un nouveau partage, M. l'archevêque de Bourges demandoit des dîmes moins sujettes à des portions congrues, pourvu cependant que cette distraction se fît de proche en proche, conformément au concordat. Mais qu'il puisse jamais espérer d'être acquitté par M. l'archevêque d'Alby de cette nouvelle charge qui est imposée à la totalité des dîmes, lorsque la convention est consommée, lorsqu'il a accepté son paiement en dîmes, c'est ce qui détruiroit et les principes du droit, et les clauses même du concordat.

Enfin, quand nous supposerions que la convention n'est point parfaite, et que, par conséquent, les charges doivent être acquittées par M. l'archevêque d'Alby, nous ne croirions pas néanmoins que l'augmentation de la portion congrue fût du nombre de ces charges.

Deux raisons nous déterminent à la regarder comme n'y étant pas comprise.

La première, que quand on a promis 15,000 liv. de rente déchargées de portions congrues, on a entendu ces termes, *portions congrues*, par rapport à la signification qu'ils avoient alors; c'est-à-dire, comme l'affranchissement d'une pension de 200 liv. pour chaque curé à portion congrue.

La seconde, que c'est par rapport au revenu d'Alby que l'on a estimé la somme à laquelle devoit se monter l'indemnité.

Nous trouvons même quelque chose de plus fort. L'on a accordé ce dédommagement, par manière de quotité; la preuve en est écrite dans le concordat. On oblige M. l'archevêque de Bourges à payer *la septième portion* des charges pour les 15,000 livres qui lui sont abandonnées; donc on a vu, dans le temps du concordat, que ces 15,000 livres faisoient la septième portion du revenu d'Alby. On a donc eu intention d'accorder à M. de Bourges, pour son dédommagement, le septième du revenu d'Alby. Or, si la demande en garantie avoit lieu, il est certain que M. de Bourges auroit beaucoup plus que le septième du revenu d'Alby. Car les dîmes qui sont demeurées dans la possession de M. l'archevêque d'Alby, n'ont pas été exemptes de portions congrues, et M. l'archevêque d'Alby a souffert autant de perte à proportion, que M. l'archevêque de Bourges. Cependant si l'on obligeoit M. d'Alby à payer les portions congrues dont la part de M. de Bourges est chargée, le revenu d'une des deux églises seroit toujours le même, pendant que l'autre seroit diminué. Ainsi, au lieu du septième que M. de Bourges doit avoir, aux termes du concordat, il en auroit le sixième ou le cinquième. Cependant il ne paieroit que le septième des charges, et la proportion prescriste par le concordat ne seroit plus observée.

Mais, en conservant les choses dans l'état où elles sont maintenant, cette proportion sera toujours gardée. Le revenu de Bourges et celui d'Alby diminueront également. M. l'archevêque de Bourges aura toujours le septième du revenu, et paiera le septième des charges.

Ainsi, pour réunir toutes ces différentes observations, nous avons établi, dans la question de droit, que si le partage étoit consommé, toutes les charges doivent être acquittées par M. l'archevêque de Bourges, excepté celle des portions congrues, jusqu'à concurrence de 200 livres pour chaque curé.

Dans la question de fait, nous avons examiné d'abord les actes par lesquels les parties prétendent, ou détruire ou confirmer le partage qui a été fait.

Nous vous avons proposé des observations d'où il résulteroit que ces actes pourroient produire une fin de non-recevoir contre la personne de M. l'archevêque de Bourges, sans néanmoins faire aucun préjudice à son église et à ses successeurs.

Nous vous avons proposé ensuite des réflexions particulières. Nous avons distingué trois parties dans la convention qui a été faite entre les deux églises; la promesse de l'indemnité le paiement de l'indemnité en dîmes, l'affectation de certaines dîmes.

Vous avez pu reconnoître, par les clauses du concordat, que les deux premières parties de la convention étoient accomplies; que cependant la nouvelle charge, qui donne lieu à la demande en garantie, tombe sur la seconde partie de la convention; c'est-à-dire, sur les dîmes en général, et non sur certaines dîmes en particulier.

Enfin, nous vous avons montré que sans entrer dans l'examen de la question du partage, la seule considération de l'équité devoit décider cette contestation: que l'intention des contractans a été d'accorder à M. l'archevêque de Bourges la septième partie du revenu de l'évêché d'Alby, et de l'obliger, en même temps, à acquitter la septième partie des charges; que cependant si la demande de M. l'archevêque de

Bourges avoit lieu, il jouiroit de la sixième ou de la cinquième portion du revenu, et ne paieroit que la septième portion des charges.

Ainsi, à la rigueur, on peut confirmer le partage qui a été fait; cependant deux raisons peuvent porter à en faire un nouveau.

La première, afin de le rendre solemnel.

La seconde, afin de pouvoir demander d'autres dîmes moins sujettes aux portions congrues. On peut différer à le faire, jusqu'à ce que M. d'Alby ait des bulles.

A l'égard d'un commissaire du pape, c'est un personnage inutile suivant nos maximes, et l'acte n'en sera pas moins valable.

Ainsi, recevoir le chapitre d'Alby, etc. mettre l'appellation et ce au néant; émendant, sans s'arrêter à la demande de la partie de Me Sachot, ordonner que le concordat sera exécuté selon sa forme et teneur; et en conséquence, qu'aussitôt après que la partie de Me Vaillant aura obtenu des bulles de l'archevêché d'Alby, il sera procédé par-devant tel commissaire qu'il plaira à la cour de nommer, à la distraction réelle et définitive des dîmes qui doivent composer le revenu annuel de 15,000 livres dans lequel M. l'archevêque d'Alby sera tenu de donner à M. l'archevêque de Bourges des dîmes exemptes et déchargées de portions congrues, telles qu'elles étoient au temps du concordat, c'est-à-dire, jusqu'à concurrence de deux cents livres; et cependant le partage provisionnel exécuté.

Appointé au conseil, le vingt-neuvième mars 1692; plaidant, Sachot, pour M. l'archevêque de Bourges, Vaillant, pour M. de la Berchère, nommé à l'archevêché d'Alby. Prononcé en la quatrième chambre des enquêtes, par M. le président Croiset.

DIX-SEPTIÈME PLAIDOYER.

DU 26 JUIN 1692.

Dans la cause du prétendu JEAN DU ROURE.

Il s'agissoit d'un bâtard adultérin qui réclamoit cet état, et de savoir, 1.° s'il étoit recevable à demander sur les biens de sa mère, une somme adjugée pour ses alimens, à prendre sur les biens de celui qui avoit été regardé comme son père, et subsidiairement sur ceux de la mère, l'arrêt ayant été rétracté depuis à l'égard du premier seulement, et subsistant à l'égard de la mère.

2.° *Si, faute d'extrait baptistaire, et attendu des lettres qui faisoient un commencement de preuves, il pouvoit être admis à la preuve par témoins.*

L'INTERVENTION d'une nouvelle partie, les déclarations qu'elle a faites, les moyens qu'elle vient de vous proposer, changent entièrement la face de cette cause, et la nature de la contestation sur laquelle vous avez à prononcer.

Le prétendu Jean du Roure, reconnu dans sa famille par un arrêt auquel on n'avoit point formé d'opposition, n'avoit eu jusqu'à présent pour partie, qu'un étranger qui attaquoit, sans intérêt, son état et sa qualité; et, n'opposant à tous ces efforts que le silence de ses véritables parties, il attendoit sans inquiétudes le succès d'un combat qui ne pouvoit lui être qu'avantageux.

Sa condition est aujourd'hui bien différente de ce qu'elle étoit dans les premières audiences. Il a trouvé enfin des contradicteurs légitimes; et ses parens, dont le suffrage décidoit la cause en sa faveur, se déclarent contre lui pour rétracter leurs reconnoissances, pour l'accuser d'imposture, et pour lui contester le titre même de bâtard adultérin.

Voilà, Messieurs, quel est l'état où cette affaire se trouve réduite aujourd'hui; sa décision dépend uniquement de l'examen des faits qui sont articulés de part et d'autre.

Le demandeur a commencé le récit qu'il vous a fait de l'histoire de sa vie, par vous avouer qu'il doit la naissance au crime de Madeleine Coutel, sa mère. Il vous a dit que le mariage qu'elle contracta avec Jean du Roure, n'ayant eu pour principe que la force et la violence, il n'a eu que des suites funestes dans l'événement.

Nous ne répéterons point ici le détail de tous les faits qui vous ont été suffisamment expliqués. Les accusations de rapt qui furent intentées contre Jean du Roure, les enlèvemens de Madeleine Coutel, les procédures criminelles qui furent faites de part et d'autre, les arrêts et les transactions qui en suspendirent le cours, plusieurs autres circonstances plus propres à orner cette cause qu'à la décider.

Nous nous contenterons d'observer qu'en l'année 1658, Jean du Roure intenta contre sa femme une accusation d'adultère. Il fut assez malheureux pour y réussir; il ne trouva que trop de preuves du commerce criminel qu'elle avoit eu avec le nommé Ranchin.

Le procès fut instruit par contumace contre les deux accusés : ils parurent pour lors tous deux également coupables et dignes d'éprouver toute la sévérité des lois. La cour condamna la femme aux peines portées par l'*authentique*; Ranchin, auteur ou complice de ses désordres, fut condamné à avoir la tête tranchée, ses biens confisqués, et l'enfant dont Madelaine Coutel étoit accouchée pendant une longue absence de son mari, déclaré bâtard adultérin. L'arrêt lui adjuge en cette qualité *la somme de* 5000 *liv. pour être employée en achat de rente, ou mise entre les mains d'un notable bourgeois, qui se chargeroit d'en payer l'intérêt au denier vingt, pendant la minorité de ce bâtard, et de lui rendre le principal lorsqu'il seroit devenu majeur.*

Cette somme doit être prise sur les biens de Ranchin; et en cas qu'ils ne soient pas suffisans, sur ceux de Madeleine Coutel.

Telles sont les dispositions de cet arrêt, qui subsistent encore aujourd'hui à l'égard de Madeleine Coutel, qui servent de fondement à la demande de l'inconnu, qui prétend être ce bâtard adultérin, auquel la cour a adjugé des alimens en l'année 1658.

Ranchin et Madeleine Coutel se pourvurent contre cet arrêt; ils obtinrent des lettres en forme de requête civile, dont la destinée a été fort différente.

Madeleine Coutel n'ayant pas osé purger la contumace, et se remettre entre les mains de la justice, elle fut déclarée non-recevable.

Ranchin fut plus hardi et plus heureux. Il se représenta; sa présence affoiblit les preuves qu'on avoit cru suffisantes pour le condamner par contumace. On ne le déclara point atteint et convaincu du crime d'adultère; il fut seulement admonesté et condamné en 500 livres d'aumône : et parce qu'on l'accusoit d'avoir enlevé l'enfant qui lui reprochoit continuellement ses déréglemens passés, la cour, avant faire droit, ordonna qu'il seroit informé par addition de ce nouveau crime. Cet arrêt fut rendu en l'année 1665, et c'est le dernier acte dans lequel il soit fait mention de ce bâtard adultérin. Le décès de Madeleine Coutel, qui arriva deux ans après, fit oublier son crime et son fils avec elle. On ne fit plus aucune poursuite contre ceux qu'on accusoit de l'avoir enlevé; et l'on croyoit qu'il étoit mort sans avoir découvert sa véritable origine, lorsque le demandeur, après avoir demeuré dans le silence pendant plus de trente années, inconnu à sa famille, et ne se connoissant pas lui-même, a déclaré qu'il étoit ce fils de Henri Ranchin, et de Madeleine Coutel.

Mais, avant que d'expliquer comment il a commencé à paroître, il est nécessaire d'observer ici les clauses d'un acte qui fut passé en l'année 1683, entre les héritiers de Jean du Roure et ceux de Madeleine Coutel.

Quoique, par l'arrêt de 1658, les biens de la femme eussent été adjugés au mari, il ne paroît pas néanmoins qu'il ait jamais profité d'un droit qui lui étoit acquis par un titre aussi triste que légitime.

François du Roure, son héritier, remit volontairement la succession de Madeleine Coutel à Pierre Coutel son frère; ils passèrent une transaction qui contient un compte fait entr'eux. Par la fin de ce compte, François du Roure se reconnoît débiteur d'une somme de quinze mille livres : pour le paiement de cette dette, il passe un contrat de constitution de sept cent cinquante livres de rente, au profit de Pierre Coutel.

Six ans après cette transaction, en l'année 1689, la partie de M.e le Fevre a commencé à paroître, non tel qu'il paroît aujourd'hui sous le nom odieux de bâtard adultérin, mais avec la qualité honorable de fils légitime, et d'unique héritier de Jean du Roure. Il demanda, en cette qualité, d'être maintenu et gardé en possession de tous les biens de celui qu'il appeloit son père; il fit assigner François du Roure, son oncle prétendu, par-devant le sénéchal de Nismes, juge naturel des parties.

Il soutint, dans ce tribunal, qu'il étoit en possession de son état depuis plus de trente années; qu'il étoit né dans l'église catholique; qu'il avoit été baptisé à Paris comme fils de Jean du Roure et de Madeleine Coutel : il offrit de rapporter son extrait baptistaire, et de prouver tous ces faits, tant par titres que par témoins.

Le sénéchal de Nismes ordonna, suivant ses offres, qu'il représenteroit dans un mois son extrait baptistaire. Le prétendu Jean du Roure déclara qu'il étoit prêt de satisfaire à cette sentence; cependant, peu de jours après, il en interjette appel, et le relève au parlement de Toulouse.

Soit qu'il reconnût pour lors la vérité de son état, ou que, désespérant de pouvoir usurper la qualité de fils légitime, il ait espéré de prendre impunément celle de bâtard adultérin, il changea encore une fois de résolution, il abandonna cette procédure; il obtint une commission en la cour, pour faire assigner les héritiers de Jean du Roure et ceux de Madeleine Coutel.

Il demande, contre les uns et contre les autres, que l'arrêt de 1658 soit déclaré exécutoire à son profit, comme étant le bâtard adultérin dont il y est parlé; ce faisant, que sur les biens de Madeleine Coutel, attendu qu'il ne paroît point de biens de Henri Ranchin, il sera payé de la somme de cinq mille livres, et des intérêts, à compter du jour de l'arrêt.

Il a obtenu un arrêt par défaut, faute de comparoir, contre Pierre Coutel, qui lui adjuge ses conclusions. Il prétendoit obtenir un semblable arrêt contre François du Roure, débiteur de la succession Madeleine Coutel; et sa demande n'eût pas été susceptible de difficulté, si Pierre Coutel ne fût enfin intervenu en cette cause, et s'il n'eût formé opposition à l'arrêt qui a été rendu contre lui le 16 février 1692. Cette opposition a été reçue par l'arrêt que la cour rendit en la dernière audience. Elle ordonna, par le même arrêt, que des lettres qui paroissoient écrites par Pierre Coutel, seroient reconnues.

Cet arrêt a été exécuté. Pierre Coutel a déclaré qu'il avoit écrit les lettres qui sont rapportées par la partie de M.e le Fèvre.

C'est ainsi que cette cause, après avoir été portée en différens tribunaux, après avoir essuyé tous les changemens que la qualité des parties, leur intérêt et leur inconstance peuvent produire dans une affaire de cette nature, se réduit enfin à examiner, avec les héritiers de Madeleine Coutel, que l'on ne peut s'empêcher de considérer comme des contradicteurs légitimes, quelles sont les preuves que la partie de M.^e le Fèvre rapporte pour établir la vérité de son état.

Les moyens des parties vous ont été expliqués avec tant de force, de netteté et d'ornement, que nous croyons pouvoir nous dispenser de vous les rapporter dans toute leur étendue. Nous nous contenterons de reprendre ici, en peu de mots, ceux qui nous ont paru les plus importans, et les plus capables de servir à la décision de cette cause.

De la part du prétendu Jean du Roure, on vous a représenté le malheur de sa condition, la honte de sa naissance, la triste nécessité à laquelle il se trouve réduit, ou de demeurer toujours dans l'incertitude de son état; ou de n'en sortir que pour se couvrir d'une confusion volontaire, en prenant le nom de bâtard adultérin.

Mais, puisque sa pauvreté ne lui permet plus de demeurer dans le silence, il prétend que les preuves qu'il allègue sont si fortes et si convaincantes, qu'elles ne laissent aucun lieu de douter de la vérité de son origine.

Il avoue que la preuve la plus ordinaire et la plus légitime, est celle qui se tire des registres publics. Mais il soutient que ce n'est pas la seule qui soit admise par les lois et par les arrêts.

Les uns et les autres protègent également ceux que l'obscurité de leur naissance a privés de cet avantage; et bien loin de les réduire à l'impossibilité de prouver leur état, elles leur accordent et la preuve par témoins, et toutes les autres espèces de preuves qui peuvent suppléer le défaut d'un extrait baptistaire. Si ces maximes sont certaines dans la thèse générale, elles sont entièrement favorables dans l'espèce particulière de cette cause, soit que l'on considère la religion de ceux qui ont donné la naissance au prétendu Jean du Roure, soit que l'on examine la qualité de leur engagement.

Henri Ranchin et Madeleine Coutel faisoient tous deux profession de la religion prétendue réformée.

Ils firent baptiser leur fils dans la maison d'un ministre. Personne n'ignore quel étoit le désordre des registres de baptême, avant l'ordonnance de 1667, et surtout ceux des ministres de la religion prétendue réformée.

On ajoute à cette première considération, que cet enfant auquel un ministre donne en secret le baptême, étoit le fruit de la débauche de Madeleine Coutel et de Henri Ranchin, qui craignoient l'un et l'autre, en le faisant baptiser publiquement, de donner au mari un titre contre eux-mêmes, et de lui fournir une preuve indubitable de l'adultère dont il les accusoit.

S'il ne rapporte pas aujourd'hui son extrait baptistaire, il faut en accuser le désordre des registres, ou plutôt celui de ses parens qui ont voulu cacher au public la naissance d'un fils conçu dans le crime et dans la prostitution ; et comme on ne peut le regarder comme coupable de leur débauche, on ne doit pas non plus lui imputer les ténèbres qu'ils ont répandues sur sa naissance.

Le défaut d'extrait baptistaire est heureusement réparé par la plus forte de toutes les preuves par lesquelles on peut assurer la vérité de son état ; c'est la reconnoissance des héritiers de Madeleine Coutel, de tous ceux qui pourroient s'opposer à sa demande, et qui en sont, en quelque manière, les premiers juges.

Cette reconnoissance n'est point contestée, elle est écrite dans des lettres que Pierre Coutel n'a pas osé désavouer, dans lesquelles il donne au prétendu Jean du Roure la qualité de son neveu. Il joint à cette qualité tous les témoignages d'affection que la nature et le sang peuvent inspirer.

L'on prétend que cette seule preuve est plus forte que toutes les présomptions, que toutes les dépositions des témoins ; et que cet aveu formel de celui qui a le plus d'intérêt à contester la qualité du demandeur, et qui enfin est le seul qui la conteste aujourd'hui, doit non-seulement faire décider la cause en faveur de la partie de M.e le Fèvre, mais exciter encore votre indignation contre Pierre Coutel, qui, par une mauvaise foi sans exemple, rétracte une reconnoissance réitérée plusieurs fois, et qui, par une procédure inouïe, demande à être restitué contre les lettres qu'il a écrites.

Quels sont les moyens sur lesquels il a obtenu des lettres de rescision? Il prétend avoir été surpris; c'est un majeur qui n'articule aucun fait précis, et qui se plaint, en général, d'avoir été trompé.

Quel est le fait sur lequel il prétend qu'on a abusé de sa crédulité? Il suppose qu'on lui a persuadé que la partie de M.e le Fèvre étoit fils légitime de Jean du Roure et de Madeleine Coutel.

Pourra-t-il vous persuader qu'il ait vécu dans une assez grande ignorance de l'état de la famille de sa sœur, dont il est héritier, pour ne pas savoir qu'elle n'a jamais eu qu'un fils dont la naissance l'a déshonorée? Et, après avoir joui pendant plusieurs années de la succession de sa sœur, comment a-t-il pu croire si facilement, qu'elle avoit laissé un fils légitime qui devoit le dépouiller d'un bien qu'il possédoit comme héritier de Madeleine Coutel?

Que s'il soutient qu'on lui a persuadé faussement que la partie de M.e le Fèvre étoit ce bâtard adultérin dont il est parlé par les arrêts, on lui répond, premièrement, que le second fait s'accorde mal avec le premier; mais, d'ailleurs, que ces faits sont trop vagues pour mériter quelque créance, et que, quand il n'opposera que des faits de cette qualité à des lettres précises, on croira plutôt les déclarations qu'il a faites par écrit, dans un temps non suspect, que les rétractations que son intérêt lui inspire.

Les inductions que l'on tire de l'acte que le prétendu Jean du Roure a passé avec Claude-Antoine Coutel, son cousin germain, bien loin de détruire sa prétention, servent au contraire à la confirmer.

Il est convenu, par cet acte, de partager avec lui tout ce qu'il espéroit d'obtenir par le succès de cette cause. Si Claude-Antoine Coutel a tort d'exiger qu'il partage avec lui un bien qui ne lui appartient pas, le demandeur est à plaindre d'avoir été obligé d'y consentir ; mais il l'a fait sans crime, et cet acte contient encore une nouvelle reconnoissance de la qualité de la partie de M.e le Fèvre.

On ne peut donner atteinte à cette reconnoissance, et elle suffit pour décider la contestation, puisque ceux qui attaquent l'état du demandeur, sont ceux qui l'ont reconnu ; mais du moins il doit être admis à la preuve par témoins (1).

Vous voyez, MESSIEURS, par le récit que nous venons de vous faire des principaux moyens des parties, que ce qui fait le sujet de cette contestation, n'est point la qualité de fils légitime. La partie de M.e le Fevre a renoncé à ce titre d'honneur. Il demande, au contraire, que vous lui assuriez la qualité honteuse de bâtard adultérin. Il préfère une confusion certaine, à l'incertitude de son état. Pouvant vivre dans une heureuse ignorance de sa condition, il demande aujourd'hui à faire preuve d'un fait qu'il auroit dû se cacher à lui-même.

Cette cause renferme deux questions différentes. Vous avez à examiner d'abord quelle est la force et l'autorité des preuves que le demandeur vous a expliquées ; et supposé qu'elles vous paroissent trop foibles pour lui adjuger, dès à présent, la somme de cinq mille livres, vous avez à décider si la preuve par témoins doit lui être accordée pour suppléer à ce qui peut manquer aux présomptions qui semblent lui être favorables.

Avant que d'entrer dans l'examen de ces deux questions, nous sommes obligés de nous arrêter, pour ainsi dire, à l'entrée de cette cause, et d'examiner les fins de non-recevoir que Pierre Coutel oppose aux prétentions de la partie de M.e le Fèvre.

Il soutient que, quand même il lui accorderoit

(1) Le surplus des moyens n'a pas été écrit.

la qualité de bâtard adultérin ; quand il le reconnoîtroit pour cet enfant dont les arrêts ont parlé, il ne faudroit opposer à sa demande que ces mêmes arrêts, qui en sont l'unique prétexte ; que celui de l'année 1658, qui adjugeoit des alimens au fils de Madeleine Coutel et de Henri Ranchin, est détruit par le silence et par les dispositions expresses du second arrêt rendu en l'année 1665.

La cour, en entérinant les lettres en forme de requête civile que Ranchin avoit obtenues contre le premier arrêt, ne l'a point condamné de nouveau à nourrir l'enfant dont on l'accusoit d'être le père. Il y a même lieu de présumer que la cour a différé de prononcer sur ces alimens, jusqu'à ce que l'instruction criminelle qu'elle ordonne par son arrêt, eût été achevée.

On accusoit Ranchin d'avoir enlevé l'enfant dont Madeleine Coutel étoit accouchée. La cour ordonna qu'il seroit informé de ce nouveau fait. Jusque-là il étoit inutile d'adjuger des alimens à un enfant qui avoit cessé de paroître, et qui étoit peut-être mort par le crime de celui qui lui avoit donné la vie.

On a ajouté que quand on supposeroit que l'arrêt de l'année 1658 subsiste encore, au moins à l'égard de Madeleine Coutel, sa succession néanmoins ne pourroit jamais être tenue d'une dette dont elle n'est responsable que dans un cas qui ne peut plus arriver.

Madeleine Coutel n'est condamnée au paiement des alimens, qu'en cas que les biens de Henri Ranchin ne fussent pas suffisans. Non-seulement on n'a fait aucune discussion de ces biens, il est même impossible de la faire, puisque l'arrêt est rétracté à l'égard de Ranchin, et que la condamnation prononcée contre lui ne subsiste plus.

Or, si l'obligation principale est éteinte, comment peut-on feindre que l'arrêt subsiste encore ? Si l'action directe ne peut plus être intentée, peut-on faire revivre une action subsidiaire, et n'est-ce pas une maxime certaine que les cautions sont déchargées par la libération du principal débiteur ?

L'on confirme ce raisonnement par une induction que l'on tire du même arrêt de l'année 1658. Quoique Madeleine Coutel eût été condamnée en son nom en une amende de deux mille livres envers le Roi, on la condamne encore subsidiairement, au paiement de l'amende prononcée contre Ranchin, et cette condamnation subsidiaire est jointe dans l'arrêt, à la disposition par laquelle on condamne aussi subsidiairement Madeleine Coutel au paiement des alimens, et au cas que les biens dudit Ranchin ne soient pas suffisans, ladite amende de deux mille livres, et lesdites cinq mille livres seront prises sur ceux de Madeleine Coutel.

D'où l'on conclut, que comme on ne pourroit point contraindre les héritiers de Madeleine Coutel au paiement de l'amende prononcée contre Ranchin, parce que la condamnation directe ne subsiste plus, on ne peut aussi exiger d'eux le paiement des alimens auquel le même Ranchin est soumis, parce que l'obligation principale est détruite, et par conséquent l'accessoire.

Enfin, quand on abandonneroit tous les arrêts, et que l'on se réduiroit à examiner tout de nouveau, s'il y a lieu d'adjuger des alimens à celui qui prétend être ce bâtard adultérin, on soutient que sa demande seroit formée trop tard, puisqu'il ne seroit plus dans cet âge dans lequel la loi accorde des alimens à ceux qui ne peuvent encore subsister par leur travail et par leur industrie. Il prétend lui-même être âgé de trente-deux ans, il soutient qu'il a été élevé par les soins de Ranchin et de Madeleine Coutel, et que par conséquent ils ont satisfait aux devoirs de la nature à son égard, qu'il a appris un métier capable de lui fournir ce qui est nécessaire à la vie ; il ne peut donc plus espérer des alimens, et il faut rentrer dans les maximes ordinaires de la justice qui n'en accorde jamais qu'à regret aux bâtards adultérins.

Telles sont toutes les fins de non-recevoir dont la

partie de Me Tartarin a fait le principal moyen de sa défense, et auquel néanmoins nous croyons que l'on peut répondre en peu de mots.

Premièrement, nous ne croyons pas que l'on puisse soutenir que l'arrêt de l'année 1658, soit entièrement détruit : il est vrai qu'à l'égard de Ranchin, il ne subsiste plus, il s'est représenté, il a purgé la contumace, ses lettres en forme de requête civile ont été entérinées ; mais le même arrêt qui les entérine, marque suffisamment, qu'en même temps que la cour a rétracté le premier arrêt à l'égard de Ranchin, elle l'a confirmé à l'égard de Madeleine Coutel, en la déclarant non-recevable en ses lettres en forme de requête civile.

Suivant l'esprit de ce second arrêt, il faut nécessairement diviser celui de l'année 1658, le considérer comme détruit à l'égard de l'un des accusés, et comme subsistant à l'égard de l'autre ; et pour appliquer ce raisonnement à l'espèce de cette cause, dans la condamnation des alimens, il faut distinguer deux parties, l'une qui regarde Ranchin, et qui est anéantie; l'autre qui concerne Madeleine Coutel, et qui n'est point encore rétractée.

Il est donc certain qu'il y a encore une action, subsidiaire à la vérité, mais toujours subsistante, contre la succession de Magdeleine Coutel.

Pour développer l'équivoque du terme d'*action subsidiaire*, nous croyons qu'il faut distinguer deux sortes de condamnations, qui peuvent porter également le nom de condamnations subsidiaires. Dans les unes, l'on considère la différence des obligations, celle qui est principale et celle qui n'est qu'accessoire : on accorde une action directe contre le principal obligé, et une action subsidiaire contre celui qui n'est obligé que subsidiairement ; et, dans ce cas, comme l'obligation accessoire n'est qu'une suite et une dépendance de l'obligation principale, elles ne peuvent subsister séparement, et l'extinction de l'une emporte de droit la péremption de l'autre.

Il y a une seconde espèce de condamnation subsidiaire, qui n'est pas fondée sur la différence des obligations, mais sur la différence de l'exécution; ainsi, si deux personnes sont obligées au paiement de la même dette, mais que l'un soit obligé sous condition, l'autre purement et simplement, quoique l'obligation soit la même, l'exécution néanmoins sera différente : elle sera suspendue jusqu'à l'événement de la condition à l'égard du premier, elle ne pourra être retardée à l'égard du second.

Ce principe peut être appliqué facilement à l'espèce de cette cause, un père et une mère sont également obligés, par la loi de la nature, à nourrir leurs enfans, et l'on peut dire qu'ils contractent une espéce d'obligation solidaire de leur conserver la vie qu'ils leur ont donnée.

Quoique cette obligation soit égale dans l'une et dans l'autre, il faut avouer néanmoins, que dans l'usage que les lois ont introduit, et que les arrêts ont suivi, elle s'exécute plutôt contre le père que contre la mère, et qu'il est rare que la mère y soit condamnée, si ce n'est lorsque les biens du père ne sont pas suffisans. Et lorsqu'elle y est condamnée, en ce cas, ce n'est point comme caution, c'est comme principale obligée; et si l'on se sert du terme de *subsidiairement*, ce n'est que par rapport à l'exécution, qui est à la vérité subsidiaire, et jamais par rapport à l'obligation, qui est toujours principale dans l'un et dans l'autre.

Si l'on a donc prononcé une condamnatiou subsidiaire contre Madeleine Coutel, ce n'est point qu'on l'ait considérée comme la caution de Ranchin, c'est parce que Ranchin devoit être soumis au paiement des alimens avant Madeleine Coutel; et c'est par là que l'on peut répondre à toutes les objections qui ont été faites de la part de Pierre Coutel.

On ne peut s'empêcher de convenir avec lui, que l'obligation accessoire ne peut survivre à l'obligation principale; mais, dans l'espèce de cette cause, l'obligation de Madeleine Coutel n'étoit point accessoire : elle étoit indépendante de celle de Henri Ranchin, l'une peut subsister sans l'autre; et, s'il est dit dans l'arrêt que la mère ne sera responsable des alimens qu'après le père, ce n'est pas une clause qui change la nature de l'obligation, mais c'est une condition qui en arrête et qui en suspend l'exécution.

Nous ajouterons à cette première réflexion, que quand même on considéreroit l'obligation de Madeleine Coutel comme subsidiaire, ses héritiers ne pourroient pas s'exempter du paiement qu'on leur demande. L'intention de la cour a été de condamner la mère à nourrir son fils, en cas que les poursuites que l'on feroit contre Ranchin fussent inutiles : c'est le motif principal que la cour a eu en vue. Or il pouvoit arriver en deux manières que l'action que l'on intenteroit contre Ranchin fût infructueuse à celui qui prétendoit être son fils, ou parce que Ranchin seroit insolvable, ou parce qu'il auroit acquis une exception qui le mettroit à couvert de toutes sortes de poursuites. La cour n'a prévu, à la vérité, que le premier de ces deux cas, et elle ne pouvoit pas prévoir le second, parce que Ranchin paroissoit coupable dans le temps que l'arrêt a été rendu ; mais il est aisé de reconnoître que ce cas est entièrement semblable au premier, par rapport à la demande du bâtard, puisque, dans l'un et dans l'autre cas, l'action directe qu'il pourroit former contre Ranchin est également inutile, et puisque l'action subsidiaire est accordée au défaut de l'action directe : de quelque côté que vienne ce défaut, on ne peut la refuser lorsque celui qui étoit le premier condamné est insolvable, ou qu'il peut se défendre par une fin de non-recevoir.

Il est inutile de dire que l'on a condamné subsidiairement Madeleine Coutel au paiement de l'amende prononcée contre Ranchin, comme au paiement des alimens; et que comme après la justification de Ranchin, on ne pouvoit plus l'obliger à payer cette amende, on ne peut pas non plus la contraindre au paiement des alimens. On confond dans cette proposition, deux sortes d'obligations qui sont très-différentes.

Madeleine Coutel est obligée à nourrir son fils par le droit naturel; et cette obligation est une obligation principale, directe, et qui subsiste par elle-même.

L'obligation qu'on lui impose de payer l'amende à laquelle Rachin est condamné, en cas qu'il soit insolvable, n'est qu'une obligation véritablement accessoire et subsidiaire; c'est une espèce de cautionnement contracté par le crime : c'est une espèce de société qui l'engage, en quelque manière, à partager les peines de Ranchin, comme elle avoit eu part à ses désordres, mais qui ne peut jamais être séparée du crime de Ranchin, tant que Ranchin sera coupable. Tant qu'il sera condamné, Madeleine Coutel pourra être contrainte au paiement de l'amende qui est prononcée contre lui; mais si Ranchin est justifié, s'il est déchargé de l'accusation, cette condamnation, qui n'en étoit qu'une suite, est détruite, et ne peut plus avoir aucun effet contre Madeleine Coutel.

Il faut donc distinguer les condamnations qui sont prononcées contre Madeleine Coutel, du chef de Ranchin; et pour le crime de Ranchin, de celles qui sont prononcées directement contre elle, et pour le crime qu'elle ne partage point avec lui.

Les premières sont détruites par l'arrêt qui justifie Ranchin; les secondes subsistent encore, et elles dureront autant que l'arrêt qui les prononce.

Et l'on ne doit pas trouver étrange que dans un crime, tel que l'adultère, que les lois appellent *crimen duorum*, l'on distingue la cause des deux accusés; que l'on condamne l'un pendant que l'autre est justifié; puisque l'on ne peut pas douter, dans l'espèce de cette cause, qu'indépendamment de Ranchin il n'y eût des preuves suffisantes des débauches de Madeleine Coutel.

L'enfant dont elle étoit accouchée, étoit né après deux années d'absence de son mari; et cette seule circonstance suffisoit pour faire condamner la femme d'adultère, sans attendre que l'on eût trouvé les complices de son crime.

Que si, malgré toutes ces raisons, on oppose encore le silence de l'arrêt de 1665, sur le sujet des alimens, nous croyons qu'il n'est pas difficile de rendre raison de ce silence. Ce n'est point, comme on vous l'a dit, que la cour voulût être instruite de la soustraction de l'enfant, avant que de lui donner des alimens; l'on sait que l'on ne sépare point ces deux prononciations, et qu'en même temps que l'on ordonne la représentation d'un enfant, l'on pourvoit à son éducation. La véritable raison de ce silence, est qu'il étoit inutile de prononcer sur les alimens. On ne pouvoit les adjuger que contre deux sortes de personnes, contre Henri Ranchin, et contre Madeleine Coutel. Le premier ne pouvoit y être condamné, parce que la cour ne l'a point déclaré atteint et convaincu du crime d'adultère, et Madeleine Coutel y étoit suffisamment condamnée par l'arrêt de 1658, que l'on confirme à son égard.

Quant à ce que l'on prétend que l'on ne peut accorder des alimens à un bâtard adultérin que jusqu'à ce qu'il soit en état de subsister par son travail, c'est une objection qui est détruite par l'arrêt de 1658, etc.

Examinons maintenant la qualité des preuves que la partie de M.e le Fèvre allègue pour prouver qu'il est le bâtard adultérin, dont les arrêts ont fait mention. Ces preuves se réduisent à quelques lettres que Pierre Coutel lui a écrites, et dans lesquelles il le reconnoît pour son neveu, et à une procuration que Claude-Antoine Coutel a donnée pour le reconnoître pour son cousin germain.

Avant que d'examiner quelle est la force et l'autorité de ces actes, nous croyons devoir faire une première réflexion sur la qualité des faits qui sont articulés par le demandeur. Nous commencerons par le comparer avec lui-même, et le rendre, pour ainsi dire, juge en sa propre cause. Si les faits qu'il a articulés s'accordent parfaitement les uns avec les autres, ce sera un grand préjugé en sa faveur. Si au contraire, il ne s'accorde pas avec lui-même, il sera difficile de l'écouter, quant à présent, et de recevoir, sans un plus long examen; les preuves qu'il rapporte.

Il a expliqué deux fois l'histoire de sa vie. Il a raconté, et à Nîmes et en la cour, ses différentes aventures. Il a articulé, dans deux tribunaux, des faits précis et circonstanciés dont il a demandé à faire la preuve.

Si l'on compare ces faits les uns avec les autres, les requêtes qu'il a données en la sénéchaussée de Nîmes, avec celles qu'il a présentées en la cour, on y trouvera tant d'inconstances, de variations et d'incertitudes, qu'on aura peine à croire que ce soit le même homme qui ait paru dans l'un et dans l'autre tribunal.

Il détruit en la cour tout ce qu'il avoit dit à Nîmes touchant sa naissance, son baptême, son nom, son état, son éducation, son domicile, et le temps dans lequel il a découvert sa véritable origine.

Il a soutenu devant le sénéchal de Nîmes, qu'il étoit fils légitime de Jean du Roure et de Madeleine Coutel; qu'il étoit né dans le sein de la religion catholique, qu'il avoit été baptisé sous le nom de Jean du Roure dans une paroisse de Paris, et qu'il avoit toujours porté ce nom, du consentement de ceux qui lui avoient donné la naissance. Il a offert, pour prouver ce fait, de rapporter son extrait baptistaire.

Et dans la requête qu'il a présentée à la cour, il expose qu'il doit la vie au commerce criminel de sa mère avec Henri Ranchin; qu'il est le fruit de leurs débauches; qu'il a été baptisé dans le temple de ceux qui faisoient profession de la religion prétendue réformée; que le désordre de leurs registres, et le soin que son père et sa mère ont eu de cacher au public la naissance d'un fils conçu dans le crime et dans la prostitution, sont les deux causes qui l'empêchent de vous représenter son extrait baptistaire. Enfin, il soutient qu'il a toujours porté le nom de *Henri*; et en effet, il vous a lu des lettres qu'il prétend avoir reçues de Ranchin, et dont l'adresse justifie qu'il portoit ce nom en l'année 1680.

La possession de son état n'est ni plus certaine ni plus constante dans ses expressions. Si l'on croit ce qu'il a dit en l'année 1689, en la sénéchaussée de Nîmes, il a toujours été reconnu pour le fils de Jean du Roure, il n'a jamais été troublé dans la possession paisible de cette qualité. Il allègue en sa faveur la prescription que les lois ont introduite pour ceux qui ont joui de leur état pendant plus de vingt années; et cependant si l'on peut ajouter foi à ce qu'il a expliqué dans votre audience, il n'a jamais usurpé le nom de fils légitime, il a vécu dans l'ignorance de sa condition jusqu'en l'année 1688.

Il s'accorde encore moins avec lui-même, lorsqu'il veut raconter les circonstances de son éducation. A Nîmes, c'est Madeleine Coutel qui, de concert avec Jean du Roure, lui a donné des alimens. En la cour, c'est Ranchin qui a fourni tout ce qui étoit nécessaire à son éducation.

Son domicile paroissoit plus certain que les autres faits que nous venons de vous expliquer; mais un dernier acte que l'on a découvert depuis peu de jours, détruit tout ce qu'il avoit avancé jusqu'à présent. Il soutenoit à Nîmes, et même en la cour, que, depuis sa naissance, il avoit toujours demeuré ou à Paris, ou dans une terre du sieur comte de Clermont; cependant dans le traité qu'il a passé avec Claude-Antoine Coutel, son prétendu cousin germain, depuis que cette instance est commencée, il dit que sa longue absence hors du royaume a donné lieu aux héritiers de sa mère de s'emparer de son bien.

Enfin, si l'on examine le temps dans lequel il prétend avoir été instruit du secret de sa naissance, et les circonstances dans lesquelles il l'a appris, on n'y trouve encore qu'une suite et une continuation de l'incertitude et de la contrariété qui ôte toute vraisemblance aux faits qui sont avancés par cet inconnu.

Il soutient à Nîmes qu'étant chez le sieur comte de Clermont, en l'année 1688, il a trouvé des mémoires précis qui l'ont déterminé à prendre la qualité de fils légitime; et il dit, en la cour, qu'en la même année 1688, le sieur comte de Clermont lui a donné tous les éclaircissemens nécessaires pour lui faire connoître qu'il étoit bâtard adultérin.

Il n'est pas même nécessaire de comparer les requêtes qu'il a données en différens tribunaux, pour y trouver des preuves d'une contradiction évidente. Il suffit de comparer les termes d'une requête les uns avec les autres, et l'on trouvera qu'il dit, dans un endroit, que la vérité de son état ne lui a été connue que l'année 1688; et, dans un autre, que, lorsque Ranchin est décédé en l'année 1682; il lui a rendu toutes les assistances que la nature et le sang l'obligeoient de lui rendre. Quelques efforts que l'on ait fait pour concilier cette contrariété, il est difficile de ne pas reconnoître, dans ces expressions, le langage mal assuré d'un homme ou peu instruit de son état, ou qui cherche à le déguiser.

Nous ne parlons point ici d'une dernière contradiction, qui peut recevoir plus de difficulté. Elle est tirée d'une lettre que Ranchin a écrite, en 1680, à la partie de M.e le Fèvre, et dans laquelle il lui parle de sa mère comme d'une personne vivante : et néanmoins il a toujours soutenu, et ce fait est prouvé par un extrait mortuaire, que Madeleine Coutel étoit décédée dès l'année 1667.

Pour expliquer cette contrariété, qui paroît évidente, on vous a dit que la femme de Ranchin appeloit ordinairement le prétendu Jean du Roure, son fils, et qu'il lui donnoit aussi le nom de sa mère, et que c'est d'elle dont il est parlé dans cette lettre de l'année 1680. Nous n'examinerons point ici si ce fait a quelque apparence, ou s'il n'est point du nombre de ceux que l'on doit rejeter dans les questions d'état, comme étant aussi facile à imaginer que difficile à réfuter; et, sans nous arrêter à éclaircir cette nouvelle contradiction, nous croyons que celles que nous vous avons observées sont si fortes et si considérables, que l'on ne peut s'empêcher de concevoir des soupçons légitimes contre le demandeur, capables d'ôter toute créance aux faits qu'il articule.

Pourroit-on donner quelque autorité aux discours d'un homme qui tantôt assure qu'il est légitime, et tantôt qu'il est bâtard adultérin ; qui soutient, dans une requête, qu'il a été baptisé dans une paroisse de Paris, et, dans une autre requête, qu'il a été baptisé dans un temple de la religion prétendue réformée; qui prend alternativement le nom de Jean du Roure et celui de Henri; qui prétend à Nîmes qu'il jouit depuis trente ans de son état, et qui reconnoît en la cour qu'il n'a pas eu un seul moment de possession; qui, en l'année 1689, dit qu'il a été élevé par les soins de Jean du Roure, et en l'année 1691, que Ranchin s'est chargé de son éducation : enfin, qui déclare d'un côté qu'il a toujours demeuré en France, et de l'autre, qu'il a été pendant long-temps absent hors du royaume?

Quelle foi peut-on ajouter au langage d'un homme qui se connoît si peu lui-même, et qui ne sauroit alléguer en sa faveur ce prétexte si commun à tous ceux qu'on accuse de supposition, que l'on doit imputer la contrariété de leurs expressions aux ténèbres qui environnent leurs destinées, et qui n'ont été dissipées que depuis un certain temps?

Tous les secrets que le demandeur prétend avoir découverts touchant sa naissance, lui ont été expliqués dès l'année 1688, avant qu'il parût à Nîmes et qu'il articulât tous les faits qu'il a détruits dans la suite. Il vous a déclaré, MESSIEURS, que le sieur comte de Clermont lui avoit révélé dès-lors la honte et l'obscurité de sa naissance. Il savoit, dès l'année 1688, qu'il n'étoit point le fils légitime de Jean du Roure; qu'il ne pouvoit prendre que la qualité de bâtard adultérin. Il n'a rien appris depuis ce temps-là qui ait pu le porter à changer d'opinion. Il a su, dès ce moment, tout ce qu'il a su dans la suite. Nous ne pouvons rien ajouter à cette reconnoissance, par laquelle la partie de M^e. le Fèvre, en s'accusant de fausseté et d'imposture, prononce lui-même sa condamnation; et puisqu'il a été capable de soutenir une fois un mensonge aux yeux de la justice, qui peut nous assurer qu'il ne le fera pas encore une seconde fois, et qu'il sera moins hardi à commettre un crime dont il a contracté une espèce d'habitude?

Lorsque nous considérons toutes ces contrariés dans des faits si importans, il semble qu'il est difficile d'écouter un homme qui se condamne lui-même par les contradictions dans lesquelles il tombe à tout moment; cependant, quelque grandes que soient ces contradictions, il faut avouer néanmoins qu'elles n'ont toutes qu'un seul principe. C'est le désir qu'a eu la partie de M^{e}. le Fèvre de passer pour fils légitime de Jean du Roure. Nous ne croyons pas que ce motif soit capable de le justifier; et, quand nous faisons cette réflexion, c'est uniquement pour faire voir que toutes ces variations se réduisent à une seule. Il a soutenu à Nîmes qu'il étoit fils légitime, et il soutient en la cour qu'il est bâtard; c'est la source de toutes ces erreurs.

Quoiqu'il soit difficile d'excuser la supposition, cependant nous croyons que ce seul moyen ne le rend pas absolument indigne d'être écouté. Ce n'est pas la première fois que la cour a donné des alimens à ceux à qui elle avoit refusé la qualité d'enfans légitimes; mais d'ailleurs, ce qui nous persuade que l'on peut ne pas s'arrêter à cette difficulté, c'est la qualité de ceux qui contestent l'état de la partie de M^{e}. le Fèvre. C'est François du Roure, qui n'a aucun intérêt dans cette contestation : c'est Pierre Coutel, qui l'a reconnu par plusieurs lettres qu'il n'ose désavouer. Tant que cette reconnoissance subsistera, et tant que le demandeur n'aura pour partie que ceux qui lui ont fourni les preuves de sa qualité, il semble qu'il n'y a point de raison assez forte pour lui ôter un titre que ses propres parties lui ont accordé.

Examinons donc quels sont les moyens par lesquels on prétend détruire cette reconnoissance.

Pierre Coutel vous a dit que ces lettres avoient

été surprises de lui par son fils, qui étoit d'intelligence avec un inconnu pour lui enlever la somme de cinq mille livres.

1.° Ce fait est vague et sans preuve.

2.° Ou Pierre Coutel prétend qu'on lui a persuadé que cet inconnu étoit fils légitime de Jean du Roure, ou qu'il étoit bâtard adultérin. Il n'est pas vraisemblable qu'il ait été trompé ni sur l'un ni sur l'autre.

Sur le premier, on ne peut croire qu'il ait ignoré que jamais Madeleine Coutel ait eu d'autres enfans qu'un fils illégitime.

Sur le second, pourquoi n'a-t-il pas dit dans ce temps-là, ce qu'il dit à cette heure, que cet enfant étoit mort il y avoit trente ans? Quelle nouvelle lumière a-t-il eu sur ce fait depuis les lettres qu'il a écrites?

Il reste qu'il dise l'avoir fait en fraude de ses créanciers; et c'est ce qu'il dit aussi. Et après cela mérite-t-il quelque créance?

Il s'agit donc de décider entre deux hommes qui s'accusent eux-mêmes de fraude et d'imposture.

Inconvénient de prononcer en faveur du demandeur, à cause des suspicions d'imposture.

Pareil inconvénient de la part du défendeur.

Il faut encore considérer l'intérêt des créanciers.

Le parti qui tient le milieu entre ces deux extrémités, est d'ordonner la preuve par témoins qui est recevable dans ce cas, etc.

Le...... juin 1692 est intervenu l'arrêt suivant:

Entre Jean du Roure, peintre, demeurant à Castelnau de Brestenon, demandeur aux fins de la commission par lui obtenue en chancellerie le premier octobre mil six cent quatre-vingt-neuf, d'une part, et François du Roure, bourgeois de la ville de Nîmes, possesseur des biens de Magdeleine Coutel, femme de Jean du Roure, avocat au parlement de Toulouse, et mère dudit demandeur, défendeur, d'autre, etc. Après que Tartarin, pour Pierre Coutel; le Fèvre, pour Jean du Roure; Joly de Fleury, pour François du Roure, ont été ouïs pendant trois audiences, ensemble d'Aguesseau, pour le procureur-général:

LA COUR a donné acte à la partie de Tartarin de la reconnoissance par elle faite par sa procuration du dix-huit du présent mois de juin, signifiée le vingt-cinq dudit mois, des quatre lettres missives en question, pour avoir été par elle écrites à la partie de le Fèvre, en date des vingt-quatre janvier et dix-huit dudit mois, et vingt-sept mai de l'année mil six cent quatre-vingt-onze; et, ayant égard à la requête de la partie de Joly de Fleury, fait défenses à celle de le Fèvre de prendre le nom dudit du Roure, mais celui de Jean-Henri pendant le procès; et, avant de faire droit sur le surplus, permet à la partie de le Fèvre de faire preuve dans deux mois par-devant M.e Daurat, conseiller, pour les témoins qui seront en cette ville de Paris; et pour ceux qui seront hors de cette ville, par-devant les plus prochains juges royaux des lieux, des faits contenus en la requête du dix-neuf janvier mil six cent quatre-vingt-onze, signifiée le vingt-trois mars suivant, et aux parties de Joly de Fleury, et Tartarin au contraire, si bon leur semble; pour ce fait et rapporté, être ordonné ce que de raison, tous dépens réservés.

DIX-HUITIÈME PLAIDOYER.

DU 30 JUIN 1692.

Dans la cause de M. DE ROQUELAURE, MARIE OGER et consorts.

1.° *Si, dans la coutume d'Anjou, les parens maternels succèdent aux biens paternels au défaut de parens de la ligne paternelle, et réciproquement, ou si c'est le seigneur qui doit y succéder.*

2.° *Si le droit du seigneur devoit avoir lieu dans le cas où les biens étoient disponibles, et où il y avoit une disposition en faveur des héritiers, en termes généraux, faite par un testament.*

IL S'AGIT de l'appel d'une sentence des requêtes du palais qui appointe les parties en droit.

FAIT.

Marguerite Morin, fille majeure, demeurant depuis très-long-temps au Lude, dans l'étendue de la coutume d'Anjou, y est décédée après avoir fait un testament.

Il contient plusieurs legs pieux, et à des domestiques; des remises à ses créanciers.

Enfin elle dispose du surplus de ses biens en ces termes : *Et le surplus de mes biens, je les laisse à mes héritiers, pour les partager suivant la coutume, mes dettes payées, et lesdits legs francs et quittes de toutes dettes.*

Après son décès, apposition de scellés à la requête

du procureur fiscal du Lude, attendu qu'il ne paroissoit point d'héritiers.

Enfin interviennent des héritiers maternels, point de paternels.

La ligne paternelle manque, et l'on en convient entre toutes les parties.

Le sieur de Roquelaure, seigneur du Lude, demande que, suivant la coutume d'Anjou, il soit fait deux lots, l'un pour les héritiers maternels, l'autre pour lui comme représentant la ligne paternelle.

Il n'y a que des meubles et des acquêts; ainsi, il n'a pu demander les propres paternels, qui lui eussent appartenu entièrement s'il y en avoit eu.

Un des héritiers fait renvoyer la cause aux requêtes du palais; l'exécuteur testamentaire y intervient, et demande l'exécution du testament: les héritiers demandent de leur part à être maintenus et gardés en possession des biens de la défunte; le sieur de Roquelaure en demande la moitié.

Sentence qui, sur les demandes respectives du sieur de Roquelaure et des héritiers, appointe les parties en droit; et cependant ordonne que le testament sera exécuté, et les legs payés.

Appel. Requête afin d'évocation du principal.

Moyens des appelans.

1.° Qu'il n'y a pas lieu d'appliquer ici la disposition de la coutume d'Anjou en l'article 268, parce qu'ils soutiennent un testament, et cet article ne règle que les successions *ab intestat*. Les habitans d'Anjou n'ont jamais été assujettis à un joug aussi pesant par rapport à la faculté de disposer de leurs biens par testament.

La testatrice en a disposé, le seigneur ne peut donc y rien prétendre.

2.° Quand il n'y auroit point de testament.

1.° La loi très-dure, qui est tombée en désuétude: apostille du Dumoulin: l'usage y est contraire. Les coutumes nouvellement réformées n'ont rien de semblable. Enfin, maxime si connue que *fiscus post omnes.*

Arrêts qui l'ont ainsi jugé, rapportés par l'Hommeau et par Chopin, suivis par les autres commentateurs.

2.° Quand cette loi seroit observée, elle n'auroit aucune application à cette espèce.

1.° L'article parle de meubles et conquêts; cela ne peut s'appliquer qu'à des biens acquis par des personnes mariées : ici c'est une fille non mariée.

2.° Il parle des meubles par rapport aux immeubles *jure accessionis.* Ici point d'immeubles; *mobilia situm non habent.*

Moyens de l'intimé.

1.° Que le testament ne peut être opposé, parce qu'il ne contient aucune disposition. La testatrice se contente de laisser agir la coutume, elle marque expressément, *pour être partagés suivant la coutume.* Or suivant la coutume, le seigneur doit avoir la moitié. Il n'y a donc qu'à exécuter la coutume et le testament; la loi publique et particulière sont ici parfaitement d'accord.

2.° La loi est écrite, *scripta lex,* précise, formelle, observée tous les jours; les commentateurs n'en forment pas seulement la question. Dumoulin maintient qu'elle doit être exécutée; les autres coutumes n'ont nul rapport avec celle dont il s'agit, *suus cuique mos, sua jurisdictio.* Chopin et l'Hommeau ne parlent que de la mère, et non pas de l'autre ligne.

3.° La loi a une application parfaite.

1.° Inutile de subtiliser sur le terme de conquêts qui n'est pas différent de celui d'acquêts; le terme de meubles répond à tout.

2.° Les meubles sont accordés au seigneur *primo et per se, et non per accessionem.* Bourguier, lettre H, nombre 3.

Quant a nous, nous croyons devoir changer l'ordre dans lequel les parties ont proposé leurs moyens, et commencer par la dernière question, comme la plus facile et la plus sommaire, qui consiste à examiner si la disposition de la coutume d'Anjou devroit être exécutée en cette espèce, supposé que l'on ne rapportât point de testament.

PREMIÈRE QUESTION.

1.° Il est certain d'abord que la coutume d'Anjou ne souffre pas que les biens passent d'une ligne dans une autre. Elle affecte tellement les biens à chaque ligne, qu'ils sont considérés comme deux patrimoines tout à fait différens, par la force et l'effet de la représentation à l'infini qui y a lieu; et cela s'observe ainsi pour les fiefs et autres immeubles. A l'égard des meubles, ils sont partagés, de droit, en deux parts, dont une appartient aux parens paternels, l'autre aux maternels, soit qu'ils soient au même degré, ou dans un degré inégal.

Ainsi, le droit d'accroissement, ou plutôt *jus non decrescendi*, n'a jamais lieu entr'eux; le nom même de cohéritiers est impropre, dans cette coutume, entre les héritiers de différentes lignes. Ils n'ont rien de commun; mais chacun, saisi de sa portion, n'a aucun droit sur celle des héritiers de l'autre ligne. Donc, lorsqu'elle manque, la portion qui lui auroit appartenu, se trouve vacante; elle n'accroît point à l'autre ligne, et comme vacante, elle appartient au seigneur par droit de déshérence.

Telle est la disposition de cette coutume. Ce seroit la matière d'une longue dissertation, de savoir quelle a été l'origine d'un droit qui paroît d'abord si contraire à l'équité naturelle, et d'examiner si ce droit est odieux ou favorable.

D'un côté, l'on pourroit soutenir que la règle du droit français, *paterna paternis*, *materna maternis*, est le principe et le fondement de ce droit.

Que cette règle a été inconnue en France pendant

long-temps ; que ceux des Français qui suivoient le droit romain, l'ont ignorée, et que ceux qui se gouvernoient par nos anciennes lois, ne l'y ont pas trouvée.

Qu'il y a lieu de croire qu'elle a été introduite dans le temps que les fiefs sont devenus héréditaires, et que cette affectation à une ligne, a été inventée en faveur des seigneurs, pour empêcher que les biens inféodés, par un seigneur à une famille, ne passassent à une autre famille à son préjudice. *Vide libr.* 3, *tit.* 11, *de Feudis.*

Qu'elle a été aussi nécessaire pour les héritages de condition servile, qui retournoient aux seigneurs par droit de *morte-main*, droit qui auroit été infructueux, si les héritages eussent passé d'une ligne à une autre.

Enfin, que l'on doit présumer que cet usage est fondé sur une espèce de droit de réversion stipulé par les seigneurs *in ipsâ manumissione ;* et que comme, dans plusieurs chartes d'affranchissement, on voit que les seigneurs ne donnent le droit de succéder que jusqu'à un certain degré, comme on peut l'observer dans les anciennes coutumes de Berry, recueillies par la Thaumassière (pag. 109); aussi, dans d'autres occasions, en étendant la concession à toute la ligne, ils ont conservé le droit de rentrer dans les biens, au défaut de cette ligne.

Or, comme c'est une loi imposée au fonds et à la personne, le prix de la concession, une condition sans laquelle elle n'auroit pas été faite, rien ne semble plus favorable.

D'un autre côté, on peut soutenir qu'elle est contraire à la liberté naturelle ; que c'est une suite de la servitude abolie en France, et c'est ce qui a donné lieu à l'apostille de Dumoulin : *hæc consuetudo iniqua est, et per errorem emersit.*

Quoiqu'il en soit, elle est écrite, et on doit la suivre, mais non pas l'étendre. Elle n'est ni odieuse ni favorable, mais elle doit être observée.

2.° Il est certain qu'elle auroit une application

entière à l'espèce de cette cause, s'il n'y avoit point de testament.

1.° La distinction qu'on a voulu faire entre les biens acquis par des personnes mariées, et les acquêts faits par ceux qui ne le sont pas, nous paroît sans fondement; les termes de conquêts et d'acquêts ne signifient souvent que la même chose.

2.° Ce n'est point comme un accessoire des immeubles, que les meubles sont accordés au seigneur; ce qui se prouve par deux observations :

L'une, qu'on ne lui accorde que la moitié des meubles, pendant qu'il a le total pour les immeubles.

L'autre, que le moyen-justicier prend les meubles, et le haut-justicier les immeubles. Donc ce n'est pas comme un accessoire des fonds que le seigneur recueille les meubles; c'est comme des biens vacans, et à titre de déshérence.

Les arrêts que l'on allègue ne décident rien. La faveur de la mère l'a emporté dans plusieurs occasions sur la rigueur des lois.

SECONDE QUESTION.

Il faut examiner à présent la question la plus difficile de cette affaire, qui consiste à savoir si les mêmes règles doivent avoir lieu lorsqu'il y a un testament. Nous vous proposerons trois réflexions sur cette question.

La première, qu'il paroît que la coutume n'a prétendu régler que la succession *ab intestat*, et n'a point ôté la liberté de tester. Il semble qu'une pareille loi ne doit pas être étendue.

La seconde, qu'on peut même dire que lorsqu'il y a un testament, la loi exclut le seigneur, puisqu'elle ne lui défère les biens que comme une succession caduque et vacante. Or ils ne sont pas vacans, lorsqu'il y a des personnes en faveur desquelles il en a été disposé par un testament. Donc la prétention du seigneur paroît détruite par son titre même.

La troisième réflexion, est que les termes, l'intention, la qualité de la testatrice y répugnent encore plus.

1.° Elle a commencé par dépouiller le seigneur, en disant : *Je laisse le surplus de mes biens à mes héritiers.*

2.° Elle n'a pu entendre, sous le nom d'*héritiers*, que ses parens; car il ne faut pas s'écarter de la signification commune des mots. Or, sous le nom d'héritier, personne, et surtout une fille, n'aura entendu le seigneur; et même parmi les jurisconsultes, le nom d'héritier indique un droit fort différent de celui du seigneur.

Mais on objecte qu'elle a ajouté, *pour être partagés suivant la coutume.*

On peut faire plusieurs réponses à cette objection.

1.° Qu'importe au seigneur comment les biens seront partagés, puisqu'ils lui sont ôtés par les termes qui précèdent, *Je laisse le surplus de mes biens à mes héritiers.*

2.° Les biens doivent être partagés entre ceux auxquels ils sont laissés. Or ils sont laissés aux héritiers; donc c'est entr'eux qu'ils doivent être partagés.

3.° Ce terme peut recevoir une explication fort juste dans la personne des héritiers; par exemple, s'il y en avoit plusieurs dans le même degré, la testatrice a voulu qu'ils se conformassent, pour régler leurs parts, à la disposition de la coutume.

Si l'on dit que le seigneur est saisi de la succession, on peut répondre qu'il ne l'est que quand il n'y a point d'héritiers, et quand les biens sont vacans. Or ils ne le sont pas; ainsi, les légataires ne peuvent demander la délivrance qu'à eux-mêmes, ou à l'exécuteur testamentaire.

On a opposé, en dernier lieu, la disposition de l'article 340 de la coutume d'Anjou, qui défend, à ceux qui n'ont que des meubles, de disposer de plus que de la moitié de leurs biens.

On peut répondre à cette difficulté,

1.° Que la coutume d'Anjou n'a eu en vue que

d'exclure les étrangers; que c'est en faveur des héritiers que cette prohibition a été faite, et que l'équité ne permet pas de tirer avantage, contre les parens, de ce qui a été introduit en leur faveur.

2.° Que la coutume d'Anjou ne contient point de prohibition en faveur des seigneurs, etc.

Ainsi, nous estimons qu'il y a lieu de mettre l'appellation et ce dont est appel au néant, émendant, évoquant le principal, et y faisant droit, en conséquence du testament, maintenir et garder les héritiers en possession de tous les biens, etc.

Arrêt conforme aux conclusions; *quibusdam senatoribus reclamantibus*, le 30 juin 1692.

Entre damoiselle Marie Oger, fille majeure; dame Claude Doller, épouse et autorisée de messire Charles de Champy, seigneur Descluseaux, intendant général de la marine à Brest, police et finances de Bretagne; dame Jacquette Dollet, épouse et autorisée de messire Desbetz, chevalier, seigneur de la Hartelloire, capitaine des vaisseaux du roi; messire Charles-Henri Dugard, conseiller du roi, et substitut de M. le procureur-général au grand-conseil; Léon-Bonaventure Dugard, écuyer, sieur de la Tour, écuyer ordinaire du roi, tant en son nom que comme tuteur des enfans mineurs de lui et de défunte damoiselle Dugard, écuyer, sieur de Bainnal, écuyer du sieur comte d'Auvergne; M.e Denis Pillon, procureur au châtelet, ayant des droits cédés de Louis Dollet; Paul de Chambly, écuyer, sieur de Tavericourt, et damoiselle Jeanne Dollet, son épouse; M.e Claude de Benoist, procureur en parlement, et damoiselle Marie Dollet, sa femme; M.e Pierre Dorgère, prévôt de Villebon; damoiselle Marie Cordier, fille majeure, et M.e Nicolas Capon, avocat en la cour; Nicolas de Villecoq, écuyer, sieur de Vaupreux, l'un des chevau-légers de la garde du roi; Nicolas de Villecoq, écuyer, sieur de la Bruyère, tous héritiers de damoiselle Marguerite Morin, décédée au Lude, appelans d'une sentence rendue par les gens tenant les requêtes du palais, le huit mars mil six cent quatre-vingt-onze, d'une part; et messire Gaston, duc de Roquelaure et du Lude, héritier par bénéfice d'inventaire de messire Daillon, duc du Lude, intimé, d'autre part; et entre lesdites damoiselles Oger et consorts, appelans, demandeurs en requête par eux présentée à la cour le jour de mil six cent quatre-vingt-onze, tendante à ce que les défendeurs ci-après nommés fussent tenus d'intervenir et se joindre avec eux dans ladite instance d'appel contre ledit sieur duc de Roquelaure, leur fournir moyens pour soutenir ledit appel, d'une autre part; et M.e Nicolas de Richelieu, prêtre, vicaire de Saint-Médéric, et M.e Antoine de Richelieu, bourgeois de Paris, damoiselle Marguerite Gaultier, veuve de M.e Antoine Gioux, vivant procureur en la cour; damoiselle marguerite Gaultier, veuve de M.e Didier Mames, aussi procureur en la cour; M.e Louis le Noir, procureur en ladite cour, et ses frères et sœurs, enfans et héritiers de M.e Louis le Noir, vivant aussi procureur en ladite cour, et damoiselle Huberte Gaultier, leurs père et mère; et François de Hallon, écuyer, sieur de Larray, et damoiselle Marguerite Boyer, son épouse, défendeurs, d'autre part. Et encore entre ledit sieur de Roquelaure, Oger, de Benoist et consorts, respectivement demandeurs en évocation du principal, en ce qu'en prononçant sur ledit appel il fût pareillement prononcé sur l'opposition et demande dudit sieur de Roquelaure, par les requêtes par lui présentées à la cour les jour de mil six cent quatre-vingt-dix, et seize juin mil six cent quatre-vingt-douze; ledit sieur duc de Roquelaure et du Lude, opposant au scellé apposé sur les biens et effets de ladite défunte Marguerite Morin, fille majeure, et demandeur en requête par lui présentée au juge du comté du Lude, le vingt de décembre mil six cent quatre-vingt-neuf, et depuis évoquée auxdites requêtes du palais, tendante à ce qu'il fût ordonné que partage et division seroit faite en deux lots de la succession de ladite défunte Morin, pour être, l'un desdits lots, adjugés audit sieur duc de Roquelaure et du Lude, comme lui étant échu par droit de déshérence en la ligne paternelle, et lesdites damoiselle Oger et consorts, héritiers de ladite Morin, défendeurs, d'autre. Après que de Fleury, pour les appelans, et Tessé, pour l'intimé, ont été ouïs pendant une audience entière, ensemble d'Aguesseau, pour le procureur-général du roi :

LA COUR a mis et met l'appellation et ce dont a été appelé au néant, émendant, évoquant le principal et y faisant droit, en conséquence du testament dont il s'agit, a maintenu et gardé les parties de Fleury en la possession et jouissance des biens délaissés par la testatrice, condamne les parties de Tessé aux dépens.

DIX-NEUVIÈME PLAIDOYER.

DU 7 AOUT 1692.

Dans la cause de René et Charles Bellet, appelans comme d'abus, et Marguerite Bernier.

Il s'agissoit d'un mariage contracté par un mineur qui s'étoit dit majeur, que sa mère sembloit avoir approuvé par le silence qu'elle avoit gardé longtemps, quoiqu'elle en eût connoissance ; attaqué ensuite par elle, et depuis reconnu par une exhérédation officieuse portée par son testament ; attaqué de nouveau après la mort de la mère par un de ses fils, comme son héritier et son exécuteur testamentaire, et par celui même qui avoit contracté ce mariage.

Le mariage, sur la validité duquel vous avez à prononcer est attaqué dans toutes ses parties et par toutes les voies que les lois accordent à ceux qui réclament contre leur engagement.

On emprunte le secours de la puissance paternelle pour donner atteinte au contrat civil par la nullité du consentement d'un mineur et d'un fils de famille.

On refuse d'honorer du nom de sacrement, un mariage dans lequel on soutient que toutes les lois de l'église ont été violées.

Enfin, on implore la protection de la justice contre des conventions matrimoniales, dans lesquelles on prétend trouver de nouvelles preuves de la séduction d'un mineur, qui ne craint pas de sacrifier à sa passion sa fortune et ses biens, après lui avoir déjà sacrifié son honneur et sa liberté.

Telle est l'idée et la division générale de cette cause, aussi étendue dans son explication par le nombre et la variété des faits qui lui servent de fondement, qu'importante et difficile dans sa décision par la qualité des questions qui se présentent à examiner, et par l'intérêt que les parties et le public même doivent prendre au jugement de cette contestation.

La naissance des deux parties n'a rien d'illustre. Celle de Charles Bellet est néanmoins plus connue et plus certaine que celle de Marguerite Bernier.

Son père étoit barbier valet de chambre du Roi. Sans examiner ici les commencemens de sa fortune, il est constant que les progrès en ont été considérables, qu'il s'est distingué dans sa profession, et qu'en mourant il a laissé à ses enfans une succession qui peut mériter le nom d'opulente, lorsqu'on la compare avec sa condition.

L'aîné de ses enfans ne l'a pas survécu long-temps; il est mort en l'année 1600.

Le second est René Bellet, abbé commendataire de l'abbaye de Notre-Dame d'Issoudun, qui paroît aujourd'hui en votre audience comme héritier et exécuteur du testament de sa mère, pour soutenir, en sa place, l'appel comme d'abus qu'elle avoit interjeté de la célébration du mariage de son troisième fils.

Charles Bellet, pour qui plaide M.e Erard, est ce troisième fils, d'abord intimé sur l'appel comme d'abus; mais aujourd'hui appelant, à présent majeur, mais mineur de vingt et un ans et quelques mois lorsqu'il a contracté l'engagement qu'il cherche à rompre aujourd'hui.

Le nom et la naissance de Marguerite Bernier, son âge et ses biens, sont également révoqués en doute, et peuvent paroître en effet également incertains.

Son père s'appelle tantôt Jean Bernier et tantôt François Garnier.

Elle lui donne la qualité de valet de chambre du

sieur de la Martinière ; cependant, dans l'extrait mortuaire de sa femme, il n'a point d'autre qualité que celle de soldat.

Nous n'examinerons point encore à présent, si cette différence de nom et de qualité, est un effet de l'erreur de celui qui a écrit les registres mortuaires de la paroisse de Saint-Roch, ou de la variation de l'intimée, et de l'incertitude dans laquelle elle est elle-même de sa naissance.

Quoiqu'il en soit, elle déclare dans l'interrogatoire qu'elle a prêté sur faits et articles, que ceux qu'elle appelle ses père et mère, sont morts il y a seize années ; qu'elle n'avoit qu'onze ans lorsqu'elle les a perdus, et qu'elle auroit été réduite à la dernière extrémité, sans les soins d'une de ses tantes qui lui a tenu lieu de mère, qui l'a élevée dans sa maison, et qui lui a laissé, en mourant, une succession considérable.

Si son nom, sa naissance et son bien, paroissent fort incertains, son âge n'est pas plus assuré. Elle prétend qu'elle n'avoit que vingt-quatre ans lorsqu'elle a épousé Charles Bellet ; mais c'est encore un fait dont elle ne rapporte point d'autre preuve que son propre témoignage.

Voilà, MESSIEURS, quelle est la qualité des parties, aussi certaine d'un côté qu'elle paroît peu assurée de l'autre.

Il seroit assez inutile, et même peu convenable à la dignité de votre audience, de répéter ici tout ce qui vous a été expliqué touchant la conduite de Marguerite Bernier, ses différens domiciles, et toute l'histoire de sa vie.

La plus grande partie des circonstances, dont le récit vous a été fait avec tant d'étendue, peuvent être véritables, mais jusqu'à présent elles ne sont pas prouvées.

Le seul fait qui est plus important, et qui paroît mieux établi que les autres, est le changement de nom de Marguerite Bernier.

Les lettres qu'elle a écrites au nommé Boiveau de

la Grange, et qu'elle n'a pas osé désavouer, la convainquent d'avoir pris le nom de la Grange.

Que son intention, en prenant ce nom, ait été de passer pour sa sœur ou pour sa femme, l'un et l'autre de ces faits l'accusent également.

Nous ne nous arrêterons pas plus long-temps à examiner quelle a été l'occasion, le commencement et le progrès de la connoissance des parties.

La sentence de l'official, qui fait la matière du premier appel comme d'abus, nous apprend que Charles Bellet avoit donné une promesse de mariage à Marguerite Bernier. L'intimée soutient que cette promesse étoit réciproque, et que, pour la rendre plus inviolable et plus digne de foi, Charles Bellet lui persuada qu'il étoit majeur, par la représentation d'un extrait baptistaire dont la fausseté a paru dans la suite.

Que cette fausseté, dont les parties s'accusent réciproquement, soit l'ouvrage de Charles Bellet ou de l'intimée, ou peut-être de tous les deux, c'est ce qui peut paroître assez incertain; mais il est constant que, sur le fondement de cet extrait baptistaire, Marguerite Bernier fit assigner Charles Bellet, comme majeur, par-devant l'official, pour être condamné à exécuter ses promesses.

Il comparut en ce tribunal, et déclara qu'il étoit prêt d'épouser Marguerite Bernier.

L'official ordonna, du consentement des parties, qu'il seroit passé outre à la célébration du mariage, pourvu qu'il n'y eût point d'autre empêchement légitime.

Cette sentence, rendue le 19 janvier 1689, a été suivie d'une prompte exécution.

Charles Bellet fait faire trois sommations à sa mère, de consentir à son mariage, et d'assister à la signature du contrat. Elles sont datées des 20, 21 et 22 janvier 1689, contrôlées le 23 (c'étoit un jour de dimanche). Il prend encore, dans ces actes, la qualité de majeur, demeurant sur la paroisse de Saint-Etienne-du-Mont.

Si l'on ajoute foi au témoignage de la mère et de ceux qui soutiennent aujourd'hui ses intérêts ; elle n'a jamais eu aucune connoissance de ces sommations; si, au contraire, on peut donner quelque autorité à un acte de cette nature, il faut croire que ces sommations ont été faites en parlant à la personne de la mère.

Trois jours après, c'est-à-dire, le 26 janvier de la même année, Charles Bellet et Marguerite Bernier passent un contrat de mariage par-devant notaires. L'un y soutient encore la fausse qualité de majeur ; il déclare qu'il a fait trois sommations à sa mère ; il veut qu'elles demeurent annexées à la minute du contrat ; l'autre se donne la qualité de mineure, usante néanmoins et jouissante de ses droits.

La dot que Marguerite Bernier apporte en mariage, est une somme de dix mille livres, que le futur époux confesse avoir reçue tant en meubles qu'en argent comptant.

Le détail des autres conventions seroit entièrement superflu : nous nous contenterons d'ajouter que Charles Bellet et Marguerite Bernier se font une donation réciproque de tous leurs biens, présens et à venir, en faveur du survivant.

Ce contrat de mariage avoit été précédé de la publication d'un banc dans la paroisse de Saint-Etienne-du-Mont ; on obtient, le jour même qu'il est passé, dispense des deux autres.

Le lendemain, les parties s'adressent au curé de cette paroisse, dans laquelle ils prétendent qu'ils demeuroient depuis trois mois ; ils remettent, entre ses mains, l'extrait baptistaire de Charles Bellet, par lequel il paroissoit âgé de vingt-six ans, les sommations qu'il avoit faites à sa mère, une attestation de quatre témoins qui certifient sa majorité, son domicile et celui de Marguerite Bernier sur la paroisse de Saint-Etienne-du-Mont.

C'est par ces artifices, par la supposition d'un faux extrait baptistaire, par la déposition suspecte de quatre témoins, que deux personnes, dont l'un étoit constamment mineur, et l'autre prétendoit l'être, ont surpris la religion du curé qui a cru trouver, dans ces actes, une sûreté suffisante pour célébrer leur mariage.

Depuis cette célébration, la mère de Charles Bellet a demeuré dans le silence pendant deux années entière : elle ne l'a interrompu que lorsqu'elle a été assignée à la requête de son fils, pour lui rendre compte d'une somme de deux mille quatre cents livres qu'elle avoit reçue pour lui, et de sa tutelle qu'elle avoit administrée.

L'assignation, donnée à la mère, est du 13 janvier 1691. Le relief d'appel, comme d'abus, a été signifié au fils le 26 du même mois.

Charles Bellet étoit mousquetaire : il fut obligé de suivre le Roi au siége de Mons. Il laissa, en partant, une procuration passée par-devant notaires, le 15 mars 1691, dont toutes les expressions sont importantes pour la décision de cette cause.

Il donne pouvoir à un procureur du châtelet, de poursuivre l'instance de reddition de compte qu'il avoit intentée contre sa mère, de constituer un procureur pour lui sur l'appel comme d'abus, et de déclarer qu'il confirme et qu'il ratifie de nouveau le mariage qu'il a contracté avec Marguerite Bernier; qu'il ne s'est engagé avec elle que sur la foi du consentement verbal que sa mère lui avoit donné; que ce consentement a été réitéré plusieurs fois depuis son mariage, et que sa mère lui a donné, dans sa conduite, plusieurs marques d'une véritable approbation; que tout ce qui est énoncé dans le contrat de mariage et dans la célébration, est entièrement conforme à la vérité, excepté son extrait baptistaire qu'il a lui seul falsifié, sans que sa femme et ses témoins en aient jamais eu aucune connoissance.

Cette procuration a été suivie de plusieurs lettres que Charles Bellet a écrites du siége de Mons à l'intimée, qui confirment la vérité de tous ces faits, et qui marquent ou la persévérance de sa volonté, ou la longueur de sa séduction.

Les poursuites ont été suspendues de part et d'autre pendant le reste de l'année 1691.

La mère est morte au commencement de cette année, après avoir fait un testament, dans lequel elle déclare que quelque justes raisons qu'elle eût de déshériter son fils pour s'être marié à son insu, elle se contente néanmoins de le réduire à l'usufruit de sa portion héréditaire, dont elle substitue la propriété à ses enfans; et en cas qu'il ne voulût pas se contenter de cet usufruit, elle prononce contre lui la peine de l'exhérédation : elle nomme René Bellet, son fils aîné, exécuteur de son testament.

C'est en cette qualité, et comme héritier de sa mère, qu'il a repris en sa place l'appel comme d'abus.

Cependant Charles Bellet est devenu majeur; il prétend que la mort de sa mère et l'exhérédation qu'elle a prononcée contre lui, lui ont fait ouvrir les yeux sur le malheur de son état; au lieu de s'opposer à l'appel comme d'abus, sur lequel il étoit intimé, il se joint à son frère, il adhère à ses conclusions, il révoque la publication du 15 mars 1691, par laquelle il confirmoit encore son engagement. Il obtient des lettres de rescision contre le contrat de mariage, et contre tous les actes approbatifs par lesquels il l'a ratifié; et même depuis la dernière audience, il a repris aussi lui-même l'instance d'appel comme d'abus, et il a présenté une requête par laquelle il demande que son mariage soit déclaré non-valablement contracté.

Cependant, demande en séparation de biens par Marguerite Bernier; ordonnance pour permettre d'assigner, et en attendant saisir; appel. Arrêt qui fait mainlevée par provision.

Requête de Marguerite Bernier, dans laquelle elle articule plusieurs faits importans, dont elle demande à faire la preuve, et par lesquels elle prétend justifier que non-seulement la mère de Charles Bellet n'a pas ignoré son mariage, qu'elle l'a même approuvé par ses paroles et par ses actions.

Telles sont toutes les circonstances du fait, et tous

les chefs de contestation sur lesquels vous avez à prononcer.

Deux appellations; appel comme d'abus, appel simple.

Deux requêtes de la part de Charles Bellet à fin d'entérinement des lettres de rescision, et de l'autre côté, à fin de faire preuve.

Les appelans soutiennent que tout ce qui peut rendre un mariage nul, tous les empêchemens civils et canoniques, toutes les lois de l'église et de l'état, se trouvent réunis en leur faveur contre l'engagement auquel ils veulent donner atteinte.

La seule qualité des parties suffiroit pour décider cette contestation; d'un côté, un mineur et un fils de famille; de l'autre, une fille majeure abandonnée de ses parens, sans naissance, sans biens, et dont la conduite a toujours été plus que suspecte.

Quoique l'indignité de la personne et l'inégalité des conditions ne soient pas par elles-mêmes des empêchemens capables de dirimer un mariage, elles forment néanmoins des présomptions si violentes, et les soupçons qu'elles donnent lieu de concevoir sont si légitimes, que lorsqu'elles sont fortifiées par d'autres circonstances, elles deviennent une preuve parfaite du rapt de séduction.

Non-seulement le mineur a été séduit dans le choix aveugle qu'il a fait d'une personne indigne, on soutient même qu'il a été trompé lorsqu'il a cru épouser une femme dont la naissance étoit au moins légitime. Et si les décrétales des papes ont décidé que celui qui avoit épousé une esclave dans le temps qu'il la croyoit libre, n'étoit point véritablement engagé, la honte de la bâtardise doit faire admettre la même décision que le déshonneur de la servitude.

Que si de l'examen de ces moyens généraux, on passe à la considération des ordonnances qui ont eu en vue de pourvoir à la sûreté et à la dignité des mariages des enfans de famille, on prétend que toutes les circonstances de cette affaire vous demandent également l'exécution de ces lois saintes et sévères, qui portent avec elles un caractère de perfection et d'autorité bien différent de celui des anciennes dispositions civiles et canoniques.

Les unes se contentoient de défendre le désordre sans le punir, lois impuissantes qui indiquoient le mal sans y apporter le remède.

Les autres, au contraire, détruisent et anéantissent tout ce qui n'est point conforme à leur disposition; et par là elles assurent la juste puissance des pères, l'honneur des mariages, la paix et la tranquillité publique.

Elles considèrent, comme un véritable rapt, le mariage contracté par un mineur rebelle aux volontés de son père; et sans examiner s'il a été précédé par une violence ouverte, ou si, par un artifice encore plus dangereux, on a séduit le cœur d'un fils de famille pour se rendre maître de son esprit, elles prononcent la même peine dans l'un et dans l'autre cas, et contre le mariage, et contre le ravisseur.

Il n'y eut jamais de cause à laquelle on pût appliquer, avec tant de justice, toute la sévérité de la loi. Jamais un plus grand nombre de circonstances, pour prouver le rapt de séduction; minorité, inégalité d'âge, de biens, de condition, indignité de la personne; défaut du consentement de la mère, moyens également fondés sur la disposition expresse et sur l'esprit de l'ordonnance, et dont la force ne peut être éludée par quelques couleurs que l'on puisse donner à cette cause.

On allègue un prétendu consentement de la mère; mais on oublie qu'il seroit inutile, quand même il seroit véritable, que l'ordonnance demande un consentement exprès et par écrit; qu'un fait de cette importance, auquel tout le public est intéressé, ne doit pas être confié à la foi toujours incertaine, et souvent suspecte des témoins.

Quelles preuves rapporte-t-on pour rendre ce fait au moins vraisemblable? Une déclaration faite par un mineur aveuglé par sa passion, soumis à la domination de celle qui l'avoit séduit, surpris par les mêmes artifices qui l'avoient porté à contracter un mariage qui le déshonore.

On reconnoît, dans cette déclaration, le langage de la séductrice, mais on n'y découvre point la voix de la vérité.

A cette preuve suspecte par la qualité de celui qui la donne, et encore plus par l'intérêt de celle qui l'exige, on oppose deux preuves par écrit, qui justifient que la mère n'a jamais consenti à ce mariage avant sa célébration.

La première est tirée de son testament, dans lequel elle déclare que son fils s'est marié à son insu. Pourra-t-on comparer la déclaration d'un mineur, encore livré à sa passion, avec le témoignage d'une mère mourante, dans l'acte qui devoit être le dernier de sa vie, comme il étoit le plus solennel ?

Les sommations que l'intimée a cru qu'il étoit à propos de faire à la mère de Charles Bellet, sont une seconde preuve de la fausseté de ce fait, d'autant plus invincible, que c'est l'intimée elle-même qui l'a produit.

Si elle prétend que ces sommations doivent avoir autant de force que le consentement de la mère, on lui répond que l'ordonnance, qui ne permet qu'aux majeurs de trente ans d'avoir recours à cette voie, s'élève contre la témérité de ceux qui osent s'en servir sous le nom d'un mineur de vingt-deux ans ; que la fausseté de ces actes n'est pas moins sensible que leur nullité ; que quoique l'usage ait attribué aux notaires seuls le droit de les faire, on a affecté d'employer le ministère d'un sergent ; qu'on y avance des faits absolument faux, de l'aveu même de toutes les parties, la majorité de Charles Bellet, son domicile sur la paroisse de Saint Etienne-du-Mont. Comment auroit-on eu la hardiesse de soutenir des faits de cette qualité à une mère ? Comment, si elle en avoit été instruite, auroit-elle souffert ce mystère d'iniquité ? Enfin, de quelle conséquence ne seroit-il pas d'admettre une pareille preuve, et de rendre un sergent maître de la destinée des enfans de famille ?

Si l'on ne peut soutenir, avec quelque apparence, que la mère ait été avertie de ce mariage avant la célébration, on peut encore moins prouver qu'elle l'ait ratifié depuis qu'il a été contracté.

Le silence qu'elle a gardé pendant deux années, est une preuve de son ignorance; elle n'a connu l'engagement de son fils qu'à la fin de l'année 1690. Son repentir apparent, les protestations qu'il lui fit de rompre ce commerce honteux, les marques qu'il lui donna d'un véritable changement, suspendirent sa plainte, lorsqu'elle étoit sur le point de la rendre. On crut qu'il étoit à propos de la prévenir; ce délai ne peut être imputé qu'à ceux qui l'ont obtenu par leurs artifices. Seroit-il capable de rendre les demandes d'une mère inutiles? Et si les actions les moins importantes durent trente ans, renfermera-t-on, dans l'espace de quelques mois, une action à laquelle le public n'est pas moins intéressé que les particuliers ?

La possession publique de son état, dans laquelle l'intimée soutient qu'elle a vécu, est un fait avancé sans preuves, démenti par le certificat du fermier de la maison dans laquelle elle prétend avoir demeuré; et pour détruire tous ces faits, que l'on allègue inutilement pour prouver la ratification de la mère, il suffit de leur opposer les lettres que Charles Bellet a écrites dans la vue du procès, et qui sont l'ouvrage de l'intimée, dans lesquelles on ne trouve aucune mention de cette approbation de la mère : fait important, et qu'on n'auroit pas manqué d'y ajouter, s'il avoit eu quelque apparence.

Enfin, la mère a désavoué solennellement cette ratification qu'on reproche aujourd'hui à sa mémoire, par l'exhérédation qu'elle prononce contre son fils : exhérédation qui est la peine de son crime, et non pas l'approbation de son mariage. Si elle a substitué sa portion héréditaire à ses enfans, ces termes doivent être rapportés ou à ceux qui naîtroient d'un autre mariage, ou même aux enfans qui devroient leur naissance à l'engagement dans lequel Charles Bellet étoit encore, supposé (ce que la mère n'avoit garde de croire) qu'il fût confirmé.

Mais c'est inutilement que l'on examine et le silence de la mère, et sa prétendue ratification, tant que Charles Bellet a été assujetti à l'empire de celle qui l'avoit séduit; tous les consentemens de sa mère auroient été superflus, incapables de changer son état, et de confirmer un mariage que la loi même déclaroit nul.

C'est ce qui rend inutile la requête par laquelle l'intimée a demandé permission de faire une preuve aussi inouïe que dangereuse, de l'approbation de la mère; c'est enfin ce qui fait que la mort de la mère n'a point éteint une poursuite aussi juste que favorable.

Quand on pourroit comparer un appel comme d'abus avec une simple action d'injures, il faudroit toujours appliquer ici la maxime du droit, *semel inclusa judicio, salva manet.*

Mais cette action est bien différente d'une plainte d'injures. Si l'on permet au père de se plaindre du mariage de son fils, ce n'est pas tant pour venger l'injure qu'il lui a faite, que pour exciter le ministère public, et demander l'exécution des lois. Si on l'écoute favorablement, on le fait moins pour son intérêt, que pour celui de son fils. Le rapt de séduction, le défaut de consentement d'un père, est un vice réel qui rend le mariage nul dans son principe, et qui peut être proposé par tous ceux qui ont intérêt à en attaquer la validité.

C'est par ces principes que vous avez souvent décidé qu'un majeur pouvoit interjeter appel comme d'abus du mariage qu'il avoit lui-même contracté. Si quelques circonstances particulières vous ont déterminés quelquefois à vous écarter de ces principes, vous les avez toujours suivis dans la thèse générale.

Ils n'ont jamais été appliqués à une espèce plus

favorable que celle de cette cause. Tout parle en faveur de Charles Bellet; la séduction a servi de principe à son engagement, il n'a été consommé que par le mépris des solennités les plus inviolables, par le défaut de publications de bans et de présence du propre curé. La même fraude règne dans les conventions matrimoniales, où l'on fait reconnoître à un mineur qu'il a reçu dix mille livres sans aucune numération d'espèces, sans emploi, sans marquer aucune voie légitime par laquelle l'intimée eût pu les acquérir : c'est encore par les mêmes artifices qu'on l'oblige à se servir d'un faux extrait baptistaire, dont la honte et la peine doivent retomber sur celle qui, par sa conduite, par l'intérêt qu'elle avoit à achever le crime qu'elle avoit commencé, et par une autre fausseté qu'elle a commise dans la même occasion, doit être considérée comme l'unique et le véritable auteur de cette supposition.

Enfin, lorsque l'on compare tous ces différens moyens, les appelans soutiennent qu'on ne trouve dans ce mariage ni la liberté du contrat civil, ni la dignité du sacrement, ni la bonne foi qui doit être le fondement des conventions matrimoniales, et que le public vous demande encore plus que les parties intéressées, la nullité d'un engagement si criminel. Si l'on jette les yeux, d'un côté, sur la jeunesse de Charles Bellet, sur sa passion, sur son bien, sur sa condition; et que l'on examine de l'autre côté, l'âge, l'expérience, la conduite d'une fille abandonnée de ses parens, exposée depuis longtemps à tous les dangers qui sont une suite ordinaire de la pauvreté, suspecte, pour ne pas dire convaincue, d'avoir contracté plusieurs engagemens avant celui dont il s'agit; il n'est pas difficile de reconnoître quel est celui que l'on peut accuser justement de séduction.

Ce mariage contracté par un mineur enlevé à sa mère, à sa famille, à lui-même par les artifices de l'intimée, n'est pas moins contraire aux lois de l'église qu'à celles de l'état; on les a toutes également méprisées, lorsqu'on s'est dispensé de la publication des bans dans la paroisse de la mère, qui étoit celle du fils ; lorsqu'on a affecté de choisir une église étrangère, pour dérober aux yeux des parties intéressées ce mystère d'iniquité.

Nul changement de domicile de la part de Charles Bellet. On pourroit même soutenir que l'intimée n'avoit pas acquis un domicile suffisant sur la paroisse de Saint-Etienne-du-Mont; mais, en tout cas, il falloit publier des bans sur la paroisse de la mère.

Trois argumens de clandestinité : point de consentement de la mère, nulle publication de bans, absence du propre curé.

Non-seulement on ne reconnoît point dans ce prétendu mariage, ni la perfection du contrat civil, ni la dignité du sacrement; on n'y trouve pas même la sincérité et la bonne foi qui doit être l'ame de toutes les conventions.

Moyens généraux de lettres contre la quittance.

1.° Minorité constante.

2.° Lésion certaine. Nulle preuve qu'il ait reçu, encore moins profité : *perdituro pecuniam dedit.*

3.° Dol personnel, prouvé par tous les moyens qui établissent le rapt de séduction.

Moyens particuliers.

1.° Point de numération de deniers.

2.° On ignore en quelles espèces la somme a été payée, si c'est en argent ou en effet; nul état des meubles.

3.° Comment Marguerite Bernier a-t-elle acquis ces biens ? Contradiction déjà observée entre ses différens discours : elle allègue un scellé, un inventaire des effets de sa tante; elle ne les rapporte point, ne nomme point le commissaire.

1.° Si l'on oppose le long temps, on répond qu'il étoit encore mineur, que c'est une suite de la séduction.

2.° Les actes approbatifs. C'est le cas de dire que *nimia cautio* est une marque de la fraude.

3.° La ratification de la mère. On peut répondre, en premier lieu, qu'une ratification ne peut réhabiliter *quod ab initio non valet.*

En second lieu, qu'elle n'est pas prouvée, qu'il y a des certificats qui justifient le contraire. Danger d'admettre la preuve par témoins sur un fait de cette nature.

L'intimée soutient au contraire, que de quelque côté que l'on considère son engagement, par rapport au contrat civil, au sacrement, ou aux conventions matrimoniales, on trouvera que la liberté du consentement lui a servi de principe, que l'observation des formalités prescrites par les ordonnances et les canons, l'ont rendu solennel, et qu'enfin les approbations réitérées, et la longue persévérance de son mari, l'ont rendu inviolable.

Elle oppose d'abord différentes fins de non-recevoir aux appelans.

Elle prétend que René Bellet ne peut plus renouveler une plainte qui est éteinte par la mort de sa mère, par son silence, par le testament qu'elle a fait, dans lequel elle parle des enfans de Charles Bellet, et approuve par conséquent son mariage.

Elle ajoute que la conduite de son mari est encore plus odieuse, puisqu'il prétend aujourd'hui rétracter un consentement solennel qu'il a donné à la face des autels, et dans lequel il a persévéré pendant plus de trois années.

L'on vous a cité la disposition constante de plusieurs arrêts qui ont jugé que les contractans n'étoient point recevables à interjeter appel comme d'abus de la célébration de leur propre mariage.

Mais, quand la qualité des appelans ne rendroient pas leurs plaintes inutiles, on prétend que si l'on examine tous les différens moyens comme d'abus qu'ils proposent, on les trouvera également destitués d'apparence et de solidité.

L'opinion de ceux qui ont soutenu que la minorité

seule pouvoit être considérée comme un empêchement capable de dirimer le mariage, est une erreur condamnée par un grand nombre d'arrêts.

Il est vrai que l'on présume plus facilement le rapt de séduction dans la personne d'un mineur, que dans celle d'un majeur; mais, lorsque cette présomption de l'âge n'est soutenue par aucune preuve, elle devient absolument inutile, surtout lorsque celle qu'on accuse de subornation, étoit aussi mineur dans le temps que le mariage a été contracté.

C'est ce que l'intimée pourroit prouver par la représentation de son extrait baptistaire, si son mari n'affectoit de retenir ses papiers, pour lui ôter tous les moyens par lesquels elle pourroit justement se défendre.

Quand même on la supposeroit majeure, quelle seroit la preuve de cette prétendue séduction?

L'inégalité des conditions? Bellet est fils d'un barbier, elle est fille d'un valet-de-chambre.

L'inégalité des biens? Bellet peut avoir 40,000 liv. de biens; elle lui a apporté 10,000 liv. en dot. D'ailleurs, parmi nous, l'inégalité des biens et des conditions n'a jamais été considérée comme un obstacle invincible au mariage.

Les soupçons qu'on a voulu répandre contre sa conduite, sont autant de calomnies avancées sans preuves, dont la honte retombe sur ceux qui en sont les auteurs.

Bien loin qu'on puisse l'accuser de séduction, c'est elle qui a été surprise par la représentation d'un faux extrait baptistaire.

Inutile de l'accuser après que son mari même l'a justifiée.

Mais, dit-on, l'extrait mortuaire de sa mère, qu'elle a rapporté, n'est pas conforme à l'original.

Elle a fait rétablir le nom de Bernier, au lieu de celui de Garnier, qui avoit été mis dans le registre par erreur.

Le défaut du consentement de la mère ne peut lui être imputé; elle a cru contracter avec un majeur qui avoit fait trois sommations. Ce n'est pas même un empêchement dirimant; d'ailleurs, la mère l'a su, la mère l'a voulu, l'a approuvé; elle offre d'en faire preuve.

Si le consentement de la mère est constant, on ne réussira pas davantage à détruire son mariage, sous prétexte du défaut de présence du propre curé. Il a été célébré sur la paroisse de la fille. On a peu d'égard au défaut de publication de bans, dès que la mère n'est pas recevable à se plaindre du mariage. Il y avoit d'ailleurs une dispense accordée, sur le fondement de la majorité.

Quand même ce mariage pourroit être suspect dans son principe, la suite l'a confirmé : cohabitation publique, lettres, procuration, persévérance de volonté, tout détruit jusqu'aux moindres soupçons de séduction.

A l'égard de la quittance de Charles Bellet :

1.° Non-recevable après les actes approbatifs.

2.° La minorité ne peut lui servir, il s'est dit majeur.

3.° Point de lésion. Il n'a vécu que par le secours des deniers de sa femme.

4.° Inutile de compter les deniers, ni de marquer les espèces.

5.° Son bien est acquis par la voie légitime de la succession. La preuve est entre les mains de celui qui la demande.

Cause entièrement favorable; en tout cas, preuve admissible, etc.

Quant à nous, après vous avoir expliqué les moyens des parties dans toute l'étendue que l'importance de cette cause mérite, nous croyons qu'il est de notre devoir de nous renfermer uniquement dans l'examen des questions qui peuvent paroître essentielles au jugement de cette contestation.

Vous voyez, dans votre audience, deux différentes parties, qui prétendent également donner atteinte à la validité d'un mariage.

L'un, comme héritier de sa mère, reprend en sa place l'appel comme d'abus qu'elle avoit interjeté. Il prétend être le dépositaire de ses dernières volontés, l'exécuteur de son testament, le chef de sa famille, et soutenir en cette qualité les droits, toujours sacrés, de la puissance paternelle.

L'autre, et celui même qui a contracté le mariage dont il se plaint aujourd'hui, et qui, après avoir été long-temps rebelle à l'autorité de sa mère vivante, respecte sa mémoire après sa mort, et, revenu de ses premiers égaremens, implore la protection des lois contre un engagement dans lequel il a persévéré pendant près de trois années.

Les raisons par lesquelles ils attaquent ce mariage, sont les mêmes; et leurs intérêts, après avoir été long-temps séparés et même contraires, se réunissent aujourd'hui contre l'intimée : minorité, séduction, défaut de consentement de la mère, clandestinité. C'est à quoi se réduisent tous les moyens qui vous sont également proposés de la part des deux appelans comme d'abus.

L'ordonnance autorise ces moyens; les circonstances du fait semblent les rendre absolument décisifs.

Cependant, quelque forts et quelque importans qu'ils paroissent, la seule qualité des parties peut les rendre ou favorables, ou inutiles; et la première, la plus grande et la plus difficile question que nous ayons à examiner dans cette cause, consiste à savoir si René Bellet peut renouveler une poursuite qui paroît éteinte par la mort de sa mère; si Charles Bellet peut demander en son nom, que son propre mariage soit déclaré non-valablement contracté; s'ils ont l'un et l'autre un intérêt et un titre qui les rendent dignes du secours de la justice; ou si au contraire leur qualité seule ne doit pas être considérée comme une fin de non-recevoir, comme une exclusion formelle qui rend leurs plaintes inutiles et leurs prétentions défavorables.

Pour traiter cette question avec ordre, nous l'examinerons séparément par rapport aux deux parties; et, quoique l'intérêt de Charles Bellet paroisse, avec raison, le plus considérable dans cette cause, nous croyons néanmoins devoir commencer l'examen de la qualité des parties par celle de René Bellet, soit parce que dans l'ordre des dates, il est le premier appelant comme d'abus, soit parce qu'il représente la mère, que vous avez toujours considérée comme la principale partie dans les causes de mariage; soit enfin parce que la décision du second appel dépend, en quelque manière, du jugement du premier, et ce que vous prononcerez à l'égard de la mère, sera un grand préjugé ou contre le fils ou en sa faveur.

Nous supposerons d'abord, comme un principe fondé sur l'équité naturelle, et sur la jurisprudence constante et uniforme de vos arrêts, que quoique rien ne soit plus important que l'ordre et la dignité des mariages, quoique rien ne soit plus utile à l'état que l'observation des lois qui en ont prescrit toutes les solennités, on ne doit pas néanmoins permettre à toutes sortes de personnes d'en demander l'exécution, et d'attaquer ceux qu'on accuse de les avoir violées.

Si l'église et l'état détestent également les mariages clandestins, si l'utilité publique ne souffre pas qu'on autorise des abus également condamnés par les constitutions civiles et canoniques, elle ne permet pas non plus qu'on entreprenne sans intérêt et sans qualité, de troubler la tranquillité des familles, de rompre un mariage concordant, et de détruire l'état des enfans qui lui devoient leur naissance.

Ainsi, la voie d'appel comme d'abus est un remède nécessaire, légitime, utile à l'état, mais qui pourroit, dans certaines occasions, être plus dangereux que le mal même, s'il étoit employé témérairement, et confié sans discernement à tous ceux qui voudroient s'en servir.

Si l'on en excepte les contractans, dont nous n'examinons point encore la capacité, nous croyons qu'il n'y a que deux sortes de personnes dont les plaintes puissent être favorablement écoutées.

Les premiers sont ceux que les fonctions de leur ministère, et l'intérêt du public qui est remis entre leurs mains, obligent de veiller à l'exécution des lois, et de demander la punition de ceux qui osent les violer.

C'est ainsi que plusieurs de ceux qui nous ont précédés dans les places que nous avons l'honneur d'occuper, se sont élevés plusieurs fois contre des engagemens illicites, qui n'avoient que le nom et l'apparence de mariage, et qu'ils en ont interjeté appel comme d'abus, pour maintenir la pureté de la discipline, et assurer les fondemens de la société civile.

Ce droit est encore attribué à ceux qui, par leur qualité et le pouvoir qu'elle leur communique, ou par un intérêt solide et essentiel, sont jugés capables d'intenter une action toute publique, et qui ne doit être accordée qu'avec peine aux particuliers.

Tels sont les pères et les mères, les tuteurs et les curateurs auxquels la loi confie une partie de son autorité pour attaquer ceux qui ont ou ravi par violence, ou séduit par artifice leurs enfans ou leurs mineurs, pour demander la punition de leur crime, et exciter contre eux la vengeance publique.

Tels sont encore les parens collatéraux, non par leur qualité, ni par aucun pouvoir semblable à celui des pères ou des tuteurs, mais par l'intérêt qu'ils peuvent avoir à faire déclarer un mariage non-valablement contracté, soit pour faire confirmer l'exhérédation qui en a été la juste peine, soit pour contester l'état des enfans et la qualité d'héritiers légitimes.

Si nous examinons, par rapport à ces principes, le droit du premier appelant comme d'abus, nous trouverons d'abord qu'il ne peut soutenir son appel qu'en deux titres différens, ou comme héritier de sa mère et exécuteur de ses dernières volontés, ou de son chef, et par l'intérêt personnel qu'il peut avoir dans cette contestation.

Nous commencerons par l'examen de la première

qualité : nous le considérerons comme héritier de sa mère, comme exerçant les droits et revêtu de l'autorité paternelle.

Si nous regardons cette cause par rapport à cette première idée, nous pouvons distinguer deux temps dans la conduite de la mère, d'examiner pendant sa vie et au moment de son décès.

Dans le premier temps, lorsque l'on considère toutes les circonstances de cette cause, lorsqu'on les compare avec le silence et les actions de la mère, il semble que toutes ses démarches soient autant d'obstacles à la demande qu'elle a intentée dans la suite, et qu'on renouvelle aujourd'hui sous son nom.

Quelque couleur que l'on ait voulu donner à cette cause, il est difficile néanmoins de trouver dans ce mariage le secret et le mystère qui est une excuse légitime que les pères qui ne se sont pas opposés à l'engagement de leurs enfans, allèguent souvent en leur faveur.

Le fils quitte sa mère, il va demeurer sur une autre paroisse ; il donne une promesse de mariage à celle qu'il a épousée dans la suite ; il est assigné en l'officialité ; il y comparoît, il déclare solennellement qu'il est prêt d'exécuter la promesse qu'il a donnée ; l'official rend une sentence contradictoire, qui porte qu'il sera passé outre à la célébration du mariage ; on publie un ban, non sous des noms ou empruntés ou déguisés, mais sous les véritables noms des parties ; on passe un contrat de mariage par-devant notaires, dans lequel Charles Bellet nomme sa mère, indique sa demeure, énonce les sommations qui lui ont été faites : enfin il se marie publiquement, c'est le curé de Saint-Etienne-du-Mont qui reçoit le consentement des contractans.

Nous n'entrons point encore ici dans l'examen des nullités qu'on oppose à cette célébration. Quelques considérables qu'elles paroissent, il faut avouer néanmoins qu'il ne semble pas que les parties aient pris toutes les précautions qui accusent et qui trahissent toujours ceux qui ont contracté des mariages clandestins; ils ne cherchent point à cacher leur engagement à la faveur des ténèbres : ils le font paroître trois fois aux yeux du public, dans la sentence rendue en l'officialité, dans le contrat de mariage passé pardevant notaires, dans l'acte de célébration; nul déguisement, nulle supposition de nom de famille, de demeure de la mère; on n'y trouve, en un mot, aucune des circonstances qui ne sont que trop ordinaires dans ces occasions.

Nous ne proposons pas cette première observation comme une réflexion décisive; nous savons que la seule voie légitime, pour instruire une mère du mariage de son fils, est la publication des bans sur sa paroisse; l'induction que nous tirons de tous ces faits, est qu'il est peu vraisemblable qu'au milieu de tant de circonstances qui rendoient ce mariage public, une mère ait pu l'ignorer entièrement.

Joignons, à cette première observation, les sommations qui lui ont été faites de consentir à l'engagement que son fils étoit prêt de contracter.

Ces sommations, à la vérité, sont contraires à l'ordonnance qui ne les souffre qu'à regret, et qui ne les accorde qu'aux majeurs de trente ans; elles sont absolument inutiles, impuissantes, pour empêcher l'effet de l'exhérédation, incapables de suspendre la peine que la désobéissance d'un fils a méritée; elles sont même suspectes par la fausseté des faits qu'elles contiennent, et qu'il n'est pas vraisemblable qu'on eût osé soutenir à une mère instruite de l'état de sa famille.

Nous disons plus, et nous estimons que rien ne seroit plus dangereux d'autoriser une pareille procédure; que ce seroit ouvrir une voie assurée à la fraude et à la séduction, capable d'éluder la sage disposition des lois, et de rendre l'autorité des pères, sur le mariage de leurs enfans, absolument inutile; et, quoique la mère n'ait jamais formé d'inscription de faux contre ces sommations, qui paroissent faites à sa personne, nous croyons que le public a intérêt d'empêcher que l'on n'établisse la preuve du consentement d'une mère sur la foi d'un sergent qui ne craint pas souvent, dans des matières moins importantes, de prévariquer son ministère, en déguisant la vérité.

Mais si ces sommations, considérées en elles-mêmes, sont inutiles, aussi contraires à l'ordonnance qu'au bien public, suspectes de fausseté et d'un exemple pernicieux ; quand on les compare avec ce qui les a suivi, on est obligé de reconnoître qu'elles forment au moins une présomption très-forte de la connoissance que la mère a eue de ce mariage.

Si elle avoit porté ses plaintes dans ce tribunal, peu de temps après sa célébration ; si elle avoit désavoué ces sommations ; si elle en avoit prouvé l'inutilité, la fausseté, la nullité ; si jamais elle n'avoit confirmé, par ses actions, l'engagement de son fils, bien loin d'employer ses actes contre elle, nous aurions cru que la seule qualité de celui qui les a faites, auroit dû les faire rejeter entièrement.

Mais ce qui n'auroit passé, dans ces circonstances, que pour un artifice, dangereux, devient aujourd'hui au moins le fondement d'un soupçon légitime ; nous avouons néanmoins que ce n'est encore qu'un soupçon, et nous passons aux argumens plus solides et qui nous paroissent prouver que si la mère a ignoré ce mariage, avant qu'il fût contracté, elle l'a toujours approuvé depuis sa célébration.

Ces preuves sont tirées de la persévérance et de la longue cohabitation de Charles Bellet avec Marguerite Bernier ; de la patience de la mère, de son silence, du temps dans lequel elle l'a interrompu.

Le mariage est célébré le vingt-sept janvier 1689. Charles Bellet demeure publiquement avec sa femme, non dans une province éloignée, dans un séjour inconnu, ou du moins dans un domicile étranger, mais dans le village de Meudon, dans une maison qui appartenoit à la mère, et dont elle avoit accordé l'habitation à son fils depuis son mariage.

Ce fait important et peut-être décisif, n'est pas un fait avancé témérairement, sans aucune preuve qui le soutienne; il est attesté par plusieurs personnes dignes de foi, par les appelans mêmes et par le certificat qu'ils rapportent.

Le curé et le vicaire de Meudon déclarent que Charles Bellet a demeuré pendant dix-huit mois dans leur paroisse avec Marguerite Bernier, qui prenoit publiquement le nom de sa femme. Le caractère de ceux qui ont donné ces attestations, fait la preuve de leur vérité. Si Charles Bellet et Marguerite Bernier n'eussent pas pris, aux yeux du public, le nom de mari et de femme; si tous les habitans de Meudon n'eussent pas été persuadés qu'ils étoient engagés par les liens d'un mariage légitime; si même ils eussent eu le moindre soupçon contre leur conduite, est-il vraisemblable que le curé et le vicaire de cette église eussent dissimulé un tel désordre, qu'ils eussent souffert, pendant dix-huit mois, le scandale que le commerce de Charles Bellet et de Marguerite Bernier auroit causé dans leur paroisse, et qu'après l'avoir autorisé par leur silence, ils le voulussent approuver encore par leur déclaration?

On joint à ces certificats ceux de plusieurs autres habitans de Meudon, et entr'autres d'un boucher de ce lieu, dont la déposition peut n'être pas indigne de l'honneur de votre audience, dès le moment qu'elle devient utile au jugement de cette contestation.

Il déclare, dans le certificat qu'il a donné, la quantité de viande qu'il avoit accoutumé de fournir à Charles Bellet et à Marguerite Bernier; il ajoute qu'il en fournissoit davantage lorsque la mère venoit les voir à Meudon. La naïveté d'un tel récit, et le peu d'affectation de ce témoignage, le rend entièrement vraisemblable.

Mais sans s'arrêter à ces actes pour ainsi dire étrangers, il ne faut point chercher ici d'autres preuves pour établir ce fait, que la propre confession de Charles Bellet, qui reconnoît que, depuis son mariage, sa mère lui a permis de demeurer à Meudon, et n'a pas osé nier que Marguerite Bernier l'a suivi en ce lieu.

Mais quand il le dénieroit aujourd'hui, le certificat qu'il rapporte seroit une preuve du contraire; preuve d'autant plus invincible, qu'elle est moins recherchée, et que c'est lui-même qui l'a produit contre ses propres intérêts.

Ce certificat est donné par le nommé Langlois, fermier de la maison dans laquelle Charles Bellet a demeuré.

Il déclare qu'il n'a aucune connoissance que la mère de Bellet ait jamais voulu reconnoître pour sa bru, la demoiselle *qui étoit avec son fils à Meudon du temps qu'elle vint voir les réparations qu'on avoit faites, par son ordre, aux murs du jardin*; qu'au contraire, il lui a toujours ouï-dire qu'elle ne souffriroit jamais que cette fille entrât dans sa famille.

L'on peut faire plusieurs réflexions sur cet acte.

1.° Cet acte porte le caractère d'une attestation mendiée, d'une preuve qu'on a recherchée pour établir une négative, c'est-à-dire, pour justifier que la mère n'avoit pas voulu reconnoître Marguerite Bernier pour sa fille; c'est ce qui paroît par les termes dans lesquels ce certificat est conçu: celui qui le donne, déclare *qu'il n'a pas connoissance, etc.*

2.° Cet acte prouve invinciblement que Marguerite Bernier a demeuré publiquement avec Charles Bellet; qu'elle passoit pour sa femme, puisque ce fermier fait dire à la mère qu'elle ne souffriroit pas qu'elle entrât dans sa famille; enfin qu'elle y étoit actuellement dans le temps que la mère est venue à Meudon.

Comment peut-on soutenir, après cela, que la mère n'a eu aucune connoissance, pendant près de deux années, de l'engagement que son fils avoit contracté? Pourra-t-on se persuader qu'une mère ait été la seule qui ait ignoré un fait qui étoit connu de tous les habitans de Meudon, et que les étrangers aient été plutôt avertis qu'elle de ce qui se passoit dans sa propre maison, non pas pendant l'espace d'un jour, d'une semaine, d'un mois, mais pendant plus d'une année, pendant dix-huit mois entiers? Comment même pourroit-on proposer ce doute aujourd'hui, contre la foi du certificat que la qualité de ceux qui le produisent, met à couvert de toute suspicion?

Ce n'est donc plus un fait douteux que la connoissance de la mère; et si elle n'a pas ignoré le mariage de son fils, où est la plainte qu'elle a rendue, où est l'action qu'elle a intentée, où sont les démarches qu'elle a faites pour venger l'injure que son fils lui avoit faite par sa désobéissance, pour lui rendre l'honneur et la liberté qu'il avoit perdue en contractant une alliance honteuse? Dira-t-elle qu'elle n'a pu croire que le commerce qu'il entretenoit avec Marguerite Bernier, fût autorisé par le nom du mariage? Mais comment pourra-t-elle s'excuser aux yeux du public et de la justice, d'avoir toléré, pendant dix-huit mois, un commerce criminel dans sa maison, et de s'être rendue par sa négligence, complice des désordres de son fils? Comment n'a-t-elle point examiné sa conduite? Comment n'a-t-elle pas découvert la vérité de son engagement? Comment a-t-elle pu demeurer dans l'indifférence sur un fait si important, dans le temps que son fils et l'intimée prenoient publiquement le nom de mari et de femme, et qu'ils étoient dans une possession paisible de leur état?

Enfin, dans quel temps cette mère avertie par tant de circonstances, instruite par tant de preuves, du mariage de son fils, commence-t-elle à en porter ses plaintes dans le tribunal de la justice?

C'est une dernière observation, qui ne nous paroît pas moins importante que celles que nous vous avons proposées jusqu'à présent.

Peut-être le long silence qu'elle a gardé, pendant

deux années entières, ne seroit-il pas interrompu, si son fils ne l'eût obligé à lui rendre compte de sa tutèle? Peut-être n'auroit-elle jamais troublé son repos, s'il avoit voulu la rendre maîtresse de son bien ; et il jouiroit encore de la possession paisible de son état, s'il n'avoit formé aucune demande contre sa mère. Pouvons-nous en porter un autre jugement, lorsque nous voyons que la mère ne commence à se plaindre que quinze jours après l'assignation que son fils lui a donnée; qu'elle oppose, pour défenses à ces prétentions, un appel comme d'abus, et qu'elle ne devient sensible à l'honneur et à l'intérêt de son fils, que lorsque son propre intérêt la force d'ouvrir les yeux sur sa conduite.

Si l'on réunit toutes ces circonstances; si l'on compare ce qui a suivi le mariage avec ce qui l'a précédé; si l'on joint le peu de secret qui a régné dans cet engagement, les sommations qui ont été faites à la mère avant ce mariage, avec la longue cohabitation qui l'a suivi, la possession publique et paisible de l'état, la connoissance que la mère en a eue, son silence que son intérêt seul l'oblige d'interrompre : ne doit-on pas avouer que la longue patience de la mère, que sa négligence entièrement volontaire, rendent sa plainte suspecte, et sa demande non-recevable, et ne suffit-il pas désormais de lui opposer l'autorité des lois et celle des arrêts qui ont tous également refusé d'écouter un père qui, sachant le mariage de son fils, qui, en étant parfaitement instruit, ne s'y est point opposé, qui est demeuré dans un profond silence, et qui, par sa conduite, a abdiqué son fils, en quelque manière, et renoncé à la puissance paternelle?

Si ce principe pouvoit recevoir quelque difficulté, il seroit facile de vous montrer qu'il est fondé sur une infinité de textes précis, outre la loi 5, cod. *De Nup.* qui vous a été citée, et qui porte : *Si pater mariti tui, in cujus fuit potestate, cognitis nuptiis vestris non contradixit, vereri non debes ne nepotem suum non agnoscat.*

Quoique cette loi ne parle que de la connoissance que le père a eu du mariage dans le temps qu'il a été contracté, la même décision doit être appliquée à la connoissance qu'il en a eue depuis le contrat. Elle emporte un consentement, une approbation tacite; et quoique, par l'ancien droit, la ratification du père, expresse ou présumée, ne rendît le mariage légitime que du jour de son consentement, cependant Justinien a voulu que, dans tous les cas, la ratification rendît l'acte valable, même dans son principe et dans son commencement; l'intérêt des enfans, la comparaison qu'on a faite de ceux qui sont légitimés par un mariage subséquent avec les enfans nés avant le consentement du père, ont porté tous les docteurs à décider unanimement que cette disposition générale de l'empereur Justinien ne pouvoit être appliquée plus favorablement, qu'à l'espèce d'un mariage que le père a approuvé depuis qu'il a été contracté.

Vos arrêts ont adopté cette maxime; et si elle étoit susceptible de quelque doute, il seroit aisé d'en rapporter ici un grand nombre qui ont jugé que l'approbation du père, survenue depuis le mariage, soit qu'elle fût expresse ou tacite, étoit un obstacle invincible contre tous les moyens par lesquels il auroit pu l'attaquer.

Les appelans qui ont reconnu quelle étoit la force de ce moyen, se sont attachés uniquement à le détruire et dans le fait et dans le droit.

Dans le fait, ils ont prétendu que la mère n'avoit jamais eu connoissance de ce mariage jusqu'à la fin de l'année 1690; et que si elle avoit différé d'agir, pendant quelques mois, on ne devoit imputer ce délai qu'à son fils qui l'avoit trompé par les fausses protestations qu'il lui fit de renoncer à tous ces engagemens.

Ils ont ajouté que quand la mère en auroit eu connoissance, il suffiroit d'employer les faits allégués par l'intimée, pour prouver qu'elle ne l'a jamais approuvé ; puisque si l'on en croit Marguerite Bernier, la mère obtint une lettre de cachet pour faire enfermer son fils.

Enfin, dans le droit, ils soutiennent que le consentement même, et l'approbation expresse de la mère n'auroient jamais pu confirmer le mariage, parce que Charles Bellet étoit encore dans la puissance de la séductrice, et soumis à la servitude de la passion qui le dominoit absolument.

Nous croyons, pour répondre à ces moyens, qu'il suffit de se souvenir des faits que nous vous avons expliqués. Si on les compare avec les objections des appelans, il est facile de juger avec quelle apparence on peut soutenir que la mère a ignoré l'engagement de son fils.

Le second fait n'est ni plus vraisemblable, ni plus important à la décision. On prétend qu'à la fin de l'année 1690, Charles Bellet promit à sa mère qu'il romproit les liens qui l'engageoient avec Marguerite Bernier : ce fait, avancé sans preuves, nous paroît entièrement inutile aux appelans, la mère étoit déjà pour lors indigne d'être écoutée : il y avoit près de deux années que le mariage étoit contracté, et une année entière que son fils demeuroit publiquement, à Meudon, avec Marguerite Bernier. Ce n'est point depuis ce temps qu'on lui reproche son silence, c'est pendant les deux années précédentes, c'est pendant la cohabitation publique de son fils avec l'intimée.

La même réponse peut encore être opposée à l'induction que l'on tire de la lettre de cachet que la mère avoit obtenue ; il suffit de distinguer les temps, pour détruire cette objection.

Si la mère avoit pris cette précaution peu de temps après la célébration du mariage ; si elle s'étoit servie de cette voie, avant que d'interjeter appel comme d'abus, on pourroit proposer ce moyen pour prouver l'éloignement qu'elle a toujours eu pour ce mariage. Mais cette lettre de cachet a été obtenue depuis la demande de la mère, par conséquent incapable de détruire les fins de non-recevoir que l'on tire de son silence contre l'appel comme d'abus. Toutes les démarches qu'elle a pu faire dans la suite, ne sauroient rendre sa plainte ni plus légitime, ni plus recevable.

Enfin le dernier moyen que l'on emprunte de la disposition de l'ordonnance, ne nous paroît pas plus considérable. Comment peut-on soutenir que Charles Bellet étoit encore dans la puissance de celle qui l'avoit séduit, pendant qu'il étoit dans la maison de sa mère? N'étoit-ce pas un asile, un lieu de sûreté pour lui? Etoit-il dans un état de violence, de captivité, qui l'empêchât de rompre ses chaînes? Ne pouvoit-il pas tous les jours rendre lui-même sa plainte, implorer le secours de sa mère, faire des efforts efficaces pour recouvrer sa liberté? Enfin n'a-t-il pas même quitté sa femme pour aller au siége de Mons? Et l'on soutiendra que, dans ces circonstances, non-seulement il n'a pu confirmer son mariage, mais encore qu'il n'a pu profiter de l'approbation tacite que sa mère lui donnoit par toutes ses actions!

Telles sont toutes les observations que nous avons cru devoir nous proposer sur la conduite de la mère de Charles Bellet pendant sa vie. Elles nous paroissent si fortes, que nous croyons qu'elles pourroient suffire pour la faire déclarer non-recevable, si elle soutenoit elle-même l'appel comme d'abus qu'elle avoit interjeté. Et si la religion de la cour n'étoit pas encore assez instruite par tous les actes que nous avons expliqués, il semble qu'il seroit difficile de ne point avoir égard à la requête par laquelle l'intimée demande permission de faire preuve de plusieurs faits aussi importans que ceux qui paroissent déjà établis.

Il n'est pas nouveau, dans les questions d'état, d'admettre la preuve par témoins, surtout lorsqu'il s'agit d'un fait dont il est mal aisé d'avoir une preuve par écrit. Tel est le fait qu'on prétend justifier ;

l'approbation d'une mère, par ses actions, par sa conduite, par ses paroles : on articule des faits précis, on indique le temps, les lieux, les personnes; rien n'est moins contraire à l'ordonnance, que d'admettre cette preuve. Quoiqu'elle semble désirer la preuve, par écrit, dans cette matière, comme lorsqu'il s'agit de prouver un mariage ou une naissance, ce n'est pas néanmoins la seule qu'elle reçoive : et de même que vous ordonnez souvent la preuve testimoniale dans le cas d'un mariage ou d'une filiation, l'on doit aussi l'admettre lorsqu'il est question de justifier que le père a ratifié le mariage de son fils. Enfin, cette preuve est d'autant plus admissible dans l'espèce de cette cause, que si elle étoit faite, elle ne laisseroit plus aucune difficulté : en même temps qu'elle feroit voir et le consentement de la mère, et la juste persévérance du fils, elle rendroit l'un et l'autre non-recevable à se plaindre d'un mariage qu'ils avoient tous deux approuvé dans une parfaite liberté.

Mais, quelque avantageuse que cette preuve fût à l'intimée, nous croyons qu'elle n'est pas absolument nécessaire, et que l'on peut se contenter ici de la confession des appelans, qui sont obligés de le reconnoître, et même de prouver, par des certificats, la cohabitation publique de Charles Bellet et de Marguerite Bernier.

Nous disons plus : Quand on abandonneroit entièrement cette première partie de la cause; quand on conviendroit que la mère de Charles Bellet a toujours condamné le mariage de son fils, et que jamais elle ne l'a confirmé ni par ses actions ni par ses paroles, nous croyons que les seules réflexions que l'on peut faire sur le temps de sa mort, et sur les circonstances qui l'ont accompagnée, seroient plus que suffisantes pour arrêter les poursuites que ses héritiers veulent renouveler aujourd'hui.

Nous pourrions entrer ici dans l'examen d'une question célèbre, et qui consisteroit à savoir si l'appel comme d'abus est une de ces actions qui passent aux héritiers, et qui ne s'éteignent point par la mort du père, lorsqu'elles sont intentées pendant sa vie. On pourroit soutenir que la loi n'accorde ce droit aux pères que par deux motifs; le premier est la réparation de l'injure qu'ils ont soufferte par la révolte d'un fils : le second, est l'autorité que la nature et les lois leur donnent également sur la personne de leurs enfans, qui les obligent à veiller à la conservation de leurs biens, de leur honneur, de leur fortune. Les pères ont donc, en quelque manière, deux qualités et deux personnes à soutenir; une personne privée, qui poursuit la vengeance de ces injures particulières; une personne publique, qui n'a en vue que l'utilité commune de tous les pères, et l'avantage des enfans; et, puisqu'on ne peut pas dire que ni l'un ni l'autre de ces titres conviennent aux héritiers, il semble qu'ils doivent être exclus de cette poursuite que la loi n'accorde qu'aux pères.

Nous n'entreprendrons pas aujourd'hui de proposer nos sentimens sur une question qui peut être très-importante et très-difficile; nous croyons qu'elle seroit superflue dans cette cause, puisque l'on peut prouver, par les dernières dispositions de la mère, qu'elle a renoncé à son droit, qu'elle a acquiescé au mariage, qu'elle s'est désistée de l'appel comme d'abus. Pour en être convaincu, il suffit de considérer avec attention les termes de son testament; l'on y reconnoît bien moins le caractère d'une mère irritée, qui prononce contre son fils toutes les peines que la loi abandonne à son pouvoir, que la douceur d'une mère qui, après avoir pardonné à son fils, n'a plus d'autre vue, que de pourvoir à la sûreté et à la conservation des biens qu'elle lui laisse.

On vous a dit qu'elle l'avoit déshérité. La lecture seule du testament justifie le contraire.

Elle a déclaré que, quoiqu'elle eût de justes raisons de déshériter son fils, pour s'être marié à son insu, elle se contente de le réduire à l'usufruit de sa portion héréditaire.

Si l'on peut donner le nom d'exhérédation à une

telle disposition, ce ne peut être tout au plus que celui d'exhérédation officieuse, qui est une preuve de la tendresse de la testatrice, bien loin d'être une marque de sa haine.

Nous pouvons ajouter, à cette première réflexion, le silence profond de la mère sur l'appel comme d'abus qu'elle avoit interjeté. Il est difficile de concevoir comment René Bellet a pu reprendre cette instance en qualité d'exécuteur d'un testament dans lequel sa mère ne le charge point de cette poursuite; elle n'en fait même aucune mention.

On ne peut pas dire qu'elle a oublié d'en parler; puisqu'elle répète, en deux endroits de son testament, que son fils s'est marié à son insu; et lorsqu'on examinera toutes ces circonstances, lorsque l'on considérera que la mère n'use pas de toute l'autorité que la loi lui donne, lors même qu'elle parle du mariage de son fils, pourra-t-on se persuader qu'elle a omis de faire mention de l'appel comme d'abus, et d'en ordonner la poursuite, si elle ne l'avoit pas elle-même abandonné; et ce silence, ou même, si l'on veut, cet oubli d'une mère mourante ne doit-il pas être considéré comme une preuve invincible du changement de sa volonté, et comme une fin de non-recevoir qui ne peut être combattue par René Bellet, tant qu'il agira comme héritier et exécuteur du testament de sa mère?

Si l'on oppose qu'un appel comme d'abus de la célébration d'un mariage est bien différent d'une action d'injures, puisqu'il a pour objet l'intérêt du fils beaucoup plus que celui du père, il est aisé de répondre :

1.° Que quoique l'utilité des enfans soit en partie le fondement de cette action, cependant elle est du nombre de celles *quæ vindictæ nomine concipiuntur*, et par conséquent, etc.

2.° Que, quoique cette action ne soit pas considérée comme une action criminelle, néanmoins il est certain qu'elle s'éteint par le silence de la partie qui l'a formée.

3.° Que, quand le silence de la mère ne seroit pas suffisant pour ensevelir avec elle le souvenir de cette action, il faudroit au moins convenir qu'une confirmation expresse du mariage rendroit les héritiers de la mère entièrement non-recevables; et c'est ce qu'il est facile de prouver par les termes dont la testatrice s'est servi dans son testament.

Après avoir réduit son fils à l'usufruit de sa portion héréditaire, elle substitue la propriété de cette même portion héréditaire aux enfans de son fils. Son intention ne peut être douteuse. Elle étoit instruite de l'état de sa famille; elle connoissoit l'engagement de son fils, puisqu'il sert de motif à sa disposition: elle n'a pu avoir en vue que deux sortes d'enfans auxquels elle voulût substituer la portion héréditaire de son fils, ou ceux qui naîtroient du mariage dans lequel il étoit actuellement engagé, ou ceux qu'il auroit dans la suite du mariage qu'il contracteroit, après avoir fait prononcer la nullité du premier.

Ce seroit faire violence aux termes et aux intentions de la testatrice, que d'appliquer aux derniers les expressions dont elle s'est servie.

Pourra-t-on se persuader que, dans le temps qu'elle parle du mariage de son fils, qu'elle ne charge point ses autres enfans de poursuivre l'appel comme d'abus qu'elle avoit interjeté, qu'elle ne le punit pas même avec toute la sévérité qui lui étoit permise par la loi, elle ait pensé à exclure les enfans qui naîtroient de ce mariage dont elle ne demande point la nullité, pour appeler des enfans qui naîtroient un jour d'un mariage que Charles Bellet pourroit contracter, après qu'il auroit fait déclarer nul son premier engagement?

Si l'intention de la testatrice eût été conforme à cette interprétation, elle n'auroit pas manqué d'ajouter qu'elle privoit de sa succession les enfans qui devroient leur naissance au commerce criminel de Charles Bellet et de Marguerite Bernier; qu'elle ne donnoit la propriété de la portion héréditaire de son fils, qu'à ceux qui naîtroient d'un mariage légitime; et puisqu'elle ne l'a point déclaré, nous devons conclure qu'elle n'a point eu cette intention.

Enfin, si Charles Bellet avoit eu des enfans de son mariage, ne seroient-ils pas bien fondés à demander aujourd'hui la propriété de la portion héréditaire de leur père? Pourroient-ils mieux prouver qu'ils sont légitimes, que par l'approbation expresse que la mère a fait du mariage de leur père, et par la substitution qu'elle a ajoutée en leur faveur?

Les appelans, reconnoissant eux-mêmes qu'il faudroit attaquer et les termes et l'esprit de la testatrice pour combattre ce raisonnement, ont prétendu qu'il falloit sous-entendre, dans la disposition de la mère, cette condition tacite, supposé que le mariage fût confirmé, parce qu'en effet cette condition est de droit. Mais c'est au contraire, parce que la mère ne l'a point exprimée, qu'il faut conclure qu'elle a voulu confirmer le mariage purement et simplement. C'est par cette disposition générale, sans réserve et sans exception, qu'elle a marqué qu'elle ne doutoit plus de la validité de ce mariage, et qu'elle ne prévoyoit pas qu'on pût l'attaquer après sa mort.

En effet, si elle eût présumé que ce mariage seroit déclaré non-valablement contracté, se seroit-elle contentée de substituer, en termes vagues généraux, la portion héréditaire de son fils à ses enfans? N'auroit-elle pas ajouté, qu'en cas que son premier engagement ne subsistât plus, elle donnoit cette même portion héréditaire aux enfans qui naîtroient d'un autre mariage; qu'elle n'entendoit pas par là approuver ni confirmer le premier, et qu'elle n'accordoit qu'à la dernière extrémité une partie de ces biens à des enfans nés malgré elle, et dans le temps de sa colère, et qui, suivant les règles de la justice, auroient pu porter l'iniquité de leur père?

Vous voyez donc, MESSIEURS, que lorsque l'on

considère la partie de M.e Poussechat comme exerçant les droits de la mère, il est également non-recevable, soit que l'on examine la conduite qu'elle a tenue pendant sa vie, ou celle qu'elle a suivie dans sa famille en mourant.

Pendant sa vie, elle a approuvé tacitement, par son silence, le mariage de Charles Bellet; à la mort, elle l'a confirmé expressément par ses dernières dispositions : et, dans l'un et dans l'autre temps, elle n'a laissé aucun prétexte à ceux qui veulent renouveler, après son décès, une plainte qu'elle a elle-même abandonnée.

Si la demande de René Bellet ne mérite pas d'être écoutée, lorsqu'il l'intente sous le nom de sa mère, il est encore plus facile de vous faire voir qu'elle n'auroit aucune apparence s'il l'intentoit de son chef.

1.° C'est une question inutile; car il ne l'intente pas.

2.° Quand il le feroit, les collatéraux sont non-recevables lorsqu'ils n'ont point d'intérêt; c'est ce que vous avez jugé cette année par un arrêt rendu sur nos conclusions. Il n'a point d'intérêt, pendant la vie de son frère, d'attaquer son mariage.

Si nous passons de l'examen de la qualité de René Bellet, à la considération du droit de Charles Bellet, son frère, nous croyons que la décision de cette seconde partie de la cause dépend d'une question très-importante, agitée plusieurs fois dans cette audience, et toujours diversement décidée.

Elle consiste à savoir si celui même qui a contracté un mariage, peut être recevable à l'attaquer par la voie de l'appel comme d'abus.

Ceux qui prétendent qu'on doit l'écouter, allèguent, pour soutenir leur opinion, qu'il doit être permis à tous ceux qui ont contracté une obligation nulle et vicieuse, de réclamer contre leur engagement, et surtout lorsqu'ils l'ont contracté pendant leur minorité; que l'intérêt des parties est ce qui détermine la capacité qu'ils ont d'intenter une action;

et que, si l'on reçoit favorablement les plaintes d'un mineur qui prétend avoir été surpris dans une convention peu importante, on doit, avec plus de justice, lui accorder la même grâce, lorsqu'il demande à être restitué contre l'aliénation qu'il a faite et de tous ses biens et de sa personne.

On ajoute que si le tuteur peut, pendant la minorité, demander que le mariage de son mineur soit déclaré nul, on ne doit pas refuser au mineur le même privilége lorsqu'il est devenu majeur, puisque l'action qu'il intente n'est pas différente de celle que son tuteur auroit pu intenter.

Ceux qui soutiennent le parti contraire, prétendent que bien loin que l'importance de l'obligation rende en ce cas les plaintes d'un mineur favorables; c'est au contraire ce qui doit les faire entièrement rejeter; qu'il seroit d'une conséquence pernicieuse d'admettre une pareille demande; que tous les jours on en formeroit de semblables, et que le contrat le plus inviolable et le plus authentique, seroit exposé comme la plus légère convention, à l'inconstance et au caprice d'un mineur qui ne manqueroit jamais de prétexte pour rétracter son engagement; que d'ailleurs il ne peut intenter cette action, sans s'accuser lui-même de dol, de surprise, d'infidélité, sans violer la foi qu'il a donnée à la face des autels; et que, s'il a négligé l'observation de quelques formalités, il ne peut que se l'imputer, et chercher à réparer, par une réhabilitation solennelle, les défauts d'une première célébration.

Enfin, ils soutiennent que l'action que le tuteur intente contre ceux qui ont séduit son mineur, n'est point, à proprement parler, l'action du mineur même; qu'elle est une suite de la puissance presque paternelle que la loi lui attribue, et que cette distinction est si véritable, que souvent le mineur s'oppose aux prétentions de son tuteur, et résiste à sa demande.

Ces deux sentimens ont également l'avantage d'avoir des arrêts pour garans. Comme ce sont les circonstances qui font connoître quel est le parti le plus conforme à l'utilité publique, on peut dire que la décision de ce doute dépend beaucoup plus des circonstances du fait, que des maximes du droit; et la seule conséquence que l'on puisse tirer des raisons que nous venons de vous exposer, c'est qu'en général la prétention de ceux qui veulent rompre leur engagement, semble peu favorable.

Les circonstances du fait ne nous paroissent pas pouvoir faire espérer à Charles Bellet, d'être écouté avec plus de faveur.

Tous les moyens par lesquels il attaque son mariage, sont autant de titres d'accusation contre lui.

Il emprunte le secours de l'autorité paternelle qu'il a lui-même méprisée, et à laquelle il n'a recours aujourd'hui que pour la faire servir de voile à son inconstance; mais c'est inutilement qu'il allègue ce moyen.

Quoique toutes les anciennes dispositions des lois civiles et canoniques concourent à établir la nullité des mariages contractés par les enfans de famille sans le consentement de leurs pères, cette nullité n'est cependant pas dans l'ordre de celles qui peuvent être proposées par toutes sortes de personnes. Ce moyen perd toute sa force quand il n'est pas dans la bouche d'un père ou d'une mère; et, dès le moment que l'un et l'autre ne se plaignent point du mariage de leurs enfans, ou que leurs plaintes sont non-recevables, la loi ne l'admet plus dans la bouche des enfans, parce qu'elle les regarde comme abdiqués par leurs pères, et affranchis de la puissance paternelle.

Et puisque la mère de Charles Bellet est privée, par sa conduite, du droit de pouvoir attaquer le mariage de son fils, puisqu'elle l'a confirmé expressément par sa dernière disposition, ce moyen qui peut être d'ailleurs aussi légitime que favorable, devient absolument inutile à la partie de Me Erard.

La minorité est encore une des plus grandes preuves de séduction qu'il puisse alléguer en sa faveur. Mais il s'est rendu lui-même indigne de ce privilége, lorsqu'il a pris la qualité de majeur, et dans son contrat de mariage, et dans la sentence de l'official, et dans la dispense de publication de bans. Il a soutenu cette qualité par un crime, par la falsification de son extrait baptistaire. Le public a intérêt de réprimer ce nouveau genre de fraude qui rend inutiles les précautions des plus sages législateurs. Quelques efforts qu'il ait fait pour répandre quelques soupçons sur Marguerite Bernier, tout ce qu'il a pu faire a été de partager le crime avec elle, et non pas de s'en décharger.

Nous n'ignorons pas quelle est la jurisprudence de vos arrêts à l'égard des mineurs qui ont pris faussement la qualité de majeurs. Vous avez vu que la même facilité qui les portoit à s'engager, les portoit aussi à dissimuler leur âge et leur condition, et qu'il n'étoit pas juste d'autoriser cet abus qui commençoit à se multiplier, et de récompenser les artifices des créanciers qui s'étoient servi de cette voie.

Vous avez suivi la disposition de la loi troisième au code, *si minor se majorem dixerit;* mais cette loi contient deux exceptions qui ont une application naturelle à l'espèce de cette cause.

Si le mineur est coupable d'un dol personnel, s'il a commis un crime pour prouver sa majorité, il n'est pas restituable aux termes de cette loi, qui n'autorise à venir à son secours que, *si tuum dolum non reperit intercessisse;* et l'on oppose à la faveur de la minorité, cette autre maxime de droit qui ne souffre pas que la protection accordée aux mineurs, puisse être étendue jusqu'à leur servir d'appui et d'asile dans leurs crimes, *minoribus in delictis non subvenitur.* Ici, il ne s'agit pas d'un simple délit, c'est un crime, et un crime considérable, crime certain par la confession du coupable qui a été lui-même son premier accusateur. Il a perdu, par sa faute, tous les priviléges de l'âge et de la minorité. Il est devenu majeur contre lui-même, et on a eu raison de lui appliquer ces paroles d'une loi, *non est ætatis excusatio adversùs præcepta legum, ei qui dùm leges invocat in eas committit.*

La seconde exception de la loi, est quand un mineur a affirmé, par un serment solennel, qu'il étoit majeur : *sacramento corporaliter præstito, nullum tibi superesse auxilium perspicui juris est.* Charles Bellet a soutenu, non-seulement à la face de la justice devant l'official, mais encore à la face des autels, devant le curé de Saint-Etienne-du-Mont, qu'il étoit majeur. Il a fait insérer son extrait baptistaire dans l'acte de célébration; et quoique la disposition générale de cette loi ne puisse être appliquée à des cas où il y auroit une surprise manifeste, elle se réunit dans cette cause aux autres considérations qui nous portent à le regarder comme indigne de profiter du privilége des mineurs.

Enfin, le dernier moyen dont il s'est servi pour prouver la séduction, est l'indignité de Marguerite Bernier. On ne peut pas dissimuler que sa conduite ne soit très-suspecte.

Il seroit inutile d'en dire davantage après la lecture que l'on a faite en la cour, des lettres qui ont été vérifiées depuis la dernière audience. Mais enfin ce n'est pas un obstacle ni un empêchement capable de dirimer le mariage. Si cet argument étoit soutenu par le défaut du consentement de la mère, et par la minorité, il pourroit être considérable; ces deux moyens ne subsistent plus, et l'indignité seule de la personne n'étant pas capable par elle-même de détruire un mariage, ne peut plus servir aujourd'hui qu'à la punition de celui qui l'a choisie pour sa femme.

Il a persévéré dans son choix pendant près de trois années. Il a passé plusieurs actes par lesquels il le confirme jusqu'à la veille de sa majorité. Inutile de dire que les lettres qu'il a écrites, ont été exigées de lui dans une maison où il étoit enfermé.

1.° Nulle preuve de ce fait.

2.° Preuve du contraire, parce qu'il paroît dans l'une de ces lettres, que celui chez lequel il étoit, ignoroit le nom et la condition de sa femme, et par d'autres lettres écrites du siége de Mons, où il étoit dans une entière liberté.

Après vous avoir montré qu'aucun de ceux qui attaquent ce mariage ne peut lui donner atteinte, il seroit inutile d'entrer dans le détail des formalités que l'on prétend y avoir été négligées.

Le défaut le plus considérable, est celui de la présence du propre curé. Nulle preuve de ce fait. On n'allégue point un autre domicile. Le certificat du commissaire ne prouve rien, parce que quoiqu'elle demeurât chez la veuve Bozoncle, elle n'occupoit pas une chambre garnie. Nulle preuve du fait contraire. D'ailleurs, quelle raison de choisir cette paroisse plutôt qu'une autre.

Reste le défaut de publication de bans; mais cette formalité est moins introduite en faveur des parties contractantes qu'en faveur des pères, et de ceux qui ont quelqu'empêchement à proposer. La mère est non-recevable par les circonstances que nous vous avons expliquées, etc.

Il resteroit à prononcer sur l'appel de l'ordonnance du lieutenant civil, et sur les lettres de rescision. Mais c'est une nouvelle demande qui n'est point instruite. Renvoyer au châtelet.

L'intérêt public demande qu'on prononce quelque peine contre Charles Bellet. Inutile d'ordonner une information, puisqu'il avoue les faits. La peine ne doit pas être forte. Il sera assez puni par la confirmation de son mariage. Il suffit de le condamner à une aumône.

Nous estimons qu'il y a lieu, en tant que touche les appellations comme d'abus, de déclarer les appelans non-recevables; faisant droit sur l'appel simple, mettre l'appellation au néant, renvoyer les parties au châtelet, pour y procéder tant sur la mande en séparation, que sur les lettres de rescision : faisant droit sur nos conclusions, condamner les parties de M.ᵉ Etard et de M.ᵉ Thévart, en telle aumône qu'il plaira à la cour. Sur le suplus des requêtes hors de cour.

Arrêt qui, sur les appellations, appointe les parties au conseil, et joint la requête à fin de provision. Prononcé le 7 août 1692, par M. le premier président de Harlay; plaidant, Poussechat pour René Bellet, Erard pour Charles Bellet, et Thévart pour l'intimée.

Et depuis, par arrêt du 4 juillet 1693, rendu au rapport de M. Joly de Fleury, le mariage fut déclaré nul, et Charles Bellet condamné en onze mille livres de dommages et intérêts envers Marguerite Bernier.

Entre messire René-Joseph Bellet, abbé commendataire de l'abbaye de Notre-Dame d'Issoudun, fils aîné et héritier de dame Marie-Elisabeth Tabouret, veuve de défunt Jean Bellet, vivant barbier et valet-de-chambre du roi, ayant repris en son lieu et place l'appel, comme d'abus, par elle interjeté de la célébration du mariage de Charles Bellet, son fils, avec Marie-Marguerite Bernier, fait en la paroisse de Saint-Etienne-du-Mont, le vingt-sept janvier mil six cent quatre-vingt-neuf, dispense de la publication des bans à lui octroyée par l'archevêque de Paris, et de la sentence donnée en l'officialité de ladite ville, le dix-neuf janvier audit an mil six cent quatre-vingt-neuf d'une part; et Charles Bellet, écuyer, sieur de la Maury, et Marie-Marguerite Bernier, intimés, d'autre; et entre Pierre Hennequin, écuyer, sieur de Santal; Louis Preslon, sieur de Chevallon, et Pierre le Comte, sieur de Pira, demandeurs en requête par eux présentée à la cour le vingt-sept avril mil six cent quatre-vingt-onze, d'une part; et ledit René-Joseph Bellet, audit nom, ledit Charles Bellet et ladite Bernier, défendeurs, d'autre; et entre ledit Charles Bellet, au nom et comme héritier de ladite défunte Marie-Elisabeth Tabouret, sa mère, ayant repris en son lieu et place, par acte du dix-huit juillet mil six cent quatre-vingt-douze, l'appel par elle interjeté de la célébration de son mariage, dispense de bans et sentence de l'officialité dudit jour dix-neuf janvier mil six cent quatre-vingt-neuf, et aussi ledit Bellet, de son chef, en son nom, appelant, comme d'abus, en tant que besoin est ou seroit, tant de ladite sentence de l'officialité, que de la dispense de la publication des bans et célébration de son prétendu mariage, d'une part, et ladite Bernier, intimés, d'autre; et entre ledit Charles Bellet, demandeur en requête du dix mars mil six cent quatre-vingt-douze, d'une part; et ladite Bernier, demanderesse en requête du trois juillet mil six cent quatre-vingt-douze, d'une part, et lesdits René-Joseph Bellet et Charles Bellet, défendeurs, d'autre; et entre ledit Charles Bellet, appelant de l'ordonnance du lieutenant civil du châtelet, du cinq mars mil six cent quatre-vingt-douze, saisie faite en conséquence, et de tout ce qui s'en est ensuivi, tant comme de juge incompétent qu'autrement, d'une part, et ladite Bernier, intimée, d'autre; et entre ladite Bernier, demanderesse en requête du dix-sept dudit mois de mars, d'une part; et ledit Joseph-René Bellet, exécuteur testamentaire de ladite défunte Tabouret, sa mère, et ledit Charles Bellet, défendeur, d'autre. Vu, par la cour, ladite sentence de l'officialité de Paris, dudit jour dix-neuf janvier mil six cent quatre-vingt-neuf, par laquelle ledit Charles Bellet auroit été condamné de son consentement, à exécuter les promesses de mariage par lui faites à ladite Bernier, la dispense de deux bans, donnée par le sieur archevêque de Paris, le vingt-cinq dudit mois de janvier, et acte de célébration du mariage dudit Charles Bellet avec ladite Bernier, en l'église de Saint-Etienne-du-Mont, le vingt-sept dudit mois de janvier. La requête desdits Hennequin et consorts, à ce qu'ils fussent reçus parties intervenantes en ladite instance d'appel, comme d'abus; lettres de rescision obtenues en chancellerie par ledit Charles Bellet; le cinq mars mil six cent quatre-vingt-douze, pour être restitué contre le contrat de mariage par lui passé avec ladite Bernier le vingt-six janvier mil six cent quatre-vingt-neuf, et autres actes et obligations passés en conséquence, et requête dudit jour dix mars mil six cent quatre-vingt-douze, à fin d'entérinement desdites lettres; requête de ladite Bernier dudit jour trois juillet mil six cent quatre-vingt-douze, à ce qu'il lui fût permis de faire preuve par-devant tel des conseillers qu'il plairoit à la cour commettre, des faits y contenus; ordonnance du lieutenant civil du châtelet, au bas de la requête de ladite Bernier, du cinq mars mil six cent quatre-vingt-douze, portant permission de saisir, saisies faites en conséquence le sept dudit mois et jour suivant; requête de ladite Bernier, du dix-sept dudit mois de mars, à ce que ledites saisies faites sur ledit Bellet fussent déclarées bonnes et valables, qu'elle seroit restituée de la somme de dix mille livres, portée par son contrat de mariage, ou du moins qu'elle auroit provision de la somme de mille livres par chacun an, à prendre sur ce qui étoit saisi. Autre requête de ladite Bernier, du vingt-six dudit mois de mars, à ce qu'il fût ordonné qu'elle seroit restituée de ladite somme de dix mille livres, portée par sondit contrat de mariage, ou du moins qu'elle auroit pension de mille livres par an. Arrêt du sept août mil six cent quatre-vingt-douze, par lequel la cour, sur les appellations, auroit appointé les parties au conseil, auxquelles appellations elle a joint la requête à fin de provision, pour, en jugeant, y avoir tel égard que de raison. Autre arrêt du dix-huit décembre mil six cent quatre-vingt-douze, par lequel ledit Hennequin et consorts auroient été reçus parties intervenantes en ladite instance, et sur l'intervention, ensemble sur la requête à fin d'entérinement des lettres de rescision et demande de ladite Bernier, des vingt-six mars et trois juillet, appointe les parties en droit et joint. Causes et moyens d'appel et d'abus, réponses, productions des parties, tant sur lesdites appellations que demandes et interventions et contredits fournis par lesdits Bellet et Bernier. Production nouvelle de ladite Bernier, suivant sa requête du dix-sept avril mil six cent quatre-vingt-treize, employée pour salvations. Productions nouvelles desdits Bellet, suivant leur requête du vingt-un dudit mois d'avril, employée pour contredits contre celle de ladite Bernier; requête de ladite Bernier, du vingt-deux dudit mois d'avril, employée pour contredits; sommation faite à la requête de ladite Bernier, du vingt-sept juin dernier, à toutes les parties, de rendre, produire et contredire les uns à l'encontre des autres; conclusions du procureur-général du roi, tout joint et considéré:

LA COUR, sans s'arrêter aux requêtes de ladite Bernier, ni à l'intervention desdits Hennequin et consorts, en tant que touche les appellations, comme d'abus, dit qu'il a été mal, nullement et abusivement octroyé, procédé et célébré, déclare le mariage d'entre ledit Charles Bellet et ladite Marie-Marguerite Bernier non-valablement contracté, leur fait défenses de se hanter ni fréquenter. Ayant égard aux lettres de rescision obtenues par ledit Charles Bellet, remet les parties en tel état qu'elles étoient avant le contrat de mariage du vingt-six janvier mil six cent quatre-vingt-neuf; et néanmoins condamne ledit Charles Bellet de payer à ladite Bernier, pour dommages et intérêts, la somme de onze mille livres, savoir: trois mille livres dans quinzaine, après la signification du présent arrêt, quatre mille livres quatre mois après, et les autres quatre mille livres restantes, dans les quatre mois suivans; et cependant l'intérêt desdits huit mille livres à proportion des paiemens. Et, pour faciliter le paiement de ladite somme de trois mille livres, déclare les saisies faites à la requête de ladite Bernier, ès mains des locataires et débiteurs dudit Bellet, bonnes et valables; ordonne qu'ils seront tenus de vider leurs mains en celles de ladite Bernier, jusqu'à concurrence de ladite somme de trois mille livres ; quoi faisant, ils en demeureront bien et valablement déchargés ; fait main-levée auxdits René et Charles Bellet du surplus, et, en conséquence, sur l'appel interjeté par ledit Charles Bellet de ladite ordonnance du cinq mars mil six cent quatre-vingt-douze, ensemble sur le surplus des requêtes des parties, les met hors de cour et de procès, condamne lesdits René et Charles Bellet en une amende de douze livres et aux dépens, chacun à leur égard, ceux des interventions compensés.

Cet arrêt fut rendu contre le sentiment de plusieurs magistrats d'un grand poids. Ceux dont l'avis prévalut regardèrent ce mariage, comme d'un trop dangereux exemple, pour le laisser subsister, et celui qui l'avoit contracté en se disant faussement majeur, comme méritant d'être puni par une condamnation à des dommages et intérêts considérables.

Par un arrêt du huit avril mil sept cent vingt-quatre, un mariage célébré hors la paroisse des deux parties, entre un mineur et une personne d'une condition égale à la sienne, sans publication de bans ni consentement du père du mineur, que l'on déclara faussement être mort, outre plusieurs autres fausses déclarations insérées dans l'acte de célébration, fut déclaré nul sur l'appel, comme d'abus, de celui même qui avoit contracté ce mariage, dont le père étoit mort quelque temps après qu'il en eut eu connoissance; le curé qui l'avoit célébré, et ceux qui étoient suspects d'avoir eu part à la séduction et aux fausses déclarations, furent décrétés, et en même temps l'appelant, comme d'abus, fut condamné en des dommages et intérêts très-considérables envers celle qu'il avoit épousée, et à une pension de mille livres pour la subsistance d'une fille née de ce mariage. L'arrêt prononcé à l'audience de la Tournelle, après un délibéré.

VINGTIÈME PLAIDOYER.

DU 29 AOUT 1692.

Dans la cause des héritiers de MICHEL PÉLISSIER.

Si, dans la coutume de la Marche, un père peut recueillir dans la succession mobilière de ses enfans, les biens mobiliers venant de la dot de leur mère.

IL S'AGIT, dans cette cause, d'une question importante à décider sur l'interprétation de la coutume de la Marche.

Michel Pélissier a été marié deux fois.

Il a épousé en premières noces Marie Bonnet.

La dot constituée à la future épouse, étoit de deux mille livres, savoir, mille cent livres d'une part, et neuf cents livres d'autre.

Pour le paiement des mille cent livres, il lui fut donné des héritages avec estimation, et en réservant au mari et à ses héritiers, après la dissolution du mariage, la faculté de rendre à la future ou aux siens, les héritages mêmes, ou la somme de mille cent livres pour laquelle ils sont donnés.

A l'égard de la somme de neuf cents livres, elle fut promise en argent comptant, payable en quatre termes. Les futurs époux s'engagent conjointement et solidairement à l'assigner *sur bon et compétent fonds;* et dès à présent, le futur époux l'assigne *sur tous et un chacun ses biens présens et à venir.*

Cette somme de neuf cents livres n'a été payée qu'en 1635. Quittance donnée par Michel Pélissier, par laquelle il paroît que Bonnet, son beau-père, s'est contenté d'un assignat général sur tous les biens du gendre.

Cependant Marie Bonnet décède, et laisse trois enfans, Gilbert, François, et Martin Pélissier.

Le père se marie avec Anne Veslière. Plusieurs enfans nés de ce second mariage.

Antoine réunit en sa personne les droits de tous ses frères du second lit.

Les trois enfans du premier meurent avant leur père.

Martin décède le premier, sans enfans, sans testament.

Gilbert meurt après lui, laisse trois filles du mariage qu'il avoit contracté avec Gabrielle Lachant; fait un testament dans lequel il lègue le tiers de ses biens à sa femme et à François Pélissier son frère, conjointement.

François meurt le dernier.

Le père meurt après tous ses enfans du premier lit.

Grandes difficultés touchant le partage de sa succession. D'abord plusieurs transactions qui n'ont été suivies d'aucune exécution. Enfin les parties conviennent d'arbitres par ordre du Roi; compromis sous une peine de trois cents livres.

Plusieurs questions agitées devant les arbitres.

Deux sortes d'effets à partager.

Effets communs, c'est-à-dire, les biens paternels qui devoient être partagés également.

Effets particuliers aux enfans du premier et du second lit.

Dot de leur mère.

Ce sont ces derniers effets, ou pour mieux dire, c'est la dot de Marie Bonnet qui a fait la plus grande difficulté.

Elle étoit composée d'une somme mobilière de neuf cents livres, et d'héritages donnés pour le prix de mille cent livres.

A l'égard de la première partie, l'on soutenoit que la promesse d'assigner rendoit les deniers immeubles, et que le père n'avoit pu y succéder, lorsqu'il avoit recueilli la succession mobilière de ses enfans Martin et François.

On prétendoit, en second lieu, que les héritages s'étant trouvés encore en nature dans le temps du décès de la mère, les enfans en avoient été saisis, et par conséquent, que le père avoit été exclu du droit d'y succéder.

Les arbitres ne s'arrêtèrent point à ces moyens.

Ils jugèrent que l'une et l'autre somme de neuf cents livres et de mille cent livres, qui composoient toute la dot de Marie Bonnet, étoit purement mobilière; mais ils en ordonnèrent différemment le partage.

Ils divisèrent en tiers la somme de neuf cents livres; ils en donnèrent deux à la succession du père, comme héritier de Martin et de François. Ils adjugèrent l'autre tiers à la succession de Gilbert.

Pour expliquer leur disposition touchant le reste de la dot, il faut remarquer que, depuis le décès de Marie Bonnet, Michel Pélissier avoit vendu les héritages qui lui avoient été donnés *in dotem*, et qu'il les avoit vendus pour le prix de mille six cent quarante livres; et, quoiqu'à la rigueur, il ne pût être condamné qu'à rapporter la somme de mille cent livres à laquelle ils étoient estimés par le contrat de mariage, les arbitres, par équité, jugèrent à propos d'ordonner que l'on suivroit la dernière estimation préférablement à l'ancienne, et que la somme de mille six cent quarante livres seroit partagée entre la succession de Michel Pélissier et celle de Gilbert son fils.

Il semble qu'ils devoient suivre la même proportion dans le partage de cette somme que dans celui de la somme de neuf cents livres, et donner le tiers à la succession de Gilbert, et les deux autres tiers à la succession du père.

Cependant ils partagèrent cette somme par la

moitié, entre les enfans du premier et les enfans du second lit.

Le motif qui les y a déterminés est incertain. Peut-être ont-ils jugé que l'on ne devoit point compter ici la personne de Martin qui étoit décédé le premier; mais sur quel fondement? Ou peut-être l'ont-ils fait par accommodement, du consentement des parties. Quoiqu'il en soit, ils l'ont fait, et Antoine Pélissier ne s'en plaint pas.

Pour achever d'expliquer la disposition de cette sentence arbitrale, on doit observer que Gilbert avoit légué le demi-tiers de ses biens à François son frère; Michel avoit succédé à François son fils; il avoit trouvé, dans sa succession, cette portion des biens de Gilbert; il falloit encore retrancher ce demi-tiers sur la part de la dot de Marie Bonnet, que l'on adjugeoit à la succession de Gilbert. Mais, parce que les héritiers de Gilbert étoient aussi héritiers de Michel Pélissier leur aïeul, ils partageoient ce demi-tiers avec les enfans du second lit, aussi heritiers de Michel. C'étoit donc un douzième qui leur revenoit, et la déduction qui étoit à faire sur leur portion, se trouvoit réduite par là à un douzième. C'est aussi ce que les arbitres ont décidé.

Ainsi, ils adjugent à la succession de Gilbert, d'un côté, un tiers de la somme de neuf cents livres; de l'autre, la moitié de la somme de mille six cent quarante livres; et sur l'une et sur l'autre, ils ordonnent que déduction soit faite du douzième qui doit appartenir à Antoine Pélissier, comme héritier de son père, qui l'étoit de François, auquel le demi-tiers des biens de Gilbert avoit été légué.

Appel de ce chef de la sentence arbitrale, par Gabrielle Lachant et ses filles.

Requête de la part de l'intimé, à ce que toute audience fût déniée aux appelans, jusqu'à ce qu'ils eussent payé la peine portée au compromis.

On n'y insista pas à l'audience, et l'on conclut au fond.

Moyens des appelans.

Premier moyen. Réalisation de l'une et l'autre somme qui composoient la dot.

De celle de neuf cents livres, par la promesse d'assigner sur bon et compétent fonds; exemple des coutumes voisines, Nivernois, Bourbonnois, Bourgogne duché et comté.

De celle de mille cent livres : 1.° Parce qu'il est dit que le futur époux la restituera à la future épouse ou aux siens; affectation aux enfans; exclusion du père.

2.° Parce que les héritages qui avoient été donnés en paiement, existoient encore dans le temps du décès de la mère. Or, par la disposition du droit dans la loi 30, *in rebus dotalibus*, Cod. *de Jure Dotium*, les choses mêmes estimées qui ont été données en dot, peuvent être revendiquées par la femme après la dissolution du mariage. Donc la propriété en appartient à elle ou à ses héritiers.

Il faut ajouter à cette loi l'article 305 de la coutume de la Marche, qui dit que les biens dotaux *retournent à la femme par le mariage solu, et elle et ses héritiers se peuvent dire saisis de plein droit sans aucune appréhension de fait.* Ici les héritages existoient au temps de la dissolution du mariage. Les héritiers en ont été saisis. Ce sont des immeubles. Succession interdite au père.

Second moyen. Quand même ces deniers auroient conservé la nature de meubles, le père n'auroit pu y succéder.

1.° L'esprit de la coutume de la Marche, est de ne considérer que deux sortes de biens : biens paternels, biens maternels, art. 216, 227, 230, 231, 232, 233, 234, 235. Disposition qui a lieu pour les meubles. Ou ils paroissent venir du côté maternel, et alors les maternels y succèdent; ou du côté paternel, et en ce cas ils passent aux parens paternels;

ou il est incertain de quel côté ils viennent ; et, dans le doute, les meubels sont présumés être des biens paternels, art. 230 ; de sorte qu'en général, sous le nom de meubles, on entend communément dans cette coutume, les meubles paternels, art. 205, où l'on voit que le terme de meubles ne peut s'entendre que des meubles paternels, et cependant il n'y est point restreint par aucune limitation.

De là s'ensuit que quand l'article 223, décide que le père succède aux meubles et conquêts de son fils, cela ne doit s'entendre que des meubles paternels ou acquis par le fils.

2.° Le procès-verbal de la coutume de la Marche, rapporte la disposition de l'ancien article 223, qui ajoutoit une exception à cette règle générale, qui défère au père la succession mobilière de ses enfans, *père et mère, aïeul ou aïeule, succèdent à leurs enfans..... quant aux meubles et conquêts advenus autrement que par la succession de leurs prédécesseurs.* Il est vrai qu'on a retranché cette exception ; mais par quel motif? Parce que l'article étoit obscur, seul raison des réformateurs ; donc nul intention de l'abroger, mais de l'éclaircir ; donc l'exception subsiste encore, et l'on a cru que le terme de meubles suffisoit dans la coutume de la Marche, pour marquer les meubles paternels.

3.° L'article 224, qui est le suivant, justifie cette observation ; il accorde au père l'usufruit des biens maternels, et dit que cet usufruit ne se perd point par le trépas du fils : or si l'usufruit appartient au père, il n'en a pas la propriété ; car s'il l'avoit, l'usufruit se trouvant consolidé avec la propriété, seroit éteint.

4.° Les articles 2 et 3 de la coutume d'Auvergne, titre 12, contiennent nommément cette exception. C'est une coutume voisine qui a le même esprit, et qui est presque semblable dans toutes ses dispositions.

Donc ces deniers étoient toujours maternels, quoique mobiliers ; le père toujours incapable d'y succéder.

Troisième moyen. Quand le père auroit pu y succéder, ils devroient toujours, après sa mort, revenir aux enfans du premier lit, par la disposition de la loi 3, *feminæ.* Cod. *secundis Nupt.* et de la Novelle 22, chap. 46.

La mère est tenuè de conserver tout ce qui lui vient de la succession de ses enfans du premier lit, aux autres enfans nés du même mariage.

L'édit des secondes noces ne parle que des libéralités, mais constamment il ne s'observe qu'en pays coutumier. Ici c'est pays de droit écrit, puisque les lettres patentes de confirmation de cette coutume renvoient au droit écrit, pour les cas qui n'y sont pas décidés.

QUANT A NOUS, on peut considérer trois sortes de lois par lesquelles cette contestation peut être décidée.

La loi particulière et domestique que les parties se sont imposée dans le contrat de mariage.

La loi municipale de la province de la Marche, domicile des parties.

La loi générale des provinces qui se gouvernent par la disposition du droit écrit.

La première de ces lois, c'est-à-dire, la convention des parties n'exclut point le père.

Il faut distinguer ici la somme de neuf cents livres, de celle de mille cent livres.

A l'égard de la première, c'est un principe certain que la promesse d'assigner n'est pas suffisante dans le droit commun, pour donner à un meuble la qualité d'immeuble. Elle ne donne dans l'usage présent qu'une hypothèque, quand même elle auroit été suivie d'un assignat spécial. *Voyez Loiseau, traité du déguerpissement, liv.* I.

Il est vrai que quelques coutumes, comme Nivernois, Bourbonnois, et celles du duché et du comté de Bourgogne, donnent, à la simple promesse d'assigner, la force de réaliser un meuble; mais cela est singulier, et ne s'étend pas à d'autres coutumes.

D'ailleurs cela n'a d'effet que *contra maritum*, suivant la note de M.e Charles Dumoulin, à moins que ce ne fût un assignat perpétuel et d'une rente annuelle, qui par là auroit la nature d'immeuble. Cela forme un propre de communauté, et non de succession.

La coutume de la Marche ne contient point de disposition semblable; le droit commun y est contraire. Mais, dit-on, dans cette coutume il n'y a point de communauté; ainsi, l'assignat ou la promesse d'assigner n'opéreroit rien, si elle ne rendoit les deniers immeubles, pour interdire au père le droit de les recueillir par succession.

Il est aisé de répondre :

1.° Que c'est parce qu'il n'y a point de communauté dans cette coutume, qu'il a été inutile de donner cette force et ce caractère à l'assignat et de le rendre capable d'exclure un effet de la communauté.

2.° Que l'assignat aura au moins l'effet d'assurer la restitution de la dot, et de procurer une hypothèque spéciale à la femme.

Outre ces raisons générales, tirées de la disposition du droit commun, et de celle de la coutume de la Marche, on peut ajouter encore quelques observations sur le contrat de mariage et la quittance qui l'a suivi.

1.° Ce n'est pas seulement le futur époux que l'on charge d'assigner neuf cents livres sur bon et compétent fonds; c'est même la future épouse. L'un et l'autre s'y obligent solidairement; ce qui marque que la promesse d'assigner est bien moins en faveur de la femme et de ses enfans, qu'en faveur du donateur pour la sûreté du droit de retour ou de succession.

2.° Dans la quittance donnée par Michel Pélissier, à son beau-père, il paroît que le dernier se contente d'un assignat général; or jamais on n'a prétendu que l'assignat général fût suffisant pour donner aux meubles la qualité d'immeubles : donc nulle réalisation par le contrat de mariage.

A l'égard de la somme de mille cent livres, faisant

partie de la dot, la clause qui oblige le mari à restituer aux enfans, n'emporte pas l'exclusion d'y succéder après la mort des enfans.

1.° En général cette clause ne suffit pas. Il faudroit qu'on eût ajouté que cette somme de mille cent livres demeureroit propre à la future épouse et aux siens de son estoc, côté et ligne. Il est inutile de dire que l'on ne connoît point l'usage de ces termes dans la province de la Marche, puisque dans le même contrat il est dit, que la somme donnée à la future pour ses bagues et joyaux, lui demeurera propre.

2.° Elle se trouve dans le contrat de mariage, par énonciation, et non comme une disposition.

Il est au choix du futur époux *et des siens*, de rendre à la future et aux siens la somme de mille cent livres ou les héritages.

L'existence des héritages estimés au temps du décès de la femme, n'en rend pas les enfans propriétaires.

1.° De droit commun, quand la dot est estimée, le mari *summæ, velut pretii, debitor efficitur*, L. 5, cod. *de jure dot.*

Ce qui est dit dans la loi 30, *eod. tit.* que soit que les choses données en dot aient été estimées, ou qu'elles ne l'aient pas été, la femme doit *in his vindicandis omnem habere post dissolutum matrimonium prærogativam*, est un droit qui lui a été accordé contre les créanciers, et non contre le mari, à moins qu'il ne fût prêt à tomber dans l'indigence.

2.° La clause porte expressément que le mari a le choix. Il est donc inutile d'alléguer l'art. 305 de la coutume de la Marche, qui dit que la femme et ses héritiers sont saisis de plein droit des héritages dotaux. Le même article ajoute, s'il n'est autrement accordé. Ici il a été autrement convenu entre les contractans.

La deuxième loi, qui est la coutume de la Marche, n'est pas plus favorable à l'appelant.

Disposition générale de l'article 223 : *Père et mère*,

aïeul ou aïeule succèdent à leurs enfans, etc.......... quant aux meubles et conquêts.

Nulle exception des biens maternels.

On oppose l'esprit de la coutume, qui entend presque toujours par le nom de meubles, les meubles paternels.

Mais on répond que tous les articles qui sont cités pour prouver cet esprit, regardent la succession des collatéraux qui suit l'ordre des lignes, et l'affectation des biens à chaque ligne, au lieu qu'il s'agit ici de la succession des pères; succession anomale, et qui se règle par des principes tout différens.

On oppose, en second lieu, le procès-verbal dans lequel l'ancien article est énoncé avec l'exception des biens maternels.

Mais, 1.° c'est ce qui marque précisément l'esprit de la nouvelle coutume; elle déroge à l'ancienne, elle détruit l'exception des biens maternels, et elle propose une règle générale sans réserve, sans exception, qui appelle les pères à la succession de tous les meubles et conquêts de leurs enfans.

Mais, dit-on, les réformateurs ont marqué qu'ils ne corrigeoient l'ancien article, que parce qu'il étoit obscur.

Réponse, 1.° ils n'ont marqué que ce motif; rien n'empêche qu'ils n'en aient eu d'autres.

Mais, dans le doute, il est constant qu'ils ont effacé cette exception; il est constant que, par les lettres patentes, il est défendu de citer les articles de l'ancienne coutume qui sont abrogés, il faut donc se servir de la nouvelle en l'état qu'elle est, autrement tout seroit incertain.

2.° Preuve qu'ils n'ont pas seulement voulu expliquer l'article, ils ont même voulu le réformer; cela paroît.

1.° Parce que, dans cette première partie de l'ancien article, on ne peut trouver aucune obscurité: *Père succède aux meubles, etc. autrement advenus que par le décès des prédécesseurs.* Donc, si l'on a retranché cette exception, ce n'est point par la raison de l'obscurité. Ce qui pouvoit paroître ambigu, ce sont les paroles suivantes; mais quant aux premières, nulle obscurité.

2.° Non-seulement les réformateurs retranchent une partie de l'article, ils y ajoutent une disposition nouvelle touchant les biens donnés par les ascendans à leurs descendans. Donc leur intention n'a pas seulement été d'expliquer une loi ancienne, mais de faire une nouvelle loi.

Ainsi, bien loin que le procès-verbal puisse être allégué par l'appelant, il est absolument contraire à ses prétentions, puisqu'il fait voir que les réformateurs ont abrogé l'exception qu'elle veut faire revivre.

On oppose en troisième lieu l'article 224, qui dit que l'usufruit que le père a des biens maternels de son fils, ne se perd par la mort du fils, etc.

1.° Si l'on donnoit cette interprétation à cet article, il s'ensuivroit une absurdité; car la coutume n'accorde pas seulement aux pères dans cet article, l'usufruit des biens maternels, mais encore des autres biens par lui acquis et advenus par quelque autre moyen que ce soit; et, après cela, elle ajoute : *et ne se perd par le trépas du fils*. Donc il faudroit soutenir que le père n'a jamais qu'un usufruit, soit des biens maternels, soit des meubles et conquêts de son fils, ce qui seroit directement opposé à l'article précédent. Qui prouve trop, ne prouve rien.

2.° Il est facile de feindre une espèce dans laquelle la disposition de cet article aura lieu, sans donner atteinte à celle de l'article 223. A l'égard des biens maternels, il n'y a qu'à supposer que ce sont des immeubles, dont la propriété ne peut être acquise au père; et à l'égard des biens acquis par le fils, il n'y a qu'à feindre que le fils laisse des enfans qui excluent leur aïeul.

Mais, dit-on, s'il y a des enfans légitimes, il y a un mariage; s'il y a un mariage, il y a émancipation par l'article 296 de la coutume de la Marche, et la disposition du droit commun dans le ressort du parlement; et s'il y a émancipation, l'usufruit du père cesse, parce qu'il ne lui est accordé qu'en conséquence de la puissance paternelle.

Erreur dans le droit; car l'usufruit est réduit à la moitié par l'émancipation; mais il n'expire que par la mort du père. La disposition de la loi 6, §. 3, cod. *de bonis quæ liber*, y est formelle.

On oppose, en quatrième lieu, la coutume d'Auvergne, nulle conséquence à en tirer. Au contraire, on peut dire que les réformateurs de ces coutumes ont voulu réduire peu à peu les choses au droit commun de nos coutumes.

Autrefois les ascendans, dans ces provinces, ne succédoient en aucun cas aux descendans, et ne recueilloient point des biens qui ne pouvoient leur revenir que *turbato naturæ et mortalitatis ordine*. Et telle étoit aussi la disposition de la loi des Douze Tables. Ceux qui ont réformé, en l'année 1510, la coutume d'Auvergne, ont corrigé cette disposition; mais ils l'ont limitée par une exception qui est celle qui se trouvoit dans l'ancienne coutume de la Marche.

Onze ans après, les réformateurs de la coutume de la Marche ont cru pouvoir retrancher encore cette exception, et ne point limiter la succession mobilière, que le droit commun accorde aux pères.

Peut-être que si l'on faisoit une nouvelle réformation de la coutume d'Auvergne, on abrogeroit pareillement cet article qui ne peut être tiré à conséquence par la coutume de la Marche, dans laquelle il est expressément abrogé, par une réformation postérieure à celle de la coutume d'Auvergne.

La troisième loi, que l'appelant allégue, est la disposition du droit écrit.

Deux principes également certains : 1.° Qu'en pays coutumier, les femmes qui passent à de secondes noces, ne sont obligées de conserver aux enfans du premier lit, que les avantages et les dons qui leur ont été faits par leurs premiers maris, et non ce qui leur est advenu par la succession des enfans du premier lit ; jugé par arrêt rapporté par M. Louet.

2.° Qu'en pays de droit écrit, on juge le contraire, suivant la disposition de la loi, *feminæ*, cod. *de secund. Nup.* et de la Novelle 22, chap. 46, qui ne sont point abrogées par l'édit des secondes noces.

Pour décider quel est l'usage qu'il faut suivre, il n'y a qu'à consulter les lettres patentes qui ont été citées.

Elles ne disent point qu'il faut se conformer à la disposition du droit dans les cas non exprimés, mais dans les cas auxquels les réformateurs ont jugé que la disposition du droit devoit avoir lieu. Mais on ne peut faire voir que, dans ce qui regarde les secondes noces, ils aient autorisé la disposition du droit civil. Il y a sur cette matière une loi précise, générale, un édit pour tous les pays qui se gouvernent par les coutumes.

Mais, dit-on, on ne voit point d'article dans lequel les réformateurs renvoient au droit romain.

Réponse. On peut renvoyer ou expressément, ou tacitement. En confirmant la disposition du droit, ils ne l'ont pas fait en la première, mais en la seconde manière.

On peut encore ajouter que, dans l'ancien article 223, il y avoit une disposition presque semblable à celle du droit romain, qui portoit que les biens advenus au père par le décès de ses enfans du premier lit, retournoient, après son second mariage, aux collatéraux qui les auroit recueillis, si le père ne leur eût fait obstacle. Or cette disposition est abrogée par la nouvelle coutume,

Ainsi, nous estimons qu'il y a lieu de mettre l'appellation au néant.

Arrêt conforme aux conclusions, prononcé par M. le premier président de Harlay, le 11 août 1692.

Entre Gabrielle de Lachant, veuve de Gilbert Pélissier, en son nom et comme tutrice de leurs enfans, appelante d'une sentence arbitrale, rendue par le sieur de Madot, lieutenant général à Guéret; M.e Pierre Guillon et M.e Austrille Meillet, avocats, le dix-sept mars mil six cent quatre-vingt-onze, d'une part; et Antoine Pélissier, greffier en la justice de Château-Vert, intimé, d'autre. Après que Berroyer, pour l'appelante, et Bodin, pour l'intimé, ont été ouïs pendant une audience, ensemble d'Aguesseau, pour le procureur-général du roi :

LA COUR a mis et met l'appellation au néant, ordonne que ce dont a été appelé sortira effet, condamne l'appelant en l'amende de douze livres et aux dépens.

Il est fait mention de cet arrêt dans le Journal des Audiences, tome IV, liv. VII, chap. 23.

VINGT-UNIÈME PLAIDOYER.

DU 9 DÉCEMBRE 1692.

Dans la cause entre le sieur EDMOND TRISTAN, le sieur TESNIÈRES et les sieurs DAMERVAL et CHAMPAGNE.

Si le droit de patronage, accordé par un testament au plus proche héritier, ou premier né de degré en degré, doit appartenir au fils de l'aîné, comme le chef de la famille, ou à son oncle, comme plus proche du fondateur.

Si l'on doit préférer entre deux pourvus en régale sur la présentation de ceux qui se prétendoient patrons, celui qui a été pourvu le premier, ou celui qui l'a été sur la présentation du véritable patron.

Si l'indignité résultante de la simonie, dans celui qui avoit été présenté par le véritable patron, doit le faire priver du bénéfice, en conservant au patron la faculté d'en présenter un autre, lorsqu'il n'est pas complice de la simonie.

QUOIQUE l'explication de cette cause soit fort sommaire, sa décision ne nous paroît pas exempte de difficulté.

La chapelle contentieuse a été fondée, par Pierre Tristan, en l'année 1533. Il y réserve le droit de patronage à lui et à sa famille. Clause expresse dans son testament, par laquelle, pour prévenir toutes dissensions, il ordonne *que la présentation de ladite chapelle, après son décès, viendra perpétuellement au plus prochain héritier mâle et premier né de degré en degré, du nom et non d'autre.* Telles sont les dispositions du fondateur, par lesquelles il s'étoit flatté de pouvoir maintenir la paix dans sa famille.

Ses descendans ont joui paisiblement du droit de patronage; le dernier qui l'a exercé, étoit le père du sieur Arnoud Tristan de Saint-Amand, pour qui plaide M.e Véronneau, et aïeul du sieur Tristan d'Authonville, pour qui parle M.e de Retz.

Tel est l'état de la famille du patron. A l'égard de l'état du bénéfice, c'est une simple chapelle, dont le revenu est de 400 livres.

Le dernier titulaire étoit M.e Pierre Champagne, et c'est par la résignation qu'il en a faite, que le bénéfice a vaqué.

Le 21 janvier 1690, deux actes passés entre Champagne et Tesnieres.

Le premier, est un concordat par lequel Champagne promet à Tesnieres de lui résigner cette chapelle, avec réserve d'une pension. Tesnieres se contente du bénéfice en l'état où il est, se charge des dégradations, réparations, et promet de ne jamais inquiéter son résignataire.

Le second, est la procuration *ad resignandum*, qui ne contient que la réserve de la pension, et garde un profond silence sur les conventions portées par l'autre acte.

Cette résignation est approuvée par Edmond Tristan, sieur d'Authonville, pour qui parle M.e de Retz.

Dans l'intervalle de l'envoi et de l'admission, M. l'évêque de Beauvais fut nommé cardinal.

Promotion à cette dignité, le 13. Admission de la résignation, et provisions expédiées le 16.

La régale ouverte dès le treizième jour de la promotion, le bénéfice n'étoit rempli ni de fait ni de droit en ce moment; ainsi le Roi étoit maître d'y pourvoir. La régale a été ouverte depuis le 13 février 1690, jusqu'au 5 février 1691, qu'elle a été close.

Cependant Tesnieres, sur le fondement de ses provisions, obtient un *visa* de M. le cardinal de Janson. Il prend possession le 26 avril 1690. Il jouissoit paisiblement du bénéfice, lorsque Damerval s'adressa au Roi pour obtenir des provisions du bénéfice comme vacant en régale. Il lui expose que la résignation, faite par Champagne, étoit nulle, contraire aux droits du Roi, contraire à ceux du patron; que la régale étant ouverte, la résignation avoit dû être faite entre les mains du Roi; qu'on y avoit méprisé le véritable patron, qui étoit le sieur Arnoud Tristan; que, dans cet état, il se trouvoit capable de remplir ce bénéfice, alléguant en sa faveur la présentation de ce dernier patron, qui étoit le seul légitime.

Il obtient, sur cet exposé, un brevet du Roi le premier novembre 1690, par lequel le Roi, en agréant et confirmant la présentation faite par Arnoud Tristan, lui confère la chapelle en quelque manière qu'elle puisse vaquer.

En vertu de ces provisions, prise de possession le 18 décembre.

Tesnieres, qui est l'autre régaliste, ne croyant pas son droit assez fort, veut l'assurer par celui du Roi.

Il obtient une nouvelle résignation de la part de Champagne : nouvelle présentation de la part d'Edmond Tristan. Et sur ces actes, le Roi lui accorde aussi des provisions en régale, le 20 avril 1691.

Il prend possession, pour la seconde fois, le 5 juillet 1691.

Cependant Damerval avoit fait assigner l'ancien titulaire, par-devant le prévôt de Montdidier, pour être condamné à faire les réparations, etc. Sentence favorable, par défaut. Procès-verbal de visite, et estimation aussi par défaut.

Appel par Champagne. Sentence confirmative du bailli de Montdidier. Tesnieres, comme résignataire de Champagne, en interjette appel. Arrêt de défenses. Opposition par Damerval. Instance d'appointement à mettre. Edmond Tristan intervient. Arrêt qui le reçoit opposant, lève les défenses, ordonne que les réparations seront faites, et adjugées au rabais, en présence du substitut de M. le procureur-général, renvoie le surplus à l'audience.

L'arrêt a été exécuté par Damerval. Il a appelé Champagne pour assister à l'adjudication des réparations. Champagne a refusé de s'y trouver, attendu qu'il avoit résigné. Adjudication par défaut, pour une somme d'environ 400 livres.

Enfin intervient Arnoud Tristan, qui se joint à Damerval. Champagne donne une requête pour le paiement de sa pension.

Ainsi plusieurs chefs.

1.° Entre les régalistes, lequel doit être préféré.

2.° Entre les patrons, lequel est le vrai patron.

3.° Les réparations.

4.° La pension.

Les deux derniers chefs dépendent absolument des premiers.

Moyens de Tesnieres et d'Edmond Tristan.

Premier moyen. Le droit de patronage ne peut être contesté au neveu, à l'exclusion de l'oncle. Cela se prouve ;

1.° Parce que, par la force de la représentation, ils sont au même degré, et que, dans ce cas, le fondateur a donné la préférence à l'aîné.

2.° Parce que c'est un droit appartenant à l'aîné. Exemple de toutes les substitutions.

3.° Disposition de la coutume d'Amiens.

Ainsi, interprétation conforme aux termes de la clause, à l'intention du fondateur, au droit commun.

Second moyen. On ne peut pas prétendre que par la clause générale, *aut alias quovis modo*, Damerval doit être préféré. Cela ne s'entend que des différens genres de vacance. Mais une institution faite en vertu d'une présentation nulle, tombe, selon Dumoulin, avec la présentation même qui en est le fondement.

Troisième moyen. On ne peut opposer la simonie.

1.° Ce qui en auroit l'apparence, est très-léger.

2.° Non effectuée.

Si la résignation est bonne, Champagne est hors d'intérêt, sa pension doit lui être conservée, etc.

Moyens de Damerval et d'Arnoud Tristan.

1.° Le droit de patronage est acquis à Arnoud Tristan par ces termes, *plus prochain*. Il n'y a point ici de représentation. Elle n'a pas lieu dans les dispositions testamentaires.

Ces mots, *premier né*, sont expliqués par ce qui suit, *degré en degré*. Il faut épuiser le premier degré, avant que de passer au second; et c'est alors que le premier né doit être préféré entre ceux qui sont égaux en degré, pour éviter les divisions entr'eux.

Point d'affectation au fief; ce qui marque qu'il n'y a point de prérogative accordée à l'aîné, et répond au moyen que l'on a tiré de la coutume d'Amiens.

2.° Inutile d'examiner à qui appartient ce droit. Le Roi a eu intention de conférer en tous les cas. Enfin quel droit a Tesnieres, puisque sa présentation est venue trop tard, et après plus de six mois?

3.° Simonie prouvée par écrit. Réparations évaluées à 400 livres. Indignité notoire.

Quant a nous, nous croyons que la décision de cette cause dépend de l'examen de deux questions générales.

La première regarde autant l'intérêt des patrons, que celui des parties, qui demandent le même bénéfice. Elle consiste à savoir quel est le véritable patron, quel est celui auquel l'intention du fondateur et la disposition du droit commun accordent également le pouvoir de présenter dans le cas de la vacance. Si cette faculté appartient à l'oncle comme plus proche parent du fondateur, ou au neveu comme représentant l'aîné et le chef de la famille.

La seconde question ne peut être agitée que par rapport aux deux régalistes. Elle se réduit à examiner si, indépendamment de la question de droit de patronage, l'une ou l'autre des parties a un titre suffisant pour obtenir le bénéfice qui fait le sujet de leur contestation.

PREMIÈRE QUESTION.

Sur le droit de patronage.

Nous supposerons d'abord, comme un principe constant, et dont la vérité est reconnue par toutes les parties, que l'incertitude du fondateur est la loi qui doit décider cette cause, et que comme sa volonté est l'unique fondement du droit que chacun prétend avoir, elle est aussi l'unique règle par laquelle on puisse ou confirmer ce droit, ou lui donner atteinte. Mais lorsque cette volonté est obscure, lorsque les intentions du testateur sont douteuses, cette incertitude ne peut être fixée que par la disposition du droit commun : dans le doute, on présume toujours qu'un testateur a voulu se conformer aux règles ordinaires ; et les jurisconsultes ont cru qu'il étoit plus juste de suivre, dans ces occasions, les maximes du droit, que d'introduire un nouvel ordre qui seroit peut-être contraire aux intentions du testateur, et qui s'opposeroit certainement à l'esprit de la loi.

La loi de Zenon et les Novelles, qui parlent du droit des fondateurs, veulent qu'on suive leur volonté, s'ils l'ont déclarée au commencement, sinon le droit commun.

Si nous examinons cette cause par rapport à ces principes, nous trouverons d'abord que l'on ne peut s'empêcher de reconnoître quelque obscurité dans les termes de la clause qui règle le droit de présentation. Il paroît difficile d'abord, de concilier les termes de *plus prochain héritier* avec celui de *premier né*. Par les premiers, il semble que l'oncle doive être préféré. Le neveu paroît être appelé par les derniers, à l'exclusion de l'oncle. Supposons, pour un moment, que cette clause soit fort obscure, à qui aurons-nous recours pour l'interpréter? La première voie et la plus sûre nous manque, c'est-à-dire, l'intention du testateur, que l'on prétend être douteuse. Il faut donc avoir recours à la seconde, c'est-à-dire, au droit commun, suivant le principe que nous venons d'établir; mais quel est le droit commun en ces matières ?

On peut en distinguer de deux sortes.

Le premier, est le droit romain, dont nous avons, pour ainsi dire, adopté la jurisprudence en ce qui regarde la représentation. Il en est de même du droit canonique admis parmi nous.

Le second, est le droit coutumier et la jurisprudence de vos arrêts.

Il faut considérer ce qui résulte de l'un et de l'autre.

Nous ne répéterons point ici tout ce qui vous a été dit pour vous montrer la force, les effets et la faveur de la représentation. Ce sont des maximes si communes et si peu contestées, que la simple proposition suffit pour les établir. Personne ne doute que rien n'est plus favorable que la représentation en ligne directe; qu'elle a la force de rappeler ceux qui se trouvent dans un degré éloigné, pour les faire concourir avec ceux qui sont dans un degré plus prochain : mais ce qui pourroit faire ici quelque difficulté, ce seroit de savoir si le droit de patronage peut être considéré comme un droit successif qui imite l'ordre des successions légitimes, et qui se défère suivant les régles de la représentation.

Suivant le droit civil, il n'y avoit point de représention pour le droit de patronage. Les enfans du patron succédoient par têtes, et non par souches, à l'affranchi mort *ab intestat.*

Mais cela étoit fondé sur ce que la loi des Douze Tables ne se servoit point du terme d'héritier, mais appeloit nommément celui qui étoit le plus proche; en sorte que les enfans du patron recueilloient la succession de l'affranchi, non comme représentant une autre personne, mais de leur chef. C'est par cette raison, qu'une constitution grecque de Justinien, dont Cujas a rétabli le texte dans ses observations, *Liv. XX, Ch. XXXIV*, appelle à la succession de l'affranchi ceux mêmes qui auroient été exhérédés.

Il n'en est pas de même parmi nous. Le droit de patronage, selon de Roye, et d'autres auteurs, est déféré en conséquence de la succession.

Tous les anciens canons se servent du mot *HÉRITIER*; *patrono et heredibus ejus*; et, dans l'espèce particulière de la cause, nulle difficulté qu'il ne doive être déféré selon l'ordre de la succession légitime, puisque le testateur appelle son *plus proche héritier*.

Si cette distinction avoit besoin de preuve, il suffiroit, pour l'établir, de citer la Clémentine, *Plures, de jure Patronatûs*. Cette décrétale a terminé les anciennes contestations des canonistes. Les uns, trompés par l'exemple des patrons dont parle le droit civil, rejetoient la représentation, les autres l'admettoient; et le sentiment de ces derniers a prévalu.

Enfin, si cette autorité ne paroissoit pas encore suffisante, et si nous avions peine à reconnoître l'autorité ecclésiastique en cette matière, on pourroit y joindre celle de plusieurs arrêts qui l'ont ainsi décidé.

Il ne reste qu'à répondre à une seule objection. Le droit de patronage, dont il s'agit, a été acquis à la famille en vertu d'un testament. Or la représentation n'a pas lieu dans les successions testamentaires. On ne peut donc l'admettre dans l'espèce de cette cause.

Pour éclaircir cette difficulté, il faut distinguer si le testateur ne s'est point servi ou d'un nom collectif, ou des termes mêmes de la loi. Il est vrai que s'il n'a fait ni l'un ni l'autre, il seroit fort difficile d'admettre la représentation. C'est le sentiment de Cujas, et de plusieurs autres, parce qu'il faut prendre les noms dans leur sens naturel, et ne pas s'écarter trop légèrement dans leur signification ordinaire.

Mais, s'il s'est servi d'un nom collectif ou des

termes de la loi, alors on présume qu'il a voulu soumettre son jugement à celui du législateur, sa loi privée à sa loi publique; et la représentation a lieu dans ce cas.

Appliquons ces principes.

On prétend que la cause du testament est douteuse. Donc il faut revenir au droit commun.

Par le droit commun, la représentation a lieu, si le testateur s'est servi des termes de la loi.

Il s'en est servi, puisqu'il a employé le terme d'*héritier*.

Ce n'est pas le plus proche seulement, ou le plus proche parent, eu égard à l'ordre de la nature, c'est le plus proche héritier, dans l'ordre de la loi, qu'il a appelé.

Donc si, selon l'ordre de la loi, le petit-fils se trouve rapproché par la représentation de son père, il devroit concourir avec l'autre fils; et dès le moment que, par le droit commun, ils concourent, le petit-fils doit l'emporter par la clause particulière, qui veut que le premier né soit préféré.

Le testateur a désiré trois conditions.

1.° Héritier plus prochain.

2.° Héritier mâle.

3.° Héritier premier né.

De ces trois conditions, les deux premières sont communes aux deux parties; ils sont tous deux au premier degré, l'un de son chef, l'autre par la force de la représentation. Ils sont tous deux mâles. La troisième condition les distingue, l'un est premier né, l'autre ne l'est pas; et il doit lui céder, à cause de cette différence.

On oppose que le terme de *premier né*, est expliqué par ceux qui le suivent, *de degré en degré*, et qu'il est vrai qu'en chaque degré, le premier né a la préférence; mais qu'il y a ici inégalité de degré.

On peut répondre :

1.° Que les termes *de degré en degré*, ne peuvent jamais avoir ce sens. C'est ce qui a été jugé une infinité de fois dans les substitutions graduelles et perpétuelles en faveur des aînés, dans lesquelles on n'a jamais prétendu que l'oncle pût exclure son neveu, fils de l'aîné, à cause de ces termes, *de degré en degré.*

2.° Que, par la force de la représentation, ils sont dans le même degré.

3.° Il en résulteroit une conséquence absurde, qui est que si le fils aîné venoit à mourir laissant un fils, le droit passeroit à une autre ligne sans espérance de retour, contre l'intention du testateur.

Si, de l'examen du droit de représentation, nous passons aux dispositions des coutumes et des arrêts, il est constant,

1.° Que dans la coutume d'Amiens, voisine de celle de Montdidier, *article* 72, le fils aîné a la présentation aux bénéfices, à l'exclusion de ses frères.

2.° Chopin, *de Morib. Andeg.* L. 2, Part. 2, Tit. 5, Num. 11, pag. 124, rapporte un arrêt qui a donné le droit de patronage à l'aîné, dans le partage de la baronnie de Montargis, en l'année 1511.

Quoique l'on puisse dire que ce droit a été accordé et par les coutumes et par les arrêts, à cause du fief, cependant on connoît toujours par là l'esprit des coutumes, et la disposition du droit commun.

Or, supposé que la clause fût obscure, et qu'Edmond Tristan ne pût être admis au droit de patronage que *jure alieno*, et par représentation, on peut dire qu'il y vient *jure suo.*

Jean Tristan a laissé deux enfans qui lui ont survécu.

L'aîné a recueilli tous les droits qui pouvoient lui appartenir, entre lesquels étoit le droit de patronage; quoiqu'il ne l'ait pas exercé, il a eu cependant la propriété de ce droit, et il l'a eue à l'exclusion de son frère Arnoud Tristan. Il est mort. Il a laissé un fils capable de lui succéder.

Donc il a transmis ce droit à son fils; et il n'est pas besoin de donner une interprétation au testament, d'après lequel il est le plus prochain héritier mâle, premier né. Car il faut remarquer que le testateur n'a pas dit, *à son plus prochain héritier mâle*, mais *au plus prochain héritier mâle* en général, c'est-à-dire, plus prochain héritier de celui qui, le dernier, avoit eu le droit.

Ainsi, nulle difficulté à décider en sa faveur, soit du chef de son père qu'il représente, soit de son chef comme lui ayant succédé.

Il semble que cette première partie devroit décider toutes les autres questions de la cause.

Cependant nous sommes obligés de les examiner, puisque Damerval prétend, qu'indépendamment du droit de patronage, il doit obtenir le bénéfice.

SECONDE QUESTION.

Droit des Parties, indépendamment du Patronage.

On s'est arrêté davantage à expliquer cette seconde partie de la cause, que la première; et elle renferme en effet un plus grand nombre de questions.

Quatre objections différentes de la part du sieur Damerval.

Première objection. Le Roi étoit libre dans le temps qu'il a conféré. La pleine et entière collation lui appartient, lorsque le patron ne présente pas dans le temps prescrit.

Seconde objection. Le Roi a voulu conférer *quocumque modo;* ce que l'on prouve.

1.° Par ces mots, *en quelque manière que le bénéfice ait vaqué.*

2.° Par ces autres expressions : *Dont la collation et toute autre disposition nous appartient.*

Troisième objection. Tesnieres ne pouvoit plus alléguer en sa faveur la présentation même du véritable patron, après l'espace d'un an, et la clôture de la régale.

Quatrième objection. Indignité dans la personne de Tesnieres, simonie évidente, prouvée et avouée.

Ces différentes questions se réduisent à prouver.

1.° Que Damerval a un titre, indépendamment du droit de patronage.

2.° Que Tesnieres n'en a point.

Il est nécessaire de nous arrêter à considérer ces deux points.

Première difficulté à examiner. Le Roi étoit-il libre dans le temps qu'il a conféré? La négligence du patron l'avoit-elle privé de son droit?

Les principes qui doivent décider cette question sont certains. Le patron a quatre mois. Lorsqu'ils sont écoulés, l'ordinaire confère non *jure devoluto*, mais *jure libero*.

Deux restrictions à cette règle générale.

1.° Que ce temps ne court que *à die verisimilis notitiæ*.

2.° Que ce temps ne court pas contre ceux qui ont un empêchement légitime.

Sur la première limitation, observer que le temps de quatre mois regarde proprement la vacance par mort : il est vrai qu'on l'a étendu aux autres genres de vacance, mais il a été introduit d'abord pour le premier, parce que dans les autres genres de vacance, l'ignorance du patron est excusable. C'est pour cela que la coutume de Normandie, *Article* 69, ne fait mention que de ce genre de vacance; et parce que cette coutume donne autant de temps pour présenter aux patrons laïcs, qu'aux patrons ecclésiastiques, elle dit expressément que les six mois qu'elle accorde, ne courent que du jour que la mort du dernier possesseur a été communément sue.

Il faut conclure de là que, quoique les quatre mois soient étendus aujourd'hui à tout genre de vacance, la cause des patrons est cependant beaucoup plus favorable, et leurs excuses plus légitimes, quand ils les proposent dans le cas d'une vacance par résignation.

Ce n'est pas la seule circonstance que l'on puisse alléguer pour justifier le retardement du sieur Tristan. Si elle étoit seule, elle ne seroit pas suffisante.

Mais il a présenté dans le temps même que le

bénéfice a vaqué. Résignation du 21. Consentement du patron le 23.

Il est vrai que cette résignation n'a été admise que le 16 février, et que pour lors la régale étoit ouverte dans l'évêché de Beauvais; mais, dès le moment que le patron a présenté, dès le moment qu'il a consenti à la résignation qui a été faite en faveur de Tesnieres, il semble qu'il ait satisfait à son devoir; la loi n'exige plus rien de lui; il a un très-juste sujet de demeurer dans le silence, et de croire que celui auquel il a donné son agrément, a pris toutes les précautions nécessaires pour obtenir le bénéfice; qu'il s'est adressé chez tous les collateurs : et en effet, pouvoit-il croire que le bénéfice étoit vacant, pendant qu'il voyoit Tesnieres en possession paisible depuis le 26 avril 1690? Devoit-il examiner son droit, ses provisions, ses titres, pendant que personne ne les contestoit ?

Quand même la possession de Tesnieres auroit été interrompue, il avoit un empêchement légitime, étant occupé au service du Roi en Allemagne. Il y a un certificat qui en fait foi. Excuse juste et favorable auprès de tout collateur, mais surtout auprès du Roi.

La possession de Tesnieres n'a été interrompue que par la prise de possession de Damerval. Elle est du 18 décembre 1690.

C'est de ce seul jour, que l'on pourroit accuser le patron de négligence. Averti par la prise de possession de Damerval, il a dû s'informer du droit des parties; et supposé que celui de Tesnieres ne fût pas bon, le présenter de nouveau au Roi, ou tel autre sujet capable qu'il auroit voulu, et, s'il avoit laissé passer les quatre mois suivans sans présenter, on auroit pu lui imputer sa négligence.

Mais il a présenté de nouveau dans les quatre mois, savoir, le premier mars 1691, deux mois et demi après la prise de possession de Damerval; cela supposé, nulle négligence dans le patron.

Donc le Roi n'étoit pas libre de conférer.

Quelque grande que soit sa puissance, il la soumet

aux règles auxquelles les collateurs ordinaires sont soumis.

Jaloux surtout du droit des patrons, il les maintient contre les entreprises de la cour de Rome; et pendant qu'il les protège contre le droit de prévention, voudroit-il les prévenir lui-même?

Damerval a obtenu des provisions du Roi le premier novembre 1690. Tesnieres étoit encore en possession; Edmond Tristan, encore au service du Roi, ou nouvellement revenu : juste sujet d'ignorer la vacance; et, quand il l'auroit sue, empêchement légitime.

Le Roi n'a point eu intention de déroger à son droit, et ne pouvoit conférer que sur la présentation. Donc la collation est nulle.

Nous allons plus avant, en supposant que le Roi eût été libre de conférer le bénéfice sans le consentement du patron, nous croyons pouvoir dire que, dans ce cas même, les provisions de Damerval lui seroient inutiles.

C'est un principe établi par Dumoulin sur l'article 55 de la coutume de Paris, que la collation est restreinte par la présentation; que le collateur n'est censé avoir voulu conférer que supposé que celui qui présentoit fût patron. Les actes ne s'expliquent que par la forme dans laquelle ils sont faits; et comme un homme, qui confère librement, n'est pas censé vouloir conférer sur la présentation du patron, de même celui qui confère sur une présentation, n'est pas censé vouloir conférer librement. Ainsi, dit Dumoulin, si le collateur donne le bénéfice au présenté, *sed non quasi præsentato*, la collation est nulle.

Le Roi n'a voulu accorder le bénéfice à Damerval, que supposé qu'Arnoud Tristan fût patron : *en confirmant et agréant la présentation*; ce sont les termes de provision. Or, il n'étoit pas patron; donc le Roi n'a pas voulu conférer le bénéfice à celui qu'il a présenté.

On oppose la clause générale *aut aliàs quovis*

modo. Il faut distinguer le genre de vacance et le genre de collation. Elle regarde l'une, et non pas l'autre.

Enfin, ces termes *dont la collation et toute autre disposition nous appartient*, ne prouvent rien.

1.° Ce sont des termes énonciatifs et non dispositifs.

2.° Le Roi n'étoit pas libre de conférer, comme nous l'avons déjà prouvé.

La troisième objection se détruit dès le moment que l'on prouve qu'Edmond Tristan ne peut être accusé d'aucune négligence.

On peut encore ajouter que c'est exciper du droit du Roi, qui a pu, quand même les quatre mois seroient passés, admettre la présentation d'un patron.

A l'égard de la régale, dès qu'elle a eu lieu, elle a son effet, même après la clôture.

Damerval a été présenté par celui qui n'étoit pas patron, pendant que le Roi n'étoit pas libre de conférer. Donc la présentation et la collation sont nulles. La clause générale ne peut lui être utile; elle ne regarde que le genre de vacance, et enfin le Roi n'a pas eu intention de lui conférer par tout genre de collation, puisqu'il a postérieurement conféré le bénéfice à un autre.

Ainsi, nul droit en la personne de Damerval.

On diroit que rien ne s'oppose plus à Tesnieres, présenté par le véritable patron, pourvu par le Roi; il semble avoir vaincu ses adversaires, et il n'a plus d'ennemi que lui-même, *ipse sibi infensior hostis*.

Deux réflexions sur la simonie qu'on lui reproche.

1.° Il n'en est pas des bénéfices comme des biens profanes; à l'égard desquels *actore non probante reus absolvitur*. Mais, par rapport aux bénéfices, il ne suffit pas d'opposer aux autres le vice de leur titre; il faut se présenter avec un titre dans lequel on puisse mettre sa confiance; surtout en matière de régale, où l'on prononce sur le pétitoire: car s'il s'agissoit d'une complainte, on pourroit maintenir celui qui seroit en possession, mais, s'agissant ici du titre, on ne peut l'adjuger à aucune des parties, si aucune d'elles n'a un droit certain et légitime.

2.° Il n'est pas vrai même, à proprement parler, que Tesnieres n'ait plus de partie; il a contre lui tout le public, dont nous devons être les organes et les défenseurs.

Suivant ces maximes, et instruits par l'exemple de vos arrêts, que l'on peut priver tous les contendans du bénéfice qu'ils demandent, nous sommes obligés d'examiner l'indignité dont on accuse Tesnieres.

Il suffit de reprendre le fait en peu de mots, et de faire quelques reflexions.

1.° Chose temporelle donnée pour une chose spirituelle. Il est égal de donner vingt pistoles, et de ne pas demander des réparations qui monteroient à cette somme.

2.° Ce n'est point une libéralité gratuite, c'est *pactum sine morâ appositum*, une convention, une stipulation marquée et proscrite par les saints canons.

3.° Convention tenue secrète, faite par un acte séparé; cette tache n'a pu être effacée par les provisions du pape.

4.° Elle est prouvée par écrit, et par l'aveu du coupable.

On cherche en vain à pallier ce crime, en disant: 1.° Qu'il s'agit d'un objet léger. Mais une faute en cette matière, n'est jamais légère, et c'est un exemple dont on doit toujours redouter les conséquences pernicieuses. Les réparations ont été estimées quatre cents livres; accordons que l'estimation soit trop forte, mais c'est toujours un prix payé pour un bénéfice.

2.° On ajoute que c'est un crime non consommé, que les réparations ont été faites par le résignant; mais c'est une intelligence manifeste depuis le procès commencé, et dans la vue de prévenir ce moyen.

Ainsi, d'un côté nul titre, de l'autre indignité, le droit manque à l'un, la capacité à l'autre; quand même la cour auroit de l'indulgence, nous devons protester pour la régale.

L'un et l'autre doivent être privés du bénéfice, et cela n'est pas sans exemple.

A l'égard du patron, nulle preuve qu'il ait trempé dans la simonie; puisqu'elle avoit été inconnue jusques à présent, il peut encore présenter : nul doute qu'il ne doive présenter au Roi. Le crime commis, avant l'ouverture de la régale, a fait vaquer le bénéfice; il faut que la régale, une fois ouverte, ait son effet.

La pension ne mérite pas d'examen. *Turpitudo ex parte resignantis et resignatarii.*

Les réparations seront dûes par le résignant, mais à un autre pourvu.

Ainsi, nous estimons qu'il y a lieu de recevoir les intervenans parties intervenantes; et sans s'arrêter à l'intervention de la partie de M.e Veronneau, ayant aucunement égard à celle de la partie de M.e de Retz, le maintenir et garder dans la possession du droit de patronage, comme aidé de la famille; et sans avoir égard aux provisions, respectivement obtenues par les parties, ordonner que, dans tel temps qu'il plaira à la cour fixer, la partie de M.e de Retz présentera au Roi un autre sujet capable, pour être pourvu du bénéfice en question : mettre l'appellation et ce, etc. et sur le surplus hors de cour.

Arrêt qui appointe les parties au conseil, et sur les demandes en droit et joint, plaidant Chuberé pour Tesnieres, de Retz pour Edmond Tristan, Pierron pour Champagne, la Touche pour Damerval. Prononcé par M. le premier président de Harlay, le 9 décembre 1692, au rôle de Vermandois.

L'auteur du Journal des Audiences, tome IV, livre VII, chapitre XXVI, fait mention de l'arrêt qui a appointé cette affaire, et de celui qui l'a jugée au rapport de M. de Malebranche, conseiller au parlement. Il explique les moyens de part et d'autre sur ce qui concerne le temps où la représentation a commencé d'avoir lieu dans la coutume de Montdidier; cest moyens ne furent peut-être proposés que depuis l'appointement. Il n'en est pas question dans ce plaidoyer; mais il y est établi que la volonté du fondateur, qui donne le droit de patronage à sa famille, doit être interprétée par le droit commun.

Ce principe fut suivi par l'arrêt définitif qui maintint le sieur d'Authouville au droit de patronage. Le sieur Tesnieres, qu'il avoit présenté au Roi, fut maintenu dans la possession de la chapelle, soit que les faits, qu'on lui imputoit comme une simonie, eussent été plus éclaircis, ou qu'ils n'eussent pas paru assez certains et assez graves pour l'en déclarer coupable en le privant du bénéfice auquel il avoit été présenté par le véritable patron.

EXTRAIT DES REGISTRES DU PARLEMENT.

DU 27 AOUT 1693.

Entre messire François Tesnieres, prêtre, chapelain ordinaire en la Sainte-Chapelle du palais, à Paris, appelant d'une sentence rendue au bailliage de Montdidier, le quatre juillet mil six cent quatre-vingt-onze, et de tout ce qui a suivi, et demandeur en régale, suivant la requête insérée en l'arrêt du sept septembre audit an mil six cent quatre-vingt-onze, d'une part; et messire Louis Damerval, prêtre, curé de Ravenel, intimé et défendeur, d'autre; et messire Pierre Champagne, prêtre, curé de la Plantie, appelant de ladite sentence du bailliage de Montdidier, dudit jour quatre juillet, et de tout ce qui a suivi, d'une part, et ledit Damerval, intimé, d'autre; et ledit sieur Champagne, demandeur en requête du vingt-huit novembre mil six cent quatre-vingt-douze, d'une part, et lesdits Damerval et Tesnieres, défendeurs, d'autre. Et entre ledit Damerval, demandeur en régale, suivant sa requête du vingt-six novembre mil six cent quatre-vingt-douze, d'une part, et ledit Tesnieres, défendeur, d'autre. Et entre M. Edmond Tristan d'Authouville, ci-devant mousquetaire du roi, et capitaine, premier cornettier de la vénerie de Monsieur, frère unique du Roi, demandeur en requête du vingt-cinq dudit mois de novembre mil six cent quatre-vingt-douze, et lesdits Tesnieres, Damerval, sieur abbé de Saint-Amand, défendeurs, d'autre. Et entre messire Arnoud Tristan de Saint-Amand, docteur de Sorbonne, demandeur aux fins de la requête du vingt-six dudit mois de novembre, d'une part, et lesdits Tesnieres, d'Authouville et Damerval, défendeurs, d'autre. Vu, par la cour; ladite sentence dont a été appelé par lesdits Tesnieres et Champagne, du quatre juillet mil six cent quatre-vingt-onze, rendue audit bailliage de Montdidier, la requête et demande dudit Tesnieres, insérées en l'arrêt dudit jour sept septembre mil six cent quatre-vingt-onze, à ce qu'il plût à ladite cour ordonner qu'il seroit maintenu et gardé en la possession de la chapelle de Saint-Pierre et de Saint-Jean-l'Evangéliste, fondée en l'église paroissiale de Maignelai, dit Halluin, laquelle lui seroit adjugée; que défenses fussent faites audit Damerval de le troubler en la possession de ladite chapelle, et le condamner aux dépens; ladite requête et demande dudit Damerval, du vingt-sept novembre mil six cent quatre-vingt-douze, à ce que acte lui fût donné de ce qu'il formoit sa demande en régale, et, en conséquence, que ladite chapelle lui fût adjugée; que défenses seroient faites audit Tesnieres et autres de l'y troubler, et pour l'avoir fait, qu'il seroit condamné en la restitution des fruits, si aucuns il a perçus; ordonner que ceux qui sont séquestrés lui seront délivrés, à ce faire le séquestre contraint; quoi faisant, déchargé, ledit Tesnieres condamné aux dépens, même en ceux réservés par l'arrêt du douze février mil six cent quatre-vingt-douze; ladite requête et demande dudit Edmond Tristan, dudit jour vingt-cinq novembre mil six cent quatre-vingt-douze, signifiée le vingt-sept dudit mois, à ce qu'il plût à ladite cour déclarer l'arrêt qui interviendroit entre les parties commun avec ledit Arnoud Tristan; ce faisant, qu'il seroit tenu et gardé en son droit de patronage de la chapelle en question, que la nominatiou faite par ledit Arnoud Tristan, dudit Damerval, seroit déclarée nulle; défenses à lui, le cas échéant, de plus y nommer, et, pour l'avoir fait, qu'il fût condamné en ses dommages et intérêts, et en tous les dépens, même en ceux par lui faits contre ledit Damerval et Tesnières, tant en cause principale que d'appel et demande; la requête et demande dudit Arnoud Tristan, dudit jour vingt-six novembre mil six cent quatre-vingt-douze, à ce qu'il plût à la cour le recevoir partie intervenante en l'instance d'entre les parties; faisant droit sur son intervention, qu'il fût maintenu et gardé dans le droit et possession dudit patronage, avec défenses de l'y troubler, et en conséquence, adjuger audit Damerval ladite chapelle, aveo dépens. Arrêt du neuf décembre mil six cent quatre-vingt-douze, par lequel lesdits Edmond et Arnoud Tristan auroient été reçus parties intervenantes, et sur l'appel les parties appointées au conseil, sur lesdites interventions et demandes en droit et joint. Autre arrêt du vingt-huit avril mil six cent quatre-vingt-treize, contradictoirement rendu entre ledit Louis Damerval, demandeur en requête du vingt-sept avril audit an mil six cent quatre-vingt-treize, et ledit Tesnieres, défendeur, d'autre, par lequel il auroit été ordonné que ladite instance d'appel du bailliage de Mondidier, demeureroit disjointe desdites demandes en régale et patronage; et de collation de ladite chapelle en question, pour être jugée séparément, dépens réservés. Production des parties sur les autres demandes; requête desdits Edmond Tristan, Arnoud Tristan et Tesnieres, des treize, seize et vingt-quatre juillet, et six août mil six cent quatre-vingt-treize, respectivement employées pour contredits. Production nouvelle dudit Tesnières, par requête du sept dudit mois d'août; production nouvelle dudit Edmond Tristan, par requête dudit jour sept août; contredits dudit Arnoud Tristau, du même jour sept août, contre lesdites productions nouvelles; production nouvelle dudit Arnoud Tristan, par requête du treize dudit mois d'août; requête desdits Tesnières et Edmond Tristan, du même jour treize août, employée par contredits contre ladite production nouvelle dudit Arnoud Tristan. Conclusions du procureur-général du roi, tout joint et considéré :

LA COUR, sans avoir égard aux demandes desdits Arnoud Tristan et Damerval, a maintenu et gardé ledit Edmond Tristan au droit de patronage de la chapelle en question, et en conséquence, déclare ladite chapelle avoir vaqué en régale, et comme telle adjugée audit Tesnieres, ensemble les fruits et revenus d'icelle; à la restitution desdits fruits seront les fermiers et séquestres contraints; quoi faisant, déchargés; condamne lesdits Arnoud et Tristan de Damerval aux dépens, chacun à leur égard, envers lesdits Tesnieres et Edmond Tristan.

VINGT-DEUXIÈME PLAIDOYER.

DU 21 AVRIL 1693.

Dans la cause de JACQUELINE GIRARD, veuve D'HONORÉ CHAMOIS, MARIE-CLAUDE CHAMOIS, femme du sieur FRIGON, et ledit sieur FRIGON.

Il s'agissoit de l'état d'une fille sortie, à l'âge de treize ans, de la maison de sa mère, qui avoit passé en Amérique, s'y étoit mariée, y avoit demeuré seize ans, étoit revenue en France après la mort de son père et de ses frères, et que sa mère ne vouloit pas reconnoître.

QUOIQUE cette cause vous ait été expliquée avec tous les ornemens et toutes les couleurs qui peuvent la rendre vraisemblable, nous croyons néanmoins pouvoir dire d'abord que, lorsqu'on examine la variété des circonstances, la nouveauté des incidens que le caprice de la fortune ou l'artifice de la supposition y a fait entrer, si l'on sait si l'on doit la considérer comme l'ouvrage ingénieux d'une fiction agréable, ou comme le récit sincère d'une véritable histoire.

Une fille obligée, dès l'âge de treize ans, à chercher, dans les hôpitaux, une sûreté qu'elle n'a pu trouver dans la maison de sa mère; réduite à la triste nécessité de se charger de la honte et des apparences du crime, pour y éviter de le commettre, contrainte enfin à fuir, dans un autre monde, les malheurs qui la menaçoient en celui-ci, paroît aujourd'hui dans votre audience, après une absence de seize années, et elle implore le secours de la justice, pour réparer, par l'autorité de vos jugemens, l'injure qu'elle prétend que la fortune a faite à la vérité de sa naissance.

Le nombre et l'enchaînement des faits qu'elle articule, la force de ses titres, l'autorité des témoins qu'elle a fait entendre, semblent décider la cause en sa faveur, et lui assurer la qualité et les droits de fille légitime.

D'un autre côté, le peu de vraisemblance que ces faits paroissent avoir, les contrariétés apparentes qu'on prétend trouver dans les principales circonstances, les soupçons qu'on a voulu répandre contre les témoins, et encore plus la voix de la mère, le désaveu formel qu'elle fait de sa fille, cette espèce de jugement naturel et domestique qu'elle a prononcé contre elle, rendent la cause douteuse et la décision difficile.

Pour découvrir, au travers de tant de ténèbres, la lumière de la vérité, nous nous attacherons en cette cause beaucoup plus à l'explication des faits, qu'à l'examen des questions que l'on pourroit y faire entrer; et, dans cette vue, nous croyons devoir distinguer d'abord deux sortes de faits qui servent de sujet à cette contestation : les uns sont constans, et leur vérité est attestée par toutes les parties; les autres, au contraire, paroissent douteux, et c'est dans la preuve de ces faits que doit consister la décision de cette cause.

Nous expliquerons d'abord les premiers, et nous entrerons ensuite dans l'examen et dans la discussion des autres.

L'état de la famille d'Honoré Chamois et de Jacqueline Girard, que l'intimée appelle ses père et mère, est un de ces premiers faits importans pour la décision de cette cause, et dont la vérité est reconnue par l'une et l'autre partie.

Quatre enfans sont issus de leur mariage : deux garçons et deux filles.

L'aîné de ces deux fils s'appeloit Henri Chamois,

le second Philippe-Michel; ils sont décédés l'un et l'autre depuis plusieurs années.

Sa fille aînée, appelée Marie Chamois, épousa Pierre Mareuil, et est morte sans avoir laissé d'enfans.

Marie-Claude Chamois fut la dernière de leurs enfans; elle vint au monde en l'année 1656, et si elle vit encore aujourd'hui en la personne de l'intimée, elle sera l'unique héritière d'Honoré Chamois, son père.

A l'égard de la fortune d'Honoré Chamois, il paroît qu'il la devoit toute entière à la protection de M. le comte d'Harcourt, dont il avoit été secrétaire; il est mort en l'année 1660, revêtu d'une charge de secrétaire du roi.

Marie-Claude Chamois, mise d'abord en nourrice chez la nommée Bouthillier, menuisier à Paris, fut ensuite élevée chez sa mère; elle la suivit dans une maison qu'elle loua dans le faubourg Saint-Antoine.

C'est dans cette maison que l'intimée prétend avoir vu commencer les malheurs qui l'ont accablée dans la suite de sa vie.

Il est constant, et ce fait est le dernier de ceux dont toutes les parties conviennent, que soit par la négligence de ceux auxquels Jacqueline Girard avoit confié sa fille pendant son absence, soit pour se dérober aux emportemens de son frère, soit enfin pour éviter les mauvais traitemens que sa mère lui faisoit souffrir, Marie-Claude Chamois cessa de paroître dans la maison maternelle, dans sa famille, dans le public même.

Si l'on croit le témoignage de Jacqueline Girard, elle prétend que cette perte n'a jamais été réparée; que le ciel ne lui a point encore rendu sa fille, qu'il lui a même refusé la consolation d'apprendre de ses nouvelles; et le long temps qui s'est écoulé depuis qu'elle a disparu, ne lui permet pas de douter qu'elle n'ait fini sa vie par une mort malheureuse.

Si l'on s'arrête, au contraire, aux faits qui sont proposés par l'intimée, sa mère n'a pas été long-temps dans cet état d'ignorance et d'incertitude; elle a été parfaitement instruite de son départ, du voyage, et du séjour qu'elle a fait en Amérique.

Mais, avant que d'entrer dans le détail de ces circonstances, il est nécessaire de s'arrêter ici à l'explication d'un fait qui ne peut être révoqué en doute : il est écrit dans les registres de l'hôpital, et les parties en reconnoissent également la vérité.

Dans le même temps que la véritable Marie-Claude Chamois disparoît, dans le temps que sa mère regrette sa perte, une fille du même âge, c'est-à-dire, de l'âge de treize ans, est amenée à l'hôpital de la Pitié, sous le nom de Marie-Victoire.

Celle qui l'a conduite en cette maison, est nommée sur le registre, Gabrielle Emeri; il est dit qu'elle lui avoit été recommandée par le sieur Perceval, vicaire de Saint-Paul.

Trois jours après, on la fait entrer dans l'hôpital de la Salpétrière. On lit aujourd'hui dans le registre de l'entrée des pauvres en cette maison : *Marie-Victoire, âgée de quatorze ans, qui ne connoît ni père ni mère, sera observée.*

Ces paroles ont fait une des plus grandes difficultés de cette cause.

Toutes les parties conviennent que Marie-Victoire, conduite à l'hôpital-général, en 1669, est la même personne que celle qui paroît aujourd'hui à votre audience sous le nom, véritable ou emprunté, de Marie-Claude Chamois; mais, ce qui est encore douteux, et que vous déciderez, par l'arrêt que vous allez prononcer, c'est de savoir si Marie-Victoire étoit la fille d'Honoré Chamois et de Jacqueline Girard, obligée à cacher son nom pour ne pas déshonorer sa famille, et exposer sa personne aux mêmes dangers qui la contraignoient à se retirer dans un hôpital; ou si, au contraire, Marie-Victoire étoit une fille inconnue, sans parens, sans biens, qui devoit sa naissance au hasard d'une conjonction illicite, et que la charité d'un ecclésiastique faisoit enfermer dans un hôpital, comme dans un asile contre les tentations de la jeunesse et de la pauvreté.

Sa prétendue mère ne l'a point réclamée dans cet hôpital pendant l'espace d'une année qu'elle a passé dans la maison de la Salpétrière. Oubliée de ceux qu'elle appelle ses parens, et les oubliant elle-même, elle a perdu, dans cette demeure, tous les sentimens naturels qui attachent les hommes au lieu de leur naissance; et, ayant été choisie pour être du nombre de celles qui devoient aller en Amérique, elle a mieux aimé renoncer à sa patrie, entreprendre un voyage périlleux, et passer dans un nouveau monde, que d'implorer le secours de celle qu'elle reconnoît aujourd'hui pour sa mère.

En l'année 1670, la même personne qui, dans l'hôpital, avoit toujours porté le nom de Marie-Victoire, qui pendant son séjour en cette maison avoit toujours ignoré sa naissance, sa condition, ses parens, qui ne connoissoit pas même son père et sa mère, change d'état en arrivant en Amérique; elle quitte le nom de Marie-Victoire pour prendre celui de Marie Chamois. Le voile, qui lui cachoit sa naissance, se rompt; elle connoit son père et sa mère; elle donne à l'un le nom d'Henri Chamois, à l'autre celui de Jacqueline Girard; et, dans un pays qui, par son éloignement, pouvoit être justement appelé une terre d'oubli, elle se souvient de toutes les circonstances de sa vie, qu'elle avoit ou ignorées ou dissimulées dans sa patrie.

Ce n'est point dans des actes de peu d'importance, que l'intimée prend possession de ce nouvel état.

C'est en se mariant avec le nommé Frigon; c'est-à-dire, dans le plus solennel de tous les contrats, et le plus honorable de tous les engagemens de la société civile.

Il est vrai qu'il se trouve quelque différence entre les véritables noms, et ceux que l'intimée a fait insérer dans le contrat de mariage.

Son prétendu père y est appelé *Henry*, quoique son véritable nom fût celui *d'Honoré*.

Au lieu de nommer sa mère *Jacqueline Girard*, elle l'appelle *Giraut*. Nous examinerons, dans la suite, si c'est à l'erreur du notaire ou à l'ignorance de l'intimée que cette faute doit être imputée.

Il est toujours certain que cette dernière différence ne se trouve que dans le contrat de mariage, et que dans l'acte de célébration, le nom de *Jacqueline Girard* a été fidèlement inséré.

Depuis l'année 1670, la prétendue Marie-Claude Chamois a demeuré dans le silence. Nous ne voyons, du moins, aucun acte qui l'ait interrompu; elle prétend qu'elle a écrit plusieurs fois à sa mère, qu'elle a reçu plusieurs lettres, mais elle n'en rapporte aucune; et ce fait est un de ceux que nous examinerons incontinent dans le détail des preuves de l'état de l'intimée.

Enfin, après une absence de seize années, elle quitte l'Amérique, elle revient en France, elle paroît dans sa famille; quelques personnes la reconnoissent, sa mère la désavoue.

Elle la fait assigner au châtelet pour être condamnée à lui rendre un compte de communauté et de tutelle. La demande est renvoyée aux requêtes du palais; les parties y procèdent volontairement.

La prétendue fille y rapporte son extrait baptistaire, son contrat de mariage, une lettre qu'elle prétendoit être écrite de la main de sa mère, et qu'elle a été obligée ensuite d'abandonner.

La mère conteste l'autorité de ces actes. Le refus de son suffrage rend la cause douteuse. L'intimée demande à faire preuve de plusieurs faits importans: elle soutient qu'elle a été baptisée à Saint-Gervais, sous le nom de Marie-Claude Chamois, nourrie par la femme du nommé Bouthillier, élevée chez sa mère jusqu'à l'âge de dix, onze à douze ans, obligée d'en sortir, pour éviter les fureurs de son propre frère, qui ne respectoit plus en elle les droits sacrés de la nature, de la religion et de la loi; qu'elle a été conduite par la nommée du Rivault chez le sieur le Retz, sous-vicaire de Saint-Paul, et amenée enfin, par ses soins, d'abord à l'hôpital de la Pitié, et ensuite transférée à celui de la Salpétrière. Elle explique, dans la même requête, son départ pour le Canada, les circonstances de son voyage, son arrivée, son séjour, son mariage en Amérique, les lettres que sa mère lui a écrites, enfin son retour en France, la reconnoissance d'une partie de sa famille, le désaveu injuste de sa mère.

En cet état, Frigon, mari de l'intimée, intervient dans l'instance comme tuteur de ses enfans.

C'est dans toutes ces circonstances, et avec toutes ces parties, que la première sentence, dont l'appel est porté en ce tribunal, a été prononcée.

Elle appointe les parties en droit au principal, sur la provision à mettre, et cependant la preuve permise.

L'enquête a été faite et les témoins entendus, avant que l'intimée eût fait signifier un arrêt de défenses qu'elle a obtenu.

On a formé opposition à cet arrêt pendant le cours de la procédure.

Seconde sentence, qui adjuge quatre cents livres à l'intimée.

Second appel, en adhérant.

Arrêt contradictoire qui reçoit la partie de M.e Thevart appelante, et la déboute du surplus de ses requêtes, c'est-à-dire, lève les défenses; requête à fin d'évocation du principal.

Voilà, MESSIEURS, quel est l'état de cette cause, singulière dans ses faits, longue dans le récit de ses circonstances, et importante dans sa décision, puisqu'il s'agit d'assurer la condition d'une personne qui, depuis plus de vingt années, incertaine de sa destinée, a cherché inutilement dans l'un et dans l'autre monde, un état fixe et tranquille, un repos solide et durable qu'elle ne peut désormais espérer que de votre jugement (1).

Voilà, MESSIEURS, quels sont les principaux moyens des parties. Telles sont les raisons de l'appelante pour convaincre l'intimée d'imposture, et celles de l'intimée pour établir la vérité de son origine, et confondre la dureté de sa mère.

La première difficulté que nous croyons devoir examiner dans cette cause, c'est l'autorité du désaveu de la mère.

Nous n'avons garde de croire que l'on doive considérer sa voix comme absolument décisive. Nous savons que son témoignage, qui ne devroit jamais avoir pour principe que la nature et la vérité, peut devenir suspect par les différentes passions qui agitent le cœur des hommes. Nous n'ignorons pas la disposition du droit qui rejette ces déclarations injustes, par lesquelles une mère irritée ou aveuglée par son avarice, s'efforce de donner atteinte à l'état de ses enfans.

Mais, en même temps que nous sommes convaincus de l'équité de ces lois, nous ne pouvons nous empêcher de reconnoître que tant que la conduite de la mère ne fait concevoir aucun soupçon contre elle, la présomption doit toujours être en sa faveur, jusqu'à ce qu'elle soit détruite par des preuves authentiques, ou par des présomptions aussi fortes et aussi légitimes.

C'est dans cette vue que nous croyons devoir examiner avec plus d'attention que dans aucune autre cause, tous les argumens par lesquels on peut assurer l'état de l'intimée.

Nous ne nous arrêterons point ici à traiter une première question, toujours agitée dans les causes d'état, et presque toujours uniformément décidée par la disposition de vos arrêts.

(1) Les moyens des parties furent expliqués ensuite, sans qu'ils aient été écrits.

Elle consiste à savoir quelle est la preuve légitime de l'état, de la naissance et de la filiation.

Personne n'ignore les dispositions des lois romaines, celles de nos ordonnances, et la jurisprudence certaine de vos arrêts sur cette matière.

La preuve la plus légitime dans les questions d'état, est celle qui se tire des registres publics. Ce principe est une espèce de droit des gens, commun à toutes les nations policées.

Mais, cette preuve, quelque authentique et quelque légitime qu'elle puisse paroître, n'est pas néanmoins la seule; et, comme il n'est pas juste que la négligence des parens, la prévarication de ceux qui conservent les registres publics, les malheurs et l'injure des temps, puissent réduire un homme à l'impossibilité de prouver son état; il est de l'équité de la loi d'accorder, en tous ces cas, une autre preuve qui puisse suppléer le défaut et réparer la perte des registres; et cette preuve ne peut être que celle qui se tire des autres titres et de la déposition des témoins.

Tels sont, en peu de mots, les principes que le consentement unanime des lois et des ordonnances a établis sur cette matière.

La première preuve résulte des registres publics des baptêmes et des mariages; la seconde, des titres; et la troisième, des témoins.

Examinons maintenant, dans le fait, si l'intimée peut alléguer ces trois preuves en sa faveur, et si elles concourent également à lui faire donner la qualité de fille légitime.

Nous commencerons cet examen par la discussion des preuves littérales.

L'état de la partie de M.e Joly de Fleury paroît établi sur trois actes authentiques, sur les titres les plus solennels qu'on puisse alléguer dans de pareilles contestations.

Un extrait baptistaire, un contrat de mariage, et l'acte de célébration. Enfin, un transport fait en l'année 1685, par lequel on prétend que la mère a trahi ses propres sentimens, et assuré l'état de celle qu'elle désavoue aujourd'hui.

Il semble d'abord que le seul nom d'extrait baptistaire suffise pour décider cette contestation, et que, sans examiner le détail des autres argumens de l'intimée, on doive s'arrêter à la preuve de toutes la plus authentique, la plus légitime et la plus décisive.

Qui sera désormais en sûreté, vous a-t-on dit pour l'intimée? Quelle sera la personne dont l'état ne puisse être attaqué, si, contre la foi d'un extrait baptistaire, il est permis encore de révoquer en doute la vérité de la naissance, et d'attaquer par là non-seulement l'autorité d'un acte conservé dans des registres publics, mais encore la sage disposition de l'ordonnance, qui se contente de cette preuve?

Quelque fortes que paroissent ces réflexions, si l'intimée étoit réduite à cette unique preuve, nous aurions peine à croire qu'elle fût suffisante pour décider seule cette contestation.

Il peut être certain qu'il y a eu une Marie-Claude Chamois baptisée sous ce nom dans l'église de Saint-Gervais, fille d'Honoré Chamois et de Jacqueline Girard, sans qu'il soit assuré que celle qui paroît aujourd'hui sous ce nom, soit la même que celle qui l'a reçu autrefois, et la malice d'un imposteur pourroit être assez grande pour prendre l'extrait baptistaire aussi bien que le nom d'une personne absente.

Ainsi, un extrait baptistaire est, à la vérité, la plus sûre et la plus infaillible de toutes les preuves; mais elle peut être éludée, si elle n'est soutenue par la longueur de la possession, par la connoissance que le public a de l'état, du nom, de la qualité d'une personne.

Nous sommes néanmoins obligés de reconnoître que, quoique cette preuve ne soit pas précisément par elle-même absolument décisive, elle forme toujours une présomption violente en faveur de celui qui la produit; et tant que l'on ne pourra point représenter celui qui auroit droit de se servir de cet extrait baptistaire, tant qu'on ne peut montrer son extrait mortuaire, et, en un mot, tant qu'on ne peut justifier ni sa vie, ni sa mort, bien loin de pouvoir accuser d'imposture celui qui se sert d'un pareil acte, il semble au contraire qu'il doit être écouté favorablement jusqu'à ce qu'on l'ait convaincu de fausseté et de supposition, en représentant celui dont il emprunte le nom.

Cette réflexion peut être appliquée naturellement à l'espèce de cette cause. Supposons, pour un moment, que l'intimée ne rapporte aucune preuve de la possession dans laquelle elle prétend être de son état, ne pouvons-nous pas dire que la seule représentation de son extrait baptistaire seroit une présomption assez forte pour lui faire obtenir la preuve par témoins, et que la véritable Marie-Claude Chamois ne paroissant point, que sa mort n'étant point prouvée, elle auroit au moins un titre coloré, un droit apparent qui rendroit sa prétention favorable ?

En effet, pourroit-on se persuader qu'un imposteur pût avoir assez de connoissance de l'état d'une famille, pour savoir qu'une personne absente ne sera point en état de se représenter pendant le cours de la procédure ? Quelle assurance peut-il avoir d'un fait aussi incertain ; et s'il n'en peut avoir aucune, croira-t-on qu'il ait assez de témérité pour vouloir s'exposer au péril d'être convaincu par une preuve si évidente de fausseté, de supposition et de calomnie ?

Ainsi, pour renfermer en peu de mots toutes les réflexions que nous croyons pouvoir faire sur ce premier acte, nous ne doutons pas que, quoiqu'il ne soit pas une preuve absolument concluante, si l'on y opposoit des preuves d'imposture et de supposition de personne, il doit au moins être considéré comme une présomption très-forte, capable de faire admettre la preuve testimoniale, et qui devient même tout à fait décisive, si elle se trouve jointe à la possession; et c'est ce que nous avons à examiner par rapport à la seconde preuve littérale que l'intimée allègue en sa faveur.

Cette preuve est tirée de son contrat de mariage, par lequel elle prétend avoir pris, dès l'année 1670, la qualité de fille légitime de Chamois, et de Jacqueline Girard sa femme.

Il y a deux choses à distinguer dans cet acte, le fait et l'induction qui en résulte.

L'on a soutenu que l'intimée s'étoit trompée dans le nom de baptême de celui qu'elle appelle son père, et dans le nom propre de sa prétendue mère. *Henri*, au lieu d'*Honoré*; *Giraud*, au lieu de *Girard*; et de ce changement on veut tirer une conviction entière de l'ignorance dans laquelle étoit alors l'intimée, de ceux qu'elle veut faire passer aujourd'hui pour ses parens, et de l'imposture par laquelle elle veut entrer dans une famille étrangère.

Celle de ces objections qui a le plus d'apparence, est détruite par un acte aussi authentique que le contrat de mariage, par l'acte de célébration qui le suit immédiatement, et dans lequel le véritable nom de Jacqueline *Girard* est énoncé : et si cette faute s'est glissée dans le contrat de mariage, c'est une erreur qu'il est plus juste d'imputer au notaire qu'à l'intimée.

La différence du nom de baptême du père, nous paroît un argument trop léger pour nous arrêter plus long-temps à le réfuter. Est-il surprenant qu'une fille, qui n'avoit que quatre ans, tout au plus, quand son père est mort, qui est sortie de la maison paternelle à treize ans, et du royaume à quatorze, pour passer en Amérique, ait ignoré ou même oublié le nom de baptême de son père, qu'elle l'ait appelé *Henri*, au lieu de lui donner le nom d'*Honoré*; et une simple erreur de cette qualité pourra-t-elle suffire à l'appelante pour accuser d'imposture une fille absente pendant long-temps, séparée de sa famille dès sa plus tendre jeunesse, et peu instruite de plusieurs circonstances beaucoup plus importantes que le nom de baptême de son père?

Nous ne nous arrêtons point ici à réfuter une objection qui regarde encore le même contrat. Omission du nom de *Claude ;* mais la mère elle-même l'a oublié dans un transport de l'année 1685.

Après avoir assuré la vérité du fait, voyons quelle est la preuve que l'on peut en tirer, pour assurer l'état de l'intimée.

Tous les motifs qui ont pu la déterminer à se dire fille d'Honoré Chamois et de Jacqueline Girard, se réduisent à trois principaux.

Ou le hasard a eu plus de part à cette résolution, qu'un dessein prémédité ; ou, au contraire, ce nom qu'elle a pris n'a point été l'effet d'un choix aveugle et du caprice de la fortune, mais elle l'a pris avec réflexion ; et, dans ce cas, elle ne peut avoir eu que deux vues différentes, ou de jeter dès-lors les fondemens de cet ouvrage de fraude et d'imposture qu'on prétend qu'elle a voulu élever dans la suite, ou de se conserver dans une famille et dans un état où la Providence l'avoit fait naître.

Si le hasard ni l'imposture n'ont pu lui suggérer ce dessein, il faudra pour lors convenir que l'on doit regarder la déclaration qu'elle a faite, dès l'âge de quatorze ans, comme la voix de la nature et le témoignage sincère de la vérité.

Nous ne croyons pas que l'on doive s'arrêter long-temps à examiner la première cause de cet effet, et que personne puisse attribuer au hasard un choix de cette nature.

Par quelle fatalité l'intimée auroit-elle adopté plutôt le nom de *Chamois*, nom assez rare et très-inconnu ? Mais, par quel caprice, encore plus bizarre, de la fortune auroit-elle joint ce nom à celui de *Jacqueline Girard ?* et par quel bonheur auroit-elle également réussi dans le nom du père et dans celui de la mère ? C'est réfuter cette objection que de la proposer, et l'impossibilité morale que cette supposition renferme, justifie suffisamment que le hasard n'a point eu de part dans ce choix.

Examinons maintenant si la fraude et l'imposture

ont fait ce que le hasard et la fortune n'ont pu faire.

Nous croyons pouvoir dire, à cet égard, que rien n'accuse l'intimée, et que tout, au contraire, la justifie. La jeunesse, l'état de la famille dans laquelle on suppose qu'elle a voulu entrer par artifice, l'éloignement des lieux, l'intervalle du temps qui s'est écoulé depuis le jour qu'elle a pris cette qualité jusqu'au jour de sa demande : il n'y a pas une seule de ces circonstances qui ne fasse voir la droiture et la sincérité de ses intentions, et qui ne dissipe tous les soupçons qu'on a voulu nous faire concevoir contre sa conduite.

Pourra-t-on se persuader qu'une jeune fille, âgée de quatorze ans, éloignée de son pays, sans amis, sans secours, sans parens, condamnée à un exil perpétuel, bannie non-seulement du royaume, mais de tout le monde que nous habitons, ait eu assez de malice pour vouloir préméditer dès-lors un concert de fraude et d'imposture ? Et si l'on veut qu'elle l'ait prémédité, nous demanderons encore par quel motif secret elle a choisi la famille d'Honoré Chamois pour y exécuter son projet ; comment même le nom de Chamois a pu lui être connu ; comment enfin sa malice a été assez aveugle pour ne pas chercher plutôt à entrer dans une maison illustre, capable ou de flatter son ambition par sa noblesse, ou son avarice par ses biens.

Mais, par quel excès de témérité a-t-elle pu s'assurer ou que Marie-Claude Chamois, dont elle vouloit usurper la place, seroit morte dans le temps qu'elle exécuteroit son dessein, ou qu'elle voudroit bien ne point paroître, pour lui laisser prendre le nom que la nature ne lui auroit point donné ?

Dans quel pays forme-t-elle une entreprise si téméraire ? C'est dans l'Amérique, dans un lieu où elle établissoit pour toujours sa fortune, par le mariage qu'elle venoit d'y contracter. Et dans quel temps exécute-t-elle ce dessein, conçu dès l'année 1670 ? Elle diffère pendant quinze années entières ; elle ne revient en France qu'en l'année 1685. Peut on concilier la témérité de l'entreprise, avec la lenteur de l'exécution ?

Si l'on répond à ces argumens, que l'intimée a pris le nom de Chamois, parce qu'elle l'a entendu nommer, lorsque l'appelante, affligée de la perte de sa fille, et la cherchant en tous lieux, alla à l'hôpital-général pour voir si elle ne l'y trouveroit point; et que, la nommée Marie-Victoire lui ayant été représentée, elle apprit, pour lors, quel étoit son nom, qu'elle a cru ensuite pouvoir le prendre impunément en Amérique, et que la nature ne lui ayant point donné de parens, elle avoit cherché à s'en donner par l'artifice d'une supposition.

1.° Ce fait n'est point prouvé.

2.° Quand il seroit vrai que Marie-Victoire auroit été représentée à l'appelante, dans le temps que celle-ci cherchoit sa fille, il seroit difficile de concevoir qu'une mère, dans la douleur de ne point retrouver sa fille, se fût attachée à instruire une inconnue et une étrangère de l'état de ses enfans, du nom et surnom de Chamois, et de son propre nom. Elle prétend qu'aussitôt que la vue de Marie-Victoire lui eut appris qu'elle n'étoit point sa fille, le regret de sa perte se renouvela dans son cœur, et lui fit verser des larmes sur l'état de sa fille. Est-il vraisemblable que, dans cette disposition, elle ait consommé en longs discours un temps qu'elle n'employoit, selon ses propres expressions, qu'à pleurer ses malheurs domestiques? Dira-t-on que cette simple vue ait assez frappé Marie-Victoire, pour la porter à prendre ce nom dans tout le cours de sa vie ?

Vous voyez donc, MESSIEURS, que l'on ne peut diminuer, par aucun argument, la force des preuves qui résultent de ce seul acte.

Si toutes les circonstances qui l'accompagnent sont autant de témoins de l'innocence de l'intimée, si rien ne l'accuse d'imposture, s'il est possible d'admettre la force du hasard dans un fait de cette qualité, que reste-t-il à présent, si ce n'est de reconnoître, dans cet acte, un caractère de vérité plus fort que toutes les dépositions des témoins, et qui, joint avec l'extrait baptistaire, nous paroît faire une preuve invincible de l'état de l'intimée?

Elle a pris possession de cet état depuis l'année 1670. Elle l'a toujours conservé jusqu'à présent.

Cette possession peut paroître d'abord destituée d'un des caractères les plus essentiels à une possession, pour la rendre légitime. Elle n'est pas publique, par rapport à la mère et aux autres parens, qui auroient eu intérêt de l'empêcher.

Mais, bien loin que la distance des lieux la rende suspecte, nous croyons au contraire qu'elle est, en cela même, une nouvelle preuve de la bonne foi et de la sincérité de l'intimée.

C'est une possession commencée par une fille de quatorze ans, dans un autre hémisphère, dans un lieu où l'intimée ne pouvoit avoir aucune connoissance de la famille d'Honoré Chamois, et encore moins concevoir le dessein de fraude et de supposition qu'on lui impute; possession suivie pendant le cours de seize années, sans qu'elle ait jamais pu recueillir, pendant un si long temps, aucun fruit de l'imposture dont on l'accuse; enfin, possession approuvée en quelque manière par la mère, par la seule partie qu'elle ait aujourd'hui, et qui a reconnu qu'elle étoit vivante en l'année 1685, par un acte dont l'autorité est la dernière et une des principales preuves littérales de l'intimée.

On vous a expliqué, MESSIEURS, la disposition et les qualités de cet acte. La mère y dispose d'un effet considérable en faveur d'un créancier de la succession de son mari. Elle y prend le titre d'héritière mobilière de trois enfans qui étoient décédés, et de tutrice de Marie Chamois, unique héritière d'Honoré Chamois, son père.

Nous croyons devoir faire ici plusieurs réflexions, toutes importantes.

Premièrement, la mère prend dans cet acte une qualité fausse; elle se dit tutrice d'une majeure. Une mère peut-elle ignorer l'âge de sa fille ? A-t-elle pu oublier qu'elle étoit née en 1656, et qu'en 1685 il y avoit quatre ans qu'elle étoit majeure ?

Mais, en second lieu, par quel dessein, dans quelle vue une mère peut-elle prendre une qualité aussi fausse que celle de tutrice d'une majeure ?

On prétend que le créancier l'a exigé pour sa sûreté; mais est-il concevable qu'un créancier croye trouver sa sûreté dans ce qui seroit la cause indubitable de sa ruine, et que, pour acquérir la propriété des effets qui lui ont été cédés, il ait demandé que le transport lui fût fait par la tutrice d'une majeure ?

Mais, s'il étoit vrai, comme la mère le prétend, que depuis 1669 jusqu'en 1685, elle n'a eu aucune nouvelle de sa fille, n'avoit-elle pas une qualité certaine, plus conforme à la situation où elle auroit été, et aux véritables intérêts de son créancier ?

Elle devoit, par une présomption naturelle et légale, croire que sa fille étoit morte après un temps aussi considérable que celui de seize années. Elle pouvoit prendre la qualité d'héritière; elle pouvoit jouir par provision, des effets de la succession. Ce titre étoit beaucoup plus sûr que celui de tutrice; et, si elle ne l'a pas pris dans cet acte, si par là elle l'a reconnue vivante, qu'elle avoue aujourd'hui qu'il n'est pas vrai qu'elle n'en ait reçu aucunes nouvelles depuis sa sortie, arrivée en 1669; qu'elle déclare de bonne foi qu'elle a été instruite de son état, informée de son existence, puisqu'elle a agi comme sa tutrice; précaution qui auroit été inutile, si elle avoit pu justifier sa mort, ou par une preuve parfaite, ou par une présomption aussi forte qu'une absence de seize années.

Il est remarquable qu'il s'agissoit d'un effet à prendre sur la succession de M. le comte de Harcourt, dans la maison duquel l'état de la famille de l'appelante pouvoit être connu.

Si non-seulement sa famille, mais la république, à laquelle les enfans ne naissent pas moins qu'à leur père, lui demande aujourd'hui compte de cette fille qu'elle a reconnue vivante en 1685, que pourra-t-elle répondre? S'excusera-t-elle sur le long espace de temps qui s'est écoulé depuis que sa fille a cessé de paroître? Mais on lui répondra qu'en l'année 1685, dans un acte qui est uniquement son ouvrage, un an avant la demande que l'intimée a formée contre elle, elle a reconnu publiquement la vie et l'existence de sa fille; et si elle ne peut alléguer d'autres excuses pour se défendre, ne sommes-nous pas en droit de lui dire: Ou représentez votre fille, ou reconnoissez celle que la fortune vous envoie.

Voilà, MESSIEURS, quelles sont les preuves, par écrit, que l'intimée rapporte.

Si l'on réunit ces trois actes, l'extrait baptistaire, la possession prise publiquement par le contrat de mariage, la déclaration non suspecte de la mère, de l'existence de sa fille en 1685, nous croyons qu'il est difficile de résister à tant de preuves, et qu'elles pourroient même suffire pour démontrer la vérité de l'état dans lequel l'intimée demande aujourd'hui à être maintenue.

Mais, si l'on y joint la preuve testimoniale, nulle difficulté.

Les témoins qui ont été entendus, sont encore plus forts par le poids de leurs dépositions, que par leur nombre. Nul reproche contre eux, leur qualité non suspecte; tout conspire à donner à leur témoignage l'autorité la plus capable de faire impression.

L'un est le directeur de l'hôpital, le confesseur de l'intimée, celui qui lui a donné les premières instructions de sa religion, qui l'a reçue dans l'hôpital, qui l'a vue partir pour le Canada. L'accusera-t-on de prêter son ministère à cet ouvrage d'iniquité et d'imposture?

L'autre est le mari de la nourrice de Marie-Claude Chamois, faussement accusé de démence; il a vu l'intimée dans son bas âge; il a été averti de sa retraite; il a regretté sa perte; il témoigne la joie qu'il a de la revoir aujourd'hui.

La troisième, est la nommée du Rivault : c'est celle qui a été instruite de tous les malheurs de l'intimée ; c'est elle qui l'a conduite chez le sieur vicaire de Saint-Paul ; c'est par ses soins qu'elle a conservé la vie et l'honneur.

Le dernier est Pierre Mareuil, beau-frère de l'intimée.

Les témoignages de parens sont d'un grand poids dans des affaires de cette nature.

Tous la reconnoissent, tous se souviennent de l'avoir vue dans le temps où elle étoit constamment Marie-Claude Chamois.

Le second et le troisième expliquent les causes de sa sortie. L'un en accuse les duretés de la mère, l'autre les violences du frère ; le détail qui accompagne leurs dépositions, ne laisse concevoir aucun soupçon contre leur fidélité. Ils indiquent les temps, les lieux, les personnes. Le sieur le Roi, auquel la nommée du Rivault dit qu'elle a amené Marie-Claude Chamois, a donné une déclaration par laquelle il confirme la vérité de tous ces faits.

Enfin le sieur Millet explique la demeure à l'hôpital, les lettres de la fille et de la mère.

A l'égard de la lettre qui paroît n'être pas véritable,

1.° L'intimée ne s'en sert point.

2.° Il n'est pas impossible qu'une fille qui a toujours demeuré avec sa mère jusqu'à treize ans, qui l'a quittée à cet âge, ne connoisse point son écriture.

Ainsi, tous les faits s'accordent parfaitement. Ils sont confirmés encore par la déclaration de la dame Bourdon.

Que peut-on opposer à tant de preuves réunies ? On allègue de prétendues contradictions.

1.° Dans sa requête elle expose qu'elle sortit à dix, onze ou douze ans. Cependant elle en avoit treize.

Mais il ne peut y avoir qu'une différence de deux ou trois mois.

2.° Elle a exposé d'un côté, que c'étoient les duretés de sa mère, et de l'autre que c'étoit l'empressement de son frère, qui l'avoient obligée de sortir de la maison de sa mère.

Mais l'un et l'autre peuvent être également vrais.

3.° La nommée du Rivault auroit dû avertir sa sœur; mais peut-être l'a-t-elle fait inutilement.

4.° On demande enfin pourquoi on lui a donné, en la faisant entrer à l'hôpital, le nom de Marie-Victoire? Rien n'est plus facile à expliquer, en supposant les autres faits, etc.

Nous estimons qu'il y a lieu de mettre l'appellation et ce dont est appel au néant, émendant, évoquant le principal, maintenir et garder Marie-Claude Chamois dans la qualité de fille légitime d'Honoré Chamois et de Jacqueline Girard, enjoindre à l'appelante de la reconnoître pour sa fille.

Arrêt conforme aux conclusions le 21 avril 1693, prononcé par M. le président de Harlay.

Entre François Frigon, habitant de Bastican, pays de Québec en Canada, sous la domination du Roi, dite nouvelle France, et damoiselle Marie-Claude Chamois, sa femme, à cause d'elle, fille et unique héritière du défunt Honoré Chamois, écuyer, héraut d'armes de France, son père, et encore ladite Chamois, héritière de défunts Marie, Henri et Philippe-Michel Chamois, ses frères et sœur, demandeurs aux fins de l'exploit d'assignation donnée à leur requête au châtelet de Paris, le quinze mars mil six cent quatre-vingt-six, renvoyés aux requêtes du palais par autre exploit du dix-neuf avril ensuivant, et retenus par sentence desdites requêtes du ving-sept dudit mois d'avril audit an; ladite demande tendante à ce que damoiselle Jacqueline Girard, veuve dudit défunt Chamois, défenderesse ci-après nommée, fût condamnée à leur communiquer l'inventaire qu'elle a fait ou dû faire après le décès dudit défunt sieur Chamois, son mari, pour, après ladite communication, rendre par elle le compte de communauté d'entre elle et sondit défunt mari; ensemble celui de tutelle qu'elle a gérée, des personnes et biens desdits Marie, Henri et Philippe-Michel Chamois, et de ladite Marie-Claude Chamois ses enfans, payer le reliquat qui en seroit dû, et ensuite être procédé avec eux au partage des biens et effets délaissés par ledit défunt, et en cas de contestation, condamner les contestans aux dépens d'une part; et ladite damoiselle Jacqueline Girard, veuve dudit défunt sieur Honoré Chamois, tant en son nom à cause de la communauté qui a été entre elle et ledit défunt son mari, que comme tutrice desdits Marie, Henri et Philippe-Michel Chamois, et ladite Marie-Claude Chamois, ses enfans, et dudit défunt Chamois, défenderesse d'autre part; et entre ladite Jacqueline Girard audit nom, appelante des sentences contre elle rendues aux requêtes du palais, les vingt-un juin mil six cent quatre-vingt-huit, et douze mai mil six cent quatre-vingt-neuf, et défenderesse d'une autre part; et lesdits François Frigon et damoiselle Marie-Claude Chamois sa femme, aussi esdits noms; et encore ledit Frigon au nom et comme tuteur de Jean-François, Marie-Madeleine, Marie-Louise, Marie-Françoise, Marie-Jeanne, et Antoine Frigon, ses enfans, et de ladite Marie-Claude Chamois, sa femme, reçue en cette qualité partie intervenante en l'instance qui étoit pendante auxdites requêtes du palais, par la sentence dudit jour, vingt-un juin mil six cent quatre-vingt-huit, intimés et demandeurs en requête du dix-huit avril mil six cent quatre-vingt-treize, à ce qu'il plût à la cour en venant plaider sur ledit appel, évoquer le principal différend d'entre les parties, et y faisant droit, en conséquence des preuves par eux rapportées, déclarer ladite Marie-Claude Chamois, fille dudit défunt Honoré Chamois, et de ladite Jacqueline Girard sa femme, ses père et mère, et unique héritière dudit Chamois, son père; ce faisant, ordonner que ladite Girard seroit tenue de la traiter filialement, et au surplus leur adjuger les fins et conclusions par eux prises, et condamner ladite Girard en tous les dépens. Après que Thévart pour ladite Girard, Joly de Fleury pour Marie-Claude Chamois, et Beaufils pour Frigon, au nom et comme tuteur, ont été ouïs pendant deux audiences, ensemble d'Aguesseau pour le procureur-général du roi :

LA COUR, reçoit la partie de Beaufils partie intervenante, ayant aucunement égard à son intervention, a mis et met l'appellation et ce dont a été appelé au néant, émendant, évoquant le principal, et y faisant droit, a maintenu et gardé la partie de Joly de Fleury en possession de sa qualité de fille légitime et unique héritière de défunt Honoré Chamois son père, condamne la partie de Thévart de lui rendre compte de la succession de son père, et des effets de ladite communauté d'entre lui et la partie de Thévart, et à cette fin les renvoie aux requêtes du palais, condamne la partie de Thévart aux dépens.

VINGT-TROISIÈME PLAIDOYER.

DU 15 JUIN 1693.

Dans la cause du sieur BOUILLEROT DE VINANTES.

Il s'agissoit de l'état d'un enfant dont la mère avoit caché sa grossesse, et avoit été condamnée pour adultère, mais sans que l'arrêt eût déclaré l'enfant bâtard adultérin, parce que le mari demeuroit avec sa femme, et n'avoit été absent que pendant trois mois.

CETTE cause est aussi célèbre par le nom et le mérite de ceux qui l'ont expliquée, qu'elle est importante dans sa décision, et digne de l'attente et du concours du public. L'arrêt que vous allez prononcer, doit fixer pour toujours les véritables principes qui assurent la naissance des hommes, et qui sont les fondemens solides des différens états de la société civile.

Vous avez entendu le fils d'une mère coupable, désavoué par celui qu'il appelle son père, implorer en votre audience l'autorité des lois, la force des présomptions, le nom et la faveur du mariage.

Vous avez vu un mari malheureux, contraint de renouveler le souvenir du crime de sa femme et de son déshonneur, toujours également à plaindre si vous prononcez contre lui, soit qu'aveuglé par sa passion, il désavoue son propre sang, ou que, forcé par la loi, il soit obligé de reconnoître pour fils celui que l'adultère a fait naître dans sa famille.

Une troisième partie paroît en cette cause, mais ce n'est que pour en augmenter le doute et l'incertitude; et la destinée de l'enfant, dont on conteste l'état, est si contraire à son bonheur, qu'il ne peut trouver de père certain ni dans le lien honorable du mariage, ni dans l'engagement criminel d'une conjonction illicite.

Quelque grands que soient ses malheurs, il doit mieux espérer à l'avenir de sa fortune, depuis qu'un protecteur illustre (1) a commencé par sa défense à entrer dans une carrière aussi glorieuse pour lui, qu'elle sera avantageuse pour le public. Son nom seul pouvoit servir d'augure favorable à celui dont il a soutenu les intérêts ; et son mérite n'avoit pas besoin du secours de son nom, pour être la force des foibles et l'asile des malheureux.

Quelle joie pour le grand homme qui revit en lui une seconde fois, s'il avoit pu être témoin de ses heureux commencemens, et s'il avoit vu l'héritier de son nom défendre la cause du pupille qu'il a pris sous sa protection, avec cette même éloquence que vous admirez tous les jours dans celui qui soutient si dignement, pour le bien de la justice, la cause et les intérêts du public. Telle est la récompense que le ciel accorde à la vertu ; telles sont les bénédictions que l'écriture a promise à l'homme juste, et qu'elle accomplit en la personne du grand magistrat dont la mémoire durera autant que cette compagnie. *Mortuus est, et quasi non est mortuus; similem enim reliquit sibi post se.*

Le fait qui donne lieu à cette contestation, est aussi facile à expliquer, que sa décision est importante.

Nicolas Bouillerot, sieur de Vinantes, maître d'hôtel de Madame duchesse d'Orléans, a épousé en l'année 1664, Marie-Anne de Laune, âgée de douze ou treize ans. Ce mariage, heureux dans ses commen-

(1) M. Chrétien de Lamoignon, fils de M. de Lamoignon, alors premier avocat général, et petit-fils du premier président de Lamoignon, président à mortier en 1707.

(2) Ecclésiastique, ch. XXXV. 4.

cemens, a été suivi de la naissance de sept enfans dont l'état est certain. La mort en a enlevé cinq, deux seuls restent aujourd'hui et l'appelant prétend être le troisième.

Soit que la conduite de la dame de Vinantes ait été innocente pendant long-temps, soit que ses désordres aient été secrets, rien ne paroît avoir troublé la tranquillité de son mariage, jusqu'en l'année 1690, ou pour mieux dire jusqu'à la naissance de l'appelant. C'est lui qui, confirmant les soupçons que le mari avoit déjà conçus contre sa femme, paroît l'avoir déterminé à entreprendre l'accusation d'adultère.

Nous expliquerons dans la suite, avec plus d'étendue, les circonstances qui ont accompagné la naissance de cet enfant, et les inductions que l'on en tire, pour prouver qu'il ne doit la vie qu'au crime de sa mère. Mais ce que nous ne pouvons nous dispenser d'observer dès à présent, c'est que cette naissance a été cachée pendant long-temps, qu'on a affecté d'en dérober la connoissance aux yeux du mari, du public et de l'église; que la nourrice à laquelle on a confié son éducation, n'a pas même été instruite du secret de son origine, et qu'il n'auroit peut-être pas encore reçu les cérémonies du baptême, si le curé de la paroisse, averti de cette négligence, n'avoit pressé la dame de Vinantes de reconnoître enfin sa qualité de mère, en faisant baptiser cet enfant sous son nom.

Les circonstances de ce baptême sont les preuves les plus fortes que l'on oppose à l'enfant dont l'état est contesté.

Trois mois après sa naissance, une femme inconnue, d'une autre paroisse, l'apporte à dix heures du soir le 22 mai de l'année 1690, dans l'église de la Ferté-Loupière : elle déclare qu'il a été baptisé (1); qu'il est fils de Marie de Laune, femme

(1) C'est-à-dire ondoyé, comme il est encore expliqué dans la suite.

légitime du sieur de Vinantes (elle ne nomme point le père de cet enfant); aucuns parens n'assistent à cette cérémonie. La nourrice est marraine, le bedeau parrain, et la naissance spirituelle de l'appelant dans l'église est aussi cachée que le commencement de sa vie naturelle avoit été obscure. La nourrice le reporte chez elle; il est élevé avec le même secret. Mais quelque soin que l'on prit de cacher cette cérémonie, les ténèbres qui en ôtoient la connoissance au mari, se dissipèrent. La naissance de cet enfant, le mystère de son éducation, l'obscurité de son baptême, réveillèrent ses anciens soupçons. Il crut qu'il étoit temps d'intenter contre sa femme une accusation d'adultère.

Il exposa au lieutenant criminel les justes sujets de plaintes qu'il prétendoit avoir des désordres de sa femme. Il remontra qu'il trahiroit également l'intérêt de son honneur et celui de ses véritables enfans, s'il différoit plus long-temps de poursuivre la vengeance d'un crime qui n'étoit que trop certain. Il en expliqua toutes les circonstances. La demeure suspecte de sa femme dans une maison de campagne; les visites criminelles du sieur Quinquet, la naissance secrète d'un fils illégitime, conçu pendant son absence, qui ne devoit être considéré que comme la preuve vivante des déréglemens de sa mère.

Le mari fut assez malheureux pour prouver, par un grand nombre de témoins, la vie scandaleuse de sa femme. Ils expliquèrent plusieurs faits considérables, la grossesse cachée aux yeux du public, l'accouchement encore plus secret que la grossesse, le sieur Quinquet seul averti de la naissance de l'enfant qu'il désavoue, le baptême conféré par lui, ses soins presque paternels, les aveux réitérés que la mère a faits de sa faute, et ses déclarations contraires à l'état de son fils.

Tous ces faits graves, importans, décisifs, obligèrent les juges à la décréter. Conduite aux prisons du châtelet, elle confessa d'abord son crime : et se repentant ensuite de sa sincérité, elle fournit, par ses dénégations, plus de preuves contre elle, et même contre son fils, qu'elle n'avoit fait par ses reconnoissances.

Son procès lui fut fait et parfait, les témoins récolés et confrontés; jamais crime ne fut mieux prouvé; la sentence des premiers juges la condamna à toutes les peines portées par l'authentique. La propriété de sa dot adjugée à ses enfans, l'usufruit à son mari. Le sieur Quinquet condamné à un bannissement par contumace.

L'appel que Marie de Laune interjeta de ce jugement, ne servit qu'à rendre sa honte plus publique; la sentence fut confirmée par arrêt auquel on n'a point encore formé d'opposition.

Quinquet fut plus heureux : il se représenta, il purgea la contumace, il parut criminel, mais le nombre des coupables et la patience du mari pendant la longue durée d'un désordre public, excusèrent ou diminuèrent son crime. La seconde sentence modéra les peines que la première avoit prononcées; et la cour, adoucissant encore la sévérité de ce dernier jugement, n'a condamné le sieur Quinquet, après l'avoir admonesté, qu'aux dépens envers le mari, pour tous dommages et intérêts.

Voilà, MESSIEURS, quel a été le commencement, le progrès et la fin de l'accusation intentée par le mari contre sa femme, et contre le dernier complice de ses désordres.

Il est temps maintenant d'expliquer la procédure qu'on a faite, pour assurer l'état de l'enfant qui avoit reçu la vie pendant la longue habitude que la dame de Vinantes a eue avec le sieur Quinquet.

Soit que Marie Berthelot sa nourrice, ignorât absolument quel étoit le véritable père, ou qu'elle feignît de l'ignorer, elle demanda d'abord le paiement de ses nourritures à la nommée Madeleine Landry qui lui avoit remis cet enfant entre les mains, au moment de sa naissance.

Madeleine Landry déclara que l'enfant ne lui

appartenoit point, et qu'elle n'avoit rien fait que par l'ordre de la dame de Vinantes, contre laquelle la nourrice devoit se pourvoir.

Sur cette déclaration, la nourrice fait assigner le sieur de Vinantes par-devant le bailli de Montargis; elle prend contre lui les mêmes conclusions.

La cause est renvoyée aux requêtes du palais. Le père désavoue celui qu'on veut faire passer pour son fils. Il demande que le sieur Quinquet soit tenu de le reconnoître.

On nomme un tuteur à l'enfant, pour défendre son état.

La cause solennellement plaidée pendant plusieurs audiences, sentence, qui, au principal, appointe les parties en droit, et cependant ordonne que l'impubère touchera tous les ans, par forme de provision alimentaire, la somme de cent cinquante livres sur les biens de la mère.

Les parties ont interjeté des appellations respectives de cet appointement. Elles demandent également l'évocation du principal, et prétendent que la cause ne sera jamais plus en état d'être jugée, qu'elle l'est parfaitement; qu'il faut ou confirmer en ce jour la qualité de l'enfant, ou rendre à un mari malheureux, le repos que le crime de sa femme lui ôte depuis si long-temps.

De la part de l'enfant dont l'état est contesté, on vous a expliqué les différentes espèces de preuves que l'usage avoit introduites dans des siècles d'ignorance, pour prouver la vérité de la naissance, et pour assurer aux enfans la qualité de légitimes; et sans s'arrêter à ces argumens, toujours également incertains et dangereux, on s'est renfermé dans l'explication des principes que la jurisprudence romaine, ou, pour mieux dire, que l'utilité publique et l'équité même ont établis.

De quelque importance que soit la certitude de la filiation et de la naissance légitime, il faut avouer néanmoins que la nature en refuse la preuve, parce qu'elle dépend du moment inconnu de la conception.

Telle est la disposition des lois; et cette maxime n'est pas une vaine subtilité des jurisconsultes; c'est un principe fondé sur la raison naturelle, et qui est commun à tous les législateurs.

Au défaut de preuves légitimes, on est obligé d'avoir recours aux présomptions. Si elles sont d'un très-grand poids en toutes sortes de matières, elles sont décisives lorsqu'il s'agit de la filiation; et c'est dans cette vue que les lois en ont fixé le nombre, et déterminé la nature.

La mère est toujours certaine, le père est incertain. Quelle sera la règle capable d'assurer au milieu de cette incertitude l'état des enfans, si ce n'est la présomption légitime que le nom du mariage forme en faveur de ceux qui naissent sous ce voile sacré? *Pater is est quem nuptiæ demonstrant* (1).

La dignité des mariages, la conservation des familles, l'ordre des successions, le consentement unanime des docteurs établit cette règle comme un principe inviolable. Vos arrêts l'ont toujours suivie dans leurs dispositions; et comme la loi lui donne toute son autorité, elle ne peut recevoir d'atteinte que dans les cas qui ont été marqués par la loi même.

Les jurisconsultes n'en reconnoissent que deux qui puissent balancer la force et l'autorité de cette présomption.

Le premier est l'absence du mari; le second une maladie qui ne lui permette pas d'aspirer au nom de père.

Quelques couleurs que l'on ait voulu donner à cette cause, on n'a pu y appliquer aucune de ces exceptions.

L'argument que l'on tire de l'absence du sieur de Vinantes, est un prétexte frivole, détruit par les circonstances du fait sur lequel on veut l'établir.

Il est vrai qu'il a été absent pendant trois mois,

(1) Loi 5. ff. *De in jus vocando*

mais la grossesse de sa femme peut avoir précédé son départ ou suivi son retour, sans blesser les règles de la nature et de la vraisemblance; et d'ailleurs, qui peut savoir si, dans une distance aussi peu considérable que celle du lieu de sa demeure et du lieu de son service actuel, il a été toujours séparé de sa femme, et si son séjour à Paris, n'a jamais été interrompu?

Si cette absence ne peut justifier le désaveu qu'il a fait de son fils, quelle doit être l'autorité des autres moyens qu'il oppose à la lumière de la vérité?

S'il prétend que l'arrêt qui juge la mère coupable, ait déclaré son fils illégitime, on lui répond en premier lieu, que l'impubère n'a point été partie dans cet arrêt; et en cas qu'on voulût s'en servir contre lui, il déclare qu'il s'y oppose formellement : il fait plus, il soutient qu'on ne peut le considérer comme un préjugé désavantageux pour lui; qu'il n'y a nulle conséquence du crime de sa mère à son état; qu'elle a pu être coupable sans qu'il cesse d'être légitime. On a appliqué heureusement à cette cause la disposition de la loi *Miles* 11, §. 9, *ad legem Juliam de adulteriis : Non utique crimen adulterii quod mulieri objicitur, infanti præjudicat; cùm possit et illa adultera esse, et impubes defunctum patrem habuisse.*

Enfin, bien loin que cet arrêt puisse être opposé à l'appelant, il prétend au contraire qu'il lui est entièrement favorable.

Le mari, aveuglé par sa passion, cherche à punir la mère dans la personne de ses enfans; il désavoue son propre fils. Il allègue sa naissance comme une des principales preuves de l'adultère. Le procès est instruit. On examine les présomptions, les indices, les conjectures. On condamne la mère, mais on n'exclut point son fils de la famille du mari; et ce silence de la justice, à cet égard, est un jugement formel en sa faveur, puisqu'étant né dans le cours d'un mariage, s'il n'est pas déclaré bâtard, il faut nécessairement qu'il soit fils légitime.

Si le sieur de Vinantes veut opposer à son fils les déclarations de sa femme, le fils fera parler en sa faveur l'autorité de la loi, qui ne soumet pas les enfans à la puissance absolue de leur père, lorsqu'il s'agit de leur état, et qui ne permet pas que l'on écoute, dans une matière si importante, des déclarations aussi suspectes dans le fait, qu'elles sont inutiles dans le droit.

Celle qui fait ces reconnoissances est une femme accusée d'un crime capital, animé par le désir de se venger de son mari, ou intimidée par la crainte de la peine qu'elle a méritée, qui cherche à priver son mari d'un héritier légitime, ou qui veut acheter sa grâce au prix de la fortune et de l'état de son fils.

Si le crime de la mère, si l'arrêt qui la condamne, si ses déclarations, si le désaveu du père ne peuvent jamais préjudicier à la qualité de l'appelant, il espère qu'en assurant son état, vous confirmerez le titre le plus authentique qui puisse prouver la naissance des enfans.

Mais si la cour faisoit quelque difficulté de prononcer dès à présent en sa faveur, il soutient qu'il y auroit toujours lieu d'infirmer la sentence des requêtes du palais, puisqu'elle résiste à tous les principes du droit qui donnent unanimement la provision à l'état, et que d'ailleurs son exécution est impossible. Elle n'accorde des alimens à l'appelant que sur les biens de sa mère. Or sa mère n'a aucuns biens; elle les a perdus par son crime; ils sont adjugés à son mari et aux enfans dont l'état est certain; et quand même la cour voudroit différer à juger cette cause jusqu'au temps de sa majorité, il prétend que la faveur de la présomption qu'il soutient, la qualité de la contestation, et le nom seul du mariage, seroient des titres suffisans pour lui faire adjuger la provision, en attendant qu'il soit maintenu dans la possession paisible de son état.

Quelque forts que paroissent ces moyens, leur autorité est balancée par le nom seul du père qui les attaque, par le jugement qu'il prononce contre ce prétendu fils, par les présomptions qu'il emprunte du fait, par les preuves que les déclarations et la conduite de sa femme lui fournissent contre l'état de l'impubère.

Il reconnoît d'abord que l'autorité des docteurs et la jurisprudence des arrêts, semble lui opposer comme un obstacle invincible cette maxime commune que le droit a établie, *Pater is est quem nuptiæ demonstrant.*

C'est cependant ce principe qu'il attaque aujourd'hui. Il a prétendu vous faire voir que cette règle, quelque générale qu'elle paroisse, n'est pas néanmoins sans exception; qu'elle ne forme qu'une présomption vraisemblable, et qu'elle peut être détruite par des preuves contraires.

On suppose que les inclinations d'un mari et d'une femme sont conformes à leur état et à la fin à laquelle ils sont destinés. On n'écoute point les caprices d'un mari bizarre, *qui cum uxore suâ assiduè moratus, nolit filium agnoscere* (1); et, pendant que l'on peut attribuer la naissance des enfans à une cause très-légitime, la loi ne souffre pas que l'on en suppose de criminelles, pour troubler la paix et le repos des familles.

Telle est la nature de cette présomption : la vraisemblance et la probabilité lui servent de fondement; mais comme rien n'est souvent plus éloigné du vrai que le vraisemblable, et que la fausseté a souvent même une probabilité apparente, il en est de cette présomption comme de toutes celles qui sont appuyées sur le même principe; elles peuvent être détruites par d'autres argumens; et si la vraisemblance, qui fait toute leur force, est combattue par des raisons plus solides, les juges rejettent ces fausses lueurs, pour donner leurs suffrages aux seules lumières de la vérité.

C'est le jugement que les jurisconsultes, qui autorisent cette présomption, en ont eux-mêmes porté.

(1) Loi 6. ff. *De his qui sui vel al. jur.*

Le titre du droit dans lequel elle est écrite, est un lieu entièrement étranger aux questions d'état. L'espèce dans laquelle elle est proposée n'a aucun rapport avec la qualité de fils légitime.

Si cette règle se trouvoit dans le titre *De statu hominum*, et non pas dans le titre *De in jus vocando*, le jurisconsulte en auroit développé le principe, les conséquences, les exceptions; mais comme il s'agissoit de la proposer plutôt que de l'expliquer, il a crû qu'il suffisoit de l'indiquer en passant, et son silence ne peut faire conclure que cette maxime ne puisse être attaquée, puisque ce défaut est suppléé dans plusieurs autres titres du droit.

Si l'on parcourt toutes les dispositions des lois sur cette matière, on trouvera que la même vraisemblance, qui a fait établir ce principe pour les enfans qui naissent pendant le mariage, a porté les jurisconsultes à étendre cette présomption aux enfans qui doivent la vie à une concubine; et, comme dans ce dernier cas, personne ne doute que cet argument ne puisse être détruit, on doit reconnoître que son autorité n'est pas plus considérable à l'égard du mariage.

Tout le titre *De agnoscendis liberis*, peut être considéré comme une exception générale de la règle commune *Pater is est quem nuptiæ demonstrant.*

Le droit distingue trois sortes de cas, dans lesquels on peut contester à un enfant la qualité de fils, et de fils légitime.

Ou il est né pendant le mariage, ou après la séparation du mari et de la femme par le divorce, ou enfin après la dissolution du mariage par la mort.

Or, dans tous ces cas, les lois nous apprennent que son état n'est pas encore en assurance, que le seul nom du mariage ne le met pas hors d'atteinte, qu'on peut encore l'attaquer par toutes sortes de preuves, déférer le serment à la mère, et même après son serment, soutenir que l'enfant n'est pas légitime.

La loi ne distingue point : tous les argumens pourront être écoutés ; maladie, absence du mari, inimitié, séparation forcée ou volontaire, le désaveu ou la reconnoissance du père, toutes les preuves, en un mot, qui se tirent des circonstances du fait, cette conviction naturelle, ces indices muets, que le temps, les lieux, les personnes peuvent fournir en ces occasions, preuves d'autant moins suspectes qu'elles sont moins recherchées. Voilà quels sont les moyens que la justice reçoit, et jamais elle n'en a vu un plus grand nombre que dans cette cause.

Le crime constant, public, avéré, l'absence du mari dans le temps de la conception, la présence de l'adultère, le mystère de la grossesse inconnue au mari, aux domestiques, aux voisins, la naissance de cet enfant cachée, les cérémonies de son baptême différées, son éducation secrète, la dénégation d'un fait si certain dans les interrogatoires de la mère.

Qui peut croire que cet enfant soit le gage d'une union légitime, quand on voit une mère qui cherche les ténèbres, qui remet son fils entre des mains inconnues, qui craint que les confidens de son malheur ne soient capables de la trahir ; qui étouffe les sentimens que la nature lui donne pour son propre sang ; qui ose soutenir aux yeux de la justice qu'elle ne lui a pas donné la naissance ; qui reconnoît que la vie de cet enfant est une preuve nécessaire de son crime ; qui déclare à quelques-uns des témoins, qu'il n'est point fils de son mari ; qui renouvelle cette même déclaration à la face des autels, dans le registre des baptêmes, qui contient la preuve la plus solennelle de l'état des hommes ?

Quelque grande que soit la faveur des présomptions ordinaires, peut-on la comparer à tant de preuves différentes ; preuves qui ne sont pas moins fortes contre le sieur Quinquet, que contre celui qui lui doit la vie ? Complice des désordres de la mère il a mérité d'être le seul témoin de la naissance du fils. Dépositaire de ce secret, il s'est trahi lui-même par les soins qu'il a pris de son éducation.

L'on espère que vous ne souffrirez pas qu'il ajoute à l'injure qu'il a faite au mari, le déplaisir de lui donner des héritiers malgré lui, de l'obliger à partager son bien entre les enfans du mariage et le fils de l'adultère, et à traiter comme son fils, celui qu'il ne regardera jamais que comme la preuve continuelle du crime de sa femme.

Enfin, le sieur Quinquet allègue en sa faveur l'autorité de votre arrêt, qui ne lui impose aucune peine. S'il est coupable, il partage son crime avec tant de complices, qu'il s'étonne de voir que le sieur de Vinantes l'ait choisi seul, pour le charger aujourd'hui de tous ses soupçons.

Il se sert des mêmes principes qui vous ont été expliqués en faveur de l'impubère. Il y joint les circonstances du fait qui le regarde personnellement, il justifie, par un certificat de service, qu'il étoit absent dans le même temps que le mari. Il soutient que ces soins paternels qu'on lui reproche aujourd'hui, sont des faits qui peuvent bien flatter la vengeance d'un mari irrité, mais qui sont incapables de donner atteinte à ces règles inviolables que l'ordre public a établies, et que vous ne maintiendrez jamais dans une cause plus célèbre et plus importante que celle que vous allez décider.

QUANT A NOUS, après vous avoir expliqué les intérêts différens et les principaux moyens des parties, il semble que l'ordre naturel nous obligeroit à traiter ici une première question, qui dans le droit romain précédoit toujours le jugement des causes d'état semblables à celles que nous examinons. Elle consisteroit à savoir, si l'on peut entrer dès à présent dans l'examen de la condition de l'impubère, ou si l'on doit différer le jugement jusqu'au temps de sa majorité.

Mais cette question nous paroît peu importante; et, lorsque nous considérons l'état de cette contestation, nous ne trouvons aucun obstacle qui puisse en suspendre le jugement.

Nous savons que les lois veillent à la conservation de l'honneur et de la dignité des familles, qu'elles prennent les impubères sous leur protection, que leur foiblesse est la mesure de la défense qu'elles leur accordent; et quoique leur tuteur soit chargé, pour ainsi dire, de toute la prévoyance de la loi, quoique son pouvoir soit comparé à celui d'un père et d'un maître; les jurisconsultes ont cru qu'il seroit dangereux de faire dépendre l'état d'un impubère de la fidélité de son tuteur, et que ce jugement important, décisif de sa fortune pendant tout le cours de sa vie, devoit être réservé à un âge plus mûr, où le mineur, capable de se défendre lui-même, ne pourroit imputer le mauvais succès de sa cause, qu'à sa propre négligence ou au malheur de son origine.

Quelque respect que nous ayons pour les décisions de ces grands hommes, nous croyons néanmoins pouvoir dire que notre usage ne les a point adoptées; que rien n'est plus commun que de voir agiter dans ce tribunal des questions d'état pour un mineur et même pour un impubère; et qu'il seroit au contraire difficile de trouver des exemples d'une jurisprudence conforme aux lois romaines.

Mais d'ailleurs, quand cette cause devroit être décidée par ces lois, et quand même elle seroit plaidée devant le préteur qui a proposé l'édit Carbonien, il seroit facile de faire voir qu'il est permis dans cette contestation de prévenir le temps de la puberté, et de rendre dès à présent un jugement définitif.

Il suffiroit, pour décider cette question, d'alléguer l'autorité du rescrit de l'empereur Adrien, dont nous craindrions d'affoiblir les termes, si nous ne les rapportions dans leur langue naturelle.

Si pupilli idoneos habeant à quibus defendantur, et tam expeditam causam ut ipsorum intersit maturè de eâ judicari, et tutores eorum judicio experiri velint, non debet adversùs pupillos observari quod pro ipsis excogitatum est (1).

(1) Dig. *de Carb. Edict.* l. 3. §. 5.

Nous ne ferons aucune application de ces paroles. La cour jugera mieux que nous, si le mineur peut espérer d'être jamais mieux défendu qu'il l'a été dans votre audience.

Le tuteur demande le jugement. Toutes les parties y consentent. Les titres, les témoins, les argumens tirés du fait et du droit, tout est réuni dans cette cause.

Si la qualité de fils légitime est établie par toutes ces preuves, peut-on laisser en suspens un état qui doit être assuré? Et si, au contraire, elle est détruite, l'équité ne souffre pas que le repos d'une famille entière, soit exposé à tous les changemens de la volonté d'un mineur, qui, n'ayant rien à craindre pour lui, pourra troubler impunément la tranquillité des véritables enfans.

Nous nous renfermons donc uniquement dans la véritable question de cette cause, qui consiste à comparer la force des présomptions que l'on allègue de part et d'autre, à entrer dans l'examen des preuves que les lois ont établies, et à faire ce discernement difficile, dont la décision de la cause dépend entièrement.

Il semble d'abord que ce que nous appelons une question importante, ne puisse mériter ce nom, et qu'il suffit, pour la décider, de dire en un mot: l'enfant dont on conteste l'état est né pendant le cours d'un mariage légitime : le père peut-il être douteux dans le temps que la loi le fait connoître, et que, pour se servir des expressions qu'elle a consacrées, *le mariage le démontre?*

Cependant, c'est ce principe que l'on attaque aujourd'hui; c'est de la loi même qui l'établit, que l'on emprunte des armes pour le combattre; et, lorsqu'on examine les objections solides qu'on lui a opposées avec autant d'érudition que d'éloquence, il semble que si cette maxime n'est pas entièrement détruite, elle a perdu du moins une partie de son autorité.

Souffrez, MESSIEURS, qu'avant que d'entrer dans l'examen de ces objections, nous vous proposions, en peu de mots, les principes généraux que le consentement des lois et des docteurs a établis touchant la preuve de la filiation et de la qualité d'enfant légitime.

S'il étoit nécessaire de traiter ici de la nature des preuves en général, il seroit facile de montrer que la plupart des vérités, qui sont la matière des questions de fait, ne sont pas des vérités naturelles et immuables, mais des vérités positives et arbitraires, dépendantes de l'inconstance de la volonté des hommes; et comme elles sont incertaines par leur nature, les preuves sur lesquelles elles sont fondées, ne peuvent jamais avoir ce caractère de fermeté et d'évidence, capable de produire une conviction entière, et de former une démonstration parfaite. Tout l'art de l'esprit humain, toute la prudence des juges, consiste à tirer, d'un fait connu, une conséquence certaine, qui fasse parvenir à la connoissance d'un fait douteux.

S'il étoit permis d'entrer dans le détail des différentes preuves, on verroit aisément qu'elles peuvent être toutes rapportées à cette règle générale, et que ce n'est que par la supposition d'une action certaine, qu'elles conduisent l'esprit à la découverte d'une action obscure et difficile à expliquer.

C'est ainsi que, lorsqu'il est certain que l'accusé a eu intérêt de commettre le crime qu'on lui impute, on conclut qu'il est vraisemblable qu'il l'a commis; que, quand la minorité est constante, on présume facilement la lésion; et qu'enfin, si un enfant est né pendant le cours du mariage, il est naturel de croire que la mère est innocente, et que le mari est le véritable père.

Telle est en général la nature de ces argumens. Examinons maintenant ce qui les distingue, et ce qui fait que les uns sont plus puissans et plus efficaces que les autres.

Toute présomption est fondée sur la liaison naturelle qui est entre la vérité connue et la vérité que l'on cherche; et comme cette liaison peut être plus ou moins nécessaire, il est évident que les présomptions peuvent être aussi plus ou moins infaillibles, et que ce degré de certitude dépendra du rapport qui sera entre le fait que l'on connoît, et celui que l'on ignore.

Si cette conséquence est nécessaire, s'il est impossible que la première vérité soit certaine, et que la seconde soit douteuse, la présomption est considérée pour lors comme la plus sûre de toutes les preuves, et elle peut produire seule une conviction parfaite dans l'esprit du juge.

Ainsi, lorsque pour démontrer la fausseté d'une pièce, on justifie, par des témoignages authentiques, que celui par lequel elle paroît signée, étoient absent le jour que l'acte a été passé, ce seul fait est une preuve convaincante de la falsification, parce qu'il est impossible que l'absence soit certaine, et que l'acte soit véritable.

Si, au contraire, il n'y a point de conséquence absolument nécessaire entre le fait certain et celui que l'on veut prouver, la présomption n'est que vraisemblable, et pour lors les docteurs distinguent : ou la probabilité de la présomption est reconnue par la loi, ou elle n'est point approuvée expressément par le législateur.

Dans le premier cas, quoique cet argument ne fût pas assez fort pour exclure toute preuve contraire, il est néanmoins considéré comme la vérité, jusqu'à ce qu'on l'ait détruit par des argumens invincibles.

Si la loi n'a point autorisé la présomption, elle est soumise à la prudence du juge qui doit en faire le discernement.

Appliquons ces principes à la présomption que nous examinons. Deux caractères sont essentiels à une présomption, afin qu'elle puisse être décisive, ou du moins qu'elle puisse être considérée comme la vérité, jusqu'à ce qu'elle soit détruite.

Le premier, qu'elle soit fondée sur une liaison nécessaire et infaillible du fait que l'on connoît, avec celui que l'on veut prouver.

Le second, qu'elle soit autorisée par la loi.

Examinons si ces deux caractères conviennent à la présomption dont nous cherchons la nature; si elle est infaillible, si elle est légitime.

Le fait que l'on suppose pour tirer cette conséquence, *pater is est quem nuptiæ demonstrant*, est la certitude et la vérité du mariage; et de ce fait certain on conclut que celui qui est né sous le voile sacré du mariage, est fils légitime.

Mais cette conclusion est-elle nécessaire, infaillible, indubitable? Sa certitude est-elle capable d'exclure toute preuve contraire? Nous croirions abuser des momens que la cour accorde au jugement de cette cause, si nous nous arrêtions à prouver, par un grand nombre d'autorités, que rien n'est moins assuré.

Nous ne répéterons point ici toutes les dispositions des lois qui vous ont été citées pour établir ce principe.

Tout le titre *De agnoscendis liberis*, est plein de ces décisions. Partout, les jurisconsultes reconnoissent que, malgré cette présomption favorable aux enfans, le père peut toujours les désavouer, pourvu qu'il puisse démontrer, par des preuves certaines, qu'ils sont redevables de la vie au crime de leur mère. Le silence même du père, ses reconnoissances tacites, l'omission des formalités prescrites par les sénatusconsultes, rien ne peut le priver du droit de contester la naissance de celui qu'on veut lui donner pour fils.

Si uxore denuntiante se prægnantem, maritus non negaverit.... sive maritus neglexerit facere quæ ex senatusconsulto debet, natum cogitur omnimodo alere, cæterùm recusare poterit filium. L. 1, §. 14 et 15, ff. *De agnoscendis liberis.*

L'effet de cette présomption se termine, suivant cette loi, à obliger le père, lors même qu'il a reconnu, par son silence, l'état de l'enfant, à lui donner des alimens; mais dans le temps même qu'il les lui accorde, il peut lui refuser la qualité de fils légitime.

Nous ne joignons point à cette autorité, toutes les autres qui vous ont été citées. La cour se souvient encore de la force et de la solidité avec laquelle on lui a prouvé cette maxime; et d'ailleurs nous croyons que les principes que nous avons établis sur la qualité des présomptions, font assez connoître que cet argument commun n'étant point fondé sur une conséquence infaillible, il ne peut jamais être considéré que comme une présomption probable, un indice vraisemblable, une conjecture puissante, mais qui peut être combattue par des preuves encore plus fortes et plus convaincantes; et, s'il étoit possible de douter de cette maxime, il suffiroit, pour l'établir, d'employer le seul nom de bâtard adultérin; nom qui seroit inconnu à la jurisprudence, s'il n'étoit pas possible qu'un fils conçu pendant le mariage, fût illégitime.

Mais, si cette présomption n'a pas la première condition qui seroit nécessaire pour la rendre décisive, elle a au moins la seconde qui suffit pour la rendre légitime. Elle est écrite dans la loi, elle est revêtue de son autorité, elle porte un caractère que tous les docteurs et vos arrêts mêmes ont toujours respecté.

L'utilité publique, le repos des familles, la tranquillité des mariages, sont les fondemens solides sur lesquels elle a été établie, et vous l'avez conservée dans toute sa force par les mêmes raisons qui l'avoient fait introduire.

Ajoutons un autre motif qui rend cette présomption presque inviolable, c'est l'impossibilité où l'on est souvent réduit de prouver le contraire; et, dans le doute, la sagesse du législateur présume toujours en faveur de l'innocence de la mère et de l'état de l'enfant.

Réunissons ces principes, et concluons, avec tous les docteurs, que si cette présomption n'est pas infaillible, elle est au moins très-légitime; et que, si d'un côté, elle souffre une preuve contraire, parce qu'elle n'est pas infaillible, elle est considérée de l'autre comme la vérité, jusqu'à ce qu'elle soit détruite, parce qu'elle est légitime.

Mais quelle est la preuve que le droit permet qu'on lui oppose? C'est ce qu'il est aisé d'expliquer par les mêmes principes.

La présomption, capable d'attaquer celle de la loi, doit être fondée sur un principe infaillible, pour pouvoir détruire une probabilité aussi grande que celle qui sert de fondement à cette preuve.

Or il est visible que si l'on s'attache à ces maximes, l'on ne peut trouver que deux exceptions à la règle générale, fondées toutes deux sur une impossibilité physique et certaine d'admettre cette présomption.

Elles sont proposées dans la loi, qui définit ce que c'est qu'un fils légitime.

Filium eum definimus qui ex viro et uxore ejus nascitur : sed si fingamus abfuisse maritum, verbi gratiâ, per decennium........ vel si eâ valetudine fuit ut generare non possit, hunc qui in domo natus est, licet vicinis scientibus, filium non esse. L. 6, ff. *De his qui sui vel alieni juris sunt.*

Il n'y a donc que deux preuves contraires, qui puissent être opposées à une présomption si favorable.

La longue absence du mari, et même nous pouvons ajouter, conformément à l'esprit de la loi, qu'il faut que cette absence soit certaine et continuelle.

L'impuissance, ou perpétuelle ou passagère, est la seconde. La loi n'en écoute point d'autre, et il est évident qu'il est même impossible d'en feindre d'autre, puisque tant que l'absence ni aucun autre obstacle n'aura point séparé ceux que le mariage unit, on ne présumera jamais que celui qui est le mari, ne soit pas le véritable père.

Appliquons maintenant ces différens principes

aux circonstances particulières, de la cause que nous examinons.

Premièrement, nous pourrions la décider dès à présent; et puisque l'on ne justifie ni une absence assez longue, ni aucun autre empêchement, la présomption de la loi doit subsister dans toute sa force.

Cependant, comme on a prétendu que l'union de toutes les différentes présomptions que l'on tire du fait, pourroit être comparée à ces exceptions générales que la loi propose, nous sommes obligés d'entrer dans la discussion de ces argumens, et de finir par là l'examen de cette cause.

L'absence du mari, la présence de l'adultère, le secret de la grossesse de la femme et de la naissance de son fils, les circonstances qui l'ont accompagnée, l'obscurité de son éducation, les soins du sieur Quinquet, les déclarations de la mère, le désaveu du père, ce sont les principaux moyens par lesquels on a cru pouvoir donner atteinte à la qualité de fils légitime.

Pour répondre à tous ces moyens, nous croyons qu'il est de notre devoir d'assurer d'abord la vérité des faits, et d'examiner ensuite les inductions que l'on en tire.

Nous n'avons point ici à traiter une des questions ordinaires dans les causes d'état, pour savoir si l'on admettra la preuve par témoins. Cette preuve est déjà faite en convaincant la mère du crime dont elle étoit accusée; on prétend avoir prouvé par avance la qualité de bâtard adultérin, que l'on veut donner à son fils.

C'est donc dans les informations que nous devons chercher la preuve de tous ces faits.

Le premier, est l'absence du mari pendant trois mois. Le second, la présence de l'adultère. L'un et l'autre de ces faits est justifiée par les informations. C'est ainsi que le huitième témoin s'en explique. (*Lire cette déposition.*)

Outre la preuve qui résulte de ce témoignage et

de plusieurs autres semblables, la seule qualité du mari le justifie; il a l'honneur d'être officier de madame, duchesse d'Orléans, et il rapporte des certificats en bonne forme, par lesquels il prouve qu'il a servi son quartier pendant les mois d'avril, mai et juin 1689.

La preuve que le sieur Quinquet oppose à cet argument, ne nous paroît d'aucune considération : il allègue un certificat de l'arrière-ban, par lequel il paroît qu'il a été présent à la revue qui en a été faite à Montargis le 4 mai 1689. Il y joint une autre attestation, qui justifie qu'il a servi, cette même année, dans l'arrière-ban de l'Orléanois. Mais quelle induction peut-il tirer de ces attestations? L'une prouve qu'il a été absent pendant un jour au mois de mai; et l'autre parle en général de son service, sans marquer dans quel temps il a commencé, quelle en a été la durée et la fin.

La certitude des deux premiers faits ne peut donc être contestée. Absence du mari pendant trois mois; présence de l'adultère pendant le même temps.

Le secret de la grossesse, les ténèbres et le mystère dont on a cherché à couvrir la naissance de cet enfant, ne sont pas moins constans. (*Lire la déposition du cinquième témoin.*)

Le public a ignoré cette grossesse; la naissance de l'enfant lui a été cachée : l'affectation de lui dérober la connoissance sont attestés par ce témoignage; et ceux dont nous allons faire la lecture, confirment encore la vérité de ce fait important.

Par toutes les circonstances, qui ont accompagné cette naissance, on reconnoît également, et la crainte que la mère a eue de la rendre publique, et les soins que le sieur Quinquet a pris de faire élever celui dont on prétend qu'il est le père.

Le détail de tous ces faits est expliqué dans la déposition de Madeleine Landry, seule dépositaire du secret de sa maîtresse, et unique témoin de la naissance de l'appelant. (*Lire sa déposition.*)

Les faits qui regardent le sieur Quinquet sont

encore confirmés par la déposition du neuvième témoin, qui l'alla chercher dans le temps de l'accouchement, et par le témoignage du seizième témoin, qui déclare qu'il a apporté au valet de la partie de Me Rousselet, des hardes à l'usage d'un enfant de trois mois.

Les circonstances du baptême, aussi importantes que celles que nous venons d'expliquer, sont exactement marquées dans la déposition du septième témoin. (*Lire sa déposition.*)

Enfin, vous avez entendu les différentes déclarations de la mère : déclarations expresses dans les dépositions des témoins; mais déclarations tacites, encore plus fortes que ses reconnoissances formelles, dans toute sa conduite, dans les soins qu'elle a pris de céler sa grossesse, et de cacher l'enfant qu'elle croyoit qu'on regarderoit comme la preuve de son crime.

Ajoutons un dernier fait encore plus considérable : non-seulement elle a voulu dissimuler son état pendant sa grossesse, elle a même osé nier, aux yeux de la justice, et sa grossesse et son accouchement. Elle a cru qu'elle prononceroit sa condamnation, si elle avouoit la naissance de son fils.

Telles sont toutes les preuves qui résultent des informations, preuves si considérables lorsqu'on les réunit que les principes mêmes du droit, et les maximes les plus certaines paroissent devenir douteuses en considérant un si grand nombre de témoignages non suspects, qui concourent à faire présumer que celui qui réclame l'état du fils légitime, est le fruit du crime de sa mère.

N'abandonnons pourtant pas l'autorité des seuls principes qui puissent assurer la naissance des hommes, et ne nous laissons pas tellement frapper, par cette multitude de présomptions, que nous donnions atteinte aux fondemens de la société civile.

Ces argumens sont vraisemblables, mais ils ne sont pas invincibles; et, pour commencer par celui qui paroît le plus spécieux, l'absence du mari ne nous paroît pas suffisante pour faire douter de l'état de son fils. Deux conditions également essentielles lui manquent absolument pour pouvoir produire cet effet ; la longueur de la durée, et la distance des lieux dans lesquels le mari et la femme demeuroient pendant ce temps.

L'absence du mari a commencé au mois de mars, elle a fini au mois de juin. Depuis son départ jusqu'à la naissance de l'appelant, il n'y a qu'environ dix mois ; depuis son retour il y a sept mois entiers d'intervalle : dans l'un et dans l'autre cas, les lois ont décidé qu'un enfant pouvoit naître légitime.

Mais qui peut assurer d'ailleurs que le sieur de Vinantes a rendu un service si assidu pendant son quartier, qu'il n'ait pas manqué un seul jour à son devoir ? Qui pourra prouver que, dans une distance aussi peu considérable que celle de vingt lieues, il ne sera jamais venu dans sa maison de campagne ? et fera-t-on dépendre, d'un fait de cette nature, la certitude de l'état d'un enfant et sa qualité de légitime ?

Mais, dit-on, l'adultère est constant, la femme du sieur de Vinantes est condamnée, le crime ne peut plus être douteux.

Nous n'avons point d'autre réponse à faire à cette objection, que celle de la loi que l'on vous a citée : *Potest et illa adultera esse, et impubes defunctum patrem habuisse.* On ne peut envelopper le fils dans la condamnation que vous avez prononcée contre sa mère. Elle peut être criminelle, et son fils légitime.

Le second fait, qui peut faire encore plus de difficulté que le premier, est la déclaration de la mère, ses reconnoissances réitérées, ses dénégations et sa conduite, encore plus fortes que ses reconnoissances.

Nous ne vous dirons pas seulement, pour détruire cette présomption, que la justice n'a aucun égard à ces reconnoissances forcées, que la crainte de l'infamie, que le désir de la vengeance, ou une passion aveugle, a pu extorquer à une mère.

Personne n'ignore que le crime est timide, que les accusés nient souvent les faits les plus indifférens, et que c'est d'une femme passionnée que le plus grand des poètes latins a dit autrefois : *Omnia tuta timens* (1).

Mais quand même on pourroit croire que la mère auroit été exempte de ces mouvemens si ordinaires aux accusés, que doit-on conclure de toutes ces reconnoissances, si ce n'est qu'elle a pu être dans l'erreur touchant le commencement de sa grossesse, qu'elle a peut-être appréhendé que son mari n'en portât le même jugement? Mais ni sa passion, ni son erreur, ne peuvent faire aucun préjudice à l'état de son fils; et d'ailleurs, le motif qui l'a déterminée à cacher sa grossesse, est trop incertain pour décider, par cette unique circonstance, de la condition et de la fortune de l'appelant.

Si le sieur Quinquet a pris des soins de cet enfant, capables de faire présumer qu'il est le véritable père, c'est peut-être une suite de la même erreur; le secret du baptême, le mystère de l'éducation ont le même fondement; et quelque vue qu'il ait eue, la loi nous défend de prononcer sur de telles présomptions contre l'état d'un enfant.

Enfin on se sert inutilement des suffrages du père, pour décider cette contestation : son témoignage est décisif toutes les fois qu'il est favorable à l'enfant, dont la qualité est incertaine, *Grande præjudicium affert pro filio confessio patris* (2). Mais ce préjugé si puissant, devient une présomption assez foible, lorsque le père désavoue son fils, et surtout lorsque l'on peut présumer qu'il veut venger sur le fils, l'affront qu'il a reçu de la mère.

Nous ajoutons, à toutes ces raisons, une dernière réflexion, tirée de l'arrêt que vous avez rendu contre

(1) *Æneid. l. IV. vers.* 298.

(2) Loi 1, §. 12. ff. *De agnoscend. alend. liber.*

la mère. Le mari alléguoit la naissance de l'appelant comme la preuve la plus forte de l'adultère.

Les mêmes argumens, les mêmes témoins, les mêmes présomptions que l'on emploie aujourd'hui, vous ont été expliqués. La cour avoit plusieurs exemples devant les yeux, dans lesquels en prononçant sur le crime, elle a déclaré l'enfant, qui lui devoit la naissance, bâtard adultérin. Cependant elle ne prononce point sur la condition de l'impubère.

Elle a donc confirmé son état par son silence; et nous ne pouvions souhaiter un préjugé plus sûr pour nous servir de guide dans la décision de cette cause.

Ainsi, nous estimons qu'il y a lieu de mettre l'appellation, et ce dont est appel, au néant, émendant, évoquant le principal, maintenir et garder la partie de M.e Chrétien de Lamoignon dans la possession de la qualité de fils légitime; enjoindre à la partie de M.e Arrault, de le reconnoître pour son fils; le condamner à payer les salaires de la nourrice.

Arrêt conforme le 15 juin, 1693, prononcé par M. le premier président de Harlay.

Entre Robert Gaignery, bourgeois de Paris, tuteur créé par justice à la personne de Mathurin Bouillerot, fils mineur et légitime de Nicolas Bouillerot, sieur de Vinantes et des Tabourreaux, maître-d'hôtel ordinaire de Madame, duchesse d'Orléans, et de Marie-Anne de Laune, sa femme, appelant d'une sentence rendue aux requêtes du palais le vingt-trois mai mil six cent quatre-vingt-douze, demandeur en évocation du principal, suivant la requête du vingt-huit juin ensuivant, tendante à ce qu'en infirmant ladite sentence, il plaise à la cour évoquer à elle le principal différend des parties, y faisant droit, qu'il seroit déclaré fils né en légitime mariage desdits Bouillerot et de Laune, sa femme, les condamner à l'élever comme leurs autres enfans, et pour plus grande sûreté de son état, qu'il seroit ajouté à son extrait baptistaire, qu'il est légitime et issu du mariage desdits Bouillerot et de Laune, à ce faire le curé contraint, avec dépens d'une part, et ledit Bouillerot, intimé et défendeur d'autre; et entre ledit Bouillerot, appelant de ladite sentence des requêtes du palais, dudit jour, vingt-trois mai mil six cent quatre-vingt-douze, et demandeur en

évocation du principal, suivant sa requête du huit du présent mois de juin, à ce qu'en infirmant ladite sentence, il plût à la cour évoquer à elle le principal différend des parties, et y faisant droit, que l'enfant nommé Mathurin seroit déclaré adultérin et issu de la débauche d'entre messire Joseph Quinquet, chevalier, seigneur de la Vieille-Ferté, et de ladite de Laune; que le nom dudit sieur Quinquet seroit employé dans l'extrait baptistaire dudit Mathurin; défenses audit Mathurin de prendre la qualité de fils desdits Bouillerot et de Laune, avec dépens d'une autre part; et ledit Gaignery audit nom de tuteur dudit Mathurin Bouillerot, ledit sieur Quinquet et
au nom et comme ayant épousé Marie Berthelot, à présent sa femme, auparavant veuve d ayant repris en son lieu, intimés et défendeurs, d'autre part. Et entre ledit Bouillerot, demandeur en requête du neuf dudit mois de juin, à ce qu'en venant plaider la cause qui est au rôle, que lesdits Motteau et Berthelot, sa femme, et ledit sieur Quinquet seroient condamnés solidairement de rendre et de restituer audit Bouillerot la somme de cinq cent vingt-cinq livres qu'il avoit été contraint de payer pour les nourritures et entretien de l'enfant adultérin dont est question, aux intérêts du jour des paiemens, et aux dépens d'une part, et lesdits sieurs Quinquet, Motteau et Berthelot, sa femme, défendeurs d'autre. Et encore entre lesdits Motteau et sa femme, demandeurs en requête du onze dudit mois de juin, à ce qu'en prononçant sur les appellations, débouter ledit Bouillerot de sa requête du neuf juin, et où la cour y feroit difficulté, leur donner acte de la dénonciation qu'ils faisoient audit sieur de la Vieille-Ferté, ce faisant, qu'il seroit condamné de la faire cesser et de les en acquitter, et que lesdits sieurs de la Vieille-Ferté et Bouillerot seroient condamnés solidairement, ou en tout cas celui des deux que la cour jugeroit être tenu des nourritures et entretien dudit enfant, à compter depuis le seize février mil six cent quatre-vingt-dix, jusqu'au jour qu'ils cesseroient de lui fournir lesdites nourritures et entretien, à raison de quatre cents livres par an, aux offres qu'ils faisoient de déduire sur iceux ce qui leur avoit été payé par provisions; leur donner acte des offres de représenter ledit enfant, et de le remettre entre les mains de celui qui en seroit jugé le père; quoi faisant, déchargés; et attendu que ladite Berthelot, qui est une pauvre femme, avoit fait tous les frais de la poursuite de l'instance à Montargis, et requêtes du palais, condamner celui qui succombera, en tous les dépens par elle faits contre toutes les parties, pour avoir paiement de toutes les nourritures et entretien, faits au bailliage de Montargis, requêtes du palais, et en la cour, d'une part; et lesdits sieurs de la Vieille-Ferté et Bouillerot, défendeurs, d'autre part. Après que de Lamoignon, avocat de Gaignery ès noms; Arrault, avocat de Bouillerot;

Rousselet, avocat de Quinquet; et Baudin, avocat de Motteau, ont été ouïs pendant trois audiences, ensemble d'Aguesseau, pour le procureur-général du roi :

LA COUR a mis et met l'appellation, et ce dont a été appelé, au néant, émendant, évoquant le principal et y faisant droit, a maintenu et gardé la partie de Lamoignon en la qualité de fils légitime de la partie d'Arrault, condamne la partie d'Arrault de traiter la partie de Lamoignon en ladite qualité, et de payer à la partie de Baudin ses salaires pour la nourriture de l'enfant dont elle a été chargée, et aux dépens.

VINGT-QUATRIÈME PLAIDOYER.

DU 23 JUIN 1693.

Dans la cause de M. le président DE BAILLEUL, seigneur de Château-Gontier; de frère JACQUES LE ROI, prieur-curé d'Aviré, et de RENÉ L'ENFANTIN.

Il s'agissoit de savoir, 1.° si une dîme inféodée, acquise par un curé régulier, appartient de droit à sa cure.

2.° *Si le défaut de solennité dans une donation qu'il en avoit faite à cette cure, pouvoit nuire à son église, dont il étoit l'administrateur.*

3.° *Si lorsqu'une dîme inféodée est vendue à une église paroissiale sous la charge de fief, le seigneur peut exercer le retrait féodal.*

L'ARRÊT que vous prononcerez dans cette cause doit décider une question célèbre qui partage, depuis long-temps, les opinions des docteurs, et dont les principes seront toujours incertains, jusqu'à ce qu'ils soient fixés par l'autorité de vos jugemens.

La faveur de l'église, la nature des biens dont elle demande la propriété, la qualité de celui qui semble n'avoir fait que lui rendre son ancien patrimoine, les dispositions des conciles, les sentimens des canonistes, et enfin les décisions expresses des ordonnances de nos Rois, sont les titres authentiques que l'on allègue en cette audience pour soutenir un droit aussi sacré dans son origine, qu'il paroît inviolable dans son exécution.

Quelque saintes que paroissent ces maximes, elles

sont néanmoins combattues par l'autorité d'une possession contraire, approuvée par le jugement même de l'église, confirmée par la longueur du temps, et fondée sur la nature des fiefs, c'est-à-dire, sur les plus anciennes constitutions du royaume.

Enfin, sous le nom d'une troisième partie, on vous a proposé d'autres questions, qui seules pourroient faire une cause difficile, et qui, jointes avec les premières, rendent l'explication de cette affaire aussi étendue que sa décision est importante.

Au milieu de ces différentes contestations, les faits sont constans entre les parties.

La nature de la dîme dont il s'agit n'est pas contestée; deux qualités également certaines.

1.° Elle est inféodée. 2.° Elle relève du marquisat de Château-Gontier; l'une et l'autre qualités prouvées par des anciens aveux et dénombremens.

3.° Observation sur la nature de cette dîme; elle est chargée de la moitié du gros dû au prieur-curé d'Aviré.

Cette dîme toujours possédée par des laïcs jusqu'en l'année 1676.

Alors plusieurs particuliers qui en étoient possesseurs, et qui étoient débiteurs de frère René l'Enfantin, religieux de Saint-Augustin, profès dans la maison de la Roë, et curé d'Aviré, lui vendent cette dîme pour demeurer quittes de la somme de 1500 liv.

Trois clauses à observer dans la substance de l'acte; l'une apposée par le vendeur, l'autre par le curé, acquéreur; la troisième en faveur du seigneur féodal.

Les vendeurs stipulent la faculté de réméré pendant neuf ans.

Le curé donne la propriété de la dîme à son église, s'il en demeure seigneur incommutable.

Si la faculté de réméré est exercée, il donne le prix à la fabrique.

Enfin, déclaration expresse que la dîme est acquise *à la charge de fief*.

Deux réflexions sur la forme de l'acte.

1.° Nulle acception par les marguilliers ni par les

habitans; les notaires stipulent et acceptent pour les marguilliers et successeurs du curé.

2.° Nulle insinuation, quoique l'acte porte pouvoir au porteur pour insinuer.

La faculté de réméré n'a point été exercée : elle expiroit en 1685.

Dans le temps de l'expiration, René l'Enfantin a révoqué la donation qu'il avoit faite à son église, comme non acceptée ni insinuée; révocation renouvelée en 1690.

Cependant il crut qu'il étoit nécessaire, pour sa sûreté, de faire déclarer les vendeurs déchus du réméré. Sentence du 21 août 1683, qui le rend propriétaire incommutable.

Le 4 septembre 1688, acte contraire que l'on prétend simulé, par lequel il consent que le sieur de Sérent, comme étant aux droits des vendeurs, rentre en la propriété de la dîme; mais acte sans exécution, possession continuée en la personne du prieur.

Telle est la nature de la dîme, le titre de l'acquisition faite par l'Enfantin, la qualité de la donation.

Nous avons à vous expliquer maintenant ce qui regarde M. le président de Bailleul.

La propriété de la terre de Château-Gontier lui étoit acquise par l'abandonnement que M. son père lui en avoit fait dès le 31 décembre 1675.

Cependant, sous le nom du père, l'Enfantin fut condamné à payer les lots et ventes pour l'acquisition de la dîme, par sentence du 26 juin 1690; sentence qui ne subsiste plus aujourd'hui, ayant été détruite par un arrêt du 5 février 1693, rendu entre MM. de Bailleul père et fils.

Le 7 février 1691, demande en retrait féodal par M. le président de Bailleul fils, contre frère Jean l'Enfantin.

Il meurt au mois de juin 1691. Les religieux de la Roë traitent de son pécule avec René l'Enfantin, son neveu. Ils le lui abandonnent pour la somme de 900 livres.

Action en retrait dirigée contre lui comme possesseur de la dîme. Sentence du 26 janvier 1691, qui, de son consentement, adjuge la dîme au seigneur de Château-Gontier, qui déclare qu'il ne veut point la réunir à son fief.

Frère Jacques le Roi, successeur de frère Jean l'Enfantin dans le prieuré d'Aviré, s'oppose au jugement; il est débouté de son opposition. Appel, renvoi à la troisième chambre des enquêtes.

Moyens du curé.

1.° La donation est valable.

Qualité de celui qui donne : anciennes dispositions des canons qui obligeoient les clercs à donner tous leurs biens à l'église, lorsqu'ils les avoient acquis depuis leur promotion.

Le défaut d'acceptation et d'insinuation ne peut être opposé.

Exemple du tuteur.

2.° Il propose plusieurs moyens contre le retrait.

1.° Exploit nul et sans contrôle.

2.° Intenté contre l'Enfantin qui n'étoit pas partie capable.

3.° Fin de non-recevoir qu'il tire de la demande des lots et ventes.

4.° Les dîmes inféodées ont repris leur ancienne nature. La réunion des dîmes à l'église, toujours favorable. Il cite sur ce sujet,

Une ordonnance de saint Louis,

Les articles des libertés de l'église gallicane, rédigés par M. Pithou,

Des arrêts qui excluent le retrait lignager,

L'autorité des docteurs Ruzé, Coquille, Boyer, Rébuffe, Choppin, l'Hoste.

Moyens du seigneur.

Donation nulle.

Retrait favorable.

Dîmes non présumées ecclésiastiques, sujettes au retrait. Dumoulin.

L'ordonnance de saint Louis n'a ici aucune application.

Les arrêts encore moins; plusieurs au contraire ont jugé que les dîmes réunies demeuroient inféodées.

Docteurs contraires, et en plus grand nombre.

Moyens de René l'Enfantin.

Donation nulle, révocation valable. L'ordonnance n'excepte personne.

QUANT A NOUS, deux questions principales font le partage de cette cause.

La première, si la donation est valable; si elle a pu ou transmettre la propriété de la dîme à l'église d'Aviré, ou lui donner au moins une action pour en demander le prix.

La seconde, si le seigneur peut exercer le retrait d'une dîme dont l'église est demeurée propriétaire, ou si son droit est éteint par la réunion qui se fait en ce cas.

PREMIÈRE QUESTION.

Trois propositions différentes à examiner.

1.° Si la donation étoit nécessaire pour transmettre à la paroisse d'Aviré, la propriété de cette dîme.

2.° S'il falloit une donation solennelle.

3.° Si ce défaut de solennité peut être écouté dans la bouche de ceux qui le proposent.

La qualité de celui qui a acquis la dîme décide également ces trois questions.

Nous croirions abuser des momens de votre audience, si nous nous arrêtions à prouver un principe qui ne peut être révoqué en doute; que, quelque différence qu'il y ait entre la servitude forcée d'un esclave, et le lien volontaire d'un religieux, l'un et l'autre produisent cependant le même effet. Ni l'esclave, ni le religieux ne peuvent rien acquérir pour eux-mêmes ; tout ce qu'ils acquièrent est acquis au même instant ou au maître, ou au monastère ; et ce principe de droit est une vérité de fait, certaine dans la cause. Ce n'est point en qualité d'héritier ni par les droits du sang, que René l'Enfantin prétend retirer la dîme dont il s'agit ; c'est comme acquéreur du pécule de son oncle, comme subrogé aux droits des religieux.

Il est donc inutile de citer les lois civiles et canoniques, d'alléguer mal à propos l'exemple des clercs dont la succession appartenoit autrefois à l'église. Toutes ces maximes sont constantes, et approuvées par la cause même.

Ainsi, dans le temps que Jean l'Enfantin a acquis la dîme dont il s'agit, sans avoir besoin d'un acte de donation, la propriété en a été acquise de plein droit à son monastère, pourvu que la nature de la chose acquise ne s'y oppose pas.

Quelle étoit la nature du bien qu'il acquéroit ? S'il étoit purement profane, s'il n'avoit aucun rapport avec le bénéfice dont il étoit pourvu, nul doute qu'il n'eût été réuni de plein droit au monastère dans lequel il avoit fait profession.

Mais ici il s'agissoit d'une dîme qui se réunit aisément à une église paroissiale, mais très-difficilement à un monastère.

Rien de plus favorable que la réunion d'une dîme à une cure, et rien de moins favorable que la réunion d'une dîme à un monastère, condamnée par les canons de plusieurs conciles, entr'autres par les conciles de Clermont en 1095, et de Latran troisième, en 1169.

Double raison de décider que la dîme a été consolidée à la cure. Faveur de l'église paroissiale ; monastère défavorable.

Ainsi, en joignant la qualité de l'acquéreur avec la nature du bien acquis, il en résulte une conséquence certaine que la donation étoit inutile. Ses engagemens personnels réunissent à son ordre tout ce qu'il acquiert ; et la nature de la dîme qu'il a acquise, l'applique uniquement à son bénéfice.

Mais oublions, pour un moment, la qualité de religieux, pour ne plus considérer que celle de curé : supposons que la donation fût nécessaire, devoit-elle être solennelle ?

Quoique notre usage ait rejeté les anciennes dispositions des lois civiles et canoniques qui déféroient la succession des clercs aux églises qu'ils avoient desservies ; quoiqu'on ne fasse point, parmi nous, de distinction *inter bona ex re ecclesiæ aut ex rebus clerici quæsita*, cependant tous les auteurs observent que, lorsqu'un évêque acquiert au nom et en faveur de son église, la faveur de cette déclaration est si forte qu'elle est capable d'exclure les héritiers du sang.

Dumoulin, dans son apostille, sur l'article CLI, de l'ancienne coutume de Paris, rapporte un arrêt qui l'a ainsi jugé contre les héritiers de l'évêque de Chartres.

Tous nos livres sont pleins de semblables décisions ; il n'y en a point de plus célèbre que celle de l'arrêt qui fut prononcé en robes rouges par M. le président de Thou, en l'année 1607.

M. Amyot, évêque d'Auxerre, avoit acquis, pour lui et pour ses héritiers, une maison où il eut dans la suite dessein d'établir un collége. Il commença à la mettre en état de servir à cet usage ; mais les guerres interrompirent cet ouvrage : il mourut sans avoir exécuté son dessein. On trouva, après sa mort, une inscription qu'il avoit préparée pour mettre dessus la porte de cet édifice. Les maires et échevins demandèrent d'être maintenus et gardés dans la possession de cette maison, comme destinée à l'établissement d'un collége. Les héritiers alléguoient en leur faveur, la disposition de la coutume, le silence du défunt, le long temps pendant lequel cet ouvrage avoit été suspendu, les présomptions qu'ils avoient du changement de sa volonté. L'arrêt décide en faveur des échevins ; et M.ᵉ Bouguier, qui le rapporte, en rend des raisons aussi solides, qu'elles sont propres à l'espèce de cette cause.

C'est un évêque qui acquiert et qui marque sa destination : en faut-il davantage pour faire présumer une donation ?

C'est un collége qu'il bâtit, c'est-à-dire, un ouvrage public, dont la faveur est si grande, que la simple promesse forme une obligation irrévocable : *Pactum est duorum consensus atque conventio; pollicitatio verò offerentis solius promissum...... æquissimum est enim hujusmodi voluntates, in civitates collatas, pœnitentiâ non revocari* (1).

Il ne s'agit que d'appliquer ces principes à l'espèce de cette cause. Nous y trouvons,

1.° La qualité de curé dans celui qui a fait l'acte.

2.° Non-seulement une destination, mais une donation expresse.

3.° Un bien qui, par sa nature, est public, et, dans son origine, consacré à l'église.

Ainsi, quand l'Enfantin n'auroit point été religieux, et quand la cause se plaideroit entre l'église d'Aviré et ses héritiers, la faveur de la paroisse l'emporteroit toujours sur le droit de la succession, quand même il n'y auroit qu'une simple destination.

Ajoutons encore une troisième proposition aussi certaine que les premières.

Supposons que la donation fût nécessaire ; supposons encore que la solennité de la donation fût essentielle, ce défaut de solennité pourra-t-il être opposé par ceux qui l'allèguent aujourd'hui ?

Nous n'ajouterons point ici une question qui a été autrefois fort célèbre, si l'acceptation et l'insinuation étoient nécessaires dans la donation faite à l'église ou aux mineurs.

Les anciens docteurs, et entr'autres Decius, sur l'autorité des lois romaines, avoient cru qu'on pou-

(1) Leg. 3. ff. *De Pollicit.*

voit les excepter de la règle générale ; Dumoulin les a combattus, et vos derniers arrêts ont suivi son opinion (1).

La maxime est certaine. L'ordonnance n'excepte personne ; mais il faut distinguer ici ceux qui attaquent une donation, et ceux qui l'ont faite.

Lorsque des créanciers, même des héritiers, combattent une donation faite à leur préjudice, ils peuvent profiter du défaut de formalités. Mais lorsqu'un tuteur veut opposer ce défaut à son mineur, quoiqu'en ce cas la donation ne puisse valoir contre d'autres, elle vaut cependant contre lui, en conséquence de cette règle si connue : *Quem de evictione tenet actio, eumdem agentem repellit exceptio.*

C'est ce qui est décidé par la loi 21, cod. *De admin. tutor. vel curator*, qui s'exprime ainsi : *Si per eos donationum conditio neglecta est, rei amissæ periculum præstent.*

C'est ce qui a été jugé par plusieurs arrêts rapportés par Louet et par Brodeau, et qu'on peut confirmer encore par l'exemple du mari et de la femme, selon l'observation de Ricard.

L'application de ces principes se fait naturellement à un curé, tuteur de son église.

SECONDE QUESTION.

Elle consiste à savoir si les dîmes inféodées, acquises par l'église, sont sujettes au retrait féodal.

Nous ne nous arrêterons point à discuter les

(1) M. le chancelier d'Aguesseau en a fait depuis une loi générale par les articles 5 et 20 de l'ordonnance des donations de 1731. Le premier porte que les donations entre-vifs, *même celles qui seroient faites en faveur de l'église, ou pour causes pies,* ne pourront avoir aucun effet que du jour qu'elles auront été acceptées. Le second ordonne que toutes les donations, même les donations rémunératoires, *ou celles qui seroient faites à la charge de services et de fondation*, seront insinuées.

moyens particuliers que l'on propose, pour faire rejeter la demande du seigneur suzerain.

On lui oppose, en premier lieu, le défaut de contrôle de l'exploit; mais ce défaut, qui n'est pas certain, a du moins été réparé dans la suite.

En second lieu, la demande formée d'abord par le paiement des lods et ventes. Si le seigneur a pris le parti de demander les droits d'une vente, il est exclu du retrait par son propre choix.

Mais cette demande n'a été intentée qu'au nom du père de M. le président de Bailleul. Il n'étoit ni propriétaire ni possesseur, et n'a pu faire préjudice au véritable seigneur de la terre. D'ailleurs cette procédure ne subsiste plus.

Pour décider la question qui fait la principale difficulté de cette cause, nous ne nous engagerons point dans l'examen de plusieurs autres, qu'on pourroit traiter sur la matière des dîmes.

Il seroit superflu d'opposer autorité à autorité, argument à argument, pour discuter si elles sont de droit divin, ou de droit ecclésiastique. Il suffit, par rapport à la question présente, d'observer que notre usage est contraire au sentiment de ceux qui les regardent comme étant de droit divin, puisque, suivant cette opinion, elles ne pourroient être aliénées ni possédées par des laïcs.

On pourroit traiter ici une seconde question qui a plus de rapport à celle que vous avez à décider.

Elle consisteroit à savoir si, de droit commun, une dîme inféodée est réputée profane ou ecclésiastique, temporelle ou spirituelle.

Ceux qui soutiennent qu'elle doit être présumée profane, pourroient dire,

1.° Que, par un droit très-ancien, on payoit la dîme au prince ou à la république, ce qui est prouvé par l'exemple des Babyloniens et des Athéniens, et par l'ouvrage d'Aristote sur l'économie.

2.° Que l'usage de lever la dîme fut introduite dans la Sicile, par le consentement des peuples et les lois de ses anciens rois: qu'il y fut conservé par les Romains; et qu'un des chefs d'accusation contre Verrès, fut d'avoir troublé l'ordre qui y étoit observé de tout temps par rapport aux dîmes (1).

3.° Qu'il est vraisemblable, comme le pense Coquille dans sa préface sur le titre des dîmes de la coutume de Nivernois, que le même usage fut apporté dans les Gaules par les Romains.

4.° Qu'il fut suivi par les Français, et qu'on en trouve la preuve, soit dans une ordonnance de Clotaire I, qui défend au *Décimateur* d'aller sur les terres de l'église, soit dans un testament rapporté, par Helgadus, dans la vie du roi Robert, par lequel un seigneur, nommé Leodebodus, donna, à l'abbaye de Fleury, des dîmes dont il étoit propriétaire.

5.° Que le rapport du droit des dîmes avec ceux de terrage et de champart, indique la même origine.

6.° Enfin, qu'on ne voit nulle marque, aucun vestige d'actes d'inféodation; en sorte que les dîmes auxquelles on a donné le nom d'inféodées, semblent ne devoir être regardées que comme des droits purement temporels qui sont restés aux seigneurs de fief (2).

Ceux qui défendent l'opinion contraire, répondent;

1.° Qu'il est inutile d'alléguer d'anciennes lois, lorsqu'il y en a eu de postérieures.

2.° Que le nom de *Dîmes*, est consacré parmi nous aux seules dîmes ecclésiastiques, que l'on a

(1) *Omnis ager Siciliæ civitatum Decumanus est, itemque ante imperium populi romani ipsorum Siculorum voluntate et institutis fuit. Videte nunc majorum sapientiam qui...... tantâ curâ Siculos tueri et retinere voluerunt, ut non modò eorum agris vectigal novum nullum imponerent, sed ne legem quidem venditionis Decumanum..... aut tempus aut locum commutarent.* Cicero, act. V, in Verrem.

(2) On trouve ces autorités, et d'autres semblables, dans le Traité des dîmes de feu M. le Merre, imprimé en 1731, chapitre III, paragraphe I.

distinguées du champart et des autres droits dûs aux seigneurs féodaux.

3.° Que toutes les constitutions des rois, des papes, des conciles, concernant les dîmes, leur supposent manifestement la qualité d'ecclésiastiques.

4.° Que la dernière déclaration, sur les portions congrues, y assujettit subsidiairement toutes les dîmes inféodées.

5.° Que la jurisprudence des arrêts paroît certaine sur cette matière.

Ils concluent de ces réflexions, qu'en général on doit présumer qu'une dîme est ecclésiastique.

Mais, dans l'espèce de cette cause, il se trouve une circonstance qui forme une présomption particulière, c'est que la dîme, dont il s'agit, est affectée au paiement de la moitié du gros de curé.

Sans décider quelle est la véritable origine des dîmes profanes ou inféodées, il nous paroît constant:

Que si elles sont laïques, en considérant leur origine, on peut les posséder librement.

Que si elles ont été d'abord ecclésiastiques, elles peuvent encore être possédées par des laïcs, parce que l'église approuve et autorise leur possession. Les décrets du concile de Latran, de celui de Trente, d'Innocent III, d'Alexandre IV, et de plusieurs autres papes, prouvent assez cette approbation.

Il est donc inutile, pour la décision de cette cause, d'examiner si c'est Charles Martel qui a le premier commencé à usurper les dîmes appartenantes à l'église, si la vision attribuée à saint Eucher, évêque d'Orléans, après la mort de Charles Martel, est une fable qui doive être rejetée, et si l'on peut trouver, avant le onzième siècle, quelque mention de dîmes inféodées (1).

(1) On peut voir dans les Mémoires du clergé, tome III, imprimés en 1716, titre III, chapitre I, num. 36, un arrêt où sont insérés les moyens des parties, dans lesquels des faits historiques sont discutés. M. le Merre en parle aussi dans son Traité des dîmes, chapitre III, paragraphe I.

Elles sont considérées parmi nous comme les autres biens patrimoniaux ; elles peuvent être vendues, aliénées, hypothéquées. Il y a des dispositions précises dans les coutumes de Berry, de Nivernois et de Blois sur ce sujet, et la jurisprudence des arrêts n'est pas contestée. Dumoulin, sur la coutume de Poitou, art. 105.

Ainsi, pour réunir ici tout ce que nous venons de vous rappeler, soit qu'on attribue l'institution de la dîme au droit divin ou au droit humain, elle est de deux sortes, l'une ecclésiastique, l'autre profane : dans le doute, quant à son origine, on l'a présumée ecclésiastique, mais elle peut être possédée légitimement et librement par des laïcs, et la possession en est transférée aux héritiers ou aux acquéreurs comme celle des autres biens. Tel est l'usage observé parmi nous.

Il faut, à présent, examiner si les dîmes qui retournent à l'église, reprennent leur ancienne nature de dîmes ecclésiastiques, ou si elles demeurent profanes et sujettes aux mêmes charges que si elles étoient entre les mains des laïcs.

Nous reprendrons d'abord, en peu de mots, les principales raisons dont on se sert pour prouver que l'on doit se porter facilement à leur faire reprendre leur ancien état.

1.° Faveur de l'église, qui rentre dans son véritable patrimoine.

2.° C'est une espèce de retrait qu'elle exerce, préférable au retrait féodal, parce qu'il est fondé sur un titre antérieur, sur la concession même que l'église est censée avoir faite de la dîme qui lui appartenoit.

3.° L'ordonnance de saint Louis, qui veut que les dîmes puissent être acquises par l'église, sans demander le consentement du Roi. Or, si l'amortissement cesse, quel prétexte peuvent avoir les seigneurs pour prétendre un droit auquel le Roi renonce lui-même ?

4.° Les arrêts qui ont exclu le retrait lignager qui est préféré à la retenue féodale.

5.° Les docteurs, Boyer, Pithou, Coquille, Ragueau, Choppin.

Quelque grandes que soient ces autorités, nous croyons qu'il est facile de les détruire.

Mais, auparavant, il faut supposer quelques distinctions qui paroissent absolument nécessaires pour mettre la question dans tout son jour.

Elles sont proposées par Mornac sur la loi 27, §. *Cùm peteret*, ff. *de pactis*, et par Dumoulin sur la coutume de Paris, art. 46, quest. 4.

Ou la dîme a été vendue à l'église avec l'universalité de la seigneurie à laquelle elle étoit attachée, ou seule et séparément.

Au premier cas, tous les docteurs conviennent que l'accessoire suit la nature du principal, et par conséquent que la dîme conserve l'état où elle étoit auparavant.

Au second cas, ou elle est acquise par une église, qui de droit commun ne perçoit pas la dîme, et alors elle demeure profane; c'est ce qui a été jugé par un arrêt du 5 novembre 1609, sur les conclusions de M. le Bret.

Ou elle est vendue à une église qui, par le droit commun, peut percevoir des dîmes, et il faut examiner alors si elle a été vendue sans aucune charge de fief; et, en ce cas, elle devient ecclésiastique, selon le sentiment de tous les auteurs.

Si elle a été aliénée *cum onere feudi*, c'est ce qui forme un doute véritable.

Ainsi, quand la dîme a été vendue ou avec l'universalité d'une terre, ou à une église non paroissiale, elle demeure sans difficulté profane telle qu'elle étoit auparavant.

Si au contraire elle est vendue seule à une église paroissiale sans charge de fief, elle devient sans difficulté ecclésiastique.

Le doute ne peut donc être proposé que lorsqu'elle

est vendue seule, avec charge de fief, et à une église paroissiale.

Il faut le concours de ces trois conditions pour qu'il y ait lieu à la question, et elles se rencontrent dans cette cause.

On peut la traiter par raisonnement d'abord, et ensuite par autorité.

Première réflexion. Les droits du seigneur suzerain sont inviolables ; le vassal ne peut lui faire aucun préjudice. Or, le seigneur souffriroit un préjudice réel, si le vassal pouvoit détruire le fief en le vendant à l'église : donc, etc.

Seconde réflexion. On convient, et dans la thèse générale et dans l'espèce particulière, que le fief n'est pas absolument supprimé : or il est impossible de feindre cette diminution du fief, avant qu'il soit réuni à l'église. Comment accordera-t-on ces contrariétés ?

Le seigneur aura les lods et ventes, mais il n'aura pas la retenue féodale, plus ancienne, plus favorable encore que les droits qui ont succédé à sa place.

La dîme sera ecclésiastique, et cependant elle sera soumise, même quant au pétitoire, au juge séculier.

La dîme ne sera plus dans le nombre des biens profanes, et elle relèvera néanmoins du seigneur temporel auquel on sera tenu de faire la foi et hommage, de donner, suivant la coutume d'Anjou, articles 110 et 111, un homme vivant et mourant en la personne du curé, et de payer, outre l'indemnité, un droit de relief à chaque mutation.

Impossibilité de faire ces suppositions ; un bien ne peut être en même temps laïc et ecclésiastique, sacré et profane.

Troisième réflexion. La plus forte objection que l'on oppose à ces principes, est tirée de la faveur de la réunion ; mais c'est une pétition du principe. On suppose que la réunion est faite, et c'est tout le contraire.

Si l'on examine les anciennes constitutions des fiefs,

l'on trouvera que d'abord, ils ne s'accordoient qu'à vie, que dans la suite on a étendu cette grâce à un certain nombre de générations, et enfin à toute une famille.

Tant que le fief demeure dans la même famille, le seigneur ne peut rien espérer ; mais aussitôt qu'il en sort, il y a lieu à la réversion, parce qu'on attaque le titre primordial, on donne au seigneur des vassaux malgré lui ; il peut s'y opposer. Ce n'est pas tant un retrait, qu'une retenue féodale, comme l'appellent la plupart de nos coutumes. Le seigneur ne retire pas, il n'acquiert pas ; il retient et il conserve.

Bien loin qu'il suppose la réunion faite en faveur de l'église, il la prévient, il l'empêche il s'y oppose ; il met un obstacle ; invincible entre son vassal et l'église ; il interdit à l'un le pouvoir de vendre à d'autre qu'à lui, et par conséquent il rend l'autre incapable d'acquérir.

Il est donc inutile d'examiner si la dîme réunie à l'église, reprend sa première nature, elle n'est pas encore réunie : cette réunion dépend du consentement du seigneur ; tant qu'il s'y oppose, elle est impossible.

Tels sont les véritables principes. Ajoutons que les lois du royaume ne distinguent en rien les dîmes inféodées des autres fiefs sujets à la réunion, à l'hypothèque, susceptibles de toutes sortes de conventions. *Feuda decimarum*, dit Dumoulin sur l'article 105 de la coutume de Poitou, *sunt ante concilium Lateranense tertium, non ex privilegio, sed ex contractu et conventione publicâ, nec potuit concilium ullo modo præjudicare nobilibus laïcis. Sunt ergò feuda decimarum merè temporalia, ut alia quævis feuda subjecta consuetudinibus et legibus regni ut reliqua feuda.*

Que peut-on opposer à ces maximes ?

Première objection. Faveur de l'église qui désire de rentrer dans son ancien patrimoine ; mais cette faveur suppose la réunion, et le seigneur l'empêche.

Seconde objection. C'est une espèce de retrait que l'église exerce, et qu'on prétend préférable à celui du seigneur, parce que l'inféodation de l'église est antérieure à la sienne.

Plusieurs réponses à cette objection.

1.° L'origine des dîmes inféodées est trop obscure, pour assurer qu'elles ont été accordées par l'église.

2.° Jamais l'église n'a prétendu exercer ce prétendu droit de prélation; et, supposons que la dîme ait été vendue à un laïc, écouteroit-on les prétentions du curé qui voudroit intenter cette action en retrait imaginaire?

3.° L'église elle-même a reconnu le seigneur; elle a acquis *à la charge de fief*, par conséquent elle s'est soumise à toutes les conditions imposées à un fief. Peut-elle aujourd'hui les diviser?

Troisième objection. L'ordonnance de S. Louis(1) s'explique ainsi: *Volumus et concedimus quòd omnes personæ laïcales decimas percipientes ab aliis in terrâ nostrâ et in feodis nostris moventibus mediatè vel immediatè, quas ecclesiæ perciperent si eas laïci non haberent, possint eas relinquere, dare, et alio quocumque justo et licito modo ecclesiis concedere tenendas in perpetuum, nostro vel successorum nostrorum assensu minimè requisito.*

Or, si le consentement du Roi n'est pas nécessaire pour céder des dîmes à l'église, à plus forte raison elles sont affranchies de l'autorité des seigneurs.

Nous avouons que nous avons de la peine à concevoir quelle peut être la force de cette induction.

Le Roi remet le droit d'amortissement: donc il oblige les seigneurs à remettre celui d'indemnité, et tous les autres droits qui appartiennent à leur fief.

(1) Cette ordonnance se trouve en latin et en français dans le Recueil des ordonnances des rois de France de la troisième race, tome I, page 102, et elle a été imprimée moins correctement à la suite du Traité des dîmes de M. le Merre, tome II, page 413.

Le Roi fait grâce : donc les seigneurs sont obligés à la faire. Les termes de l'ordonnance, qui précèdent ceux que nous venons de vous rapporter, *quantùm in nobis est, volumus, etc.* son silence sur l'intérêt des seigneurs, en un mot, le peu de conséquence de ce raisonnement, *le consentement du Roi ne sera pas nécessaire, donc il est inutile de requérir celui du seigneur de fief,* nous portent à regarder cette induction comme insuffisante.

Voilà la première solution que l'on peut donner à cet argument.

La seconde n'est pas moins forte ; elle est fondée sur l'autorité de deux grands hommes; M. le premier président Liset, et Me Charles Dumoulin.

Le premier a averti plusieurs fois les avocats, que cette ordonnance devoit souffrir une interprétation favorable aux seigneurs, qu'elle n'avoit lieu que lorsque la dîme est cédée à l'église, en supprimant la charge de fief, et qu'il en étoit autrement lorsque la charge de fief a été retenue.

C'est dans cette vue, qu'en réformant la coutume de Berry, il a fait ajouter à l'article XVI du titre *des droits prédiaux,* que les dîmes inféodées seroient aliénables comme les autres patrimoines.

Le second a si bien établi cette distinction, et sur des fondemens si légitimes, qu'elle ne peut plus être révoquée en doute.

Troisième solution. Supposons que l'ordonnance soit entendue sans faire la distinction que nous venons de proposer, quelle induction pourra-t-on en tirer ?

Elle ne regarde pas toutes les dîmes inféodées, mais seulement celles qui avoient été accordées depuis le concile de Latran troisième, sous le règne de Philippe *Dieu-donné.*

C'est un fait que nous apprenons d'un ancien compilateur d'arrêts, de Duluc, qui dit que c'est ainsi que cette ordonnance étoit expliquée de son temps ; que c'est dans cette vue que quelques arrêts ont débouté les parens du vendeur du retrait lignager, parce que les dîmes paroissoient usurpées. Elles avoient excité de grandes contestations entre saint Louis et le clergé; il les a terminées par l'ordonnance de 1269.

C'est encore le sens que lui donne M. Louet, *ad regul. cancell. de infirmis*, n.° 45. Ce sens est même fondé sur les termes de l'ordonnance, où l'on remarque que saint Louis déclare qu'il fait cette loi, *pro remedio animæ nostræ, et animarum...... Ludovici genitoris nostri.... et aliorum prædecessorum nostrorum.* Ce qui se rapporte aux temps où des laïcs avoient obtenu, depuis le concile de Latran, des aliénations de dîmes ecclésiastiques.

Mais, ce qui prouve encore plus la vérité de cette distinction, ce sont les amortissemens rapportés par MM. Dupuy, dans les preuves des libertés, où l'on voit qu'en 1412 et 1413, le Roi amortit des dîmes acquises par l'église.

Donc il y avoit des dîmes qui n'étoient point comprises dans l'ordonnance de saint Louis; et quelles peuvent être ces dîmes, sinon celles qui étoient possédées par des laïcs, avant le concile de Latran.

Il nous paroît donc qu'il faut ou entendre ainsi cette ordonnance, ou rentrer dans la distinction proposée par Dumoulin, ou enfin dire que cette loi n'a pas été exécutée; et dans tous les cas, elle n'a pu faire aucun préjudice au seigneur.

Mais, dit-on, M. de Bailleul succède aux droits du Roi, parce que le domaine de Château-Gontier a appartenu au Roi.

On peut répondre,

1.° Que cette ordonnance ne pourroit pas même être opposée au Roi dans le cas d'une dîme acquise sous la charge de fief;

2.° Que la grâce accordée par le Roi à l'église, est un droit personnel et non réel, qui ne peut être opposé à un autre propriétaire de cette terre.

La quatrième objection est fondée sur les arrêts qui ont jugé que le retrait lignager ne pouvoit être admis. Or, il est regardé comme plus favorable que le retrait féodal.

Première réponse. Le retrait lignager suppose la réunion faite : le retrait féodal la prévient.

Seconde réponse. On ne peut pas dire que l'église ait reconnu le retrait lignager en acquérant une dîme; mais elle reconnoît le féodal, lorsquelle l'acquiert *à la charge du fief.*

Troisième réponse. Il faudroit savoir quel est le fondement de l'arrêt qui a décidé contre le retrait lignager, et un de ceux qui le rapportent (c'est Duluc), dit qu'il s'agissoit de dîmes accordées depuis le concile de Latran.

Quatrième réponse. Il est incertain si, dans l'espèce de cet arrêt, la dîme étoit acquise *cum onere feudi;* et si cette charge n'y étoit plus, il n'y auroit pas lieu à la question qui fait le sujet de cette cause.

Cinquième réponse. C'est mal à propos que l'on dit communément, que le retrait féodal cède au retrait lignager. Les coutumes s'expliquent plus proprement, en disant que la retenue féodale *n'a lieu* quand un lignager se présente; et, pour montrer que ce raisonnement ne conclut rien, il n'y a qu'à retorquer l'argument : *Le retrait féodal l'emporte sur le conventionnel, et le conventionnel sur le lignager ; donc le féodal l'emporte sur le retrait lignager.* La conséquence est fausse, parce qu'il faut distinguer les cas dans lesquels chaque espèce de retrait peut avoir lieu.

Cinquième objection. L'autorité des docteurs, Choppin, le Bret, Ragueau, Coquille, Boyer, Ruzé, Pithou, Rébuffe.

Première réponse. Elle est combattue par celle de plusieurs autres, de M. le P. P. Lizet, Dumoulin, d'Argentré, Louet, Brodeau, M. Dupuy.

Seconde réponse. Aucun d'eux ne parle expressément de l'espèce présente, c'est-à-dire, d'une dîme vendue *sub onere feudi.* Ils supposent tous, que la réunion soit faite; et ici il s'agit de savoir s'il peut y avoir une réunion quand le seigneur s'y oppose.

Troisième réponse. Il n'y a même que Pithou et Ragueau qui aient parlé du retrait féodal. Les raisons de Pithou sont détruites par MM. Dupuis. Ragueau n'approfondit pas la question.

Quatrième réponse. Ils se fondent tous sur des inductions tirées de l'ordonnance de saint Louis, et des arrêts rendus dans l'espèce du retrait lignager.

Au contraire, les autres s'attachent aux véritables principes des fiefs, à l'ancienneté des droits du seigneur, incapables d'être violés par le fait du vassal.

On trouve, dans le sentiment des premiers, une incompatibilité d'idées; des dîmes qui seroient en parties profanes, en partie ecclésiastiques; une réunion qu'on suppose dans le temps même qu'elle est empêchée par le seigneur qui y apporte un obstacle invincible.

Nulle conséquence dans l'argument qu'ils font sur l'ordonnance de saint Louis : le Roi fait grâce, il n'oblige personne à la faire. L'application de cette ordonnance dépend d'une distinction très-juste, soit par rapport aux conditions qui ont été apposées *in ipso contractu*, soit par rapport aux dîmes dont il est parlé.

Il y a plusieurs différences entre le retrait féodal et le retrait lignager; et ce qui concerne ce dernier, ne décide point par rapport au premier.

Peut-on refuser son suffrage à tant d'autorités qui se réunissent en faveur du seigneur féodal?

Nous croyons donc vous avoir prouvé, sur la première question, qu'une dîme acquise par un curé, appartient à son église; qu'elle n'a pas besoin qu'il lui en fasse une donation, ni que les solennités prescrites par les actes de donation aient été observées; et que, quand elles seroient nécessaires, il y auroit une fin de non-recevoir contre ceux qui opposent le défaut de ces solennités.

A l'égard de la seconde question, nous pensons que le seigneur est bien fondé à user de la retenue féodale, mais que le prix qu'il remboursera appartient à la paroisse d'Aviré, pour laquelle le curé est censé avoir fait cette acquisition. Ainsi, il doit être employé en fonds, au profit de cette paroisse, par l'avis des marguilliers et habitans, et en présence du procureur fiscal.

Nous estimons qu'il y a lieu de mettre l'appellation et ce dont est appel au néant; émendant, ayant égard à la requête de M. de Bailleul, lui adjuger, par retrait féodal, la dîme dont il s'agit; et, sans s'arrêter à la requête de René l'Enfantin, ordonner que le prix des dîmes sera donné à l'église d'Aviré, pour être employé en fonds en présence des marguilliers et habitans, et du procureur fiscal de la justice.

Note écrite à la suite de ce Plaidoyer.

Quoiqu'on n'ait cité dans cette cause qu'un seul arrêt qui ait exclu le retrait lignager dans le cas d'une dîme inféodée vendue à l'église, on trouve dans les preuves des libertés, chapitre XXXVI, n.º 5, une décision de saint Louis, tirée du registre *Olim, anno* 1267, *habito consilio, voluit dominus rex quòd in casu hujusmodi cùm decima venditur ecclesiæ suæ parochiali, licet in feodo ab alio teneatur, locum non habeat retractus per bursam; et super hoc fuit impositum silentium hujusmodi qui decimam ipsam per bursam petebat.*

On peut encore observer, sur l'ordonnance de saint Louis, l'arrêt rapporté dans le même chapitre, au nombre suivant, dans lequel il s'agissoit d'une dîme inféodée tenue directement du Roi, vendue à une communauté ecclésiastique, *cuidam domui Dei*, avec le consentement de l'évêque de Bayeux et du curé; un parent du vendeur ayant voulu la retirer, il fut question de savoir si la demande en retrait seroit portée en cour laïque ou en cour ecclésiastique. Saint Louis la renvoya à la dernière, *considerato etiam et diligenter inspecto quòd dominus rex Ludovicus concessit ecclesiis et ecclesiasticis personis quod decimas quæ ab ipso mediatè vel immediatè movent, quocumque justo titulo possent acquirere in posterùm et tenere non obstante reclamatione seu oppositione aliqua sui vel suorum heredum, et sic a se abdicavit omnem cognitionem et justitiam decimarum taliter venditarum ex quo ad manum ecclesiasticam devenerunt, etc.* Mais cette considération ne devoit pas décider de la compétence du juge, à qui il appartenoit de connoître de la demande du parent lignager.

C'est précisément contre cette mauvaise maxime que l'arrêt donné sur les conclusions de M. le Bret a été rendu.

M. d'Argentré, sur l'ancienne coutume de Bretagne, *cap.* 22, *col.* 1135, rapporte un autre arrêt qui a renvoyé au juge royal la connoissance d'une portion congrue demandée sur une dîme inféodée qui étoit entre les mains d'une abbaye de filles.

M. d'Argentré doit être joint aux auteurs qui sont favorables au retrait : *Etiam si quo casu ad ecclesias redierint, naturam non mutant, et in feodo et prioris Domini conditione manent, nec à lege feudi laïci eximuntur.* Il renvoie ensuite à Dumoulin, pour l'explication de l'ordonnance de saint Louis, et il ajoute : *Quare illa Rebuffi non vera sententia quùm scribit et vero judicatum refert, quùm sunt in personam ecclesiasticam translatæ decimæ, retractum sanguinis locum non habere.* D'Argentré, sur l'article 266 de l'ancienne coutume de Bretagne, *cap.* 22, *col.* 1134.

Le même auteur, dans son histoire de Bretagne, livre IV, chapitre 176, page 334, rapporte qu'un des articles qui furent arrêtés par le pape Alexandre IV, en l'an 1256, entre le duc Jean de Bretagne et le clergé de ce duché, étoit que *les dîmes, lesquelles étoient possédées par les laïcs, pourroient librement et de leur consentement, être quittées et résignées aux gens et personnes ecclésiastiques, pour reprendre leur première nature et condition, sans nouvel consentement du duc ni des barons, ni de lui tenir lesdites dîmes.*

Les termes du serment du duc, fait à Rome en présence de deux cardinaux, qui est rapporté par d'Argentré dans le chapitre suivant, ne sont pas conformes au sens qu'il leur donne : *Promittimus etiam decimas ecclesiæ et personis ecclesiasticis à laïcis redintegrari* : termes qui semblent emporter une obligation entière de faire rendre toutes les dîmes à l'église, et qui ne s'appliquent peut-être qu'à celles qui avoient été usurpées depuis un certain temps.

Pierre le Baud, plus ancien que d'Argentré, raconte le fait de la même manière, *et si permettoit aussi les dîmes être résignées aux églises et à leurs ministres;* ce qui pourroit faire conjecturer qu'il y auroit dans l'original du serment du duc Jean I *permittimus*, et non *promittimus*.

Le père Lobineau, histoire de Bretagne, liv. VIII, p. 256, suit le Baud, et s'explique encore plus clairement, en disant que le duc jura qu'il n'empêcheroit plus que les dîmes ne fussent vendues ou données à l'église par des séculiers.

En effet, on voit par une bulle d'Innocent IV, rapportée par le père Lobineau, dans les preuves du huitième livre, que les plaintes du clergé rouloient sur ce que le duc ne vouloit pas souffrir que les laïcs remissent leurs dîmes entre les mains de l'église; car tout ce que le pape exige à cet égard du comte de Bretagne et de ses sujets, se réduit à ces mots : *Permittant etiam decimas ecclesiis et personis ecclesiasticis à laïcis resignari.* On trouve la même chose dans une bulle de Grégoire IX contre les abus qu'il reprochoit à Pierre Mauclerc, *Non patitur decimas extrahi de manibus laïcorum,* preuves du liv. VII, page 380.

(Tout ceci peut donner beaucoup d'ouverture pour expliquer l'ordonnance de saint Louis.)

Cette affaire ayant été renvoyée par arrêt du 23 juin 1693, à la troisième chambre des enquêtes, elle y fut jugée au rapport de M. Bouvard de Fourqueux, par arrêt du 4 août 1695, qui, sur la première question traitée dans ce plaidoyer, décida, suivant les principes qui y sont expliqués, que la dîme acquise par un prieur-curé appartenoit à sa cure; mais, sur la seconde question, les juges se déterminèrent à exclure le retrait féodal, à la charge de payer au seigneur les droits dus pour l'acquisition, et de l'indemniser à l'avenir, conformément à la coutume des lieux. Il est fait mention de cet arrêt dans le Traité des dîmes de M.e Michel Duperray, qui plaidoit dans cette affaire pour frère Jacques le Roy, prieur-curé d'Aviré, chapitre II, page 30 de l'édition de 1719, et dans le Traité des dîmes de M. le Merre, tome II, page 449. Il parle de cette question dans le premier tome, chapitre III, paragraphe VI, où il dit qu'il n'y avoit eu jusqu'alors aucun arrêt qui l'eût jugée.

TEXTE DE L'ARRÊT

DU 4 AOUT 1695.

ENTRE frère Jacques le Roi, prêtre, prieur-curé de la paroisse d'Aviré, chanoine régulier de Saint-Augustin, congrégation de France, appelant d'une sentence au bailliage de Château-Gontier, le trente-un janvier mil six cent quatre-vingt-douze, et défendeur, d'une part; et messire Louis-Nicolas de Bailleul, chevalier, conseiller du roi en ses conseils, président à mortier en sa cour de parlement, seigneur marquis dudit Château-Gontier, intimé et demandeur, suivant sa requête du huit juin mil six cent quatre-vingt-treize, d'autre part; et encore ledit frère Jacques le Roi, prêtre, prieur-curé de la paroisse d'Aviré, demandeur, suivant les commissions et exploit des vingt-deux et vingt-neuf novembre mil six cent quatre-vingt-douze, d'une part; et messire René l'Enfantin, prêtre, défendeur, d'autre part; et encore entre ledit frère Jacques le Roi, prieur-curé de la paroisse d'Aviré, appelant, suivant sa requête du dix-neuf juillet mil six cent quatre-vingt-quatorze; des sentences rendues audit bailliage de Château-Gontier, le dix-sept octobre mil six cent quatre-vingt-treize, et six mars mil six cent quatre-vingt-quatorze, d'une part, et ledit sieur président de Bailleul, intimé, d'autre part; et encore entre les manans et habitans de la paroisse d'Aviré, demandeurs en requête par eux présentée à la cour, le quinze juin mil six cent quatre-vingt-quinze, d'une part, et lesdits frères Jacques le Roi, chanoine régulier de l'ordre de Saint-Augustin, congrégation de France, prieur-curé de ladite paroisse d'Aviré, et messire Louis-Nicolas de Bailleul, chevalier, marquis de Château-Gontier, président à mortier en la cour, et René l'Enfantin, prêtre, défendeurs, d'autre part; et encore entre ledit sieur président de Bailleul, demandeur aux fins de la requête par lui présentée en la cour le trente juin mil six cent quatre-vingt-quinze d'une part; et lesdits manans et habitans de la paroisse d'Aviré, défendeurs, d'autre part. Vu, par la cour, en la troisième chambre des enquêtes, en laquelle, par arrêt rendu en la grand'chambre, le treize février mil six quatre-vingt-quinze, les contestations auroient été renvoyées, les instances appointées au conseil, et en droit et joint d'entre lesdites parties, ladite sentence dudit bailli de Château-Gontier, du trente-un janvier mil six cent quatre-vingt-douze, rendue contradictoirement entre ledit sieur de Bailleul, marquis de Château-Gontier, demandeur en exécution d'autre jugement rendu audit bailliage de Château-Gontier, le vingt-six du même mois, d'une part; et ledit messire René l'Enfantin, audit nom, défendeur, d'autre; et encore entre ledit frère Jacques le Roi, prêtre, chanoine régulier de l'ordre de Saint-Augustin, de la congrégation de France, pourvu du prieuré et cure de la paroisse d'Aviré, dépendante de l'abbaye Notre-Dame de la Roë, dudit ordre, demandeur et opposant, suivant sa requête du vingt-huit dudit mois de janvier, d'autre part, par laquelle il auroit été décerné acte aux parties de leurs dires, déclarations et protestations, et se pourvoiroit ledit le Roi, à l'égard des siennes, comme il aviseroit bon être, et ordonné qu'il seroit sur-le-champ procédé à l'exécution du retrait féodal en question, et y procédant, ledit sieur de Bailleul auroit compté, nombré, solu et payé en la présence du juge, en louis d'or et d'argent, et autre monnoie ayant cours, par les mains de M.e Jacques Geslin, premier huissier audiencier audit siége, son procureur, audit l'Enfantin, présent, la somme de 1500 livres, pour le prix principal de l'acquêt des dîmes inféodées dont étoit question, et 37 livres 10 sols pour l'intérêt de ladite somme de 1500 livres, couru depuis la récolte de l'année mil six cent quatre-vingt-onze, jusqu'audit jour trente-un janvier mil six sent quatre-vingt-douze, et celle de 204 livres 2 sols 4 deniers pour les loyaux-coûts, frais et mises, suivant l'état représenté par ledit sieur l'Enfantin, et réglé par ledit juge à ladite somme, non compris et réservé les frais et dépens des instances jugées contre les vendeurs desdites dîmes, pour lesquels lesdits Geslin, pour ledit sieur de Bailleul, auroient mis ès mains dudit l'Enfantin la somme de 150 livres, de toutes lesquelles sommes ci-dessus référées et spécifiées, ainsi payées, ledit sieur l'Enfantin s'en seroit contenté, en auroit quitté ledit sieur de Bailleul, sauf à augmenter ou diminuer pour lesdits frais réservés, et à ce moyen le retrait féodal auroit été déclaré être bien fait et exécuté, ledit sieur de Bailleul mis en la pleine propriété, possession et jouissance desdites dîmes, lesquelles il auroit déclaré n'entendre consolider avec son domaine et seigneurie de Château-Gontier, défenses auroient été faites audit l'Enfantin et à tous autres, de le troubler, ni ceux préposés à la perception d'icelles, en quelque manière que ce fût, sur les peines qu'il appartiendroit; comme aussi acte décerné audit l'Enfantin de ce qu'il auroit à l'instant mis ès mains dudit Geslin, audit nom, la grosse des contrats d'acquêts desdites dîmes et ratification d'iceux, avec l'état desdits loyaux-coûts et mises, et des protestations dudit sieur de Bailleul, que le prétendu réglement du gros et des novales et autres dispositions pour la réception et partage desdites dîmes, ne lui pourroit nuire ni préjudicier, et de faire mettre les choses en leur ancienne forme et droits, ce qui seroit exécuté, nonobstant opposition ou appellation quelconques, et sans préjudice d'icelles; ladite commission obtenue en chancellerie par ledit le Roi, le vingt-deux novembre mil six cent quatre-vingt-douze, fût déclarée commune, et exploit d'assignation donné en conséquence à la requête, à ce que l'arrêt qui interviendroit sur l'appel par lui interjeté de ladite sentence du bailli de Château-Gontier, du trente-un janvier audit an mil six cent quatre-vingt-douze, fût déclaré commun avec ledit l'Enfantin; ce faisant, et en cas que ladite sentence fût infirmée, et ledit sieur président de Bailleul débouté de sa demande en retrait féodal de la dîme inféodée dont il s'agissoit, ledit le Roi en ladite qualité de prieur-curé de ladite paroisse d'Aviré, seroit maintenu et gardé en la possession et jouissance de ladite dîme inféodée; que défenses seroient faites audit l'Enfantin et à tous autres d'y troubler ledit le Roi et ses successeurs, et en outre que ledit l'Enfantin seroit condamné par saisie et vente de ses biens, de rendre et mettre entre les mains dudit le Roi tous les titres, contrats et autres pièces concernant la possession de ladite dîme, aux dommages et intérêts dudit le Roi, résultant des mauvaises contestations formées par ledit l'Enfantin, et en outre en tous les dépens faits au siége tant de Château-Gontier, qu'en la cour: défenses fournies le vingt-quatre janvier mil six cent quatre-vingt-quatorze, par ledit l'Enfantin contre la demande dudit le Roi, portée par lesdites commission et exploit des vingt-deux et vingt-neuf novembre mil six cent quatre-vingt-douze; ladite requête dudit sieur de Bailleul du huit juin mil six cent quatre-vingt-treize, par laquelle il auroit conclu à ce qu'il plût à ladite cour lui donner acte de ce qu'il révoquoit la déclaration par lui faite dans ladite sentence du bailli de Château-Gontier, du trente juin mil six cent quatre-vingt-douze, qu'il n'entendoit point réunir les dîmes inféodées de ladite paroisse d'Aviré au domaine de son marquisat de Château-Gontier, et en conséquence mettre l'appellation interjetée par ledit le Roi au néant, ordonner que ce dont étoit appel sortiroit effet, et le condamner en l'amende et aux dépens. Arrêt du vingt-trois juin mil six cent quatre-vingt-treize, par lequel, sur l'appel de ladite sentence du trente-un janvier mil six cent quatre vingt-douze, les parties auroient été appointées au conseil, à fournir cause et moyen d'appel et réponses, et sur les demandes et défenses, en droit, à écrire et produire dans le temps de l'ordonnance, et joint; causes et moyens d'appel fournis par ledit le Roi, le treize juillet audit an mil six cent quatre-vingt-treize, en exécution dudit arrêt du vingt-trois juin précédent, par lesquels il auroit conclu à ce qu'il plût à ladite cour par l'arrêt qui interviendroit et qui seroit déclaré commun avec ledit l'Enfantin, mettre l'appellation et ce dont avoit été appelé au néant, émendant maintenir et garder ledit le Roi en ladite qualité, en la possession et jouissance de la dîme inféodée d'Aviré, réunie au patrimoine de la cure par le contrat d'acquisition, condamner ledit sieur de Bailleul et ledit l'Enfantin, chacun à leur égard, à la restitution des fruits, à rendre et restituer les titres, et se purger par serment que par dol, fraude, ni autrement, ils ne les retenoient et ne cessoient de les avoir; et au cas que ladite cour trouvât quelque difficulté à adjuger la dîme dont il s'agissoit (ce que ledit le Roi n'estimoit pas) condamner ledit l'Enfantin à la restitution de la somme de 1500 livres, frais et loyaux-coûts, ainsi qu'ils lui avoient été payés; condamner aussi ledit sieur de Bailleul et ledit l'Enfantin aux dépens, tant de la cause principale, que celle d'appel; lesdites causes et moyens d'appel dudit le Roi servant aussi d'avertissement sur les demandes desdits le Roi et sieur de Bailleul, réglés par ledit arrêt du vingt-trois juin; réponse dudit sieur de Bailleul auxdites causes d'appel dudit le Roi, signifié le trente août mil six cent quatre-vingt-quatorze, à ce qu'il plût à ladite cour par l'arrêt qui interviendroit, mettre l'appellation au néant, avec amende et dépens, production desdits sieurs de Bailleul et le Roi, suivant ledit arrêt du vingt-trois juin mil six cent quatre-vingt treize, et requête dudit l'Enfantin, du trente mai mil six cent quatre-vingt-quinze, employée avec les pièces y énoncées, pour écritures et productions, en exécution du même arrêt; contredits fournis le quatorze dudit mois de mai mil six cent quatre-vingt-quinze, par ledit le Roi, contre la production dudit sieur de Bailleul, servant aussi de salvations contre ses réponses à cause d'appel; sommation audit sieur de Bailleul et audit l'Enfantin de fournir de leur part de contredits contre la production dudit le Roi, même l'un à l'encontre de l'autre; ladite sentence du bailliage de Château-Gontier, du dix-sept octobre mil six cent quatre-vingt-treize, obtenue par défaut par ledit sieur de Bailleul, demandeur en requête du vingt-cinq septembre précédent, et exploit du vingt-neuf dudit mois contre ledit le Roi, défendeur et défaillant, par laquelle pour le profit du défaut, lequel auroit été déclaré bien obtenu, ledit le Roi auroit été condamné provisoirement de rendre et restituer les quatre septiers neuf boisseaux de blé en question, et de fournir quittance; et sur les autres contestations, les parties viendroient à la Saint-Martin. Autre sentence dudit bailli de Château-Gontier, du six mars mil six cent quatre-vingt-quatorze, suivant l'exploit du dix-huit décembre mil six cent quatre-vingt-douze, et requête du vingt-cinq septembre mil six cent quatre-vingt-treize, et encore incidemment demandeur en autre complainte, suivant son arrêt signifié le premier février mil six cent quatre-vingt-quatorze, contre ledit Jacques le Roi, défendeur et défaillant, par laquelle pour le profit dudit défaut ledit sieur de Bailleul auroit été maintenu et gardé au droit de profession de percevoir les dîmes de blé froment, blé seigle, blé noir et autres dîmes sur le prieuré d'Aviré et autres lieux et terres cottées par les complaintes et demandes dudit sieur de Bailleul, défenses auroient été faites audit le Roi, et tous autres, de le troubler, ni ses préposés, dans la perception desdites dîmes; et en outre ledit le Roi auroit été condamné de rapporter celles par lui incidemment prises et perçues, suivant les demandes dudit sieur de Bailleul, et aux dommages et intérêts, ensemble rapporter l'excédent de son gros, et fournir l'acquit d'icelui; l'écriture et seing dudit le Roi, apposés en son écrit double du trente novembre mil six cent quatre-vingt-quatre, déclaré pour reconnu, et la sentence exécutée nonobstant oppositions ou appellations quelconques, et sans préjudice d'icelles. La requête dudit le Roi, du dix-neuf juillet mil six cent quatre-vingt-quatorze, contenant l'appel par lui interjeté incidemment, et en adhérant à ses premières conclusions, desdites sentences des dix-sept octobre mil six cent quatre-vingt-treize et six mars mil six cent quatre-vingt-quatorze, et par lui employée pour causes et moyens dudit appel, à ce qu'il plût à ladite cour, par l'arrêt qui interviendroit, débouter ledit sieur président de Bailleul des demandes par lui formées devant ledit juge de Château-Gontier, les dix-huit décembre mil six cent quatre-vingt-douze et vingt-cinq septembre mil six cent quatre-vingt-treize, avec dépens des causes principale et d'appel, et au surplus adjuger audit le Roi les autres fins et conclusions qu'il avoit prises en ladite instance, avec dépens; sur laquelle requête ladite cour auroit, sur l'appel, appointé les parties au conseil, à fournir causes et moyens d'appel, répondre et écrire, et produire, dans trois jours, et joint à l'instance, acte donné audit le Roi de ce que, pour causes et moyens d'appel, écritures et productions, il auroit employé le contenu en sa requête, avec ce qu'il avoit écrit et produit en ladite instance; réponse dudit sieur de Bailleul, aux causes d'appel dudit le Roi, signifiée le vingt mai mil six cent quatre-vingt-quinze, servant aussi de contredits contre la production faite par ledit le Roi, suivant l'arrêt du vingt-trois juin mil six cent quatre-vingt-treize; production dudit sieur de Bailleul sur ledit appel, incident dudit le Roi, sommations respectives de contredire; production nouvelle dudit le Roi, reçu par requête du cinq mars mil six cent quatre-vingt-quatorze, lesdits contredits dudit sieur de Bailleul, du vingt mai mil six cent quatre-vingt-quinze, ci-dessus énoncés, servant aussi de contredits contre ladite production nouvelle; ladite requête desdits manans et habitans, et communauté de la paroisse d'Aviré, du quinze juin mil six cent quatre-vingt-quinze, par laquelle ils auroient conclu à ce qu'il plût à ladite cour les recevoir parties intervenantes en l'instance d'entre ledit sieur de Bailleul, le Roi et l'Enfantin, leur donner acte de ce que, pour moyens d'intervention, écritures et productions, ils emploient le contenu en leur requête; et y faisant droit, en infirmant ladite sentence du bailli de Château-Gontier, du trente-un janvier mil six cent quatre-vingt-douze, dont étoit appel, débouter ledit sieur de Bailleul de sa demande en retrait féodal, et en conséquence ordonner que les dîmes dont il s'agissoit, suivant et conformément aux clauses portées par les contrats d'acquisitions qui en avoient été faites par défunt frère Jean l'Enfantin, et suivant ses intentions, seroient déclarées appartenir au prieur-curé d'Aviré, comme y ayant été réunies par lesdits contrats, et ayant repris leur première nature de dîmes ecclésiastiques; et, en cas de contestations, condamner les contestans aux dépens. Arrêt du seize dudit mois de juin mil six cent quatre-vingt-quinze, par lequel lesdits manans, habitans et communauté d'Aviré auroient été reçus parties intervenantes; et pour faire droit sur ladite intervention, ensemble sur la demande, les parties appointées en droit à fournir moyens d'interventions, et réponses, écrire et produire dans trois jours; et joint à l'instance, tant au rapport de M. Bouvard de Fourqueux, et acte donné auxdits manans et habitans, de ce que, pour moyens d'interventions, écritures et productions, ils auroient employé le contenu en leur requête. Requête dudit le Roi, du dix-huit dudit mois de juin, employée pour réponses et moyens d'intervention, écritures et productions, suivant ledit arrêt; sommation faite ledit jour auxdits sieurs de Bailleul et l'Enfantin de satisfaire de leur part audit arrêt, fournir des réponses aux moyens d'intervention desdits habitans, écrire et produire, comme aussi contredire. Requête dudit sieur de Bailleul, du trente juin mil six cent quatre-vingt-quinze, employée avec les pièces y énoncées pour défenses, à la demande desdits manans et habitans d'Aviré, et réponses à leurs moyens d'intervention, écritures et productions, suivant ledit arrêt du seize dudit mois, contenant aussi ses conclusions et demandes à ce qu'il plût à ladite cour débouter lesdits manans et habitans de leur demande portée par leurdite requête d'intervention, avec dépens, et néanmoins donner acte audit sieur de Bailleul de ce qu'il consentoit que la somme de 1500 livres, consignée par Geslin, son agent, entre les mains de Deschamps, notaire à Château-Gontier, par acte du huit février mil six cent quatre-vingt-quinze, fût retirée par lesdits paroissiens; comme aussi lui donner acte de ce qu'en tant que de besoin, il offroit leur payer ladite somme de 1500 livres, avec les intérêts, depuis le trente-un janvier mil six cent quatre-vingt-douze, et de ce qu'il se rapportoit à la cour d'ordonner ce qu'elle jugeroit à propos sur l'exécution des fondations faites par ledit défunt prieur l'Enfantin, et sur l'emploi de ladite somme au profit de la fabrique et des pauvres de la paroisse d'Aviré; ordonner qu'en ce faisant, ledit Geslin demeureroit bien et dûment quitte et déchargé du contenu en son obligation dudit jour trente-un janvier mil six cent quatre-vingt-douze, et que ladite obligation lui seroit rendue, et donner acte audit sieur de Bailleul de ce que, pour écritures et productions sur ladite demande, il employoit le contenu en ladite requête, avec les pièces y mentionnées, sur laquelle requête ladite cour auroit ordonné que lesdits manans et habitans d'Aviré, l'Enfantin et le Roi fourniroient de défenses, écriroient et produiroient dans le jour, attendu l'état de l'instance et joint, et acte donné audit sieur de Bailleul, de ce que, pour écritures et productions, il auroit employé le contenu en ladite requête avec ce qu'il avoit écrit et produit en l'instance. Sommation faite auxdits le Roi, l'Enfantin et habitans d'Aviré de satisfaire à ladite ordonnance, fournir de défenses, écrire et produire, comme aussi contredire; production nouvelle dudit le Roi, par requête du premier juin mil six cent quatre-vingt-quinze; contredits fournis le vingt-sept dudit mois par ledit sieur de Bailleul, contre ladite production nouvelle; sommation respectivement faite de satisfaire à tous les réglemens de l'instance, fournir de causes d'appel, réponses, écrire, produire et contredire, même les uns à l'encontre des autres. Conclusions du procureur-général du roi, tout joint et considéré :

LADITE COUR faisant droit sur le tout, ayant aucunement égard à l'intervention des manans et habitans de la paroisse d'Aviré, a mis et met les appellations et ce dont a été appelé au néant; émendant, ordonne que la dîme dont est question, demeurera réunie au domaine du prieuré d'Aviré, pour en jouir par ledit le Roi et ses successeurs, prieurs-curés d'Aviré, conformément aux contrats des dix-neuf juin et quinze juillet mil six cent soixante-seize, à la charge par eux d'acquitter les fondations portées par lesdits contrats, et *de payer audit seigneur de Château-Gontier les droits seigneuriaux de la présente acquisition, et l'indemniser à l'avenir, le tout conformément à la coutume des lieux;* et en conséquence condamne ledit de Bailleul à rendre et restituer audit le Roi les fruits et revenus par lui perçus de ladite dîme, suivant l'estimation qui en sera faite par experts, dont les parties conviendront devant le lieutenant particulier d'Angers, sinon par lui nommé d'office; et sur le surplus des demandes, les parties hors de cour, l'exécution du présent arrêt en notredite cour réservée, tous dépens compensés.

VINGT-CINQUIÈME PLAIDOYER.

DU 30 JUILLET 1693.

Dans la cause du chapitre de SAINT-HILAIRE de Poitiers, et du sieur CORBIN, contre LOUIS TAVEAU.

La principale question consistoit à savoir si une dispense du vice de la naissance, accordée par le pape au fils d'un clerc tonsuré, avec dérogation à toutes constitutions et statuts canoniques, peut avoir effet à l'égard d'un chapitre où il y a un statut exprès qui défend d'y admettre ceux qui ne sont pas nés d'un mariage légitime.

L'APPEL comme d'abus et les demandes en complainte sur lesquelles vous avez à prononcer, forment deux questions différentes, dont la décision intéresse la dignité de l'ordre ecclésiastique, la pureté de la discipline, et la conservation des principales libertés de l'église gallicane.

La première consiste à savoir si la dispense que l'intimé allègue en sa faveur, est un titre capable d'effacer la honte de son origine, et si le pape a eu le pouvoir et la volonté de déroger au statut d'un chapitre aussi considérable par l'antiquité de sa fondation, que par le nombre de ses priviléges.

La seconde question se réduit à examiner les autres défauts personnels que l'on oppose à l'intimé; la confidence dont on l'accuse, les pactions illicites qu'on lui impute, et par lesquelles on prétend vous faire voir qu'il est aussi indigne qu'incapable de posséder le bénéfice qu'il demande.

Avant que d'expliquer ici les faits particuliers qui

regardent l'intérêt des deux parties, auxquelles il a été accordé des provisions du même bénéfice, nous croyons qu'il est nécessaire de reprendre, en peu de mots, l'histoire de la fondation de l'église de Saint-Hilaire de Poitiers, les différentes confirmations que les rois lui ont accordées de ses priviléges, les statuts qu'elle a faits pour conserver sa première noblesse, et la pureté de son origine.

Aucune église, dans le royaume, ne peut rapporter un titre de dotation plus auguste et plus vénérable, que celui du chapitre de Poitiers.

Après la défaite et la mort d'Alaric, Clovis, vainqueur de ses ennemis, attribua l'heureux succès de ses armes aux prières et à la protection visible de Saint-Hilaire, évêque de Poitiers. Il déclara, par un acte solennel, que, pour lui témoigner sa reconnoissance, il vouloit enrichir de ses bienfaits l'église qui avoit été élevée à Poitiers en l'honneur de ce saint. Il lui donna des fonds considérables. Cette donation fut revêtue de tous les caractères qui pouvoient la rendre authentique et inviolable. Il voulut avoir pour témoin de sa libéralité un concile entier, qui étoit pour lors assemblé à Orléans.

Les successeurs de Clovis ont imité son zèle et sa piété envers cette église. Ils ont augmenté son patrimoine. Ils lui ont accordé des immunités et des priviléges considérables.

Les concessions de Pepin, d'Eudes, de Louis d'Outremer, sont rapportées, et tous ces actes sont autant de preuves de la protection que tous nos rois ont accordée à ce chapitre, dont ils ont toujours été considérés comme les véritables fondateurs.

Le comté de Poitou ayant été soumis à la domination des ducs d'Aquitaine, ils se sont appliqués à la conservation de la dignité de l'église de Saint-Hilaire.

On vous a expliqué la disposition célèbre du statut qui fut fait dans le onzième siècle par Geoffroy, duc d'Aquitaine et comte de Poitou. Il déclare dans ce titre, dont l'original est entre nos mains, que sur les remontrances qui lui ont été faites par les seigneurs de Poitou, par l'archevêque de Bordeaux, par l'évêque de Poitiers et les chanoines de la même église, il défend à l'avenir de recevoir au nombre des chanoines, ceux qui ne seront pas nés d'un mariage légitime : *Nullus spurius, id est, qui non est de legitimo matrimonio natus, fiat unquam quolibet modo canonicus.* Il consent néanmoins que ceux qui ont été reçus avant le décret du concile de Poitiers contre les bâtards, puissent conserver leurs canonicats, sans pouvoir jamais aspirer à des dignités plus élevées.

Ce statut, qui porte la marque de l'autorité du prince, est accepté par l'église. Le légat du saint-siége, l'archevêque de Bordeaux et l'évêque de Poitiers, prononcent la peine d'excommunication contre ceux qui oseront le violer. Il a eu une entière exécution ; et le premier serment que les chanoines sont obligés de faire dans le temps de leur réception, est une preuve de l'observation de cette loi, puisqu'ils jurent solennellement qu'ils sont légitimes.

Le duché d'Aquitaine ayant été réuni à la couronne, les rois ont toujours pris la qualité d'abbés, de fondateurs, de protecteurs de l'église de Saint-Hilaire de Poitiers. Ils ont confirmé tous ces priviléges par plusieurs lettres patentes ; et par le serment qu'ils ont accoutumé de faire la première fois qu'ils entrent dans l'église de Poitiers, ils promettent qu'ils conserveront et qu'ils défendront les droits et les libertés de ce chapitre.

Telle est, en peu de mots, l'histoire de la fondation, des statuts et des prérogatives de l'église de Saint-Hilaire de Poitiers.

Maintenant il s'agit de vous expliquer ce qui regarde les contendans.

La qualité de Louis Taveau, pour qui plaide M.e Vaillant, est certaine ; il est bâtard, fils de Louis Taveau, sieur de la Tour, clerc tonsuré du diocèse de Poitiers.

On prétend, et il paroît assez constant, que son bisaïeul étoit chanoine dans l'église de Poitiers.

En l'année 1689, il a obtenu une dispense pour recevoir les ordres sacrés. La clause de la dispense est générale, elle déroge non-seulement au concile de Poitiers, mais à toutes autres constitutions ou statuts canoniques.

Il faut cependant observer qu'elle ne parle point de la faculté d'obtenir toutes sortes de bénéfices; *majora vel minora*.

Cette dispense fut revêtue de toutes les formes ordinaires, et fulminée par l'official.

Il reçut ensuite la tonsure.

Le 3 novembre 1690, il fut passé en même temps trois actes importans, dans un lieu éloigné du domicile des parties.

Louis Taveau, père, résigne deux bénéfices simples, dont il étoit pourvu, en faveur de Gabriel Guillot, chanoine de Saint-Hilaire de Poitiers.

Et le même jour, par-devant le même notaire et les mêmes témoins, Gabriel Guillot résigne son canonicat à Louis Taveau, fils de celui qui venoit de lui résigner deux bénéfices simples : il se réserve une pension de cent cinquante livres.

Enfin, le même jour encore, devant les mêmes témoins, Gabriel Guillot résigne les deux bénéfices simples sur lesquels il n'avoit point un droit acquis, en faveur de Claude de Vaucelles, avec réserve de cent cinquante livres de pension.

Le 10 décembre 1690, Louis Taveau, aujourd'hui l'intimé, obtient, sur cette résignation, des provisions en cour de Rome. La dispense du vice de sa naissance fut encore répétée dans cet acte.

Le 27 mars 1691, il obtient un *visa*, il se présente au chapitre; le chapitre délibère. La conclusion capitulaire porte qu'il ne sera point reçu; et que, s'il passe outre, on interjetera appel comme d'abus.

En conséquence, acte d'appel comme d'abus; anticipation par Taveau.

Joseph Corbin se pourvoit en cour de Rome ; il s'y fait expédier des provisions avec clause de dévolu : il obtient un *visa*, il se présente au chapitre : les chanoines ne veulent point s'assembler, il prend possession.

Demande en complainte par-devant le sénéchal de Poitou.

L'appel comme d'abus évoque cette demande. Caution donnée. Requête à ce que l'arrêt soit déclaré commun (1).

Vous voyez, MESSIEURS, par le récit que nous venons de vous faire des principaux moyens des parties, que toutes les questions qu'on peut traiter dans cette cause, ont uniquement pour objet la double incapacité qu'on oppose à la partie de Me Vaillant.

Incapacité générale, fondée sur la qualité de bâtard, sur la force du droit commun, et encore plus sur l'autorité de la loi particulière et des anciens priviléges de l'église de Poitiers.

Incapacité personnelle, et indignité particulière, par laquelle on prétend priver l'intimé du bénéfice qu'il demande, non comme illégitime, et par le vice de sa naissance, mais comme coupable de simonie, et par la confidence dont on l'accuse.

Ces deux incapacités forment deux questions différentes.

Le chapitre de Saint-Hilaire de Poitiers est intéressé au jugement de la première, et la partie de Me Sachot à la décision de toutes les deux.

PREMIÈRE PARTIE.

Pour confirmer le droit que l'intimé prétend avoir au bénéfice contentieux, il allègue deux titres en sa faveur.

(1) Les moyens des parties furent expliqués en cet endroit, sans avoir été écrits.

Une dispense du pape, et des provisions du canonicat qu'il demande.

Le premier de ces titres purge le vice de son origine, et lui permet d'aspirer aux ordres sacrés.

Le second le rend capable de posséder une prébende, et la lui confère en même temps.

On attaque l'un et l'autre de ces titres. On propose des moyens de nullité contre la dispense, des moyens d'abus contre les provisions : examinons l'un et l'autre.

DISPENSE.

Deux objections contre la dispense : elle est obreptice, elle est insuffisante.

Obreptice, parce que l'on a dissimulé que le père du bâtard possédoit plusieurs bénéfices; qu'il avoit cessé d'être libre, et que la qualité de *solutus* ne lui convenoit pas, parce qu'il avoit contracté avec l'église une espèce d'engagement presqu'aussi inviolable que celui du mariage.

Insuffisante, parce qu'elle ne permet à celui qui l'a obtenue, que d'aspirer aux ordres sacrés, et qu'elle ne lui ouvre pas l'entrée aux bénéfices.

Si le chapitre de Saint-Hilaire de Poitiers, et le dévolutaire, ne pouvoient donner atteinte aux titres de l'intimé que par ces premiers moyens, sa cause ne nous paroîtroit pas susceptible de difficulté.

Tous les principes sont certains; tout ce qui peut retarder le collateur et rendre la collation plus difficile, doit être exprimé. Le silence est un crime qui rendles provisions nulles par le vice de la subreption.

Nous savons encore que, dans l'espèce particulière de la cause, lorsqu'il s'agit de rendre un bâtard capable d'entrer dans l'état ecclésiastique, il est absolument nécessaire d'exprimer la véritable qualité de ceux qui lui ont donné la naissance; que la grâce du pape doit être proportionnée à la grandeur du crime; que plus il est odieux dans la personne du père, plus il doit être difficile d'en effacer la tache dans la personne des enfans.

Toutes ces maximes sont incontestables; mais l'application qu'on veut en faire ne nous paroît pas bien fondée.

Les qualités qui rendent le crime du père et de la mère plus grave et plus digne d'éprouver toute la sévérité des lois et des canons, sont celles qui forment en eux une incapacité réciproque de pouvoir jamais être unis par un lien légitime.

Ainsi, les ordres sacrés, l'état du mariage, la profession religieuse, ne permettent pas à ceux qui ont pris ces premiers engagemens, de pouvoir en contracter d'autres : ces circonstances doivent nécessairement être expliquées, parce qu'en même temps qu'elles augmentent le crime, elles doivent rendre le pape plus difficile à dispenser du vice qui en résulte.

Si Louis Taveau, père de la partie de Me Vaillant, avoit été prêtre, s'il avoit fait des vœux, s'il étoit engagé par le lien du mariage, et qu'il eût violé quelqu'une de ces obligations par une conjonction illicite, son fils n'auroit pu dissimuler sa véritable qualité, sans se rendre indigne de la grâce qu'il demandoit.

Mais ici, rien de semblable; nul engagement contracté par Louis Taveau. Il n'avoit que la qualité de tonsuré; et, quoiqu'elle n'imprime point un caractère, cependant parce qu'elle est considérée comme une préparation aux ordres sacrés, et qu'elle commence à distinguer celui qui la porte, du commun des fidèles, il a cru qu'il étoit de son devoir de l'exposer au pape; il a satisfait aux formalités les plus rigoureuses à cet égard : il est vrai qu'il n'a point exprimé que son père étoit pourvu de plusieurs titres de bénéfices simples; mais ces titres ajoutoient-ils quelque chose à la qualité de clerc?

formoient-ils un nouvel engagement? établissoient-ils une incapacité formelle d'en contracter d'autre?

Il est inutile de comparer ici le mariage spirituel avec le lien du mariage. Cette fiction des canonistes n'a lieu qu'à l'égard des bénéfices auxquels les ecclésiastiques sont tellement attachés, qu'ils ne peuvent ni en posséder de semblables, ni les quitter sans que l'église destituée du secours de son pasteur, soit considérée comme veuve, pour se servir des expressions des mêmes canonistes.

On n'a jamais étendu cette fiction aux bénéfices simples, tels que ceux que possédoit le père de l'intimé.

Il n'y a donc point de subreption dans la dispense.

La difficulté est plus grande par rapport aux provisions dans lesquelles on a négligé de faire insérer la qualité de clerc, qui est exprimée dans la dispense.

Il semble qu'il étoit nécessaire de suivre les mêmes formalités, puisqu'il s'agissoit d'obtenir une nouvelle dispense pour pouvoir posséder un canonicat : cependant il ne paroît point qu'il y ait aucun dessein de fraude, aucune dissimulation, puisque les provisions se réfèrent à la dispense, dont elles font une mention expresse.

D'ailleurs il s'agit ici d'un clerc tonsuré, et non d'un ecclésiastique engagé dans les ordres sacrés ; il seroit dur d'exclure l'intimé par la seule omission de cette qualité.

La seconde objection paroît encore moins considérable. Le droit est certain, comme dans la première.

Toute dispense est odieuse, et ne s'étend point du cas qui est exprimé à celui qui a été omis.

Quoique l'église admette un bâtard aux ordres sacrés, il ne peut espérer, tout au plus, qu'un bénéfice simple qui lui est comme dû par son ordination, puisque les règles qui exigent un titre patrimonial, au défaut d'un titre de bénéfice, pour assurer la subsistance de celui que l'on ordonne, ne s'appliquent pas moins aux bâtards qu'aux légitimes; et c'est la disposition précise du chapitre *proposuit*, aux décrétales, *de filiis presbyterorum*.

Mais, toutes les fois qu'il veut parvenir à des degrés plus élevés, et qu'il aspire aux dignités ecclésiastiques, il a besoin d'une nouvelle dispense : c'est la disposition du droit canonique, l'opinion de Rébuffe et des autres canonistes.

Opinion prouvée par la seule formule des dispenses, dans laquelle le pape excepte nommément les grands bénéfices, les canonicats des églises cathédrales, et les dignités des collégiales.

Toutes ces observations sont inutiles dans le fait particulier. Elles prouvent que la seule dispense, pour recevoir les ordres, ne suffisoit pas; aussi l'intimé ne s'en est-il pas contenté.

Il a exposé de nouveau, lorsqu'il a demandé le canonicat de Saint-Hilaire, qu'il étoit bâtard : le pape a été instruit du vice de sa naissance dans le temps qu'il lui a accordé des provisions; elles doivent donc être regardées comme une dispense expresse pour posséder des bénéfices.

Passons maintenant à l'examen du défaut essentiel que l'on prétend trouver daus ses provisions, c'est-à-dire, de la principale et presque l'unique question de la cause.

On attaque les provisions obtenues par l'intimé comme étant également contraires et à la disposition du droit commun, et à la loi particulière de l'église de Poitiers.

Nous ne nous étendrons point ici sur une matière dont tous les principes sont tellement établis par l'usage, qu'ils n'ont plus besoin ni de preuve ni d'explication.

Si nous remontions jusqu'aux premiers siècles de l'église, il seroit facile de faire voir que l'on y a ignoré, pendant long-temps, cet empêchement, que les canons des derniers conciles ont rendu si légitime, et qu'ils ont établi par de si sages considérations, qu'avant ces canons, l'honneur ou la honte de la naissance n'avoit point de part au choix ou à l'exclusion des ministres sacrés, et qu'on ne considéroit que leurs qualités personnelles; que les anciens docteurs ne croyoient pas qu'on pût faire porter aux enfans la peine du crime de leurs pères, ni interdire l'entrée des fonctions ecclésiastiques à ceux qui (pour se servir de leurs expressions) *alieno scelere laborabant, non suo.*

L'église d'Orient suit encore aujourd'hui cette ancienne discipline. Elle n'a été changée, par des lois expresses, dans l'église latine, que dans le onzième siècle; et quoique l'on trouve des vestiges de cette incapacité dans les siècles précédens, on ne voit point de concile qui en ait fait un réglement général avant ce temps.

C'est alors que l'on crut que, quoique l'on ne puisse imputer aux enfans le crime qui leur avoit donné la vie, il étoit juste d'éloigner du service des autels, ceux qui étoient la preuve et souvent les imitateurs des déréglemens de leurs pères; que cette sévérité étoit nécessaire pour réformer les mœurs des ecclésiastiques, et pour leur ôter l'espérance de pouvoir transmettre leurs bénéfices à ceux que les lois civiles rendoient incapables de recueillir leurs successions.

Tels furent les motifs de la célèbre disposition du concile tenu à Poitiers en l'année 1078, peu de temps avant le statut fait pour cette église par Geoffroy, duc d'Aquitaine. Les pères de ce concile défendent aux bâtards d'aspirer à l'avenir aux ordres sacrés. Ils n'exceptent que ceux qui embrasseroient la profession religieuse. C'est le seul moyen d'effacer, en quelque manière, la honte de leur origine, et de les faire considérer par l'église comme légitimes; et même, après cette épreuve, le vice de la naissance n'est pas encore entièrement purgé : et, dans le temps que l'église ne leur refuse pas les ordres sacrés, elle leur défend d'obtenir jamais aucune prélature.

Un légat du Saint-Siége assista à ce concile. Le pape Grégoire VII l'a approuvé ; il a été inséré dans le corps du droit canonique romain, et sa disposition a toujours été considérée comme le fondement des lois ecclésiastiques qui ont été faites dans les siècles suivans, sur cette matière. Les papes mêmes ont encore un si grand respect pour ce canon du concile de Poitiers, qu'ils ne croient pas pouvoir en dispenser sans une dérogation expresse et particulière, qui se trouve dans toutes les dispenses qu'ils donnent aux bâtards.

C'est par là que l'on a éludé l'autorité de cette loi ; et quelque sainte qu'elle ait paru à l'église romaine, il faut reconnoître néanmoins qu'elle a été presque sans exécution. Quoiqu'elle n'exceptât que les religieux, les dispenses que les papes accordèrent aussitôt après, toutes sortes de personnes la rendirent entièrement inutile.

On est même obligé d'avouer que l'usage a prévalu sur la règle de l'église, et que le nombre et la facilité des dispenses a tellement affoibli la vigueur de cette loi, que si l'appel comme d'abus n'avoit que ce fondement, le chapitre de Saint-Hilaire de Poitiers seroit obligé de céder à la force du droit commun, qui rend le pape dispensateur légitime de ces grâces que l'église accorde aux bâtards.

Il faut donc se réduire à l'autorité de la loi particulière, par laquelle le chapitre prétend s'être maintenu dans l'ancienne liberté de ne point recevoir, dans son corps, ceux qui n'avoient point l'avantage d'une naissance légitime.

Il est important de considérer les auteurs de cette loi, le temps dans lequel elle a été faite, les personnes qui l'ont demandée, les circonstances dans lesquelles elle a été accordée.

Le prince, qui fait cette loi, est Geoffroy, duc d'Aquitaine, qui, depuis qu'il fut parvenu à cette qualité, prit le surnom de Guillaume, que la plupart des ducs d'Aquitaine avoient porté. Il fut aussi illustre par son courage que par son zèle et sa fidélité pour l'église. Il jouissoit de l'exercice de l'autorité souveraine dans le duché d'Aquitaine et dans le comté de Poitou. Il ne possédoit point ces terres (comme on vous l'a dit) à titre d'apanage. Peut-être que si l'on remontoit à l'origine de sa possession, elle seroit moins légitime, puisqu'elle n'auroit pour fondement que la force et l'usurpation.

Quoiqu'il en soit, il est constant que depuis que les premiers ducs d'Aquitaine eurent cessé, vers la fin de la seconde race de nos rois, de se contenter du nom de gouverneur ; depuis qu'ils eurent pris la qualité et les droits de souverains, cette possession, injuste dans son principe, devint ou fut considérée comme légitime dans ses suites. C'est ce qu'il seroit facile de prouver par un grand nombre d'argumens, mais cela nous paroît peu important à la décision de cette cause.

Il suffit d'observer que ce duché étoit devenu héréditaire, comme les autres, dans des temps de trouble et de confusion ; que les ducs exerçoient une autorité absolue dans l'étendue de leurs terres ; que, dans plusieurs chartes, ils prennent le titre de *Dei gratiâ Aquitanorum Dux ;* qu'ils confirment les donations faites aux églises, donnent des exemptions aux monastères, et y font des lois comme les souverains.

Geoffroy ou Guillaume VII.e, auteur de la charte que nous examinons, suivit l'exemple de ses prédécesseurs. Il se maintint dans la possession de faire toutes sortes d'actes de souveraineté. Il prend deux qualités dans le statut dont on vous demande aujourd'hui l'exécution ; celle de duc d'Aquitaine, et celle d'abbé du chapitre de Saint-Hilaire de Poitiers.

Le temps n'est point marqué précisément. La date est souvent négligée dans les actes passés en ces temps-là. Il paroît néanmoins que ce statut a suivi de près la disposition du concile de Poitiers.

Les personnes qui demandent et qui obtiennent cette loi, sont l'archevêque de Bordeaux, métropolitain; l'évêque de Poitiers, et les chanoines de la même église; les seigneurs et les nobles du comté de Poitou.

Enfin, deux circonstances importantes : 1.° ce décret n'est point une simple exécution du concile de Poitiers; c'est une loi absolue et indépendante des lois ecclésiastiques. Il est vrai qu'il y est fait mention de ce concile, mais ce n'est qu'après avoir établi cette incapacité générale, prononcée contre les bâtards.

2.° Un légat du pape accepte ce statut. Il prononce, avec l'archevêque de Bordeaux, une excommunication générale contre tous ceux qui voudroient, dans la suite, donner atteinte à cette loi.

Tel est le statut dont on vous demande aujourd'hui l'exécution.

On prétend que le pape y a dérogé.

Deux questions à examiner à cet égard : 1.° le pape l'a-t-il voulu ?

2.° L'a-t-il pu ?

Quelque étendue qu'on donne au pouvoir du pape, il ne peut accorder que ce qu'il connoît. C'est un principe constant, établi par ceux mêmes qui sont le plus favorables à son autorité.

On ne lui a point exposé les statuts de l'église de Poitiers; par conséquent il n'a point eu intention d'y déroger.

Mais, dit-on, il y a dans la dispense une dérogation générale à toutes constitutions ou statuts canoniques.

Réponse. Un statut aussi considérable exigeoit une note particulière.

On peut le considérer sous trois vues différentes; ou comme un simple statut d'un chapitre, confirmé par le prince et par le pape, ou comme un réglement fait par le fondateur, ou enfin, comme une loi civile faite par celui qui exerçoit alors l'autorité souveraine.

C'est dans cette dernière vue qu'on doit l'envisager. Mais oublions, pour un moment, son véritable caractère, et considérons-le d'abord comme le simple statut d'un chapitre. Quand il n'auroit que cette qualité, le pape pourroit-il y déroger ?

Nous n'avons point reçu en France cette autorité absolue, indéfinie et arbitraire, que les flatteurs de la cour de Rome ont attribuée au pape. Son pouvoir, quelque grand qu'il soit, est borné et limité par les canons ; et, bien loin que les canons lui permettent de détruire les anciens statuts, et de donner atteinte aux priviléges des églises, c'est au contraire une de ses principales fonctions, que le soin de maintenir les églises particulières dans la possession de leurs immunités et de leurs prérogatives.

Les anciens papes ont reconnu cette vérité. Personne n'ignore ces belles paroles de saint Grégoire, lib. 2, épît. 37, *Absit à me, ut Statuta Majorum in qualibet ecclesia infringam ; quia mihi injuriam facio, si fratrum meorum jura perturbo.*

C'est en cela précisément que consistent nos libertés. L'église et l'état sont également intéressés à conserver les anciens réglemens des églises, qui maintiennent le bon ordre et la tranquillité, et à réprimer toutes sortes de nouveautés qui tendent à y introduire le trouble et la confusion.

Le pape pourroit-il donner atteinte aux statuts des chapitres qui exigent la noblesse, etc. ou augmenter le nombre des chanoines dans les églises où il y a un nombre fixe de prébendes ? On ne souffre pas même qu'il fasse aucune innovation aux règles et aux constitutions qui sont observées dans les congrégations reçues en ce royaume. Tous nos livres sont remplis d'exemples de vos arrêts, qui ont réprimé de pareilles entreprises. Le savant compilateur du Recueil des Libertés de l'Église gallicane, en a fait des articles exprès, qui sont confirmés par une infinité de preuves.

Jamais statuts plus favorables que ceux dont on demande l'exécution ; conformes à la pureté de la discipline, exécutés paisiblement depuis 500 ans, approuvés par les rois qui ont confirmé tous les priviléges de l'église de Saint-Hilaire de Poitiers, approuvés même par le pape, dont le légat a excommunié tous ceux qui voudroient s'y opposer. C'est précisément dans ce cas, que l'article XXI des libertés de l'église gallicane, dit que le pape n'a pas droit d'accorder des dispenses à un bâtard contre les *statuts, coutumes et constitutions séculières*.

Seconde considération. Joignons à la faveur de ce statut la première qualité de ceux qui l'ont autorisé. Il a été confirmé par nos rois; et quand ils ne l'auroient fait que comme fondateurs de l'église de Poitiers, le pape pourroit-il y donner atteinte? C'est encore un des principaux articles de nos libertés, de ne pas souffrir que le pape déroge aux fondations des laïcs, aux droits des patrons, aux réglemens qu'ils ont faits, soit qu'ils aient été faits dans le temps de la fondation ou qu'ils l'aient suivie.

Jamais on n'a souffert que le pape ait donné atteinte à la pureté de ces maximes. Les bulles des légats n'ont jamais été reçues qu'avec cette modification générale. Les exemples en sont rapportés dans les preuves des libertés.

Autrement le pape pourroit changer la nature et la destination des bénéfices, etc.

Troisième considération. Non-seulement il s'agit de l'observation d'un ancien statut, d'une loi imposée par le fondateur, mais encore d'une loi civile, revêtue de l'autorité souveraine, et à laquelle le pape ne peut déroger sans entreprendre sur la juridiction royale. Geoffroy, duc d'Aquitaine, étoit constamment en possession de faire des lois, quand il n'en auroit pas eu le droit. Il est certain que la loi particulière, que nous examinons, a été confirmée par les lettres patentes que nos rois ont accordées au chapitre de Saint-Hilaire. Ce n'est point ici une simple exécution du décret d'un concile, c'est une loi indépendante de celle de l'église; il n'y est parlé qu'en passant de la loi ecclésiastique.

C'est une espèce de concordat entre les seigneurs de Poitou et le chapitre de Saint-Hilaire.

La puissance séculière et ecclésiastique concourent à confirmer ce concordat; et comme il est l'ouvrage de l'une et de l'autre, une seule ne peut détruire ce que toutes les deux ont établi.

Enfin ce statut est un titre qui acquiert un droit au chapitre; et nous n'avons point de principe plus certain dans ces matières, que celui qui défend aux papes de déroger aux statuts des églises, au préjudice d'un tiers.

On oppose, 1.° que le pape pouvant déroger au droit commun, en donnant une dispense, il peut par conséquent déroger à un statut qui ne fait que se conformer au droit commun.

Réponse. 1.° Ce n'étoit pas encore un droit commun dans le temps que ce statut a été fait. Il n'y avoit alors que quelques églises de France qui eussent reçu cette coutume. Etienne de Tournay, dans le XIIe siècle, dit: *In regno Francorum aliquas ecclesias, scrupulosâ quodam mobilitate, gloriosam, ut existimant, sibi consuetudinem assumpsisse, ne aliqui, nisi ex licito complexu geniti, promoveantur.* Donc, dans le onzième siècle, ce n'étoit pas encore un droit commun, mais un droit particulier à différentes églises de France, que celui qui exclut les bâtards.

2.° Il faut que le statut ait quelque effet. Or il n'en auroit aucun, s'il pouvoit être éludé par des dispenses qui ne se refusent jamais. C'est par ce principe qu'on a décidé, à l'égard des patrons, qu'ils ne pouvoient présenter une personne dispensée du vice de sa naissance par le pape, lorsque la loi de la fondation vouloit qu'elle fût légitime.

3.° Le pape peut déroger au droit commun, en accordant des dispenses; mais, avec cette exception, pourvu que la grâce qui est accordée, ne fasse pas de préjudice au droit d'autrui (1).

4.° Il ne s'agit point ici d'un simple statut confirmatif d'une loi canonique, mais de l'exécution d'une loi civile.

On oppose, en second lieu, que le chapitre a lui-même dérogé à son statut, en recevant le sieur de ***, bâtard.

Réponse. 1.° Ce fut l'effet du crédit de celui qui étoit le père de ce bâtard, et de l'autorité qu'il avoit sur le chapitre.

2.° Il y eut des protestations, un appel comme d'abus de la part de la plus saine partie du chapitre.

3.° L'une et l'autre puissance concouroient en sa faveur, il avoit obtenu des lettres du prince, et un bref du pape.

4.° Enfin c'est un exemple unique et abusif.

SECONDE PARTIE.

Indignité de la part de M.e Vaillant.

Observer les circonstances de la résignation qui lui a été faite.

1.° Personne prohibée. Le fils d'un ecclésiastique ne peut être pourvu du bénéfice de son père.

2.° Précipitation. Trois actes en même jour. Résignation du père à Guillot de deux bénéfices simples. Le même jour, Guillot résigne son canonicat au fils, et les bénéfices simples à une troisième personne.

3.° Eloignement affecté du lieu du domicile. Le domicile étoit à Poitiers, et les actes sont passés à Limoges.

4.° Guillot abandonne tous ses bénéfices en un

(1) Cette exception est toujours censée insérée dans les grâces émanées de la puissance spirituelle ou temporelle. C'est un ancien style des lettres accordées par nos rois, d'y mettre cette clause : *Sauf notre droit en autres causes, et l'autrui en toutes.*

jour. S'il reçoit ceux de Louis Taveau père, ce n'est que pour se réserver une pension sur les bénéfices; et cette pension, jointe avec celle qu'il retient sur le canonicat, est le prix de la résignation qu'il fait au fils.

On joint une autre nullité, tirée des insinuations de l'année 1691. Edit rigoureux, à la vérité, qui ne laisseroit aucun doute; mais il seroit difficile de l'appliquer ici, parce que c'est un droit acquis depuis le dévolu.

Enfin on ajoute la disposition du concile de Trente, qui défend aux bâtards d'obtenir *idem vel simile beneficium in ecclesiâ in quâ pater ministravit;* disposition étendue par les canonistes aux petits-fils.

Sans discuter ici cet argument, il est certain qu'il est temps que les scandales causés par le désordre des pères de la partie de M.e Vaillant dans le chapitre de Poitiers, cessent enfin par l'arrêt qui l'empêchera d'y être admis. Et nous pouvons vous rappeler encore les expressions de la loi 3, §. 2. ff. *de Decurionibus*, qui porte : *Spurios posse in ordinem allegi....... sed si habeant competitorem legitimè quæsitum, præferri eum oportere*, etc.

Arrêt conforme aux conclusions, prononcé par M. le président de Harlay.

Entre les trésorier, doyen, chanoines et chapitre de l'église royale et collégiale de Saint-Hilaire-le-Grand, de la ville de Poitiers, appelans, comme d'abus, de l'exécution des provisions et dispenses de cour de Rome, de l'intimé ci-après nommé, le quatorze novembre mil six cent quatre-vingt-dix, comme obreptice et subreptice, suivant leur acte capitulaire du vingt-sept mars mil six cent quatre-vingt-onze, d'une part, et M.e Louis Taveau, sieur de la Vigerie, fils naturel de Louis Taveau, écuyer, sieur de la Tour, se prétendant pourvu d'un canonicat et prébende dans ladite église, sur la résignation de M.e Gabriel Guillot, intimé; et entre M.e Abraham-Joseph Corbin, clerc tonsuré du diocèse de Poitiers, pourvu en cour de Rome dudit canonicat et prébende, demandeur en complainte, suivant l'exploit du quatorze juin mil six cent quatre-vingt-douze, et pareillement appelant, comme d'abus, des dispenses et provisions dudit Taveau, suivant l'acte du deux septembre audit an mil six cent quatre-vingt-douze, et requête du premier juillet présent mois et an; et à ce qu'il soit maintenu et gardé en la possession et jouissance dudit canonicat et prébende, avec défenses audit Taveau et à tous autres de l'y troubler, restitution de fruits et autres dépens, d'autre part; et ledit Taveau, intimé, défendeur, et demandeur en complainte, suivant la commission obtenue en chancellerie, le vingt-huit juin mil six cent quatre-vingt-douze, et exploit fait en conséquence le quatre juillet suivant, et à ce que l'arrêt qui interviendroit sur l'appel interjeté par lesdits sieurs du chapitre de Saint-Hilaire, soit déclaré commun avec ledit Corbin; ce faisant, sans avoir égard à la demande en complainte dudit Corbin, dont il seroit débouté avec dommages et intérêts, le maintenir et garder en la possession et jouissance dudit canonicat et prébende, lui faire défenses de le troubler, et le condamner aux dépens, d'autre. Après que Issaly, avocat du chapitre de Saint-Hilaire de Poitiers; Sachot, avocat dudit Corbin, et Vaillant, avocat de Taveau, ont été ouïs pendant trois audiences, ensemble d'Aguesseau, pour le procureur-général du roi :

LA COUR, en tant que touche l'appel, comme d'abus, dit qu'il y a abus; et, faisant droit sur la complainte, sans s'arrêter à la requête de la partie de Vaillant, a maintenu et gardé la partie de Sachot en la possession et jouissance du bénéfice dont il s'agit, avec restitution de fruits, condamne la partie Vaillant aux dépens.

VINGT-SIXIÈME PLAIDOYER.

DU 7 AOUT 1693.

Dans la cause de frère HOUDIART, cordelier, qui s'étoit fait transférer dans l'ordre de Saint-Benoît, et de CHARLES DU SAULT.

1.° *Si un bref du pape, portant confirmation d'une translation d'un religieux, déclarée abusive par un arrêt, est abusif.*

2.° *Si ce bref et des lettres patentes obtenues du Roi pour en ordonner l'exécution, peuvent avoir effet au préjudice d'un tiers.*

LA contestation sur laquelle vous avez à prononcer, est une de ces questions célèbres dont la décision intéresse encore plus le public que les parties mêmes, qui attendent de votre jugement la confirmation de leur état; puisque l'arrêt que vous allez rendre, doit fixer les véritables limites de l'autorité royale et ecclésiastique, et concilier les intérêts de l'une et de l'autre puissances, qui ne parurent jamais plus opposés que dans l'espèce de cette cause.

Le fait qui lui sert de fondement, est aussi certain que les questions qu'elle renferme sont douteuses et difficiles à décider.

Frère Louis Houdiart, qui prend aujourd'hui la qualité de religieux du grand ordre de Saint-Benoît, a fait autrefois profession de la vie religieuse dans l'ordre des cordeliers. Il a demeuré, pendant plusieurs années, dans cette observance. Il prétend que ses infirmités l'ont obligé à changer d'état, et à chercher, dans l'ordre des bénédictins, un genre de vie aussi régulier, mais moins austère que celui des religieux de Saint-François.

Dans cette vue, il eut recours d'abord, non pas à l'autorité immédiate du pape, mais à celle du cardinal pénitencier. Il lui a exposé l'impossibilité dans laquelle il étoit réduit d'accomplir la règle sous laquelle il étoit engagé, le consentement que ses supérieurs lui avoient accordé pour sortir de leur ordre, les assurances qu'il avoit d'être reçu favorablement par l'abbé de Fontcombaut, dans l'ordre de Saint-Benoît.

Sur cet exposé, il obtint un bref de pénitencerie le 28 octobre 1675, qui contient la clause *in utroque foro*. Il exécute ce bref; il se présente à l'abbé de Fontcombaut, son supérieur bénévole, qui, après lui avoir donné l'habit de son ordre, l'envoie dans le prieuré de Longpont, de la congrégation de Cluny, pour y passer son année de probation, et y faire ses vœux.

Après six mois de noviciat, le pape lui accorde dispense des six autres. Il fait enfin sa profession, dans laquelle il promet stabilité dans l'abbaye de Fontcombaut.

Il avoit changé d'état, mais il n'étoit pas devenu capable de posséder des bénéfices : sa nouvelle profession n'avoit point effacé l'incapacité qu'il avoit contractée en s'engageant dans une religion de mendians; le pape lève cet obstacle par un bref de l'année 1676, dont le Roi a ordonné l'exécution par des lettres patentes enregistrées au grand conseil.

L'état d'Houdiart sembloit entièrement affermi, lorsque l'ambition qu'il eut de parvenir aux bénéfices de son ordre, lui fit perdre même la qualité de religieux de cet ordre.

En l'année 1676, une place monacale vaqua dans le prieuré de Longpont. Il s'adressa au chapitre général de Cluny, dont ce prieuré dépend. Il obtint un décret qui le transfère dans cette congrégation, et qui lui accorde la place vacante.

Son titre fut contesté par plusieurs parties, et entr'autres par le frère Claude Roch, religieux du prieuré de Longpont, qui, ne se contentant pas d'attaquer le décret du chapitre général de Cluny, voulut donner atteinte à l'état d'Houdiart.

Il interjeta appel comme d'abus de l'exécution des brefs qu'il avoit obtenus en cour de Rome, il forma opposition à l'arrêt d'enregistrement des lettres patentes que le Roi lui avoit accordées.

Le succès de cette contestation fut malheureux pour Houdiart. Après une longue plaidoirie, le grand-conseil reçut Claude Roch opposant à l'arrêt d'enregistrement, déclara qu'il y avoit abus dans l'exécution des brefs, et dans le décret du chapitre général de la congrégation de Cluny, maintint Roch dans la possession de la place monacale, enjoignit à Houdiart de se retirer incessamment dans l'ordre des cordeliers.

Cet arrêt fut rendu en l'année 1678. Houdiart voulut aussitôt après réparer les nullités de sa translation Il obtint un nouveau consentement de ses supérieurs réguliers. Le pape lui accorde le bref qui fait la matière du principal appel comme d'abus, et la plus grande difficulté de cette cause.

Il remontre au pape, dans l'exposé de ce bref, qu'il a obtenu, en 1675, sur des causes légitimes, la permission de passer de l'ordre des cordeliers dans celui des bénédictins; mais que l'on a prétendu, en France, que ce bref de translation, émané de la pénitencerie, n'étoit pas un titre dont on dût reconnoître l'autorité. Il supplie le pape de ne pas souffrir que son état demeure incertain. Il lui représente l'exemple du pape Alexandre VII, qui avoit accordé un nouveau bref dans une pareille espèce.

Le pape, touché par toutes ces raisons, déclare d'abord la translation de frère Houdiart, sa profession, et tout ce qui l'avoit suivi, valable et légitime. Il ajoute ensuite, qu'en tant que besoin est ou seroit, il l'approuve, il la confirme, et il supplée, par son autorité, tous les défauts qui pourroient s'y trouver.

Les termes de cette clause sont si importans qu'ils méritent d'être rapportés dans toute leur étendue.

Translationem dicti Petri Ludovici, et successivè emissam professionem regularem, indèque legitimè secuta quæcumque valida esse declaramus, illaque, quantum opus sit, auctoritate apostolicâ approbamus et confirmamus, ac quoscumque defectus, si quomodolibet intervenerint, supplemus.

Ce dernier bref n'a été suivi ni d'un nouveau noviciat, ni d'une seconde profession : Houdiart a toujours porté l'habit de Saint-Benoît; il a toujours pris la qualité de religieux bénédictin.

Le Roi lui accorde une place dans sa chapelle, où il sert encore actuellement.

En l'année 1690, le prieuré de Sainte-Lurine, de l'ordre de Saint-Benoît, a vaqué par le décès du dernier possesseur de ce bénéfice. L'abbé de Saint-Sauveur de Charousse, collateur ordinaire, l'a conféré à l'intimé le 15 juillet 1690.

Quatre jours après, M.e Charles du Sault a obtenu en cour de Rome des provisions en commande du même prieuré.

L'un et l'autre pourvus ont différé pendant longtemps de prendre possession du bénéfice contentieux.

Dans l'intervalle des provisions et de la prise de possession, l'intimé a cru que le dernier bref, qu'il avoit obtenu du pape, devoit être revêtu du caractère de l'autorité royale, pour assurer entièrement son état.

Il a exposé au Roi la nullité de sa première translation, la confirmation postérieure du pape, la possession dans laquelle il étoit de sa qualité de moine bénédictin. Il a déclaré qu'il acquiesçoit à l'arrêt du grand-conseil, en ce qui concernoit la place monacale qui faisoit le sujet de la contestation, et les dépens auxquels il avoit été condamné.

Après ses remontrances et ses déclarations, qui sont expliquées fort au long dans le préambule des lettres patentes, le Roi déclare qu'il veut que le bref de 1678, dans lequel il ne paroît rien de contraire aux libertés de l'église gallicane, soit exécuté selon sa forme et teneur; et en conséquence, sans s'arrêter à l'arrêt du grand-conseil, en ce qui concerne la translation d'Houdiart et son état, le Roi ordonne l'exécution du bref de 1676, qui le rendoit capable de posséder des bénéfices.

Ces lettres patentes sont adressées au grand-conseil, et y ont été enregistrées en la forme ordinaire.

Après avoir satisfait à cette formalité, Houdiart prend possession : trouble par du Sault, demande en complainte; conflit de juridiction; renvoi aux requêtes de l'hôtel; sentence par défaut qui maintient Houdiart.

Appel simple de cette sentence.

Appel comme d'abus des provisions d'Houdiart.

Appel comme d'abus de l'exécution du bref de 1678.

Ces différentes appellations simples et comme d'abus ne forment qu'un seul chef de contestation, qui consiste à savoir si l'intimé doit être considéré comme religieux de l'ordre de Saint-Benoît, ou comme cordelier; s'il est capable ou incapable d'être revêtu d'un titre de bénéfice (1).

Quant a nous, après vous avoir expliqué les principaux moyens des parties, nous sommes obligés de reconnoître d'abord que plus on les considère, plus cette cause paroît susceptible de doute et de difficulté.

Si l'on oppose à l'intimé l'arrêt du grand-conseil qui a jugé son état, il allègue, en sa faveur, des lettres patentes qui détruisent cet arrêt, et qui le rétablissent dans ses premiers droits.

Si l'on prétend prouver qu'il est encore religieux de Saint-François, par le vice et la nullité de sa

(1) Les moyens des parties furent expliqués en cet endroit, sans avoir été écrits.

translation, il répond que cette même translation a été confirmée par le pape, que ses défauts sont réparés par une seconde grâce, et que son état est assuré, soit par le bref qui lui sert de fondement, soit par la longueur de la possession qui l'a confirmé.

Enfin, si on l'accuse d'avoir surpris un titre de bénéfice dont il étoit incapable, il soutient que la grâce du Prince a levé tous les obstacles qui suspendoient l'exécution de ce titre.

C'est à vous, MESSIEURS, à prononcer sur la force et la validité de ces moyens; à examiner, s'il est vrai, comme l'appelant le suppose, que la puissance ecclésiastique ait entrepris de détruire l'ouvrage de la puissance séculière; si l'une a déclaré légitime ce que l'autre avoit déclaré abusif; si l'intimé a véritablement rompu ses premiers engagemens, ou si les mêmes incapacités, qui l'empêchoient autrefois d'aspirer aux bénéfices, subsistent encore aujourd'hui en sa personne.

Nous souhaiterions qu'il nous fût permis de ne point proposer nos sentimens dans une cause dont l'explication nous paroît si difficile, et d'attendre, avec le public, à former nos jugemens sur la décision de l'arrêt que vous allez rendre. Mais puisque les obligations de notre ministère nous imposent la nécessité de vous expliquer nos réflexions, nous croyons qu'il est de notre devoir de retrancher d'abord toutes les questions étrangères qu'on pourroit agiter dans cette cause, pour nous renfermer uniquement dans l'examen de celles qui sont essentielles à son jugement.

Nous ne nous arrêterons donc point ici à examiner si la congrégation de Cluny doit être considérée comme entièrement séparée du grand ordre de Saint-Benoît; si les religieux de Cluny sont incapables de bénéfices affectés aux religieux bénédictins, ou si, au contraire, ils sont tous également capables des mêmes droits et des mêmes priviléges comme membres d'un même corps, quoique distingués par la différence des congrégations.

Si cette question avoit quelque rapport avec l'espèce de cette cause, on pourroit examiner quelle doit être la force du sentiment de Me Charles Dumoulin, de M. Louet, et de quelques autres, contre l'autorité de l'usage, qui admet indistinctement aux mêmes bénéfices les religieux de l'ordre de Saint-Benoît et ceux de la congrégation de Cluny.

Mais nous n'avons garde, dans une cause qui renferme des questions si difficiles, d'en agiter de superflues, et qui soient entièrement décidées par les circonstances du fait.

Nous ne voyons, dans toutes les pièces qui nous ont été communiquées, aucune preuve de la prétendue translation de l'intimé dans la congrégation de Cluny : au contraire, il paroît qu'il a demandé à Rome d'être transféré dans le grand ordre de Saint-Benoît. Il l'a obtenu, il s'est adressé à l'abbé de Fontcombaut, supérieur du même ordre. Ce supérieur l'a envoyé dans le prieuré de Longpont pour y faire son noviciat et sa profession.

Il est vrai que ce prieuré est de la congrégation de Cluny ; mais, quoique frère Louis Houdiart y ait fait sa profession, il n'a pourtant contracté aucun engagement avec les religieux de Cluny, puisqu'il a promis stabilité dans l'abbaye de Fontcombaut, comme il est porté expressément par son acte de profession.

S'il a été transféré par le pape dans le grand ordre de Saint-Benoît ; s'il n'a fait son noviciat dans un prieuré de Cluny que par l'ordre de son supérieur bénédictin ; si la profession qu'il y a faite est nommément pour l'abbaye de Fontcombaut : enfin, s'il a toujours vécu comme religieux du grand ordre de Saint-Benoît, on ne peut lui opposer à cet égard aucune incapacité qui lui interdise l'entrée dans un bénéfice de l'ordre dont il est religieux.

L'unique objection qui puisse balancer, pour un moment, l'autorité de tous les actes que nous venons d'expliquer, est fondée sur les lettres patentes obtenues par l'intimé en 1677, dans lesquelles il dit qu'il a été transféré dans l'ordre de Saint-Benoît, et qu'il a passé ensuite dans celui de Cluny.

Nous avons déjà prévenu cette objection dans le récit des circonstances du fait : nous vous avons observé qu'en l'année 1676, le chapitre général de Cluny avoit accordé à l'intimé une place monacale dans le prieuré de Longpont, qui est dépendant de la même congrégation.

S'il avoit été maintenu dans la possession de cette place, si son titre n'avoit pas été déclaré abusif, on auroit dû le considérer comme ayant changé, non pas d'ordre, mais de congrégation; et l'on auroit pu traiter avec plus de fondement la question qui vous a été proposée. Mais bien loin qu'il ait conservé la place à laquelle il aspiroit, il en a été déclaré incapable par l'arrêt du grand-conseil, et par conséquent l'unique fondement de cette seconde transaction dans la congrégation de Cluny, est absolument détruit.

Nous traiterons presque aussi sommairement une autre question beaucoup plus importante en elle-même, mais aussi inutile à la décision de cette cause, et qui consiste à examiner les nullités du premier bref, en vertu duquel Houdiart a passé de l'ordre des cordeliers dans celui de Saint-Benoît.

Vous n'avez point aujourd'hui à prononcer sur la validité de cette translation. Toutes les parties conviennent également qu'elle étoit nulle et abusive dans son principe; et si l'intimé vouloit le révoquer en doute, il suffiroit de lui opposer l'autorité de vos arrêts, qui ont déclaré perpétuellement que les brefs de la qualité de celui dont il se servoit d'abord sont nuls et abusifs, et contraires aux libertés de l'église gallicane.

Nous ne répéterons point ici tous les exemples qui vous ont été proposés pour prouver la vérité de cette maxime, ce seroit douter en quelque manière de sa certitude, que de vouloir l'établir par une longue suite d'argumens. Nous reconnoissons, comme a dit un des plus grands hommes qui nous ait précédés dans les fonctions que nous avons l'honneur de remplir, nous reconnoissons l'autorité du saint-siége et la puissance du pape, du chef de l'église, du père commun de tous les chrétiens; mais nous ne reconnoissons ni l'autorité, ni la juridiction des congrégations qui se tiennent en cour de Rome. Les décrets et les statuts de ces congrégations n'ont jamais eu d'exécution en France; ils ne portent point le caractère de la puissance légitime que nous respectons dans le pape, et ils ne peuvent, non plus que ce qui est émané du pape lui-même, obliger les sujets du Roi, que lorsqu'ils sont revêtus de son pouvoir, ou de celui qu'il accorde aux compagnies souveraines de son royaume.

Tels furent les motifs qui déterminèrent les juges du grand-conseil à prononcer qu'il y avoit abus dans le bref de pénitencerie, qui étoit le seul titre d'Houdiart; bref dont la cause paroissoit peu canonique, et qui, ne se renfermant plus dans les bornes du tribunal intérieur de la conscience, étendoit son autorité jusque dans le for extérieur, et paroissoit directement contraire aux lois et aux usages du royaume.

Si ce premier décret de la pénitencerie étoit abusif, les autres brefs qui l'avoient suivi, quoiqu'expédiés au nom du pape, ne purent conserver l'autorité qui leur étoit due, par le défaut du premier acte qui leur servoit de fondement; et puisqu'Houdiart ne pouvoit être considéré comme religieux profès de l'ordre de Saint-Benoît, il étoit manifeste que la dispense qu'il avoit obtenue du pape pour posséder des bénéfices, lui devenoit absolument inutile.

Nous ne nous arrêtons donc pas davantage à l'examen de ces deux premières questions, et nous supposerons, dans la suite de cette cause, comme deux points également constans et dans le fait et dans le droit.

1.° Que jamais Houdiart ne peut être considéré comme religieux de la congrégation de Cluny.

2.° Que sa translation est vicieuse par sa nature, et abusive dans son principe.

Mais cet abus est-il réparé? Ces défauts sont-ils couverts, soit par la confirmation du pape, soit par les lettres patentes du Roi, soit par la longue possession de son état? C'est MESSIEURS, la véritable, et, nous le répétons encore, la seule question importante de cette cause.

Cette question générale en comprend deux autres qu'il est nécessaire de distinguer d'abord, et d'examiner séparément.

La première question, qui se présente à l'esprit, est de savoir si la confirmation qu'Houdiart a obtenue est un titre légitime qui ne contienne rien de contraire à nos libertés et aux droits de la justice souveraine du Roi.

La seconde se réduit à examiner si, quand même il n'y auroit point d'abus dans l'obtention de ce bref, son exécution seroit régulière, soit par rapport aux lois de l'église, soit par rapport à celles de l'état.

Mais, avant que de discuter les moyens d'abus que l'on oppose à ce bref de confirmation, souffrez, MESSIEURS, que nous vous expliquions, en peu de mots, les principes généraux que tous les docteurs, et principalement les canonistes, ont établis pour déterminer quels doivent être les effets des confirmations accordées par le supérieur, et surtout par le pape.

La nature de la confirmation n'est pas d'introduire un droit nouveau, de donner un nouveau titre, de faire une nouvelle disposition; mais, au contraire, d'approuver un droit ancien, de fortifier un titre précédent, d'affermir les premières dispositions, et d'en assurer l'exécution.

Toute confirmation suppose un droit acquis. Elle a un rapport et une liaison nécessaire avec le titre primordial; elle ne peut, dans les règles ordinaires, ni l'étendre, ni l'augmenter; elle est retreinte et déterminée par l'objet auquel on l'applique. C'est le jugement que les papes eux-mêmes ont porté de leur autorité; ce sont les maximes qu'ils ont établies comme inviolables, et auxquelles ils soumettent toutes les confirmations qu'ils accordent. Tout le titres des décrétales, *de confirmatione utili vel inutili*, est plein de semblables dispositions; elles sont répandues dans beaucoup d'autres titres, et c'est sur ce fondement que la glose a proposé cette maxime commune : *qui confirmat, nihil dat.*

Ainsi, de droit commun, la confirmation ne peut jamais avoir un effet rétroactif, puisque si l'acte qu'elle confirme est bon et légitime en lui-même, il doit être exécuté indépendamment de la confirmation, qui ne sert qu'à le rendre plus solennel, et à lui donner, comme dit la glose, un caractère d'autorité qui imprime plus de crainte et de respect à ceux qui pourroient entreprendre de lui donner atteinte.

Et si, au contraire, le titre est nul dans son principe, la confirmation la plus éclatante ne peut le faire valoir pour le passé, et par conséquent elle n'a point un effet rétroactif.

Tel est le premier principe des canonistes en cette matière.

La confirmation peut rendre le titre plus authentique et plus inviolable; elle ne peut rien ajouter à sa validité.

Mais, quoique toutes les confirmations conviennent en ce point, qu'elles n'étendent pas leur pouvoir sur le temps qui les a précédées, elles exercent différemment leur autorité sur le temps qui les suit, par rapport à l'intention de celui qui les accorde, et à la forme dans laquelle elles sont obtenues.

C'est sur ce fondement que la glose du droit canonique distingue les confirmations qui se font en forme commune, de celles qui s'accordent avec connoissance de cause.

Dans les premières, on n'exprime ni la disposition

du premier titre, ni les nullités et les défauts qui peuvent le rendre imparfait. L'esprit de celui qui confirme, n'est pas de nouvelle concession, mais d'approuver celle qui a déjà été faite; elles renferment toujours cette condition tacite, que le titre originaire soit valable : *Nihil novi juris confert*, dit M.e Charles Dumoulin, *nec invalidum validat; non enim fit ad finem disponendi, sed solùm ad finem approbandi confirmabile tale quale est, et in quantum est verum, validum et efficax.*

Il n'en est pas de même des confirmations qu'un supérieur accorde avec connoissance de cause, plainement instruit de la vérité du fait, entrant dans l'examen de la validité ou de la nullité du premier titre. On présume pour lors que son intention a été non-seulement d'approuver le passé, mais de disposer pour l'avenir : ce n'est pas tant une confirmation, qu'une nouvelle disposition. Si la première concession est légitime, le supérieur veut qu'elle soit exécutée du jour qu'elle a été obtenue; si elle est défectueuse dans son origine, il veut qu'elle ait son effet du jour de la confirmation.

Ainsi, ces deux espèces d'approbation sont semblables en ce qu'elles ne touchent point au passé; *præterita magis reprehendi possunt quàm corrigi* : mais elles sont différentes en ce que la première n'a pas plus de pouvoir sur l'avenir que sur le passé, si l'acte est nul dans le principe; au lieu que la seconde est considérée comme un nouveau titre qui doit avoir son exécution indépendamment du premier.

Voilà, MESSIEURS, quelle est la doctrine de la glose et des canonistes sur la nature des confirmations. C'est aussi le sentiment de M.e Charles Dumoulin sur la coutume de Paris; et de tous les docteurs qui ont écrit sur cette matière.

Si nous considérons le bref du pape, par rapport à ces principes que les papes mêmes ont établis, il sera facile de déterminer quelle est sa qualité, et quelle doit être son exécution.

Les deux parties conviennent que c'est une confirmation.

Nous n'examinons point encore si elle est accordée sans examen ou avec connoissance de cause ; mais il suffit de dire que c'est une confirmation, pour décider qu'elle ne peut avoir un effet réoactif, si le titre qu'elle confirme n'est pas légitime.

Que ce soit une nouvelle grâce du saint-siége ou une approbation de la première, c'est ce qui paroît peu important, puisqu'il est certain que si c'est un nouveau privilége, il ne peut remonter plus haut que le jour de sa date ; et si, au contraire, c'est une approbation de la première grâce, cette approbation, quelque solennelle et quelque authentique qu'elle soit, ne peut jamais rendre légitime ce qui étoit nul dans son principe, suivant cette maxime de Dumoulin : *Si confirmabile sit nullum, pariter vel supremi principis confirmatio est nulla.*

Nous pouvons donc déjà proposer, comme une maxime fondée sur l'autorité de tous les docteurs, que la confirmation que nous examinons ne peut avoir par elle-même un effet réoactif.

Elle dépend de la validité du premier titre.

Or ce premier titre, de l'aveu de toutes les parties, est absolument défectueux, incapable de produire jamais aucun effet ; il est destitué du caractère d'autorité qui pourroit le rendre valable.

Il est nul par le vice le plus essentiel qui puisse former un véritable abus, c'est-à-dire, par le défaut de puissance.

Nous ne craignons donc point de conclure dès à présent, que le bref du pape, dont il s'agit, ne peut avoir aucune autorité sur le temps qui le précède ; ni par lui-même, parce que c'est une confirmation ; ni par la force du premier titre, parce qu'il est illégitime.

Ainsi, s'il paroît, par les termes dans lesquels le bref est conçu, que ceux qui l'ont obtenu ont eu intention de lui donner un effet rétroactif contre la nature de l'acte qui confirme, et contre la validité de celui qui est confirmé, nous ne doutons point que ce ne soit un véritable moyen d'abus, parce que l'on ne peut étendre l'autorité de ce bref sur le passé, sans faire revivre le premier titre, qui est absolument détruit par l'autorité de la justice temporelle.

Pour examiner cette difficulté, on ne sauroit trop s'attacher à l'observation des termes qu'on a fait insérer dans le bref de l'année 1678.

Le pape ne se contente pas de confirmer, d'approuver, de ratifier la translation d'Houdiart dans l'ordre de Saint-Benoît, il ne dit pas seulement qu'il veut en suppléer les défauts, en réparer les nullités, en corriger les abus. Toutes ces expressions pourroient être favorablement interprétées : elles ne donneroient point absolument un effet rétroactif à la confirmation ; et l'on soutiendroit aisément que l'intention de celui qui a accordé la grâce, étoit de l'accorder seulement pour l'avenir et non pour le passé.

Mais les termes de la clause sont très-différens de ceux que nous venons de vous expliquer ; et nous avouons ici, qu'après les avoir examinés plusieurs fois, nous croyons que quelque interprétation qu'on leur donne, il est difficile de ne pas reconnoître que celui qui a obtenu le bref, a voulu qu'il eût une espèce d'exécution anticipée, en rendant à sa tranlation la force qu'elle avoit perdue par un arrêt du grand-conseil.

Le bref déclare expressément, que la translation d'Houdiart, que sa profession dans l'ordre de Saint-Benoît, et tout ce qui l'a suivi, est valable et légitime: *Translationem et Professionem regularem emissam, aliaque quæcumque indè legitimè secuta, valida esse declaramus.*

Ce n'est donc point une simple approbation; le pape décide de la validité de la translation ; il prononce un jugement plutôt qu'il n'accorde une grâce ; il assure le titre de l'intimé ; il le déclare canonique ; il veut qu'il soit exécuté du jour que le bref de pénitencerie a été obtenu, puisqu'il confirme tout ce qui l'a suivi.

Le fait est donc certain, la translation d'Houdiart est déclarée légitime.

Cependant, c'est cette même translation qui a été déclarée nulle par un arrêt d'une compagnie souveraine, et que vous déclariez encore aujourd'hui abusive, si la cause n'étoit pas décidée.

Le bref est donc directement contraire à l'arrêt. On a surpris la religion du pape; on ne lui a pas clairement expliqué la décision du grand conseil; on s'est contenté de lui remontrer que le bref de pénitencerie recevoit en France quelque difficulté; que l'on prétendoit qu'il n'étoit pas suffisant pour rendre une translation valable et légitime. Mais on lui a dissimulé l'arrêt du grand-conseil; nous devons, au moins, le supposer ainsi, plutôt que de croire que le pape eût voulu donner atteinte, par son bref, à un arrêt, et réformer les ouvrages de la justice souveraine du Roi, qui, de l'aveu même des papes, ne reconnoît aucun supérieur dans les choses temporelles.

Nous ne doutons donc point qu'il n'y ait eu de la surprise, de l'obreption, de l'abus dans l'obtention de ce bref, qui fait le seul titre de l'intimé, lorsque nous le comparons avec l'arrêt du grand-conseil qui le précède.

Ajoutons que quand même on retrancheroit de la cause ce moyen important; quand on oublieroit, pour un moment, la juste disposition de cet arrêt, l'abus de la confirmation qu'on a obtenue, ne seroit pas moins évident, puisqu'il seroit toujours vrai que le bref déclareroit légitime ce que les lois du royaume regardent comme abusif; puisque l'unique effet de cette confirmation seroit de faire valoir un bref de pénitencerie, et de lui donner une autorité contre laquelle vos arrêts se sont toujours élevés.

Nous pouvons dire même que l'intérêt public demande que l'on s'oppose à la voie que l'intimé a recherchée pour éluder la force des véritables maximes, que vous avez toujours suivies dans cette matière.

Il ne prétend pas, à la vérité, se servir de sa première translation, mais il se sert d'un bref qui en ordonne l'exécution ; il convient que la clause *in utroque foro* étoit abusive, et c'est cependant cette clause qu'il a fait confirmer.

Ce sera donc inutilement qu'on refusera en France de se soumettre au pouvoir des congrégations de cour de Rome, et de reconnoître leur juridiction; en vain on déclarera leurs décrets abusifs, toutes les fois qu'ils paroîtront aux yeux de la justice, si malgré la certitude de l'abus prononcé par une compagnie souveraine, on se donne la liberté d'obtenir des confirmations auxquelles on attribuera un effet rétroactif pour faire revivre ce que l'autorité du Roi a déclaré nul.

L'église gallicane n'est pas moins intéressée que le Roi même, à prévenir les conséquences dangereuses de ce changement de discipline; et ce seul moyen nous paroîtroit suffisant pour détruire le titre de l'intimé.

Mais, puisqu'il prétend que l'on peut donner une autre interprétation à son bref; puisqu'il soutient que, quand même il n'auroit d'effet que du jour de sa date, il seroit capable d'assurer son état, examinons encore cette seconde partie de la cause, et voyons si cette défense a plus de solidité que la première.

Supposons donc, avec l'intimé, que le bref dont il demande l'exécution, ne donne aucune atteinte à l'arrêt du grand-conseil; qu'il n'a aucun effet rétroactif; que son intention, en l'obtenant, n'a pas été de faire revivre sa translation dans son origine, mais seulement d'en réparer les défauts, du jour de la nouvelle confirmation, quelle sera la conséquence de ce principe? Et l'intimé peut-il même le proposer, puisque si sa première translation est nulle, si elle ne peut produire aucun effet, il n'a plus aucun titre pour prendre la qualité de religieux bénédictin.

Pour établir cette vérité, il suffit de lui demander de quel ordre il étoit dans l'intervalle de temps qui s'est écoulé entre l'arrêt du grand-conseil, et le nouveau bref de cour de Rome.

S'il prétend qu'il devoit encore être considéré comme religieux de l'ordre de Saint-Benoit, on lui opposera, avec raison, ce même arrêt qui déclare la translation nulle, son acquiescement volontaire à cet arrêt, le bref même qui marque la connoissance parfaite qu'il avoit de son véritable état, et enfin le nouveau consentement de ses supérieurs cordeliers, qu'il a jugé à propos d'obtenir, avant que d'avoir recours à l'autorité immédiate du pape.

Si, au contraire, il reconnoît de bonne foi, comme il ne sauroit en disconvenir, que l'arrêt du grand-conseil l'avoit rendu à ses premiers engagemens, qu'il étoit rentré dans l'ordre des cordeliers, ou, pour mieux dire, qu'il n'en étoit jamais sorti véritablement, comment pourroit-il justifier qu'il a changé d'état depuis l'arrêt du grand-conseil? Rapporte-t-il des preuves d'un second noviciat, d'une nouvelle profession dans l'ordre de Saint-Benoît, ou prétendra-t-il que le seul bref qu'il a obtenu, peut suppléer au défaut de tous ces actes?

Mais, cette exécution du bref, et cette interprétation qu'on lui donne, n'est-elle pas encore plus abusive que son obtention; puisqu'il est non-seulement inouï, mais encore contraire à toutes sortes de droits, qu'une permission d'être transféré soit considérée comme une translation même, et qu'un religieux passe de plein droit, et sans une nouvelle profession, d'un ordre dans un autre, en méprisant toutes les constitutions civiles et canoniques, qui n'exigent pas moins l'année de probation et les solennités d'une nouvelle profession tant dans ceux qui changent de religion, que dans ceux qui n'ont jamais donné de preuves de leur légèreté et de leur inconstance?

Mais, dit-on, il y avoit déja un premier noviciat, une première profession; le pape n'a-t-il pas eu le pouvoir de la faire valoir, au moment du jour de la confirmation?

Nous n'examinerons point précisément ici quelles sont les limites de la puissance des papes. Nous nous contenterons de raisonner sur des principes qui nous paroissent fondés sur la lumière naturelle. Un acte déclaré nul, doit être considéré comme s'il n'avoit jamais été; le pouvoir de la loi anéantit tellement tout ce qui lui est contraire, qu'il n'en reste aucun vestige. Après l'arrêt du grand-conseil, Houdiart n'avoit plus rien qui le distinguât du commun des cordeliers.

Et enfin, les mêmes solennités qui étoient nécessaires pour rendre une première translation parfaite, n'étoient pas moins essentielles pour assurer la validité de la seconde.

Si ces principes avoient besoin d'être expliqués par des exemples, ils se présenteroient en foule pour les soutenir. Nous nous contenterons d'en rapporter un seul.

Lorsqu'un mariage contracté entre des parens, est déclaré nul par le défaut de la dispense, pourra-t-on soutenir qu'il suffit d'obtenir une nouvelle dispense du pape, et que le mariage soit confirmé, sans le secours d'une nouvelle célébration?

Cet exemple a une application naturelle à cette cause. Les vœux ont toujours été comparés au mariage.

De même que les parties, qui n'avoient pas obtenu une dispense légitime, ne sont point véritablement engagées entr'elles; de même qu'elles acquièrent une véritable liberté par le jugement qui les sépare: ainsi, un religieux dont la translation est nulle, ne contracte aucune obligation véritable avec le monastère dans lequel il vouloit entrer. Il est en son pouvoir, ou de demeurer dans son premier ordre, ou, s'il obtient de nouveau sa translation, de passer dans le second, ou même d'en choisir un troisième.

Mais, s'il se détermine à être transferé une seconde fois dans le même ordre, il faudra, pour former un véritable engagement, qu'il se soumette encore aux mêmes formalités; et comme l'on jugeroit à l'égard de ceux dont le mariage a été déclaré non-valablement contracté, qu'ils auroient besoin d'une nouvelle célébration, l'on doit décider aussi à l'égard d'un religieux, qu'il ne peut se dispenser de faire une nouvelle profession.

Ainsi, pour reprendre, en peu de mots, tout ce que nous venons de vous expliquer sur le bref du pape :

Ou l'on soutient qu'il doit avoir un effet rétroactif; qu'il a la force de faire revivre la translation qui ne subsistoit plus : et, pour lors, nous ne croyons pas que l'on puisse douter de l'abus de l'obtention d'un bref qui déclare légitime, ce qu'un arrêt positif d'une cour souveraine, ce que toutes les lois du royaume, ce que toutes les libertés de l'église gallicane déclarent nul.

Si, au contraire, on prétend que le bref n'a aucun effet que du jour de sa date; qu'il ne donne aucune atteinte à l'arrêt du grand-conseil; qu'il laisse subsister la nullité de la translation : il faut convenir, en même temps, que l'intimé n'est point encore transféré, qu'il n'a point changé d'état, qu'il n'a pas cessé d'être religieux de Saint-François; ou, si l'on veut qu'il soit devenu moine bénédictin en vertu de ce seul bref, son exécution est aussi abusive que son obtention.

Après vous avoir montré que les titres de l'intimé ne sont nullement favorables à ses prétentions; que s'il ne peut prendre la qualité de religieux bénédictin, il est incapable des bénéfices qui sont destinés aux religieux de cet ordre, nous pourrions finir dès à présent l'explication de cette cause, si nous n'avions encore à examiner l'argument que l'on tire des lettres patentes qu'il a obtenues, et par lesquelles il prétend avoir suppléé tout ce qui pouvoit manquer à la certitude et à la validité de sa profession.

Il est vrai que la grâce que le Roi lui a accordée, est très-étendue; elle fait revivre une qualité éteinte par l'arrêt du grand-conseil; elle assure l'exécution du dernier bref, et de celui 1676, qui rendoit Houdiart capable de posséder des bénéfices.

Mais, plusieurs réflexions à faire sur cette indulgence du Prince.

PREMIÈRE RÉFLEXION.

Lettres patentes non vérifiées en la cour; on n'en a pas même demandé l'enregistrement. Si on le demandoit, et s'il s'agissoit d'examiner les moyens qu'on pourroit proposer pour empêcher l'enregistrement de ces lettres, peut-être y auroit-il lieu de les déclarer subreptices. En effet,

1.° On n'y a point exposé au Roi, que le bref du pape annulloit, en quelque manière, l'arrêt du grand-conseil; ce qui est un abus manifeste dans le bref sur lequel Houdiart a obtenu ces lettres; et, si cet abus avoit été connu du Roi, jamais il n'auroit ordonné l'exécution d'un acte directement contraire à son autorité.

2.° On ne lui a pas fait connoître la véritable qualité d'Houdiart, qui n'avoit point cessé d'être cordelier, parce que la première translation étoit nulle, et la seconde non exécutée.

SECONDE RÉFLEXION.

Quand ces lettres seroient enregistrées en la cour, il faudroit toujours appliquer à cette grâce les principes que nous avons expliqués d'abord. C'est une confirmation, et une confirmation, d'un acte nul. Tout ce que l'on peut supposer de plus favorable à Houdiart, c'est qu'elle a été accordée en connoissance de cause; et, en ce cas, elle doit être considérée comme une nouvelle disposition qui ne peut avoir d'effet que pour l'avenir.

TROISIÈME RÉFLEXION.

Quand on pourroit donner un effet rétroactif à ces lettres, ce ne seroit jamais au préjudice d'un tiers. Maxime générale, que la confirmation d'un acte nul, *non retrohabitur ad initium respectu tertii.* Dumoulin, sur l'art. 5 de la coutume de Paris, nombres 88 et 90.

Maxime fondée sur l'équité, *beneficium principis nemini debet esse damnosum.* Le Roi n'auroit pas accordé la grâce, s'il avoit cru qu'elle pût nuire à un tiers.

Outre les exemples des abrogations et des lettres de légitimation, qui n'ont point d'effet au préjudice du droit acquis à un tiers, on ne peut citer un exemple plus fort que celui de la légitimation par mariage subséquent. Quoique plus favorable que celle qui est accordée par des lettres, elle ne produit point d'effet rétroactif contre le droit acquis auparavant, comme Dumoulin l'explique sur le §. 8 de la coutume de Paris, glos. 1, num. 35 (1).

Ici le droit étoit acquis à un tiers, avant la grâce que le Prince a bien voulu accorder.

Pour reprendre, en un mot, tout l'objet de cette contestation, le bref accordé au frère Houdiart, est abusif dans son obtention, s'il déclare la translation valable; abusif dans son exécution, si en la déclarant nulle, il transfère un religieux sans le secours d'une nouvelle profession. Les lettres patentes, non vérifiées en la cour, subreptices en elles-mêmes, ne

(1) L'espèce proposée par Dumoulin est celle d'un enfant dont le père et la mère étoient libres lors de sa naissance. Le père s'étant marié depuis à un autre que la mère de cet enfant, avoit eu un fils légitime. Etant devenu veuf, il épouse la mère de cet enfant, qui par là devient légitime. Mais le fils, né du mariage contracté auparavant, conserve ses droits, et est regardé comme l'aîné, suivant l'opinion de Dumoulin, et la jurisprudence des arrêts.

peuvent servir au frère Houdiart que pour l'avenir, non pour le passé, et sont incapables de nuire à un tiers.

Nous pourrions requérir que le frère Houdiart fût tenu de se retirer dans l'ordre des cordeliers; mais nous respectons les lettres patentes qui lui ont été accordées, en les considérant comme une grâce qui ne peut avoir effet que pour l'avenir.

Ainsi, faisant droit sur les appellations comme d'abus, dire qu'il y a abus dans l'obtention et dans l'exécution du bref et des provisions. Sur l'appel simple, l'appellation et ce dont est appel au néant, émendant, maintenir du Sault dans la possession du bénéfice.

Arrêt qui appointe les parties au conseil, le 7 août 1693; plaidant, Thévart pour l'appelant, Nouet pour l'intimé.

VINGT-SEPTIÈME PLAIDOYER.

DU 11 AOUT 1693.

Dans la cause de la dame comtesse DE CHAUMONT, demanderesse en opposition et en requête civile, contre ELISABETH DE FIENNES, le curateur à la succession de CHARLES GUILLAIN DE FIENNES, les sieurs DARIE et BARANGUE.

1.° *Quelles sont les conclusions nécessaires pour donner à la femme un droit réel et en domaine véritable sur les biens que son mari a acquis des deniers dotaux.*

2.° *Si un héritier universel peut contester les aliénations de biens propres, faites sans les formalités prescrites par la coutume d'Artois, ou si l'art.* 189 *de cette coutume ne s'applique qu'à celui qui se restreint aux seuls biens patrimoniaux.*

Si les lettres en forme de requête civile sur lesquelles vous avez à prononcer, étoient le seul sujet de cette contestation, son explication seroit moins étendue, et sa décision beaucoup plus facile. Nous nous contenterions d'observer l'ordre et le progrès de la procédure; nous nous attacherions scrupuleusement à la disposition de l'ordonnance, et nous nous ferions une espèce de religion de ne point entrer dans les questions du fond, pour nous attacher uniquement aux ouvertures et aux moyens de la forme.

L'opposition qui se trouve jointe dans cette cause à la requête civile, ne nous permet pas de nous renfermer dans des bornes si étroites. On soumet de nouveau à votre examen l'autorité de vos arrêts: on vous rend juges encore une fois de vos propres jugemens; et nous manquerions aux obligations de notre ministère, si nous ne vous expliquions en même temps et les moyens du fond par rapport à l'opposition, et les moyens de la forme par rapport à la requête civile.

Mais, avant que de nous engager dans la discussion d'une cause aussi étendue qu'elle est importante, nous croyons qu'il est nécessaire de vous remettre devant les yeux la généalogie de la maison de Fiennes, qui vous a déjà été proposée, et dont l'explication peut répandre la lumière sur une cause obscure en elle-même, et embarrassée par le grand nombre d'incidens que l'on y a fait entrer.

GUILLAIN DE FIENNES, premier du nom, auteur de toutes les parties qui plaident, a été marié deux fois. C'est dans ces deux mariages qu'il faut chercher l'origine des contestations qui partagent encore aujourd'hui ses descendans.

Il a épousé en premières noces CHARLOTTE DE LONGUEVAL, en secondes noces FRANÇOISE FAYE D'ESPEISSES, fille de M. D'ESPEISSES, président en la cour.

Du premier Mariage.

MARC DE FIENNES, héritier de son père. Il a eu pour fils

CHARLES GUILLAIN, comte DE CHAUMONT, avec lequel l'arrêt est intervenu, et dont la femme est aujourd'hui demanderesse en lettres en forme de requête civile. Le comte DE CHAUMONT a eu plusieurs enfans.

MARC-ANTOINE qui a été d'abord partie dans le procès; mais qui a cessé de l'être dans la suite, attendu qu'il n'était pas conçu dans le tems du décès de MARC DE FIENNES, dont il se disoit héritier.

PHILIPPINE DE FIENNES, partie dans l'arrêt à la place de MARC-ANTOINE. Elle représente MARC DE FIENNES. C'est l'héritière de la maison : elle ne se pourvoit point contre l'arrêt.

Du second Mariage.

FRANÇOISE, mariée au comte des CHAPELLES.

CHARLES GUILLAIN DE FIENNES, appelé d'abord le chevalier et ensuite le comte DE FRUGES, héritier de sa mère, et en cette qualité, créancier de la succession de son père.

De son mariage avec CHARLOTTE DE CORMEILLES est issue

ÉLISABETH DE FIENNES, partie dans le procès comme héritière de CHARLOTTE DE CORMEILLES, sa mère, et créancière de la succession du comte DE FRUGES son père, aujourd'hui défenderesse à l'opposition et aux lettres en forme de requête civile, prises par PHILIPPINE DE GODINÉ, femme du comte DE CHAUMONT.

Après vous avoir expliqué l'état de la maison de Fiennes, et la qualité des parties, nous commencerons le récit du fait par le contrat de mariage de Guillain I avec Françoise Faye d'Espeisses. La date de ce contrat est du 28 août 1608.

Deux clauses à y observer: 1.º Douaire de quatre mille livres de rente, accordé à la future épouse, stipulé propre aux enfans, suivant la coutume de Paris, où le contrat a été passé, et nonobstant toutes coutumes contraires.

2.º Donation du quint de tous les biens de Guillain I, en faveur de la future épouse, et des enfans procréés de ce mariage.

Nous avons déjà dit qu'il y avoit eu deux enfans de ce mariage: Françoise de Fiennes, comtesse des Chapelles, et le chevalier de Fruges.

Mais on peut écarter, dès à présent, Françoise de Fiennes, qui a renoncé à la succession de son père et de sa mère, en faveur du chevalier de Fruges, moyennant une somme de dix mille livres.

Ainsi, le chevalier de Fruges restoit seul héritier. Il renonce à la succession de son père, accepte celle de sa mère; et par là il devient créancier et de la dot et du douaire de sa mère, et donataire du quint des biens de Guillain I.

Tels sont les droits qu'il avoit contre la succession de son père.

Nous avons à présent à vous expliquer le mariage du chevalier de Fruges.

Le contrat fut passé le 31 janvier 1638, avec Charlotte de Cormeilles, d'une naissance inférieure à celle du chevalier de Fruges.

Quatre observations sur ce contrat.

Première observation. La dot de la future épouse consiste;

1.º En meubles et deniers comptans, que l'on fait monter à quarante mille livres, dont il est dit que l'on fera inventaire, clause à laquelle on n'a point satisfait.

2.º En plusieurs parties de rentes constituées sur

l'hôtel-de-ville, dont le principal, à raison du denier dix-huit, étoit de cent huit mille livres.

Seconde observation. Exclusion précise de communauté.

Troisième. Autorisation générale de la femme pour administrer, vendre et aliéner, etc. et néanmoins si les biens qu'elle apporte ne se trouvent en nature lors de la dissolution du mariage, ce qui s'en défaudra sera repris sur les biens du chevalier de Fruges.

Quatrième. Douaire préfix de trois mille livres de rente, ou douaire coutumier, au choix de Charlotte de Cormeilles.

Le mariage n'a été célébré que le 8 janvier 1639, c'est-à-dire, un an après la signature du contrat.

La nécessité de la clause de remploi fut justifiée par la conduite de Charlotte de Cormeilles, qui, dans la première année de son mariage, vendit toutes les rentes qu'elle avoit apportées en dot.

Sans entrer dans un plus grand détail sur ce sujet, voilà quel est le titre des créances d'Elisabeth de Fiennes, comme héritière de Charlotte de Cormeilles, sa mère.

Il faut maintenant passer à l'explication du contrat de vente de l'année 1661, qui a été, et qui est encore aujourd'hui, le véritable fondement de toutes les questions que l'on agite dans cette cause.

Pour vous en donner une juste idée, il est nécessaire de reprendre ce que nous vous avons déjà observé sur les droits du chevalier de Fruges.

Il étoit unique héritier de Françoise d'Espeisses, sa mère; en cette qualité, donataire du quint des biens de Guillain I, et créancier sur sa succession, de toutes les reprises de sa mère.

En cet état, le 26 janvier 1661, il vend au comte de Chaumont, son neveu, tous ses droits successifs, moyennant la somme de quatre-vingt-dix mille livres.

Deux choses importantes à remarquer sur cet acte,

1.° On n'y a point observé une des trois voies requises pour la validité des aliénations dans la coutume d'Artois : consentement de l'héritier apparent, remploi, nécessité jurée.

2.° Le comte de Chaumont déclare que la somme de quatre-vingt-dix mille livres procède des deniers dotaux de Philippine de Godiné, sa femme, et stipule pour elle que les droits qu'il acquiert, lui tiendront nature de propre, suivant la clause de son contrat de mariage passé en l'année 1646.

Cette déclaration du mari fut approuvée et acceptée par la femme deux mois après cet acte, c'est-à-dire, le 2 mai 1661 ; circonstance très-importante, et qui peut servir à décider une des plus grandes questions de cette cause.

Le chevalier de Fruges et Charlotte de Cormeilles sont décédés en l'année 1669.

Deux filles issues de leur mariage, dont l'une est abbesse de Villers-Coterets ; l'autre est Elisabeth de Fiennes, défenderesse.

Jusqu'ici nous avons expliqué les actes qui ont servi de fondement au procès ; il nous reste à observer le commencement, la suite, et la fin de la procédure.

Elisabeth de Fiennes, après la mort de son père et de sa mère, demeuroit saisie, de droit, de l'une et de l'autre succession ; elle n'avoit aucuns cohéritiers, et elle étoit leur unique héritière de droit.

Elle a été pendant quelque temps incertaine entre la succession du père et celle de la mère ; elle a même pris qualité d'héritière de son père dans un acte qui a fait, dans la suite, partie du procès.

Le 6 février 1679, elle transporta au sieur Darie la moitié de ce qui pouvoit lui revenir de la succession de ses père et mère.

Elle prend, dans ce transport, la qualité de fille majeure, héritière par bénéfice d'inventaire de son père et de sa mère.

Il est vrai qu'elle ne paroît pas prendre cette qualité d'une manière irrévocable ; car elle déclare qu'elle charge Darie du recouvrement de ce qui peut lui appartenir, soit qu'elle conserve la qualité d'héritière par bénéfice d'inventaire, soit qu'elle renonce à la succession de son père, pour exercer les créances de sa mère.

Cet acte contenoit une clause de donation. Il a été insinué, et signifié dans le cours du procès, et au comte de Chaumont, et à Philippine de Fiennes. Toutes les parties en ont eu une parfaite connoissance.

Elisabeth de Fiennes, incertaine de sa qualité dans le temps de cet acte, l'a enfin déterminée peu de temps après.

Le 8 février 1679, elle fit une renonciation expresse à la succession du chevalier de Fruges, son père.

Le 18, lettres de bénéfice d'inventaire pour accepter la succession de sa mère.

Le 22, sentence d'entérinement au châtelet, création de curateur à la succession vacante du chevalier de Fruges. Alors héritière de sa mère, et créancière de son père, elle se pourvoit et contre le curateur, et contre les détenteurs des biens de sa maison.

De là, doubles poursuites qui se sont réunies dans l'arrêt définitif, mais qu'il faut expliquer séparément, pour les présenter avec plus de clarté.

Nous commencerons par ce qui regarde les détenteurs des biens du chevalier de Fruges.

Poursuites contre le comte de Chaumont.

Nous vous avons observé qu'un des plus considérables effets du chevalier de Fruges, étoit le fonds du douaire de sa mère, et le quint des biens de Guillain I qui les avoit donnés, par son contrat de mariage, à sa femme, et aux enfans qui naîtroient de son mariage.

Nous avons encore remarqué que Guillain I avoit

laissé des enfans de son premier mariage, et entr'autres Marc de Fiennes, son principal héritier, dont le comte de Chaumont étoit fils.

Elisabeth de Fiennes crut qu'il étoit héritier immédiat de son père, et héritier médiat de Guillain I, son aïeul. Elle le fit assigner au conseil d'Artois.

Elle conclut, contre lui, à ce qu'il fût tenu, comme héritier de Guillain I de faire valoir le douaire de Françoise d'Espeisses, et le quint datif accordé à ses enfans.

Le comte de Chaumont déclara qu'il n'étoit point héritier de Guillain I ni médiatement; ni immédiatement; que cette succession étoit sur la tête d'un de ses enfans, Marc-Antoine de Fiennes.

Sur ces défenses, Elisabeth de Fiennes intenta sa demande directe contre Marc-Antoine. Mais elle forma une action en déclaration d'hypothèque contre le comte de Chaumont, en qualité d'acquéreur par le contrat de 1661, passé par le chevalier de Fruges.

Elle demanda que le fonds du douaire de quatre mille livres, qui avoit été vendu par ce contrat, ensemble le quint datif appartenant au chevalier de Fruges, et cédé par le même acte, fussent déclarés affectés et hypothéqués au paiement des conventions de Charlotte de Cormeilles, sa mère; en conséquence, que le comte de Chaumont fût condamné comme détenteur, à payer ces créances, si mieux il n'aimoit déguerpir et rapporter les fruits et arrérages, pour le tout être vendu, et elle payée sur le prix.

Telles furent les prétentions d'Elisabeth de Fiennes au conseil d'Artois.

Demande directe contre l'héritier de Guillain I pour faire valoir le quint et le douaire accordés par lui à sa seconde femme, mère du chevalier de Fruges.

Demande contre le comte de Chaumont, en déclaration d'hypothèque sur les mêmes effets à lui vendus par le chevalier de Fruges en 1661.

On opposa, et de la part de l'héritier de la maison de Fiennes, et de la part du comte de Chaumont, le défaut de solennité du contrat de mariage.

Il n'avoit point été revêtu des formalités prescrites par la coutume, pour acquérir un droit réel, et pour produire une hypothèque.

Sur ce fondement, sentence du conseil d'Artois, le 23 février 1683, qui déclare Elisabeth de Fiennes non-recevable.

Appel, sur lequel les mêmes parties furent intimées; mais il arriva bientôt après un changement. La succession de Guillain I fut contestée à Marc-Antoine, et Philippine de Fiennes fut reconnue la véritable héritière.

On soutint pendant quelque temps, de la part d'Elisabeth de Fiennes,

Que les terres sur lesquelles elle prétendoit avoir une hypothèque, étoient situées dans le ressort des coutumes de Saint-Pol et de Saint-Omer.

Que Saint-Pol et Saint-Omer sont des dépendances de Montreuil, et non de l'Artois; que par conséquent l'omission du nantissement ne pouvoit lui être opposée, parce que les contrats de mariage n'y sont par soumis, suivant l'apostille de Dumoulin sur la coutume d'Amiens, et un arrêt de réglement de l'année 1623.

Mais, parce que la question se réduisoit à examiner un point d'histoire qui pouvoit être obscur et incertain, Elisabeth de Fiennes abandonna ces premiers moyens, et changea tout d'un coup la face de sa cause.

Elle accorda d'elle-même au comte de Chaumont, que la coutume d'Artois étoit la règle qu'il falloit suivre pour la décision de cette affaire.

Elle n'insista plus à soutenir qu'elle étoit exempte de la formalité du nantissement, par la faveur des contrats de mariage. Mais elle soutint que la coutume d'Artois étoit encore plus contraire aux titres du comte de Chaumont que celle de Montreuil;

qu'il n'avoit point satisfait aux solennités qu'elle prescrit pour l'aliénation des propres; que, dans l'acquisition qu'il avoit faite des droits du chevalier de Fruges, il n'avoit suivi aucune des trois voies proposées par la coutume ; que par conséquent son titre étoit nul, et incapable de lui donner aucun droit de propriété.

Elle divisa donc sa demande en deux parties par rapport aux effets qui faisoient la matière de la contestation, c'est-à-dire, le douaire et le quint.

A l'égard du douaire, elle soutint que c'étoit un douaire préfix, comparé par tous les docteurs à une rente constituée qui n'a point de *situation*, et qui se règle par la coutume du domicile du créancier.

Que ce douaire avoit été stipulé en faveur de Françoise d'Espeisses et de ses enfans qui avoient leur domicile à Paris, où la formalité du nantissement est inconnue.

Qu'il n'étoit donc point nécessaire d'avoir fait revêtir le contrat de mariage de Charlotte de Cormeilles de cette formalité, pour acquérir un droit d'hypothèque sur le douaire préfix qui devoit être soumis à la loi de la coutume de Paris, et non à celle de la coutume d'Artois.

Ainsi, elle persista dans sa première demande, à ce que le douaire préfix de quatre mille livres, constitué au profit de Françoise d'Espeisses, et acquis au chevalier de Fruges son fils, fût déclaré affecté et hypothéqué au paiement des conventions matrimoniales de Charlotte de Cormeilles.

Mais à l'égard du quint datif, au lieu de poursuivre le jugement de sa première demande en déclaration d'hypothèque, Elisabeth de Fiennes demanda qu'en cas que les terres dont il s'agissoit fussent réputées soumises à la coutume d'Artois, le comte de Chaumont fût tenu de se désister et départir de la jouissance et propriété du quint qu'il avoit requis sans observer les formalités prescrites par la coutume.

Le curateur à la succession du comte de Fruges se

joignit à Elisabeth de Fiennes, et demanda le désistement au profit de la succession vacante.

Le comte de Chaumont, pressé par l'autorité de la coutume que l'on rétorquoit contre lui, reconnut la nullité du premier contrat par lequel il avoit acquis le quint qui appartenoit au chevalier de Fruges.

Mais il soutint que cette nullité étoit réparée par deux contrats postérieurs, de l'année 1664, dans lesquels le chevalier de Fruges avoit approuvé et confirmé la première vente.

Ces deux actes, l'un du 9 juillet, l'autre du premier août 1664, étoient tous deux revêtus de la formalité de la coutume, c'est-à-dire, de la *nécessité jurée.*

Ils détruisoient la force de l'argument d'Elisabeth de Fiennes : ils suppléoient aux défauts de la première vente; et si leur vérité eût été certaine, ils décidoient absolument la contestation.

Mais elle prétendit qu'ils avoient été fabriqués, et elle forma, le 30 janvier 1685, une inscription en faux contre ces actes.

Le comte de Chaumont déclare qu'il veut se servir des pièces maintenues fausses.

Moyens de faux fournis, déclarés pertinens et admissibles.

On ordonne que les minutes seront rapportées au greffe.

L'arrêt a été exécuté à l'égard de la minute de l'acte du premier août 1664, qui étoit passé par-devant les notaires de Saint-Omer.

M. Boucher d'Orsai a été rapporteur des incidens de l'instruction du faux.

C'est à son rapport qu'est intervenu l'arrêt du 13 février 1686, que l'on a compris dans les lettres en forme de requête civile.

Cet arrêt ordonne que la vérification des titres maintenus faux, sera faite sur les pièces de comparaison qui avoient été produites par Elisabeth de Fiennes.

Rapport d'experts; arrêt qui en ordonne la répétition; décret d'assigné pour être ouï contre le comte de Chaumont; récolement, confrontation, instruction très-régulière sur la fausseté de l'acte du premier août 1664, dont la minute étoit au greffe.

On n'a pu observer les mêmes formalités à l'égard de l'acte du 9 juillet 1664.

Le comte de Chaumont a prétendu que la minute étoit engagée dans le greffe de la ville, et que, quelque diligence qu'il ait pu faire auprès des échevins d'Amiens, ils n'ont jamais voulu consentir qu'on la délivrât.

Elisabeth de Fiennes a soutenu de son côté, que la pièce devoit être rejetée du procès, parce que c'étoit par le fait du comte de Chaumont que la minute n'avoit pu être rapportée.

Elle prouva la fausseté de cet acte par des présomptions aussi fortes que celles que l'on peut tirer du témoignage des experts.

Enfin, après un appointement à mettre sur ces différentes requêtes,

Arrêt qui joint les requêtes et l'appointement au procès.

Voilà, Messieurs, quel a été le cours des poursuites d'Elisabeth de Fiennes contre le comte de Chaumont en qualité d'acquéreur et détenteur des biens de sa maison. Il faut vous rendre compte à présent de celles qu'elles a faites contre la succession de son père.

Poursuite contre le curateur à la succession vacante du comte de Fruges.

Reprenons ici ce qui a déjà été observé.

Elisabeth de Fiennes, en 1679, renonce à la succession de son père, accepte celle de sa mère.

Elle fait créer un curateur à la succession abandonnée du premier, exerce ses actions comme héritière de la seconde.

Elle obtient une sentence contre le curateur, qui lui adjuge toutes ses reprises.

Cette sentence lui adjugeoit pour son douaire coutumier, la moitié de toutes les terres de la maison de Fiennes.

Sentence insoutenable en ce chef, parce que le chevalier de Fruges, mari de Charlotte de Cormeilles, n'avoit qu'un quint dans toutes ces terres, et par conséquent sa femme ne pouvoit avoir que la moitié de ce quint.

Le curateur en interjette appel. Elisabeth de Fiennes en interjette pareillement appel.

Elle prend incidemment des lettres de rescision contre l'acceptation du douaire coutumier; lettres qui ne sont pas seulement dans le vu de l'arrêt, mais que l'on rapporte encore aujourd'hui en bonne forme.

Arrêt le 16 avril 1685, qui entérine ces lettres, infirme la sentence dans le chef qui concernoit le douaire coutumier, adjuge à Elisabeth de Fiennes le douaire préfix, la sentence au résidu sortissant son plein et entier effet.

Cet arrêt rendu en la grand'chambre.

Tel étoit l'état des poursuites d'Elisabeth de Fiennes contre le curateur.

Il nous reste à expliquer comment toutes ces différentes procédures se sont réunies dans l'arrêt de 1688.

Procédures faites avec Philippine de Fiennes.

Nous avons observé d'abord que, sur la première demande intentée au conseil d'Artois contre le comte de Chaumont, il avoit déclaré qu'il n'étoit point héritier de la maison de Fiennes; mais que cette succession étoit déférée à un de ses enfans, *Marc-Antoine*.

Elisabeth de Fiennes l'avoit mise en cause; elle avoit demandé que, comme héritier de Guillain I, il fût tenu de faire valoir le quint et le douaire qu'il avoit promis aux enfans de son second mariage.

La sentence du conseil d'Artois avoit été rendue avec lui; il avoit été intimé sur l'appel, et la succession lui ayant été contestée, Philippine de Fiennes avoit été déclarée héritière de cette maison. Elle reprit l'instance en sa place, et forma plusieurs demandes très-importantes.

1.° Elle attaqua l'état d'Elisabeth de Fiennes; elle interjeta appel, comme d'abus, de la célébration du mariage qui lui avoit donné la naissance.

2.° Elle forma opposition à l'arrêt de 1685, qui liquidoit les reprises de Charlotte de Cormeilles.

3.° Elle interjeta appel de la sentence confirmée par cet arrêt.

4.° Elle prétendit que, quand même Elisabeth de Fiennes seroit héritière de sa mère, et fille légitime du comte de Fruges, elle ne pourroit prétendre ni le quint datif, ni le douaire de Françoise d'Espeisses en son entier; elle soutint que l'on devoit les considérer comme des avantages indirects faits au préjudice des enfans du premier lit, et en fraude de l'édit des secondes noces.

Voilà tout le récit de la procédure qui avoit donné lieu aux différens chefs de demande sur lesquels la cour avoit à prononcer.

On peut les distinguer par rapport aux différentes parties.

Les conclusions d'Elisabeth de Fiennes et du curateur à la succession vacante du comte de Fruges, avoient quatre objets.

1.° Appel de la sentence du conseil d'Artois.

2.° Demande à ce que le douaire de Françoise d'Espeisses, acquis par le comte de Chaumont, fût déclaré affecté et hypothéqué aux prétentions de Charlotte de Cormeilles.

3.° Demande à fin de nullité du contrat d'acquisition, en ce qui concernoit le quint.

4.° Inscription en faux contre les actes qui confirmoient cette acquisition de la part du comte de

Chaumont; unique demande pour faire confirmer la sentence, sans s'arrêter aux requêtes et inscriptions en faux d'Elisabeth de Fiennes et du curateur.

A l'égard de Philippine de Fiennes :

1.° Elle se joignit à son père pour demander la confirmation de la sentence du conseil d'Artois.

2.° Elle interjetoit appel, comme d'abus, de la célébration du mariage du comte de Fruges et de Charlotte de Cormeilles.

3.° Appel de la sentence qui liquide les reprises de Charlotte de Cormeilles; opposition à l'arrêt qui l'a confirmée.

4.° Demande à fin de réduction du quint et du douaire porté par le contrat de Françoise d'Espeisses.

Il y avoit enfin une dernière demande à ce que l'arrêt qui interviendroit fût déclaré commun avec Darie, cessionnaire d'Elisabeth de Fiennes, et Barangué, cessionnaire de Darie.

Sur toutes ces demandes, arrêt dont on ne sauroit trop admirer l'exactitude dans la rédaction de ses dispositions.

Faisant droit sur les appellations verbales,

1.° Sur l'appel, comme d'abus, dit qu'il n'y a abus.

2.° Sur l'appel de la sentence de 1679, qui liquide les créances d'Elisabeth de Fiennes, l'appellation au néant, et la sentence confirmée aux restrictions portées par l'arrêt de 1685.

3.° Déboute Philippine de Fiennes de l'opposition à cet arrêt.

En tant que touche le procès par écrit,

1.° Sur l'appel de la sentence du conseil d'Artois, l'appellation et ce dont est appel au néant.

2.° Sur les demandes faites en conséquence.

1.° Le douaire est déclaré affecté et hypothéqué aux reprises de Charlotte de Cormeilles, si mieux n'aime déguerpir; tenu d'opter dans un mois.

2.° L'acte du premier août 1664, déclaré faux; l'acte du 9 juillet véhémentement suspect de faux;

sans y avoir égard, la vente du quint déclarée nulle. Le comte de Chaumont en laissera la propriété au profit du curateur à la succession vacante, avec restitution de fruits depuis 1669, temps de la mort du comte de Fruges.

3.° Le comte de Chaumont débouté de toutes ses demandes avec dépens.

4.° Sur la demande de Philippine de Fiennes, à fin de réduction, les parties contesteront plus amplement.

Enfin, l'arrêt déclaré commun avec Darie et Barangue.

Il reste donc une seule question à juger, qui est de savoir si la donation du quint aux enfans du second lit, sera valable; si le douaire aura lieu, ou si l'un et l'autre seront réduits : c'est le chef interloqué par l'arrêt.

Il a été exécuté de la part de toutes les parties.

Le comte de Chaumont a déguerpi le douaire. On a créé un curateur en conséquence.

Il a présenté une requête par laquelle il demande que le contrat d'acquisition de 1661, qui a été jugé nul sur le défaut des formalités prescrites par la coutume d'Artois, soit déclaré exécutoire sur Elisabeth de Fiennes, comme héritière de son père, qui étoit le vendeur; ce faisant, qu'elle fût condamnée à lui payer le prix du douaire, qu'il est obligé de déguerpir, sans approbation de l'arrêt; réserve qu'il est important de remarquer.

Le 9 décembre 1690, la comtesse de Chaumont forme opposition à l'arrêt de 1688; demande l'exécution des actes qu'il a déclarés nuls.

Le 23 mars 1691, le comte de Chaumont présente une requête contre Philippine de Fiennes sa fille, dans laquelle il demande qu'elle soit tenue de lui payer, en qualité d'héritière de la maison de Fiennes, tout ce qui lui est dû comme cessionnaire du chevalier de Fruges, c'est-à-dire, la dot de Françoise d'Espeisses, le préciput, l'habitation, etc. et les fruits du quint et du douaire, jusqu'au jour du décès du chevalier de Fruges.

En cet état, la comtesse de Chaumont a repris l'instance en sa place; elle a demandé à être reçue partie intervenante, et, en cette qualité, que les conclusions prises par le comte de Chaumont depuis l'arrêt, soit contre Elisabeth de Fiennes, soit contre Philippine de Fiennes, lui soient adjugées.

Appointement sur cette requête, et jonction au procès.

Ainsi, la comtesse de Chaumont est partie dans l'instance principale qui est interloquée par l'arrêt de 1688.

Pour détruire cet arrêt, elle a cru devoir ajouter à la voie de l'opposition celles des lettres en forme de requête civile.

Mais, au lieu qu'elle n'a formé opposition qu'à l'arrêt définitif de 1688, elle a pris des lettres en forme de requête civile contre trois arrêts.

Le premier est celui du 16 avril 1685, qui règle les reprises qu'Elisabeth de Fiennes a droit d'exercer sur la succession de son père, comme exerçant les droits de sa mère.

Le second est un arrêt du 15 février 1686, qui a été rendu au rapport de M. Boucher d'Orsai, dans l'instruction de faux.

Le troisième est le dernier arrêt de 1688, contre lequel elle s'étoit d'abord pourvue par la voie de l'opposition.

L'on attaque ces arrêts par des moyens généraux et par des moyens particuliers.

Moyens généraux.

Il s'agissoit des propres de la demanderesse; elle n'y a point été appelée. De là, double moyen : dol personnel; procédure prescrite par l'ordonnance, non observée.

Ces deux moyens dépendent uniquement de la question qui a été fort agitée dans cette audience, sur la nature des effets qui faisoient le sujet de la contestation.

Si la femme en étoit propriétaire, elle a dû être mise en cause; si elle n'étoit que créancière, il n'auroit pas été nécessaire de l'appeler.

Pour prouver que la partie de M.e la Felonnière étoit propriétaire des effets qui ont fait le sujet de la contestation, on vous a expliqué,

1.° La disposition du contrat de mariage de la demanderesse avec le comte de Chaumont, qui porte une stipulation expresse de faire emploi de la somme de cinquante mille livres en héritages situés en Brabant, pour tenir nature de propre à la future épouse;

2.° L'exécution de cette stipulation par le contrat de l'année 1661, où le comte de Chaumont déclare que c'est des deniers dotaux de sa femme qu'il acquiert les droits qui lui sont cédés par le comte du Fruges; déclaration acceptée six semaines après sa femme;

3.° Les suites que cette déclaration a eues, la femme toujours partie dans les contestations qui concernoient ces effets. Le comte de Fruges veut revenir contre cette transaction, il fait signifier des lettres de rescision également au mari et à la femme : transaction passée sur les lettres avec l'un et avec l'autre;

4.° La connoissance entière qu'Elisabeth de Fiennes a eue de ces subrogations faites en faveur de la comtesse de Chaumont, puisqu'elle a produit elle-même le contrat d'acquisition de 1661.

De tous ces faits, on conclut que la demanderesse étoit partie nécessaire, et qu'on n'a pu se dispenser de la mettre en cause, sans commettre un dol personnel.

Que, suivant le droit et la coutume, les immeubles vendus par le comte de Fruges, étoient devenus propres à la comtesse de Chaumont.

Dans le droit : *res quæ ex dotali pecuniâ comparatæ sunt, dotales videntur.* L. 54, ff. *De jure dotium*. Inutile d'admettre les distinctions des docteurs sur cette loi ; on soutient qu'il est constant qu'elle est observée en France.

A l'égard des coutumes et de la jurisprudence des arrêts, autrefois la première acquisition, faite par le mari, tenoit lieu de l'emploi, sans le secours d'aucune déclaration ; les derniers arrêts ont exigé une déclaration du mari ; aucun ne demande expressément l'acceptation de la femme. Elle ne peut être requise qu'en sa faveur, et non contr'elle.

Ici toutes circonstances lui sont favorables ; clause d'emploi exécutée, déclaration expresse du mari, acceptation de la femme.

Il s'agissoit donc de son propre. Le mari, dans la coutume d'Artois, n'est maître que des actions mobilières, possessoires et hypothécaires, non des actions réelles : donc la femme étoit partie nécessaire ; donc elle est recevable à former opposition.

On ne peut lui opposer le prétendu acquiescement de son mari à l'arrêt ; quelque consentement qu'il ait donné, il ne peut préjudicier à sa femme.

On peut encore moins dire qu'elle a approuvé elle-même l'arrêt, en reprenant une instance intentée depuis l'arrêt, sous le nom du comte de Chaumont ; les requêtes qu'elle a reprises, portent expressément *sans approbation de l'arrêt*, et sa reprise avoit été précédée de son opposition.

Moyens particuliers contre l'arrêt du 16 avril 1685.

Premièrement, collusion du curateur avec Elisabeth de Fiennes.

Secondement, elle n'avoit aucune action : tous ses droits étoient confus en sa personne ; elle étoit en même temps héritière du débiteur et du créancier.

On prouve sa qualité d'héritière, 1.° par un arrêt de 1671, dans lequel elle prend cette qualité ; 2.° par le transport fait à Darie, en la même qualité, le 6 février 1679.

Il est vrai qu'elle a pris la qualité d'héritière par

bénéfice d'inventaire; mais elle ne rapporte ni lettres ni inventaire; et, par conséquent, n'y ayant point de bénéfice d'inventaire, elle demeure héritière purement et simplement.

Il est encore vrai qu'elle a renoncé à cette même succession le 8 février 1679; mais renonciation inutile faite en majorité, sans lettres de rescision : *Semel hæres, nunquam desinit esse hæres.*

Donc toutes les actions qu'elle auroit pu intenter contre la succession de son père, sont confuses en sa personne; donc dol personnel dans l'arrêt qui lui adjuge la dot et les autres reprises de Charlotte de Cormeilles.

Troisièmement, quand elle ne seroit point héritière de son père, elle seroit toujours également incapable de prétendre la restitution de la dot et le douaire.

Par rapport à la dot, elle consistoit en meubles et en immeubles.

A l'égard de la dot mobilière, estimée quarante mille livres, on avoit stipulé qu'il en seroit fait un inventaire; on n'y a point satisfait. Nulle tradition, nulle preuve que le mari en ait été chargé; par conséquent, nul prétexte pour le condamner à la restitution.

Inutile d'alléguer la présomption qui résulte du temps de dix ans, parce qu'elle n'a pas lieu dans le cas de la femme qui se constitue elle-même sa dot.

A l'égard des immeubles, 1.° il ne paroît point qu'on ait remis les titres de rentes constituées entre les mains du comte de Fruges.

2.° Charlotte de Cormeilles en conservoit la libre disposition; elle pouvoit les vendre et les aliéner. On justifie qu'elle l'a fait, par des contrats dans lesquels elle prend la qualité de fille majeure. Ou ces immeubles n'ont jamais eu la nature de dot, ou le prix n'en a jamais été entre les mains du mari.

Que, si l'on oppose la clause du contrat de mariage, par laquelle il est stipulé qu'après sa dissolution la femme reprendra sur les biens du mari ce qui se défaudra de la dot qu'elle a apportée, on répond :

1.° Que cette clause est vicieuse, parce qu'elle tend à autoriser des avantages indirects entre un mari et une femme.

2.° Quand cette stipulation seroit légitime, on ne pourroit condamner la succession du chevalier de Fruges à rapporter ces rentes que sur le pied sur lequel elles étoient en l'année 1639, c'est-à-dire, sur le pied du dernier 7 ou 7 et demi pour les unes, et sur le pied de 3 ou 4 pour les autres; que cela fait une différence de 720,000 liv. qui seule seroit suffisante pour établir la justice de l'opposition de la demanderesse.

Pour ce qui concerne le douaire, 1.° outre qu'Elisabeth de Fiennes doit être considérée comme héritière pure et simple, on prétend que la seule qualité d'héritière bénéficiaire seroit incompatible avec celle de douairière, et que cette maxime, qui est certaine à l'égard des cohéritiers, doit avoir son effet, même par rapport aux étrangers.

2.° Elisabeth de Fiennes a opté le douaire coutumier, étant majeure; elle se l'est fait adjuger par sentence des requêtes du palais; nul retour au douaire préfix : *optione factâ, jus eligendi consumitur.* On énonce dans les qualités de l'arrêt des lettres de rescision; mais elles ne sont point rapportées; quand on les rapporteroit, elles seroient mal fondées. Il a été jugé, par plusieurs arrêts, qu'une femme, même mineure, ne peut être restituée contre l'option du douaire préfix ou coutumier, et que les enfans sont obligés de s'y assujettir.

Moyens particuliers contre les arrêts de 1686 et 1688.

1.° Si Elisabeth de Fiennes n'avoit nulle créance à exercer contre la succession de son père, elle ne pouvoit intenter aucune des demandes qui ont été jugées par l'arrêt de 1688.

2.° Ces demandes étoient de deux sortes.

La première tendoit à ce que le douaire de Françoise d'Espeisses, qui étoit propre au comte de Fruges, fût déclaré affecté et hypothéqué aux conventions de Charlotte de Cormeilles sa femme. Il suffit, à cet égard, de répondre que les prétentions de Charlotte de Cormeilles étoient éteintes par la confusion qui s'étoit faite en la personne de sa fille.

La seconde avoit pour objet la nullité de la vente du quint, par le défaut des formalités prescrites par la coutume.

Plusieurs réflexions différentes sur cette demande.

1.° Elle devoit être formée contre la demanderesse qui étoit la véritable propriétaire de ce quint.

2.° Il étoit inutile de s'inscrire en faux contre les actes postérieurs qui confirmoient le contrat de vente de 1661, parce que ce contrat étoit bon en lui-même, et qu'il n'y avoit point de partie capable de l'attaquer; sur quoi, deux observations :

La première, qu'il n'y avoit que la moitié du quint qui fût propre au comte de Fruges; l'autre moitié étoit un acquêt; elle lui avoit été cédée par sa sœur.

La seconde, que, quand la totalité du quint lui auroit appartenu, la vente qu'il en avoit faite, étoit valable jusqu'à ce que l'héritier patrimonial s'en plaignît. Ici, il n'en paroît point : la demande a été intentée sous le nom d'Elisabeth de Fiennes, qui n'est que créancière, et du curateur à la succession vacante, qui représente le défunt, et qui est tenu de ses faits et promesses : incapable, par conséquent, d'exercer une action qui ne peut être formée que par l'héritier patrimonial, en renonçant aux meubles et aux acquêts, suivant l'article 189 de la coutume d'Artois.

MOYENS DE LA DÉFENDERESSE.

Premièrement, fins de non-recevoir.

1.° Le comte de Chaumont a acquiescé à l'arrêt; il a déguerpi le douaire : il a donné plusieurs requêtes en exécution de l'arrêt. La comtesse de Chaumont a repris l'instance et les requêtes en sa place; donc les mêmes fins de non-recevoir peuvent lui être opposées.

2.° Laps de plus de deux années depuis la signification de l'arrêt jusqu'au jour de la requête civile. Ni minorité, ni privilége, et par conséquent le délai porté par l'ordonnance étoit expiré.

3.° L'opposition n'est pas plus recevable que la requête civile. La demanderesse ne peut être considérée que comme créancière, et comme ayant repris au lieu du comte de Chaumont son mari, et non comme propriétaire et nouvelle partie.

Maxime certaine qu'un bien acquis des deniers dotaux n'est pas dotal; elle est fondée sur tous les principes du droit, et sur l'autorité précise de la loi 12, au code, *De jure dotium. Ex pecuniâ dotali fundus à marito tuo comparatus, non tibi quæritur.*

La loi 54, au digeste *eodem tit.* n'est point contraire à cette loi. L'une est la règle générale, l'autre est l'exception, *si maritus non sit solvendo;* l'une est la vérité, l'autre la fiction.

C'est l'opinion de tous les docteurs; c'est la dernière jurisprudence des arrêts : on ne suit plus l'ancienne maxime, suivant laquelle on jugeoit que la première acquisition faite par le mari, tenoit lieu de l'emploi; on demande une stipulation précise du mari, une acceptation expresse de la femme.

On prétend trouver l'un et l'autre dans l'espèce de cette cause; mais plusieurs réponses :

1.° Déclarations fort suspectes quinze ans après le mariage. Quelle apparence que les deniers dotaux fussent encore entre les mains du mari !

2.° L'on n'a pas satisfait à la clause portée par le contrat de mariage, puisque l'acquisition devoit être faite en Brabant.

3.° L'acceptation n'est point faite *incontinenti, sed ex intervallo.* Le comte de Chaumont paroît seul acquéreur.

4.° Dans les actes faux qui ont été fabriqués par le

comte de Chaumont, pour soutenir cette première vente, il n'a point fait intervenir sa femme. Il a donc jugé lui-même qu'elle ne devoit prendre aucun intérêt dans ce qui concernoit cette vente.

Si la défenderesse n'est point considérée comme propriétaire, tous les moyens qu'elle allègue ne sont d'aucune considération, parce qu'ils sont tirés du fond, et qu'il ne s'agit ici ni de mineur, ni de communauté non valablement défendus.

Réponses particulières sur l'arrêt de 1685.

1.° Nulle apparence de collusion avec le curateur, puisqu'au contraire la sentence qu'Elisabeth de Fiennes avoit obtenue, a été infirmée par l'arrêt; et d'ailleurs moyen trop vague pour mériter une plus grande réponse.

2.° Elisabeth de Fiennes n'a pris la qualité d'héritière par bénéfice d'inventaire, que pendant sa minorité; elle y a renoncé étant majeure. Nulle confusion en sa personne. C'est par erreur qu'on lui a donné dans l'acte du 6 février 1679, le titre d'héritière par bénéfice d'inventaire.

3.° Si elle n'est point héritière de son père, elle a droit d'exercer sur sa succession toutes les actions de sa mère, soit pour la dot, soit pour le douaire.

La dot mobilière est réputée reçue par la présomption du laps de dix ans, qui a lieu même à l'égard de la femme qui a constitué la dot elle-même.

La dot immobilière est présumée reçue par la même raison; mais d'ailleurs clause expresse de reprise dans le contrat de mariage. Ainsi, c'est au mari à s'imputer de s'être imposé lui-même cette loi.

Clause qui en elle-même n'est point contraire à la coutume, puisque, bien loin d'autoriser les fraudes, elle tend à les prévenir, en empêchant le mari de profiter du prix des immeubles de la femme.

Cela supposé, rien ne pouvoit exempter le comte de Fruges de la restitution de la dot; mais, dit-on, les rentes ont été vendues avant le mariage par Charlotte de Cormeilles, en qualité de fille majeure. On répond que c'est une fausse qualité, détruite par l'acte de célébration du mariage du 8 janvier 1639. La première aliénation est du 14 du même mois, postérieure, par conséquent au mariage.

Enfin, à l'égard de la réduction prétendue des rentes au denier 7 et au denier 3, elle est contraire aux propres titres que la demanderesse rapporte, par lesquels il paroît que, de cinq parties de rente, trois ont été vendues sur le pied de la constitution, une sur le pied du denier 16, et l'autre du denier 14.

Par rapport au douaire, 1.° la qualité d'héritière bénéficiaire n'exclut point du douaire à l'égard des créanciers; et d'ailleurs Elisabeth de Fiennes a même renoncé à cette qualité.

2.° Elle a été restituée contre l'option du douaire coutumier, qu'elle avoit faite par erreur. Les lettres de rescision sont rapportées en bonne forme. La demanderesse, sans intérêt et sans qualité pour les contester.

Réponses aux moyens particuliers sur les arrêts de 1686 *et* 1688.

1.° L'arrêt de 1686 ne fait aucun préjudice à la demanderesse. Il prononce sur des pièces de comparaison qui ne la regarde point, puisqu'elle n'a point d'intérêt à l'instruction de faux. On a affecté de comprendre cet arrêt dans la requête civile, afin d'empêcher la jonction, et d'éviter le rapporteur qui est instruit de toute cette affaire.

2.° Dès le moment que les demandes d'Elisabeth de Fiennes étoient bien fondées, elle a eu raison d'en poursuivre l'exécution sur les biens qui avoient appartenu à son père, et il étoit inutile d'y appeler la demanderesse qui n'étoit point propriétaire.

A l'égard du douaire, hypothèque très-légitime en vertu d'un contrat de mariage.

A l'égard du quint, 1.° il étoit entièrement propre

au comte de Fruges. Il possédoit la part de sa sœur, en vertu de la renonciation qu'elle avoit faite, pour une somme d'argent à la vérité, mais qui ne donne point à un propre la qualité d'acquêt.

2.° La nullité de la vente étoit prononcée par la coutume, en faveur de tous ceux qui pouvoient y avoir intérêt. . . . .

QUANT A NOUS, deux questions générales sont le sujet de cette cause.

La première consiste à savoir si la partie de M.e la Felonniere est recevable et dans ses lettres en forme de requête civile, et dans sa requête à fin d'opposition.

La seconde, si elle est bien fondée dans l'une ou dans l'autre.

PREMIÈRE PARTIE.

Quoiqu'il fût plus naturel de commencer par examiner l'opposition avant que d'entrer dans la discussion des fins de non-recevoir que l'on oppose à la requête civile, cependant pour retrancher d'abord ce qui reçoit moins de difficulté, nous croyons devoir examiner quel seroit le droit de la demanderesse, si elle étoit réduite à la seule ressource de la requête civile.

REQUÊTE CIVILE.

Nous ne nous étendrons pas beaucoup sur ce premier point. La seule date de la signification de l'arrêt le décide.

Il a été signifié le 23 mars 1688.

Les lettres en forme de requête civile ne sont obtenues que le 31 mars 1691. Il y a donc trois années d'intervalle; temps plus que suffisant pour exclure de la voie de la requête civile. Aucune exception en faveur de la demanderesse; point de minorité. Si elle représente le comte de Chaumont, elle est non-recevable, comme il le seroit lui-même.

Ajoutons le déguerpissement exécuté sans protestations par le comte de Chaumont.

Ces deux fins de non-recevoir ne permettoient pas d'écouter la demanderesse, si elle ne pouvoit alléguer en sa faveur qu'une simple créance, quelque privilégiée qu'elle pût être.

Elle y joint la qualité de propriétaire, de partie principale; et c'est le fondement de son opposition.

OPPOSITION.

On lui oppose deux fins de non-recevoir.

On prétend qu'elle n'est point propriétaire.

On ajoute que, quand elle le seroit, les qualités qu'elle a prises dans l'instance, suffiroient pour détruire son opposition.

Nous commencerons encore par l'examen de cette seconde difficulté, parce qu'elle est beaucoup moins importante, et plus facile à décider que la première.

Le comte de Chaumont a donné deux requêtes dans l'instance qui est encore pendante en la cour, au rapport de M. Boucher d'Orsai.

Dans l'une de ces requêtes, il suppose en quelque manière l'arrêt de 1688 comme un titre certain; puisque, sur le fondement de cet arrêt, il demande qu'Elisabeth de Fiennes soit tenue, comme héritière du comte de Fruges, à l'acquitter, garantir et indemniser de la condamnation prononcée contre lui par l'arrêt.

Dans l'autre, il demande que Philippine de Fiennes, sa fille, soit condamnée, comme héritière de la maison de Fiennes, à lui faire valoir les effets qui lui ont été cédés, par le comte de Fruges, en 1661, dans le nombre desquels il ne comprend point ceux dont il a perdu la possession et la propriété par l'arrêt.

On vous a dit que ces deux requêtes contenoient un acquiescement et une approbation formelle; et que la dame de Chaumont les ayant reprises expressément, elle avoit détruit elle-même le fondement de son opposition.

Mais on peut répondre, en premier lieu, que son opposition a précédé sa reprise; et, dans l'appointement de jonction qu'elle a obtenu sur cette reprise, elle a ajouté expressément, qu'elle reprenoit l'instance, sans préjudice de son opposition. En second lieu, que les requêtes mêmes du comte de Chaumont qu'elle a reprises, portent cette clause précise, *sans approbation de l'arrêt.*

Ainsi, soit que l'on considère sa procédure ou celle du comte de Chaumont, cette fin de non-recevoir est également mal fondée.

Toute la difficulté de cette première partie de la cause, se réduit donc à examiner quelle est la véritable qualité de la demanderesse; si elle doit être considérée comme créancière de son mari, ou comme propriétaire du douaire et du quint datif qui ont fait le sujet du procès.

Si elle ne peut exercer qu'une créance privilégiée, elle n'est point partie principale; et elle sera aussi peu recevable dans son opposition que dans sa requête civile.

Si, au contraire, elle a acquis un véritable droit de propriété sur les terres dont il s'agit, elle peut revenir de son chef contre l'arrêt, et sans exercer le droit de son mari.

La décision de cette fin de non-recevoir, dépend de l'examen d'une question de droit et de coutume, qui consiste à savoir quelles sont les conditions nécessaires pour donner à la femme un droit réel et un domaine véritable sur les biens qui sont acquis de ses deniers dotaux.

Les lois, les docteurs, les arrêts, partagés sur cette question, pourroient servir de matière à une longue dissertation.

Nous nous contenterons d'en proposer seulement les principes.

Il est certain que, dans les règles de droit, celui

dont les deniers sont employés à acquérir un héritage, n'en devient point propriétaire; qu'un bien acheté de deniers communs, ou d'un argent dérobé, ne devient ni commun, ni subrogé à la place de la chose volée; et, quoiqu'il y ait quelques exemples de ces subrogations légales d'effets particuliers, il est constant qu'ils sont très-rares, et que, dans les principes communs, le propriétaire d'une somme d'argent, ne devient pas propriétaire de la chose achetée avec cet argent.

Quelque grand que soit le privilége de la dot, nulle exception à cet égard, parce que le mari acquiert de droit la propriété de la dot, qui consiste dans les choses *quœ pondere, numero et mensurâ constant;* en sorte qu'il est tenu de restituer la même valeur, et non pas les mêmes choses; *tantumdem, non idem.*

C'est la disposition expresse de la loi 12, cod. *de jure dotium,* dans laquelle il faut chercher les véritables principes de cette matière.

La loi 54, ff. *de jure dotium,* n'y est pas contraire. Le terme *videntur,* dont se sert cette loi, indique une fiction, qui n'a d'application que quand le mari est insolvable; et, dans ce cas, *non directa sed utilis rei vindicatio uxori accommodatur.*

C'est ainsi que les interprètes des Basiliques, Harmenopule (1), Bartole, Balde, Cujas et plusieurs autres expliquent cette loi.

Cette interprétation est en quelque manière démontrée par l'inscription de la loi (2); mais ce seroit une matière digne d'être traitée avec plus d'étendue dans une autre occasion : il suffit, dans la cause présente, d'en avoir donné ici quelques notions.

Tels sont donc les principes généraux du droit. La régle commune est que les choses acquises des

(1) *Harmenop. lib. IV. tit. VIII, Cujac. Observat. lib. V, Obs.* 29. Note de Denys Godefroy, sur la même loi.

(2) Suivant le titre de cette loi, elle est tirée de *Gaius ad Edictum Prœtoris Urbani, titulo de Prœdiatoribus.*

deniers dotaux, ne sont pas dotales. Mais cette règle reçoit des exceptions.

Outre l'exception de la loi 54, qui vient d'être expliquée, les lois en ajoutent une autre; c'est lorsque l'acquisition est faite par la volonté de la femme.

Si l'on joint cette exception à la règle, l'on y trouvera le véritable fondement des dispositions des coutumes et de la dernière jurisprudence des arrêts sur cette question.

La plupart des coutumes, comme Nivernois, Bourbonnois, Melun, Sens, Auxerre, Blois, veulent que la subrogation de l'héritage à la place des deniers, ait lieu lorsque le mari a déclaré, en faisant l'acquisition, que c'étoit des deniers de sa femme, et pour lui tenir lieu de propre.

Ces coutumes se contentent de la déclaration de de l'un ou de l'autre des conjoints. Les derniers arrêts se sont conformés à cette disposition; contraires en cela à l'ancienne jurisprudence qui admettoit la subrogation, même sans le secours d'aucune déclaration.

Le progrès du droit sur cette matière est si constant, que nous croyons pouvoir nous dispenser de rapporter les autorités qui l'établissent. Tout les docteurs sont d'accord; Dumoulin, Coquille, Chopin, Mornac, Louet, Charondas, Bacquet, Brodeau, Tronçon.

Quelques-uns de ces auteurs ont agité une question qui a un extrême rapport à l'espèce de cette cause.

Ils ont demandé s'il croit nécessaire que la femme acceptât la déclaration du mari, et si cette acceptation devoit être faite dans le temps même de l'acquisition.

La première réflexion que l'on peut faire sur cette difficulté, c'est qu'il n'y a point d'arrêt qui ait jugé que l'acceptation de la femme fût absolument nécessaire.

Coquille, Brodeau et d'autres disent qu'il est plus sûr de la faire accepter, afin que la propriété lui soit irrévocablement acquise, et que les créanciers ne soient pas exposés au changement de sa volonté. Mais aucun auteur n'a prétendu que cette acceptation dût être faite *in instanti*.

On a toujours distingué la déclaration du mari de l'acceptation de la femme.

La première doit être faite *incontinenti*; et quoique M.e Charles Dumoulin ait dit, sur la coutume de Bourbonnois et sur celle de Blois, *maritus poterit ex intervallo bonam fidem agnoscere etiam in testamento*, cela doit s'entendre comme il l'explique lui-même sur la coutume de Melun; c'est-à-dire, que cette reconnoissance du mari ne soit pas considérée comme un avantage, sans qu'elle puisse rendre l'héritage propre et subrogé : la seule déclaration, faite *incontinenti*, peut avoir cet effet; et c'est ce qui a été décidé par les arrêts rapportés dans Chopin et dans Brodeau, qui n'ont eu aucun égard à la déclaration faite *ex post facto* par le mari.

Il n'en est pas de même de l'acceptation de la femme. Tronçon et Duplessis décident qu'il suffit qu'elle soit faite avant la dissolution de la communauté.

Le mari est considéré, en cette matière, comme le procureur de sa femme. La ratification faite en quelque temps que ce soit, a un effet rétroactif, qui remonte au temps de l'acte. Si cela est vrai part rapport à celui qui a seulement géré les biens d'autrui, il l'est, à plus forte raison, à l'égard de celui qui est censé avoir une procuration.

Appliquons tous ces principes à l'espèce de cette cause.

Stipulation d'emploi par le contrat de mariage. Première acquisition en 1661, qui auroit été suffisante aux termes des premiers arrêts, sans aucune déclaration.

Mais déclaration expresse, et faite au même moment. Non-seulement déclaration, mais stipulation pour la femme, et acceptation du consentement donné par le vendeur.

Enfin la femme a accepté six semaines après, long-temps par conséquent avant la dissolution de la communauté; son approbation et ratification remontent jusqu'au jour de l'acte.

Il y a plus; le chevalier de Fruges ayant voulu se pourvoir contre la vente, il s'en est désisté dans la suite; il a consenti de nouveau à l'exécution de son traité, dans une transaction passée avec le mari et la femme. Sa présence, dans ce nouvel acte, et la nouvelle acceptation qu'elle y a faite, seroient suffisantes pour lui assurer la propriété des terres qui ont été acquises de ses deniers.

On a fait quelques objections auxquelles il est important de répondre.

1.° Le peu d'apparence qu'il y a que les deniers dotaux fussent encore en nature en 1661, quinze ans après la célébration de son mariage.

Mais il est indifférent que ces deniers fussent existans, ou qu'ils fussent consumés, parce qu'il est certain que le mari en étoit débiteur. Il donne en paiement une terre qu'il achète : la femme l'accepte ; il n'en faut pas davantage pour faire un propre.

2.° Par le contrat de mariage, l'acquisition devoit être faite en Brabant.

Mais cette stipulation est faite en faveur de la femme qui peut y renoncer quand il lui plaît, et se contenter d'héritages situés en Artois.

3.° Dans les actes de 1664, que l'on a fabriqués pour couvrir les nullités de l'acte de 1661, l'on n'a point répété la même déclaration; mais, 1.° cette omission ne peut faire aucun préjudice au droit que la femme avoit acquis. 2.° Ces actes sont relatifs à celui de 1661, dont ils ordonnent l'exécution, en suppléant les formalités qui y manquoient.

Après avoir détruit ces objections, c'est une conséquence certaine des principes qui viennent d'être établis, que l'on a satisfait à tout ce qui étoit nécessaire pour donner, aux héritages acquis, la qualité de propre, jusqu'à concurrence de la somme de 50,000 livres; que le mari n'étant pas maître, en

Artois, non plus que dans la coutume de Paris, des actions réelles et pétitoires de sa femme, il n'a pas été partie capable pour défendre seul ses intérêts; qu'on a dû la mettre en cause comme partie principale et nécessaire; qu'elle est par conséquent recevable dans l'opposition qu'elle a formée à l'exécution de l'arrêt.

Mais, parce qu'il seroit inutile de la recevoir opposante pour prononcer le même jugement avec elle, examinons, en peu de mots, la solidité des nouveaux moyens qu'elle propose, et voyons si sa cause est aussi favorable dans le fond que dans la forme.

SECONDE PARTIE.

L'arrêt contre lequel elle se pourvoit, contient deux parties principales.

L'une regarde l'état d'Elisabeth de Fiennes.

L'autre concerne ses biens et les prétentions qu'elle exerçoit, comme l'héritière de sa mère, sur les effets qui avoient appartenu autrefois à son père.

La première partie ne peut être attaquée par la comtesse de Chaumont. L'état d'Elisabeth de Fiennes est assuré avec un contradicteur légitime, c'est-à-dire, avec le comte de Chaumont. Sa femme seroit non-recevable, si elle entreprenoit d'y donner atteinte. Aussi n'a-t-elle proposé aucuns moyens sur la validité du mariage du chevalier de Fruges avec Charlotte de Cormeilles.

Mais elle est entièrement intéressée dans la seconde partie de l'arrêt, en ce qu'il prononce la nullité de l'aliénation du quint, et qu'il déclare le douaire de Françoise d'Espeisses affecté au paiement des conventions matrimoniales de Charlotte de Cormeilles.

Ces effets sont ceux sur lesquels elle a acquis un droit de propriété en l'année 1661. Et parce que les créances, auxquelles on déclare ces effets hypothéqués, sont liquidées par l'arrêt de 1685, elle l'attaque pareillement.

Enfin elle se pourvoit contre un arrêt rendu, en 1686, dans l'instruction du faux.

Examinons séparément ses moyens contre ces arrêts.

Arrêt de 1685.

Première objection. On oppose à Elisabeth de Fiennes sa qualité d'héritière, et les défauts de sa renonciation en 1679.

Le principe établi par la demanderesse, *qui semel hæres, nunquam desinit esse hæres*, est constant : mais on a ajouté en même temps, l'exception de la minorité, portée par la loi.

Examinons, par rapport à cette règle, les actes d'héritier que l'on oppose à la défenderesse.

Le premier qu'on lui oppose, est un arrêt de l'année 1671, dans lequel elle prend la qualité d'héritière de son père par bénéfice d'inventaire. Il s'agissoit même, dans l'arrêt, d'une vente faite par elle en cette qualité; mais le même arrêt porte qu'elle étoit mineure, et procédant sous l'autorité d'un curateur.

Le second est le transport fait à Darie, en 1679, dans lequel on trouve la même qualité d'héritière par bénéfice d'inventaire.

On a répondu que c'étoit erreur; cette réponse est peu suffisante dans la personne d'une majeure; mais on a proposé une réponse plus solide, tirée de l'acte même.

Elisabeth de Fiennes ne prend ni la qualité d'héritière bénéficiaire, que pour faire valoir le transport, quelqu'évènement qu'aient ses prétentions dans la suite. Ce n'est point une qualité certaine, irrévocable; elle cède à Darie la moitié de ce qui pourra lui revenir, soit qu'elle demeure héritière de son père, soit qu'elle renonce à sa succession, et qu'elle reste sa créancière.

Ainsi le seul acte qu'elle ait passé en majorité, n'est d'aucune considération. Les autres sont passés dans la minorité.

Il est vrai qu'il auroit été plus régulier de prendre des lettres de rescision contre la qualité d'héritière prise en minorité; mais ce défaut est suppléé par une renonciation, par une qualité contraire, prise depuis quatorze années, et qui ne lui est contestée ni par un cohéritier, ni par un créancier de la succession, mais par une personne purement étrangère.

Seconde objection. L'arrêt adjuge le douaire préfix, quoiqu'Elisabeth de Fiennes eût opté le douaire coutumier.

1.° Il doit être fort indifférent à la demanderesse qu'Elisabeth de Fiennes ait le douaire préfix ou le droit coutumier.

2.° La sentence qui lui donnoit acte de son option, a été infirmée, et par conséquent l'option ne subsiste plus.

3.° Elle a pris des lettres contre cette option, et les a fondées sur l'erreur de fait. Elle croyoit avoir la moitié des terres de la maison de Fiennes pour son douaire coutumier; le curateur se plaint de la sentence, et remontre qu'elle ne pouvoit avoir que la moitié du quint : en cet état, elle prend contre son option des lettres qu'il faudroit entériner, si elles ne l'étoient pas.

Troisième objection. La dot de Charlotte de Cormeilles n'a point été reçue par le comte de Fruges.

Réponse. 1.° Présomption qu'il l'a reçue, par le laps de dix ans, qui a lieu, suivant la Novelle même, en faveur de la femme qui s'est constituée la dot à elle-même.

2.° Clause par laquelle il s'engage de restituer tout ce qui ne se trouvera point en nature lors de la dissolution du mariage; c'est à lui à s'imputer s'il ne l'a point reçu, mais il est toujours obligé à la restitution.

On a prétendu que cette clause étoit vicieuse.

Mais, si l'on dit, d'un côté, qu'elle tend à couvrir un avantage indirect fait par le mari à sa femme, elle empêche, d'un autre, les avantages que la femme pourroit faire à son mari, si la clause de reprise n'y étoit point.

Les contrats de mariage sont susceptibles de toutes sortes de clauses. Aucun auteur ne condamne celle de reprise dans le cas d'exclusion de communauté; plusieurs même croient qu'on doit toujours la suppléer.

Enfin il peut y avoir occasion de fraude de part et d'autre soit en insérant une pareille stipulation dans un contrat de mariage, soit en l'omettant; et il faut donner la préférence au parti qui est le plus conforme au droit commun et à l'esprit des lois, qui défendent l'aliénation des biens dotaux.

Et d'ailleurs la dissipation du chevalier de Fruges, constante dans le fait, lève tout soupçon de fraude.

Quatrième objection. En tout cas, la dot seroit réductible.

Réponse. 1.° Les contrats, qui sont rapportés par la demanderesse, détruisent cette prétention; les rentes ont été vendues au moins cent mille livres.

2.° Nul intérêt dans la demanderesse, pour prétendre cette réduction.

Quand elle auroit lieu, il faudroit toujours restituer trente-six mille livres pour le fonds des rentes, trente-quatre mille pour les arrérages; y joindre le fonds du douaire de cinquante-quatre mille livres, avec les arrérages, qui montent à plus de soixante mille livres; et enfin la dot mobilière, de quarante-huit mille livres, et les intérêts. Toutes ces sommes montent à plus de deux cents mille livres; la demanderesse n'a acquis la propriété, que jusqu'à concurrence de cinquante mille livres. Ainsi, il est inutile d'examiner le progrès des rentes constituées, puisque son propre calcul fait voir qu'elle est sans intérêt.

Arrêt de 1686.

A l'égard de cet arrêt, la demanderesse n'a proposé aucuns moyens. Il ne fait que recevoir certaines pièces de comparaison dans une instruction de faux, qui ne concerne, en aucune manière, ses prétentions.

Arrêt de 1688.

Deux chefs de cet arrêt regardent la demande de la partie de M.e la Fellonnière.

Le premier déclare le douaire de Françoise d'Espesses affecté au paiement des conventions de Charlotte de Cormeilles.

Ce premier chef est hors d'atteinte, si l'arrêt de 1685 subsiste.

Le second juge que l'aliénation du quint, faite en 1661, sans observer les formalités prescrites par la coutume, ne doit pas subsister.

Ce dernier chef peut recevoir beaucoup plus de difficultés que tous ceux que nous avons examinés jusqu'à présent.

Première difficulté peu considérable : la moitié du quint venoit, dit-on, du chef de Françoise de Fiennes ; par conséquent c'étoit un acquêt.

Réponse. Le comte de Fruges l'a possédé par droit d'accroissement, en vertu de la renonciation de sa sœur, et non en vertu d'une donation ou d'une vente.

Seconde difficulté plus digne d'attention.

La défense de la partie de M.e la Felonnière est bien différente de celle qu'on avoit proposée pour le comte de Chaumont, dans le temps de l'arrêt.

L'on supposoit alors la nullité de la vente, et l'on prétendoit qu'elle étoit couverte par les deux contrats que l'on avoit fabriqués pour la réparer.

Aujourd'hui on avoue que, si l'héritier des propres attaquoit la validité de cette vente, il seroit difficile de pouvoir la défendre; mais on prétend qu'Elisabeth de Fiennes, qui agissoit en qualité de créancière du vendeur, et le curateur à la succession vacante, n'étoient pas parties capables pour proposer ces moyens, qui ne sont introduits qu'en faveur de l'héritier patrimonial.

La décision de cette dernière difficulté dépend uniquement de l'examen de l'art. 189 de la coutume d'Artois, dans lequel il est dit expressément : « Si l'hé» ritier n'appréhende qu'héritages patrimoniaux.... » il n'est tenu d'entretenir et garantir la vente et » charge d'héritage patrimonial que le trépassé auroit » vendu ou chargé sans l'observance d'une des trois » voies, comme dette non dûment contractée ».

Apostille de Dumoulin sur cet article : *Et sic nihil aliud capiendo de bonis defuncti, potest prædium per patrem venditum, debitè vindicare.*

L'article et la note demandent une condition essentielle dans celui qui veut exercer cette action; qu'il *n'appréhende qu'héritages patrimoniaux*; qu'il se tienne aux propres; qu'il ne possède aucuns autres biens de la succession.

Donc celui qui ne se renferme pas dans la possession des propres, mais qui appréhende l'hérédité à titre universel, ne peut point intenter cette action.

Cette coutume est fondée sur la maxime générale du droit, *hæres succedit in universum jus et causam defuncti* : il est tenu de ses faits, garant de ses promesses : *quem de evictione tenet actio, eumdem agentem repellit exceptio.*

Ce n'est point précisément en tant qu'héritier, que l'on peut contester la validité de la vente faite sans l'observation de l'une des trois voies; c'est en qualité d'héritier patrimonial. Or ce terme renferme deux idées.

La première, est d'être héritier des propres.

La seconde, est de n'appréhender que des propres.

Celui qui accepte les autres droits successifs, cesse d'avoir cette qualité, et par conséquent d'en avoir les priviléges.

C'est une espèce de substitution, une prohibition d'aliéner, faite par la coutume en faveur des héritiers patrimoniaux. Nul autre qu'eux ne peut en recueillir l'effet.

L'esprit de la coutume est clairement marqué dans l'art. 76, qui est conçu en ces termes : *Pour vendre, charger nommément ou aliéner son héritage patrimonial, il est requis observer l'une de trois voies introduites par la coutume ; à savoir, que ce soit par le gré et consentement de l'héritier apparent, ou que ce soit par emploi, à savoir, en remployant les deniers de la vendue desdits héritages en héritages de telle nature et valeur, et sortissant la cotte et ligne, comme l'héritage vendu, ou tiercement, que telle vente, charge ou aliénation, soit faite par nécessité jurée par le vendeur, et prouvée suffisamment par deux témoins dignes de crédence.* Les trois formalités que contient cet article, sont autant d'argumens pour faire voir que l'intérêt des héritiers patrimoniaux a été l'unique motif de la loi.

En effet, ces trois voies sont, ou le consentement de l'héritier apparent, ou le remploi en autre héritage pour tenir nature de propre du même côté et ligne ; ou enfin, si ces deux premières voies manquent, la seule nécessité du vendeur, attestée par des témoins dignes de foi, peut obliger la loi à lui donner la permission de vendre.

Que si l'héritier universel ne peut intenter cette action, le curateur à la succession vacante en est encore moins capable.

1.° *Hæreditas jacens, defuncti locum obtinet;* et comme l'aliénation vaut contre celui qui l'a faite, elle vaut aussi par rapport à celui qui le représente.

2.° Il n'exerce que les droits de l'hérédité, et non ceux qui sont particuliers à la personne de certains héritiers.

C'est ainsi qu'il ne peut intenter le retrait lignager, et que, dans les coutumes où les aliénations des propres sont défendues, même entre-vifs, il ne peut attaquer la validité de celles qui ont été faites.

Enfin on peut ajouter deux exemples tirés du droit français, qui ont beaucoup de rapport avec l'espèce présente.

Le premier est celui d'un testateur qui lègue tous ses propres : si aucun héritier ne se présente pour attaquer sa disposition, ni le seigneur ni le fisc ne peuvent le faire. En voici la preuve, tirée de la coutume de Paris.

Suivant cette coutume, article 292 : « Toutes per-» sonnes saines d'entendement, âgées et usans de » leurs droits, peuvent disposer par testament et » ordonnances de dernière volonté, au profit de » personne capable, de tous leurs biens-meubles, » acquêts et conquêts immeubles, et de la cinquième » partie de tous leurs propres héritages, et non plus » avant; *encore que ce fût pour cause pitoyable* ».

Quelqu'étendue et quelqu'impérieuse que paroisse la limitation insérée à la fin de cet article, quant à la disposition des propres, tous les auteurs conviennent qu'un testateur, qui n'a pas d'héritier du sang, peut faire un legs universel de tous ses biens sans exception; et Duplessis en fait expressément la remarque dans son commentaire sur la coutume de Paris, Traité des Testamens, chap. I, sect. VIII. *Comme cette restriction que fait la coutume des quatre quints des propres, n'est*, dit-il, *qu'en faveur des héritiers du sang, s'il se trouve que le testateur n'en a point, et que c'est le fisc qui lui doit succéder, en ce cas la restriction n'a point de lieu, et il peut disposer par testament de tous ses propres, au préjudice du fisc.*

Le second exemple est celui du nantissement : les créanciers peuvent en opposer le défaut, dans les coutumes qui l'exigent; mais le débiteur et ses héritiers n'y sont pas reçus, suivant la note de Dumoulin, sur l'article 62 de l'ancienne coutume de Montreuil.

Si ces moyens eussent été expliqués dans le temps de l'arrêt, sa décision auroit été différente.

Ils ne sont pas moins favorables dans la bouche de celle qui les propose aujourd'hui.

Ainsi, vous avez à prononcer sur des lettres en forme de requête civile, et sur une opposition. Les premières sont inutiles; et, si elles étoient nécessaires, la demanderesse y seroit non-recevable.

Son opposition est recevable dans la forme; elle nous paroît mal fondée à l'égard des arrêts de 1685 et 1686, mais bien fondée pour un chef de l'arrêt de 1688.

Il seroit dangereux de détruire entièrement un arrêt aussi considérable, pour un seul chef.

On divise tous les jours le jugement, en entérinant des lettres en requête civile; à plus forte raison peut-on le faire en prononçant sur une opposition formée par une tierce partie.

Il est favorable de sauver l'amende de la requête civile, par la forme de la prononciation, en suivant l'exemple des lettres de rescision, à l'égard desquelles on prononce, lorsqu'on les juge inutiles, *sans qu'il soit besoin de lettres de rescision.*

Sur la dernière requête, par laquelle on demande que Barangue soit condamné en tous les dépens, dommages et intérêts, comme acquéreur des droits litigieux, on peut mettre hors de cour, et néanmoins déclarer l'arrêt commun avec lui.

CONCLUSIONS.

Sans qu'il soit besoin de lettres en forme de requête civile, ayant aucunement égard aux requêtes de la dame de Chaumont, la recevoir opposante à l'arrêt de 1688, en ce qu'il a déclaré l'aliénation du quint nulle; faisant droit sur l'opposition, déclarer Elisabeth de Fiennes non-recevable en sa demande; débouter la dame de Chaumont du surplus de ses oppositions.

ARRÊT prononcé le 11 août 1693, en la cinquième chambre des enquêtes.

Entre Marguerite-Philippine de Godiné, épouse autorisée par justice au refus de messire Charles-Guillaume de Fiennes, chevalier, comte de Chaumont et de Cauteroux, demanderesse en requête, du neuf décembre mil six cent quatre-vingt-dix, tendante à ce qu'il plût à la cour la recevoir opposante à l'exécution de l'arrêt du dix-neuf février mil six cent quatre-vingt-huit, et à toute la procédure sur laquelle il est intervenu; faisant droit sur son opposition, ordonner que les actes des vingt-six janvier mil six cent soixante-un, neuf juillet et premier août mil six cent soixante-quatre, seront exécutés selon leur forme et teneur, et à cet effet les déclarer, en tant que besoin seroit, exécutoires contre Elisabeth de Fiennes, en qualité d'héritière de messire Charles Guillain de Fiennes, son père, et la débouter de toutes les demandes, fins et conclusions par elle prises, et énoncées audit arrêt avec dépens, d'une part; et damoiselle Elisabeth de Fiennes, fille majeure, usante et jouissante de ses droits, et Jacques Bellanger, curateur à la succession prétendue vacante dudit Charles Guillain de Fiennes, créé par justice au lieu de défunt Jean Bazile, précédent curateur, défendeur, d'autre; et encore entre ladite dame comtesse de Chaumont, demanderesse en lettres en forme de requête civile, par elle, en tant que besoin seroit, obtenues le trois mars mil six cent quatre-vingt-onze, contre les arrêts des seize avril mil six cent quatre-vingt-cinq, treize février mil six cent quatre-vingt-six, et dix-neuf février mil six cent quatre-vingt-huit, et en requête à fin d'entérinement d'icelles, du cinq avril audit an mil six cent quatre-vingt-onze, tendante en outre à ce que le sieur Barangue, l'un des défendeurs ci-après nommés, fût condamné en tous les dépens que la demanderesse seroit obligée de faire tant contre lui que contre les autres défendeurs, d'une part; et M.e Antoine Barangue, avocat en la cour, ladite demoiselle de Fiennes et ledit Bellanger, défendeurs, d'autre part; et encore entre ledit M.e Antoine Barangue, demandeur en requête du vingt juillet dernier, tendante à ce que acte lui fût donné de ce qu'il consentoit que l'arrêt qui interviendroit fût déclaré commun avec lui; ordonner que les mots injurieux du *factum* de la demanderesse seroient rayés, et la condamner en ses dommages et intérêts et dépens, d'une part; et ladite dame comtesse de Chaumont, défenderesse, d'autre part: sans que les qualités puissent nuire, ni préjudicier. Après que la Fellonnière, avocat pour ladite de Godiné, demanderesse; Bornat, avocat pour lesdits de Fiennes, Barangue et Bellanger, ont été ouïs pendant sept audiences; ensemble d'Aguesseau pour le procureur-général du roi:

LA COUR, sans qu'il soit besoin de lettres en forme de requête civile, a reçu la partie de la Felonnière opposante à l'arrêt du dix-neuf février mil six cent quatre-vingt-huit, en ce qui regarde l'aliénation du quint; et en conséquence, déboute les parties de Bornat de leur demande à fin de nullité de la vente dudit quint; a pareillement reçu la partie de la Felonnière opposante à l'arrêt du dix-huit avril mil six cent quatre-vingt-cinq, et audit arrêt de mil six cent quatre vingt-huit, en ce qui regarde l'option de douaire préfix, au lieu du coutumier. Et en ce qui concerne la liquidation de la dot, pour faire droit sur ladite opposition, appointe les parties en droit et joint à l'instance, au rapport de M.e Boucher, conseiller; déboute la partie de la Felonnière de son opposition à l'arrêt du treize février mil six cent quatre-vingt-six, et toutes les parties du surplus de leurs oppositions et demandes; ordonne que l'amende consignée sera rendue, à ce faire le receveur contraint par corps; déclare l'arrêt commun avec ledit Barangue, tous dépens compensés.

VINGT-HUITIÈME PLAIDOYER.

DU 25 JANVIER 1694.

Dans la cause de VICTOR COLLIQUET, et MARIE LE MOINE.

Il s'agissoit de deux appels, comme d'abus, l'un d'une sentence de l'official, qui avoit ordonné qu'il seroit procédé à une vérification d'écritures, quoiqu'elle eût été ordonnée et commencée dans un tribunal laïc; l'autre appel, comme d'abus, étoit interjeté de la célébration d'un troisième mariage contracté par une femme qui n'avoit rapporté aucune preuve de la mort de son premier mari, que l'on prétendoit être encore vivant.

QUOIQUE cette cause soit très-importante par rapport à l'intérêt des parties qui en attendent le jugement, nous croyons néanmoins pouvoir dire d'abord qu'elle est encore plus considérable par rapport à l'intérêt que le public doit y prendre, puisqu'il s'agit aujourd'hui non-seulement de décider de la validité d'un mariage, mais encore d'assurer la sainteté de ce sacrement contre la licence de ceux qu'on accuse de l'avoir violée par des sacriléges réitérés.

Pour satisfaire également dans cette cause à tout ce que l'utilité publique et particulière peuvent exiger de notre ministère, nous croyons qu'il est de notre devoir de nous attacher scrupuleusement à l'explication des circonstances du fait. Si elles sont d'un grand poids dans les autres contestations, on peut dire qu'elles doivent être décisives dans cette affaire, puisque toute sa difficulté se renferme dans l'examen d'une question de fait, qui consiste à savoir si le premier mari de l'intimée étoit encore vivant lorsqu'elle a contracté un second et un troisième mariage, ou si la mort d'Etienne Robert lui avoit rendu sa première liberté.

Marie le Moine a été mariée trois fois; et s'il est vrai, comme l'appelant le soutient, que son premier engagement subsiste encore, on peut dire que le second de ses maris a été le moins malheureux de tous, puisque la mort lui a dérobé la connoissance du véritable état de sa femme.

Elle a contracté en l'année 1666 un premier mariage avec Etienne Robert, sergent à verge au châtelet de Paris.

Avant que d'expliquer les suites de ce mariage, il est nécessaire de faire quelques réflexions sur l'état et la qualité de Robert dans le temps de son mariage.

Il paroît que dès l'année 1659 il avoit été accusé du crime d'inceste, et condamné par sentence du bailli de Saint-Germain-des-Prés à être pendu. La cour modéra, par son arrêt, les peines qui avoient été prononcées par les premiers juges; elle se contenta de condamner Robert aux galères pour cinq ans. Il fut attaché à la chaîne et conduit à Marseille: une maladie favorable au dessein qu'il avoit de se sauver, le fit entrer dans l'hôpital des galériens; il trouva le moyen de tromper sa garde, il revint à Paris. Il a prétendu autrefois, comme nous l'expliquerons dans la suite, qu'il avoit obtenu des lettres de grâce: ce fait n'est point justifié; et soit qu'il soit véritable ou supposé, il est toujours certain que Robert a demeuré dans la libre et paisible possession de son état, depuis l'année 1660, jusqu'en l'année 1668.

Telle étoit la condition d'Etienne Robert. A l'égard de Marie le Moine, nous ne répéterons pas ici toutes les observations qu'on vous a faites sur son âge, sur ses biens et sur sa conduite, parce qu'elles nous paroissent plus propres à orner cette cause qu'à la décider.

Le mariage fut célébré avec toutes les formalités prescrites par les lois civiles et canoniques.

Peu de temps après, soit par les intrigues secrètes de Marie le Moine, comme l'appelant vous l'a dit; soit parce que Robert fut accusé d'un nouveau crime; soit parce qu'il ne gardoit pas son ban, ou peut-être par toutes ces raisons ensemble, Etienne Robert fut arrêté à la requête du substitut de M. le procureur général au châtelet : son procès lui fut fait et parfait; et par sentence de l'année 1668, il fut condamné aux galères perpétuelles.

Ce jugement a eu une entière exécution; Robert plus malheureux la seconde fois que la première, n'a jamais pu recouvrer sa liberté.

Marie le Moine a gardé la silence pendant cinq ans. Enfin, en l'année 1673 elle a prétendu que Robert, condamné dès l'année 1659, esclave de la peine, incapable des effets civils, n'avoit pu contracter un mariage légitime avec elle; et sur le fondement de cette erreur dans la condition de son mari, elle demanda que son mariage fût déclaré nul. L'official de Paris, devant qui la demande fut intentée, ordonna que les parties seroient interrogées.

Etienne Robert subit l'interrogatoire par-devant l'official de Marseille. Il remontra qu'il n'étoit point mort civilement en l'année 1666, soit parce qu'il n'avoit été condamné qu'aux galères à temps, soit parce que le temps de sa peine étoit expiré, soit enfin parce qu'il avoit obtenu des lettres de grâce; il ajouta qu'il y avoit de véritables causes de divorce qui étoient connues à sa femme, mais qu'il ne vouloit pas expliquer. Enfin il déclara qu'il s'en rapportoit à l'official sur la validité ou la nullité de son mariage.

Après cet interrogatoire, la demande de Marie le Moine parut si mal fondée, que quoiqu'Etienne Robert eût témoigné qu'il étoit indifférent sur la décision du procès, elle fut déboutée purement et simplement de sa demande, par sentence de l'année 1673.

Elle a acquiescé à cette sentence; elle l'a même exécuté, pour ainsi dire, par la qualité de femme d'Etienne Robert qu'elle a toujours prise depuis l'année 1673, jusqu'en l'année 1681.

Un an après, sans certificat de la mort d'Etienne Robert, comme elle l'a déclaré elle-même dans le cours de cette contestation, elle a épousé publiquement dans la paroisse de Saint-Eustache, Jean Gaudier; et quoiqu'il ne paroisse pas qu'il soit arrivé aucun changement dans la personne d'Etienne Robert depuis l'année 1681 jusqu'en l'année 1682, elle prend néanmoins dans l'acte de célébration la qualité de sa veuve, pour acquérir par ce titre le droit de devenir la femme d'un autre.

Ce second mariage n'a duré que cinq ans. Gaudier est décédé en l'année 1687.

Victor Colliquet est devenu le troisième mari de l'intimée en l'année 1688.

Il l'a épousée sur la foi de l'extrait mortuaire de Jean Gaudier; et la certitude de la mort d'un second mari, ne lui permettoit pas de soupçonner que le premier pût être encore vivant.

Les suites de ce dernier engagement ont été malheureuses.

La femme a obtenu d'abord une sentence de séparation de biens, à laquelle le mari a acquiescé; et par la transaction qu'ils ont passée sur l'exécution de ce jugement, ils consentent réciproquement à une séparation de corps et d'habitation, moyennant quoi l'appelant promet à l'intimée une pension viagère de 150 livres.

Elle a été payée jusqu'en 1689. C'est alors que Colliquet, prétendant que sa femme abusoit de la permission qu'elle avoit obtenu de vivre séparément, intenta contre elle une accusation d'adultère. Il la porta d'abord dans le tribunal du prévôt de l'hôtel.

Marie le Moine déclina sa juridiction. Conflit au conseil entre le châtelet et la prévôté de l'hôtel.

Pendant le cours de l'instance, Colliquet prétend avoir appris que le premier mari de l'intimée étoit encore vivant.

Alors il abandonne la qualité de mari ; il proteste de se pourvoir pour faire déclarer son mariage nul.

Arrêt du conseil, rendu du consentement des parties, qui les renvoie au châtelet sur les contestations civiles, et en l'officialité sur la nullité ou validité du mariage.

De là deux instances à distinguer, l'une à l'officialité, l'autre au châtelet.

L'official a rendu d'abord plusieurs sentences préparatoires ; les parties interrogées, Marie le Moine a déclaré qu'elle n'avoit eu, en 1682, dans le temps de son second mariage, aucun certificat de la mort de son premier mari ; on a ordonné que Colliquet justifieroit de son existence. On lui a ensuite accordé divers délais.

Pendant ces procédures à l'officialité, Colliquet s'étoit pourvu au châtelet contre son contrat de mariage, et contre la transaction qu'il avoit passée avec sa femme ; il demandoit mainlevée de la saisie qu'elle avoit fait faire sur lui, faute de paiement de sa pension.

Pour prouver la nullité du contrat de mariage et des actes qui l'avoient suivi, Colliquet rapporta au châtelet des lettres signées du nom de Robert, et datées de l'année 1691, par lesquelles il prétendoit justifier que le premier mari de l'intimée étoit vivant en 1688.

Sentence le 19 avril 1692, qui ordonne que les parties feront diligence pour faire juger le procès pendant en l'officialité ; cependant mainlevée à Colliquet, en donnant bonne et suffisante caution. Et, après que Marie le Moine a dénié que les lettres rapportées fussent écrites et signées de la main de Robert, il fut permis de les vérifier.

Les experts nommés, l'un par Colliquet, l'autre d'office, procèdent le 2, le 3, le 4 et le 5 mai, à la vérification, nonobstant l'appel signifié le 3. Ils estiment que les pièces sont véritables.

Cependant Marie le Moine presse Colliquet à l'officialité de prouver l'existence de son premier mari ;

il rapporte les mêmes pièces; l'intimée demande qu'elles soient vérifiées. Colliquet représente, par une requête du 5 mai, que la même chose a été ordonnée par sentence du châtelet, que la vérification est commencée et presque achevée; mais que, pour éviter tous soupçons de fuite, il s'en rapporte à l'official.

Sentence de l'official, par laquelle il donne acte à Marie le Moine de sa dénégation, et ordonne que les pièces seront vérifiées.

Appel, comme d'abus, de cette sentence. On y joint l'appel, comme d'abus, de la célébration du mariage, et des lettres de rescision contre le contrat et la transaction.

Appel simple par Marie le Moine de la sentence du châtelet.

Arrêt qui ordonne une nouvelle vérification. Les nouveaux experts sont d'avis contraire aux premiers.

Telles sont toutes les circonstances de cette cause, et tous les chefs de contestation sur lesquels vous avez à prononcer.

Nous ne répéterons point ici dans toute leur étendue les moyens qui vous ont été proposés par l'appelant, comme d'abus.

La cour se souviendra long-temps de la force et de l'éloquence avec laquelle ils ont été expliqués. Elle a vu avec plaisir, nous pouvons dire même avec étonnement, un jeune orateur (1), élevé par son mérite au-dessus de son âge, montrer, dans la défense des particuliers qu'il a pris sous sa protection, ce que l'on doit attendre de lui, lorsqu'il soutiendra dans la place qui lui est destinée, la cause et les intérêts du public.

Pour répondre dignement au choix dont il a plu au Roi de l'honorer, il n'a qu'à imiter les exemples de sagesse et de religion, de droiture et de capacité

(1) M. Portail, qui fut reçu peu après dans la charge d'avocat du roi au châtelet, depuis conseiller au parlement, avocat-général en 1698, ensuite président à mortier, et enfin premier président du parlement.

qu'il a continuellement devant les yeux ; la justice n'a rien de plus grand à lui proposer pour modèle, que ce qu'il trouve réuni dans sa famille ; et, sans parler ici de ceux (1) dont la présence et la modestie nous imposent un silence injurieux à leurs autres qualités, la vie de son aïeul (2) peut seule lui fournir le véritable caractère d'un parfait magistrat ; grand dans les fonctions qu'il a si dignement remplies; plus grand encore dans la précieuse tranquillité de sa retraite, où il semble que Dieu prolonge visiblement ses jours pour le faire jouir des bénédictions des patriarches, et pour conserver plus long-temps sur la terre l'image vivante de la vertu.

Après nous être acquittés d'un devoir que le public exigeoit de nous dans une occasion si distinguée, nous nous contenterons de reprendre en très-peu de paroles, les principaux moyens qui vous ont été expliqués.

Sur l'appel comme d'abus de la célébration du mariage, unique moyen : existence du premier mari. Preuves de ce fait important.

1.° Présomption générale qu'un homme vit jusqu'à cent ans ; présomption qui fait tomber l'obligation de prouver, sur la partie qui prétend qu'il ne vit plus.

2.° Progrès de droit sur cette matière, suivant lequel l'on oblige la femme à faire la preuve du décès de son mari.

3.° Preuves positives rapportées par Colliquet.

(1) M. Portail, son père, et M. le Nain, son oncle maternel, tous deux conseillers à la grand'chambre, qui étoient présens.

(2) M. le Nain, maître des requêtes honoraire, son aïeul maternel. Il étoit si laborieux, que, s'étant retiré dans un âge déjà avancé, il lut tous les registres du parlement pendant sa retraite, et en fit une table, dont il y a des copies dans plusieurs bibliothèques. Il étoit père de M. le Nain, mort doyen du parlement, et de M. le Nain de Tillemont, si connu par son Histoire de l'église.

Première preuve. Certificats des galères, du gouverneur de la Guadeloupe, du curé, d'un chirurgien.

Seconde preuve. Lettres de Robert.

La vérification de ces lettres, faite au châtelet, est régulière.

Celle qui a été faite en la cour est suspecte d'affectation ou de partialité de la part des experts.

Troisième preuve. Le contenu de ces lettres prouve leur vérité; et cette preuve est beaucoup plus sûre que la vérification qui se fait par la comparaison d'une écriture qui a plus de vingt-six ans.

Quatrième preuve, tirée de la mauvaise foi de Marie le Moine. Elle s'est mariée sans aucun certificat de la mort de son mari. Elle a fait de fausses dénégations.

Sur l'appel comme d'abus de la sentence de l'official.

1.° Juge incompétent. Il s'agissoit d'une vérification.

2.° Le juge séculier avoit prévenu.

Moyens de l'intimée.

Sur le premier appel comme d'abus.

1.° Proposition générale, que le second mariage contracté de bonne foi, ne peut être rompu que par le retour du premier mari. On le prouve par la faveur du mariage pour lequel il faut décider dans le doute, et par la disposition du chapitre *Dominus* X. *de secund. Nupt.*

2.° Les preuves alléguées par Colliquet, ne peuvent suppléer au défaut de la représentation du premier mari.

1.° Certificats informes, non écrits sur papier timbré; écritures privées.

2.° Lettres fausses.

1.° La vérification faite en la cour, en prouve la fausseté, et doit être préférée à celle qui a été faite au châtelet.

2.° Contrariété des faits qu'elles contiennent, avec ceux qui sont certains dans la cause.

3.° Impossibilité de décider une contestation si importante, par le seul témoignage des experts.

Sur le second appel comme d'abus.

1.° Le juge d'église est compétent incidemment.

2.° Colliquet y a consenti.

Sur son appel simple.

1.° Le châtelet n'étoit pas compétent, puisque la vérification étoit un incident du procès pendant en l'officialité ; et cette vérification a été faite au préjudice de l'appel.

2.° La sentence a accordé une mainlevée contre le titre qui subsistoit.

QUANT A NOUS, nous croyons devoir distinguer d'abord deux parties dans cette cause.

La première regarde l'intérêt de ceux qui en attendent le jugement.

La seconde regarde l'intérêt du public.

Dans la première, nous avons à examiner si les preuves que l'appelant rapporte pour justifier l'existence du premier mari de l'intimée, sont suffisantes pour rompre dès à présent une union qui n'a eu pour fondement que l'erreur et l'imprudence des parties.

Dans la seconde, nous entrerons dans l'examen des différens prétextes dont l'intimée se sert pour justifier sa conduite et pour prouver sa bonne foi. Nous examinerons si cette ignorance, qu'elle allègue en sa faveur, a été véritable ou affectée ; si elle mérite ou l'indulgence ou la sévérité de la loi.

Nous retrancherons d'abord de la première partie de cette cause toutes les questions qui ne nous paroissent point absolument essentielles à sa décision ; et, quoique vous ayez à prononcer sur deux appellations, comme d'abus, l'une de la sentence de l'official, l'autre de la célébration du mariage de Victor Colliquet et de Marie le Moine, nous nous attacherons presque uniquement à ce qui regarde ce dernier appel, comme d'abus. C'est de sa décision que dépend le jugement de cette cause.

Nous nous contenterons seulement d'observer, sur la sentence de l'official, que quand on la considéreroit en elle-même, et indépendamment de l'appel, comme d'abus, de la célébration du mariage, il seroit difficile de ne pas reconnoître l'abus qu'elle contient.

Nous n'examinerons point ici si l'official peut connoître d'une question de fait; nous ne doutons point qu'il ne puisse le faire, lorsqu'elle est incidente à une cause qui est de sa compétence.

Nous supposerons encore qu'il peut ordonner une vérification d'écritures dans le même cas; quoique ce second doute fût beaucoup plus raisonnable que le premier; quoiqu'on pût alléguer la disposition de l'article 92 de l'ordonnance de 1539, qui se sert du terme de *juge séculier*, et qui par là semble exclure les juges d'église, quoique enfin on pût tirer un argument considérable de l'exemple de l'inscription en faux, dont la connoissance a toujours été interdite aux officiaux.

Quelque grandes que fussent toutes ces autorités, nous croyons qu'on ne pourroit, sans injustice, refuser aux juges ecclésiastiques le droit d'ordonner une vérification d'écritures dans les causes dont ils peuvent connoître. Plusieurs raisons semblent les y autoriser.

1.° *Mandata jurisdictione, ea omnia mandata intelliguntur, sine quibus jurisdictio exerceri non potest.*

2.° Distinction perpétuellement autorisée par les arrêts, entre la preuve du fait et la peine à prononcer contre le criminel.

Quand il ne s'agit que de la seule vérité du fait, par rapport à une contestation dont l'official est juge naturel, les arrêts ont décidé qu'il pouvoit en ordonner la preuve comme un juge séculier.

Au contraire, s'il entreprend de prononcer des peines sur un fait de cette qualité, il excède son pouvoir, et l'attentat qu'il commet contre la juridiction royale, peut être réprimé par la voie de l'appel, comme d'abus.

Ainsi, lorsque l'on dénie la vérité d'une promesse de mariage, l'official peut en ordonner la vérification; mais il ne peut prononcer aucune peine contre celui qui seroit convaincu de l'avoir fabriquée.

C'est encore par la même raison que rien n'empêche les parties de reconnoître leur écriture ou leur signature par-devant l'official; mais cette reconnoissance ne peut emporter aucune hypothèque sur leurs biens. Il faut donc nécessairement distinguer entre la preuve et les conséquences du fait.

L'une est toujours soumise au pouvoir de l'official, lorsque la contestation principale est de sa compétence.

Les autres excèdent souvent les bornes de son pouvoir, soit par rapport à la peine, soit par rapport aux effets civils.

Ces deux premiers moyeus seroient donc peu considérables par eux-mêmes, si l'on n'y en ajoutoit un troisième, tiré des circonstances particulières de cette cause.

Si les choses avoient été entières, peut-être l'official auroit pu sans abus ordonner une vérification; mais elle étoit ordonnée par le juge séculier dès le 19 avril 1692. L'on ne peut pas dire qu'il ait ignoré cette sentence, puisqu'elle est rapportée dans la requête que Colliquet lui a présentée le troisième mai, dans laquelle il déclare même qu'elle est exécutée, et que la vérification est commencée.

Enfin, il est inutile de dire que Colliquet a consenti à une nouvelle vérification par-devant l'official.

1.° Il n'y a consenti qu'à la dernière extrémité, après avoir expliqué l'état dans lequel étoit la procédure civile, et pour faire voir qu'il ne cherchoit point à apporter de nouveaux obstacles au jugement de l'affaire.

2.° Son consentement ne pouvoit attribuer à l'official une juridiction qui ne lui appartenoit plus par la prévention du juge laïc, puisque la vérité des pièces étoit reconnue par-devant un juge qui ne reconnoît point l'official pour supérieur. Ce seroit donner aux officiaux une autorité indirecte sur les juges séculiers.

Après avoir expliqué en peu de mots nos sentimens sur ce premier appel comme d'abus, nous nous renfermerons uniquement dans l'examen de la véritable question de cette cause, qui consiste à savoir si la partie de M.e de Rets étoit libre lorsqu'elle s'est engagée solennellement avec l'appelant.

Quoique les principes du droit civil et canonique soient assez certains dans cette matière, nous croyons néanmoins qu'il est nécessaire de les reprendre en peu de mots, avant que d'entrer dans la discussion des faits qui vous ont été expliqués.

Ce n'est plus une question douteuse, de savoir si l'absence ou la captivité du mari peuvent fournir à la femme une cause légitime, ou même un prétexte spécieux de divorce.

Les anciens législateurs ont agité cette question dans un temps où, pour être capable du lien du mariage, il falloit être citoyen romain; et comme la captivité rompoit absolument les nœuds de la société civile, l'on ne doutoit pas qu'elle ne fût capable de dissoudre les engagemens du mariage.

Les lois ne prescrivoient aucun temps à la femme pour attendre le retour de son mari : la mort et la captivité produisoient le même effet; et la république mettoit au nombre des morts, ceux qui avoient cessé de vivre pour leur patrie.

C'est ainsi que la loi première, au Dig. *De divortiis*, décide expressément que le mariage est éteint par le divorce, par la mort, par la captivité. *Dirimitur matrimonium divortio, morte, captivitate, vel aliâ contingente servitute utrius eorum.*

Quelque privilége que les lois romaines eussent accordé à ce droit favorable qu'ils appeloient *Jus postliminii;* quoiqu'il rendît au père l'autorité paternelle que la captivité lui avoit fait perdre sur ses enfans, il n'étoit pas assez fort pour réunir ceux qu'une servitude passagère avoit séparés. La femme étoit libre de contracter de nouveaux engagemens; et quand même elle n'auroit usé de cette liberté, le retour du mari ne suffisoit pas pour faire revivre le mariage : on exigeoit un nouveau consentement de la femme; et quoique la loi la soumît à certaines peines, lorsqu'elle refusoit de l'accorder, il dépendoit néanmoins de son choix de contracter un nouvel engagement avec son premier mari, ou de demeurer dans la liberté que sa captivité lui avoit rendue. *Lege* 8. ff. *de captivis et postliminio reversis*.

A l'égard de l'absence, les anciennes lois paroissent fort obscures. Aucunes dispositions précises ne permettent le divorce en ce cas; et puisque la loi 2, au Code *de Repud.*, semble exiger d'une fiancée un temps de trois années, il est difficile de se persuader que l'on dispensât les femmes d'attendre au moins pendant le même espace de temps le retour de leurs maris. La loi *miles*, §. 12, ff. *ad legem Juliam de adulteriis*, semble désirer que la femme d'un absent ait laissé passer un grand nombre d'années avant que de se remarier, et même qu'elle ait été trompée par plusieurs faux bruits de la mort de son mari.

Quoiqu'il en soit, il paroît peu important d'examiner curieusement la disposition de ces anciennes lois, puisqu'elles sont abrogées par celles des empereurs chrétiens.

Constantin est le premier qui semble avoir prescrit le terme de quatre ans; mais ce n'est qu'une des conditions établies par l'empereur. Il exige encore que si le mari est engagé dans les troupes, la femme s'adresse au tribun. Loi 7, Cod. *de Repud.*

Justinien a fait plusieurs lois sur cette matière, dans lesquelles il n'a envisagé que deux cas, celui de la captivité et celui de la guerre.

A l'égard de la captivité, il abroge l'ancienne loi qui déclaroit le mariage dissous en ce cas; et quelque longue que soit l'absence du mari captif, il ne souffre pas qu'elle puisse donner atteinte au lien du mariage :

mais lorsqu'il est incertain si le mari est encore vivant, *Quinquennium expectandum est, quo elapso nubere licebit.*

Léon le philosophe, plus sévère que Justinien, ne permet pas aux femmes des captifs de contracter un second mariage, jusqu'à ce qu'elles aient reçu des nouvelles certaines de la mort de leur mari. Aucun espace d'années ne suffit pour la faire présumer, si ce n'est celui de cent ans, terme fatal de la plus longue vie, suivant la doctrine des jurisconsultes.

Si nous passons de la captivité à l'absence, nous trouverons sur cette matière une parfaite conformité entre les lois civiles et canoniques.

Quoique Justinien, dans sa Nov. XXII. Chap. XIV, eût permis aux femmes de se marier après dix années d'absence, cette loi ne peut plus être considérée, parce que le même empereur y a dérogé formellement dans la Nov. CXVII. Chap. XI, dans laquelle l'absence, quelque longue qu'elle soit, ne peut jamais servir d'excuse légitime à la femme d'un soldat, qui se remarie sans avoir des nouvelles certaines de sa mort.

Deux conditions essentielles, l'une que la femme s'adresse au tribun sous les enseignes duquel son mari s'étoit engagé, et que la vérité de sa mort lui soit attestée avec serment, *tactis Evangeliis.*

L'autre, que même après cette attestation solennelle, elle passe encore une année dans l'attente de son mari.

La peine que la loi propose contre celle qui néglige l'une ou l'autre de ces conditions, est la même qu'elle prononce contre les adultères.

Les canons des conciles et les lois canoniques, se sont conformés à cette disposition, Can. XXXI de saint Basile, Can. XCIII. du sixième concile, chap. *Cùm per bellicam*, et autres rapportés dans le décret de Gratien, *Causâ* 34. *Quæst.* 1 *et* 2.

Il résulte de toutes ces autorités, que ni l'absence, ni les présomptions ne peuvent justifier une femme qui se remarie sans être parfaitement assurée du décès de son premier mari.

Il faut ajouter à cette première observation, une seconde réflexion qui n'est pas moins importante dans ces matières.

Quoiqu'il n'y ait point d'obstacle plus invincible que celui d'un premier mariage, l'on ne doit pourtant pas prononcer la nullité du second engagement, jusqu'à ce qu'il soit absolument certain que le premier mari étoit vivant dans le temps du second mariage; jusque-là on oblige ceux qui ont été mariés dans cet état d'incertitude, à demeurer séparément, et l'on ne prononce pas la dissolution de leur mariage qui demeure en suspens.

Mais quelles doivent être les preuves de l'existence du premier mari?

Deux raisons nous persuadent qu'on ne peut apporter trop de précautions dans l'examen des argumens dont on se sert en ces occasions.

1.° L'importance de la matière : elle concerne la confirmation ou la résolution d'un mariage, l'état de plusieurs personnes.

2.° Les mêmes preuves qui servent à rompre le mariage, sont le fondement de la condamnation que l'on prononce contre celui ou celle qui est convaincu de bigamie; ainsi il ne s'agit pas seulement de la plus importante de toutes les contestations civiles, il s'agit d'une véritable accusation criminelle, dans laquelle on ne doit admettre que les preuves et les argumens les plus infaillibles.

La loi n'en reçoit que trois de cette nature; les titres, les témoins, les indices indubitables et plus clairs que le jour.

Il est difficile que de ces trois preuves, la seconde puisse être suffisante par elle-même pour dissoudre un mariage, puisqu'afin que le témoin pût déposer certainement de l'existence du premier mari, il seroit presque nécessaire qu'il ne l'eût point quitté depuis le premier moment de son absence jusqu'au jour qu'il dépose.

A l'égard des indices, il est difficile de concevoir qu'ils pussent former une preuve assez forte pour prononcer un jugement définitif; il faut donc recourir nécessairement aux titres authentiques. C'est par cette seule voie qu'on peut parvenir à la preuve d'un fait si important; car nous ne mettons point au nombre des preuves le retour et la représentation du mari, puisque c'est le fait même qu'il s'agit de prouver.

Après ces réflexions, il est aisé de se décider sur la qualité des preuves qu'on rapporte dans cette audience.

On n'est point dans le cas où le premier mari paroît lui-même : on allègue deux sortes de preuves pour justifier son existence.

L'une est tirée de plusieurs certificats que l'on veut faire passer pour autant d'actes publics.

L'autre est fondée sur les lettres que l'on prétend que le premier mari a écrites depuis le mariage dont on demande la dissolution.

Examinons séparément l'une et l'autre de ces preuves.

Le premier, et peut-être le seul de tous ces actes, qui puisse passer pour authentique, est un extrait des registres des galères, par lequel il paroît qu'Etienne Robert condamné par sentence du châtelet de 1668 pour faux exploits, a été envoyé dans l'Isle de la Guadeloupe par ordre du Roi, le trois janvier 1687; mais on ne peut pas conclure de cet acte que Robert fût vivant en 1688.

Le second, est un certificat d'un religieux carme qui prend la qualité de curé dans l'Isle de la Guadeloupe; mais c'est une écriture privée, revêtue d'une légalisation ridicule du prieur des carmes.

La troisième, est un certificat du sieur Inselin, gouverneur de la Guadeloupe, au bas du placet qui lui a été présenté par le nommé Robert.

Mais 1.° il seroit peut-être dangereux d'ajouter une foi entière à l'écriture de cet officier, la présomption n'est pas la même que dans les écritures du même genre qui se font par de semblables officiers au-dedans du royaume.

2.° Il ne résulte autre chose de ce certificat, si ce n'est qu'un inconnu s'est présenté au gouverneur de la Guadeloupe; qu'il lui a dit qu'il s'appeloit Etienne Robert, qu'il étoit celui qui avoit été conduit dans cette Isle par ordre du Roi en 1687; mais que cet inconnu soit le véritable Etienne Robert, c'est ce qu'on ne peut conclure de ce certificat.

Il en est de même du certificat du nommé de Lorme, de celui du chirurgien, etc.

Passons maintenant à l'examen des lettres : il faut reprendre ici en peu de mots la procédure qui a été faite pour la vérification.

1.° Vérification du châtelet qui ne peut être attaquée par tous les moyens qu'on vous a proposés : le juge étoit compétent, puisque tout juge l'est pour une vérification d'écritures : et d'ailleurs, la vérification n'étoit pas moins nécessaire pour la décision de la cause qui étoit portée au châtelet, que pour l'instruction du procès qui étoit pendant à l'officialité.

L'appel n'a point été qualifié comme de juge incompétent; d'ailleurs, il n'a été signifié qu'après la vérification commencée. Ainsi, à la rigueur, cette vérification est valable.

2.° Vérification faite en la cour, accordée par grâce à Marie le Moine, mais qui devient une des principales difficultés de la cause : elle est faite contradictoirement sur un plus grand nombre de pièces de comparaison. Les deux experts sont unanimes, et croyent fausses les lettres que les premiers ont cru véritables.

Ainsi, jusqu'à présent, la foi de cette écriture est incertaine. Il est donc nécessaire de l'assurer par une nouvelle vérification.

On peut faire une objection considérable : *frustrà probatur quod probatum non relevat.* Or soit que les experts estiment les pièces véritables ou supposées, quelle induction en pourra-t-on tirer pour le jugement définitif de la cause?

Si les nouveaux experts sont de même avis que les seconds, pourra-t-on dès à présent décider qu'il n'y a point d'abus dans le mariage dont il s'agit; et parce qu'il sera faux que Robert ait écrit des lettres en 1691, conclura-t-on qu'il est décédé dès l'année 1687?

Si au contraire le troisième rapport confirme le premier, pourra-t-on sur ce seul argument prononcer la dissolution du mariage?

On peut ajouter trois observations sur la preuve qui résultera d'une nouvelle vérification.

1.° Elle ne produira qu'un simple témoignage d'experts : en matière civile, suivant les lois romaines, il ne forme aucune preuve. Il est regardé comme une preuve parmi nous; mais suffiroit-elle dans une matière aussi importante que la dissolution d'un mariage?

2.° Il s'agit ici d'une matière criminelle, où la preuve qui se tire de la comparaison d'écritures, ne fait qu'une preuve *telle quelle*, comme dit la glose.

3.° La raison sur laquelle sont fondées les deux observations précédentes, a une application entière à l'espèce de cette cause.

La preuve qui résulte d'une vérification, n'est, comme dit Balde, que *argumentum à simili et verisimili*. Or toutes les fois que la décision d'une cause dépend de la certitude physique d'un fait, l'argument qui se tire de la vraisemblance ne prouve rien.

Cependant il faut avouer que quand on ne regarderoit cette vérification que comme une présomption, elle seroit toujours considérable, et que, jointe avec d'autres preuves, que Colliquet sera peut-être en état de recouvrer dans le temps que l'on procédera à une nouvelle vérification, elle pourra servir à prononcer un jugement définitif. Plus la matière est importante, moins on doit négliger tout ce qui peut servir à faire connoître la vérité.

Après avoir expliqué ce qui regarde l'intérêt des parties, passons à ce qui regarde l'intérêt du public.

Quoiqu'il soit encore incertain si Etienne Robert étoit vivant dans le temps du troisième mariage, on ne peut douter qu'il ne fût vivant au moins en l'année 1687. Ce fait est établi par l'extrait des registres des galères, etc.

Ainsi le second mariage est une véritable bigamie, et l'intimée ne peut se justifier par une apparence de bonne foi, qui a souvent mérité l'indulgence des lois et des canons.

1.° Elle n'a, en effet, rapporté aucun certificat, ou faux ou véritable, de la mort d'Etienne Robert; elle n'a point été trompée par des bruits faussement répandus.

2.° Le temps de l'absence ne lui fournit pas même un prétexte apparent. Les lois exigent au moins dix ans pour ordonner un partage des biens de l'absent; ici il s'agissoit d'un engagement irréparable, et cependant la femme l'a contracté avant ce terme.

Depuis la sentence de 1673, qui confirme son mariage avec Robert, jusqu'à son second mariage avec Gaudier, il ne s'est écoulé que neuf années.

3.° Elle ne peut alléguer l'impossibilité d'avoir des nouvelles de son mari. Rien de plus facile que de lever un extrait des registres des galères; Colliquet a montré qu'il étoit fort aisé d'avoir des nouvelles d'un galérien.

4.° Elle étoit instruite de l'existence de son mari en 1681, puisqu'elle prend la qualité de sa femme dans un acte passé par-devant notaire. Quelle nouvelle a-t-elle reçue, depuis 1681 jusqu'en 1682, qui ait pu la déterminer à changer la qualité de femme dans celle de veuve Etienne Robert?

5.° Il suffit d'examiner quelques articles de son interrogatoire, pour être convaincu de sa mauvaise foi. Elle déclare qu'elle n'a eu aucun certificat de la mort de son premier mari en 1682, mais qu'il y avoit seize années qu'elle n'avoit reçu de ses nouvelles. Cependant elle l'avoit fait interroger à Marseille en 1673; et en 1681, elle prenoit encore la qualité de sa femme.

La bigamie et la mauvaise foi sont donc également constantes, etc.

La fin de ce plaidoyer et les conclusions n'ont pas été écrites. Il paroît par ce qui en a été écrit, que les conclusions tendoient à ordonner une nouvelle vérification des lettres de Robert, et une preuve du fait qu'il étoit encore vivant lors du dernier mariage de Marie le Moine. C'est ce qui fut ordonné par l'arrêt suivant, rendu le vingt-cinq janvier mil six cent quatre-vingt-quatorze.

Entre Marie le Moine, femme séparée de Victor Colliquet, garde-vaisselle du grand-commun du roi, auparavant veuve d'Etienne Robert et Jean Gaudier, ses premier et second maris, appelante, tant comme de juge incompétent, qu'autrement, d'une sentence rendue par le prévôt de Paris, ou son lieutenant civil, le dix-neuf avril mil six cent quatre-vingt-douze, et de tout ce qui s'en est ensuivi d'une part; et ledit Victor Colliquet, intimé d'autre : et entre ledit Colliquet appelant, tant comme d'abus, déni de justice, qu'autrement, d'une sentence rendue par l'official de Paris ou son vice-gérent, le vingt-un août mil six cent quatre-vingt-douze d'une part; et ladite Marie le Moine, intimée d'autre; et entre ledit Colliquet, demandeur en requête du neuf août mil six cent quatre-vingt-douze, tendante à ce qu'en adhérant à son premier appel ci-dessus, il plût à la cour le recevoir encore appelant comme d'abus de la célébration de mariage d'entre lui et ladite le Moine, fait le trois mai mil six cent quatre-vingt-huit; ce faisant, et prononçant sur lesdites appellations, dire qu'il y a eu abus dans la célébration du mariage d'entre lui et ladite le Moine, qui sera déclaré nul, ainsi que ladite sentence de l'official, et ladite le Moine condamnée aux dommages et intérêts dudit Colliquet, et en tous les dépens; et ladite Marie le Moine, défenderesse et intimée d'autre; et encore entre ledit Victor Colliquet, demandeur en deux autres requêtes des quatre septembre mil six cent quatre-vingt-douze et neuf février mil six cent quatre-vingt-treize, la première tendante à ce qu'il plût à la cour en venant plaider la cause sur les appellations et sur les lettres obtenues en chancellerie contre le contrat dudit prétendu mariage d'entre lui et ladite le Moine, daté du onze mai audit an mil six cent quatre-vingt-huit, et acte en forme de transaction du dix-sept juillet de la même année, casser, rescinder et annuller ledit contrat et acte de transaction, et remettre les parties en tel et semblable état qu'elles étoient, et condamner ladite le Moine aux dommages et intérêts dudit Colliquet, et en tous les dépens, dommages et intérêts, sauf à M. le procureur-général à prendre telles autres conclusions qu'il lui plaira pour l'intérêt public; et la seconde, à ce qu'en venant plaider la cause étant au rôle de Paris, et pour sortir les parties plus promptement d'affaire, il plût à la cour, faisant droit définitivement sur le tout, en tant que touche les appellations comme d'abus par lui interjetées, tant de la célébration du mariage contracté entre lui et ladite le Moine, le onze mai mil six cent quatre vingt-huit, que de la sentence rendue en l'officialité de Paris, le vingt-un mai mil six cent quatre-vingt-douze; dire qu'il a été mal, nullement et abusivement célébré, ordonné et jugé, et entérinant les lettres de rescision susdatées, casser, rescinder et annuler ledit contrat de mariage et acte en forme de transaction susdatée, et remettre les parties en même état qu'elles étoient avant iceux; et à l'égard de l'appel par ladite le Moine, interjeté de la sentence du châtelet, du dix-neuf avril mil six cent quatre-vingt-douze, mettre l'appellation au néant, et en conséquence faire main-levée définitive des saisies faites sur ledit Colliquet, ordonner que la caution par lui donnée sera déchargée, condamner ladite le Moine en l'amende, et aux dommages et intérêts dudit Colliquet, pour lesquels il se restreint à la somme de dix mille livres, et en tous les dépens faits tant en la prévôté de l'hôtel, l'officialité, châtelet de Paris, grand-conseil, qu'en la cour, même en ceux réservés par l'arrêt du dix-sept août mil six cent quatre-vingt-douze, d'une part; et ladite le Moine, défenderesse d'autre. Et encore entre ladite Marie le Moine, demanderesse en quatre requêtes, la première du vingt février dernier, à ce qu'il plût à la cour adjuger à ladite le Moine ses conclusions avec dépens; condamner ledit Colliquet aux dépens réservés par l'arrêt du sept août mil six cent quatre-vingt-douze : la seconde du premier avril dernier, à ce qu'en cas que la cour ordonne avant de faire droit au principal, que vérification sera faite des lettres et autres pièces dont ledit Colliquet entend se servir, ordonner que par provision icelle le Moine sera payée des arrérages échus et à échoir de la pension alimentaire de cent cinquante livres portée par ladite transaction du dix-sept juillet mil six cent quatre-vingt-huit, et au paiement ledit Colliquet contraint; la troisième du huit mai mil six cent quatre-vingt-treize, à ce qu'il plût à la cour condamner ledit Colliquet aux dommages et intérêts de ladite le Moine, pour raison de la calomnieuse demande à fin de nullité de son mariage, et des pièces fausses dont il s'est servi, pour lesquels dommages et intérêts elle s'est restrainte à la somme de dix mille livres; condamner en outre ledit Colliquet en tous les dépens par elle faits, tant en la cour, grand-conseil, prévôté de l'hôtel, qu'à l'officialité et châtelet de Paris; et la quatrième et dernière du vingt-deux dudit mois de mai, à ce qu'en lui adjugeant ses conclusions, ordonner que ladite transaction du dix-sept janvier mil six cent quatre-vingt-huit, sera exécutée selon sa forme et teneur, même qu'elle demeurera séparée de corps et d'habitation avec ledit

Colliquet, et aux dépens d'une part; et ledit Victor Colliquet, défendeur d'autre part. Après que Portail, avocat de Colliquet, de Retz, avocat de Marie le Moine, ont été ouïs pendant quatre audiences, ensemble d'Aguesseau pour le procureur-général du roi :

LA COUR, avant faire droit sur les appellations, tant simples que d'abus, ordonne qu'il sera de nouveau procédé à la vérification des pièces rapportées par la partie de Portail pour prouver l'écriture d'Etienne Robert, par François Prevôt, Jean Petit et Louis Loyauté, maîtres écrivains, jurés-experts, qu'elle a nommés d'office; et que la partie de Portail fera preuve, tant par titres que par témoins, que ledit Etienne Robert a été transféré de Marseille en l'année mil six cent quatre-vingt-sept, en l'île de la Guadeloupe, qu'il étoit vivant en mil six cent quatre-vingt-huit, et encore depuis; et la partie de M.e de Retz au contraire, si bon lui semble, pardevant le lieutenant du sénéchal de Marseille, et le juge royal de la Guadeloupe, et ce dans un an pour tout délai, pour ce fait être fait droit sur lesdites appellations, ainsi qu'il appartiendra; ordonne que la sentence du châtelet sera exécutée sans préjudicier aux droits des parties; ce faisant, sera la partie de M.e de Retz payée de la somme de cent cinquante livres de pension annuelle pour sa subsistance, dépens réservés.

Il y eut beaucoup de procédures depuis cet arrêt; Marie le Moine s'inscrivit en faux contre les pièces qui prouvoient l'existence de Robert son premier mari, ce qui donna lieu à plusieurs incidens. Par arrêt du onze décembre mil six cent quatre-vingt-dix-huit, les parties furent appointées sur les appellations au conseil, et sur les demandes en droit et joint. Enfin intervint, au rapport de M.e Joly de Fleury, l'arrêt suivant :

Entre Victor Colliquet, argentier du grand-commun du roi, appelant tant comme de juge incompétent, qu'autrement, tant de la sentence de l'officialité de Paris, du vingt-un mai mil six cent quatre-vingt-douze, que de la célébration de son mariage avec la défenderesse ci-après nommée, et demandeur en lettres de rescision, du trente juin mil six cent quatre-vingt-douze, obtenues contre son contrat de mariage, et acte fait en conséquence des onze mai et dix-sept juillet mil six cent quatre-vingt-huit, et en requête des neuf août et quatre septembre mil six cent quatre-vingt-douze, neuf février mil six cent quatre-vingt-treize, vingt-quatre février, dix-neuf mars, treize avril, dix-huit juin, vingt-six juillet mil six cent quatre-vingt-seize, vingt-huit novembre mil six cent quatre-vingt-dix-sept, treize juin et vingt-neuf novembre mil six cent quatre-vingt-dix-huit, d'une part; et Marie le Moine, femme d'Etienne Robert, intimée et défenderesse; et entre ladite le

Moine, appelante de la sentence rendue au châtelet de Paris, du dix-neuf avril mil six cent quatre-vingt-douze, et demanderesse en requête des premier avril, huit et vingt-deux mai mil six cent quatre-vingt-treize, dix-neuf mars, sept, dix-sept, dix-neuf mai mil six cent quatre-vingt-seize, et dix janvier mil six cent quatre-vingt-dix-huit; et ledit Colliquet, intimé et défendeur. Vu par la cour l'extrait de la célébration du mariage du treize mars mil six cent quatre-vingt-huit, célébré en la paroisse de Saint-Barthelemi de Paris, entre ledit Victor Colliquet et ladite Marie le Moine, les sentences dont est appel, la première rendue au châtelet de Paris, le dix-neuf avril mil six cent quatre-vingt-douze, entre ledit Colliquet, demandeur en requête et exploit des cinq et six avril mil six cent quatre-vingt-onze; et encore aux fins de la requête du trente-un mars mil six cent quatre-vingt-douze, contre ladite le Moine, défenderesse et demanderesse au principal, et en exécution de la transaction du dix-sept juillet mil six cent quatre-vingt-huit, par laquelle auparavant faire droit sur les demandes et contestations des parties, auroit été dit qu'elles feroient leurs diligences pour faire juger le procès qui étoit entr'elles à l'officialité, sur la validité ou invalidité de leur mariage; cependant sans préjudice de leurs droits au principal, mainlevée auroit été faite audit Colliquet de toutes les saisies sur lui faites; le gardien de ses meubles déchargé, et à vider leurs mains les débiteurs contraints; quoi faisant déchargés, en donnant néanmoins par lui bonne et suffisante caution de rapporter s'il étoit dit en fin de cause, les arrérages de la rente viagère en question; et après que ladite le Moine présente en personne, auroit dénié que les deux missives représentées, et la requête adressante au gouverneur de la Martinique soient écrites et signées de la main d'Etienne Robert son mari, et qu'il auroit été soutenu au contraire par ledit Colliquet, qu'elles étoient écrites et signées dudit Robert, mari de ladite le Moine, auroit été permis audit Colliquet de faire procéder, suivant l'ordonnance, à la vérification desdites pièces, tant par comparaison d'écritures, témoins, qu'autrement, laquelle comparaison d'écritures seroit faite par experts, et sur les pièces de comparaison, dont les parties conviendroient, dépens, dommages et intérêts réservés, ce qui seroit exécuté nonobstant oppositions ou appellations quelconques : la sentence du vingt-un mai mil six cent quatre-vingt-douze, rendue en l'officialité de Paris entre les parties, par laquelle acte auroit été donné à ladite le Moine de la déclaration par elle faite qu'elle ne reconnoissoit point les pièces en question, pour être des mains des personnes des noms dont elles sont signées; et après qu'elle a soutenu que lesdites pièces n'étoient point d'elle, et qu'il auroit été soutenu au contraire par ledit Colliquet, auroit été ordonné qu'il seroit fait vérification desdites pièces par témoins et par pièces de comparaison dans huitaine, aux dépens de qui il appartiendroit, et ce à la diligence néanmoins dudit Colliquet, et qu'à cet effet les parties conviendroient d'experts, sinon en seroit nommé d'office, et conviendroient aussi de pièces de comparaison, dépens réservés. Les lettres de rescision obtenues en chancellerie par ledit Colliquet, à ce que les parties fussent remises en l'état qu'elles étoient avant son contrat de mariage avec ladite le Moine, et acte fait en conséquence des onze mai et dix-sept juillet mil six cent quatre-vingt-huit; les requêtes de parties, la première du neuf août mil six cent quatre-vingt-douze dudit Colliquet, en ce qu'en adhérant à l'appel par lui interjeté comme d'abus de ladite sentence de l'officialité du vingt-un mai mil six cent quatre-vingt-douze, il fut pareillement reçu appelant comme d'abus de la célébration du dernier mariage d'entre lui et ladite le Moine le treize mai mil six cent quatre-vingt-huit, ce faisant il fût dit qu'il y avoit abus à ladite célébration de mariage qui seroit déclaré nul, ainsi que ladite sentence, et condamner ladite le Moine en ses dommages et intérêts, et en tous les dépens. La seconde dudit Colliquet, du quatre septembre audit an mil six cent quatre-vingt-douze, à ce qu'en venant plaider sur lesdites appellations, il plût à la cour entériner les lettres de rescision par lui obtenues le trente juillet mil six cent quatre-vingt-douze, et que les parties fussent remises en tel et semblable état qu'elles étoient avant ledit contrat de mariage et acte en forme de transaction fait en conséquence, des onze mai et dix-sept juillet mil six cent quatre-vingt-huit. La troisième du neuf février mil six cent quatre-vingt-treize, dudit Colliquet, à ce qu'en venant plaider sur les appellations respectives des parties, faisant droit définitivement sur le tout, en tant que touchent les appellations comme d'abus interjetées par ledit Colliquet, tant de la célébration de son mariage, que de la sentence de l'officialité du vingt-un mai mil six cent quatre-vingt-douze, il fût dit qu'il avoit été mal, nullement et abusivement célébré, ordonné et jugé, et entérinant les lettres de rescision obtenues par ledit Colliquet, les parties fussent remises au même état qu'elles étoient avant ledit contrat de mariage et acte en forme de transaction faite en conséquence, des onze mai et dix-sept juillet mil six cent quatre-vingt-huit; et à l'égard de l'appel interjeté par ladite le Moine de la sentence du châtelet du dix-neuf avril mil six cent quatre-vingt-douze, ladite appellation fût mise au néant, en conséquence mainlevée définitive fût faite des saisies faites sur ledit Colliquet; ordonner que la caution par lui donnée seroit déchargée, et condamner ladite le Moine en l'amende et en ses dommages et intérêts, pour lesquels il se restreignoit à la somme de dix mille livres et en tous les dépens faits, tant en la prévôté de l'hôtel, officialité, châtelet de Paris, qu'au grand-conseil, conseil privé, et en la cour, même en ceux réservés par l'arrêt du dix-sept août mil six cent quatre-vingt-douze. La quatrième, du premier avril mil six cent quatre-vingt-treize de ladite le Moine, à ce qu'en venant plaider sur les appellations et demandes respectives, en cas que la cour ordonne avant faire droit au principal, que vérification seroit faite des lettres et autres pièces dont ledit Colliquet entendoit se servir, il fût ordonné que par provision elle seroit payée des arrérages échus de la pension alimentaire de cent cinquante livres, portée par la transaction du dix-sept juillet mil six cent quatre-vingt-huit, au paiement desquels arrérages seroit condamné, et aux dépens. La cinquième de ladite le Moine, du huit mai mil six cent quatre-vingt-treize, à ce que ledit Colliquet fût condamné en ses dommages et intérêts, pour lesquels elle se restreignoit à la somme de dix mille livres, et en outre en tous les dépens. La sixième de ladite le Moine, du vingt-deux mai mil six cent quatre-vingt-treize, à ce qu'en plaidant sur lesdites appellations comme d'abus et sur l'appel simple par elle interjeté de la sentence du châtelet, du dix-neuf avril mil six cent quatre-vingt-douze, et lui adjugeant ses conclusions, il fût ordonné que la transaction du dix-sept juillet mil six cent quatre-vingt-huit, seroit exécutée selon sa forme et teneur, même qu'elle demeureroit séparée de corps et d'habitation d'avec ledit Colliquet, et le condamner aux dépens. Arrêt du vingt-cinq janvier mil six cent quatre-vingt-quatorze, rendu entre les parties, par lequel avant faire droit sur les appellations tant simple que d'abus, auroit été ordonné qu'il seroit de nouveau procédé à la vérification des pièces rapportées par ledit Colliquet pour prouver les écritures d'Étienne Robert, par François Prevôt, Jean Petit et Louis Loyauté, maîtres écrivains, jurés-experts, qui auroient été nommés d'office, et que ledit Colliquet feroit preuve, tant par titres que témoins, que ledit Etienne Robert avoit été transféré en l'année mil six cent quatre-vingt-sept, de Marseille en l'île de la Guadeloupe, qu'il étoit vivant en l'année mil six quatre-vingt-huit, et encore depuis; et ladite le Moine au contraire, si bon lui sembloit, par-devant le lieutenant du sénéchal de Marseille, et le juge royal de la Guadeloupe, et ce dans un an pour tout délai, pour ce fait être fait droit sur lesdites appellations ainsi qu'il appartiendroit, ordonné que la sentence du châtelet seroit exécutée sans préjudicier aux droits des parties, ce faisant, que ladite le Moine seroit payée de la somme de cent cinquante livres de pension annuelle pour sa subsistance, dépens réservés. La septième, du vingt-quatre février mil six cent quatre-vingt-seize dudit Colliquet, à ce qu'en faisant droit définitivement sur le tout, sans s'arrêter aux requêtes de ladite le Moine, en tant que touche les appellations comme d'abus, interjetées par ledit Colliquet, tant de la célébration de son mariage avec ladite le Moine, que de la sentence de l'officialité du vingt-un mai mil six cent quatre-vingt-douze, il fût dit qu'il avoit été mal, nullement et abusivement célébré, ordonné et jugé; ce faisant, ayant égard aux lettres dudit

Colliquet, et icelles entérinant, ledit contrat de mariage et actes des onze mai et dix-sept juillet mil six cent quatre-vingt-huit fussent cassés, et les parties remises en tel état qu'elles étoient avant iceux, et sur l'appel de ladite le Moine, l'appellation fût mise au néant, et en conséquence main-levée définitive fût faite audit Colliquet des saisies sur lui faites, la caution par lui donnée déchargée; que ladite le Moine seroit condamnée à lui restituer les sommes qu'elle a exigées ou fait exiger de lui par ses cessionnaires en vertu de ladite transaction, aux dommages et intérêts pour lesquels ledit Colliquet se restreignoit à la somme de dix mille livres, et en tous les dépens, même en ceux réservés par l'arrêt du vingt-cinq janvier mil six cent quatre-vingt-quatorze, et autres rendus avant et depuis. La huitième, de ladite le Moine, à ce qu'il lui fût permis de s'inscrire en faux contre quatre pièces dont ledit Colliquet se servoit : la première est une missive, étant au bas d'une lettre du quatre février mil six cent quatre-vingt-dix, signée Robert; la seconde du douze novembre mil six cent quatre-vingt-onze, aussi signée Robert; la troisième, est le placet présenté au sieur Chevalier Hencelin, gouverneur pour le roi en l'île de la Guadeloupe, au bas duquel est un certificat signé Hencelin, du onze novembre mil six cent quatre-vingt-onze ; la quatrième, le prétendu interrogatoire subi en l'île de la Guadeloupe, pardevant le juge royal dudit lieu, par Etienne Robert, le vingt-cinq mai mil six cent quatre-vingt-quinze. La neuvième, dudit Colliquet, à ce que ladite le Moine fût déclarée non-recevable en son inscription de faux; ce faisant, en tant que besoin seroit, ledit Colliquet fût reçu opposant à l'ordonnance de la cour, apposée au bas de ladite requête du dix-neuf mars, faisant droit sur ladite opposition, elle fût déboutée de sa demande avec dépens. La dixième dudit Colliquet, à ce qu'il fût ordonné que les arrêts des vingt mars et trois avril mil six cent quatre-vingt-seize seroient exécutés, et en conséquence que ladite le Moine seroit tenue de mettre son inscription de faux en état d'être jugée dans le temps porté par ledit arrêt, sauf à elle à faire apporter au greffe de la cour la minute de l'interrogatoire subi par Etienne Robert son mari, en l'île de la Guadeloupe, le vingt-cinq mai mil six cent quatre-vingt-quinze, et où la cour y feroit difficulté, il lui fût donné de ce qu'elle consentoit qu'il fût procédé à l'instruction du faux contre les lettres missives écrites et signées de la main dudit Etienne Robert, et contre le placet par lui présenté au gouverneur de l'île de la Guadeloupe. La dixième de ladite le Moine, du sept mars mil six cent quatre-vingt-seize, à ce que ledit Colliquet fût tenu de faire apporter au greffe criminel de la cour la minute de l'interrogatoire subi par ledit prétendu Etienne Robert, le vingt-cinq mai mil six cent quatre-vingt-quinze, devant le juge de la Guadeloupe inscrite de faux, sinon que ladite minute et grosse seroient rejetées du procès, et condamner ledit Colliquet aux dommages et intérêts pour raison de ce, et en tous les dépens. La requête de ladite le Moine du dix-sept dudit mois. La onzième, de ladite le Moine, du dix-neuf dudit mois de mai, à ce qu'il fût ordonné que la grosse et la copie de l'arrêt du neuf mai mil six cent quatre-vingt-seize, seront rapportées pour y être ajouté le temps de six mois, dans lequel ledit Colliquet seroit tenu de faire apporter au greffe de la cour la minute dont étoit question, du greffe de la Guadeloupe, sinon et à faute de ce faire, qu'il seroit fait droit sur le surplus de la requête de ladite le Moine du sept dudit mois de mai. Les douzième et treizième, des dix-huit juin et vingt-cinq juillet mil six cent quatre-vingt-seize, dudit Colliquet, à ce que faute par ladite le Moine d'avoir satisfait à l'arrêt contradictoire du neuf mai précédent, et suivant icelui instruit et parachevé l'inscription de faux à l'égard des pièces mises au greffe par ledit Colliquet, autres que ledit interrogatoire prêté par Etienne Robert, ladite le Moine fût déclarée mal fondée en sadite inscription de faux, qu'elle en seroit déboutée purement et simplement, ensemble de sa requête du sept dudit mois de mai, et la condamner en l'amende et en telle réparation qu'il plairoit à la cour; et en conséquence, qu'il seroit passé outre au jugement de l'instance, et qu'elle seroit condamnée aux dommages et intérêts. La quatorzième, dudit Colliquet, à ce que faute par ladite le Moine d'avoir mis en état ladite inscription de faux dans le temps porté par les arrêts des vingt mars, trois avril, neuf mai et vingt-trois juin audit an mil six cent quatre-vingt-seize, elle en fût déboutée purement et simplement, et condamnée en l'amende et en telle réparation qu'il plairoit à la cour; et à l'égard de la minute de l'interrogatoire d'Etienne Robert, prêté devant le juge de la Guadeloupe, il lui fût donné acte de ce qu'il se rapportoit à la cour d'avoir tel égard qu'elle jugeroit à la grosse dudit interrogatoire; et en conséquence il lui fût pareillement donné acte de ce qu'il consentoit que les contestations d'entre les parties fussent jugées en l'état que se trouvoit la procédure; condamner ladite le Moine aux dépens. La quinzième, du dix janvier mil six cent quatre-vingt-dix-huit, de ladite le Moine, à ce qu'attendu que la minute de l'arrêt du vingt-six juillet mil six cent quatre-vingt-seize, ne se trouvoit plus au greffe, il fût de nouveau procédé au jugement des moyens de faux par elle donnés contre les deux lettres missives écrites au bas d'une lettre du quatre février mil six cent quatre-vingt-dix, et autres pièces. La seizième, du treize juin mil six cent quatre-vingt-dix-huit, dudit Colliquet, à ce que faute par ladite le Moine d'avoir satisfait à six arrêts contradictoires, et suivant iceux d'avoir mis le faux en état, elle en fût déboutée purement et simplement, et en conséquence elle fût condamnée en l'amende ordinaire, et en telle réparation, et dommages et intérêts que la cour jugeroit à propos, et en conséquence qu'il seroit passé outre au jugement de la cause principale sur les appellations, tant simples que comme d'abus, et autres demandes respectives des parties, et condamner ladite le Moine aux dépens. La dix-septième, dudit Colliquet, du vingt-neuf novembre, à ce qu'il plût à la cour déclarer l'inscription de faux formée par ladite le Moine, calomnieuse; et qu'elle seroit condamnée envers ledit Colliquet en telles réparations qu'il plairoit à la cour; et en l'amende ordinaire de trois cents livres, dont le tiers lui appartiendroit, et en ses dommages-intérêts, et aux dépens. Arrêt du onze décembre mil six cent quatre-vingt-dix-huit, par lequel sur lesdites appellations, les parties auroient été appointées au conseil, et sur les demandes en droit et joint. Avertissement dudit Colliquet, du cinq mars mil six cent quatre-vingt-dix-neuf, servant de causes d'appel. Avertissement du cinq juillet ensuivant de ladite le Moine, servant de réponses à causes d'appel et de moyens d'appel. Productions des parties et contredits par elles respectivement fournies les dix-sept décembre mil six quatre-vingt-dix-neuf, et premier février mil sept cent. Ceux dudit Colliquet servant de salvations, sommations de fournir de réponses à causes d'appel par ledit Colliquet. Acte d'inscription de faux du dix-sept mai mil six cent quatre-vingt-seize, formé au greffe de la cour par ladite le Moine, contre deux prétendues lettres missives, l'une inscrite au bas d'une lettre du quatre février mil six cent quatre-vingt-dix, l'autre du douze novembre mil six cent quatre-vingt-onze, concernant le placet adressé au sieur Chevalier Hencelin, gouverneur pour le roi en l'île de la Guadeloupe, au bas duquel est un certificat du gouvernement de ladite île, du onze novembre audit an mil six cent quatre-vingt-onze, signé Hencelin, et contenant la signature Robert, étant au bas de l'interrogatoire subi par Etienne Robert, devant le juge de la Guadeloupe, le vingt-cinq mai mil six-cent quatre-vingt-quinze; moyens de faux de ladite le Moine. Les pièces arguées. Arrêt du huit février mil six cent quatre-vingt-dix-huit, par lequel le premier moyen de faux de ladite le Moine, qui étoit que l'écriture et signature Robert des deux lettres missives, et la signature Robert, du placet présenté audit Hencelin par Etienne Robert de Paris, n'étoient point de la main de défunt Etienne Robert, et qu'ils sont d'une autre main, auroit été déclaré admissible, permis à ladite le Moine d'en faire preuve dans le lendemain de Quasimodo par-devant M.e Jean-François Joly, conseiller, tant par titres que témoins, et par comparaison des écritures et signatures, par Robert Jacquesson et Louis Valet, jurés-experts, que la cour auroit nommés d'office; sinon et à faute de ce faire, en vertu dudit arrêt, et sans qu'il en fût besoin d'autres, auroit été ordonné qu'il seroit passé outre au jugement de l'appel comme d'abus et autres contestations d'entre les parties, et le surplus des autres moyens de faux joint à l'instance, dépens réservés. Le procès-verbal du huit juillet et jours suivans mil six cent quatre-vingt-dix-huit, fait par ledit sieur Joly, conseiller, en exécution dudit arrêt du huit février, contenant la prestation de serment desdits experts. Les contestations des parties et le rapport desdits experts sur ladite inscription en faux sur les pièces de comparaison convenues et reçues par arrêt. Arrêt du neuf août mil six cent quatre-vingt-dix-huit, par lequel ledit procès-verbal auroit été joint à l'instance d'entre les parties. Conclusions du procureur-général du roi, le tout joint et considéré :

LA COUR faisant droit sur le tout, sans s'arrêter au faux, en tant que touche les appellations comme d'abus interjetées par ledit Colliquet de la célébration de son mariage avec ladite le Moine, et de la sentence de l'officialité de Paris, du vingt-un mai mil six cent quatre-vingt-douze, dit qu'il a été mal, nullement, abusivement célébré et ordonné; déclare ledit mariage non-valablement contracté, et sur l'appel simple de ladite le Moine de la sentence du châtelet du dix-neuf avril mil six cent quatre-vingt-douze, a mis et met ladite appellation au néant, ordonne que ce dont est appel sortira effet; et ayant égard aux lettres de rescision dudit Colliquet, et icelles enthérinant, a remis les parties en l'état qu'elles étoient avant son contrat de mariage et transaction des onze mai et dix-huit juillet mil six cent quatre-vingt-huit, et en conséquence condamne ladite le Moine à rendre et restituer audit Colliquet les sommes qui lui ont été payées en vertu de ladite transaction. Ordonne que la mainlevée faite audit Colliquet par provision, des saisies sur lui faites à la requête de ladite le Moine, demeurera définitive, les cautions par lui données, déchargées. Déboute ladite le Moine de toutes ses demandes; la condamne ès amendes tant du faux que de son appel, et en tous les dépens dudit Colliquet, faits tant en la prévôté de l'hôtel, officialité, grand-conseil, conseil privé, qu'en la cour, même en ceux réservés par tous les arrêts : et faisant droit sur les conclusions du procureur-général du roi, ordonne que ladite le Moine sera prise au corps et constituée prisonnière ès prisons de la conciergerie du palais, si prise et appréhendée peut être, sinon assignée, ses biens saisis et annotés suivant l'ordonnance, pour être ouïe et interrogée par-devant le conseiller-rapporteur du présent arrêt sur aucuns faits résultans du procès; et répondre aux conclusions du procureur-général, pour ensuite, le tout à lui communiqué, être ordonné ce qu'il appartiendra. Fait en parlement, le vingt-sept mars mil sept cent.

VINGT-NEUVIÈME PLAIDOYER.

DU 23 MARS 1694.

Dans la cause des héritiers de M. DE VILLAYER, doyen du conseil, contre ses exécuteurs testamentaires, l'Hôtel-Dieu de Paris et les pauvres de la paroisse de Saint-Nicolas-des-Champs.

1.° *Si la survenance d'un petit-fils posthume, qui n'étoit ni né ni conçu lors du décès du testateur, peut faire révoquer ses dispositions à cause de mort.*

2.° *Si ces dispositions sont nulles lorsqu'il paroît que le testament a été fait par un père irrité contre un de ses enfans, et qu'il porte d'ailleurs des marques de foiblesse d'esprit, et si, en l'annulant, on peut cependant adjuger aux pauvres, qu'il avoit fait ses légataires universels, une somme proportionnée à ses facultés.*

SI la seule faveur des parties devoit servir de fondement à l'arrêt que vous allez prononcer, la décision de cette cause seroit aussi difficile que son explication est étendue, et les suffrages des juges pourroient être justement suspendus entre les différens motifs d'équité et de religion, de sagesse et de charité qui vous ont été expliqués de part et d'autre.

En effet, si l'on ne considère que la personne des héritiers, quelle prétention peut paroître jamais plus digne de la protection de la justice, que celle de deux enfans qui implorent dans votre audience la faveur de ce nom sacré, contre la disposition d'un père, qui, par un silence injurieux à sa mémoire, les prive d'une succession que la nature et la loi leur avoient également destinée.

D'un autre côté, si l'on examine la qualité des légataires, la justice peut-elle être insensible à la voix de tant de malheureux, ou renfermés dans des hôpitaux, ou exposés encore aux yeux et à la compassion du public ? Leur refusera-t-elle ce secours inespéré, cette consolation imprévue que la Providence leur envoie dans ces jours de misères et de calamités ; et détruira-t-elle par son autorité une disposition sainte, un testament solennel, qui porte en même temps le caractère de la juste sévérité du testateur envers lui-même, de sa religion envers Dieu, et de sa charité envers les pauvres ?

Dans ce combat de tant de raisons et de motifs différens, c'est à vous, MESSIEURS, à prononcer entre la nature et la religion ; ou pour mieux dire, c'est à vous à concilier par un sage tempérament des intérêts qui paroissent si contraires, et à conserver par votre arrêt le respect qui est dû à la nature, sans blesser les règles inviolables de la plus parfaite charité.

Après vous avoir donné cette idée générale de toute la contestation, nous entrerons d'abord dans l'explication des circonstances du fait, qui se divise naturellement en deux parties.

La première doit comprendre tout ce que M. de Villayer a fait pour ses enfans, jusqu'au moment fatal dans lequel on l'accuse d'avoir étouffé par une passion injuste, tous les mouvemens de tendresse qu'il avoit fait paroître pendant le cours de sa vie pour sa famille.

La seconde, au contraire, se réduit à expliquer tout ce qu'il a fait contre ses enfans ; et c'est en cet endroit que nous entrerons dans le détail des dispositions de son testament.

Le mariage que M. de Villayer contracta en l'année 1636 avec dame Marthe de Neubourg, a été suivi de la naissance de deux enfans, un fils et une fille ; tous deux, comme ils vous l'ont dit, également chéris de leur père pendant les premières années de leur vie.

En l'année 1659, M. de Villayer qui ne négligeoit rien pour l'établissement de son fils aîné, le fit recevoir conseiller au parlement de Bretagne. La charge coûta au père près de cent mille livres. Le fils négligea de faire enregistrer ses provisions au greffe du parlement de Bretagne, et l'on vous a dit, MESSIEURS, que cette négligence lui avoit été fatale, puisqu'elle a servi dans la suite de prétexte à la haine du père.

Il jouissoit paisiblement de cette charge, lorsqu'en l'année 1663, M. et Madame de Villayer déclarèrent par un acte secret, dont il ne fut point laissé de minute chez le notaire, qu'ils vouloient que le prix de cet office fût imputé sur la succession de celui d'entr'eux qui mourroit le premier.

En l'année 1672, M. de Villayer fils voulut fixer pour toujours son domicile et le siége de sa fortune en Bretagne, par un mariage avantageux qu'il contracta en cette province.

Le père y donna son consentement. Il envoya sa procuration au sieur de la Touche, pour assister en son nom à la signature des articles, et à la célébration du mariage.

Il a prétendu dans la suite que ce procureur avoit excédé son pouvoir, et que trompé par les artifices de son fils, il avoit fait insérer dans le contrat de mariage une clause importante, par laquelle il étoit convenu que la charge de conseiller au parlement de Bretagne ne seroit rapportée par le fils, que sur le pied de la dernière vendue.

Le détail des autres clauses que contient cet acte est inutile à la décision de cette cause. Nous nous contenterons d'observer qu'il porte expressément, que tout ce qui est donné par le père ou par la mère, sera imputé sur la succession du premier mourant, sans que le fils puisse jamais demander ni compte ni partage au survivant.

Les suites de ce mariage n'ont pas été fort heureuses. M. de Villayer fils, presque toujours aveuglé par une passion étrangère, n'eut que du mépris pour sa femme légitime. Elle fut obligée de chercher dans la maison du père de son mari, un asile assuré contre ses mauvais traitemens, et une retraite favorable où elle pût du moins n'être pas le témoin de son infidélité.

Elle demeura avec son beau-père pendant plusieurs années. Et quoiqu'elle soit réduite aujourd'hui à la triste nécessité d'accuser la mémoire de son bienfaiteur, elle n'a pu s'empêcher de reconnoître les obligations qu'elle lui avoit eues dans ces temps de disgrâces et d'afflictions.

Ce fut dans cet intervalle que se fit le mariage de M. et de Madame d'Hodic. Il contient une clause semblable à celle que nous avons déjà expliquée, par rapport au mariage de M. de Villayer fils. Madame d'Hodic s'oblige à imputer les cinquante mille écus qu'elle reçoit, sur la succession du premier mourant.

Jusqu'ici, MESSIEURS, vous n'avez entendu que des circonstances favorables à la mémoire de M. de Villayer. Il n'a donné que des preuves de sa tendresse et de son attachement pour ses enfans. Il faut passer maintenant au second temps; et après vous avoir marqué ce que M. de Villayer a fait pour l'établissement de sa famille, il est temps d'observer ce qu'il a fait contre ses enfans.

La mort de Madame de Villayer, sa femme, a été, si l'on en croit les enfans, la source de tous leurs malheurs. La première démarche par laquelle le père a commencé à marquer de l'aigreur et de l'animosité contre son fils, est le dessein inutile qu'il conçut de faire un inventaire des biens de sa femme, et des effets de la communauté.

Après les protestations des enfans, qu'ils ne comparoissoient que pour obéir à leur père, on commença la description des titres et des papiers. Ce fut dans cette description que M. de Villayer voulut que l'on comprît un ancien registre de Madame de Longlée sa mère. Il déclara que son intention étoit de faire juger par là de la quantité et de la valeur des effets qu'elle avoit laissés en mourant : il ajouta que cela étoit d'autant plus indispensable, qu'après sa mort, on n'avoit point fait d'inventaire, qu'il n'étoit point en Bretagne, et que son fils demeuroit avec elle.

Le fils demanda permission à son père de se justifier devant ceux qui avoient été les témoins de ces accusations indirectes. Il soutint qu'il avoit été à Rennes depuis la mort de Madame de Longlée; qu'il avoit disposé des effets de sa succession. Il en rapporta plusieurs preuves tirées de l'inventaire même, auquel on travailloit actuellement.

Le père ne répondit que par des protestations générales : cet incident arriva le 30 janvier 1690.

Le testament dont on se plaint, est écrit et signé le premier février 1690. La cour se souvient encore de l'importance de cette date, et des inductions qu'on en a tirées. Nous ne les expliquons point à présent. Achevons de reprendre ici en peu de mots, la forme, les motifs et les dispositions de ce testament.

C'est un testament olographe. On y remarque d'abord un long préambule plein de sentimens pieux, de dispositions saintes, de maximes chrétiennes, qu'il avoit tirées d'un petit livre imprimé, qui porte pour titre : *Le Testament de l'ame chrétienne.* On présume avec assez de fondement, qu'il a pris ce traité pour modèle de son testament, parce qu'il ne s'est pas contenté d'en suivre les pensées; il en a copié jusqu'aux tours et aux expressions.

Après ce long préambule, qui contient beaucoup plus d'un tiers de son testament, il explique quelles sont ses dettes, et il déclare enfin, que son intention est de donner aux pauvres tous ses biens. Il répète trois fois cette disposition, et trois fois il ajoute qu'il donne tout ce que les coutumes lui permettent de donner, c'est-à-dire, tous les biens qui lui sont échus par successions directes ou collatérales, légitimes ou testamentaires, par acquisition, et en quelque forme et manière que ce puisse être, y compris même les avantages qu'il avoit faits à ses enfans par leurs contrats de mariage, et ce, autant que les coutumes lui permettent de donner et de disposer.

Les motifs d'une disposition si générale, sont des raisons de justice, de conscience et de charité; et sous le nom de legs universels, c'est une véritable restitution dont il s'acquitte envers les pauvres.

Il commence par s'accuser lui-même aux yeux du public et de la justice, d'avoir été un mauvais juge, qui par négligence ou par incapacité a pu empêcher que la justice n'ait été faite. Il proportionne l'étendue de sa restitution au nombre presque infini de jugemens auxquels il avoit assisté. Il se donne ensuite la qualité de riche intéressé, qui n'avoit augmenté ses biens que par des intérêts usuraires. Il se repent d'avoir autorisé ce désordre par son exemple. Il reconnoît qu'il a été trompé par le sentiment de quelques casuistes, et que dans la diversité des opinions, il a cru pouvoir prendre le parti qui lui plaisoit davantage.

Mais pour réparer sa faute, dans les derniers momens de sa vie, il donne aux pauvres tout ce qu'il peut leur donner; et il le fait d'autant plus volontiers, qu'il avoit négligé pendant le cours de sa vie de s'acquitter de ce devoir.

Après avoir expliqué l'étendue et les motifs de sa disposition, il fait quelques legs et quelques fondations particulières. Il revient ensuite à la distribution du legs universel. Il veut qu'il en soit donné un tiers à l'Hôtel-Dieu, un tiers pour faire dire des messes à des autels privilégiés, au nombre de trois mille cinq cents. Dix mille livres aux pauvres de sa paroisse. Et à l'égard du surplus, il le soumet à la disposition de ses exécuteurs testamentaires. Il en avoit nommé quatre; il n'y en a que deux qui paroissent dans cette audience, dont le zèle et l'application à soutenir le testament, font voir que le testateur ne s'est point trompé, lorsqu'il a mis l'intérêt des pauvres en de si dignes mains.

Enfin, il joint à la distribution de ses biens une dernière disposition, qui regarde sa sépulture. Il veut que son corps soit porté dans l'église du noviciat des jésuites, qui lui ont promis de lui accorder cette grâce, après en avoir obtenu la permission de leur supérieur, même pour Madame de Villayer, si c'est une chose qui puisse s'obtenir de M. l'archevêque de Paris, ou de notre Saint Père le pape, parce que lorsqu'il faisoit son testament, elle étoit déjà enterrée dans l'église de l'Hôpital de la Pitié.

Il défend toutes sortes de cérémonies et de pompe funèbre à son enterrement; et il déclare dans un autre endroit, qu'il ne veut pas que les frais de son enterrement excèdent la somme de trois mille livres

M. de Villayer a survécu pendant plus d'une année à son testament. Il est mort en 1691, âgé de quatre-vingt-trois ans. Le scellé a été apposé sur ses effets, à la requête de ses exécuteurs testamentaires. On a fait l'inventaire de tous ses papiers, et c'est-là qu'on a trouvé une infinité de mémoires, les uns écrits, les autres apostillés de sa main; plusieurs commencemens de factums imprimés, toutes productions imparfaites, projets mal digérés, sans ordre et sans suite, auxquels ils auroit apparemment donné une meilleure forme, si la mort ne l'eût pas surpris dans le milieu de son travail.

Tous ces mémoires ont été inventoriés. On a fait reconnoître ceux qu'on a cru les plus importans, et l'on s'est servi des uns et des autres pour attaquer ce testament.

A la vue de ces mémoires et du testament qui les suit ou qui les précède (car ce fait est assez incertain); M. de Villayer, conseiller au parlement de Bretagne, et Madame d'Hodic, se sont élevés contre cette disposition, qu'ils appellent inofficieuse. Ils ont porté leurs plaintes directement dans ce tribunal, à cause de l'intérêt que l'Hôtel-Dieu avoit dans cette cause.

La mort a empêché M. de Villayer fils de voir la fin de ce procès. Il a eu le bonheur de mourir réconcilié avec sa femme ; et le posthume qui est né peu de temps après son décès, est le gage de leur réconciliation, et le seul fruit de leur mariage.

Sa veuve, en qualité de tutrice de son fils, a repris l'instance, et c'est par la naissance de cet enfant plus favorable que son père, que l'on prétend vous faire voir que le testament est révoqué, comme nous l'expliquerons dans la suite.

Les héritiers joignent à ces demandes un appel de la sentence du châtelet, qui fait délivrance du legs de dix mille livres aux pauvres de la paroisse de Saint-Nicolas-des-Champs.

Les moyens des héritiers se réduisent à trois principaux.

Le testament que l'on attaque est un acte nul par la passion qui lui a servi de principe; une disposition inofficieuse, par la préférence injuste que le testateur donne à des étrangers sur ses propres enfans. Enfin, une donation révoquée par la survenance d'un petit-fils, qui bien loin d'avoir jamais été l'objet de la haine de son aïeul, l'auroit réconcilié avec son fils, s'il avoit pu prévoir sa naissance.

Par rapport au premier moyen, on vous a expliqué les textes des lois romaines, l'autorité de nos coutumes, la disposition singulière de celle de Bretagne, et enfin les exemples anciens et nouveaux de ces arrêts solennels par lesquels vous avez infirmé ces testamens odieux, dans lesquels un père ne laisse la légitime à ses enfans que pour acheter par là le droit de sacrifier impunément le reste de ses biens à sa passion et à sa vengeance.

Il est plus difficile dans cette cause de choisir les preuves de la haine du testateur, que de les trouver. Ce qui a précédé et ce qui a suivi le testament, accuse également M. de Villayer.

La seule date du testament est une preuve convaincante de la haine qui l'a inspiré.

Le père accuse son fils d'un recélé considérable. Le fils ose se défendre contre son père, mais avec modestie, soumission, respect.

Le père n'écoute plus que les conseils de sa colère; à peine trouve-t-on un jour d'intervalle entre l'accusation et la punition.

Le testament même est la plus forte de toutes les preuves de la passion du testateur. Silence cruel à l'égard de ses enfans. Disposition absurde ou contradictoire; distribution du legs universel; exhumation de sa femme; frais funéraires; fondation d'une messe pour obtenir la grâce d'une bonne mort, à commencer un mois devant son testament.

Ce qui a suivi paroît encore plus criminel.

Préparation funeste à sa famille, injurieuse à sa mémoire, de plusieurs procès également injustes; factums, mémoires, inventaire de production, libelles imprimés et manuscrits : ce sont les armes dont il prétendoit se servir dans cette guerre domestique.

Premier procès sur le prix de la charge, etc.

Second procès sur le recelé et divertissement de la succession de la dame de Longlée.

Troisième procès encore plus odieux. Accusation capitale d'une falsification insigne commise dans le dépôt sacré du greffe du parlement, dans les archives publiques. Il accuse un fils innocent que la pitié paternelle l'obligeoit de défendre de la rigueur des lois, quand même il auroit été coupable. La mort a révélé le secret de sa haine; et à la honte du père, on a trouvé entre ses mains, ses provisions qu'il accusoit son fils d'avoir volées.

Il y ajoute encore les injures, les invectives atroces, les noms odieux de subornateur, corrupteur de témoins, monstre de débauche et d'ingratitude.

Testament odieux par les prétextes spécieux de restitution dont il a voilé sa colère. Pour mieux assurer l'exécution de sa vengéance, il l'a remise entre les mains des pauvres.

Second moyen : Testament inofficieux, soit parce qu'il révoque les donations faites aux enfans, soit parce qu'il institue à leur préjudice des héritiers non-capables.

Troisième moyen : Testament révoqué par la naissance d'un posthume. Application de la loi *si unquam.* Autorité de M. Tiraqueau.

Moyens des légataires.

1.° Réflexion générale : Testament qui est l'ouvrage d'un magistrat consommé, qui a voulu prévenir les jugemens de Dieu par une condamnation salutaire qu'il a prononcée contre lui-même. Inutile de chercher d'autres motifs de sa disposition que ceux qu'il a expliqués. Il est odieux de voir des enfans traiter d'hypocrisie la confession sincère de leur père.

Il a sacrifié à la charité tout ce qu'il avoit pu acquérir par un principe de cupidité.

Il a distingué dans sa personne le magistrat du père de famille. Il a vengé sévèrement sur lui-même les fautes de l'un et de l'autre. Quand il auroit exigé un compte trop rigoureux de lui-même, qui osera entrer dans un examen dont Dieu seul a pu être le témoin et le juge? Si ces motifs sont véritables, il faut retrancher tous ceux qui vous ont été expliqués, d'autant plus qu'ils sont avancés sans preuve et sans fondement.

1.° Tout ces faits ne regardent que le fils, et si la haine n'a point eu de part au jugement qui exclut Madame d'Hodic de la succession de son père, comment aura-t-elle inspiré l'exhérédation prétendue du fils? La volonté est une, indivisible ; la justice et l'injustice, la raison et la passion, la religion et l'impiété, peuvent-elles habiter dans un même cœur?

2.° On est entré dans le détail des faits qui sont les preuves de cette haine, et on a soutenu :

1.° Qu'il étoit inutile d'observer la date du testament; la vacation de l'inventaire qui le précède, ne marque aucun emportement de la part du testateur.

2.° Que tous les mémoires dont on se sert sont

des pièces informes ; qu'elles marquent une foiblesse d'esprit qui lui étoit commune avec plusieurs personnes d'un mérite distingué. Il ne vouloit perdre aucune de ses pensées ; il les mettoit en dépôt sur le papier. Toujours occupé de projets différens, il soulageoit par l'écriture la chaleur de son imagination. Il a condamné lui-même la plupart de ces pièces qui ont été trouvées barrées, et que l'on n'a ramassées que dans le désespoir d'en trouver de meilleures.

3.° Que si on examinoit même tous ces procès, ils paroissent tous également bien fondés.

Dans le premier, il y avoit un abus manifeste de la procuration du père.

Dans le second, preuve assez apparente d'un recélé.

Dans le troisième, le père avoit raison de demander les provisions de son fils. On ne les a remises entre ses papiers qu'après sa mort.

Enfin, deux réponses générales : 1.° C'étoit l'intérêt de sa fille qui l'animoit : 2.° On ne trouvera pas qu'il ait porté aucun de ces procès dans les tribunaux de la justice.

Le testament ne contient pas plus de preuves de l'animosité du testateur. On a fait plusieurs réponses aux absurdités prétendues de la distribution du legs universel, de l'exhumation de sa femme, des fondations, des frais funéraires.

Enfin, ce qui a suivi le testament ne peut le détruire.

1.° Vains projets, qui n'ont été suivis d'aucune exécution.

2.° Il ne vouloit changer la nature que de quelques-uns de ses biens. Que peut-on conclure contre le legs universel ?

Réponse au second moyen :

1.° Le testament non inofficieux, puisque réserve expresse de la légitime.

2.° Les pauvres ne sont point incapables des dispositions universelles.

Réponse au troisième moyen : l'application de la loi *si unquam*, aux donations à cause de mort, et dans le cas d'un père qui a déjà d'autres enfans, est contraire à tous les principes.

Tels sont tous les moyens qui vous ont été expliqués de part et d'autre, pour attaquer ou pour soutenir le testament qui fait le sujet de cette contestation. C'est par toutes ces raisons, que les uns veulent le faire considérer comme la production injuste de la haine d'un père contre ses propres enfans; et les autres, comme l'ouvrage de la justice d'un magistrat, de la religion d'un chrétien, et de la charité d'un homme mourant, qui veut réparer par une libéralité abondante après sa mort, la dureté qu'il avoit eue pour les pauvres pendant sa vie.

Quant a nous, pour vous proposer nos sentimens dans une cause aussi importante qu'elle est étendue, nous croyons devoir distinguer d'abord les différens intérêts de ceux qui s'élèvent aujourd'hui contre les dernières dispositions de M. de Villayer. Nous retrancherons ensuite les questions que l'on a voulu mêler dans cette cause, et qui nous paroissent ou superflues ou étrangères à sa décision : et enfin, nous nous renfermerons dans l'explication des véritables principes que nous apprenons tous les jours de la jurisprudence de vos arrêts.

Deux parties qui semblent l'une et l'autre également favorables, paroissent aujourd'hui dans votre audience, pour implorer le secours des lois contre un testament qui les prive toutes deux d'une succession que la nature leur avoit également destinée.

L'une est la fille, et l'autre est le petit-fils du testateur. Leur intérêt est le même, mais leurs moyens sont différens. Ils accusent tous deux le testateur de haine et de colère; mais outre ces raisons qui leur sont communes, le petit-fils prétend que son existence seule, que la faveur de sa naissance et sa qualité de posthume, né depuis le testament et la mort de M. de Villayer, sont des titres capables de révoquer, de rompre et d'anéantir la dernière disposition de son aïeul.

Quoique l'ordre le plus naturel parût demander ici que nous commençassions l'examen de cette cause par l'explication des moyens qui regardent tous les enfans en commun, avant que d'entrer dans le détail de ceux que l'on emprunte de la personne du petit-fils, nous croyons néanmoins pouvoir nous dispenser de ces règles ordinaires, et vous expliquer d'abord ce qui nous paroît plus simple et plus facile à décider, pour nous attacher uniquement ensuite à ce qui peut être ou plus étendu ou plus difficile.

Le seul moyen qui regarde personnellement le posthume, est celui que l'on a tiré de la fameuse disposition de la loi *si unquam C. de revocand. Donat.* On a soutenu que la survenance des enfans ne devoit pas avoir moins de force contre les dispositions à cause de mort, que contre les donations entre-vifs; que si la mort avoit enlevé le testateur avant qu'il eût eu la consolation de laisser des héritiers de son nom et de ses biens, il étoit de l'équité des juges de faire après sa mort ce qu'il n'avoit pu faire pendant sa vie, de suppléer ce qui pouvoit manquer à la sagesse de ses dernières volontés, et par une juste présomption de la pitié paternelle, réparer l'injustice qu'une mort inopinée, ou une ignorance volontaire lui avoit fait commettre : *Repentini casûs iniquitas per conjecturam paternæ pietatis emendanda est.*

Quelque couleur favorable que l'on ait voulu donner à cette prétention, il est facile de dissiper ces prétextes spécieux de justice et d'équité naturelle, si l'on s'attache aux véritables principes du droit romain; c'est la seule voie que nous puissions suivre pour décider une question sur laquelle nos coutumes ne se sont point expliquées, et dont il semble qu'elles aient laissé la décision, comme d'une infinité d'autres, ou à la sagesse des juges, ou à l'autorité de la raison écrite.

Si l'on consulte la disposition des lois civiles sur

cette matière, il semble qu'il y ait deux sortes de voies par lesquelles un posthume puisse attaquer le testament de son père ou de son aïeul.

La loi *Gallus de liberis et posthum*, et une infinité d'autres semblables, déclarent le testament rompu par la naissance du posthume qui y est oublié; et soit que cet oubli ait pour fondement une ignorance excusable, ou une haine aveugle contre un enfant qui n'étoit pas encore né, son existence seule détruit toujours un acte qui renferme une injustice évidente, quand même le testateur en seroit innocent.

Voilà la première et peut-être la seule voie que le droit romain avoit établie en faveur des posthumes oubliés dans le testament de leurs pères; et cette voie a paru si digne de la sagesse et de l'équité d'un législateur, que la seule autorité de la raison, sans le secours d'aucune loi positive, l'a souvent fait admettre dans nos mœurs. Vos arrêts l'ont plusieurs fois confirmée; et sans s'arrêter à la distinction subtile que les jurisconsultes faisoient entre un codicille et un testament, ils ont décidé qu'il suffisoit que le posthume fût oublié par son père, pour donner atteinte à une disposition que le père lui-même auroit désavouée s'il eût espéré de revivre un jour en la personne de son fils.

Mais à cette première voie que les lois avoient introduite, quelques docteurs modernes en ont ajouté une seconde, et c'est la seule qui vous ait été proposée. Ils ont prétendu que l'on pouvoit étendre ce qui a été introduit pour les donations entre-vifs, aux dispositions testamentaires, et que la survenance des enfans révoquoit également les unes et les autres.

Quoique cette opinion ne soit fondée que sur la confusion que l'on a faite des principes qui règlent la nature des donations entre-vifs, et de ceux qui déterminent le caractère des donations à cause de mort, nous ne nous arrêterons pas ici à la réfuter, et nous supposerons qu'un posthume, prétérit dans le testament de son père, peut trouver dans la loi *si unquam*, un asile assuré contre l'injustice de sa disposition.

Mais quel argument peut-on tirer de tous ces principes, en faveur du posthume dont on soutient aujourd'hui les intérêts?

Il est vrai qu'il porte le nom du testateur, qu'il descend de lui en ligne directe, et que dans le langage ordinaire, il peut être appelé son petit-fils; mais il faut reconnoître en même temps, que, suivant les expressions des lois, il ne peut être considéré que comme un étranger à son égard, incapable d'être son héritier immédiat; né et conçu après sa mort, il est de sa famille, mais il n'est point au nombre de ses parens : *Nullo jure cognationis patrem sui patris attigit.*

S'il allègue en sa faveur la disposition du droit, qui veut qu'un posthume rompe par sa naissance le testament de son père, on lui répondra que les termes mêmes de la loi dont il emprunte l'autorité, excluent nommément les posthumes qui naissent dix mois après la mort de leur aïeul.

Si, au contraire, il veut se servir de la loi *si unquam*, on lui opposera toujours, que pour jouir du privilége qu'elle accorde, il faut être héritier du donateur, et que ce titre ne peut jamais convenir à celui qui, dans le temps de l'ouverture de la succession, dans ce moment fatal qui est le seul que la loi considère, n'étoit pas encore au nombre des vivans.

Après cela, il est inutile d'examiner si les petits-enfans sont compris dans la disposition de cette loi, si la survenance d'un petit-fils peut révoquer la donation de son aïeul, lorsqu'il avoit d'autres enfans dans le temps qu'il a disposé de ses biens. Toutes les distinctions que l'on a tirées de M. Tiraqueau, sont superflues. Il suppose toujours que le petit-fils soit né, ou du moins conçu du vivant de son aïeul, afin qu'il puisse venir de son chef à sa succession; et jamais, ni cet auteur, ni tous ceux qui ont traité cette question, n'ont cru qu'elle pût être agitée en faveur d'un posthume, qui ne peut jamais être considéré ni comme l'héritier immédiat, ni même comme le parent du donateur.

Si le posthume ne peut avoir plus de droit que son père, si sa naissance n'apporte aucun changement dans cette cause, elle se réduit à examiner, non pas si le testament est révoqué, mais s'il est nul dans son principe par les raisons qui sont communes à l'une et à l'autre partie; et c'est dans cet examen que nous devons renfermer tout ce que nous avons à vous proposer dans cette cause.

Nous en retrancherons d'abord une des questions qui vous ont été expliquées, et nous ne nous attacherons point à vous prouver par une longue suite d'autorités, qu'un testament, dans lequel un père réserve expressément la légitime à ses enfans, ne peut jamais mériter le nom de testament inofficieux.

On a toujours distingué l'obligation naturelle qui, suivant le vœu commun de tous les pères, semble appeler les enfans à la succession entière de ceux qui leur ont donné la vie, de l'obligation civile qui ne rend le père véritablement débiteur que de la légitime; et puisque l'exhérédation n'est autre chose qu'un jugement domestique, par lequel un père prive ses enfans d'une succession qui leur étoit due, on ne peut pas dire qu'il les ait déshérités, lorsqu'il leur a laissé cette portion sacrée de son bien, qui est la seule que les lois leur affectent. Il a prévenu par sa disposition la querelle d'inofficiosité. La loi même protège ses dernières volontés, et elle défend, contre les plaintes injustes des enfans, ceux qui ont satisfait à toutes les obligations qu'elle leur impose.

Il est presque inutile de faire l'application de ces principes. Vous vous souvenez, MESSIEURS, des termes du testament, qui vous ont été expliqués tant de fois de part et d'autre. Vous y avez observé que si M. de Villayer répète en quatre endroits la disposition générale par laquelle il donne tout son bien aux pauvres, il répète aussi quatre fois qu'il ne prétend enrichir les pauvres que de ce que les coutumes lui permettent d'ôter à ses enfans. Il a soumis sa disposition à celle de la loi. Si la légitime est la seule dette nécessaire dont elle charge un père envers ses enfans, on ne peut pas dire qu'il les ait déshérités ; et s'il ne prononce pas la peine de l'exhérédation, son testament n'est point inofficieux.

Après avoir retranché toutes les questions qui nous paroissent étrangères à la contestation sur laquelle vous avez à prononcer, nous croyons pouvoir renfermer tout ce qui est essentiel à sa décision dans cette proposition générale :

Un testament olographe, ou solennel, qui ne contient aucunes nullités dans la forme : un testament, dont les dispositions ne peuvent à la rigueur mériter le nom d'inofficieuses, ne sauroit plus recevoir d'atteinte que par les incapacités qui se trouvent ou dans la personne du testateur ou dans celle de l'héritier institué.

C'est en vain que l'on a satisfait à toutes les solennités prescrites par les lois ou par les coutumes : c'est inutilement que pour mieux cacher un dessein injuste de haine ou de colère, on a soumis en apparence sa disposition à celle de la loi, si l'on prouve que le testateur, accablé par le nombre des années ou par l'excès de la maladie, trompé par ceux qui abusoient de la foiblesse de sa raison dans les derniers momens de sa vie, ou séduit par la colère qui aveugloit son esprit, a été le ministre d'une passion étrangère, ou l'esclave de la sienne. Si l'on ajoute à tous ces faits, qu'il a choisi un héritier incapable de recueillir sa succession à titre universel, sa disposition, quoique solennelle, demeurera sans exécution, et l'autorité de la justice détruira toujours son testament, soit parce qu'il ne porte pas le caractère d'une volonté libre, soit parce qu'il n'est point l'ouvrage d'une volonté juste et conforme à celle de la loi.

C'est par rapport à ces deux vues différentes que nous examinerons les véritables difficultés de cette cause. Nous nous attacherons d'abord à considérer la personne du testateur. Nous passerons ensuite à l'examen de la qualité des légataires universels. Nous les envisagerons, et comme personnes incertaines, et comme gens de main-morte; ce sont les deux défauts qu'on leur oppose, et par lesquels on prétend qu'ils sont incapables de recevoir une disposition universelle.

PREMIÈRE PARTIE.

Quoique l'on ait soutenu que M. de Villayer avoit été également hors d'état de disposer de ses biens, soit par la foiblesse de son esprit, qui succomboit sous le poids des années, soit par les égaremens de son cœur, qui se laissoit entraîner par les mouvemens aveugles de la haine qu'il avoit conçue contre ses enfans, nous ne distinguerons pas néanmoins dans cette première partie de la cause les faits par lesquels on prétend prouver l'imbécillité de sa raison, de ceux dont on se sert pour faire voir l'injustice de la passion dont il étoit animé.

Si l'on examine attentivement les premiers faits, on trouvera qu'il faut en distinguer de deux sortes.

Les uns sont absolument étrangers au testament; les autres, au contraire, font partie de cette cause. Ce sont des clauses et des expressions du testament même, et c'est par la contradiction et l'absurdité prétendue de ces dispositions que l'on veut détruire l'acte qui les contient.

A l'égard des premiers, on n'en rapporte aucune preuve.

On fait bien voir que M. de Villayer a eu un procès avec les Grands-Augustins. On justifie suffisamment qu'il en a intenté un autre aux Requêtes de l'Hôtel contre le nommé Fénis. Mais que le procès contre les Augustins fût injuste et téméraire; qu'il fût l'unique effet du caprice, de l'inconstance, du déréglement de l'esprit de M. de Villayer; que celui des Requêtes de l'Hôtel ne fût pas moins la marque d'une vanité ridicule, que la source de l'aversion qu'il avoit conçue contre M. d'Hodic son gendre; qu'il l'ait menacé dans ce moment de le punir par la perte de sa succession, c'est ce qui n'a point encore été justifié, et c'est cependant le seul fait qui pouvoit avoir quelque rapport avec la question que vous avez à décider.

Ajoutons même que tous ces récits, et plusieurs autres encore moins dignes de la gravité de l'audience, peuvent bien n'être pas avantageux à la mémoire de M. de Villayer; mais que, quand même leur vérité seroit constante, ils ne seroient pas capables de donner atteinte à son testament. Ils serviroient seulement à faire connoître ce que personne n'a ignoré, et ce que les légataires même n'ont pu dissimuler; qu'au milieu de plusieurs grandes qualités, le testateur avoit un caractère d'esprit singulier, une imagination vivement frappée de certains objets, une inquiétude naturelle qui lui faisoit former continuellement de nouveaux desseins, souvent inutiles pour lui, encore plus pour le public. Mais cette singularité d'esprit le rendoit-elle incapable de disposer de ses biens? Et pourra-t-on soutenir qu'un magistrat qui assistoit tous les jours au conseil du roi, où son âge l'avoit élevé à la qualité de doyen, qui y décidoit des biens et de la fortune des hommes, qui y interprétoit les lois et les ordonnances, n'étoit pas en état de conduire ses propres affaires, de prononcer un jugement domestique entre ses enfans, et de dicter en mourant ce que les jurisconsultes appellent une loi privée que le testateur dicte à sa postérité; comme si les fonctions les plus importantes de la justice demandoient moins de force et de liberté d'esprit, que l'administration des biens d'un particulier, et que le caractère d'un véritable magistrat fût plus facile à soutenir que celui d'un bon père de famille?

Nous ne nous arrêterons donc pas davantage à l'explication de ces premiers faits. La liberté qu'on s'est donnée de les proposer pourroit avoir des conséquences pernicieuses, si elles étoient autorisées par la justice; et les testamens des plus grands hommes ne seroient pas en sûreté, s'il suffisoit, pour leur donner atteinte, de rapporter quelque preuve de la bizarrerie ou de la singularité de l'esprit du testateur.

Il y a d'autres faits beaucoup plus importans : ce sont ceux qui résultent du testament même. Nous n'avons garde de les omettre. Il n'y en a point de plus essentiels ; mais comme on peut les considérer comme une suite de la colère dont on accuse M. de Villayer, nous les confondrons avec les preuves de cette haine, qui, si l'on en croit les héritiers, leur a servi de principe.

Et puisque cette première partie de la cause, dégagée de toutes les questions et de tous les faits inutiles, se réduit uniquement à examiner quels sont les motifs qui ont animé l'esprit et conduit la plume du testateur, souffrez, MESSIEURS, que nous reprenions en peu de mots les véritables principes sur lesquels vos arrêts se sont fondés, lorsque par une couleur inconnue à la jurisprudence romaine, ils ont souvent infirmé le testament d'un père irrité, qui avoit réduit ses enfans à la légitime.

En effet, si cette cause avoit dû être décidée par les principes rigoureux du droit romain, si elle avoit été plaidée devant les centumvirs, juges ordinaires des testamens inofficieux, la faveur des enfans auroit été un foible argument contre l'autorité du testament de leur père.

L'héritier institué auroit fait parler pour lui toutes les dispositions des lois, toutes les décisions des jurisconsultes, qui n'obligent le père qu'à laisser la légitime à ses enfans. Arbitre souverain dans sa famille, maître absolu de tous ses biens, quand il a satisfait au seul devoir que la loi lui impose; quand il n'a ni oublié ni déshérité injustement ses enfans, il peut disposer en législateur du reste de sa succession. *Securè testatus est*, dit Papinien : et bien loin que les plaintes des enfans puissent être écoutées, ils doivent respecter cette loi rigoureuse, mais juste et irrévocable, que le père a prononcée contre eux.

Quelque respect que l'on doive à la mémoire de ces grands hommes qui ont rendu Rome aussi célèbre par la sagesse de ses lois, qu'elle l'étoit avant eux par la force de ses armes, il faut avouer néanmoins que cette sévérité résistoit aux premières lois de la nature, et qu'elle ne pouvoit être considérée que comme un reste de cette puissance inhumaine qui rendoit les pères maîtres absolus de la vie et de la mort, des biens et de la fortune de leurs enfans.

Vos arrêts, plus conformes à l'équité, plus attentifs à la voix du sang et de la nature, ont distingué deux sortes de biens dans la succession d'un père.

Les uns, qui sont tellement affectés, que le père n'en peut jamais disposer à leur préjudice, sans une des clauses prescrites par la Novelle de Justinien, ou par les ordonnances de nos rois.

Les autres, dont on laisse à la vérité la libre disposition au père, mais avec cette condition essentielle, qu'il n'abusera pas du pouvoir que la loi ne lui confie que pour le bien de sa famille; qu'il n'écoutera jamais les conseils violens de son aversion injuste, ou de sa prédilection aveugle pour un de ses enfans; que la pitié d'un père, et la prudence d'un père de famille animeroit toutes ses dispositions. Comme il tient toute son autorité de la loi, c'est à elle qu'il doit rendre compte de l'usage qu'il en a fait. Le jugement qu'il a prononcé est réformé dans le tribunal supérieur de la justice; et lorsque le père s'est rendu indigne de la qualité de juge et de législateur, la loi venge elle-même l'injure qui lui est faite; et reprenant ses premiers droits, elle rend aux enfans ce que le père leur avoit ôté injustement.

Pour établir une jurisprudence si contraire au droit romain, on s'est heureusement servi des principes du droit romain même.

Peut-on croire qu'un testament qui a pour principe la haine et la passion d'un père, puisse être appelé, *voluntatis nostræ justa sententia?* Trouvera-t-on dans un testateur agité par des mouvemens si contraires à la raison, cette intégrité de l'esprit, infiniment plus nécessaire que la santé du corps? Enfin, dira-t-on qu'un testament soit fait *ex officio pietatis*, lorsqu'il donne à des étrangers le pain qui étoit destiné aux enfans légitimes, et que leur père leur laisse à regret ce qu'il voudroit que la loi lui permît de leur ôter?

Si l'on oppose que la justice ne présume plus de colère et d'emportement dans un père qui a réservé la légitime à ses enfans, il est facile de répondre, que si la loi n'écoute plus à la vérité ces présomptions générales, elle n'exclut pas les preuves particulières de la haine qui a inspiré le testament; et ce seroit trop déférer à cette précaution souvent criminelle d'un testateur, que de refuser aux héritiers du sang le droit de rapporter des argumens propres au fait dont il s'agit, souvent plus forts que les conjectures communes et établies par l'autorité des lois.

C'est sur le fondement de tous ces principes que quelques-unes de nos coutumes autorisent expressément les plaintes des enfans réduits à leur légitime. Il n'y en a point de plus formelle que celle de Bretagne.

Elle ne soumet à la disposition de l'homme que le tiers de ses biens; et même, dans ce tiers qu'elle lui abandonne, elle ne lui laisse pas un pouvoir aveugle et arbitraire. Elle ne confirme sa disposition, qu'en cas qu'elle ne soit pas faite en fraude ou en haine de l'héritier apparent.

La sagesse de cette coutume a servi de modèle à la jurisprudence de vos arrêts, et elle est d'autant plus importante dans cette cause, qu'elle ne doit pas y être considérée comme un exemple et une autorité, mais comme une règle et un principe de décision, puisqu'une grande partie des biens de M. Villayer est située en Bretagne, et assujettie à l'autorité de cette loi.

Concluons donc de toutes ces observations, que parmi nous il ne suffit pas à un père de laisser la légitime à ses enfans. La faveur de ce nom est si grande, et dans l'esprit de nos coutumes, et dans la jurisprudence de vos arrêts, que lorsque le père les a privés du surplus de ses biens, la justice a droit d'examiner encore quels sont les motifs de son testament. Et, soit qu'il ait préféré un seul de ses enfans à tous les autres, soit que par une disposition encore plus extraordinaire, il ait préféré un étranger à ses propres enfans, on ne confirme jamais son choix, que lorsqu'il a pour fondement l'amour même de ses enfans et le bien de sa famille.

Enfin, vous avez jugé plusieurs fois que la haine et la colère étoient si contraires à la liberté de l'esprit qui est si nécesaire pour la validité d'un testament, que quand même l'aversion du testateur n'auroit eu pour objet qu'un seul de ses héritiers, si néanmoins il les a privés tous également de sa succession, son testament ne peut jamais être exécuté, même pour la part de celui qui ne se plaint pas de la colère du testateur, parce que la volonté qui produit un testament est invisible dans son principe, quoiqu'elle puisse être divisée dans ses suites. Tout ce qui vient d'une source si corrompue est infecté dans son origine; et comme autrefois dans le droit romain, la prétérition ou exhérédation injuste d'un seul des enfans rendoit tout le testament nul, de même parmi nous, l'animosité d'un père contre un seul de ses héritiers suffit pour anéantir toute sa disposition.

Tels sont tous les principes généraux que nous trouvons écrits dans la jurisprudence de vos arrêts. Voyons maintenant quelle peut en être l'application à l'espèce de cette cause. Examinons les différentes preuves que l'on allègue pour convaincre le testateur de haine et de colère, *quasi non sanæ mentis fuerit, cùm testamentum ordinavit.*

Nous en distinguerons de deux sortes.

Les unes particulières à feu M. de Villayer, conseiller au parlement de Bretagne, fils aîné du testateur.

Les autres, qui lui sont communes avec Madame d'Hodic sa sœur.

Faits qui regardent uniquement M. de Villayer fils.

Si M. de Villayer n'avoit pas eu la facilité de confier témérairement au premier papier qu'il trouvoit sous sa main, les différentes pensées dont il étoit agité, il n'auroit laissé à ses enfans aucun autre titre pour attaquer les dispositions de son testament, que le testament même qui les contient.

Mais on prétend que la haine dont il étoit animé ne lui permettoit pas de renfermer en lui-même tous les mouvemens qui le possédoient, et que par un effet de la Providence qui s'est déclarée ouvertement pour ses enfans, son imprudence a détruit cet ouvrage d'iniquité que sa passion avoit élevé.

Il est donc nécessaire d'entrer dans le détail de ces mémoires presque immenses, dont on emprunte les plus fortes conjectures, pour ne pas dire les preuves les plus solides des véritables motifs qui ont inspiré sa disposition.

Deux réflexions générales sur la forme et sur la nature de toutes ces pièces.

1.° Quelque informes qu'elles paroissent, leur vérité ne peut être contestée, et quelques efforts qu'on ait faits pour les combattre, on n'a pu répandre aucun soupçon légitime contre leur sincérité.

Il faut en distinguer trois espèces différentes.

Les unes sont écrites de la main de M. de Villayer: les autres sont l'ouvrage d'une main étrangère; mais la plupart sont apostillées de la main du testateur: les dernières sont des Mémoires imprimés, des Factums imparfaits, des réflexions détachées sur les preuves dont M. de Villayer avoit dessein de se servir contre son fils.

Toutes ces pièces ont été trouvées sous le scellé; elles sont toutes inventoriées, et quoique cette précaution parût suffisante, les enfans en ont fait reconnoître un grand nombre, dans lequel on a compris toutes celles qu'ils ont regardées comme des armes que le testateur lui-même leur avoit fournies contre son testament.

1.° On a voulu détruire ou affoiblir l'autorité de ces mémoires, en vous disant qu'ils ne sont point le fruit d'une mûre délibération, ni d'une volonté constante et déterminée du testateur; que ce sont des papiers inutiles qu'il n'avoit écrits que pour lui-même, qui ne devoient jamais voir le jour, encore moins être exposés aux yeux de la justice; que la plupart de ces pièces se trouvoient rayées et barrées, et que puisque M. de Villayer avoit condamné par avance ces expressions trop fortes, que la chaleur de son imagination lui avoit inspirées, on ne pouvoit faire revivre aujourd'hui des sentimens qu'il a lui-même étouffés dans leur naissance, ni abuser de quelques papiers qu'il a négligé de brûler pour déshonorer sa mémoire.

La seule lecture de tous ces mémoires, auxquels on a voulu donner le nom de papiers de rebut, dissipe tellement toutes ces objections, qu'il est surprenant qu'on ait osé vous les proposer. Il y en a plusieurs qui ne sont ni effacés, ni barrés. Si l'on en trouve quelques-uns rayés de la main de M. de Villayer, on ne peut en tirer aucun avantage pour justifier la droiture de ses intentions : il ne rayoit l'original, qu'après en avoir fait faire une copie, ou même après l'avoir fait imprimer; et les originaux barrés de la main du testateur sont toujours suivis d'une copie manuscrite ou imprimée, qui bien loin d'avoir été rejetée par M. de Villayer, se trouve presque toujours apostillée de sa main.

Qu'on ne dise donc point qu'il a lui-même condamné de sang-froid ce que les mouvemens d'une imagination trop échauffée lui avoient fait faire. Non-seulement il a eu la force d'écrire de sa main des injures atroces contre son propre fils; mais la persévérance de sa haine l'a porté jusqu'à les faire copier par une main étrangère; et non content d'avoir eu ce confident domestique de sa passion, il a voulu que l'impression de ces mémoires rendît tout le public témoin de ses emportemens.

Qu'on ne dise pas non plus que ce sont des pièces informes, imparfaites, des projets mal conçus, sans ordre et sans suite, qui n'auroient été suivis d'aucune exécution ; car bien loin que de pareilles réflexions puissent combattre la force de ces écrits, c'est ce qui achève de les rendre décisifs.

Ce n'est point dans des titres authentiques qu'on doit chercher la preuve de la haine d'un testateur. Quel est le père assez aveuglé par sa passion, pour la confier au public dans des actes solennels ? Et ne voit-on pas au contraire que tous ceux qui ont conçu le dessein injuste de dépouiller leurs enfans des biens que la nature leur avoit destinés, ne laissent échapper aucune preuve de leur colère dans leur testament, et que par une précaution plus funeste à leurs héritiers qu'une déclaration ouverte de leur haine et de leur ressentiment, ils empruntent le langage d'un véritable père, dans le temps même qu'ils en ont perdu les sentimens ?

Jamais on ne parviendroit à la connoissance des véritables motifs qui ont inspiré un testament, si on rejetoit des preuves pareilles à celles qu'on allégue en cette cause. Disons même qu'elles sont plus fortes que toutes celles qu'on pourroit rapporter. Elles portent un caractère de naïveté, de sincérité, de vérité, qui les met à couvert de tout soupçon. C'est dans ces mémoires informes et imparfaits, mal conçus, et encore plus mal digérés, que l'on connoît mieux tous les sentimens de celui qui les a écrits. Partout ailleurs il a cherché à se cacher aux yeux du public ; c'est là qu'il s'est dépeint tel qu'il étoit à ses propres yeux. C'est dans cet intérieur qu'il ne pensoit pas qu'on dût jamais pénétrer ; c'est dans ce secret où il n'avoit point d'autre témoin de sa passion que lui-même, qu'il a découvert tous les mouvemens de son cœur, que s'il est permis de s'expliquer ainsi, il a fait voir toute son âme, et que la peinture qu'il en a faite, a été d'autant plus fidèle, qu'il ne songeoit qu'à exprimer ce qui se passoit au-dedans de lui-même, sans vouloir en faire un portrait capable de plaire aux autres hommes.

Ainsi, de quelque côté que l'on envisage ces mémoires, ils sont aussi favorables à l'intérêt des enfans qu'injurieux à la mémoire du père.

Si on les considère comme des écrits qu'il vouloit donner au public, peut-on blâmer avec justice ceux qui s'en servent aujourd'hui contre lui-même?

Si on les regarde comme des mémoires qu'il ne dressoit que pour lui, ce sont des preuves d'autant plus fortes et plus naturelles de ses véritables dispositions, qu'elles sont moins étudiées. Mais après avoir rétabli l'autorité de ces pièces qu'on avoit voulu vous rendre suspectes, il ne reste plus qu'à examiner le détail des faits qu'elles contiennent.

On ne sauroit ouvrir ces volumes prodigieux de différens mémoires qu'on a inventoriés après le décès de M. de Villayer, sans être surpris de voir un vieillard âgé de quatre-vingt-trois ans, un magistrat consommé dans les plus saintes fonctions de la justice, et pour dire encore quelque chose de plus fort, un père occupé dans les derniers momens de sa vie à dresser des inventaires de productions contre son fils, à écrire des mémoires, à composer des factums, à ramasser un grand nombre de faits, de preuves, d'argumens, pour troubler, en mourant, la paix et la tranquillité de sa famille, pour armer ses enfans les uns contre les autres, et pour laisser après sa mort des héritiers de sa haine encore plus que de ses biens.

Il suffiroit presque de dire, pour prouver sa colère, qu'il méditoit une longue suite de procès contre son fils. Le nom seul de procès, et de procès entre proches, renferme presque toujours la preuve d'une haine déclarée. Telle est la juste punition de ceux qui ont commencé par rompre les liens du sang et de la nature, pour se livrer aux mouvemens aveugles de leur intérêt ou de leur vengeance. Si l'on trouve quelques exemples de modération entre des étrangers que leur intérêt divise, il est très-rare de voir des proches plaider sans aigreur et sans emportement les uns contre les autres : *Quæque inter concordes vincula caritatis, inter infensos incitamenta irarum.*

Mais sans nous arrêter à cette observation générale, entrons dans l'examen de tous ces procès, et réduisons-les à trois circonstances principales, qui comprennent toutes les inductions qu'on peut en tirer.

Ce sont des procès que le père commence, dont il est le premier et l'unique auteur ; le fils n'y a aucune part.

Ces procès sont presque tous injustes, odieux, téméraires.

Enfin, les injures les plus atroces, les invectives les plus fortes, qui ne sont d'ordinaire que le fruit malheureux d'une longue contestation, préviennent ici la contestation même. Il est aisé de juger par là à quels excès d'emportement la passion auroit porté ce père, si le fils eût augmenté par sa résistance ce feu qui n'étoit déjà que trop allumé.

Examinons donc toutes ces circonstances, et remarquons d'abord qu'on ne peut point ici se servir de ce moyen général que l'on a souvent opposé aux enfans qui avoient eu des procès contre leurs pères. On ne sauroit montrer que M. de Villayer fils ait jamais formé aucune demande contre M. son père ; que par une fausse prudence il ait intenté contre lui un procès, pour prévenir par là l'effet d'une exhérédation dont il auroit été justement menacé. Si l'on compare la conduite du fils avec celle du père, on trouvera d'un côté un silence profond de la part du fils, une soumission aveugle aux volontés de son père ; non pas à la vérité pour le réglement de ses mœurs, mais pour tout ce qui pouvoit regarder son intérêt : et de l'autre côté, on ne verra que desseins injustes, que projets téméraires, qu'une longue et odieuse recherche de tout ce qui pouvoit nuire à son fils.

Nous vous avons déjà expliqué par avance les fondemens des trois principaux procès qui ont occupé les dernières pensées du testateur. Il vouloit obliger son fils à rapporter l'office de conseiller au parlement de Bretagne, sur le pied de cent mille livres, quoique dans le contrat de mariage du fils, il fût dit que ce rapport ne seroit fait que sur le pied de la dernière charge qui avoit été vendue.

Il prétendoit le rendre coupable d'un recélé et divertissement imaginaire, commis, à ce qu'il soutenoit, dans la succession de Madame de Longlée, son aïeule.

Enfin, il vouloit le noircir par une accusation capitale. Il publioit hautement (ce sont ses propres termes) que son fils avoit arraché, volé, pillé ses provisions; et que par une hardiesse punissable, il avoit falsifié les registres du parlement de Bretagne, et ceux de la chambre des comptes de sa province.

De tous ces projets que M. de Villayer avoit conçus avec tant de chaleur, et que la mort seule l'a empêché d'exécuter, il n'y a que le premier qui puisse avoir quelque couleur de justice et d'équité.

On pouvoit dire en faveur du père, que la clause par laquelle on obligeoit le fils à ne rapporter sa charge que sur le pied de la dernière vendue, avoit été ajoutée à son contrat de mariage par surprise et par artifice; que l'on avoit excédé les bornes de la procuration que le père avoit donnée au sieur de la Touche, pour assister en son nom au mariage de son fils.

Quoique ce procès n'eût pas été sans fondement si M. de Villayer l'avoit commencé peu de temps après le mariage, il faut avouer que son silence pendant près de vingt années, rendoit sa poursuite odieuse, et sa prétention défavorable.

Pourra-t-on se persuader qu'un père de famille, aussi attentif à ses intérêts que M. de Villayer l'a toujours paru, ait ignoré pendant vingt ans les clauses du contrat de mariage de son fils? Et s'il en a eu une parfaite connoissance, comme il est presque impossible d'en douter, ne pouvoit-on pas soutenir qu'il l'avoit approuvé, ratifié, confirmé par son silence?

Supposons néanmoins que ce contrat ait été toujours secret, que l'on ait affecté d'en dérober la connoissance à M. de Villayer, que ce mystère n'ait été découvert qu'en l'année 1689, dans le temps du décès de Madame de Villayer, quel intérêt pouvoit-il avoir à poursuivre avec tant de chaleur une action qui n'étoit pas encore née, à informer le public de cette contestation future, par des factums et par des libelles imprimés? Le fils ne lui demandoit ni compte ni partage. La disposition précise de son contrat de mariage suspendoit toutes ses poursuites.

Jusque-là il étoit inutile d'examiner sur quel pied il rapporteroit la charge dont il étoit pourvu; cette action ne regardoit en aucune manière la personne de M. de Villayer. Elle appartenoit à sa succession, elle ne regardoit que les héritiers.

Mais, dit-on, c'est la faveur même de ces héritiers, et le désir de conserver l'égalité entr'eux, qui a dicté tous ces mémoires à M. de Villayer : ce n'étoit point son intérêt qui l'animoit, c'étoit uniquement celui de sa fille. Il ne vouloit pas qu'elle fût après sa mort la victime de l'avarice de son fils. Il vouloit l'instruire de ses véritables droits, lui donner des armes pour se défendre. C'est ce qu'il a lui-même expressément déclaré dans quelques-uns de ses écrits, dont on se sert mal à propos aujourd'hui pour déshonorer sa mémoire.

Quelque spécieuse que soit cette objection, il est néanmoins facile de la détruire.

Premièrement, quoiqu'en quelques endroits de ces mémoires M. de Villayer ait voulu joindre l'intérêt de sa fille avec le sien pour rendre sa cause plus favorable, il faut avouer néanmoins que presque partout il ne parle que de lui, il n'agit que pour lui, il ne se plaint que de l'injustice de son fils envers lui. S'il a parlé quelquefois de sa fille, c'étoit, comme il l'a marqué dans quelques mémoires qui vous ont été lus, pour intéresser M. d'Hodic son gendre à la défense de ses prétentions ; c'étoit pour se servir de son crédit dans quelques occasions où il pouvoit lui être nécessaire en Bretagne. Faut-il enfin d'autre preuve pour faire voir que le père croyoit travailler pour lui et non pour sa fille, que le procès même qu'il a intenté contre celui qu'il avoit chargé de sa procuration dans le temps du mariage ? Procès dans lequel il demandoit qu'il fût tenu de rapporter l'original de la procuration, pour être en droit ensuite de former sa demande contre son fils.

Et par là vous voyez, MESSIEURS, si l'on a eu raison de vous dire que tous ces mémoires manuscrits ou imprimés n'étoient que des papiers de rebut, pièces informes, projets demeurés sans exécution. Le tribunal des requêtes du palais a été instruit des prétentions de M. de Villayer. Il les a exposées dans sa requête, sur laquelle il a obtenu permission de faire assigner celui qu'il avoit chargé de sa procuration pour assister au mariage de son fils ; et si la mort ne l'avoit pas prévenu, il auroit fait éclater aux yeux du public et de la justice, cette colère dont on cherche aujourd'hui des preuves.

Mais, en second lieu, comment peut-on soutenir que M. de Villayer n'avoit eu en vue dans ce procès que l'intérêt de Madame d'Hodic, puisque dans son testament il ne l'a pas traitée plus favorablement que son fils ? Il l'a réduite également à sa légitime, et par là il a retranché toutes les questions qui pouvoient naître entr'eux sur la valeur de cette charge ; et cette raison est d'autant plus forte, qu'il y a grande apparence que tous les mémoires sont postérieurs au testament. Les légataires eux-mêmes ont soutenu que M. de Villayer n'avoit eu aucune connoissance du contrat de mariage de son fils, que dans le temps de l'inventaire fait après le décès de sa femme, c'est-à-dire, dans le temps même du testament ; et si tous ces mémoires sont postérieurs aux dernières dispositions de M. de Villayer, comment pourra-t-on soutenir qu'il n'a été conduit que par l'intérêt d'une fille qu'il excluoit de sa succession, qu'il réduisoit à sa légitime, et qu'il traitoit aussi durement que son fils, l'objet de toute sa colère ?

Si nous passons de ce premier procès à l'examen des deux autres, nous trouverons qu'ils sont encore plus odieux, parce qu'ils sont plus destitués de prétextes et d'apparences.

Peut-on douter de la colère injuste d'un père contre son fils, quand on voit qu'il veut le rendre coupable de vol, de recélé, de divertissement ? Mais dans quelles circonstances ! Vingt-deux ans après la mort de celle dont il l'accuse d'avoir pillé la succession. Nulle plainte, nulle accusation dans le temps de son décès, nuls soupçons contre le fils; et après un silence de vingt-deux années, lorsque le crime seroit éteint même à l'égard des étrangers, un père entreprendra de former contre son fils une accusation odieuse, sans prétexte et sans fondement, et l'on doutera encore de sa colère !

Mais quand le père seroit innocent dans les deux premiers procès, qui pourroit excuser sa conduite dans le troisième ?

M. de Villayer veut persuader au public et à la justice, que son fils a violé la foi du dépôt public des registres du parlement; qu'il n'a pas respecté ceux de la chambre des comptes; qu'il a commis partout des vols, des faussetés, des crimes énormes. Il s'adresse à tous les juges, il implore le secours des premiers magistrats. Il porte sa plainte à M. le chancelier : il obtient de lui une lettre pour M. le procureur-général du parlement de Bretagne; en un mot, il n'oublie rien pour rendre son fils coupable, ou du moins très-suspect d'un crime capital.

Le fondement de sa plainte est la perte des provisions de l'office de conseiller au parlement de Bretagne. Il exagère la faute de son fils : il la dépeint avec les plus vives couleurs que son imagination échauffée peut lui fournir.

Et cependant, après sa mort, on trouve sous le scellé les provisions de son fils, qui étoient le sujet de toutes ses invectives; et dans le temps qu'il l'accusoit de les avoir volées, il les avoit entre les mains.

Quelle preuve peut jamais égaler celle qui résulte d'un fait si important? Qui pourroit croire qu'un père ne se contentât pas d'intenter contre son fils des procès téméraires pour un intérêt civil; que sa passion le portât encore à passer jusqu'à la calomnie, pour déshonorer son fils, et pour sacrifier à ses ressentimens au moins sa réputation, et peut-être sa vie civile?

On a tâché de diminuer la force de cette induction par des faits avancés sans preuves. On a voulu vous insinuer que M. de Villayer fils avoit eu l'artifice de faire glisser ses provisions dans les papiers de M. son père. Mais quelle preuve d'un fait de cette qualité? et d'ailleurs, quel intérêt le fils avoit-il à cacher ses provisions? Elles ne contenoient rien que d'ordinaire; au lieu que le père cherchoit à autoriser son jugement par toutes sortes de voies injustes. Aveuglé par sa colère, il vouloit que son fils fût coupable.

Mais ne nous étendons pas davantage sur des faits qui sont plus forts que toutes nos paroles. Achevons d'expliquer la dernière circonstance des faits qui regardent la personne de M. de Villayer fils, c'est-à-dire la passion répandue dans tous les écrits du testateur; cette passion injuste qui lui a fait concevoir tant de projets téméraires, et qui l'a porté à déchirer la réputation de son fils par une infinité d'injures écrites de sa main, qui sont une preuve invincible des véritables motifs qui ont inspiré sa disposition.

C'est-là qu'on voit un père agité par les mouvemens déréglés d'un ressentiment injuste, accuser son fils d'avoir corrompu un notaire, suborné des témoins, gagné par argent des domestiques pour tromper son père et toute sa famille.

Les expressions les plus fortes lui paroissent trop foibles pour expliquer tous les sentimens qu'il a contre son fils. . . . .

Après avoir employé les termes d'ingratitude, de mauvaise foi, d'imposture, d'iniquité, il déclare qu'il veut encore ménager l'honneur de son fils, et ne pas l'exposer à la confusion qu'il mérite.

Il joint les figures les plus véhémentes aux expressions les plus injurieuses. Si l'on écoute sa passion, de trois cents mille officiers, et de trois cents mille enfans, il ne s'est jamais trouvé ni un juge plus méchant et moins éclairé, ni un fils plus injuste, plus dénaturé, plus déréglé que le sien.

Il l'appelle souvent monstre d'ingratitude, possédé du désir effréné d'avoir du bien *per fas et nefas*, voleur, faussaire, ennemi de tout bien, injuste envers son père et sa mère, sa sœur, toute sa famille, monstre de débauche, coupable enfin des plus grands crimes.

Est-ce là le langage d'un père? Reconnoît-on dans ces expressions la voix de la nature, le souvenir de la pitié paternelle; ou plutôt, ne remarque-t-on pas l'excès d'une haine aveugle, d'une passion injuste, qui après avoir corrompu le cœur de M. de Villayer, avoit même déréglé son esprit?

Réunissons toutes ces preuves, et voyons par cet assemblage de tant de faits, quelles ont été les dispositions du testateur à l'égard d'un de ses enfans.

Vous avez vu dans la conduite de M. de Villayer un père occupé à préparer une longue suite de procès contre son fils :

Un père qui n'a jamais été attaqué par ses enfans, mais qui au contraire a toujours été et le premier et le seul auteur de la division :

Un père qui a concu des projets injustes; qui non content de vouloir troubler son fils dans ses biens, a voulu le couvrir d'une confusion éternelle :

Enfin un père qui accompagne tous ses préparatifs des injures les plus atroces, des calomnies les plus sanglantes, et des invectives les plus envenimées.

Après vous avoir marqué le caractère qu'il a tracé de ses sentimens dans tous ses écrits, nous pourrions finir ici l'explication de cette cause, puisque, selon les sentimens des docteurs, la haine du testateur contre un des héritiers, détruit tout l'acte qui a eu un principe si vicieux. Nous pourrions dès à présent nous élever contre une disposition si injuste.

Nous ajouterions même que ces principes ont une application d'autant plus naturelle à cette cause, que la haine que M. de Villayer avoit contre son fils, pouvoit lui faire craindre qu'il ne trouvât un jour ses biens confondus dans la succession de sa sœur qui n'avoit point d'enfans.

Mais puisque ces preuves ne sont pas les seules, et qu'il y en a de communes aux deux héritiers, nous ne pouvons nous dispenser de les expliquer ici le plus sommairement qu'il nous sera possible.

Nous en distinguerons de deux sortes; les unes sont tirées du testament même, les autres de quelques faits qui l'ont suivi.

On a eu raison de vous dire, que pour détruire le testament il ne falloit employer que le testament même; et c'est ici que l'on doit joindre les preuves de la foiblesse d'esprit du testateur avec celles de sa haine.

On peut y distinguer deux choses :

Le temps de la date du testament;

Les dispositions de ce testament.

Il semble que la Providence ait permis que ce testament injuste fût précédé immédiatement d'une circonstance foible par elle-même, mais qui jointe aux autres preuves, peut faire une présomption violente de la passion.

C'est la vacation du 30 janvier 1690, où l'on voit les accusations obliques du père, les défenses respectueuses du fils. Quoiqu'il ne paroisse pas d'emportement dans le père, ses actions ont marqué les véritables sentimens de son cœur.

Voilà toujours une accusation intentée contre son fils, mais une accusation fausse, injuste, téméraire. Et quand on voit un dessein si odieux, suivi deux jours après d'un testament tel que celui dont il s'agit, qui peut douter, qui peut même demander des preuves de la violence et de la passion ?

Passons de la date aux dispositions du testament.

Première réflexion. Silence profond du père à l'égard de ses enfans, oubli criminel, insensibilité que les lois appellent du nom de fureur.

Heureux s'il eût suivi l'exemple de sa femme, dont le testament ne contient que des vœux et des prières, des exhortations à la paix et à l'union. Ainsi sa mémoire est en bénédiction, dans le temps qu'on accuse celle de son mari.

Si en deux endroits il parle de ses enfans, dans l'un il n'envisage M.me d'Hodic que comme créancière : dans l'autre, c'est pour les obliger à rapporter les avantages qu'il leur avoit faits.

Quoique cette clause puisse être interprétée favorablement, cependant elle contient une preuve trop évidente de la crainte que le père a eue de laisser à ses enfans plus que leur légitime.

Seroit-il nécessaire d'alléguer d'autres preuves que ce silence criminel, sans raison, sans prétexte? Silence inexcusable, que la seule passion ou la seule foiblesse de l'esprit a pu inspirer; une fille innocente confondue avec un fils qu'il croit coupable. Est-ce là la justice d'un père, et d'un père mourant ?

Si nous entrons dans le détail des dispositions, nous y trouvons deux sortes de legs.

1.° Un legs universel, dont la distribution est ridicule, absurde, inexplicable; un tiers à l'Hôtel-Dieu; un autre tiers pour des messes; et le surplus, il le remet à la disposition de ses exécuteurs testamentaires. Quelle singularité! quelle négligence dans une action si importante! Il manifeste par là que sa principale intention étoit d'exclure ses enfans de sa succession, et qu'il étoit peu occupé de tout le reste.

2.° Il fait des legs particuliers et des dispositions singulières, dans lesquelles on peut remarquer

1.° L'exhumation de sa femme, enterrée depuis trois mois. Il étoit en parfaite santé; et l'attachement qu'il avoit pour les biens de la terre ne fait pas présumer qu'il pensât à les quitter si promptement.

2.° Les frais funéraires qu'il semble retrancher, en voulant être enterré sans pompe ; néanmoins il ajoute qu'ils ne pourront excéder trois mille livres.

3.° Les fondations qu'il fait.

En premier lieu, pour demander à Dieu une bonne mort, après qu'il seroit décédé.

En second lieu, une messe, à commencer un mois avant son testament. Quel égarement d'esprit !

Passons à la seconde espèce de preuves communes aux enfans, et c'est ce qui a suivi le testament.

Il suffit d'observer 1.° que le testateur, si zélé en apparence pour l'intérêt des pauvres, veut dissiper tout son bien, le placer à fonds perdu, sur le clergé, à la tontine, aux cordeliers ; il cherche à dégrader la terre de Villayer, à vendre toutes ses autres terres. La preuve que cela est fait depuis le testament, est qu'il semble dans ses mémoires vouloir prévenir les plaintes de ses enfans.

Or, de même que les pères de l'église ont dit qu'il n'y avoit que deux principes de toutes nos actions, la charité et la cupidité ; on peut dire ici que le testateur n'a pu être animé que par deux motifs différens, l'amour des pauvres, la haine de ses enfans.

Si l'on justifie que ce n'est point le premier, ce ne peut être que le second, etc.

2.° Que dans cette résolution aveugle que le père avoit prise de dissiper tout son bien, il lui est échappé de parler deux ou trois fois de son fils, quoique cela n'eut aucun rapport avec ce qu'il écrivoit.

C'est ainsi que dans son *agenda*, après avoir dit qu'il veut vendre ses terres, il ajoute aussitôt : *Il faut faire assigner mon fils, pour me payer les pensions de sa femme.*

C'est encore dans le même esprit, qu'après avoir dit qu'il fera bon compte de sa maison aux cordeliers, il ajoute dans un mémoire qu'il n'écrit que pour lui-même : *Il n'en faut parler à personne, mon fils n'en use pas bien.*

Pour réunir en peu de mots tout ce que nous avons expliqué dans cette première partie, nous reconnoissons à ses traits un père également incapable de faire des dispositions pour ôter son bien à ses enfans, soit par la haine, soit par la foiblesse de son esprit.

Nous en trouvons des preuves décisives.

Les unes qui sont particulières au fils, telles que ces préparatifs de procès où le père est agresseur, où le père est mal fondé, où le père se répand en injures atroces, etc.

Les autres qui sont communes aux deux enfans.

1.° Le testament, sa date, et ses absurdités.

2.° Tout ce qui l'a suivi.

SECONDE PARTIE.

La discussion de la seconde partie sera beaucoup plus courte que celle de la première.

Nous n'entrerons point dans un long examen de la qualité des légataires universels.

1.° Ce sont des personnes incertaines; mais parmi nous, on fait peu d'attention à cette objection, lorsque la qualité de ceux qui sont l'objet de la disposition est indiquée.

2.° On soutient que ce sont des personnes incapables de dispositions universelles.

Nulle loi positive qui ait établi cette incapacité, mais jurisprudence certaine qui les empêche de recueillir tout l'effet d'une pareille disposition, lorsqu'elle est excessive et faite dans la vue de dépouiller les héritiers légitimes, même en ligne collatérale.

Aucun exemple qu'on ait autorisé un legs universel fait en leur faveur, au préjudice des héritiers en ligne directe.

Il nous reste à examiner une objection générale, et que nous avons réservée à la fin de cette cause, parce qu'elle est commune à ses deux parties. Ce n'est point, dit-on, un legs, c'est une restitution. Un testateur, est toujours capable de le faire. Les pauvres sont toujours capables de la recevoir.

Mais 1.° il ne peut plus être douteux que la haine n'ait inspiré ce testament, et n'ait porté à le revêtir d'une couleur recherchée.

2.° Il est dangereux d'écouter trop légèrement de pareilles déclarations. Il en est de même de ceux qui instituoient autrefois les empereurs héritiers, pour voiler leur injustice sous l'ombre et la protection de ce nom auguste.

3.° Nulle preuve dans les papiers de M. de Villayer, de ce commerce condamnable dont il s'accuse.

Nous sommes donc dans le cas de donner des bornes à cet excès de libéralité, et de faire ce que la cour a fait en plusieurs occasions, en accordant aux pauvres la somme qu'elle jugera convenable, au lieu d'un legs universel dicté par la haine, et qui est excessif dans son objet.

Le 23 mars 1674, est intervenu l'arrêt suivant :

Entre les maîtres gouverneurs et administrateurs de l'Hôtel-Dieu de cette ville de Paris, demandeurs aux fins de l'exploit du dix-huit août mil six cent quatre-vingt-onze, à ce que délivrance leur fût faite du legs pour un tiers fait audit Hôtel-Dieu par le testament olographe et ordonnance de dernière volonté de défunt messire Jean-Jacques de Renouard, chevalier, comte de Villayer, doyen du conseil de Sa Majesté, du premier février mil six cent quatre-vingt-dix, avec les intérêts et dépens, d'une part; et dame Lucrèce Chappel, veuve de messire Jean-Jacques de Renouard, chevalier, seigneur de Villayer, vivant, conseiller au parlement de Bretagne, fils et héritier par bénéfice d'inventaire dudit défunt sieur de Villayer, doyen du conseil, tant en son nom que comme mère et tutrice de l'enfant mineur dudit défunt sieur de Villayer, conseiller, et d'elle, héritier dudit défunt sieur de Villayer son père, ladite dame ayant repris en son lieu par acte du six avril mil six cent quatre-vingt-treize; et dame Madeleine-Angelique de Renouard de Villayer, épouse de messire Pierre-Claude d'Hodic, chevalier, seigneur dudit lieu et comte de Marly-la-Ville, conseiller du roi en ses conseils, maître des requêtes ordinaires de son hôtel, autorisée par justice à son refus pour la poursuite de ses droits, et aussi héritière par bénéfice d'inventaire dudit défunt sieur de Villayer, doyen du conseil, son père, défenderesse, d'une part. Et entre messire Jean de Creil, chevalier, seigneur de Soisy, conseiller du roi en ses conseils, maître des requêtes ordinaires de son hôtel, et messire Camus, chevalier de Pont-Carré, exécuteurs dudit testament dudit défunt sieur de Villayer, doyen du conseil, demandeurs aux fins de leurs requête et exploit du dix octobre audit an mil six cent quatre-vingt-onze, à ce que l'arrêt qui interviendroit sur ladite demande en délivrance de legs formée par lesdits maîtres, gouverneurs et administrateurs dudit Hôtel-Dieu, contre lesdites dames de Villayer et d'Hodic esdits noms, fût déclaré commun avec eux, ce faisant que ledit testament fût exécuté, et en cas de contestation, lesdites dames de Villayer et d'Hodic condamnées aux dépens, d'une part, et lesdites dames de Villayer et d'Hodic esdits noms, défenderesses d'autre; et entre lesdits sieur et dame d'Hodic, demandeurs en requête du vingt mars mil six cent quatre-vingt-douze, afin d'être reçus opposans à l'exécution de l'arrêt obtenu par défaut le huit du même mois, que la procédure fût déclarée nulle, et qu'au principal les parties en viendroient au premier jour; et entre lesdites dames de Villayer et d'Hodic esdits noms incidemment demanderesses suivant les défenses du vingt-six mai mil six cent quatre-vingt-treize; et en requête par elles présentées à la cour les quinze et seize février dernier mil six cent quatre-vingt-quatorze, à ce que ledit prétendu testament dudit feu sieur de Villayer, doyen du conseil, fût déclaré nul, et en conséquence qu'elles fussent maintenues et gardées en la propriété et jouissance de tous les biens de la succession dudit défunt sieur de Villayer, doyen du conseil, et lesdits sieurs maîtres, gouverneurs et administrateurs dudit Hôtel-Dieu, et lesdits sieurs de Creil et Camus, chevalier de Pont-Carré esdits noms d'exécuteurs dudit prétendu testament, déboutés de leurs demandes, fins et conclusions, et condamnés aux dépens d'une part; et lesdits maîtres, gouverneurs et administrateurs dudit Hôtel-Dieu, et lesdits sieurs de Creil, et Camus, chevalier de Pont-Carré, défendeurs d'autre. Et entre les pauvres de la paroisse de Saint-Nicolas-des-Champs de cette ville de Paris, demandeurs en requête par eux présentée à la cour le dix décembre mil six cent quatre-vingt-onze, à ce qu'il lui plût les recevoir parties intervenantes en l'instance d'entre lesdits sieurs de Creil et Camus, chevalier de Pont-Carré, et lesdits maîtres, gouverneurs et administrateurs dudit Hôtel-Dieu, et lesdites dames de Villayer et d'Hodic, faisant droit sur leur intervention, ordonner que délivrance leur seroit faite du legs de dix mille livres portées par ledit testament dudit défunt sieur de Villayer, doyen du conseil, laquelle somme de dix mille livres seroit mise ès mains de messire François de Montmignon, prêtre, curé de ladite paroisse, pour être employée à leurs besoins; à ce faire lesdits sieurs de Creil et Camus de Pont-Carré, exécuteurs dudit testament; et comme dépositaires des biens et effets dudit défunt, contraints par toutes voies dues et raisonnables, et en cas de contestation, les contestans condamnés aux dépens d'une part. Et lesdites dames de Villayer et d'Hodic esdits noms, et lesdits maîtres, gouverneurs et administrateurs dudit Hôtel-Dieu, et lesdits sieurs de

Creil et Camus, chevalier de Pont-Carré, esdits noms d'exécuteurs dudit testament, défendeurs d'autre. Et entre lesdites dames de Villayer et d'Hodic esdits noms, appelantes des sentences de délivrance dudit legs obtenu au châtelet de Paris par lesdits pauvres de ladite paroisse de Saint-Nicolas-des-Champs, les quatorze et quinze de décembre mil six cent quatre-vingt-onze, d'une part, et lesdits pauvres de ladite paroisse Saint-Nicolas-des-Champs, intimés, d'autre. Après que Erard, avocat de l'Hôtel-Dieu; Arrault, avocat desdits de Creil et de Pont-Carré; Baudouin, avocat des pauvres de Saint-Nicolas-des-Champs; de Tessé, avocat de ladite de Villayer; et Nivelle, avocat de ladite d'Hodic ont été ouïs pendant huit audiences, ensemble d'Aguesseau pour le procureur-général du roi :

LA COUR reçoit les intervenans parties intervenantes, et y faisant droit, ensemble sur les appellations et demandes respectives, sans s'arrêter au testament dont il s'agit, qu'elle déclare nul, a mis et met les appellations et ce dont a été appelé au néant, émendant, a maintenu et gardé les parties de Tessé et de Nivelle en possession et jouissance de tous les biens délaissés par défunt de Renouard, à la charge, pour aucunes bonnes et importantes considérations, de payer par elles à l'Hôtel-Dieu de cette ville de Paris, la somme de trente mille livres, à l'hôpital-général celle de vingt mille livres, et celle de dix mille livres aux pauvres de la paroisse de Saint-Nicolas-des-Champs; savoir celle de dix mille livres aux pauvres de ladite paroisse, et la moitié des trente mille livres adjugées à l'Hôtel-Dieu, et des vingt mille livres à l'Hôpital-Général, en argent comptant, moitié dans six semaines, et l'autre moitié six semaines après, et le surplus des sommes adjugées à l'Hôtel-Dieu et à l'Hôpital-Général, en effets de la succession, dont les parties de Tessé et de Nivelle conviendront avec les administrateurs de l'Hôtel-Dieu et les directeurs de l'Hôpital-Général, tous dépens compensés.

Il est fait mention de cette affaire dans le Journal des Audiences, édition de 1733, tome IV. Livre IX. Chap. IX.

TRENTIÈME PLAIDOYER.

DU 27 AVRIL 1694.

Dans la cause de MELCHIOR FLEURY et son fils, la dame DE RAZAC et la demoiselle sa fille.

Sur la nullité des mariages des mineurs, faits sans le consentement de leurs pères, mères, tuteurs ou curateurs, indépendamment des circonstances de violences ou de rapt de séduction.

Et sur la nécessité de la publication des bans pour la validité des mariages des mineurs.

L'ARRÊT que vous prononcerez en cette cause, doit fixer pour toujours les véritables principes qui assurent l'honneur et la dignité des mariages, qui conservent la paix et la tranquillité des familles, et qui sont les premiers fondemens de la société civile. Le public attend de vous un exemple qui décide nettement cette question célèbre qui a partagé les sentimens des plus grands hommes, et qui consiste à savoir si le défaut de consentement du père, indépendamment de toutes les circonstances qui peuvent prouver un rapt de séduction, est capable par lui-même de donner atteinte à la validité du mariage d'un mineur et d'un fils de famille.

Ce n'est point ici une de ces causes faciles à décider, où la séduction est manifeste, où le rapt est évident, où l'auteur de la subornation est connu, et où il ne s'agit plus que de soumettre le coupable à la juste sévérité de la loi.

Dans l'espèce de cette cause, le crime n'est pas

moins douteux que le criminel paroît incertain. La plupart des présomptions que l'on allègue ordinairement en ces sortes de matières, la minorité, la qualité de fils de famille, l'inégalité des biens et de la condition, sont presque communes entre les parties.

Celles qui ont été accusées du rapt de séduction semblent entièrement justifiées par une sentence qui ne paroît pas moins une preuve de leur innocence, qu'un préjugé légitime en faveur du mariage.

Et celui qui se plaint d'avoir été enlevé à lui-même, à sa famille, est aujourd'hui accusé de supposition, de fausseté, d'imposture; et quelque effort qu'il ait fait pour se justifier de ce crime, ou pour le partager du moins avec les intimés, il n'a pu dissiper entièrement les soupçons que l'on vous a fait concevoir contre sa conduite.

Dans cette égalité de preuves et de présomption, c'est à vous, MESSIEURS, à décider si le nom et la qualité de père, si les droits sacrés que la nature et la loi attachent à cette qualité, seront suffisans pour rompre un engagement solennel auquel il seroit difficile de pouvoir donner atteinte, si vous n'aviez à prononcer que sur les plaintes de ceux qui l'ont contracté.

Mais avant que d'entrer dans l'examen de cette question, il est nécessaire de reprendre en peu de mots les faits dont on a cherché de part et d'autre à tirer des avantages.

La qualité des parties est la première et la plus importante de toutes les circonstances qui servent de fondement à cette contestation.

Ceux qui ont contracté le mariage dont il s'agit, étoient tous deux mineurs dans le temps de sa célébration; tous deux enfans de famille, également dignes de la protection et de la faveur de la loi.

Si cette qualité leur est commune, leur naissance et leur condition sont fort différentes.

Melchior Fleury, qui est aujourd'hui appelant comme d'abus de la célébration de son propre mariage, est d'une naissance assez obscure. Quelque soin qu'il ait pris de déguiser son véritable état par des titres illustres, il reconnoît enfin que son père, auquel il a donné dans quelques actes la qualité de chevalier et seigneur de Castillon, est un médecin de la ville de Soissons, qui, par le long exercice de sa profession, a fait une fortune assez considérable par rapport à sa naissance.

Il est né le 25 juillet de l'année 1668. La vérité de ce fait n'auroit pas dû être révoquée en doute, la preuve en est écrite dans un extrait baptistaire en bonne forme. Quoique la légalisation soit sur un acte séparé, elle n'en est pas moins forte, puisqu'on ne s'inscrit point en faux. Il a méprisé la profession de son père pour suivre celle des armes; et il est encore à présent capitaine dans le régiment de Vaubecourt.

Au mois de mai de l'année 1693, dans le temps que le mariage a été contracté, il avoit vingt-quatre ans et dix mois. Il ne lui manquoit plus que deux mois pour atteindre le terme fatal de la majorité.

La condition de la demoiselle de Razac, qui prend en votre audience le nom de la dame de Fleury, est beaucoup plus élevée; elle porte un nom qui a été honoré des premières dignités de l'état. Les récompenses illustres que nos rois ont accordées à ses ancêtres, sont des preuves authentiques des services importans qu'ils en ont reçus; sa famille jouit encore aujourd'hui d'une pension qui lui a été accordée dès le temps de François I, et qui, par un privilége singulier, a été transmise successivement à tous les descendans de Gaston de Beaulieu, son trisaïeul.

Son âge n'est pas moins favorable que sa condition. Elle est née le 22 août de l'année 1672; elle n'avoit pas encore vingt-un ans accomplis, lorsque le mariage a été célébré.

Depuis la mort du sieur de Razac son père, on prétend qu'elle a demeuré dans plusieurs monastères différens, et enfin, chez la dame sa mère, sur la paroisse de Saint-Sulpice, où elle a été mariée.

Telle étoit la naissance, la condition, l'âge et la fortune des parties.

Nous n'expliquons point encore quelle étoit leur conduite, et nous n'entrerons dans ce détail que lorsque nous vous proposerons les moyens des parties.

Au mois de mars de l'année 1693, Melchior Fleury partit de Soissons pour se rendre à son régiment qui étoit en Italie. Son malheur, ou celui de l'intimée, l'obligea à faire quelque séjour à Paris, qui se trouvoit sur sa route. Il y arriva le 3 mars, il en est parti le 29 mai de la même année; et c'est dans cet intervalle de moins de trois mois, que tous les faits qui regardent son mariage se sont passés.

La vérité d'une date si importante est attestée par le registre des maisons garnies du quartier de Saint-Germain-l'Auxerrois. Il est vrai que l'on allègue le même registre, pour faire voir qu'il est venu à Paris au mois de décembre, mais il ne paroît point qu'il y ait fait pour lors aucun séjour, on dit seulement qu'il y est venu, mais on ne marque point la longueur du séjour qu'il y a fait.

Quoiqu'il en soit, il paroît assez certain qu'il en étoit parti, et qu'il n'y revint que le 3 mars de l'année 1693.

Nous ne nous arrêterons point ici à vous expliquer les commencemens et les progrès de la connoissance du sieur Fleury et de la demoiselle de Razac. Sans entrer dans le détail de tous les faits qui vous ont été proposés, il suffit de marquer ici ce que les intimés mêmes ont été obligés de reconnoître, que la dame de Razac donne à jouer dans sa maison; et si elle eût osé en disconvenir, il auroit été facile de l'en convaincre par une ordonnance du lieutenant-général de police, qui l'a condamnée à trois mille livres d'amende, pour avoir donné à jouer chez elle à des jeux défendus.

Nous pouvons donc supposer que c'est le jeu qui a formé la connoissance des parties : le reste est un mystère dont le secret est encore inconnu; et sans vouloir le développer en cet endroit, nous nous contenterons de vous expliquer ce qui résulte des pièces qui sont entre nos mains.

Soit que le sieur Fleury ait été séduit par la demoiselle de Razac, soit qu'il ait été le séducteur, ou, enfin, que la séduction ait été réciproque, il paroît que l'on a commencé dans le mois de mai à former le projet du mariage qui a été exécuté dans la suite.

Fleury étoit mineur et fils de famille; ces deux qualités formoient un double obstacle à son mariage.

Pour lever ces deux empêchemens, l'on fabrique trois actes, dont la fausseté est presque le seul fait constant entre toutes les parties.

Les deux premiers sont deux extraits mortuaires du père et de la mère de Fleury.

Le dernier est un faux extrait baptistaire, par lequel il paroissoit âgé de trente-un ans.

Par les premiers, on lui ôtoit la qualité de fils de famille.

Par le dernier, on lui donnoit celle de majeur.

Nous examinerons bientôt quel est le véritable auteur de ces faussetés, nous ne vous proposerons à présent que le fait. Le crime est certain, la falsification est constante. Non-seulement les actes sont faux dans leur énonciation, ils le sont encore dans leurs qualités. On y donne au sieur Fleury le faux titre de chevalier, seigneur de Castillon.

Avec ces actes, Fleury se présente au vicaire de Saint-André-des-Arcs. Il suppose un faux domicile dans l'étendue de cette paroisse. La dame de Gouffier de Caravas, certifie qu'il occupe un appartement dans sa maison, quoique, comme nous le ferons voir dans la suite, il n'y ait aucune preuve qu'il y ait jamais demeuré.

Le vicaire trompé par cette attestation, surpris par les pièces qui lui furent représentées, publie un ban de mariage le 24 mai 1693.

L'on en publie un pareil dans la paroisse de Saint-Sulpice.

L'on s'adresse à M. l'archevêque de Paris, on surprend de lui une dispense sur un faux exposé.

On signe le contrat de mariage, dans lequel Fleury prend toujours la qualité de chevalier, seigneur de

Castillon. La dame de Razac promet à sa fille la somme de dix mille livres pour sa dot ; on règle le douaire, la communauté et les autres conventions, dont le détail est inutile à la décision de cette cause.

Aucun parent n'assiste à ce contrat de la part de Fleury. Il est signé par la dame de Razac, mère de l'intimée ; par la dame sa sœur aînée, par la dame de Gouffier, par le sieur abbé de Guiscard et le sieur de Culland, qui se disent tous amis de la dame de Razac.

Enfin, le 29 mai, à une heure après minuit, le curé de Saint-Sulpice, croyant trouver une sûreté suffisante dans les pièces fausses qui furent remises entre ses mains, donna le nom de mariage au consentement d'un mineur et d'un fils de famille, qui pour tromper sa vigilance avoit employé l'artifice et l'imposture. Les mêmes témoins qui avoient signé le contrat, assistent à la célébration du mariage.

Le même jour, il paroît que le sieur Fleury a reçu la somme de dix mille livres.

La quittance porte numération d'espèces.

Le même jour il part. La demoiselle de Razac n'a eu aucun moment de possession paisible de son état ; elle n'a point pris la qualité de dame de Fleury. Celui qu'elle appelle son mari lui a écrit plusieurs lettres sous le nom de la demoiselle de Beaulieu.

Nous tâcherons de découvrir dans la suite les véritables raisons qui ont porté les parties à tenir ce mariage secret.

Quelque précaution qu'on eût prise pour dérober au public la connoissance de cet engagement, le père en a été averti. Il rend sa plainte, fait informer. Décret, interrogatoire, réglement à l'extraordinaire. Le père ralentit ses poursuites.

La dame et les demoiselles de Razac sont obligées de demander que leur procès leur soit fait et parfait à leurs dépens. Incidemment à la procédure extraordinaire, elles accusent Fleury d'avoir fabriqué les fausses pièces ; elles soutiennent que c'est lui qui a écrit de sa main la légalisation de ces actes, qui les a cachetées de son cachet; elles demandent permission d'en faire preuve; leur requête jointe, sentence définitive, hors de cour.

Appel comme d'abus du mariage, interjeté par le père; le fils y adhère et prend des lettres de rescision.

Appel de la sentence d'absolution.

Voilà, MESSIEURS, quelles sont toutes les circonstances de la cause sur laquelle vous avez à prononcer.

Quelques simples que soient les faits qui lui donnent lieu, sa décision n'en est pas moins douteuse par les différens moyens qui vous ont été proposés de part et d'autre.

Les appelans soutiennent que le mariage qu'ils attaquent, que la quittance contre laquelle ils ont obtenu des lettres de rescision, sont l'ouvrage de la séduction et de l'artifice, de la fausseté et de l'imposture.

Que toutes les nullités qui peuvent rendre le consentement d'un mineur imparfait, injuste, illégitime, se trouvent réunies.

Rapt de séduction, défaut du consentement du père, clandestinité.

Toutes les lois civiles et canoniques s'élèvent également contre le crime de ceux qui osent enlever un mineur pour le faire entrer dans une alliance que le père condamne, et que l'ordonnance rend absolument nulle.

Les preuves de la séduction se présentent en foule.

Minorité, qualité de fils de famille, qui met la présomption en sa faveur. Conduite de la dame de Razac et des demoiselles ses filles; maison ouverte au jeu; portrait peu avantageux que quelques témoins en ont fait; nul intérêt dans ce mariage : bien loin d'y trouver de l'avantage, il y exposoit son honneur et n'y trouvoit aucun bien.

Inutile de dire en premier lieu que la sentence du châtelet dissipe tous les soupçons du rapt, et ne permet plus d'accuser l'intimé de séduction.

On répond 1.° que l'appel interjeté de cette sentence par le père, rend encore à présent l'accusation incertaine, et fait revivre toutes les preuves de la subornation.

2.° Qu'il y a bien de la différence entre les preuves qui sont nécessaires pour prononcer une peine en matière criminelle, et celles qui suffisent pour détruire un engagement civil par les présomptions de rapt.

C'est ce que la cour juge tous les jours, soit lorsqu'elle met les parties hors de cour sur le rapt, dans le temps même qu'elle déclare le mariage nul, soit lorsqu'elle réserve à faire droit sur l'un, dans le temps qu'elle prononce sur l'autre.

On espère que vous ferez, par un jugement séparé, ce que vous avez souvent fait dans un même arrêt.

3.° Que la sentence ne contient point une véritable absolution, une décharge pleine et entière : hors de cour, sans dépens, dommages et intérêts ; absolution qui ne laisse pas l'accusé sans soupçons de crime.

Inutile de dire en second lieu, que Fleury ne peut plus alléguer en sa faveur la présomption de rapt, fondée sur sa minorité, parce qu'il s'est dit majeur.

1.° On sait que la cour n'a jamais d'égard à ces sortes de déclarations, même dans des actes de peu d'importance.

2.° Ceux qui sont coupables de la séduction, sont les auteurs de la fausseté.

Si le mariage est nul par la séduction qui lui a servi de principe, il ne l'est pas moins par le défaut de consentement du père, dont la nécessité prononcée par l'ordonnance n'est point condamnée par le concile, dans un décret qui ait lieu en France.

Enfin, que peut-on répondre à l'omission de publication de bans ? La loi prononce expressément la peine de nullité, les arrêts l'ont toujours exécutée.

On a passé ensuite à la seconde partie de la cause, et l'on a soutenu que les mêmes présomptions qu'on oppose au mariage détruisent la quittance qui l'a suivi ; on y en a joint de particulières tirées de la déposition des témoins, qui prouvent que le jour que la dame de Razac prétend avoir donné dix mille livres à Fleury, ni elle ni Fleury n'ont pu trouver la somme de dix pistoles.

De l'autre côté, on prétend au contraire, que jamais il n'y eut d'accusation plus téméraire, plus calomnieuse que celle de rapt qui a été formée contre les intimées; que si la séduction ne peut plus être présumée, le défaut de consentement du père n'est point considéré comme un empêchement dirimant, et qu'enfin le sieur Fleury fils ne peut être reçu à combattre, par une infidélité criminelle, un mariage auquel il a donné lieu par une fausseté punissable.

Si l'on entroit dans le détail des circonstances du fait, il seroit facile de faire voir que toutes les apparences de la séduction sont du côté de Fleury, toutes les preuves de la bonne foi et de la sincérité du côté des intimées.

Si Fleury étoit mineur, la demoiselle de Razac l'étoit aussi, et plus jeune de quatre années.

Il étoit engagé depuis long-temps dans la profession des armes; il avoit acquis une connoissance parfaite des affaires du monde, plus capable de séduire que d'être séduit.

Il trouvoit un avantage, un honneur considérable dans l'alliance de la demoiselle de Razac; et pour elle, quelle considération auroit pu la porter à contracter une alliance inégale avec le fils d'un médecin, si elle eût connu sa véritable qualité?

Mais il est inutile d'examiner ces différens argumens : ce n'est plus un fait douteux que l'innocence des intimées, la justice l'a déclaré par une sentence contradictoire.

Sera-t-il permis d'écouter de vaines présomptions contre un titre aussi solennel? Et dans le temps que toutes les circonstance accusent Fleury, que la justice absout la demoiselle de Razac, prétendra-t-il qu'elle soit coupable et que lui soit innocent?

Si la justification de l'intimée est constante, si la sentence détruit jusqu'à l'apparence de la séduction, c'est en vain que l'on propose le défaut de consentement du père comme un empêchement capable de rompre le mariage.

On connoît la disposition du concile de Trente sur ce sujet. L'ordonnance n'y est point contraire. La loi n'a point prononcé la peine de la nullité. Si les arrêts l'ont souvent prononcée, c'est dans le cas du rapt; ici nulle apparence de séduction.

Le défaut de publication de bans paroît plus considérable.

Mais 1.° Il ne peut être imputé qu'à Fleury, qui seul a caché sa naissance, sa qualité, son nom, son domicile.

2.° La publication des bans n'est point de l'essence du mariage, ce n'est qu'une formalité, une solennité extérieure. Si elle eût donné lieu à contracter un mariage dont la nullité fût prononcée par ordonnance, ce seroit pour lors qu'on pourroit appliquer ici l'article XL de l'ordonnance de Blois. Mais puisque le défaut de consentement des pères n'est point un empêchement dirimant, on ne peut pas dire que le mariage soit nul, d'autant plus que le *non-valablement contracté* de l'ordonnance est expliqué par ce qui suit, *le tout sous les peines portées par les conciles;* or les conciles ne prononcent point la peine de nullité.

Enfin, Fleury est indigne de profiter des priviléges de l'âge; il doit être traité comme un majeur.

On sait la disposition des arrêts qui ont défendu aux notaires d'insérer la déclaration de majorité, et cette déclaration ne seroit pas capable d'ôter l'espérance de la restitution.

Mais ici 1.° Dol personnel et faussetés constantes, prouvées par la ressemblance des écritures et du cachet.

2.° Religion du serment, qui a confirmé l'obligation du mineur.

La mauvaise foi de Fleury ne paroît pas moins dans ses lettres de rescision, que dans son appel comme d'abus. La quittance porte numération d'espèces : toutes les lois n'accordent la restitution qu'au mineur surpris et circonvenu. Ici c'est le mineur qui a été le séducteur, le faussaire, l'imposteur : *Non est ætatis excusatio adversus præcepta legum, ei qui dum leges invocat, in eas committit.*

Vous voyez, MESSIEURS, par le récit que nous venons de vous faire des principaux moyens qui vous ont été expliqués de part et d'autre, que cette cause renferme deux parties différentes, dont la première regarde la validité du mariage, et la seconde, la vérité de la quittance qui l'a suivi. Dans l'une, vous déciderez de l'état, et dans l'autre, de la plus considérable partie de la fortune de l'intimée, qui ne paroît pas avoir d'autres biens que la somme de dix mille livres qui lui a été donnée en mariage par sa mère.

Commençons par examiner la première et la plus importante de ces deux questions, c'est-à-dire celle qui regarde la validité du mariage.

Quoiqu'on se soit fort étendu sur le récit de certains faits que l'on a cru importans à la décision de cette contestation, il faut néanmoins avouer qu'elle doit être décidée par les principes généraux que nos lois ont établis sur le mariage des enfans de famille, beaucoup plus que par les circonstances particulières, dont les deux parties tirent des inductions différentes.

Ainsi toute la difficulté de cette cause se réduit à examiner si le seul défaut du consentement du père, joint à l'omission de la publication des bans, est capable de donner atteinte à la validité du mariage d'un mineur, indépendamment de l'accusation et des preuves du rapt de séduction.

C'est par ces deux moyens qu'on a soutenu la nullité du mariage, contre lequel un père de famille implore aujourd'hui votre autorité. On a prétendu que le consentement du fils étoit illégitime, que son mariage étoit clandestin, et qu'on avoit voulu dérober aux yeux du père et de la justice un engagement criminel, qui n'avoit eu pour principe que la fausseté, l'imposture et le mépris de toutes les lois divines et humaines.

Avant que de vous proposer nos sentimens sur l'espèce particulière de cette cause, nous croyons qu'il est de notre devoir de reprendre en peu de mots les véritables principes que nous apprenons tous les jours de la jurisprudence de vos arrêts touchant les mariages de ceux qui joignent au privilége de la minorité la qualité de fils de famille.

Nous ne vous engagerons point dans une longue dissertation touchant l'origine et le progrès de cette jurisprudence, également sainte et salutaire, qui a introduit la nécessité de la publication des bans.

Après que le quatrième concile de Latran eut fait une loi générale d'un usage qui doit sa naissance à l'église gallicane, on a douté pendant long-temps si le défaut de cette solennité pouvoit être considéré comme un empêchement dirimant, ou seulement comme un empêchement prohibitif.

Le concile de Trente, en renouvelant ce décret, n'a pas prononcé expressément la peine de nullité; mais il est aisé de l'en induire, parce que personne ne doute que ce concile n'ait annullé à l'avenir les mariages clandestins. Or tout mariage contracté sans publication de bans, est clandestin, suivant le même concile.

Mais il est inutile d'argumenter par induction.

L'ordonnance de Blois, qui est la loi que l'on doit suivre en France sur cette matière, est précise; et il est même remarquable que c'est le seul endroit où la loi prononce disertement et en propres termes la peine de nullité.

D'abord cette ordonnance a été étendue même aux majeurs. Mais enfin on l'a renfermée suivant son esprit, dans la personne des mineurs.

On pourroit finir ici l'examen de cette cause, puisqu'il s'agit du mariage d'un mineur qui n'a point été précédé de la publication des bans. Cependant comme on a soutenu que le défaut de publication de bans n'étoit qu'un empêchement relatif, qui tiroit toute sa force de celui auquel il avoit rapport, examinons si le consentement des pères au mariage de leurs enfans mineurs, est requis à peine de nullité.

S'il étoit nécessaire d'expliquer ici le progrès du droit sur cette matière, et de remonter jusqu'aux premières lois des empereurs chrétiens, jusqu'aux plus anciennes dispositions des conciles, il ne seroit pas difficile de faire voir par une longue suite d'autorités, que les lois ni les canons ne confirmoient jamais un mariage contracté au mépris de la puissance paternelle; que ce qui fait aujourd'hui la matière d'une question, étoit autrefois si constant, que personne n'osoit le révoquer en doute; que jamais le droit naturel et positif, les lois civiles et canoniques, l'empire et le sacerdoce n'ont été si long-temps, ni si parfaitement d'accord que sur cette matière; que les familles seroient plus heureuses, les fortunes plus assurées, les mariages plus exempts des sacriléges qui les déshonorent, si les canonistes des derniers siècles eussent été aussi sévères dans leurs maximes, aussi jaloux de la sainteté des mariages, que les jurisconsultes romains.

On prouveroit la vérité de ces principes par le suffrage de toute l'église grecque, qui, suivant les traces de saint Basile (1), a canonisé les lois des empereurs, et consacré pour ainsi dire leurs sages dispositions.

On y joindroit l'autorité de l'église de France; on feroit voir par les canons des conciles du VI, du VII, du VIII, et du IX.e siècle, par les monumens qui nous restent de l'antiquité, et par tous les exemples

(1) *Quæ sine iis qui habent potestatem fiunt matrimonia, sunt fornicationes.* Epître II. Canonique de saint Basile. *Voyez* Justification *des usages de France, sur les mariages des enfans de famille, faits sans le consentement de leurs parens, par M. le Merre*, où cette matière est traitée avec beaucoup de solidité et de science.

fameux qui ont été cités tant de fois dans cette audience, que non-seulement l'église condamnoit, détestoit, défendoit les mariages des enfans de famille que le père n'avoit point approuvés, qu'elle les déclaroit même absolument nuls et illégitimes. Elle se conformoit aux lois de l'état qui se trouvent encore aujourd'hui dans les capitulaires de nos rois; et reconnoissant sans peine que tout ce qui regardoit le contrat civil étoit soumis à la puissance séculière, elle n'avoit garde d'honorer du nom de sacrement une union que les constitutions du Prince et la loi même de la nature condamnoient également.

Quelque saintes que fussent ces constitutions, quoiqu'elles fussent fondées, et sur le consentement des deux puissances, et sur la tradition constante de l'église grecque et latine, on est obligé de reconnoître qu'elles étoient peu à peu tombées en désuétude, et que dans des temps d'ignorance, de désordre et de confusion, la subtilité de quelques canonistes avoit prévalu contre la rigueur et la sévérité de l'ancienne discipline. Les mêmes raisons qui portèrent les juges d'église à tolérer les mariages clandestins, leur firent considérer la loi qui exigeoit le consentement des pères comme une loi de bienséance qu'on ne pouvoit violer sans crime, mais dont l'infraction ne donnoit point d'atteinte à la validité du mariage.

C'est pour s'opposer à cet abus, et pour réprimer la licence de ces mariages qui troubloient le repos des familles, que les ordonnances de nos rois ont établi des précautions également saintes et inviolables, à l'observation desquelles la dignité des mariages, la paix et tranquillité publique sont inséparablement attachées.

Nous ne chercherons point dans d'autres sources les véritables principes que nous devons suivre dans ces matières; et sans nous engager dans une dissertation plus curieuse qu'utile sur tout ce qui a précédé l'ordonnance de Blois, nous examinerons en peu de mots, s'il est vrai que cette ordonnance et la déclaration de 1639, qui l'a suivie, ayent considéré le consentement du père comme une condition si essentielle à la validité du mariage d'un fils de famille, mineur, que ce seul défaut soit capable de le rendre absolument nul.

Nous pouvons dire d'abord, que si cette question devoit être décidée plus par autorité que par raisonnement, elle ne seroit susceptible d'aucune difficulté; il suffiroit de parcourir tous les écrits de ceux qui ont expliqué cette matière dans le temps qui a suivi immédiatement la publication de cette loi nouvelle, pour être convaincu qu'ils étoient tous également persuadés que l'ordonnance prononçoit la peine de nullité. Tel étoit le sentiment de M. Louet, et celui de toutes les chambres qui furent consultées de son temps sur cette question. Tels ont été les sentimens de tous les grands hommes qui ont soutenu dans la place que nous avons l'honneur d'occuper, la cause et les intérêts du public. Si l'on examine tous leurs plaidoyers, on y trouvera une distinction perpétuelle entre les mariages des mineurs qui avoient précédé l'ordonnance, et ceux qui l'avoient suivie. La mort seule pouvoient donner atteinte aux premiers, au lieu qu'ils ont toujours soutenu que les seconds étoient nuls par la disposition de l'ordonnance de Blois; et quand nous n'aurions que leur autorité pour garant de ce sentiment, nous croirions pouvoir le proposer ici avec certitude, puisque les arrêts que vous avez prononcés conformément à leurs conclusions, ont donné à leurs opinions la force et le caractère de l'autorité publique.

Si nous passons ensuite à l'examen des raisons dont ils se sont servi pour autoriser cette interprétation de l'ordonnance, nous trouverons qu'ils ont distingué trois dispositions différentes dans l'article XL de l'ordonnance de Blois.

La première, regarde la nécessité de la proclamation des bans.

La seconde, les conditions qui sont nécessaires pour en obtenir la dispense.

Et la troisième, les peines prononcées contre les

prêtres qui marient des mineurs sans être assurés du consentement des pères, mères, tuteurs et curateurs.

Ils ont soutenu qu'il n'y avoit pas une de ces dispositions qui ne fût une preuve évidente de la nécessité indispensable du consentement des pères, mères, tuteurs ou curateurs.

L'ordonnance déclare d'abord que personne de quelque état, de quelque qualité et condition qu'il soit, ne pourra valablement contracter mariage, sans proclamation précédente de bans.

Personne n'ignore que la publication des bans n'est pas considérée comme une cérémonie qui soit de l'essence du contrat ou du sacrement; qu'elle n'a été introduite que comme une précaution nécessaire pour obvier aux abus des mariages clandestins : ce sont les propres termes de l'ordonnance.

Mais quel est l'abus que l'ordonnance a eu principalement en vue, lorsqu'elle a défendu ces mariages ? Que l'on parcoure non-seulement cette ordonnance, mais encore celle de 1639, et toutes celles qui ont été faites sur cette matière, on trouvera partout que les enfans de famille et les mineurs ont été presque l'unique objet de leurs dispositions; que c'est par rapport à leur intérêt qu'elles ont prescrit toutes ces solennités différentes : et pour prouver ce principe, il suffit d'observer la distinction que vos arrêts ont faite entre les mariages des majeurs, auxquels le défaut de publication de bans ne donne point d'atteinte, et ceux des mineurs que vous avez souvent déclarés nuls par la seule omission de cette formalité essentielle.

Nous devons donc distinguer deux choses dans la loi qui impose la nécessité de la publication des bans.

La première, est le mal et l'inconvénient que l'on a voulu prévenir, et qui a été le principal objet du législateur.

La seconde, est le remède et la précaution qu'on a cru capables d'en arrêter le progrès.

L'inconvénient que la loi a eu en vue, est le

mépris de la puissance paternelle, et les suites funestes que pouvoit avoir un engagement condamné par le père.

La précaution qu'on a voulu opposer à ce désordre, est la proclamation des bans.

Pourra-t-on soutenir que la peine de nullité soit prononcée contre l'un, et qu'elle ne le soit pas contre l'autre? Que la loi venge plus sévèrement l'omission de cette formalité, que le crime même que l'on a voulu prévenir par l'observation de cette formalité? Et en un mot, peut-on prétendre, sans tomber dans une contradiction manifeste, que ceux qui attaquent l'esprit de la loi, qui violent son intention, qui renversent son principe et son fondement, sont moins coupables que ceux qui n'attaquent que la lettre et l'extérieur de la loi?

Ajoutons même, que non-seulement la juste autorité des pères a été le véritable motif de la loi qui ordonne la publication des bans, à peine de nullité; mais qu'il est même impossible de prononcer cette peine établie par la loi, si ce défaut de solennité ne se trouve joint avec le défaut du consentement du père.

Sans cela, qui pourroit croire que l'esprit de l'ordonnance eût été de déclarer un mariage nul par la seule omission de la publication des bans, lorsque le père auroit approuvé le mariage?

C'est donc la puissance paternelle qui fait toute la force de ce moyen; c'est elle qui a inspiré cette précaution au législateur; c'est par rapport à elle que l'on déclare nuls les mariages qui n'ont point été précédés par la publication des bans. Toutes les fois que l'intérêt du père a cessé, la rigueur de la loi a cessé en même temps; et toutes les fois que l'on a déclaré un mariage nul par ce seul défaut, on ne l'a fait que pour venger l'injure qui avoit été faite au nom et à la qualité de père.

Ces deux défauts sont donc inséparablement unis aux termes de l'ordonnance et de la jurisprudence de vos arrêts. Ils ont tous deux la même force, ils se prêtent un secours mutuel, on ne peut plus les diviser. Il faut alléguer en même temps, et le défaut de publication de bans, et celui du consentement du père. Si le père a consenti au mariage, c'est en vain qu'on prétend l'attaquer par l'omission de cette solennité.

Après cela, c'est inutilement que l'on oppose à cette interprétation, que l'ordonnance n'a point prononcé disertement la peine de nullité. Elle l'a prononcée contre un défaut qui perd toute sa force lorsqu'il n'est pas proposé avec le défaut de consentement du père, et, par conséquent, en la prononçant contre l'un, elle l'a prononcée contre tous les deux.

Car enfin, il faut nécessairement qu'il y ait des cas dans lesquels on puisse prononcer la peine de nullité qui est imposée par l'ordonnance; or quel peut être ce cas, si ce n'est celui dans lequel le défaut de consentement du père concourt avec celui de publication de bans?

Elle ajoute ensuite, et c'est la seconde partie de sa disposition, que la dispense ne peut être accordée que du consentement des principaux et plus proches parens communs. Appliquons ici la réflexion d'un des plus grands esprits de ce siècle (1). Quelle

(1) M. de Marca, Traité de *l'Autorité ecclésiastique et séculière sur les Mariages*, où après avoir établi le droit des souverains, l'autorité des lois faites par eux sur cette matière, et la nullité des mariages faits par une contravention à ces lois, il rappelle l'ancienne discipline de l'église sur la nécessité du consentement des parens pour la validité du mariage du fils de famille, l'opinion des nouveaux canonistes, ce qui fut proposé au concile de Trente sur ce sujet, et dit que Belcaire, évêque de Metz, rédigea le décret en des termes qui puissent satisfaire, d'un côté, ceux qui étoient attachés à cette opinion, et donner lieu, d'un autre côté, d'annuler les mariages des fils de famille par le défaut de publication de bans, joint au défaut de consentement de parens, que plusieurs grands docteurs italiens et français ont regardé comme nécessaire pour obtenir des dispenses de bans; que l'ordonnance de Blois a adopté le vrai sens du concile, dont l'esprit a été que le mariage se trouvât

absurdité, que de prétendre que le consentement des parens sera nécessaire pour obtenir la dispense; que sans ce consentement la dispense sera nulle et abusive, et de soutenir en même temps que le consentement des parens ne sera pas nécessaire pour parvenir à un mariage légitime, comme si la validité de la dispense étoit plus importante à l'état et aux familles particulières, que celle du mariage même, et qu'il fallût être plus rigoureux pour l'observation d'une formalité extérieure, que pour ce qui est de l'essence du contrat, c'est-à-dire, la liberté et la perfection du consentement des parties!

Enfin, par la troisième disposition de cet article, l'ordonnance fait défenses à tout prêtre de célébrer aucun mariage, s'il ne leur apparoît du consentement des pères, mères, tuteurs ou curateurs des contractans, à peine d'être déclarés auteurs du crimede rapt; elle considère donc un tel mariage comme un véritable rapt. Par cela seul que le prêtre a marié un fils de famille sans être assuré du

nul si les parens n'ont pas été avertis de s'y opposer par la publication de trois bans, ou si la dispense a été obtenue sans leur aveu. C'est en effet reconnoître que leur consentement est nécessaire pour faire un mariage valable, et l'on n'a pas besoin en France de ce détour pour le déclarer nul par le seul défaut de ce consentement que nous considérons comme une condition essentielle. Cet ouvrage de M. de Marca ne se trouve pas dans deux recueils donnés au public, l'un en 1679, par M. Paul Faget, sous le titre de *P. de Marca Dissertationes posthumæ;* l'autre imprimé chez Muguet en 1681, intitulé *Opuscula P. de Marca.* Mais il en est fait mention dans la *Bibliothèque Historique de la France*, par le P. le Long, aussi bien que d'autres écrits du même auteur, où il rappelle celui-là. Ils s'y trouvent indiqués page 133 dans le nombre des *pièces manuscrites concernant la nullité du mariage* de M. Gaston, frère du Roi Louis XIII, avec Marguerite de Lorraine. Le même ouvrage est cité dans les Mémoires du Clergé, tome V, page 1119, où il est dit qu'on le croit être de M. de Marca, et qu'il doit avoir été fait depuis l'ordonnance de 1629, et avant celle de 1639. Il n'a pû être composé que dans cet intervalle, puisque le mariage de M. Gaston fut contracté en 1632, et que ce fut en 1635 que le clergé donna son avis sur la question que le Roi lui avoit fait proposer à l'occasion de ce mariage.

consentement du père, etc. Il est déclaré fauteur du crime de rapt. Donc par cela seul que le fils se marie contre la volonté de son père, la loi présume qu'il est suborné, qu'il est ravi et enlevé ou à lui-même s'il n'y a pas consenti effectivement, ou à son père et à sa famille, si la passion lui a arraché un consentement illégitime.

C'est une présomption légale écrite dans l'ordonnance; et tant qu'elle n'est point détruite par des présomptions contraires, il est impossible de confirmer un mariage que la loi ne regarde que comme une véritable séduction.

L'on oppose à toutes ces maximes, que dans une matière si importante, il n'est pas permis de raisonner par induction, qu'il faut que la loi s'explique clairement sur la nullité d'un mariage, et que les juges ne peuvent déclarer cette peine encourue que lorsque la loi l'a prononcée avant eux.

Sans examiner ici la vérité de ce principe qui pourroit recevoir beaucoup de difficulté s'il étoit nécessaire de l'approfondir, il est aisé de répondre :

1.° Que ce n'est point ici une interprétation qui se tire par de longues inductions, ni par une multitude d'argumens souvent fort éloignés de l'esprit du législateur; c'est une interprétation si clairement contenue dans les termes même et dans l'intention de la loi, que sans elle la loi ne peut jamais ni être expliquée, ni avoir aucune exécution.

2.° Ce n'est plus une simple interprétation, c'est un principe confirmé par la jurisprudence uniforme de vos arrêts; et dans le nombre de causes de cette nature qui ont été portées à votre audience, nous osons dire hardiment qu'il ne se trouvera aucun arrêt qui ait confirmé le mariage d'un mineur contracté sans le consentement de son père, lorsque le père s'en est plaint, et que sa plainte n'a pu être combattue par de justes fins de non-recevoir.

3.° Non-seulement la raison et la jurisprudence certaine de vos arrêts autorisent cette interprétation, nous ajoutons même qu'elle est si clairement contenue dans la déclaration de 1639, qu'il n'est plus permis aujourd'hui de la révoquer en doute.

Le grand homme (1) auquel la France est redevable de cette loi, a exprimé dans cette ordonnance, ce qu'il avoit plusieurs fois soutenu dans le même tribunal où nous proposons encore aujourd'hui cette maxime. La loi ajoute à l'ordonnance de Blois, que la proclamation des bans sera faite par le propre curé des parties, avec le consentement des pères et mères, tuteurs et curateurs des contractans.

L'art. I. de cette déclaration, ordonne d'abord l'exécution de l'art. XL de l'ordonnance de Blois; il y ajoute de nouvelles dispositions qui étoient obscurément comprises dans l'ordonnance que cet article interprète; mais, et l'interprétation et l'article même doivent être exécutés à peine de nullité.

Réunissons donc ces deux dispositions; dans l'une la proclamation des bans doit être faite à peine de nullité; dans l'autre la proclamation doit être faite avec le consentement des pères et mères, tuteurs ou curateurs. Donc le consentement des parens est requis pour rendre la proclamation légitime. Or le mariage est nul, s'il n'a été précédé par une publication solennelle. Donc, etc.

Pour mettre cette vérité dans un plus grand jour, joignons les deux articles, et n'en composons plus qu'un seul.

Avons ordonné et ordonnons, etc.

Conséquences naturelles de tous ces principes.

1.° La proclamation des bans a été ordonnée à peine de nullité.

2.° La proclamation des bans a été ordonnée par rapport au consentement des pères.

Donc toutes les fois que ces deux nullités concourent, toutes les fois que l'on est parvenu à la fin condamnée par la loi, par l'omission des formalités que la loi introduit, le mariage doit toujours être déclaré non-valablement contracté.

(1) Jérôme Bignon, avocat-général.

C'est en vain que pour combattre ces maximes, on emprunte l'autorité du concile de Trente.

Il est inutile de faire ici une longue dissertation sur le décret de ce concile : il n'a point été reçu dans le royaume, et d'ailleurs tous ceux qui l'examinent avec attention, savent qu'il n'est point contraire à nos usages.

1.° Les termes obscurs dans lesquels il est conçu, donnent tout sujet de douter, si après avoir décidé dans le préambule que les mariages des enfans de famille faits sans le consentement des parens, n'étoient point nuls jusqu'à ce que l'église en eût prononcé la nullité, il ne les a point condamnés dans la suite sous le nom de mariages clandestins.

Il paroît 1.° Par la lecture de ce décret, que le concile a voulu établir trois marques, trois argumens de clandestinité.

Le défaut du consentement des pères.

Le défaut de publication de bans.

Le défaut de présence du propre curé.

2.° On peut soutenir avec beaucoup de vraisemblance, suivant l'opinion du grand magistrat dont nous avons déjà cité l'autorité, que le concile a eu en vue de condamner une erreur avancée par les hérétiques (1), et non pas de prononcer anathême contre les lois des empereurs et les canons des conciles.

3.° Le concile ne détruit point la présomption qui se tire du défaut de consentement des parens pour prouver le rapt de séduction.

4.° Quand même on voudroit donner ce sens aux paroles du concile, suivant le sentiment de plusieurs théologiens, nos ordonnances n'auroient rien de contraire à ce qu'il établit, puisqu'elles joignent toujours

(1) Cette erreur est que les parens peuvent, par leur seule volonté, et indépendamment des lois de l'église et de chaque état, valider ou annuler les mariages de leurs enfans, *ea rata vel irrita facere posse*. Voyez *Justification des usages de la France, sur les mariages des enfans de famille*. Chap. I. Num. 3. et Chap. II.

le défaut de publication à celui du consentement des parens ; et c'est ce que le concile même a ordonné.

Appliquons tous ces principes. Ici qualité de fils de famille certaine ; minorité constante : inutile de dire que Fleury étoit proche de la majorité. Jusqu'à ce qu'il ait atteint le dernier moment de cet âge fatal, la loi présume toujours qu'il a été séduit. Exemple du sieur de Brion qui s'étoit marié majeur, et dont la séduction n'avoit commencé que deux mois avant la majorité.

Le défaut du consentement du père est un fait constant entre les parties ; nulle connoissance, nulle approbation, nulle ratification de ce mariage, nulle fin de non-recevoir à lui opposer.

Défaut de publication de bans aussi certain. Point de domicile à Paris, ni de droit ni de fait ; point de domicile même passager dans la paroisse de Saint-André-des-Arcs ; preuve qu'il demeuroit dans celle de Saint-Germain-l'Auxerrois, et par les registres des maisons garnies, et par la déposition de son hôtesse.

Nous sommes précisément dans le cas de la disposition de l'ordonnance ; l'esprit et la lettre de la loi également violés.

Deux objections qui paroissent considérables.

La première, tirée de la sentence d'absolution.

La seconde, de la conduite de Fleury.

Sentence qui doit être considérée, et comme une preuve de l'innocence de l'intimée, et comme un préjugé légitime en faveur du mariage.

On prétend que le seul défaut de consentement du père est impuissant pour détruire le mariage, lorsqu'il n'est pas soutenu par les preuves ou par les présomptions du rapt de séduction.

Ici tous les soupçons cessent ; justification entière.

Donc aucune loi qui déclare le mariage nul, puisque la couleur dont on se sert ordinairement dans ces matières est absolument détruite par la sentence du châtelet.

On ajoute en second lieu, que la conduite de Fleury le rend indigne de la protection des ordonnances; que c'est lui qui a séduit la demoiselle de Razac, qui l'a trompée sous la foi d'un faux extrait baptistaire, qui a employé l'artifice et l'imposture d'une fausseté punissable, pour surprendre son consentement; que Dieu a permis qu'il se soit trahi lui-même, et que par ses lettres, par le cachet, etc. on a reconnu qu'il étoit l'auteur de la fausseté.

Réponse à la première objection.

1.° Dans le droit, que quand même il n'y auroit aucune présomption de rapt, il suffiroit que le père n'eût point consenti, que les bans n'eussent point été publiés, par toutes les raisons qui ont été suffisamment expliquées.

2.° Dans le fait, que la sentence ne suffit pas pour détruire les présomptions par rapport à la validité du mariage.

Ainsi il faut distinguer entre la procédure criminelle et la procédure civile.

Il y a une grande différence entre des présomptions capables de faire prononcer une peine personnelle, et des soupçons capables de donner atteinte au mariage. On trouve un arrêt dans les plaidoyers de Frain, qui déclare un mariage nul, et avant faire droit sur la requête, ordonne que les informations seront vues. Donc on peut séparer ce qui est nécessaire pour prononcer la peine, de ce qui est nécessaire pour prononcer la nullité.

1.° Souvent le crime est obscur, le criminel se cache aux yeux de la justice; il est difficile d'avoir des preuves; il ne suffit pas même d'en avoir, il faut que le juge soit instruit par la voie d'une procédure régulière.

2.° La séduction peut paroître réciproque; il est difficile en ce cas d'en connoître l'auteur. Comment prononcer une peine dans cette incertitude? *Paria delicta mutuâ compensatione tolluntur.*

Il n'en est pas ainsi pour la question de la validité du mariage.

1.° Il est presque impossible qu'il n'y ait une preuve parfaite, parce qu'il y a par rapport au mariage une présomption légale; l'ordonnance suppose toujours qu'un mineur a été séduit, par cela seul qu'il s'est marié contre la volonté de son père; la moindre circonstance peut rendre cette présomption décisive.

2.° Quoique la séduction soit réciproque, elle n'est pas moins contraire à la liberté du consentement.

Et cette distinction est prouvée par les arrêts qui, en mettant hors de cour sur l'extraordinaire, déclarent souvent le mariage nul; ajoutons que l'on juge presque toujours sur une simple information, qui dans les règles ne fait aucune preuve. Il y a toujours un rapt présumé de droit, un dol, une séduction réelle, et dans la chose même; et quand celle que le mineur épouse, n'auroit contribué au mariage que par le malheur qu'elle auroit eu de lui plaire, la séduction n'en seroit pas moins prouvée. Il peut arriver que cette espèce de subornation ait servi de principe au mariage, et cependant que la fille soit innocente.

Ainsi la sentence ne détruit point les présomptions de la séduction.

Et outre le défaut du consentement du père, il y en a encore de considérables.

Nous ne parlerons point de la minorité, parce qu'elle est de part et d'autre.

Ni de la qualité de fils de famille, par la même raison.

Mais trois circonstances qui sont particulières à la demoiselle de Razac.

1.° La maison de la dame de Razac sa mère: maison ouverte, académie de jeu.

2.° Preuves qu'elles sont venues plusieurs fois chercher Fleury pour l'y amener.

3.° Nul intérêt d'épouser la demoiselle de Razac; mais, dit-on, quelle raison pouvoit faire désirer ce mariage à la demoiselle de Razac?

1.° L'opinion des richesses du père.

2.° Quand il n'y auroit point eu de véritables raisons de part ni d'autre qui pussent leur faire considérer ce mariage comme avantageux, cela ne détruiroit pas la présomption de séduction, au contraire, ce défaut de raison seroit une preuve de séduction réciproque.

A l'égard de la seconde objection, deux réponses :

1.° Quand Fleury seroit seul coupable de la fausseté, le mariage seroit-il plus légitime, et seroit-il parvenu à l'innocence par le nombre de ses crimes? Cela ne pourroit regarder que les dommages et intérêts de la demoiselle de Razac.

C'est en faveur du père que l'on prononce la nullité d'un mariage, et le père est innocent.

2.° Toutes les présomptions sont que l'une et l'autre est coupable.

1.° Les dame et demoiselle de Razac sont convenues d'avoir eu part à la supposition d'un faux domicile dans la paroisse de Saint-André; elles savoient parfaitement que Fleury demeuroit dans la rue des Fossés-Saint-Germain-l'Auxerrois; les informations prouvent qu'elles ont été plusieurs fois chez lui; cependant la demoiselle se marie sur la foi d'un ban publié à Saint-André. Qu'elles ne disent point qu'elles ont ignoré où le ban avoit été publié :

Puisque 1.° Cette ignorance n'est pas vraisemblable.

2.° La dame de Razac convient qu'elle a accompagné Fleury à l'archevêché pour demander la dispense, sur le fondement de ce ban.

Or si elles sont complices de cette supposition,

c'est une grande présomption qu'elles ne sont pas innocentes de l'autre, puisqu'elles avoient toutes la même fin.

3.° Elles conviennent, et c'est un fait constant, que le mariage a été tenu secret. La lettre adressée sous le nom de la demoiselle de Beaulieu en fait la preuve. Raison frivole qu'elles allèguent dans leur interrogatoire, que c'étoit faute d'équipage qu'elle ne prenoit pas le nom de Fleury. La véritable raison est qu'on craignoit le père: donc on savoit qu'il y en avoit un; donc on connoissoit la fausseté; donc elles en sont complices.

Ainsi quand même il s'agiroit ici des dommages et intérêts, grande difficulté, puisque tous les deux sont coupables.

Mais il ne s'en agit point.

Parce que 1.° Cela dépend de l'événement du procès du rapt, qui doit être porté aux enquêtes.

2.° Cela dépend encore d'une preuve qu'il y a lieu d'ordonner touchant la fausseté.

C'est par là qu'on décidera des dommages et intérêts qui peuvent être dus à l'intimée.

D'ailleurs, l'intérêt public demande que l'on arrête le cours de ces faussetés criminelles dont l'usage commence à devenir fréquent dans ces matières, et qu'on ne peut trop réprimer.

Cette procédure ne devoit point être ordonnée au châtelet, parce qu'il n'y avoit que l'accusé qui la demandoit.

Aujourd'hui nous la requérons pour l'utilité publique.

SECONDE PARTIE.

Vérité de la quittance.

1.° Dans le droit : c'est un mineur, nul emploi, nulle preuve qu'il en ait profité, L. 11. § 6. L. 34. ff. *De Minorib.* La dernière de ces lois s'exprime ainsi : *Si Minor 25 annis filiofamilias Minori pecuniam credidit, melior est causa consumentis, nisi locupletior ex hoc inveniatur litis contestatæ tempore is qui accepit.*

2.° Dans le fait, grandes présomptions qu'il n'a jamais reçu la somme entière de dix mille livres.

1.° La dame de Razac n'est pas en état de payer dix pistoles à l'hôtesse de Fleury, le même jour qu'elle donne dix mille livres à son gendre.

2.° Fleury qui les reçoit ne peut non plus achever de payer son hôtesse. Lire les informations.

Cependant il seroit dangereux de prononcer sur les lettres de restitution; il est plus sûr de les joindre à l'appel de la sentence du châtelet, et à la procédure nouvelle qu'il est à propos d'ordonner.

1.° Si Fleury est seul coupable de la fausseté, il est indigne du bénéfice de la restitution.

2.° Si l'on juge à propos de donner des dommages et intérêts à la demoiselle de Razac, rien ne sera plus naturel que d'ordonner la restitution de la dot, pour tenir lieu de ses dommages et intérêts.

Les conclusions n'ont pas été écrites; il paroît par le plaidoyer, qu'elles tendoient

1.° Sur l'appel comme d'abus du mariage, à le déclarer nul et abusif.

2.° Sur les demandes en restitution contre la quittance, et en dommages et intérêts, les joindre à l'appel de la sentence du châtelet qui portoit absolution de l'accusation.

3.° Sur cet appel, renvoyer à se pourvoir.

4.° Et il requit qu'il fût informé sur les faits de fausseté (1).

(1) On peut voir, sur ce qui fait le sujet de ce plaidoyer, le Traité de M. le Merre, intitulé : *Justification des usages de France, sur les mariages des enfans de famille, faits sans le consentement de leurs parens*, imprimé à Paris, chez Dezallier, en 1686.

Le rapport fait à l'assemblée du clergé, par l'évêque de Montpellier, le 16 juin 1635, qui se trouve dans les Mémoires d'Omer Talon, imprimés en 1732, tome II, pag. 62.

Les deux dernières parties de ces conclusions furent suivies par l'arrêt qui fut rendu à l'audience, le 27 avril 1694.

Entre M.e Melchior Fleury, docteur en médecine de la faculté de Montpellier, demeurant à Soissons, et damoiselle Marie Dollé sa femme, appelans comme d'abus de la célébration du mariage de Melchior Fleury leur fils, mineur, capitaine au régiment de Vaubecourt, avec damoiselle Marie-Anne de Beaulieu Ruzé de Razac, d'une part; et dame Elisabeth Dancourt, veuve de messire Henri de Beaulieu Ruzé de Razac, comte de Razac; et ladite Marie-Anne de Beaulieu Ruzé de Razac sa fille, épouse dudit Melchior Fleury fils, capitaine au régiment de Vaubecourt, et ledit Fleury fils, demandeur en lettres de rescision par lui obtenues en chancellerie le vingt-sept février mil six cent quatre-vingt-quatorze, et en requête du cinq mars audit an, à ce qu'il fût reçu partie intervenante sur ledit appel comme d'abus de la célébration du prétendu mariage dudit demandeur avec ladite damoiselle Marie-Anne de Beaulieu, et appelant aussi comme d'abus de la célébration dudit prétendu mariage : faisant droit sur l'intervention, ensemble sur ledit appel comme d'abus, il fût dit qu'il a été mal, nullement et abusivement célébré et procédé, et en conséquence, ledit mariage déclaré non-valablement contracté; ayant égard auxdites lettres de rescision, et icelles entérinant, les parties fussent remises en tel et semblable état qu'elles étoient avant le contrat de mariage du vingt-trois mai mil six cent quatre-vingt-treize, la quittance de dot du vingt-neuf dudit mois de mai mil six cent quatre-vingt-treize, et tous les autres consentemens et actes de lui extorqués à l'occasion dudit mariage, et depuis la prétendue célébration d'icelui pendant sa minorité, qui seroient déclarés nuls, et ladite dame de Razac et la demoiselle sa fille condamnées en ses dommages et intérêts et dépens d'une autre part; et lesdites dames de Razac mère et filles, intimées; et lesdits Melchior Fleury, père, et ladite Marie Dollé, défendeurs à ladite intervention, d'autre part; et encore entre lesdits Fleury et damoiselle Marie Dollé sa femme, appelans de la sentence rendue par le lieutenant-criminel du châtelet de Paris, le onze mars, prononcée le vingt-six mars mil six cent quatre-vingt-quatorze, et intimés d'une part; et lesdites dames Dancourt et damoiselle Marie-Anne Beaulieu Ruzé de Razac, et dame Marie-Thérèse de Beaulieu de Razac, épouse de messire Jacques-Madelaine de Ruzé, marquis de Razac, enseigne de galères, intimés et appelans de la même sentence rendue par le lieutenant criminel du châtelet dudit jour vingt-six mars mil six cent quatre-vingt-quatorze, d'autre part. Après que Thévart, avocat de Fleury père; Errard, avocat de Fleury fils; Duplessis, avocat d'Elisabeth Dancourt; et Chardon, avocat de ladite de Ruzé ont été ouïs pendant quatre audiences; ensemble d'Aguesseau pour le procureur-général du roi :

LA COUR, sur l'appel comme d'abus, appointe les parties au conseil, et sur la demande en restitution de dot des parties de Duplessis en droit et joint, ordonne que sur l'appel de la sentence du lieutenant-criminel du châtelet, les parties se pourvoiront ainsi qu'elles aviseront bon être; et faisant droit sur les conclusions du procureur-général du roi, ordonne qu'à sa requête il sera informé de la fausseté des actes dont est question, pour ce, fait et rapporté, être ordonné ce que de raison.

TRENTE-UNIÈME PLAIDOYER.

DU 8 JUIN 1694.

Dans la cause de M.[e] DE LA BARRE, avocat au parlement, la veuve de PIERRE COLLINET et ses enfans.

1.° *Si la portion des biens de la femme qui a été mise dans la communauté, est comprise dans le don mutuel, lorsqu'il y a une clause de reprise dans le contrat de mariage, ou si cette clause peut empêcher l'effet du don mutuel à cet égard.*

2.° *Si la disposition de la coutume qui oblige le donataire mutuel à payer et avancer les frais funéraires, a lieu seulement en faveur de l'héritier des meubles et acquêts, ou si elle est faite aussi en faveur de l'héritier des propres.*

FAIT.

Me Jean de la Barre, avocat en la cour, avoit épousé Denise Collinet.

Par leur contrat de mariage, les père et mère de la future épouse lui avoient donné une dot de 20,000 livres. Il avoit été stipulé que sur cette somme, 12,000 livres demeureroient propres, et 8000 livres entreroient en communauté.

Qu'en cas de survie de la femme, elle pourroit renoncer à la communauté, et reprendre franchement tout ce qu'elle y auroit apporté.

Que si elle prédécédoit, ses héritiers auroient la même faculté, mais que Me de la Barre ou ses héritiers retiendroient sur les 8000 livres mises en communauté, une somme de 3000 livres pour les frais de noces, et qu'en ce cas Me de la Barre seroit tenu de rapporter acquit et décharge des dettes auxquelles elle se seroit obligée.

Pendant le mariage, les conjoints se sont fait un don mutuel.

La femme est morte sans enfans : son père et sa mère ont été ses seuls héritiers, et ont renoncé à la communauté.

M.ᵉ de la Barre ayant demandé la délivrance du don mutuel, ils ont prétendu qu'au moyen de la faculté de reprendre tout ce que la femme auroit apporté à la communauté, M.ᵉ de la Barre devoit leur rendre, outre la somme de 12,000 livres, stipulée propre, qui ne leur étoit pas contestée, celle qui étoit entrée dans la communauté, et qui, en retenant 3000 livres pour les frais de noces, se trouvoit réduite à 5000 livres.

Ils ont obtenu une sentence par défaut au châtelet, par laquelle, sans avoir égard à sa demande en délivrance du don mutuel, il est condamné à leur rendre tous les effets apportés en dot par Denise Collinet sa femme, à la déduction de la somme de 3000 livres, qui lui demeureroit pour frais de noces; à leur remettre un billet portant constitution d'une rente de 212 livres 10 sols, et une somme de 750 livres avec intérêts, pour les arrérages qu'il avoit reçus de cette rente. En reprenant ainsi tous les biens de sa femme, le père et la mère avoient offert de payer les frais funéraires. La sentence déclare leurs offres valables, et condamne encore M.ᵉ de la Barre à leur rapporter acquit et décharge des dettes auxquelles sa femme s'étoit obligée.

C'est sur l'appel de cette sentence, interjeté par M.ᵉ de la Barre, qu'il s'agit de prononcer.

Pierre Collinet père de la femme, étant décédé, la veuve et les enfans, comme héritiers de leur père, ont fait un acte de reprise en la cour.

M.ᵉ Robert de Saint-Martin, pour M.ᵉ de la Barre, appelant, a fondé son principal moyen sur le texte précis de l'article 280 de la coutume de Paris, qui permet aux conjoints de faire une donation mutuelle de tous les biens *qui sont trouvés ... être communs entr'eux à l'heure du trépas du premier mourant.* Donc la somme qu'on lui demande se trouve comprise dans le don mutuel, etc.

M.^e le Cœur, pour la veuve Collinet et ses enfans, a prétendu au contraire que le contrat de mariage contenant une clause expresse de reprise en faveur de la femme et de ses héritiers, les contractans n'ont pu y donner atteinte, et que le don mutuel qu'ils ont fait, ne peut être regardé que comme une contre-lettre contre les conventions du contrat de mariage, et un avantage indirect en faveur du mari, l'un et l'autre également prohibés par les articles 258 et 282 de la coutume, etc.

Quant a nous, après vous avoir expliqué les principaux moyens des parties, nous ne croyons pas pouvoir suivre un ordre plus naturel dans cette cause, que celui des questions que vous avez à décider.

La première et la plus importante, consiste à savoir quelle sera l'étendue du don mutuel dont la partie de Me Robert demande la délivrance; s'il comprendra les effets qui ont été ameublis pour entrer dans la communauté, ou si au contraire on en retranchera d'abord tout ce qui est sujet à reprise, et si par cette réduction on le détruira et on l'anéantira absolument.

Si le don mutuel n'a point de lieu, la seconde question que l'on a agitée sur la contribution aux frais funéraires, deviendra entièrement inutile.

Si vous décidez au contraire que la faculté de reprendre n'a rien d'incompatible avec le don mutuel, et que l'un et l'autre ont leurs effets distincts et séparés, alors il faudra examiner si, lorsque la coutume a obligé le donataire mutuel à avancer les frais funéraires, elle a voulu favoriser seulement l'héritier des meubles et acquêts, ou si au contraire, elle a voulu que cette avance fût également faite pour tous les héritiers.

PREMIÈRE QUESTION.

Quoique l'on ait voulu traiter cette cause en deux manières différentes, et par les principes du droit, et par les principes des arrêts, il faut cependant retrancher d'abord ce dernier moyen, et convenir de bonne foi qu'il ne paroît point que jusqu'à présent la question ait été réellement décidée en faveur de l'une ou de l'autre des parties.

On allégue d'un côté, un arrêt rendu en l'année 1616, cité par M.e Julien Brodeau dans ses notes sur M. Louet, lettre F, n.o 28, et rapporté en forme par les parties de M.e le Cœur, dans lequel on prétend que l'on a jugé disertement que les deniers sujets à reprise pouvoient faire partie du don mutuel, parce que le mari étoit appelant, en ce que par la sentence on l'avoit débouté de la demande qu'il avoit formée pour jouir de la somme sujette à reprise.

Il est vrai que les qualités de l'arrêt sont telles que nous venons de vous les expliquer, et que la sentence y est purement et simplement confirmée.

Mais, 1.o nous ne voyons ni le contrat de mariage, ni le don mutuel; nous ignorons les clauses de l'un, les défauts qui se pouvoient rencontrer dans l'autre : il est impossible par conséquent de pénétrer dans les véritables motifs de ce jugement, et il est arrivé de cet arrêt comme de beaucoup d'autres, qu'il n'est devenu un préjugé digne de réponse que par la liberté que le premier compilateur s'est donnée de le rapporter comme ayant décidé la question, et par la facilité aveugle que les autres compilateurs, et même nos meilleurs auteurs, ont eue de suivre la foi du premier auteur qui l'a cité.

2.o Dans le temps que cet arrêt a été rendu, plusieurs principes sur la nature et les effets du don mutuel n'étoient pas encore établis par une jurisprudence fixe et certaine, il seroit facile de le prouver; mais pour se renfermer dans ce qui a plus de rapport à la question présente, on doutoit encore en l'année 1616 si la renonciation faite par la femme à la communauté ne détruisoit pas absolument le don mutuel; et quoiqu'il y eût déjà eu quelques arrêts qui parussent avoir décidé la question, cependant en l'année 1641, quand il fallut fixer la jurisprudence sur ce point par un arrêt solennel, la cour jugea à propos d'ordonner une enquête par turbe, pour savoir quel étoit l'usage du châtelet; et enfin, après une longue délibération, elle décida cet ancien doute en faveur de la femme qui renonce à la communauté.

Il n'est pas surprenant que dans le temps que Loisel établissoit comme une règle certaine, que la renonciation éteignoit absolument le don mutuel, il y ait eu quelques arrêts qui aient jugé que le mari ne pouvoit jouir des effets sujets à reprise, puisque la reprise suppose une renonciation, et que la renonciation privoit le survivant des conjoints de l'effet du don mutuel.

Ainsi tous les arrêts que l'on pourroit alléguer en cette matière seroient inutiles, puisque la jurisprudence n'a été parfaitement fixée qu'en l'année 1641. Jusque-là les docteurs et les arrêts mêmes avoient varié; et comme on n'en rapporte point de postérieurs, il est peu important de s'arrêter aux préjugés en cette matière.

De l'autre côté, on cite une sentence rendue en 1685 aux requêtes du palais, qui a, dit-on, décidé que le don mutuel s'étendoit sur les effets sujets à reprise.

Mais, 1.° c'est une sentence.

2.° On a transigé sur l'appel, et les parties se sont accommodées; ainsi nulle induction.

On cite encore d'autres arrêts rendus en la quatrième et en la seconde chambre des enquêtes, mais dont les espèces sont douteuses, et dont la décision n'a qu'un rapport éloigné à la question que nous traitons.

Ainsi, sans faire une longue dissertation sur les progrès du droit et la jurisprudence des arrêts en cette matière, nous nous renfermerons dans l'examen des principes.

PROPOSITION GÉNÉRALE.

C'est un principe certain, que tout ce qui est commun entre conjoints au jour de décès du premier mourant, peut faire la nature du don mutuel. Ainsi toute la difficulté de cette question se réduit à examiner quelle est la nature et quels peuvent être les effets de la clause de reprise, portée expressément par le contrat de mariage.

Si elle contient une exclusion formelle, favorable aux héritiers et contraire au mari, de ne pouvoir rien recevoir de sa femme, à quelque titre que ce soit, au préjudice de la faculté de reprendre; si elle a la force de faire présumer que les effets ameublis ne sont jamais entrés dans la communauté : il est certain que le don mutuel est non-seulement inutile, mais qu'il est absolument condamné par la coutume, comme un avantage indirect, et une donation prohibée.

Si au contraire l'effet de cette clause est limité à tout ce qui regarde le partage de la communauté; si elle n'empêche point que les effets ameublis n'aient été communs, on doit avouer que le contrat de mariage et le don mutuel n'ont rien de contraire, que la donation doit avoir son effet pour l'usufruit, pendant que la reprise sera exécutée sur la propriété.

Pour décider cette question, qui est le véritable nœud de la difficulté de cette cause, examinons la clause de reprise et ses effets dans trois vues différentes, par rapport

1.° A la qualité du mari.

2.° A la faveur de la femme, et de ses héritiers.

3.° A la qualité des biens qui doivent composer le don mutuel.

1.° *Qualité du mari.*

On ne peut pas douter que cette clause n'ait été

inventée contre le mari, et on a eu raison de vous dire que ce n'est pas tant un privilége accordé à la femme ou à ses héritiers, qu'une sage précaution que l'usage a établi pour prévenir les mauvais effets de la dissipation d'un mari, et pour l'empêcher de priver sa femme, non-seulement du profit de la communauté, mais des effets qu'elle auroit mis dans cette même communauté.

Le mari est le maître de la communauté, mais il ne peut pas y renoncer.

La femme ne peut disposer des effets de la communauté, mais il est en son pouvoir de renoncer et de reprendre : égalité parfaite, avantages différens, mais réciproques.

Tel a été le fondement et le motif de la coutume, lorsqu'elle a introduit la faculté de renoncer, et de ceux qui ont inventé les clauses de reprise.

Priver le mari de la portion que la femme a mise dans la communauté, des effets qui lui appartiennent dans cette communauté ; voilà quelle a été l'intention de ceux qui se sont les premiers servis de ces sortes de clauses.

De là, première conséquence nécessaire, que puisque cela n'est introduit que pour empêcher que le mari ne profite de ces effets à titre de communauté, toutes les fois que l'on parvient à cette fin, l'intention des contractans est parfaitement remplie, et la clause pleinement exécutée.

Seconde conséquence aussi infaillible, que cette stipulation est de droit étroit, et ne doit point être étendue hors de son cas ; en sorte que si le mari profite à quelqu'autre titre, on ne peut plus lui opposer la clause de reprise, parce que toute son étendue est bornée à ce qui regarde la communauté.

Cette opposition est prouvée par le raisonnement qui vient d'être fait, mais elle peut encore être établie par d'autres preuves également fortes et convaincantes.

1.° Cette distinction que nous faisons ici entre les différens titres, en vertu desquels le mari peut jouir des deniers sujets à reprise, se fait tous les jours dans une espèce à peu près semblable.

Il y a dans le royaume plusieurs coutumes, dans lesquelles il est permis aux maris et aux femmes de comprendre dans le don mutuel les acquêts faits avant le mariage.

On a demandé si lorsque, par le contrat de mariage, il y avoit eu des deniers stipulés propres, ces deniers étoient compris dans le don mutuel; et l'on a décidé, suivant l'avis de tous les docteurs, qu'ils en faisoient partie.

Quelle est la raison de cette décision? C'est que la stipulation des propres est contre le mari en qualité de mari, mais non pas en qualité de donataire. L'unique effet de cette clause est l'exclusion de la communauté, et non l'interdiction aux conjoints de se donner réciproquement leurs effets.

2.° La même distinction a lieu dans notre coutume pour une espèce semblable. On stipule que les deniers seront propres *à la future et aux siens :* il est constant que cela ne passe pas la personne des enfans, et que le père succède au dernier. Pourquoi cette différence? parce qu'il y succède, non comme mari, mais comme père.

3.° Le mari n'est constamment pas incapable pour l'usufruit. Or on convient que la femme auroit pu disposer, même pour la propriété, en faveur d'un étranger. Donc elle a pu le faire en faveur du mari; car il peut recevoir en usufruit par un don mutuel, ce qu'un autre peut recevoir en propriété.

Quelle raison pourroit rendre le mari incapable en cette espèce?

Ce ne pourroit être que la loi ou la convention.

On ne peut pas dire que ce soit la loi, puisqu'il n'y en a point en ce cas qui le rende incapable.

On ne peut pas dire que ce soit la convention.

Car, 1.° son effet est limité à empêcher que le mari ne profite à titre de communauté.

2.° Pour déroger à un droit commun, tel que

celui qui rend le mari capable de recevoir par don mutuel, il faudroit une stipulation expresse.

3.° Si une fois on déclaroit le mari incapable de recevoir dans le cas que la reprise seroit stipulée, il faudroit le déclarer presque généralement incapable, puisqu'on ne fait presque plus de contrat de mariage sans cette stipulation; et comme très-souvent la communauté n'est composée que de ce qui a été ameubli pour y entrer, on détruiroit par un seul principe tous les dons mutuels, et on en aboliroit l'usage dans toutes les coutumes.

Voilà tout ce qui regarde le mari, qui peut se réduire à cinq preuves différentes.

1.° La clause n'a d'effet que pour empêcher qu'il ne profite à titre de communauté.

2.° Il faut en juger comme d'une stipulation de propres dans les coutumes qui permettent le don mutuel des acquêts faits avant le mariage.

3.° Il faut encore en juger comme de la stipulation de propres dans le cas où le père succède à ses enfans.

4.° Le mari n'est incapable ni par la loi, ni par la convention.

5.° L'intérêt des familles s'y oppose.

Passons à ce qui regarde la femme et ses héritiers.

2.° *Faveur de la femme et de ses héritiers.*

Ici deux parties, 1.° la femme.

2.° Les héritiers de la femme.

A l'égard de la première, bien loin que l'on puisse donner cette interprétation à la stipulation de reprise en faveur de la femme, il est certain que ce seroit rétorquer contre elle ce qui a été introduit pour son utilité.

Car elle seroit aussi elle-même dans l'incapacité de recevoir. La raison en est manifeste.

Elle ne peut être capable de recevoir qu'en courant le risque de pouvoir donner.

Quelle absurdité que de soutenir, que lorsque le droit commun rend deux personnes capables de donner et de recevoir, une convention qui ne dit point le contraire, une convention qui a ses effets distincts et séparés, une convention qui ne regarde le mari que comme mari, et non comme donataire, puisse les mettre tous deux dans une véritable et totale interdiction.

Pour les héritiers, ils sont encore moins favorables.

1.° Ils n'exercent la faculté de prendre que comme héritiers. Donc ils ne sont pas à la vérité tenus des faits du donateur (car en matière de donations, l'héritier du donateur et le donateur, ne sont pas regardés comme une seule et même personne); mais il n'en est pas moins vrai qu'ils ne recueillent que la succession *ab intestat*, ce qui suppose qu'on n'ait point disposé des biens. La reprise est moins forte que le droit de retour. Or le retour légal n'empêche point la liberté de disposer, et le conventionnel n'empêche que lorsqu'il est conçu en terme de fidéicommis. Donc ils ne peuvent contester l'effet de la disposition qui en a été faite par le don mutuel.

Il est vrai, vous a-t-on dit, que les héritiers ne peuvent empêcher la disposition, mais pourvu qu'elle soit faite en faveur d'une personne capable; or le mari étoit incapable. Nous avons déjà répondu à cette objection, en prouvant qu'il étoit capable.

2.° Les héritiers, ou ceux qui ont fait la stipulation pour eux, ont consenti au mariage et à toutes les suites du contrat, tel que le don mutuel.

3.° Il ne doit pas être permis à des héritiers d'attaquer un titre solennel, revêtu de toutes ses formes, et de rendre incertain l'événement d'un don mutuel, par leur caprice, en haine du mari.

Nous n'avons donc plus à examiner que la qualité des biens qui doivent composer le don mutuel.

3.° *Qualité des biens.*

L'unique difficulté à cet égard consiste à savoir si la stipulation de reprise empêche que les effets ne soient véritablement entrés dans la communauté; car si cette maxime est véritable, c'est inutilement que le mari sera capable, puisque cette capacité ne s'étend que sur les effets communs.

Deux principes peuvent résoudre cette difficulté.

Le premier, qu'il suffit que les biens aient été communs au jour du décès. C'est ce moment que la coutume considère. Le reste est inutile. C'est en ce temps fatal que se déterminent et la qualité des biens, et la capacité du donataire.

Second principe, établi par les arrêts qui ont décidé que la renonciation de la femme ne la privoit pas de son don mutuel. Deux réflexions sur ce sujet.

1.° Si l'on admettoit les fictions en cette matière, il seroit bien plus aisé de feindre que la moitié de la communauté à laquelle la femme renonce, ne lui a jamais appartenu, que de supposer que des deniers sujets à reprise ne sont jamais entrés dans la communauté.

Car, 1.° le mari a joui réellement, et de fait, de ces deniers; la femme n'a jamais eu de jouissance.

2.° Le mari a eu le domaine civil et naturel; la femme n'a eu qu'un domaine qui étoit comme en suspens, et n'a jamais été réalisé.

Cependant l'on décide que cette espèce de domaine suffit pour établir la validité du don mutuel, *ergò à fortiori*, etc.

3.° La raison pour laquelle les arrêts ont établi que la veuve qui renonce conserve son don mutuel, c'est qu'outre qu'il suffit d'être commune en biens au jour du décès, l'on a cru qu'il n'étoit pas juste qu'un mari pût anéantir le don en dissipant le fonds de la communauté.

Mais cette raison milite également en faveur du mari dans l'espèce présente, puisqu'il ne seroit pas juste que les héritiers de la femme pussent anéantir le don en renonçant; autrement il en résulteroit une inégalité manifeste, puisque le mari courroit toujours le risque dans le don mutuel, au lieu que la femme ne le courroit jamais.

4.° Il peut y avoir quelque chose à imputer à une veuve qui renonce. On peut lui dire qu'elle pouvoit, en acceptant la communauté, conserver son don; mais on ne peut rien imputer au mari, puisqu'il ne dépend pas de lui d'obliger les héritiers de la femme à accepter la communauté.

Donc en argumentant toujours *à fortiori*, la même jurisprudence doit être établie, tant en faveur du mari qu'en faveur de la femme.

Réponses aux objections.

Première objection. Le don mutuel doit être considéré comme une contre-lettre qui détruit la clause de reprise portée par le contrat de mariage.

Réponse. Cela seroit vrai si la clause de reprise empêchoit le don mutuel; mais elle n'y est point contraire. Elle a un objet différent.

Seconde objection. Les héritiers doivent exercer la reprise comme la femme l'auroit exercée; or elle l'auroit exercée sans souffrir la diminution de l'usufruit. Donc, etc.

Réponse. Ce raisonnement est absolument faux. Car si la femme eût survécu, le mari n'auroit pas été donataire mutuel; ainsi nulle induction.

Troisième objection. Inégalité, puisque le mari survivant a un bien sujet à reprise, au lieu que la femme n'a pas un pareil avantage.

Réponse. 1.° Cette objection seroit fondée, si cela arrivoit en exécution du don mutuel; mais la femme a deux droits, celui de propriétaire, celui d'usufruitière : elle accumule le droit de donataire mutuelle a celui de propriétaire.

2.° C'est dans l'opinion contraire qu'il y auroit de l'inégalité; car la femme jouiroit de tout ce qui est entré dans la communauté, et le mari ne pourroit point jouir de ce que la femme y a mis.

Mais pour mieux dire, il n'y a nulle inégalité ni dans l'un ni dans l'autre, parce que les titres seroient différens.

Quatrième objection. Les deniers sujets à reprise ne sont entrés dans la communauté que sous une condition résolutive.

Réponse. On se trompe. Ils y sont entrés purement et simplement, mais ils en sortent sous condition : *Pura est emptio, sed sub conditione resolvitur.*

Reprenons en substance tout ce qui concerne cette question.

Les effets dont il s'agit étoient communs au jour du décès; donc l'usufruit en appartient au donataire en vertu du don mutuel fait entre les deux conjoints, si la stipulation de reprise ne les a empêchés.

Elle ne peut les en avoir empêchés que, ou par rapport au mari, ou par rapport à la femme et à ses héritiers, ou par rapport à la nature des biens.

Ce n'est point par rapport au mari. Nous l'avons prouvé.

1.° Par la nature de la stipulation de propres, qui n'a effet contre le mari que comme mari, et non en qualité de donataire.

2.° Par l'exemple des coutumes, où l'on peut comprendre dans le don mutuel les acquêts faits avant le mariage;

3.° Par l'exemple de la coutume de Paris, dans laquelle, malgré la stipulation de propres, le père succède au dernier de ses enfans comme père, et non comme mari.

4.° Par le défaut de fondement de l'incapacité qu'on oppose au mari, puisqu'elle n'est établie ni par la loi ni par la convention.

5.° Par les conséquences qui résulteroient de l'effet qu'on voudroit donner à la clause de reprise, laquelle le rendroit toujours incapable; et ainsi il n'y auroit plus de don mutuel.

Ce n'est point par rapport à la femme et à ses héritiers qu'on pourroit empêcher de comprendre dans un don mutuel les deniers mis dans la communauté. Car pour ce qui regarde la femme, si on lui ôtoit la faculté de les donner, elle perdroit aussi celle de les recevoir.

Et pour ce qui concerne ses héritiers, ce sont des successeurs *ab intestat*, qui ne recueillent que les effets dont on n'a pas disposé.

Il n'est pas permis à des héritiers de détruire un acte légitime et parfait.

Enfin, ce n'est point la nature des biens qui ait pu empêcher de les comprendre dans le don mutuel. Nous croyons l'avoir démontré par deux propositions.

L'une, qu'il suffit que ces biens aient été communs au jour du décès.

L'autre, que la question a été décidée pour le cas de la renonciation de la femme à la communauté; donc elle doit l'être à plus forte raison pour le cas présent.

1.° Parce qu'il est plus aisé de feindre que la femme n'a jamais rien eu dans ces biens, que de supposer que le mari n'en ait jamais eu la possession et le domaine.

2.° Parce que, si le mari ne peut anéantir le don mutuel, les héritiers de la femme ne le peuvent pas davantage.

3.° Parce que l'on ne peut rien imputer au mari si les héritiers de la femme n'acceptent pas la communauté, au lieu qu'on pourroit imputer à la femme d'avoir pris le parti d'y renoncer plutôt que celui de l'accepter; et de là une inégalité manifeste, puisque le mari courroit un risque que la femme ne courroit jamais.

Nous n'avons pu parvenir à trouver la dernière partie de ce plaidoyer. Nous ne pouvons y suppléer que par l'extrait qui s'en trouve dans le Journal des

Audiences, tome IV de l'édition de 1733, livre IX, chap. XIII.

« A L'ÉGARD de la seconde question, *M. l'avocat-* » *général dit* : Qu'il ne croyoit pas que M.e de la » Barre pût se dispenser d'avancer les frais funéraires » sur son don mutuel, et que, quoique les père et » mère de la femme fussent héritiers des propres, » comme des meubles et acquêts, ils ne lui devoient » par là aucune contribution : que par l'article 286 » (de la coutume de Paris), le donataire mutuel » étoit tenu d'avancer les frais funéraires indistinc- » tement, à la décharge de tous les héritiers; que la » coutume ni les arrêts n'y apportoient aucune dis- » tinction; et si, par l'article 334, l'héritier des » propres devoit contribuer avec celui des acquêts » au paiement des frais funéraires et dettes, cela » n'étoit bon qu'entr'eux, et pour avoir lieu après » le don mutuel fini, sans que le donataire mutuel » pût s'en prévaloir contre l'héritier des propres, et » lui demander de son chef ladite contribution.

» La cour, sur l'appel, appointa les parties au » conseil : depuis, intervint arrêt sur production » du 12 mars 1696 ».

ENTRE M.e Jean de la Barre, avocat en la cour, appelant de sentence rendue au châtelet de Paris le dix février mil six quatre-vingt-treize, d'une part, et demoiselle Denise le Juge, veuve de défunt Pierre Collinet, marchand, bourgeois de Paris, tant en son chef que comme ayant accepté la communauté d'entre elle et ledit défunt Collinet, Gabriel Collinet, sieur de Lenville, ci-devant capitaine-exempt des cent-suisses de la garde de Monsieur, frère unique du Roi, héritier dudit défunt Collinet son père, et demoiselle Susanne Collinet, femme autorisée par justice à la poursuite de ses droits, au refus de M.e François Chardon, procureur en la cour, son mari, héritière par bénéfice d'inventaire dudit défunt Collinet, son père, ayant repris au lieu dudit défunt Collinet, par acte reçu au greffe de la cour, le seize mars mil six cent quatre-vingt-quinze, intimée d'autre; et entre ledit sieur de la Barre, demandeur en requête du vingt-quatre dudit mois de mars d'une part; et lesdites veuves Collinet, Gabrielle Collinet et ladite demoiselle Chardon esdits noms, défendeurs d'autre. Vu par la cour ladite sentence dont est appel, dudit jour dix février mil six cent quatre-vingt-treize, rendue entre ledit Collinet, sa femme, et par défaut contre ledit de la Barre, par laquelle, sans avoir égard à la demande dudit de la Barre, à fin de délivrance du don mutuel fait entre lui et feue demoiselle Denise Collinet, sa femme, le vingt-cinq juillet mil six cent quatre-vingt-onze, insinuée au châtelet le quinze octobre ensuivant, et de jouir par lui des effets et meubles dont il étoit débouté, ledit de la Barre auroit été condamné à rendre et restituer auxdits Collinet et sa femme, tous les effets apportés en dot audit de la Barre, par feue Denise Collinet, sa femme, à la déduction de la somme de trois mille livres qui lui demeurera pour frais de noces; rendre aussi auxdits Collinet et sa femme le billet portant constitution de deux cent douze livres dix sols de rente à prendre sur la communauté des vendeurs de bétail, payer la somme de sept cent cinquante livres, avec les intérêts du jour du décès de ladite Denise Collinet sa femme, des arrérages de ladite rente de deux cent douze livres dix sols jusqu'au jour dudit décès, les offres faites par ledit Collinet et sa femme, de payer les frais funéraires de ladite défunte Denise Collinet, déclarées bonnes et valables, ledit de la Barre condamné à apporter acquit et décharge dans trois mois auxdits Collinet et sa femme, des dettes auxquelles ladite feue Denise Collinet s'étoit obligée avec ledit de la Barre, lequel auroit été condamné aux dépens, l'acte de reprise desdits le Juge, veuve Collinet, ledit Gabriel Collinet, et de ladite Susanne Collinet, au lieu dudit défunt Collinet, arrêt d'appointé au conseil, du huit juin mil six cent quatorze. Causes d'appel dudit de la Barre, du vingt-un mars mil six cent quatre-vingt-quinze, par lesquelles il conclut à ce que l'appellation et ce dont est appel soient mis au néant, émendant, que délivrance lui seroit faite dudit don mutuel fait entre lui et ladite Denise Collinet, jadis sa femme, ledit jour vingt-sept juillet mil six cent quatre-vingt-onze et en conséquence, sans s'arrêter à la demande desdits Collinet à fin de restitution de la somme de sept cent cinquante livres dont ils seroient déboutés, il fût ordonné que ladite somme demeureroit ès mains dudit de la Barre, pour en jouir jusqu'à son décès; conformément à la coutume, que lesdites veuves Collinet, ledit Collinet et ladite Susanne Collinet, femme dudit Chardon seroient condamnés ès qualités qu'ils procèdent personnellement pour telles parts et portions qu'ils en sont tenus, et hypothécairement pour le tout, payer audit de la Barre par chacun an sa vie durant, la somme de deux cent douze livres dix sols, pour l'usufruit de celle de quatre mille deux cent cinquante livres, à compter du quinze décembre mil six cent quatre-vingt-douze, jour qu'il a formé sa demande et présenté caution suffisante, aux offres qu'il faisoit de remettre ès mains desdites Collinet, copie du billet des vendeurs de bétail, dont l'original étoit déposé chez l'Evêque, notaire; comme aussi à contribuer dès à présent aux frais funéraires faits après le décès de ladite Denise Collinet, à proportion de la somme de douze mille livres, stipulées propres dans celle de dix-sept mille livres, à laquelle monte la succession, et que les offres faites par ledit de la Barre d'apporter acquit et décharge auxdits Collinet dans quatre ans, de la dette de quatre mille livres contractée pendant sa communauté avec ladite Denise Collinet, seroient déclarées bonnes et valables, lesdits Collinet condamnés aux dépens des causes principale et d'appel. Réponses desdits Collinet et sa femme, auxdites causes d'appel du trente juillet mil six cent quatre-vingt-quinze. Salvations dudit de la Barre, du vingt-quatre janvier mil six cent quatre-vingt-seize. Production des parties. Contredits dudit de la Barre, par requête du dix-huit juillet mil six cent quatre-vingt-quinze. Sommation faite auxdits le Juge et consorts de fournir de contredits, la requête dudit de la Barre, dudit jour vingt-quatre mars mil six cent quatre-vingt-quinze, contenant sa demande à ce que lesdits veuve Collinet et consorts soient condamnés ès qualités qu'ils procèdent personnellement pour telles parts et portions qu'ils en sont tenus, et hypothécairement pour le tout, payer audit de la Barre la somme de cinq cent quatre-vingt-douze livres un sol, savoir deux cent vingt-neuf livres cinq sols pour partie des arrérages de deux cent douze livres dix sols, dus par lesdits vendeurs de bétail et pied fourché, échue auparavant le vingt-deux avril mil six cent quatre-vingt-douze, suivant la transaction du deux août audit an, les arrérages échus de ladite rente depuis ledit jour premier avril jusqu'au dix-huit octobre de la même année, jour du décès de ladite Denise Collinet, sa femme, montant à cent seize livres dix-huit sols; cent vingt messes, faisant partie de cinq cents ordonnées par le testament olographe de ladite défunte, ledit défunt Collinet ayant payé le surplus, et six livres huit sols payés à Me Dionis le jeune, notaire, pour le dépôt qui a été fait dans ses minutes dudit testament, et pour l'expédition qu'il a délivrée d'icelui, lesdites sommes montantes à celle de cinq cent quatre-vingt-douze livres un sol, aux intérêts de ladite somme et aux dépens, ladite demande, réglée par ordonnance de la cour, étant au bas de ladite requête, à fournir par les défendeurs de défenses, écrire et produire dans le temps de l'ordonnance et joint. Acte audit de la Barre de ce que pour écritures et productions il employoit le contenu en sa requête, les pièces y jointes, et ce qu'il avoit écrit et produit en l'instance. Sommation faite à ladite veuve Collinet et consorts de fournir de défenses, écrire et produire sur ladite demande, suivant ladite ordonnance, même de fournir de contredits contre l'emploi pour production dudit de la Barre, deux productions nouvelles dudit de la Barre; par requête des vingt juillet mil six cent quatre-vingt-quinze et trente janvier mil six cent quatre-vingt-seize. Sommation faite auxdits veuve Collinet et consorts, par requête du même jour neuf mars mil six cent quatre-vingt-seize. Contredits dudit de la Barre, par requête dudit jour, et tout considéré :

LA COUR a mis et met l'appellation et ce dont a été appel au néant; émendant, fait délivrance audit de la Barre du don mutuel dont est question, et en conséquence ordonne que la somme de sept cent cinquante livres lui demeurera entre les mains pour en jouir jusqu'au jour de son décès, en donnant par lui bonne et suffisante caution qui sera reçue partie présente ou dûment appelée par-devant le conseiller-rapporteur pour la restitution de ladite somme après son décès, à la déduction néanmoins des frais funéraires de ladite Denise Collinet, qu'il sera tenu d'avancer; condamne lesdits le Juge et consorts personnellement pour telles parts et portions dont ils sont héritiers desdits Pierre et Denise Collinet, et hypothécairement pour le tout, et ladite le Juge tant en son nom que comme commune, payer audit de la Barre par chacun an sa vie durant, la somme de deux cent douze livres dix sols pour l'usufruit de la somme de quatre mille deux cent cinquante liv., ensemble les arrérages échus, à compter du quinze décembre mil six cent quatre-vingt-douze, jour de la demande et délivrance du don mutuel et présentation de caution, en remettant par ledit de la Barre ès mains desdits le Juge et consorts, la copie collationnée du billet des vendeurs de bétail, dont l'original est déposé chez l'Evêque, notaire, ensemble l'acte de décharge de Denise Rousseau, veuve Louis Douleu, du vingt-trois janvier mil six cent quatre-vingt-seize, et leur fournir acquit et décharge des dettes de la communauté d'entre lui et ladite Denise Collinet, si aucuns y a; et ayant égard à la requête dudit de la Barre, du 24 mars mil six cent quatre-vingt-quinze, condamne lesdits le Juge et consorts esdits noms, à payer audit de la Barre la somme de cinq cent quatre-vingt-douze livres un sol, ensemble les intérêts de ladite somme, à compter dudit jour vingt-quatre mars mil six cent quatre-vingt-quinze, jour de la demande, jusqu'à actuel paiement. Sursoit à l'exécution du présent arrêt pendant trois mois, à compter de cejourd'hui, tous dépens compensés.

Arrêté que ladite le Juge et consorts paieront les épices, vacations, et coût d'arrêt.

TRENTE-DEUXIÈME PLAIDOYER.

DU 28 JUILLET 1694.

Dans la cause des administrateurs de l'Hôpital-Général, étant aux droits de JEAN-JACQUES SEIGNORET, légataire universel de GUILLAUME ROCQUIGNY, la dame marquise DE GAMACHE, donataire du Roi, le fermier et le receveur du domaine, et autres parties.

Il s'agissoit de plusieurs questions concernant la qualité d'étranger ou aubain.

1.° *Si la restriction du droit d'aubaine, à certains égards, faite par des traités, peut effacer la qualité d'étranger, sans lettres de naturalité.*

2.° *Si des lettres de naturalité, enregistrées dans une juridiction de privilége, peuvent avoir effet ailleurs qu'en cette juridiction.*

3.° *Si des lettres de naturalité, enregistrées au parlement en la chambre des comptes, accordées à un véritable étranger, n'ont d'effet que pour lui et les enfans nés depuis, ou si elles peuvent s'appliquer aux enfans nés auparavant.*

4.° *Si le fils d'un Français, né en pays étranger, où son père s'étoit établi, doit être regardé comme Français, en venant faire sa demeure en France, et obtenant des lettres de déclaration de naturalité.*

5.° *Si des lettres de cette nature, en le rétablissant dans les droits de son origine, ont effet en faveur de tous ses enfans, même nés auparavant, et en pays étranger.*

LA question que vous avez à décider, consiste à savoir quel étoit le véritable état de celui dont le testament fait le principal sujet de cette contestation.

S'il avoit la qualité de Français et les priviléges de citoyen, son testament est un acte solennel, qui ne peut plus recevoir d'atteinte, et que la faveur des pauvres, subrogés aux droits du légataire universel, rend encore plus inviolable.

Si, au contraire, il n'a jamais eu que la qualité d'aubain, s'il n'a point effacé la tache de son origine, qui l'avoit fait naître étranger, quelque favorables que soient les pauvres, il est certain qu'ils ne peuvent rien espérer de la disposition d'un homme que les plus anciennes lois du royaume rendent incapable de laisser des héritiers, ou testamentaires, ou légitimes.

Pour examiner cette question, nous nous attacherons à rapporter exactement les circonstances du fait, beaucoup plus importantes dans cette cause que les maximes du droit, qui sont assez certaines dans cette matière.

Il est constant entre les parties, que Guillaume de Rocquigny est issu de parens originaires français; ce fait est prouvé, premièrement par le livre journal écrit de la main de son père, (*Adrien second, Adrien premier, né à Avremesnil, près Dieppe.*)

En second lieu, par un arrêt du parlement de Rouen, qui énonce plusieurs titres concernant les propres d'Adrien de Rocquigny.

Enfin, par l'inventaire fait après le décès de Guillaume de Rocquigny, dans lequel il paroît que l'on a inventorié des papiers concernant les propres du défunt.

Un second fait, qui n'est pas moins constant que le premier, est qu'Adrien, premier du nom (c'est ainsi qu'on peut le distinguer de son fils), sortit du royaume vers l'année 1596, et se retira en Angleterre.

Les motifs de sa retraite sont fort incertains; si l'on en croit les appelans, c'étoit la religion qui en étoit le fondement, ou le prétexte; si l'on ajoute foi à ce que son fils en a dit dans les lettres de naturalité qu'il a obtenues, son négoce en fut la seule cause : quoiqu'il en soit, il est certain qu'il s'établit en Angleterre, où il épousa une Française qui s'y étoit réfugiée presque dans le même temps. On prétend qu'éloigné de sa patrie, il conserva toujours les sentimens d'un citoyen; et l'on a cru avoir trouvé des preuves suffisantes du désir qu'il avoit de retourner en France, dans différentes lettres que nous expliquerons dans la suite de cette cause.

Ce fait peut paroître assez douteux; mais ce qu'il y a de certain, c'est qu'Adrien de Rocquigny n'est point revenu dans ce royaume, qu'il a eu plusieurs enfans en Angleterre, et entr'autres Adrien de Rocquigny, deuxième du nom, et qu'il y est mort en janvier 1634, après avoir fait un testament, dans lequel il ne paroît point qu'il eût conservé aucun souvenir du lieu de son origine.

Telle a été la vie et la mort d'Adrien de Rocquigny, aïeul de Guillaume. Passons maintenant à ce qui regarde Adrien, fils du premier et père du second.

Il naquit à Londres le 4 mars 1598; et pendant la vie de son pére, on ne voit point qu'il ait jamais formé le dessein de revenir en France.

Il se maria en l'année 1630 : il épousa la fille d'un Français, nommée Marguerite Toullier, qu'une même disgrâce, ou un même zèle pour une fausse religion avoit conduite en Angleterre.

C'est de ce mariage qu'est issu Guillaume de Rocquigny. Il est né le 2 juillet 1632. Son extrait baptistaire est rapporté en bonne forme, excepté l'erreur qui se trouve dans le nom de sa mère.

Mais avant que d'expliquer l'histoire de la vie de Guillaume de Rocquigny, achevons tout ce qui reste à l'égard d'Adrien second.

Après la mort de son père, en l'année 1634, il revint à Caen. Il y prit, en l'année 1635, dans quelques actes, la qualité de marchand demeurant à Londres; mais enfin l'amour de sa patrie l'emporta sur les engagemens qui pouvoient le retenir en Angleterre.

Il obtint, en 1638, des lettres de déclaration de naturalité, dans lesquelles il expose,

Premièrement, que son père et sa mère n'avoient

passé en Angleterre qu'à cause de leur commerce. En second lieu, qu'il étoit revenu en France, qu'il y demeuroit depuis quatre ans, et qu'il s'étoit marié à Caen.

Sur quoi, le Roi déclare qu'il le répute règnicole, et veut que ses héritiers, successeurs et ayant cause, puissent lui succéder, pourvu qu'ils soient règnicoles. Ces lettres sont registrées en la chambre des comptes de Normandie.

Mais, parce que plusieurs personnes s'étoient emparées de ses biens pendant son absence, il demanda d'y être rétabli ; l'affaire portée au parlement de Rouen, on lui opposa

Premièrement, l'absence de son père, qui l'avoit rendu étranger : en second lieu, sa naissance, qui le faisoit considérer comme Anglais : et enfin, une sentence des commissaires établis pour juger les représailles, par laquelle on avoit adjugé ses biens par forme de représailles.

On rapportoit même l'arrêt qui avoit confirmé cette sentence.

Il répondit à ces moyens, que l'absence de son père avoit été forcée, qu'on devoit dire la même chose de sa naissance, que tout ce qui avoit été fait pendant ce temps ne pouvoit lui nuire, surtout après les lettres de naturalité qu'il avoit obtenues. Sur quoi intervint arrêt le 20 mai 1638, qui le rétablit dans tous ses biens, et condamne les détenteurs à la restitution des fruits.

Depuis ce temps, Adrien de Rocquigny a toujours demeuré en France. Il obtint même des provisions de marchand joaillier privilégié suivant la cour. Mais comme il fut troublé dans l'exercice de son privilége, il prit, en 1643, de nouvelles lettres de déclaration qui confirment les premières, et ajoutent que les enfans d'Adrien de Rocquigny, tant nés qu'à naître, successeurs ou ayant-cause, pourront lui succéder, pourvu qu'ils soient règnicoles. Ces lettres n'ont été vérifiées qu'au grand-conseil.

Enfin, Adrien de Rocquigny, jouissant paisiblement des droits de citoyen, est décédé en 1647.

Il nous reste maintenant à expliquer ce qui regarde Guillaume de Rocquigny. Nous avons déjà observé en passant, qu'il étoit né en Angleterre le 2 juillet 1632. On ne sait point quelle a été sa destinée jusqu'en l'année 1647 : s'il étoit demeuré à Londres, ou si son père l'avoit ramené en France. Quoiqu'il en soit, après le décès de son père, ses parens assemblés devant le prévôt de Paris, lui élurent pour tutrice Marguerite Toullier sa mère. Il ne paroît point qu'il ait jamais pris la qualité d'héritier de son père : cette qualité lui auroit même été plus onéreuse qu'utile; car nous voyons qu'en l'année 1647 sa mère passa un contrat avec les créanciers du père, par lequel elle s'oblige envers eux pour un quart, moyennant quoi ils renoncèrent aux trois autres quarts qui leur étoient dûs.

L'éducation et les commencemens de la vie de Guillaume de Rocquigny sont fort obscurs : on prouve par plusieurs comptes, qu'il a fait différens voyages en Hollande, en Angleterre, en Allemagne, principalement depuis l'année 1650 jusqu'en l'année 1657.

Enfin, après ces voyages, il est revenu à Paris, où il a fait publiquement, pendant long-temps, la fonction de banquier.

Peu de tems avant sa mort, il fait deux testamens.

L'un en faveur de Guillaume Fontaine, son cousin maternel, le 9 mars 1692.

Ce testament contient un legs de cinq mille livres à la femme de Seignoret, et quelques autres legs particuliers.

Rocquigny étoit déjà attaqué d'une paralysie lors de son testament. Sa maladie ayant considérablement augmenté, et lui ayant ôté l'usage de la raison, on le fit interdire.

Fontaine et Legrand se firent créer curateurs.

Il y a eu pendant sa maladie deux plaintes rendues sur le divertissement de ses effets. L'on a ajouté dans la dernière, que s'il y avoit un testament, il falloit qu'il fût suggéré.

Sur cette plainte, l'on a obtenu permission d'informer. On a même fait donner assignation aux témoins, pour venir déposer.

Enfin, Guillaume de Rocquigny est décédé; on a mis le scellé sur ses effets, et on a fait l'inventaire.

La dame de Gamache ayant eu avis qu'il étoit né en Angleterre, a obtenu le don de ses biens, l'a fait registrer au domaine, et a fait saisir tous les effets de sa succession.

D'un autre côté, Seignoret a transporté son legs universel à l'Hôpital-Général, à la charge de payer ses dettes, et de faire une pension viagère à Tubache et sa fille, à raison du denier 30 de ce qui reviendra de liquide. L'Hôpital a accepté le transport, et demandé la délivrance de son legs à l'héritier. Le fermier du domaine intervient.

Telle est, MESSIEURS, la contestation que vous avez à décider, dans laquelle

L'Hôpital-Général soutient premièrement, que Guillaume de Rocquigny ne peut point être considéré comme un étranger; parce que, s'il est né en Angleterre, c'est fortuitement, et qu'il ne doit point souffrir du hasard de sa naissance; que son aïeul, Adrien premier, n'a été en Angleterre qu'à l'occasion des troubles qui ont partagé trop long-temps la France et divisé ses citoyens; que son père, Adrien second, né par hasard à Londres, a toujours eu l'esprit de retour, comme il paroît, parce qu'il ne s'est fait aucun établissement en Angleterre; qu'il n'y a point pris de lettres de naturalité; qu'il y a épousé une Française; qu'il est revenu en France en 1634, et qu'il y a toujours demeuré depuis. Enfin, qu'il paroît qu'Adrien premier et second ont toujours joui des biens qu'ils avoient en France : ce qui marque qu'ils n'ont jamais été considérés comme étrangers.

L'Hôpital-Général soutient en second lieu, que quand même le hasard de la naissance pourroit faire regarder Rocquigny comme étranger, les lettres de naturalité auroient entièrement effacé ce vice; que ces lettres doivent être considérées comme des lettres de noblesse, qui servent aux enfans et à tous ses descendans, quand elles ont été accordées au père; mais que, sans entrer dans la question de savoir s'il est nécessaire que les enfans qui sont déjà nés lorsqu'on obtient les lettres de naturalité, y soient nommément compris, il soutient que Guillaume de Rocquigny l'est disertement dans les deux lettres de naturalité obtenues par Adrien second son père; dans les premières, sous le nom d'*héritiers et ayant-cause*, dans les secondes, sous le nom d'*enfans nés et à naître*.

La seule condition que le Roi ait mise dans ces lettres, est que les enfans ou héritiers soient régnicoles. Or Guillaume de Rocquigny l'a toujours été. Dans le temps des lettres, il n'avoit point d'autre domicile que celui de son père. Après la mort de son père, c'est au châtelet de Paris que sa mère a été élue tutrice; ce qui prouve qu'il étoit en France. Enfin, il a fait la banque à Paris pendant plus de trente années, et a passé sa vie dans une possession longue et paisible de son état, dans laquelle il est décédé.

Par ces moyens, l'Hôpital-Général soutient qu'on ne peut point considérer Guillaume de Rocquigny comme aubain, mais comme un naturel français, dont les biens ne peuvent jamais appartenir aux donataires du Roi.

D'un autre côté, la donataire soutient premièrement qu'Adrien premier, aïeul de Guillaume de Rocquigny, étant sorti du royaume, et s'étant retiré en Angleterre, est devenu véritablement Anglais. Elle prouve cette proposition,

1.° Par le changement de domicile, avec dessein de demeurer toujours dans le pays où il s'étoit habitué *animo perpetuæ moræ*,

2.° Par le mariage qu'il a contracté en Angleterre, qui prouve incontestablement ce dessein,

3.° Par son testament, dans lequel il appelle le roi d'Angleterre, son roi.

Enfin, parce qu'il est mort en Angleterre, sans avoir jamais témoigné aucune envie de retourner en France.

Il est inutile de dire qu'il a toujours joui des biens qu'il avoit en France ; puisque, s'il l'a fait, on n'en doit accuser que la négligence des officiers du Roi, qui ne peut jamais lui faire de préjudice.

Adrien second, père de Guillaume, a joint la naissance dans un pays étranger, aux inclinations de son père, et à la demeure actuelle en Angleterre. Dans une obligation de l'année 1629, il a regardé le roi de la Grande-Bretagne comme son roi.

On a déclaré ses effets de bonne prise en 1628 et 1629, comme appartenant à un Anglais. Ensuite étant venu en France, il a pris dans les actes qu'il y a passés en 1635, la qualité de marchand demeurant à Londres ; ce qui établit sans contredit son domicile.

Ainsi, comment Guillaume de Rocquigny, né en Angleterre, de père et de grand-père Anglais, a-t-il jamais pu être considéré comme Français ?

Il est inutile de regarder ici l'origine du bisaïeul ; c'est celle de celui des biens dont il s'agit qu'on doit examiner.

Il n'y a que la naissance, ou la grâce du Prince, qui puisse faire des Français.

Guillaume de Rocquigny n'a pas le premier ; c'est un fait constant.

On soutient qu'il n'a pas même le second.

Il est vrai que son père a été naturalisé, mais il n'est ni compris ni dénommé dans les lettres.

Si son père eût eu le dessein de le faire jouir du privilége des Français, il n'auroit pas manqué d'exprimer dans ses lettres, qu'il avoit un fils né en Angleterre. Mais quand on voudroit soutenir qu'il y est compris sous le terme d'*héritier*, il est certain qu'il ne pourroit encore se prévaloir de ces lettres, puisqu'elles ajoutent : *Supposé qu'ils soient règnicoles*. Or, ce terme de *règnicoles* comprend deux choses; premièrement, la naissance en France; en second lieu, la demeure actuelle dans le royaume.

Guillaume de Rocquigny n'avoit ni l'un ni l'autre.

Il n'étoit pas né en France, ce fait est certain.

A l'égard de sa demeure, il est prouvé qu'il a voyagé presque toute sa vie.

Pour ce qui est des lettres de 1643, dans lesquelles les termes d'enfans nés ou à naître sont exprimés, il est inutile de s'en servir.

Elles sont vicieuses dans la forme, parce qu'elles ne sont point vérifiées en la chambre des comptes.

Au fond, elles contiennent la même condition que les premières, *pourvu qu'ils soient règnicoles*. Ainsi Guillaume de Rocquigny ne l'ayant point été, comme on vient de le prouver, la donataire soutient qu'il étoit aubain, et que par conséquent ses biens lui appartiennent.

Quant a nous, Messieurs, nous croyons que cette cause se divise naturellement en deux parties, par rapport à la qualité de ceux qui attaquent le testament qui fait l'unique fondement de la contestation que vous avez à décider.

Deux parties paroissent dans votre audience pour combattre les dernières dispositions de Guillaume de Rocquigny, mais avec des raisons et des motifs bien différens en apparence.

La donataire du Roi soutient que le testateur, étranger par sa naissance, privé des droits de citoyen, sujet au droit d'aubaine, n'a pu jouir d'un des plus nobles avantages que la qualité de Français et de véritable règnicole puisse donner, c'est-à-dire de la faculté de faire un testament.

L'héritier soutient au contraire, que Guillaume de Rocquigny, originaire français, revenu dans sa patrie, rétabli dans les priviléges de règnicole, a pu valablement ou saisir un héritier, ou choisir un légataire universel; mais il prétend qu'il n'a pas voulu tout ce qu'il pouvoit faire, et que le testament que l'on fait passer pour son ouvrage, est l'effet d'une séduction étrangère, et d'un artifice punissable.

Entre ces deux parties, le légataire universel, et les administrateurs de l'Hôpital-Général, qui sont subrogés à ses droits, obligés de se défendre et contre la donataire du Roi, et contre les héritiers de Guillaume de Rocquigny, soutiennent contre l'une, que le testateur étoit capable de disposer; et contre les autres, qu'il a profité de la liberté que les lois lui accordoient, pour préférer son ami à un parent collatéral éloigné, dont l'avidité prématurée a été justement punie par la perte d'une succession qu'il devoit attendre encore plus de la libéralité du testateur, que de la puissance de la loi.

Ainsi, pour renfermer en deux mots toutes les questions de cette cause, on peut dire qu'elle se réduit à deux parties principales. Dans l'une, nous examinerons la capacité ou l'incapacité du testateur; et supposé qu'il ne nous paroisse point incapable, nous passerons à la seconde partie de la cause, dans laquelle nous expliquerons la nullité que l'on oppose à son testament, et les preuves que l'on allègue pour faire voir qu'il ne porte point le caractère de cette volonté libre et constante, qui est l'ame et le fondement de toutes les dernières dispositions.

PREMIÈRE PARTIE.

Capacité du testateur.

On pourroit faire ici une longue dissertation sur l'origine du nom et du droit d'aubaine, si l'on vouloit entrer dans toutes les questions qui ont été proposées par les parties.

Mais cette digression, plus curieuse qu'utile dans la plupart des causes de cette nature, seroit absolument superflue dans celle que vous avez à décider.

Personne ne révoque en doute que le droit d'aubaine ne soit établi en France, comme dans les royaumes voisins, et dans la plupart des nations policées (1).

Que ce soit, si l'on veut, une suite des anciennes lois romaines, ou un droit particulier aux Français, aussi ancien, comme disent quelques-uns de nos docteurs, que la loi salique, c'est une question qui pourroit agréablement amuser les critiques, mais qui ne serviroit qu'à employer inutilement dans cette audience un temps que la cour consacre à l'expédition des affaires.

Nous n'avons donc garde d'entrer dans des recherches de cette qualité.

Nous retrancherons même une seconde question qui approche plus du véritable état de cette contestation, mais qui cependant ne nous paroît guères plus essentielle à la décision, que la première.

Elle consisteroit à savoir si dans le commencement de ce siècle, et dans le temps du séjour qu'Adrien de Rocquigny, premier du nom, aïeul de celui dont on conteste la qualité, a fait en Angleterre, les Anglais étoit considérés comme aubains, comme véritables étrangers, incapables de jouir des priviléges accordés aux naturels français.

Sans entrer dans une longue explication de tout ce que l'on pourroit dire sur cette matière, il est certain que les Anglais ont toujours été considérés comme aubains en France.

On a même observé toujours très-rigoureusement à leur égard, le droit d'aubaine, soit en haine de cette ancienne loi d'Edouard III, qui fit défenses

(1) Il est question ici des règles concernant les étrangers qui sont incapables de ce qui dépend du droit civil, et capables seulement de ce qui est du droit des gens, dans presque toutes les nations policées. L'aubaine, considérée dans un sens plus étroit, est un droit féodal et domanial, établi en Espagne et en Angleterre, aussi bien qu'en France, qui n'a pas lieu dans plusieurs autres états, par lequel les biens mobiliers et immobiliers de l'étranger non naturalisé appartiennent au domaine après sa mort; et c'est ce droit seulement qui a été modifié à certains égards par quelques traités.

aux Français d'habiter en Angleterre, à peine de la vie, soit par une émulation et une jalousie particulière, qui étoit entre les deux nations.

Et quoique dans le temps que les rois d'Angleterre étoient en possession de la Guyenne et de la Normandie, ils succédassent à ces duchés comme à des fiefs relevant de la couronne, sans lettres de naturalité, on ne peut pas dire que le droit d'aubaine n'eût pas lieu à l'égard des Anglais; non parce que le droit d'aubaine cesse entre souverains (nous avons toujours soutenu la proposition contraire), mais plutôt parce que cela se faisoit en exécution des traités et des conventions particulières, comme l'a remarqué M. le Bret, *liv.* 3. *de ses décisions, décis.* 7, *pag.* 488, et M. Bignon, dans le plaidoyer de Mantoue.

Cela supposé, il faut convenir que vers l'année 1606 il y eut un traité de commerce fait entre la France et l'Angleterre, par lequel on permet aux marchands des deux nations de disposer librement de leurs meubles, dettes et autres effets mobiliers, quoique les Anglais se trouvassent en France et les Français en Angleterre.

Ce traité a été confirmé par un acte de 1610, registré en la cour; il a été renouvelé plusieurs fois dans la suite, et en dernier lieu en 1655.

Mais bien loin que ces traités détruisent le droit d'aubaine en faveur des Anglais, il est certain qu'ils le confirment, excepté dans le cas qui y est compris, c'est-à-dire, d'un marchand que la nécessité de son commerce engage à passer dans une terre étrangère, mais qui conserve toujours l'esprit de retour dans la sienne.

Voilà le seul cas excepté par ces traités. Vos arrêts ont décidé plusieurs fois, dans le temps même qu'ils étoient observés le plus inviolablement, qu'ils ne pouvoient être étendus à d'autres cas, ni appliqués à d'autres personnes.

C'est ce qui fut décidé par cet arrêt de l'année 1634, contre lequel on obtint une requête civile qui n'a jamais été entérinée, quoiqu'une des plus grandes lumières du barreau eût composé un excellent discours pour en demander l'entérinement.

Ainsi, malgré ces traités, les Anglais ont toujours été considérés comme des aubains. Et après avoir retranché ces questions inutiles, renfermons-nous dans celles qui sont plus essentielles au jugement de cette contestation, et voyons s'il est vrai que Guillaume de Rocquigny ait été véritablement Anglais.

Mais cette question, quelque simple qu'elle paroisse, en renferme néanmoins deux autres, qui comprennent tout ce que nous avons à proposer dans cette première partie.

L'une, si Guillaume de Rocquigny étoit véritablemens Anglais par son origine, par sa naissance, par son éducation, par sa demeure, en un mot, par toutes les circonstances qui servent à découvrir la véritable qualité d'un testateur.

L'autre, si ce vice a été effacé; si le Roi a suppléé au défaut de sa naissance, si la tache de son origine ne subsiste plus, après les lettres de naturalité qui ont été obtenues par son père.

Quoique la seconde question paroisse subordonnée à la première, quoiqu'elle en paroisse dépendante, puisque l'une et de droit est l'autre de fait en apparence, cependant nous croyons pouvoir nous dispenser de suivre cet ordre : et afin de commencer par ce qui nous paroît plus facile à décider, nous examinerons d'abord si les lettres de naturalité, obtenues par Adrien second, pourroient servir à son fils, né et conçu avant leur obtention, en cas que ce fils pût être considéré comme un véritable étranger.

Supposons donc ici pour un moment, que Guillaume de Rocquigny soit né dans un pays étranger, non pas d'un Français et d'une Française, mais de parens étrangers, d'un Anglais et d'une Anglaise.

Supposons ensuite que son père étranger vienne demeurer en France, qu'il obtienne, non pas des lettres de déclaration, mais des lettres de naturalité, dans lesquelles son fils ne soit pas compris nommément, et voyons si cela suffira pour donner à ce fils la qualité de règnicole.

Pour examiner cette question, il faut commencer par expliquer la forme, et ensuite la disposition des lettres qu'il s'agit d'interpréter.

Les premières sont de l'année 1638; elles sont registrées en la chambre des comptes de Normandie, et au parlement de cette province, qui en a ordonné l'exécution.

Nul défaut à leur opposer dans la forme.

Les secondes sont de l'année 1643, adressées et registrées au grand-conseil.

On auroit pu les citer dans cette juridiction, et alléguer leur autorité devant les juges du privilége d'Adrien de Rocquigny, mais nous n'avons point vu d'exemples d'aucun arrêt qui ait jugé que des lettres, non vérifiées en la chambre des comptes, ni au parlement, pussent jamais établir une qualité de citoyen et que par un enregistrement fait dans une juridiction extraordinaire, on pût acquérir les droits de naturel français.

Nous croyons pouvoir dire avec confiance, que cela est inoui. Aucun des auteurs qui ont écrit du droit d'aubaine n'a traité cette question; mais tous unanimement ont décidé que la vérification, ou en la cour, ou en la chambre des comptes, étoit absolument nécessaire.

Les lettres de naturalité sont une concession, une grâce, une donation que le Roi fait à l'étranger, et de la qualité de citoyen, et des droits qu'il pourroit prétendre contre lui en qualité d'aubain; et comme, suivant les premiers principes de l'administration des droits du Roi, toute donation faite par le Roi doit être enregistrée en la chambre des comptes, on peut conclure que ce seul défaut de formalité rend les lettres inutiles.

C'est une maxime expliquée par tous ceux qui ont écrit sur cette matière; Bacquet, Choppin, M. le Bret.

Elle est autorisée par tous les arrêts : on n'en trouvera aucun qui ait eu égard à des lettres non-registrées en la cour, ni à la chambre des comptes.

Loysel, dans ses institutes coutumières, tit. 1, n. 97, après avoir fait l'énumération des droits que le roi peut exercer contre les aubains, ajoute : *Le tout s'ils ne sont naturalisés par lettres du Roi, vérifiées en la chambre des comptes.*

Ainsi, puisque ces secondes lettres n'ont été registrées qu'au grand-conseil, elles peuvent bien à la vérité, en supposant les premières, faire jouir celui qui les a obtenues, de son privilége au grand-conseil; mais elles ne peuvent lui donner, ni à ses enfans, une qualité personnelle qui, suivant les lois du royaume, n'est jamais acquise que par le droit de la naissance, ou par la force des lettres vérifiées en la cour, ou en la chambre des comptes.

Après avoir expliqué la forme de lettres, venons maintenant aux dispositions qu'elles contiennent.

Les premières, de l'année 1638, registrées en la chambre des comptes, veulent qu'Adrien de Rocquigny soit réputé règnicole, et que ses héritiers, successeurs et ayant-cause, puissent lui succéder, pourvu qu'ils soient règnicoles.

Les secondes, de 1643, registrées au grand-conseil, ajoutent que les enfans de Rocquigny, nés et à naître, successeurs et ayant-cause, pourront lui succéder, pourvu qu'ils soient règnicoles.

Nous avons déjà fait voir que, suivant toutes les règles que nous avons apprises de la jurisprudence de vos arrêts, on ne pouvoit avoir aucun égard à ces dernières lettres, et qu'à la rigueur, il faudroit se renfermer uniquement dans l'examen des premières, qui seules sont vérifiées en la chambre des comptes.

Mais quand même ces dernières lettres pourroient être regardées aussi favorablement que les premières, pourroit-on en conclure que les enfans d'Adrien de Rocquigny seroient naturalisés par ces seules lettres, en cas qu'ils fussent véritablement étrangers ?

Vos arrêts ont toujours distingué entre les enfans nés avant l'obtention des lettres de naturalité, et ceux qui étoient nés depuis.

Les derniers sont Français par leur naissance, puisque la grâce du Prince a droit de faire des citoyens comme la nature; et quand la tache de leur origine est une fois effacée, on ne distingue plus celui qui est né Français, de celui qui l'est devenu.

Mais à l'égard des autres, ils demeurent étrangers; le changement qui arrive en la personne de leur père, ne s'étend point jusqu'à eux.

S'il est vrai que les grâces du Prince doivent être interprétées le plus favorablement qu'il est possible: *Beneficium Principis plenissimè interpretari debemus*; c'est une autre règle de droit, que les privilèges ne peuvent être étendus à d'autre qu'à celui qui les a obtenus : *Beneficio Principis personam non egreditur.*

En un mot, ils sont nés étrangers; ils ne peuvent cesser de l'être que par la grâce du Roi. Ils ne sont point compris dans ces lettres; donc ils n'ont point réparé le vice de leur origine.

On oppose les termes des lettres, par lesquels il est dit que *les successeurs et ayant-cause*, et même dans les secondes, *les enfans nés et à naître* pourront succéder.

Mais, premièrement, ces dernières ne sont point vérifiées, et par conséquent elles sont inutiles, comme on l'a prouvé.

En second lieu, nul terme dans cette clause qui naturalise les enfans, qui leur donne le droit de cité, qui les rende participant des droits de citoyens.

En troisième lieu, si la clause de ces lettres avoit la force de naturaliser, il s'ensuivroit une grande absurdité; car les successeurs en général, et les ayant-cause, ne sont pas moins déclarés capables que les enfans.

Donc, ou tous ceux qui peuvent avoir droit aux biens d'Adrien de Rocquigny, sont naturalisés par ces lettres, ou les enfans même ne le sont pas; la clause est indivisible.

En quatrième lieu, on ajoute expressément, *pourvu qu'ils soient règnicoles* : clause de style en la chambre des comptes, et essentielle, qui n'est omise dans aucunes lettres.

Il s'agit donc de savoir ce que c'est que d'être règnicole.

Règnicole est opposé à *aubain* ; et comme on doit définir les contraires l'un par l'autre, en définissant le terme d'aubain, nous saurons toute l'étendue de celui de règnicole.

Aubains, dit Loysel, *sont étrangers, qui sont venus s'habituer dans ce royaume ; ou citoyens, qui, en étant natifs, s'en sont volontairement étrangés.*

Cette définition renferme deux conditions, sans lesquelles on ne peut être aubain.

L'une, que si l'on demeure dans le royaume, mais qu'on soit né en pays étranger, on est aubain.

L'autre, que si au contraire on est né dans le royaume, mais qu'on cesse d'y demeurer, on est aussi aubain.

Ainsi, pour être règnicole, il faut exclure ces deux conditions, c'est-à-dire, la naissance et la demeure hors du royaume.

C'est pourquoi, *licet origo nominis incolatum denotet, tamen vis nominis etiam originem complectitur.*

C'est ce qui est porté dans l'ancien extrait de la chambre des comptes que Bacquet a donné au public : *Necesse est quod utrumque concurrat.*

C'est ainsi que Choppin, M. le Bret, et tous nos autres auteurs expliquent le terme de règnicole.

Or, voyons si cela peut convenir à des enfans nés en pays étranger, tels que nous supposons ici Guillaume de Rocquigny.

Il est constant qu'il a demeuré en France ; mais la demeure sans la naissance ne fait pas un règnicole.

Quel est donc l'effet de ces lettres, par lesquelles il est dit que les successeurs d'Adrien pourront lui succéder ?

C'est que, pour établir une succession, il faut trouver une capacité égale dans les deux termes, c'est-à-dire, dans le défunt et dans l'héritier.

Il faut que l'un soit capable de saisir, et l'autre d'être saisi.

La première capacité est rétablie par les lettres de naturalité.

La seconde ne l'est que conditionnellement, *pourvu que les successeurs soient règnicoles.*

Ce terme *pourvu* est la marque la plus indubitable qu'ils ne l'ont pas de plein droit.

Ainsi l'on peut dire, pour conclure cette première question, que si Adrien, et Guillaume de Rocquigny son fils, avoient été véritablement étrangers, les lettres accordées au père n'auroient été qu'une consolation inutile pour le fils, qui seroit mort étranger, quoique le fils d'un père devenu Français.

Mais examinons la seconde question, et voyons s'il est vrai qu'Adrien, père de Guillaume, fût véritablement étranger.

Reprenons ici les principes généraux du droit d'aubaine, et reprenons la définition qu'en donne Loysel.

Aubains, sont étrangers qui sont venus demeurer en France, ou citoyens qui, en étant natifs, s'en sont volontairement étrangés.

Il résulte de cette définition, qu'il y a deux sortes d'aubains.

Ceux que la naissance a rendus étrangers :

Ceux qu'une retraite volontaire, un abandonnement de leur patrie, une abdication tacite, ou la privation de la qualité de citoyens, a rendus étrangers.

Mais il y a cette différence infinie entre les uns et les autres, que les premiers ne peuvent acquérir la qualité de citoyens que par des lettres de naturalité, qui suppléent au défaut de la nature, et réparent le vice de l'origine.

Les seconds, au contraire, quoiqu'ils aient oublié

leur patrie pendant un temps, n'ont besoin que de lettres de déclaration, par trois raisons :

La première est que chaque chose reprend aisément son premier état, *Res quæque facilè pristinum statum recuperat.*

La seconde, parce que la patrie, comme une bonne mère, tend toujours les bras à ses enfans, et les invite à rentrer dans leur devoir.

La troisième enfin, parce que la nature leur ayant une fois donné cette qualité de citoyen, qui n'a été suspendue que pendant un temps, elle revit aisément; au lieu que la qualité manquant à l'étranger, il y a beaucoup plus de difficulté pour la lui faire acquérir.

De cette différence entre l'étranger et le naturel Français, résulte une distinction importante entre les lettres de naturalité et les lettres de déclaration.

Les premières n'ont jamais d'effet rétroactif, parce qu'elles donnent une qualité nouvelle, et que d'un étranger elles font un citoyen.

Les secondes l'ont toujours, parce qu'elles supposent la qualité, et ne font que lever un empêchement qui en suspendoit l'exécution.

Cette distinction importante est tirée de tous nos meilleurs auteurs qui ont écrit sur cette matière, M. le Bret, M. Bignon, Choppin, Bacquet, Brodeau. Elle est fondée sur la jurisprudence de vos arrêts; celui de Senami, celui de Mabile, de 1576, celui de 1602, celui de 1605 (ces trois derniers prononcés en robes rouges), et une infinité d'autres.

Ce droit, accordé à ceux qui ont quitté pendant un temps leur pays, de pouvoir être réhabilités en obtenant des lettres de déclaration, a été étendu à leurs enfans, quoique nés en pays étranger; et cette extension s'est faite par différentes raisons.

Premièrement, parce qu'il n'est pas au pouvoir d'un père de priver ses enfans de l'avantage inestimable de leur origine; et puisque le droit a décidé dans plusieurs lois, que personne ne pouvoit, par sa propre volonté, changer son origine, à plus forte raison l'origine des enfans ne peut être changée par la volonté du père : *Nemo suâ voluntate propriâ origine eximi potest, multò minùs patris voluntate.*

En second lieu, il n'est pas juste que le hasard de la naissance prive les enfans d'un droit qui leur est si avantageux, et il dépendra toujours d'eux de réclamer contre l'injustice de leur père et de la fortune.

Enfin, on a reçu la comparaison du droit de retour, *Juris postliminii.* Le droit romain ne l'accordoit d'abord qu'aux pères, mais il l'étendit ensuite aux enfans.

L'empereur Antonin fut l'auteur de cette extention.

Apud hostes susceptus filius, si postliminio redierit, filii jura habet; habere enim eum postliminium nulla dubitatio est post rescriptum imperatoris Antonini, dit la loi 9, ff. *De captiv. et postliminio reversis* (1).

On sait quel étoit l'effet de cette fiction, par laquelle celui qui étoit revenu de chez les ennemis, étoit regardé comme s'il n'eût jamais été absent : *Qui postliminio redierit nunquam à civitate abfuisse censetur.* Aussi il recueilloit les successions qui lui étoient échues pendant son absence, et l'on ne mettoit aucune différence entre lui et les autres citoyens qui avoient toujours demeuré dans leur patrie. Or c'est ici une espèce de droit de *postliminium*, si l'on ose ainsi parler.

C'est le sentiment de M. le Bret, de M. Bignon, de Choppin, et de Bacquet qui croit même qu'il n'est pas nécessaire, mais plus sûr d'obtenir des lettres de déclaration de naturalité.

C'est aussi la décision de tous les arrêts. Il n'y en a point de plus fameux ni de plus formel que celui de Mabile, rendu en l'année 1576, dont l'espèce étoit presque entièrement semblable à celle-ci.

Annette de Vaux avoit été mariée deux fois; la première, avec Jean Vilain, dont elle avoit eu deux

(1) Voyez loi 1. Cod. *De postliminio reversis. Vide Gothofredum in Fragmenta Ulpiani.* Tit. 5. cap. 8. num. 36.

enfans, Jean et Marie Vilain; la seconde avec le nommé Caneau, dont elle n'eut qu'une fille, nommée Isabelle Caneau. Marie Vilain, fille du premier lit, avoit épousé ce Mabile. Il passa en Angleterre; Marie Vilain l'y suivit. Dans le temps de leur séjour il leur naquit une fille qui fut nommée Marie Mabile, et qui épousa un Anglais. Mabile et sa femme décédèrent.

Annette de Vaux mourut aussi; ses biens furent partagés suivant son testament et la coutume des lieux, entre les enfans d'Isabelle Caneau, fille du second lit, et Jean Vilain, fils du premier.

Six ans après le décès d'Annette de Vaux, Marie Mabile vient en France, obtient des lettres de naturalité, demande à partager.

Sentence qui ordonne le partage.

Jean Vilain et les enfans d'Isabelle Caneau appelèrent de cette sentence : ils disoient pour moyens d'appel,

Premièrement, que l'intimée étoit étrangère, qu'elle étoit conçue et née en Angleterre, de parens qui y avoient transféré leur domicile par un séjour de vingt années.

En second lieu, que quand elle seroit devenue Française par les lettres de naturalité qu'elle avoit obtenues, elle ne pouvoit pas prétendre la succession qu'elle demandoit, parce qu'elle étoit échue dans le temps qu'elle étoit étrangère, et que ses lettres de naturalité ne pouvoient avoir d'effet rétroactif au jour du décès de son aïeul.

En troisième lieu, que l'on ne considéroit point l'origine des pères, mais celle de ceux qui prétendoient être Français.

En quatrième lieu, que, puisqu'aux termes de droit on ne peut être citoyen de deux villes, on ne peut, à plus forte raison, l'être de deux différens royaumes; que si la prétention de Marie Mabile étoit écoutée, elle seroit citoyenne de France par son origine, et d'Angleterre par sa naissance : ce qui ne peut se soutenir avec la moindre apparence de raison.

Enfin, que le droit de retour, ou, pour parler plus

proprement, *Jus postliminii* ne pouvoit lui servir, parce qu'elle n'étoit pas née en France; qu'elle n'avoit jamais été Française, et que par conséquent on ne pouvoit pas feindre qu'elle y fût toujours demeurée.

Marie Mabile, intimée répondoit à ces moyens,

Premièrement, qu'on ne pouvoit par une fiction lui ôter les droits de son origine, *Jura sanguinis fictione juris tolli non possunt.*

En second lieu, quelle étoit originaire Française, et que par conséquent on ne pouvoit la regarder comme une étrangère; que les jurisconsultes avoient distingué deux sortes d'origine; la propre, c'est-à-dire celle de celui de l'état duquel il s'agit, et celle de ses parens, *Propria in quâ quis natus, paterna undè pater originem sumpsit.*

L'un et l'autre suffit pour empêcher qu'une personne soit étrangère, quoique son domicile ait changé pour quelque temps.

En troisième lieu, que, quoique son père eût passé en Angleterre, il n'avoit jamais eu dessein d'y demeurer toute sa vie, mais qu'au contraire, il avoit toujours conservé un esprit de retour.

En quatrième lieu, elle soutenoit que quand son père auroit perdu l'esprit de retour, la force de son origine étoit telle, qu'elle lui rendoit le droit de cité *jure quodam postliminii;* qu'il étoit favorable de remettre les choses dans leur premier état, *Facilis restitutio ad jus pristinum;* et que de même que son père n'eût pas été en pouvoir de lui ôter sa noblesse, il n'avoit pu aussi lui faire perdre les droits de son origine.

Qu'enfin, les lettres de naturalité qu'elle avoit obtenues n'étoient que par surabondance de droit, et qu'à la rigueur elle n'en avoit pas besoin.

Sur ces différens moyens, intervint arrêt qui fut prononcé par M. le premier président de Thou, le 7 septembre 1576, par lequel, après la déclaration de Marie Mabile, qu'il y avoit cinq ans qu'elle étoit revenue en ce royaume, qu'elle ne prétendoit plus retourner en Angletrre, qu'elle consentoit d'être privée de tous biens si elle y retournoit, l'appellation fut mise au néant, et la sentence confirmée.

Appliquons ces principes à l'espèce de cette cause.

Adrien de Rocquigny, premier du nom, va s'établir en Angleterre, Adrien second, fils, y naît : nous pouvons le considérer, *ex personâ patris, aut ex personâ suâ.* A l'égard de son père, il est certain qu'il a toujours eu dessein de demeurer en Angleterre ; il y a été pendant quarante ans, il y a eu plusieurs enfans : on ne voit pas pendant tout ce temps qu'il ait marqué aucun dessein de revenir en France. Il a fait son testament en Angleterre ; il y est mort, il y a été enterré ; dans plusieurs actes qu'il a passés, il appelle le roi d'Angleterre son roi, et par conséquent on ne peut le considérer que comme un Français qui a voulu changer de domicile et de patrie, et s'établir pour toujours en Angleterre. Si nous examinons au contraire la conduite et la personne d'Adrien de Rocquigny, second du nom, nous verrons qu'étant originaire Français, ayant toujours conservé de l'amour pour la patrie de ses ancêtres, il y est revenu aussitôt après la mort de son père ; qu'il a épousé une Française, qu'il a obtenu des lettres de déclaration, dont il n'avoit pas besoin à la rigueur, qu'il a passé le reste de sa vie en France, qu'il a vécu, qu'il est mort en France.

Il est inutile de dire que dans quelques actes qu'il a passés en 1635 et 1636, il avoit pris la qualité de demeurant à Londres ; car si dans ce temps-là il n'avoit pas encore absolument fixé son domicile, il l'a fait dans la suite, en obtenant des lettres de déclaration, qui ont un effet rétrocatif, *postliminio reversus, nunquam abfuisse censetur.* Donc son fils est réputé né en France : l'arrêt du parlement de Rouen, qui lui a adjugé les biens de sa famille avec restitution de fruits a décidé que les lettres de déclaration qu'il avoit obtenues, avoient un effet rétroactif.

Enfin, il faut ajouter à la conduite d'Adrien

second celle de Guillaume son fils, qui a fixé pour toujours son domicile en France, qui y a fait la fonction de banquier pendant plus de trente ans, et qui y est mort en possession de son état. Les voyages qu'on dit qu'il a faits dans sa jeunesse ne changent rien à la qualité de Français, qui, après tout ce que nous venons de dire, ne peut raisonnablement lui être contestée.

Il étoit donc Français, jouissant des mêmes droits que les autres citoyens, capable par conséquent de faire un testament, dont on ne peut refuser l'exécution en faveur de ses légataires.

Le 28 juillet 1694 est intervenu l'arrêt suivant :

Entre les directeurs de l'Hôpital-Général de cette ville de Paris, subrogés aux droits de Jean-Jacques Seignoret, banquier à Paris, lequel étoit légataire universel de défunt Guillaume de Rocquigny, banquier, bourgeois de Paris, appelant d'une ordonnance et commission portant permission de saisir, des trésoriers de France en la chambre du domaine du palais à Paris, du onze mars dernier, de la saisie faite en conséquence le dix-neuf dudit mois entre les mains des débiteurs de la succession dudit de Rocquigny et autres saisis si aucun y a, et de tout ce qui s'en est ensuivi, et demandeurs en délivrance du legs universel porté par le testament dudit de Rocquigny du dix-huit avril mil six cent quatre-vingt-treize, suivant la commission énoncée en l'arrêt de la cour du trente-un dudit mois de mars, et exploits faits en conséquence le quatorze avril ensuivant, d'une part; et dame Marie-Antoinette de Lomenie de Brienne, marquise de Gamache, se disante donataire du Roi des biens dudit défunt sieur de Rocquigny, et M. Pierre Pointeau, fermier-général des domaines de France, intimés, et Jean le Grand, marchand à Dieppe, héritier dudit défunt, défendeurs, d'autre part; et encore, entre M.e René Melon, conseiller du roi, receveur-général de ses domaines, demandeur en requête du dix-neuf dudit mois d'avril, tendante à ce qu'il plût à la cour le recevoir partie intervenante en la cause d'entre les défendeurs, lui donner acte de ce que, pour moyen d'intervention, il emploie le contenu en sa requête, et faisant droit sur icelle, ordonner que les effets de la succession dudit défunt de Rocquigny lui seront mis entre les mains, à quoi faire le dépositaire contraint, quoi faisant, déchargé, pour être distribués conformément à l'édit de création de la charge dudit demandeur, avec dépens, d'une part; et ladite marquise de Gamache et lesdits sieurs directeurs de l'Hôpital-Général, défendeurs, d'autre : et encore entre Abel Damain, sieur de la Martinière, bourgeois de Paris, demandeur en requête du vingt-deux dudit mois d'avril, tendante à ce qu'il plût à la cour le recevoir partie intervenante d'entre les défendeurs; faisant droit sur son intervention, ordonner que, tant sur la somme de cinq mille six cent vingt-deux livres, que Jean-Jacques Seignoret a reconnu avoir entre ses mains, appartenante à la succession dudit de Rocquigny, que sur les autres deniers de ladite succession qui sont et seront entre les mains d'André Doublet, il sera payé de la somme de deux mille huit cents livres de principal de la rente de cent quarante livres constituée à son profit par ledit de Rocquigny, ensemble d'une année d'arrérages de ladite rente, échue le dix-huit février dernier, de ceux échus depuis, et qui échoiront jusqu'à l'actuel paiement du principal, et de tous ses frais, mises d'exécution et dépens, suivant la taxe qui en sera faite, à quoi faire seront lesdits Doublet et Seignoret contraints, même ledit Doublet, comme dépositaire, quoi faisant, déchargé, d'une part; et lesdits directeurs de l'Hôpital-Général, ladite dame marquise de Gamache, ledit le Grand, ledit Seignoret, et ledit Doublet, séquestre établi aux effets dudit de Rocquigny, défendeurs, d'autre : et encore entre ladite marquise de Gamache, demanderesse en requête du quatorze juillet présent mois, tendante à ce qu'elle fût reçue opposante à l'exécution de l'arrêt sur requête, obtenu par lesdits directeurs le premier dudit mois d'avril : faisant droit sur l'opposition, sans s'arrêter à leurdite requête, insérée dans ledit arrêt, dont ils seront déboutés, lever les défenses y portées, et déclarer l'arrêt qui interviendra commun avec les autres défendeurs, condamner lesdits directeurs et autres, en cas de contestation, aux dépens, d'une part; et lesdits directeurs de l'Hôpital-Général, ledit Pointeau, fermier du domaine, ledit le Grand, héritier, et ledit Seignoret, défendeurs, d'autre : et entre Léonard Jaussin, maître chirurgien-juré à Paris, demandeur en requête d'intervention dudit jour deux juillet présent mois, et à ce qu'il plût à la cour, faisant droit sur son intervention, ordonner qu'il sera payé sur les effets de la succession dudit de Rocquigny de la somme de mille livres, à lui due par obligation du vingt-deux avril mil six cent quatre-vingt-treize, intérêts d'icelle, du jour de la demande faite au châtelet, frais et dépens, à quoi faire seront les dépositaires desdits effets contraints, quoi faisant, déchargés, et les contestans condamnés aux dépens, d'une part; et lesdits sieurs directeurs de l'Hôpital-Général, ledit sieur le Grand, ladite dame de Gamache et autres, défendeurs, d'autre : Et encore, entre ledit Doublet, séquestre, demandeur en requête du dix-neuf juillet présent mois, tendante à ce qu'il plût à la cour lui donner acte des offres qu'il faisoit de mettre entre les mains de qui par la cour sera ordonné, les deniers qu'il a touchés comme séquestre de la succession dudit de Rocquigny, en le faisant dire et ordonner avec toutes les parties intéressées et ceux qui ont saisi, quoi faisant, il en soit déchargé, et qu'il seroit remboursé des frais par lui faits pour raison du recouvrement, et de ceux de l'instance, par privilége, d'une part; et lesdits directeurs de l'Hôpital-Général, ladite dame marquise de Gamache, et ledit le Grand, esdits noms, défendeurs, d'autres. Et encore entre lesdits directeurs de l'Hôpital-Général, demandeurs en requête judiciaire faite en plaidant, à ce que, conformément à l'acte passé par-devant Guyot et son compagnon, notaires, le vingt dudit mois par ledit Seignoret et sa femme, délivrance leur soit faite de la somme de trois mille liv., faisant partie de celle de cinq mille livres, léguée à Anne Doublet, femme dudit Seignoret, portée par ledit acte, d'une part; et lesdits Seignoret et Doublet, sa femme, et ledit le Grand, audit nom, défendeurs, d'autre part. Après que Tachereau de Baudry, avocat de l'Hôpital-Général; Hamon, avocat de ladite de Gamache; de Tessé, avocat de Pointeau; Grosteste, avocat de Doublet et Seignoret; Lesmery, avocat de le Grand; le Roi, avocat de Jaussin; de Tirmois, avocat de la Martinière; Nègre, procureur de Melon, ont été ouïs pendant une audience, ensemble d'Aguesseau, pour le procureur-général du roi :

LA COUR reçoit les parties de Tessé, Nègre et Lesmery, parties intervenantes; et sans s'arrêter à leurs interventions, a mis et met l'appellation et ce dont a été appelé au néant, émendant, évoquant le principal, et y faisant droit, ordonne que le testament dont est question, sera exécuté, et en conséquence du transport fait par la partie de Grosteste à celle de Tachereau de Baudry, du legs à elle fait par ledit testament, ordonne qu'il en sera fait délivrance aux parties de Tachereau de Baudry, et à cet effet, les deniers en provenant, baillés et délivrés au receveur de l'Hôpital-Général par Doublet, à la charge des saisies et oppositions qui tiendront entre les mains dudit receveur, à la réserve des frais par lui faits à la poursuite et au recouvrement des effets dont il s'agit; quoi faisant il en demeurera bien et valablement déchargé; sauf aux parties de Tirmois et de le Roi à se pourvoir contre celles de Tachereau de Baudry, pour le paiement de leur dû; donne acte aux parties de Grosteste de leur déclaration, qu'elles consentent que la somme de cinq mille livres, léguée par le testament à la femme de Seignoret, soit donnée; savoir, trois mille livres à l'Hôpital-Général, et celle de deux mille livres aux pauvres de la paroisse de Saint-Leu, Saint-Gilles de cette ville de Paris : condamne les parties de Hamon, de Tessé, Nègre et Lesmery aux dépens, chacun à leur égard, et les autres compensés.

FIN DU TOME DEUXIÈME.

www.ingramcontent.com/pod-product-compliance
Lightning Source LLC
Chambersburg PA
CBHW060840220326
41599CB00017B/2339